Reclams Musikinstrumentenführer

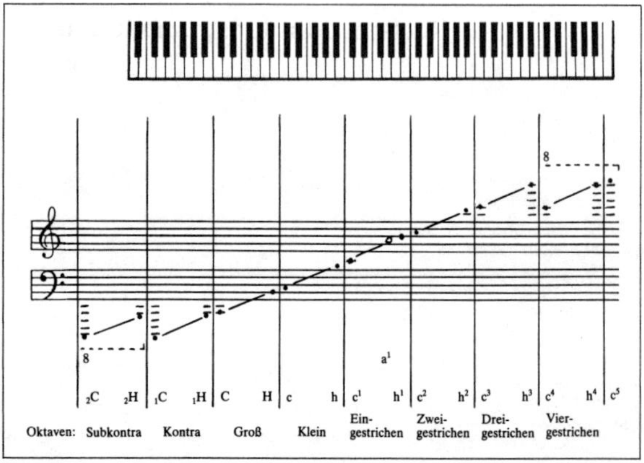

Die Bezeichnungen der Oktavlagen

Reclams Musikinstrumentenführer

Die Instrumente und ihre Akustik

Von Ermanno Briner

Mit Zeichnungen
von Gianluca Poletti
und Bruno Agostinone

Philipp Reclam jun. Stuttgart

Titel der Originalausgabe: Le Sorgenti del Suono

Der italienische Originaltext wurde vom Verfasser selbst ins Deutsche übertragen, überarbeitet und erweitert.

Universal-Bibliothek Nr. 10349

Die deutsche Ausgabe erscheint mit Genehmigung von Il Pardo, Edizioni della Svizzera Italiana, Locarno (© 1983)
Gesamtherstellung: Reclam, Ditzingen. Printed in Germany 1988

ISBN 3-15-010349-5

Inhaltsverzeichnis

In dankbarer Erinnerung
an Hermann Scherchen

Eine Absichtserklärung als Vorwort

Die ätherischste aller Künste, die ungreifbar dahinfließende und doch im Intellekt tiefe Spuren hinterlassende Musik, benötigt zu ihrer so vergänglichen Realisierung die materielle Vermittlung wenigstens der menschlichen Stimme, wenn nicht eines recht umfassenden Inventars sehr unterschiedlicher mechanischer Klangquellen. Wird die Musik nicht in die akustische Realität umgesetzt, bleibt sie, ob improvisiert oder genial ausgearbeitet, reine, höchstens in konventionellen Zeichen festgehaltene Spekulation, über die man allerdings abstrakte Überlegungen und Analysen aufstellen kann. Dieser Tatbestand behält selbst dann seine Gültigkeit, wenn man an den musikalischen Ablauf vor dem »inneren Ohr« denkt, welcher sich zum Beispiel beim erfahrenen Musiker durch das Lesen einer Partitur einstellt. Dazu kann aber nur materiegebundene Erfahrung führen. Dies traf sogar für Beethoven zu (der übrigens seine Taubheit vor allem als soziale, weniger als musikalische Tragödie empfand); er war, vielleicht durch die aufgezwungene Abstraktion sogar begünstigt, nicht nur in der Lage, die Individualität der einzelnen Instrumente aufzuspüren und voll auszunützen, sondern auch, kraft seiner einmaligen schöpferischen Vorstellungskraft, den eigentlichen Orchesterklang, also den wirkungsvollsten Instrumenteneinsatz, so zu erfinden, daß er unverbesserbarer Vermittler seiner Genialität wurde.

Die Instrumente sind also für die akustische, Musik genannte Kommunikation unerläßlich. Es ist ja auch kein

Zufall, daß sie uralten Ursprungs sind, wurden sie doch in nicht nur primitiver Form sogleich erdacht, als die urmenschliche Intelligenz die Bedeutung der Verständigung durch Sprache und Töne entdeckte. Im ständigen Fluß von Abwandlungen und Verbesserungen gelangten die Musikinstrumente vor ungefähr 300 Jahren zu einer Ausgereiftheit, die durch spätere Eingriffe nicht mehr wesentlich verändert werden konnte. Jedenfalls blieben die Grundprinzipien dieselben, da ja auch das eigentliche Problem, physikalisch gesehen, immer dasselbe blieb: erstens die optimale Verwandlung einer kontinuierlichen Energiezufuhr (Bogen oder Atem) in Schwingungen, also in die Alternativbewegung mit akustischer Frequenz, zweitens die Ausdehnung dieser Umformung auf hinreichenden Tonumfang und drittens die den ästhetischen Forderungen des Gehörs gerechte Klangfarbengestaltung und eine genügende Abstrahlung zu erzielen. Etwas weniger umständlich sind die Perkussionsinstrumente – ein Grund, warum sie trotz einiger zähmender Maßnahmen viel von ihrer primären Aggressivität bewahrten.

Die hier vorliegende, auf die geläufigen modernen Instrumente beschränkte, eher praktisch als musikwissenschaftlich verstandene Zusammenstellung möchte einerseits einen Weg aufzeigen, nach und nach das Verständnis der in ihnen ablaufenden Vorgänge zu vermitteln, und andererseits auch denjenigen Lesern, welche die Instrumente wenigstens äußerlich schon kennen, einige zusätzliche Auskünfte anbieten. – Die Akustik ist das vielleicht am meisten vernachlässigte Gebiet der Physik, weil sie zum einen nicht von großer kommerzieller Tragweite ist und zum andern – Ironie beiseite – keine bedeutenden erkenntnistheoretischen oder grundlagenbildenden Resultate zu liefern scheint. Eine andere, oft verschwiegene Begründung liegt in der weitgehend unbezwingbaren Komplexität der Schwingungsphänomene. Welches mathematische Modell könnte alle form- und materialbedingten Vorgänge in einer Flöte oder bei der Violine wiedergeben? Es ist deswegen verständlich, daß ein empirisches Vorgehen in der graduellen und immer vorsichtigen Verbesserung von Instrumenten vorherrschte, wobei Geduld, Initiative und viel Phantasie unentwegt beteiligt waren. Leider war (und ist) diese Notlage auch ein fruchtbarer Boden für das Aufblühen schwer ausrottbarer Vorurteile; man denke etwa an den unsterblichen Mythos, der immer noch das »Geheimnis« Stradivaris umnebelt, oder an einen gewissen raumakustischen, zweifelhaften Dogmatismus.

In dieser Situation wäre es aber falsch, auf jede physikalische Erfassung der wichtigsten Erscheinungen, auf die Erklärung wenigstens der grundlegenden Gesetzmäßigkeiten zu verzichten. Vielleicht ermutigt sogar die Unmöglichkeit einer totalen mathematischen Erfaßbarkeit dazu, durch leichtverständliche Erklärungen die wichtigsten Instrumente – vorwiegend die in der Hausmusik und im Orchester gebrauchten – näherzubringen. Wenn auch der beste Wille dazu vorhanden ist, können dem geneigten Leser nicht alle Klippen, welche die Materie bietet, aus dem Weg geräumt werden, soll ein Minimum an Exaktheit erhalten bleiben. Als Ausgleich sind hier die wenigen, nicht über Schulkenntnisse hinausgehenden Berechnungen sowie nicht unbedingt erforderliche Ergänzungen kleiner gedruckt, so daß sie ohne Verlust des Zusammenhangs übersprungen werden können.

Bekanntlich lassen sich die Orchesterinstrumente in drei große Gruppen unterteilen: die Streichinstrumente, die aus Holz oder Blech bestehenden Blasinstrumente und das Schlagzeug. Dazu kommen noch Harfe, Klavier, Orgel und eine stattliche Anzahl Instrumente der Volks- und Unterhaltungsmusik. Die gewählte Reihenfolge der Darstellung weicht von den üblichen Normen ab, aber nicht aus Willkür. Sie wurde zugunsten einer besseren Verteilung und Steigerung der an den Leser gestellten Ansprüche gewählt. Um die Lektüre nicht zu erschweren, wurde auch darauf verzichtet, alle Grundlagen in einem vorangehenden, rein theoretischen (schwer verdaulichen, weil vielleicht zu abstrakten)

Kapitel zusammenzufassen. Die erforderlichen physikalischen Begriffe und Erklärungen sind bewußt verstreut und werden immer dann herbeigezogen, wenn sie gerade wichtig sind.
Die vorliegenden Betrachtungen erheben nicht den Anspruch, eine Instrumentationslehre zu ersetzen, höchstens sie zu ergänzen. Deswegen, und auch aus Platzgründen, wurde darauf verzichtet, das Vorkommen der Instrumente in der Kunstmusik mehr als nur andeutungsweise zu erwähnen. Nur auf historisch wichtige oder besonders bezeichnende Stellen und Werke wird hingewiesen.
Zur Vervollständigung der Gesamtdarstellung unserer »klassischen« Instrumente bilden drei übergreifende Kapitel den Abschluß: über das Orchester, zur musikalischen Akustik (Intervalle und Tonleitern) und, last not least, über den Gehörsinn, dessen unfaßbare Perfektion Musik überhaupt, im wahrsten Sinne des Wortes, sinnvoll macht.
Die Arbeit entsprang einer Reihe von Fernsehsendungen des Verfassers, in der die einzelnen Instrumente erklärt und vorgeführt wurden. Der Verleger Carlo Pedrazzini in Locarno regte die Niederschrift in italienischer Sprache – als »Le Sorgenti del Suono« – an. Dem Wunsch des Reclam-Verlags sehr gern entsprechend, überarbeitete ich die »Sorgenti« in deutscher Sprache von Grund auf, wobei u. a. nicht nur mehr Instrumente einbezogen, sondern auch die vorher übersprungenen Fragen der Notierung und des transponierenden Lesens aufgegriffen wurden.
Einem tief empfundenen Bedürfnis entsprechend, danke ich dem Lektorat und der Redaktion des Reclam-Verlags aufrichtigst für geduldigen Beistand, insbesondere für zahlreiche Anregungen und Verbesserungen.

Ermanno Briner

1 Blasinstrumente

Die Blasinstrumente sind dadurch gekennzeichnet, daß die für die Übertragung der Töne so wesentlich beteiligte Luft direkt angeregt wird.

1.1 Blechinstrumente

Diese Instrumente sind im Prinzip Rohre aus dünnem Messingblech, entweder vorwiegend zylindrisch (Trompete, Posaune) oder konisch (Hörner, Tuben). Die Tonerzeugung erfolgt bei allen nach demselben Prinzip über ein Kesselmundstück.

1.11 *Die Posaune*

Vor rund 300 Jahren begannen die Instrumente der heutigen Sinfonie- und Opernorchester aus der damaligen Vielfalt bevorzugt hervorzutreten. Während aber die Mehrzahl davon, vor allem am Ende des 18. und zu Beginn des 19. Jh., mehr oder weniger zahlreichen Verbesserungen und auch vom Wechsel der Musizierstile abhängigen Veränderungen unterworfen wurden, hat die **Posaune** als dasjenige Orchesterinstrument zu gelten, welches früher als alle anderen seine heutige Form annahm. Sieht man vorläufig von Einzelheiten ab, kann die Posaune annähernd als ein zweimal im Halbkreis gebogenes, sonst gerades Rohr betrachtet werden, das mit einem *Mundstück* beginnt und in den nach vorne gerichteten *Schallbecher*, auch *Stürze* genannt, ausläuft.
Wesentlich bei allen Blechblasinstrumenten ist die enge *Mensur*, wobei dieser technische Ausdruck auf einen im

Verhältnis zur Länge sehr kleinen Durchmesser hinweist. So ist die normale **(Tenor-)Posaune** nahezu 3 m lang, aber nur etwa 1,5 cm weit. Um die Auswirkung dieses Verhältnisses zu verstehen, wird eine Abschweifung in die Physik erforderlich.

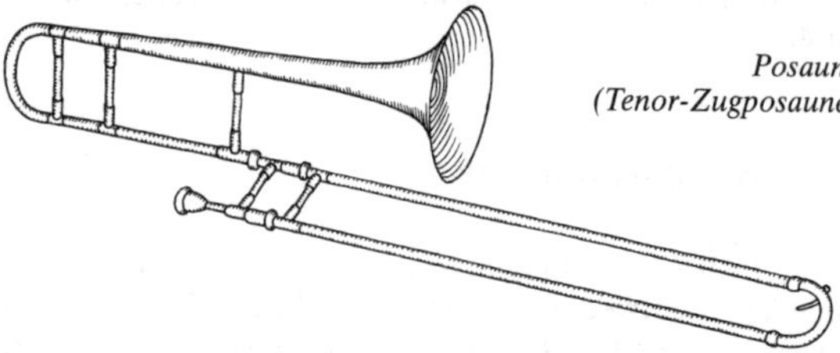

Posaune (Tenor-Zugposaune)

1.111 **Ein wenig Theorie**

Wenn von Wellenbewegung die Rede ist, denkt man vorerst meistens an jene Bewegung, die entsteht, wenn das Gleichgewicht einer Wasseroberfläche beispielsweise durch einen hineingeworfenen Stein aus der Ruhe gebracht wird. Es bildet sich eine Störung, die sich wellenförmig in konzentrischen Kreisen fortpflanzt. Dieser bekannte Vorgang ermöglicht sogleich, vier grundsätzliche, für alle Wellenvorgänge geltende Begriffe zu definieren: Amplitude, Wellenlänge, Frequenz und Fortpflanzungsgeschwindigkeit. Die »Momentaufnahme« eines Wellenzuges durch die Wasserfläche verdeutlicht das. Im Profil hat sie folgende Gestalt:

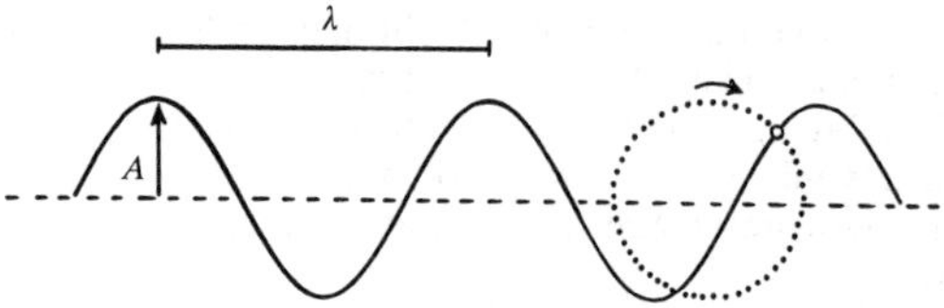

Fortschreitende Welle

Der Abstand zwischen zwei aufeinanderfolgenden maximalen Ausschlägen (oder zwischen zwei anderen sich entsprechenden Punkten zweier Wellenzüge) ist die *Wellenlänge*, meistens mit λ bezeichnet. Das Maß der maximalen senkrechten Abweichung von der (in der Zeichnung gestrichelten) Gleichgewichtslage ist die *Amplitude A*; Amplitude ist also nicht etwa der Abstand zwischen Wellental und Wellenberg, sondern die Hälfte davon. Die *Fortpflanzungsgeschwindigkeit c* ist natürlich diejenige Geschwindigkeit, mit der sich das ganze Gebilde, also z. B. der Wellenberg, fortbewegt. – Es bleibt noch eine Definition, die der *Frequenz f*, nachzuholen: Dieser Begriff bezeichnet die Anzahl der in der Zeiteinheit erfolgenden Ausschläge oder, mit anderen Worten, die Anzahl von Wellenbergen, welche in einer Sekunde eine feste Bezugsstelle durchlaufen.

a) In der Akustik verwendet man für die Fortpflanzungsgeschwindigkeit den (sonst für die Lichtgeschwindigkeit reservierten) Buchstaben *c*. Da meistens keine Verwechslungsgefahr besteht, ist es üblich, das in der Mechanik für die Geschwindigkeit gebrauchte *v* für einen anderen, noch zu bezeichnenden Begriff aufzusparen.

b) Nachdem sich an einer festen Bezugsstelle, wegen der Definition der Frequenz, jeweils f um λ entfernte Wellenzüge je Sekunde vorbeibewegen, pflanzt sich die Welle in der gleichen Zeit um eine Strecke fort, die dem Produkt $f \cdot \lambda$ entspricht. Da aber diese Fortpflanzung in der Zeiteinheit, wiederum nach Definition, die Geschwindigkeit ist, besteht die grundlegende Gleichung:

$$c = f \cdot \lambda .$$

c) Das Reziproke der Frequenz, d. i. die für eine vollständige Schwingung erforderliche Zeit, heißt *Periode T*. Also gilt $T = 1/f$. (Wenn in einer Sekunde $f = 400$ Schwingungen erfolgen, dauert jede davon $T = 1/400 = 2{,}5$ ms. Dabei bedeutet ms Millisekunde, d. h. den tausendsten Teil einer Sekunde.)

d) Den zeitlich veränderlichen Ausschlag y an einem beliebigen festen Ort x längs der Wellenausbreitung nennt man *Elongation*. Sie erreicht als Maximum den Wert A.

e) Der mathematische Ausdruck für den Wellenvorgang ist die Wellengleichung:

$$y = A \cos 2\pi \left(\frac{x}{\lambda} - \frac{t}{T} \right). \qquad (t = \text{Zeit})$$

Wichtig: die mit der Geschwindigkeit c erfolgende Wellenausbreitung ist nicht mit einem Materialtransport verbunden. Die bisherigen Überlegungen betreffen ausschließlich die Fortpflanzung einer Störung. Hingegen bewegen sich die daran beteiligten Wasserteilchen am Ort. Jedes beschreibt eine zweidimensionale Bahn, und zwar einen Kreis mit Durchmesser $2A$ um seine Gleichgewichtslage (auf der Zeichnung punktierter Kreis).

Es muß gleich darauf hingewiesen werden, daß dieses Bild einer Wasseroberfläche für die Akustik nur als Analogie annehmbar ist, und wie bei jeder Analogie bleibt die Gültigkeit begrenzt. Speziell ist zu bemerken, daß die Wasserbewegung *transversal* war, denn die Ausschläge erfolgten senkrecht zur Fortpflanzungsrichtung. Außerdem wirkte die Schwerkraft (Gravitation) als Rückstellkraft zur Gleichgewichtslage hin. (Von der Oberflächenspannung kann hier abgesehen werden.) Beides trifft bei der akustischen Welle nicht zu.

Wenn man in einem begrenzten Raumelement einen kleinen Überdruck verursacht (was sehr leicht geschehen kann, etwa durch einmaliges Händeklatschen), erzeugt man eine Störung des (Druck-)Gleichgewichts. Sie pflanzt sich sogleich im Raum fort, ähnlich wie eine sich zunehmend aufblähende Kugel. Diese Ausweitung erfolgt, bei normalen Raumbedingungen, mit der Schallgeschwindigkeit c = 340 m/s (Meter in der Sekunde).

In Wirklichkeit ist c temperaturabhängig und nimmt bei steigender Temperatur zu. 340 m/s entspricht ungefähr einer Temperatur von 15 °C. Bei 20 °C ist c etwa 344 m/s.

Im Gegensatz zur Wasserwelle handelt es sich hier um eine *Longitudinalwelle*, weil jedes der daran teilnehmenden Luftteilchen eine Schwingung um die Gleichgewichtslage ausführt, die in derselben Richtung erfolgt, in der sich die Störung fortpflanzt.

Die entsprechende Geschwindigkeit der Luftteilchen (also nicht der Störung) wird *Schnelle* genannt und mit v bezeichnet. Es gilt:

$$v = A \sin 2\pi f \cdot t.$$

Diese Gleichung bedeutet, daß man sich die Teilchenbewegung folgendermaßen vorstellen kann: Um den Ruhepunkt schlägt man einen Kreis mit Radius A. Auf diesem Kreis läßt man einen Punkt f-mal in der Sekunde rotieren und projiziert ihn dabei stets auf die in Fortpflanzungsrichtung gezeichnete Diagonale. Der Projektionsfußpunkt auf dieser Diagonale beschreibt die darzustellende *harmonische Schwingung* des Teilchens.

Der Gesamtausschlag dieser Bewegung ist wiederum $2A$, wobei A ein Maß für die *Schallstärke* wird. Die Rückstellkraft, die jetzt der Teilchenbewegung zugrunde liegt, ist die Elastizität der Luft. Nach der Kompression will sich der Druck ausgleichen und geht dann aber, wegen der Trägheit der Luftteilchen, über das Gleichgewicht hinaus bis zur Bildung eines Unterdrucks (Dekompression). So folgen sich im elastischen Medium Über- und Unterdruck in regelmäßigen Zeitabständen. Aus diesem Grunde werden die akustischen Wellen auch *elastische Wellen* genannt.

Man kann sich den molekularen Vorgang der Fortpflanzung der Störung leicht vorstellen: Ein aus seiner Gleichgewichtslage nach vorn gestoßenes Teilchen 1 trifft auf das nächstliegende Teilchen 2 und überträgt ihm den Bewegungsimpuls. Dabei erleidet es einen Rückstoß, der es auf die entgegengesetzte Seite ausschlagen läßt, wo es vom vorangehenden Teilchen beim nächsten, gleich darauf folgenden Wellendurchgang erneut nach vorn getrieben wird. Teilchen 2 führt dann dieselbe Bewegung aus und überträgt sie auf das nächste Teilchen 3, usw.

In Wirklichkeit überlagert sich der gesamte Vorgang der sogenannten *Brownschen Bewegung* (d. i. die ständige unregelmäßige, zappelige, mit zunehmender Temperatur immer heftigere Unruhe der Moleküle aller Flüssigkeiten und Gase; der Vorgang wird nach seinem Entdecker, dem englischen Botaniker Robert Brown [1773–1858], benannt). Die Empfindlichkeit des menschlichen Gehörs reicht bis knapp an diese Grenze herab. Wenn das Ohr auch nur um eine Spur empfindlicher wäre, würde es das ständige Aufprallen der Luftmoleküle auf das Trommelfell als unaufhörliches Rauschen empfinden.

Weil die akustische Teilchenbewegung longitudinal erfolgt, entsteht glücklicherweise keine *Dispersion*. Die Dispersion, welche bei transversalen Wellen bestehen kann, bedeutet, daß die Ausbreitungsgeschwindigkeit frequenzabhängig wird. So pflanzt sich z. B. im Wasser rotes Licht schneller fort als blaues. Dem ist die durch suspendierte Wassertröpfchen entstehende Regenbogenbildung zuzuschreiben. Wenn in der Akustik ein ähnliches Verhalten vorkäme, wäre es unmöglich zu musizieren, weil gleichzeitig gespielte hohe und tiefe Töne nie zusammen, d. h. gleichzeitig ans Ohr gelangen könnten.

1.112 **Das akustische Rohr**

Die Blechblasinstrumente werden nach dem Material (Messingblech) benannt, aus dem das »Rohr« mit einem gegenüber der Länge 50- bis 500mal geringeren Durchmesser besteht. Wenn auch heute das Rohr zugunsten der Handlichkeit mehrmals gebogen wird, bleiben die inneren Vorgänge davon doch praktisch unberührt, so daß wir für unsere Überlegungen ein gerades Rohr voraussetzen dürfen. Gestreckt wäre die Posaune 2,9 m lang; da der Durchmesser annähernd 14 mm beträgt, ergibt sich eine Mensur von 1:207.
Versuchen wir nun zu verstehen, was im Innern eines solchen Rohres vorgeht, wenn wir es zur Tonerzeugung verwenden: Wird an seinem Anfang ein Druckimpuls gebildet – dazu dient das später zu beschreibende Mundstück –, pflanzt sich diese Störung im Innern bis zum entgegengesetzten Ende fort, mit einer gegenüber dem freien, ungestörten Raum etwas geringeren Geschwindigkeit, weil die Wandreibung bremsend wirkt. Diesem Umstand kommt eine wesentliche Bedeutung zu, vor allem in bezug auf das, was am unteren Rohrende geschieht. Die Bremswirkung auf den Impuls hört auf, sobald er dort ankommt, um ins Freie auszutreten. Der Übergang vom Rohr nach außen entspricht also einer Unstetigkeit, einem Sprung der Schallgeschwindigkeit. Wenn der Unterschied auch relativ klein ist, so bleibt die Auswirkung doch entscheidend. Um dies besser zu verstehen, ist wiederum eine kurze Abschweifung nötig.

Für jeden Schwingungsvorgang besteht das gleiche Verhalten an der Trennungsfläche zweier Medien mit unterschiedlicher Ausbreitungsgeschwindigkeit. Wenn ein Strahl eine solche Fläche trifft, tritt er nur teilweise in das andere Medium über und ändert dabei seine Richtung (*Brechung*).

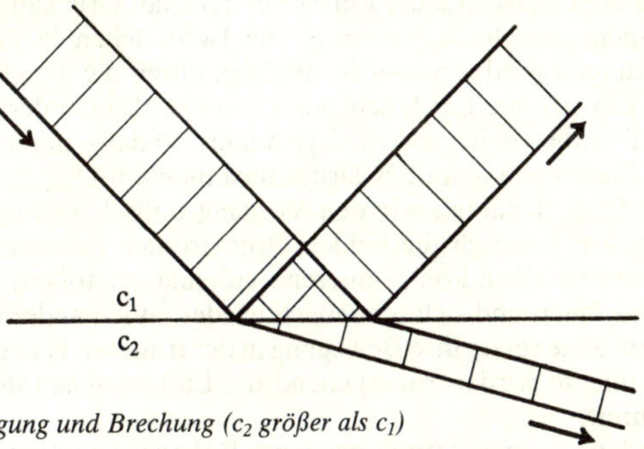

Beugung und Brechung (c_2 *größer als* c_1)

Der restliche Teil kehrt in das erste Medium zurück und bildet den entgegengesetzten, aber gleich großen Winkel wie der einfallende Strahl (*Reflexion*). Dieses Verhalten war schon Archimedes bekannt.

Bei unserem Rohr bedeutet dies, daß der Druckimpuls, nach dem Durchlaufen der ganzen Rohrlänge, am Ende einen Geschwindigkeitssprung erfährt und deswegen teilweise ins Innere zurückgeworfen wird, um seinen Weg in umgekehrter Richtung, zum Mundstück hin, wiederaufzunehmen.

Für die genaue Betrachtung muß eine Korrektur vorgenommen werden, da die Wirkungslänge des Rohres ein wenig das geometrische Maß übersteigt, und dies um so mehr, je größer der Durchmesser ist (*Mündungskorrektur*). Die Wirkung des abgeschnittenen Rohres hört also nicht genau am Ende auf, sondern erstreckt sich etwas in den freien Raum.

Nun kommt der entscheidende Punkt: Wenn genau in dem Moment, in dem diese rückläufige Bewegung beginnt, ein zweiter Druckimpuls beim Mundstück erzeugt wird, treffen sich beide Impulse (da sie sich der analogen Bedingungen wegen mit gleicher Geschwindigkeit fortbewegen) in der Mitte. Es bildet sich dort durch den Zusammenprall ein Druckmaximum, also eine genau lokalisierte Kompression. Wegen der Elastizität der Luft strebt dann der Druckanstieg zu einem Ausgleich, indem er die Luftteilchen in beide Richtungen wieder wegstößt. Bedingt durch die Trägheit, bewegen sich die Luftteilchen etwas mehr als erforderlich, also über die Gleichgewichtslage hinaus, so daß – immer an derselben Stelle – auf das Druckmaximum ein Druckminimum folgt. Könnten wir den Vorgang optisch verfolgen, sähen wir, wie sich die beiden Druckfronten aufeinander zubewegen, dann komprimierend aufeinanderstoßen, sich durchdringen und sich schließlich wieder voneinander entfernen. Jede setzte ihre Bewegung in der früheren Richtung fort, und so wird vorübergehend die Luft zwischen ihnen verdünnt.

Nachdem der erste Impuls das ganze Rohr zweimal (hin und zurück) durchlaufen hat, gelangt er wieder an das obere Rohrende, an dem er erzeugt worden war, um auch hier (teilweise) zurückgeworfen zu werden. Wird in demselben Augenblick ein neuer Impuls erzeugt und ins Rohr gegeben, erhält er Verstärkung und neue Energie mit auf den Weg vom Mundstück weg: Der Verlust bei den Reflexionen wird kompensiert. So wiederholt sich der ganze Vorgang, weil zu derselben Zeit am anderen Ende des Rohres der Rückstoß des vorangegangenen Impulses ins Innere erfolgt. Geschieht dies alles in regelmäßigen, der Laufzeit der Impulse im Rohr entsprechenden Zeitabständen (Frequenz), entsteht ein *»stehende Welle«* genannter stationärer Zustand: In der Rohrmitte wechseln periodisch Druckmaximum und -minimum ab, wobei die Amplitude dieser Schwankung den relativ geringen Wert der im Mundstück erzeugten Impulse übersteigt. Dieses sich verstärkende Aufschaukeln heißt *Resonanz*. Die in der Mitte vorkommende maximale Druckänderung nennt man *Druckbauch*. An den Enden, wo der

Druck praktisch konstant dem Außendruck gleich bleibt, befinden sich zwei *Druckknoten*.
Der erreichten Periodizität entspricht die Erzeugung eines bestimmten Tones, des tiefsten, den das Rohr hergeben kann: es ist der sogenannte *Grundton*.

Wenn die Länge des Rohres mit L bezeichnet wird, ist die Wellenlänge $2 \cdot L$, denn jeder Druckimpuls muß das Rohr zweimal durchwandern, bis er in seinen ursprünglichen Zustand (in bezug auf Ort und Laufrichtung) zurückkehrt. Aus der Beziehung $c = f \cdot \lambda$ läßt sich somit die Grundfrequenz der 290 cm langen Tenorposaune ableiten:

$$f_1 = \frac{c}{2 \cdot L} = \frac{340}{2 \cdot 2{,}9} = 58{,}6 \text{ Hz.}$$

Dieser Frequenz entspricht der Ton $_1$B der Kontraoktave.

NB. Die Einheit für die Frequenz (Anzahl der Schwingungen pro Sekunde) heißt Hertz, in Erinnerung an den Physiker Heinrich Hertz (1857–1894), und wird mit Hz abgekürzt.

Der Sinn der Bezeichnung »stehende Welle« sollte nach der Beschreibung klar sein: Es besteht der wellentypische Wechsel zwischen Über- und Unterdruck, aber ohne Fortschreitung; Druckknoten und -bäuche bleiben am Ort; in den Druckknoten bleibt der Druck stets gleich, in den Druckbäuchen variiert er ständig zwischen Maximum und Minimum.

1.113 **Harmonische Teilschwingungen**

Die Posaune wäre natürlich uninteressant, wenn sie nur diesen einzigen Ton, dessen Bildung soeben beschrieben wurde, hergeben könnte. Wie geht man vor, um zusätzliche Töne zu spielen?
Wir gehen wieder vom Rohr als schematischer Darstellung des Instruments aus und überlegen den ganzen Vorgang nochmals von vorn. Der erste, am Mundstück geformte Impuls soll wieder gegen das untere Ende wandern. Der zweite Impuls war im vorigen Beispiel eingegeben worden, als der erste gerade dabei war, seinen Rückweg anzutreten. Nun aber beschleunigen wir die Fortsetzung etwas und

geben den zweiten Impuls früher in das Rohr, und zwar schon dann, wenn der erste die Mitte erreicht hat. Dieser erste Impuls setzt unterdessen seinen Weg gegen das untere offene Ende fort, während ihm der zweite folgt. Dieser zweite erreicht die Mitte, wenn der erste Impuls am Ende angekommen ist. Auf seinem Rückweg trifft der erste somit den zweiten Impuls nicht mehr in der Rohrmitte, sondern bei $^3/_4$ der Rohrlänge (vom Mundstück aus gemessen). Der dritte Impuls, dementsprechend schon dann zu erzeugen, wenn der erste auf dem Rückweg die Mitte wieder erreicht hat (und der zweite am Ende den Richtungswechsel vornimmt), trifft den ersten Impuls bei $^1/_4$ der Länge. Die regelmäßige Wiederholung dieses Vorgehens, mit gegenüber vorher doppelter Impulsfrequenz, erzeugt also 2 Schwingungsbäuche nicht mehr in der Mitte, sondern bei $^1/_4$ und $^3/_4$ der Rohrlänge. Die beiden Phasen der Druckbäuche sind gegenläufig: Gleichzeitig mit einem Druckmaximum bei $^1/_4$ der Länge herrscht in der dazu symmetrischen $^3/_4$-Zone ein Druckminimum, und umgekehrt. Die sich in dieser neuen stehenden Welle bildende Frequenz beträgt, wie gewollt, das Doppelte der Grundfrequenz. Verdopplung einer Tonfrequenz bedeutet Erhöhung zur Oktave. Unser neuer Ton befindet sich also eine Oktave über dem Kontra-$_1$B des Grundtones und ist das »große B«.
Nun kann man in ähnlicher Weise fortfahren und die Impulsfrequenz am Mundstück verdreifachen. Es erübrigt sich auf Einzelheiten einzugehen, denn es ist leicht einzusehen, daß sich dann 3 Druckbäuche ergeben, einer davon in der Mitte (wie beim Grundton) und die beiden anderen bei $^1/_6$ und $^5/_6$ des Rohres. Dreifache Frequenz ist gleichbedeutend mit einer Erhöhung des Tones um eine zusätzliche Quinte, also zum »kleinen f«.
Wenn man die Impulsfrequenz vervierfacht, erzeugt man 4 Druckbäuche und steigt somit zum Vierfachen des mit einem einzigen Bauch versehenen Grundtons. Das ist die Doppeloktave darüber, also das b der »kleinen Oktave«. Dann kommt das Fünffache usw. Diese verschiedenen sta-

tionären Zustände der stehenden Wellen stellen, der Reihe nach, die möglichen *Naturtöne* des Instruments dar.

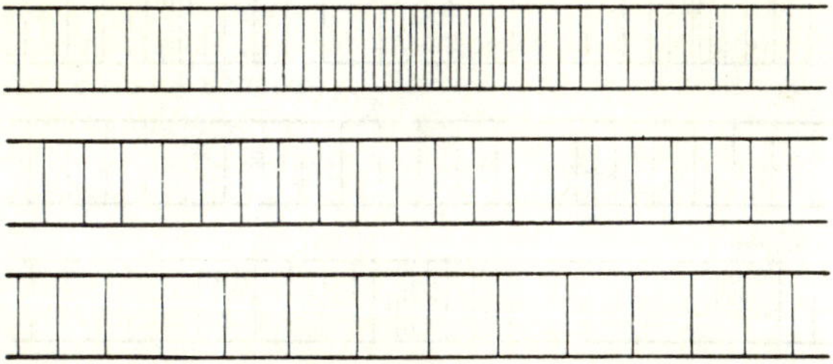

Stehende Welle im Rohr. Grundton

Schwingung Nr. 1: Grundfrequenz = 1. Naturton. In der Mitte folgen einander regelmäßig Überdruck (oben) und Unterdruck (unten) gegenüber dem Außendruck, jeweils über die Zwischenphase des Druckausgleichs (Mitte), die nicht bestehenbleibt, weil die Trägheit der Luftteilchen diese über die Gleichgewichtslage hinausbewegt.

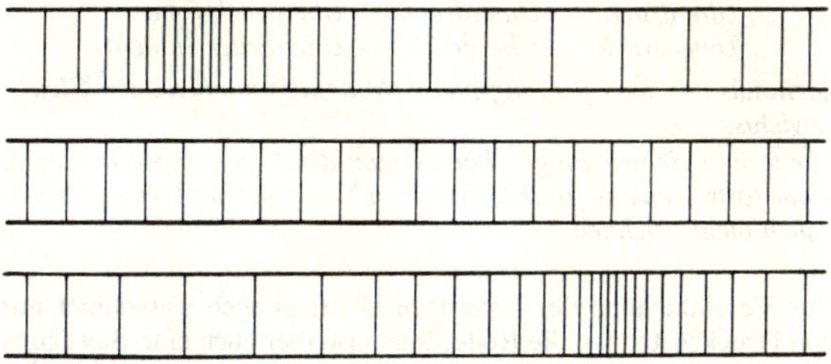

Stehende Welle im Rohr. 1. Oberton (Oktave)

Schwingung Nr. 2: 2. Naturton mit doppelter Frequenz. Jetzt befinden sich die Druckbäuche, d. h. die Zonen, wo Druckmaximum und -minimum abwechseln, bei $^1/_4$ und $^3/_4$ der Rohrlänge. Es tauschen sich zwei Situationen regelmäßig ab: Wenn bei $^1/_4$ das Druckmaximum herrscht, befindet sich die Zone $^3/_4$ im Druckminimum (oben) und umgekehrt (unten). In der Mitte des Rohres bleibt der Druck hingegen konstant (eine Feststellung, die bei der Beschreibung der

Klarinette von Bedeutung sein wird). Wiederum (mittlere Zeichnung) als Übergangsphase die gleichmäßige Druckverteilung.

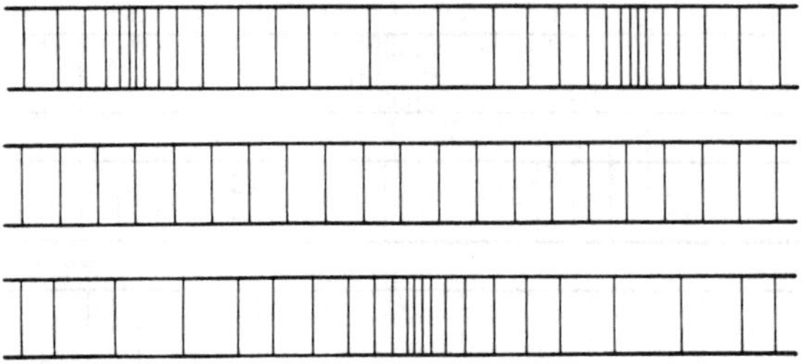

Stehende Welle im Rohr. 2. Oberton (Duodezime)

Schwingung Nr. 3: 3. Naturton mit dreifacher Frequenz. Es bilden sich 3 Druckbäuche (Zonen mit abwechselnd maximalem und minimalem Druck) bei $^1/_6$, $^1/_2$ und $^5/_6$ des Rohres. Wiederum alternieren die Zustände längs des Rohres. Die beiden Extremsituationen sind (untereinander geschrieben):

$^1/_6$	*$^3/_6 = ^1/_2$*	*$^5/_6$*
Überdruck	*Unterdruck*	*Überdruck (oben)*
Unterdruck	*Überdruck*	*Unterdruck (unten),*

nochmals mit der Übergangsphase (Mitte) des momentanen Gleichgewichts.

Für weitere Schwingungen könnte man die Abbildungen in diesem Sinne fortsetzen und für jeden weiteren Naturton jeweils einen Druckbauch mehr zeichnen.

Zur Vereinfachung der bisherigen Überlegungen war immer nur von Druckzuständen die Rede. Ihnen ist aber auch eine Bewegung der Luftteilchen zuzuordnen. Sie erfolgt in Gegenphase, d. h. daß den Druckbäuchen *Schnelleknoten* entsprechen und daß umgekehrt bei jedem Druckknoten ein *Schnellebauch* entsteht. (Wichtig: es geht hier um die periodisch veränderliche Schnelle v und nicht um die konstante akustische Fortpflanzungsgeschwindigkeit c.) Nochmals, mit anderen Worten: An den Stellen, wo der Druck den größten Schwankungen unterworfen wird, also bei den Druckbäuchen, bewegen sich die Teilchen überhaupt nicht (Schnelleknoten). Dies ist leicht einzusehen, wenn man an den oben beschriebenen Vorgang im Rohrinnern denkt: Wo die beiden Druckfronten zusammentreffen, können sich die Luftteilchen – schon aus Symmetriegründen – nicht bewegen. Wo hingegen der Druck konstant bleibt (Druckknoten), findet der größte Ausschlag der Luftteilchen statt (Schnellebauch). So z. B. am Rohrende, wo die Bewegung auf kein Hindernis stößt.

Zusammenfassend kann man also festhalten: Die Luft im akustischen Rohr kann mit Frequenzen schwingen, die harmonisch, d. h. ganzzahlige Vielfache der Grundfrequenz sind. Stationäre Zwischenzustände gibt es nicht. Eine Behauptung, die z. B. mit einem Spielzeug-Plastikrohr, wie es jeder kennt, bewiesen werden kann: Das mit genügender Energie in Rotation versetzte, an einem Ende festgehaltene Rohr erzeugt Töne. Bei zunehmender Geschwindigkeit ergibt sich kein Gleiten der Frequenz, sondern ein mehrmaliges Springen zum nächsten Naturton.

Es gelten folgende Beziehungen (L = Rohrlänge):

2. Naturton (auch 2. Teilton und 1. Oberton) B

$$f_2 = 2f_1 = 2c/2L = 2/2 \cdot c/L = 117{,}2\,\text{Hz}$$

3. Naturton (auch 3. Teilton und 2. Oberton) f (f^0)

$$f_3 = 3f_1 = 3/2 \cdot c/L = 175{,}8\,\text{Hz}$$

4. Naturton (auch 4. Teilton und 3. Oberton) b (b^0)

$$f_4 = 4f_1 = 2f_2 = 4/2 \cdot c/L = 234{,}5\,\text{Hz}$$

5. Naturton (auch 5. Teilton und 4. Oberton) d′ (d^1)

$$f_5 = 5f_1 = 5/2 \cdot c/L = 293\,\text{Hz}$$

6. Naturton (auch 6. Teilton und 5. Oberton) f′ (f^1)

$$f_6 = 6f_1 = 2f_3 = 6/2 \cdot c/L = 351{,}7\,\text{Hz}$$

usw. usw.

Alle Töne die, wie beschrieben, einzeln als Naturtöne auf der Tenorposaune erzeugt werden können, sind im Notenschema S. 18 auf der ersten Zeile eingetragen. Sie reichen vom Grundton (1 = Kontra-$_1$B) bis zum 10. Naturton (10 = d″ oder d^2).

Die 7 Positionen der Posaune

1.114 **Der Zug**

Der unterste Ton heißt *»Pedal«* und wird nur in Ausnahmefällen gebraucht, keinesfalls in schnellen Passagen, weil er vom Posaunisten eine gewisse Vorbereitung erfordert: mindestens eine völlige Entspannung der Lippen, oft auch das Einsetzen eines speziellen, weiteren Mundstücks.

Dies ist eine Folge der kleinen Mensur, welche die Bildung höherer Teiltöne bevorzugt. Es ist also nicht ganz leicht, eine enge Luftsäule ohne Knotenbildung zum Schwingen zu bringen.

Normalerweise muß also der 2. Naturton, d. h. die Oktave des Pedaltones (Nr. »2« = B), als tiefster Ton betrachtet werden. Von hier nach oben sind die weiteren Naturtöne bis

»10« verfügbar, wie in der obersten Zeile angegeben. Wenn auch die hohen Töne ziemlich nahe beieinanderliegen, so bestehen doch unten erhebliche Löcher, vor allem zwischen den um eine Quinte auseinanderliegenden Tönen »2« und »3«. Diese Lücke ist bei allen Blasinstrumenten anzutreffen; die verschiedenen Lösungen, sie mit allen chromatischen Tönen auszufüllen, sind relativ jüngeren Datums. Die Posaune war das erste Blechinstrument, welches auf elegante Weise in diesem Sinne vervollkommnet wurde. Man erreichte das mit dem sogenannten »Zug«.

Der *Zug* (it. *tiro*, frz. *coulisse*) ist eine einfache, aber sehr wirksame Einrichtung. Sie besteht darin, daß das Stück des Rohres mit dem ersten Halbkreisbogen derart ausziehbar gestaltet ist, daß die Gesamtlänge verändert, besser: gegenüber der Grundstellung verlängert werden kann. Die typische Bewegung des Posaunisten, der den Zug ständig von sich wegschiebt und wieder heranholt, ist ja bekannt. – Es ist leicht auszurechnen, daß zwischen den Tönen »2« und »3« 6 chromatische Stufen fehlen (von oben herab: e, es, d, des, c, H), also werden 6 Verlängerungsgrade des Zuges benötigt, insgesamt, mit der Grundstellung, 7 *Positionen*.

Wird ein akustisches Rohr verlängert, sinkt der Ton, da die Druckimpulse mehr Zeit brauchen, um es zu durchlaufen (der dem ersten folgende Impuls muß deswegen etwas später eingegeben werden, die ganze Impulsfolge hat kleinere Frequenz). Zur Erniedrigung um einen Halbton ist ein Längenzuwachs von etwa 6% erforderlich. Wenn man also den Zug so weit aus der Ruhestellung (Position I) herausstößt, daß die Verlängerung 6% beträgt (Position II), sinkt das ganze Instrument um einen Halbton. Der Pedalton wird zum Kontra-$_1$A, und der vorher tiefste Gebrauchston »2« fällt zum A herab. Im gleichen Verhältnis, also jeweils um einen Halbton, werden sämtliche harmonischen Töne tiefer, so daß man praktisch zu einem neuen Instrument gelangt; seine möglichen Einzeltöne sind in der zweiten Zeile eingetragen (mit II beschriftet, da Position II). Speziell wird »3« zum e.

Bringt man den Zug nun durch Verlängerung um weitere 6 % in die Position III, wird die Grundstimmung das Kontra-$_1$As, und der frühere 3. Naturton e geht zum es. Für alle jetzt spielbaren Töne gilt Zeile III.
In der Position IV, durch Verlängerung um nochmals 6 %, wird Ton »3« ein d, in der Position V ein des (oder cis), in VI geht er zum c, in VII schließlich zum H herab. Das den Schluß der Verschiebungen andeutende »schließlich« ist berechtigt, denn es ist nicht nötig, weiter fortzuschreiten. Das B unter dem soeben erreichten H ist nämlich schon vorhanden, als Ton »2« in der Position I.
In der Figur sind die Töne jeder Position auf je eine Zeile eingetragen und dann nach unten projiziert. Man sieht daraus, wie die Posaune vom E ab, nach oben, vollkommen chromatisch geworden ist. Als erstes derart vollkommenes Instrument benötigte sie später keine wesentlichen Änderungen, die heutige Perfektion war bereits zu Beginn des 17. Jh. erreicht worden.
Schon 1520 soll der Nürnberger Hans Henschel, Hofmusiker des Kaisers Maximilian I., vorzügliche Posaunen hergestellt haben. Genannt wird das Instrument auch durch den genialen blinden Theoretiker Gioseffo Zarlino (1517–1590) im Jahre 1558, aber es wurde schon früher von Albrecht Dürer in seinen »Nürnberger Stadtpfeifern« abgebildet. Allerdings verlief dazumal der Zug im Innern der beiden Leitrohre und war zu kurz, um die beschriebenen 7 Positionen einzunehmen. Der heutige Zug bewegt sich außerhalb der Leitrohre (er umschließt sie) und wurde in dieser Form schon von Michael Praetorius im Jahre 1619 dargestellt. Wenn auch sehr früh chromatisch geworden, bestand dazumal die Posaune aus dünnerem, leichter mitschwingendem und daher dämpfendem Blech, was einen schmaleren Ton verursachte. Andererseits war die Stürze weniger ausgeweitet, so daß der Klang obertonreicher und so, dem damaligen Geschmack entsprechend, schärfer war. (Über den Zusammenhang zwischen Klang und Weite des Schallbechers siehe 1.116.)

Drei Folgerungen aus der Beschreibung des Zuges und seiner Funktion müssen noch hervorgehoben werden:

a) Es ist nicht so, wie man naiverweise annehmen könnte, daß jeder Ton einer eigenen Position bedarf. Die Aufgabe des Zuges besteht vielmehr darin, 7 verschieden gestimmte, also verschieden lange Instrumente zu einem einzigen zusammenzufügen.

b) Mehrere Töne können auf verschiedene Weise gespielt werden, als Unterteilungen unterschiedlicher Positionen (solche Töne befinden sich in der Abbildung genau untereinander). So gibt es z. B. 2 b, 3 d^1 oder 4 as^1. Davon kann das d^1 als 5. Ton in Position I, als 6. in Position IV oder als 7. in Position VII erscheinen. Der Posaunist wählt jene Position, welche gegenüber den benachbarten Noten die geringste Verschiebung benötigt, also am »bequemsten« ist. (Aber: keine Regel ohne Ausnahmen!)

Der 7. Ton ist, da dissonant, in jeder Position möglichst zu vermeiden.

c) Der Zug erleichtert, gegenüber anderen Blasinstrumenten, das Hervorbringen eines *Vibratos* (einer Frequenzbebung) durch rasches Hin- und Herschieben des Zuges um die Soll-Position (leider kann dies bis zur Geschmacklosigkeit übertrieben werden).

Da die Verlängerung bei jedem Schritt 6 % der vorangegangenen Länge hinzufügen muß, werden, absolut genommen, die Positionsübergänge immer größer.

Die Schwierigkeit, den Pedalton zu erzeugen, wächst mit zunehmender Länge, also mit steigender Position. Deswegen ist sein Gebrauch unterhalb der Position IV sehr selten (es ist dann das Kontra-$_1$E, der tiefste Ton des Instruments).

Durch die 7 Positionen wird die Lücke zwischen »2« und »3« ausgefüllt, wobei Ton »2« höchstens zum E herabsteigt. Somit bleibt die Lücke zwischen Kontra-$_1$B und »großem« E bestehen. – Das Intervall zwischen sich entspechenden Tönen der Positionen I und VII (z. B. für »2« von B zu E) ist ein Tritonus (=Verhältnis 1 : 1,414).

Der Klang der Posaune ist mächtig, aber voll und warm, feierlich bis pathetisch. Die Posaune ist geradezu prädesti-

niert, in praktisch allen Totenmessen beim »Dies irae« die Schrecken des Weltuntergangs zu verkünden (»Tuba, mirum spargens sonum« – »Laut wird die Posaune klingen«). Sie wird ebenso gern mit sakraler Wirkung und hohepriesterlicher Würde eingesetzt (Mozart, »Zauberflöte«) oder in hymnisch weihevollen Chorälen (Brahms, 1. Sinfonie, letzter Satz), kann aber auch gebieterisch tonangebend (Beethoven, 9. Sinfonie: »Seid umschlungen, Millionen«), lyrisch (Ravel, Klavierkonzert für die linke Hand) und sogar humoristisch (Ravel, »L'enfant et les sortilèges«) sein. Ihre Gesanglichkeit in der Tenorlage bewog Beethoven dazu, die Posaune in das Sinfonieorchester einzufügen (5., 6. und 9. Sinfonie), wo sie dann dem romantischen Klangideal weiterhin zu entsprechen vermochte.
Klangqualität, Mensur und tiefere Lage berechtigen die italienische Bezeichnung **Trombone**, was große Trompete (»tromba«) bedeutet.

1.115 **Die Posaunenfamilie**

Fast alle heutigen Instrumente sind die typischsten, deswegen überlebensfähigsten Vertreter einer früheren vollständigen Familie. Mit »Familie« ist eine Gruppe von Instrumenten gleicher Bauart, aber verschiedener Größe und Stimmung gemeint (man denke etwa an die noch bestehende Gruppe Violine–Bratsche–Cello). Die vollständige Posaunenfamilie umfaßte um 1600:

Sopran- oder **Diskantposaune** (bei Praetorius irrtümlich Altposaune genannt) – Grundstimmung: eine Oktave über der Tenorposaune, also B;

Altposaune – Grundstimmung: eine Quarte über der Tenorposaune, d. h. Es (auch F);

Tenorposaune (wie besprochen) – Grundstimmung: Kontra-$_1$B;

Baßposaune – Grundstimmung: eine Quarte unter der Tenorposaune, also Kontra-$_1$F;

Kontrabaßposaune, auch **Oktavposaune** genannt (it. **Trombone doppio**) – Grundstimmung: eine Oktave unter der Tenorposaune, d.h. Subkontra-$_2$B.

Mit der Länge nimmt auch der Rohrdurchmesser (zur Erhaltung der Mensur) zu.

Die entsprechenden Längen sind leicht auszurechnen, da sie sich in umgekehrtem Verhältnis der Intervallabstände zur Tenorposaune befinden. Die weiteren zur Berechnung erforderlichen Intervalle sind: Quarte = $^4/_3$, Oktave = 2. Zur Länge in der 1. Position steht die Gesamtlänge, mit Position VII, im Tritonusabstand (1,414). Dies alles ergibt folgende Resultate:

		Position I	*Position VII*
Sopran	$^1/_2 \cdot 2{,}9$ =	1,45 m	2,05 m
Alt	$^3/_4 \cdot 2{,}9$ =	2,18 m	3,08 m
Tenor		2,90 m	4,10 m
Baß	$^4/_3 \cdot 2{,}9$ =	3,87 m	5,47 m
Kontrabaß	$2 \cdot 2{,}9$ =	5,80 m	8,20 m

Die Gesamtlänge von 8,2 m ist wirklich beachtlich. Man stelle sich ein so langes Rohr gestreckt vor! Die maximale Verstellbarkeit des Zuges beträgt (weil sie an zwei Stellen auf das Rohr wirkt) die Hälfte des jeweiligen totalen Längenunterschieds zwischen Position I und VII, bei der Kontrabaßposaune also $^1/_2 \cdot (8{,}2 - 5{,}8) = 1{,}2$ m, was mit dem Arm allein nicht zu bewältigen ist.

Bei Verdi (»Aida«) heißt die Baßposaune **Cimbasso**. Diese Bezeichnung gilt also nicht etwa einem Spezialinstrument (das es nicht gibt).

Da die Posaune im Alleingang innerhalb der Blechinstrumente schon sehr früh chromatisch wurde, war sie geradezu prädestiniert, schon im Frühbarock den vokalen akkordischen oder kontrapunktischen Chorsatz zu begleiten. So kommt der 4stimmige Posaunensatz bis zu Bach, Gluck (»Orpheus«) und Mozart (c-Moll-Messe KV 427). Den Weg zur vollendeten klassischen Ausgewogenheit von Konzert- und Opernorchester, wie er mustergültig etwa in Mannheim und durch Haydn ab der Mitte des 18. Jh. durch geschickte Auswahl der Klangfarben und durch sorgfältiges Bewerten der Lautstärken vollzogen wurde, konnten nur die charakteristischsten, technisch perfektesten und klanglich glücklichsten Familienvertreter überdauern. Bei den Posaunen verschwand zuerst die Sopranposaune und blieb das Trio Alt, Tenor und Baß vorerst noch im Gebrauch, bis auch die Altposaune ihre Rolle anderen Blasinstrumenten abtrat (Mozart, Beethoven). Immerhin gehört die Posaune zu den bemerkenswerten Ausnahmen, in denen eine Familie, wenigstens teilweise, im Orchester ihren Platz behaupten konnte. Das Opernorchester und das romantische Sinfonieorchester enthalten meistens 3 Posaunen, und zwar 2 Tenor- und ein Baßinstrument. Zur Vervollständigung des möglichen 4stimmigen Satzes (bemerkenswerte Bewahrung der Autonomie!) gesellt sich in der tiefsten Lage eine Tuba dazu, die der Kontrabaßposaune vorgezogen wird. Letztere war der Militärmusik vorbehalten worden, bis sie Wagner im »Ring«-Orchester forderte. Sie ist sehr unhandlich und ihr Zug muß, der großen Länge wegen, mit einem Stiel betätigt werden. Auch die Baßposaune ist relativ schwerfällig zu handhaben, so daß ihr heute meistens ein Doppelinstrument vorgezogen wird, das sowohl Tenor- als auch Baßlage umfaßt. Es ist die Tenor-Baßposaune.

Bei der **Tenor-Baßposaune** handelt es sich um ein der Tenorposaune ähnliches Instrument, mit etwas weiterem Durchmesser, aber gleicher Länge in der Grundstellung. Mittels eines *Ventils* (wie es später beim Horn beschrieben wird) läßt sich ein Verlängerungsrohr (Ventilzug) in den Luftweg einschalten, das so bemessen ist, daß dabei das ganze Instrument um eine Quarte tiefer klingt und somit den Umfang der $_1$F-Baßposaune deckt. Wegen der 7 Stellungen des Zuges sind hier ganze 14 Instrumente vereinigt: 7 bei geschlossenem Ventil (Tenorposaune) und 7 bei offenem Ventil (Baßposaune). Dieses Doppelinstrument wurde von C. F. Sattler (Leipzig) erdacht und aufgrund seiner Erfindung des dazu benötigten Stellventils 1839 gebaut.

a) Die bei der Tenorposaune vorgefundene Lücke zwischen E und Kontra-$_1$B kann jetzt in der Baßstellung ausgefüllt werden.

b) Die gegenüber der einfachen Tenorposaune etwas größere Mensur erleichtert das Spielen der Pedaltöne des Tenorteils.
c) Da aufeinanderfolgende Positionen sich gegenseitig um 6 % unterscheiden, liegen sie bei der längeren Baßposaune weiter auseinander als beim Tenorinstrument. Der gemischte Gebrauch im Doppelinstrument, wobei für dieselben Teiltonordnungen nicht identische Stellungen gesucht und getroffen werden müssen, bringt nicht zu unterschätzende spieltechnische Schwierigkeiten mit sich.
d) Das bedeutet mit anderen Worten, daß auch für die Baßposaune im Doppelinstrument höchstens der für den Tenorteil geltende maximale Zug zu Verfügung steht, der für den Baßteil zu kurz ist. Die Position VII der Baßposaune kann nicht mehr verwirklicht werden, sondern höchstens VI. Um die fehlende Länge zu kompensieren, wird etwa ein »Es-Ventil« eingebaut, das, zusätzlich gebraucht, die übliche Herabsetzung um eine Quarte zur Quinte ermöglicht und deswegen *»Quintventil«* genannt wird. Mit F- und Es-Ventil zusammen wird die Stimmung der alten $_1$Es-Baßposaune erreicht.

Für die **Ventilposaune** vgl. in 1.124 den Schlußabschnitt über die Chromatisierung der Trompete.

Die **Renaissance-Posaune** war etwas enger mensuriert und wies eine kleinere Stürze auf. Dadurch war der Ton sowohl obertonreicher, also herber, als auch weniger voll. Hier ein Vergleich (Maße in mm):

	Bohrung beim Mundstück	*Durchmesser des Schallstücks*
Renaissance-Posaune	10	106
Moderne Tenorposaune	12,73–12,93	204–215
Tenor-Baßposaune	13,34–14,30	214–238
mit Quintventil versehen	14,30	242–255

Die früher gebräuchliche, in einigen Militärorchestern noch anzutreffende **Altposaune** ist im Sinfonieorchester von der Trompete verdrängt worden. Sie stand in Es (eine Quarte höher als die Tenorposaune) oder in F (eine Quinte höher). Umfang:

Es-Altposaune: A – es^2 + Pedaltöne $_1$A – Es
F-Altposaune: H – f^2 + Pedaltöne $_1$H – F

Die tiefsten Töne sind natürlich wieder jeweils der Tritonus unter dem 1. Teilton »2« und unter dem Grundton (Es bzw. F). Auch hier besteht die bei der Tenorposaune schon festgestellte Lücke zwischen höchstem Pedalton und tiefstem 1. Teilton (»2«).

1.116 **Die Stürze**

Bisher wurde das Geschehen innerhalb eines akustischen Rohres betrachtet. Damit wir aber die Klänge eines Instruments überhaupt hören, muß etwas von seinem »Innenleben« in den Raum gelangen. Die Ausstrahlung geschieht am offenen (unteren) Ende und wird durch den Schallbecher, die Stürze, gefördert, denn diese progressive Erweiterung des Durchmessers dient vor allem dazu, die Kontaktfläche mit dem Außenraum erheblich größer und daher wirkungsvoller zu gestalten, als sie bei einem einfach abgeschnittenen Rohr wäre. Wir wissen jetzt, daß die am Ende angekommenen Schallimpulse teilweise ins Rohr zurückgeworfen werden, mit demjenigen Bruchteil, der zum Aufschaukeln der Resonanz im Rohr benötigt wird. Die größere Portion hingegen tritt aus dem Instrument aus, aber es ist dafür zu sorgen – was mit der Stürze geschieht –, daß eine gegenüber dem Rohrquerschnitt größere Abstrahlungsfläche genügend Luft in Bewegung setzt. – Eine zweite Wirkung der Stürze ist mindestens ebenso wesentlich, doch, da weniger selbstverständlich, über einen auch sonst grundwichtigen Umweg zu erklären:

In allen bisherigen Betrachtungen war immer nur von einzelnen, isolierten Schwingungen (mit gegebener Frequenz) die Rede. Die dazugehörenden Erklärungen sind aber immer nur für den jeweils tiefsten Teilton eines komplizierteren Gebildes gültig. In Wirklichkeit wird jeder dieser Töne von zahlreichen gleichzeitig entstehenden harmonischen *Oberschwingungen* begleitet, deren Intensität mit zunehmender Ordnungszahl normalerweise abnimmt. Jeder gespielte Ton wird also zum Grundton von Oberschwingungen mit – gegenüber dieser Grundfrequenz – ganzzahlig vielfachen Frequenzen. Speziell entstehen mit dem Grundton »1« auch alle anderen Naturtöne als Obertöne entsprechender Ordnungszahl »2« . . . »10«.

In der Tat gibt es, mathematisch betrachtet, in der Natur (abgesehen eventuell von rein elektrischen Schwingungserzeugern, die dann

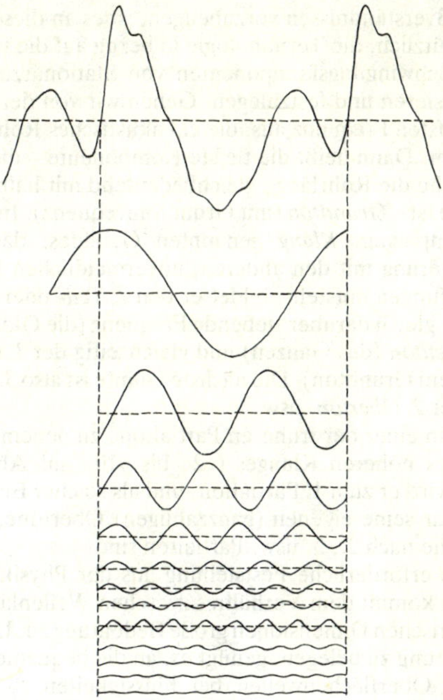

Satz von Fourier: Jede periodische Schwingung (ganz oben) ergibt sich aus der Überlagerung von zueinander harmonischen einfachen Teilschwingungen (unten), deren Frequenzen ganzzahlige Vielfache der Grundfrequenz (zweitoberste Linie) sind.

aber meistens im Lautsprecher doch deformiert werden) keine reinen Sinusschwingungen, sondern nur komplexere, wenn auch streng periodische Schwingungen. Wie Jean-Baptiste-Joseph Fourier (1768–1830) bewies, kann jeder periodische Vorgang zusammengesetzt werden aus reinen Sinusschwingungen, von denen die niedrigste Schwingung Grundtonfrequenz besitzt und die anderen Frequenzen ganzzahlige Vielfache davon sind.

Um Mißverständnissen vorzubeugen, ist es an dieser Stelle sicher nützlich, die Terminologie in bezug auf die verschiedenen Schwingungskomponenten von Stationärzuständen zu präzisieren und festzulegen. Gehen wir von der theoretisch tiefsten Frequenz aus, die ein akustisches Rohr erzeugen kann. Dann heißt die tiefste Komponente – diejenige, für welche die Rohrlänge gleichbedeutend mit halber Wellenlänge ist – *Grundton* (mit Grundtonfrequenz). Innerhalb des komplexen, *Klang* genannten Gebildes, das durch Überlagerung mit den anderen, unvermeidlichen höheren Schwingungen entsteht, bildet er den *1. Teil-* oder *Partialton*. Die gleich darüber stehende Frequenz (die Oktave), ist der *2. Teilton* (des Ganzen) und gleichzeitig der *1. Oberton* (über dem Grundton). Die nächste Quinte ist also *3. Partialton*, aber *2. Oberton*, usw.

Wird nun einer der früheren Partialtöne zu neuem Grundton eines höheren Klanges (»2« bis »10« auf Abbildung S. 18), wird er zum 1. Partialton, und als solcher Bezugsfrequenz für seine eigenen (ganzzahligen) Obertöne, welche der Reihe nach 2., 3. usw. Partialton sind.

Weitere erforderliche Feststellung aus der Physik: In der Akustik kommt dem Verhältnis zwischen Wellenlänge und geometrischen Dimensionen große Bedeutung zu. Um diese Behauptung zu belegen, genügt es, an die bequeme Analogie mit Oberflächenwellen bei Flüssigkeiten zu denken (dabei darf man den Unterschied zwischen den Transversalwellen der Flüssigkeit und den akustischen Longitudinalwellen außer acht lassen). Wenn ein Hindernis, z. B. ein Pfahl mit 10 cm Durchmesser, aus einem Wasserspiegel ragt, übt er praktisch keine Wirkung auf große, etwa meterlange Wellen aus. Für kleine, wenige Zentimeter messende Wellen wirkt er als Schirm, hinter dem sich ein Wellenschatten bildet: Das Wasser bleibt dort unbewegt.

Nach diesen Vorüberlegungen können wir nun zum akustischen Rohr zurückkehren. Stellen wir uns vor, ein Rohr mit einfach abgeschnittenem Ende, wie es oben für die Erklärung der Schwingungsbildung angenommen worden war, habe eine Öffnung, die auch in bezug auf höhere Schwingungskomponenten (mit geringer Wellenlänge) klein wäre und somit deren Bildung ermöglichen würde. Dies geschähe zum Nachteil der zu scharf und unangenehm werdenden Tonqualität. Der Durchmesser der Stürze beträgt etwa 25 cm und ist deswegen für niedrige Frequenzen erheblich kleiner als die Wellenlänge (zur Erinnerung: Wellenlänge des Grundtons = doppelte Rohrlänge, also für den höchsten Pedalton, in 1. Position, 5,8 m). Für solche Frequenzen benimmt sich das Ganze nahezu so, als existiere die Erweiterung gar nicht und als weise das Rohr unveränderlichen Querschnitt bis an sein Ende auf. Für hohe Frequenzen hingegen, deren Wellenlänge mit dem Stürzendurchmesser vergleichbar wird, kann nicht mehr davon abgesehen werden, daß die Rohrausweitung einen allmählichen Übergang vom kleinen Durchmesser (mit großer Wandreibung) zum freien Raum (mit kleinem Widerstand) bildet. Die Länge des Rohres ist in diesem Fall nicht mehr genau definiert, der Übergang nicht mehr genügend deutlich lokalisiert, um diejenigen Reflexionen zu erzeugen, die zur Bildung stationärer Wellen dienen. Die (hohen) Komponenten, welche dem Klang schneidende, unerwünschte Schärfe verleihen würden, kommen deswegen gar nicht zur Ausbildung. Dies erklärt den satten, aber angenehm runden Klang der Posaune.

Die oberste mögliche Frequenz kann abgeschätzt werden, wenn auch nur angenähert, weil 25 cm als halbe Wellenlänge kein absolutes Maß darstellt. Aus $\lambda = 2 \cdot 0{,}25$ m folgt $f = c/\lambda = 340/0{,}5 = 680$ Hz. Diese Frequenz entspricht etwa der Quinte über dem Kammerton ($440 \cdot 3/2 = 660$ Hz = e^2); es wird somit die obere, auf der Figur für die Posaunenzüge von S. 18 berücksichtigte Grenze der möglichen Töne bestätigt. In allen Zugpositionen befindet sich die höchste spielbare Note und die oberste Teilschwingung (bei den tieferen Noten) in dieser Region.

Somit kommt der Geometrie des Übergangs vom Rohrinnern zum Außenraum große Bedeutung zu. In diese Geometrie kann man absichtlich eingreifen, indem in die Stürze ein *Dämpfer* (*Sordine*) eingeschoben wird. Er hat die Form

eines Kegelstumpfes und bewirkt einen weniger samtigen, eher nasalen, gewürgten Ton. Aus der Benennung darf nicht abgeleitet werden, daß der Dämpfer leise Tongebung (»piano«) bedingt. Sie ist auch im »forte« als neue Klangfarbe zu gebrauchen.
Eine letzte Bemerkung: Durch den Zug gewinnt die Posaune eine Eigenschaft, die sie mit anderen Blasinstrumenten nicht teilt: ein langsamer Wechsel von einer Position in die nächste erzeugt, wenn die Tongebung nicht unterbrochen und der betreffende Partialton festgehalten wird, ein *Glissando*, d. h. einen gleitenden Übergang von einem Ton zum nächsten. Das bedeutet außerdem, daß normalerweise, wenn also die Töne nicht gleitend verbunden werden sollen, jeder einzelne artikuliert werden muß. Dies geschieht durch den *Zungenschlag*, der die Luftzufuhr unterbricht und im richtigen Moment wieder freigibt.
Vielleicht haben die bis hierher angestellten Überlegungen über die Posaune den Eindruck erweckt, die gesamte Materie sei ziemlich schwierig und komplex. Da aber dieselben oder ähnliche Begriffe, wenn sie im folgenden erneut aufgegriffen und ergänzt werden, sich gegenseitig immer mehr klärend durchdringen, sollten sie zusehends weniger fremd wirken.

1.117 **Die Notierung**

Seit es im 16. Jh. mit verschiedenen Schlüsseln eingeführt wurde, hat sich das 5-Linien-System als Träger von konventionellen, zum Festhalten der Musik erdachten Zeichen bewährt. Es entstanden aber, vor allem für Blasinstrumente, historisch und spieltechnisch bedingte Gebräuche, für die sich die gewohnte Art, diese Zeichen zu lesen, etwa nach dem Muster von Klavier- und Violinnoten, als tückisch erweist. Aus diesem Grunde ist es erforderlich, bei vielen Instrumenten auf die spezifischen Eigenarten ihrer Notierung hinzuweisen.
Bei der Posaune ergibt sich allerdings kein Problem. Da sie

schon sehr frühzeitig vollständig chromatisiert wurde, bestehen keine bevorzugten Tonarten oder gar Einzeltöne. Deswegen geschieht die Notierung ganz normal »in C«, was bedeutet, daß ein geschriebenes C auch ein klingendes C wird, ein fis ein fis bleibt, usw. (bei anderen Instrumenten, z. B. der Trompete, trifft dies nicht zu). Allerdings kommt man wegen des außerordentlichen *Umfangs* (Bereich zwischen tiefstem und höchstem Ton) nicht mit einem einzigen Schlüssel aus. Je nach Lage der Töne braucht man den Baß- oder den Tenorschlüssel.

Tenor-posaune

Baß-posaune

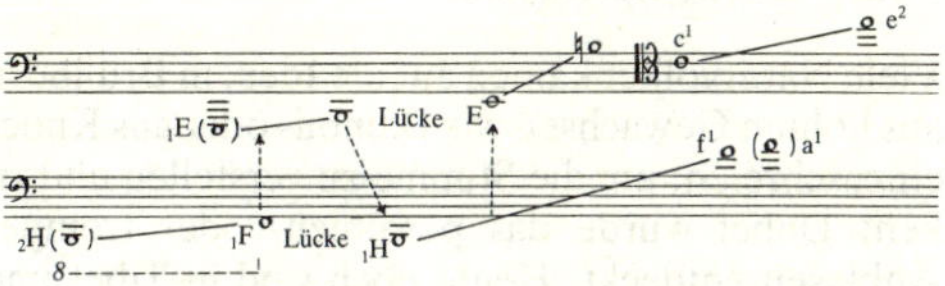

Daraus ist ersichtlich, wie es die Kombination von Tenor- und Baßlage in der doppelten Tenor-Baßposaune ermöglicht, gegenseitig die Lücke zwischen Pedaltönen und unterster Oktave in der Position VII auszufüllen (vorausgesetzt, man fordert alle Pedaltöne). Die Tenor-Baßposaune umfaßt also gut 5 Oktaven!

Wegen der gegenseitigen Ergänzung der beiden Instrumentenbestandteile wird die Tenor-Baßposaune im Französischen als vollständig, **Trombone complet**, bezeichnet, ebenso heißt sie italienisch **Trombone completo**.

Auf der vollen Seite einer Partitur steht das Blech etwa in der Mitte. Dort sind auf einem 5-Linien-System 2 Posaunen notiert. Die 3. Posaune (wenn vorhanden) steht entweder auf dem gleichen System oder auf einem anderen darunter, im Baßschlüssel, zusammen mit der Tuba. Die beiden höheren Posaunen sind oft im Altschlüssel notiert (Beethoven, 9. Sinfonie). Da auch, wie oben ersichtlich, der Baßschlüssel vorkommt, muß der Posaunist 3 Schlüssel lesen können und in der Lage sein, schnell zwischen ihnen zu wechseln. Das ist indessen nicht schlimm, weil er dafür, im Gegensatz zu anderen Blechbläsern, nicht transponieren muß (s. Trompete 1.129).

Die Altposaune wird ebenfalls klingend notiert (nicht transponierend).

1.12 *Die Trompete*

1.121 **Etwas Geschichte**

Viele Naturvölker kamen auf die Idee, in Brüllhörner (etwa aus hohlen Gewächsen wie Bambus oder aus Knochen) hineinzuschreien, um die Stimme zu verstellen und zu verstärken. Dabei wurde das posaunen- oder trompetenartige Anblasen entdeckt. Heute noch sind in Tibet und bei der Urbevölkerung Australiens solche einfachen Instrumente bekannt, die nur mit einem Ton, dem Grundton, gebraucht werden. Trompetenähnliche Instrumente gehörten zu verschiedenen alten Kulturen, so in Ägypten, Griechenland und China. Bemerkenswert sind vor allem die skandinavischen, paarweise vorkommenden, aber wahrscheinlich nicht 2stimmig gebrauchten **Luren** aus dem 1. Jh. vor unserer Zeitrechnung. Sie wurden kunstvoll aus Bronze in aufeinanderfolgenden Schritten gegossen, jeweils ein manschettenförmiges Segment auf das schon erkaltete vorangehende, wobei raffinierte Formgebung der Ränder dafür sorgt, daß die Einzelteile sich gegenseitig durch Verzahnung festhalten. Im alten Rom waren dünnwandige Blechinstrumente bekannt, **Tuba** und **Lituus**, die wohl unsere Trompeten, Posaunen und Hörner vorausnahmen, aber nicht als deren Vorgänger betrachtet werden dürfen, da sie keine direkte Abstammung miteinander verbindet.

Aus »Tuba« entstand die Abwandlung »tromba« (it. für Trompete), dann das Diminutiv »trombetta« und daraus das deutsche »Trompete«.

In der Zeit der um das Jahr 800 stattfindenden Völkerwanderungen wurde die Kunst vergessen, aus einem einzigen eingerollten dünnen Blech mit verlöteter Längsnaht Instrumente herzustellen. Auf den Vorgänger der heutigen Blechblasinstrumente muß man deswegen bis zum 11. Jh. warten, als die Sarazenen über Italien ihre **Busine** in Europa einführten. Es gab zwei Klassen dieser gestreckten Rohre: die zylindrischen, aus denen Trompete und Posaune hervorgingen, und die sich konisch erweiternden, von denen das Horn abstammt.
Die technische Schwierigkeit, Rohre durch Zusammenbiegen handlicher zu gestalten, wurde zuerst bei den Trompeten überbrückt, da es bei ihnen genügte, gerade Rohrstücke durch 2 Halbkreise zusammenzufügen. Die kreisförmige Gestalt des Hornes gelang erst um 1680 herum, aber die Erfindung wurde dann übermütig auch auf die Trompete ausgedehnt, um sie in viele phantasievolle Formen zu bringen.

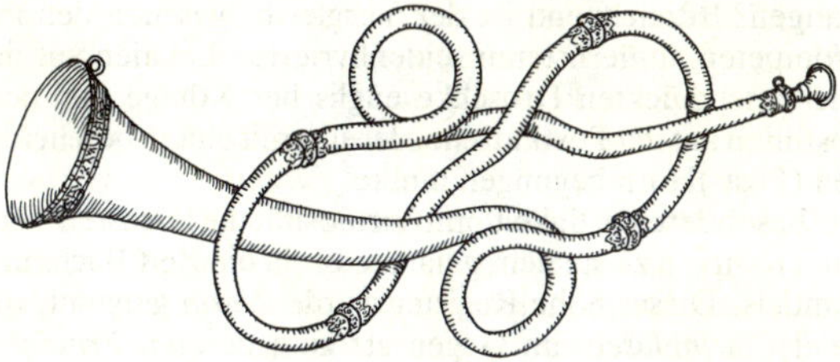

Trompete von Antonius Schnitzer (Nürnberg, 1598)

Ursprünglich als Kult- und Militärinstrument gebraucht, wurde die Trompete sehr früh in das Orchester einbezogen. Sie findet Verwendung bei Giovanni Pierluigi da Palestrina (um 1525–1594) und bei Giovanni Gabrieli (1554/57 bis 1612/13). Claudio Monteverdi (1567–1643) schreibt sogar schon die Sordine vor.

Es handelte sich damals um tiefe, wie das Horn fast 4 m lange Trompeten. Man benutzte sie aber in hohen Lagen, wo sich die harmonischen Teiltöne so nahe beieinander befinden, daß schon ein ziemlich freier melodischer Gebrauch möglich war. Die schwierige Kunst, in höchstem Register zu blasen, wurde nur innerhalb einer exklusiven Zunft weitergegeben, denn das Instrument war bis zum 17. Jh. ein Symbol gehobener Stände, ein Bote ritterlicher

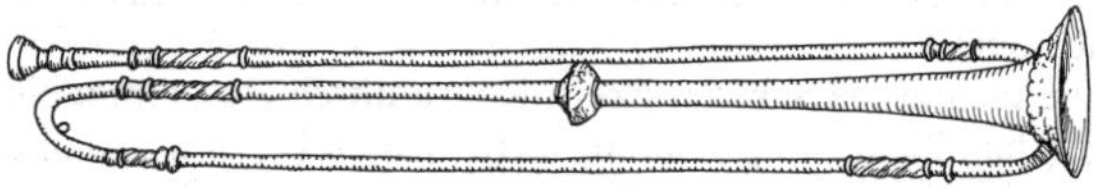

Barocke Naturtrompete in D

und heldischer Elite. Gewöhnlichen Sterblichen war sein Gebrauch untersagt. Solch hohes Ansehen war ihr auch bei den Hebräern zugestanden worden: man denke an die silbernen Trompeten, die in den mosaischen Tempeln erklangen. Bezeichnend ist der Vergleich zwischen den mit Trompeten ausgerüsteten seidenlivrierten Lakaien auf der reichgeschmückten Droschke englischer Könige und dem Postillion auf der Postkutsche, der sich mit einem bescheidenen (Post-)Horn begnügen mußte.

Die besondere Fertigkeit, mit Virtuosität die höchsten Töne der Trompete zu spielen, gelangte bis in die Zeit Bachs und Händels. Dieses hohe Register wurde *Clarin* genannt, das Spiel *Clarinblasen*, im Gegensatz zum tieferen *Prinzipalblasen*. Man beachte: »Clarin« ist kein spezielles Instrument, sondern die damalige große, tiefe Trompete in C oder D, in höchster Lage gebraucht. Der 16. Naturton war ganz normal »im Gebrauch«, so das c^3 auf der C-Trompete in Bachs 4. Orchestersuite. Im 2. Brandenburgischen Konzert erreicht die Trompete gar das f^3. Da Bach dazu eine F-Trompete vorschreibt, ist es wiederum der 16. Naturton. Manchmal stieg man sogar bis zum 18. Naturton herauf (bei der C-Trompete das d^3).

Die den exklusiven, speziellen Zünften (»Kameradschaft der gelernten Trompeter«) vorbehaltene Spieltechnik ging gerade wegen dieser Ausschließlichkeit nach dem Barock verloren. Dazu trug auch das durch die Französische Revolution gegen Ende des 18. Jh. verursachte Verschwinden vieler kleiner Höfe mit ihren hauseigenen Orchestern bei. In der Klassik mußten sich die Trompeten fast nur mit den tiefen Naturtönen (»2« und »3«) zur Unterstreichung von Tonika und Dominante begnügen. Um jene Barocktöne leichter und mit ähnlicher Klangfarbe zu erzeugen, erfand man, das Clarinblasen endgültig verdrängend, etwa zu Mozarts Zeiten die Klarinette (= kleines Clarin). Für die heutige Aufführung barocker Musik verwendet man speziell konstruierte kleine, daher auch bei Tönen niedriger Ordnung hoch klingende Trompeten. Paradoxerweise werden sie als **Bach-Trompeten** bezeichnet, wobei der Name sich auf den Stil der damit ausgeführten Werke bezieht, ohne jeden Anspruch auf historisch fundierten Zusammenhang mit den damaligen, ausgesprochen groß dimensionierten Trompeten.
Zu Bachs Zeiten gab es auch eine **Tromba da tirarsi**, eine **Zugtrompete**. Man darf sich allerdings darunter nicht eine verkleinerte Ausgabe der Zugposaune vorstellen. Es war nur der erste Rohrteil (nach dem Mundstück) ausziehbar, um gelegentlich, also vor allem nicht in rascher Folge, naturtonfremde Klänge spielen zu können.

1.122 **Die moderne Trompete**

Abgesehen vom Clarinregister liegen unten die Naturtöne weiter auseinander, und die ursprüngliche (**Natur-**)**Trompete** ist nicht in der Lage, die dazwischenliegenden chromatischen Halbtöne herzugeben. Für Mozart und Beethoven waren deswegen die Anwendungsmöglichkeiten der Trompete noch ziemlich beschränkt. Sowohl als harmonische Unterstützung wie auch in der Rolle des strahlenden Signalinstruments war ihre Funktion auf relativ wenige verfügbare

Noten beschränkt. Die Kunst des Komponisten beim Einsatz der Trompeten (und der Hörner) bestand darin, diese Schranken nicht allzu deutlich werden zu lassen: alles muß natürlich erscheinen, gewollt und nicht durch die vom Instrument gebotene geringe Tonauswahl erzwungen. Auf jeden Fall mußte man zu verschiedenen Instrumenten greifen, um von Fall zu Fall über jene Grundstimmung verfügen zu können, deren Teiltöne zur Tonart der auszuführenden Komposition gehörten, gerade weil vor allem »2« und »3« als Tonika und Dominante wichtig waren.

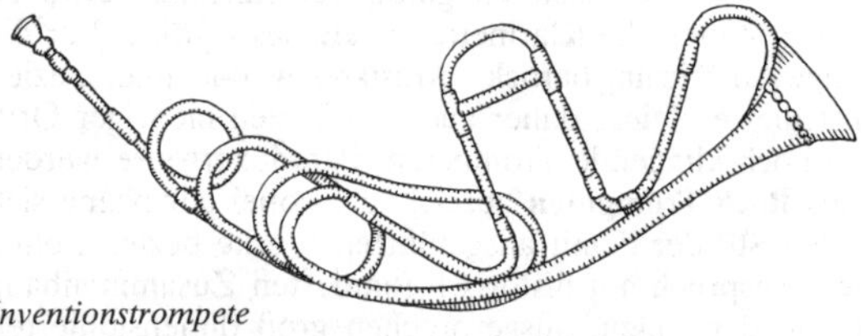

Inventionstrompete

Erinnern wir uns an die im Zusammenhang mit der Chromatisierung der Posaune gemachte Feststellung: Will man alle Stufen zwischen 2. und 3. Naturton erreichen (der Grundton ist bei der Trompete möglich, aber zu schwer und klanglich unbrauchbar), sind 7 Instrumente erforderlich (bei der Posaune durch den Zug in einem Instrument vereint). Um dem Orchestertrompeter das Leben zu erleichtern und ihn nicht dazu zu zwingen, immer 7 Trompeten zur Hand zu haben, um alle Forderungen erfüllen zu können, wurde die **Inventionstrompete** erfunden (Michael Wöggel, Karlsruhe, 1780), eine Trompete, die durch Einsetzen verschieden langer, *Stimmbügel* genannter Zusatzrohre (oder ihrer Kombinationen) alle erforderlichen Stimmungen erreichen konnte. Allerdings erforderte der Übergang von einer Stimmung zur anderen eine erhebliche Pause (zum Umstecken).

Die Erfindung der *Ventile* durch den Schlesier Friedrich Blühmel im Jahre 1813 (1816 an den Berliner Heinrich Stölzel verkauft und für diesen 1818 patentiert) machte es u. a. möglich, 7 Trompeten durch ein einziges Mundstück anzublasen und (mit 7 Ventilen) von einer zur anderen umzuschalten. Wenn auch die Idee theoretisch interessant ist,

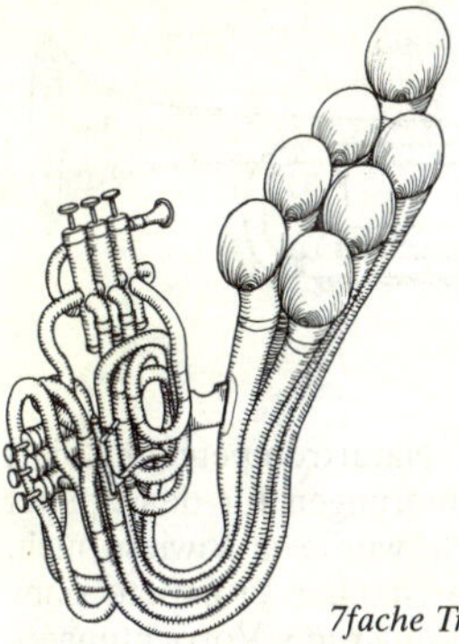

7fache Trompete

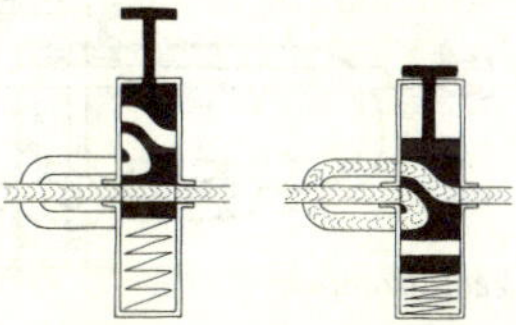

Funktion des Pumpenventils

weil jedes Teilinstrument in sich eine Naturtrompete mit genau harmonischen Tönen bildet, wirkt die praktische Ausführung doch sehr schwerfällig. Alle ähnlichen Versuche überlebten das eigentliche Kolumbusei nicht, welches darin bestand, durch 3 Ventile 3 verschiedene Zusatzrohre, einzeln oder kombiniert, einzuschalten, also über 3 fest eingebaute und frei wählbare *Stimmbügel* zu verfügen. Durch den Fingerdruck auf ein Ventil muß die Luft ins Zusatzrohr ausweichen, um dann, nochmals über dasselbe Ventil, wieder ins Hauptrohr zu gelangen; es sind die *Pumpen-* oder *Stoßventile*.
Anfangs begnügte man sich mit nur 2 Ventilen; die für die vollständige Chromatisierung erforderlichen 3 Ventile baute zuerst Étienne-François Périnet in Paris (1829). Carl Wilhelm Moritz brachte 1835 bei tiefen Blechinstrumenten die Ventilzahl auf 5. (Zum Gebrauch der Ventile vgl. 1.124.)

Sobald sich diese Neuigkeit durchsetzte, war es nicht mehr nötig, lange, tief gestimmte Trompeten, wie im Barock, zu spielen, um in der interessierenden Sopranlage über genügend Töne verfügen zu können. Ja, die Trompete konnte

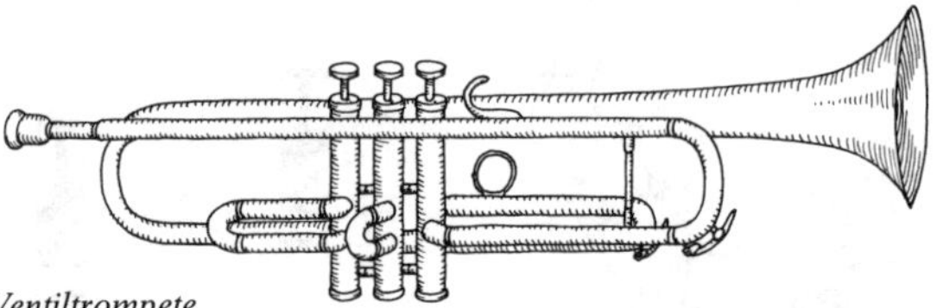

Ventiltrompete

sogar in der Länge gegenüber Naturtrompeten halbiert werden, mit erheblichen Erleichterungen für den Spieler (der Pedalton der Naturtrompete wurde ja sowieso nicht gebraucht). Die **Naturtrompete** ist eine Trompete ohne Ventile oder andere stimmungsändernde Vorrichtungen. Sie kann nur Naturtöne (also ganzzahlige Vielfache des Grundtons) erzeugen.

Die kürzere Luftsäule der **Ventiltrompete** ist leichter in Schwingung zu versetzen. Außerdem liegen beim kürzeren Instrument die benötigten Töne weiter auseinander (in ein und derselben Ventilstellung) und können so leichter getroffen werden; Kickser werden seltener. Die Ventiltrompete stieß aber auf erheblichen Widerstand bei ihrer Verwendung im Orchester; erst zu Ende des 19. Jh. gelang ihr konkurrenzloser, unbestrittener Einzug. Noch Rimskij-Korsakow schreibt in der Oper »Mainacht« (1879) Naturtrompeten und Naturposaunen vor. Bei den heute üblichen »authentischen« Aufführungen von Musik des Barock und der Klassik mit »Instrumenten der Zeit« müßten also, mindestens bis und mit Beethoven, tiefe (doppelt lange gegenüber den modernen) Naturtrompeten gebraucht werden, was nicht immer getan wird.

Die wie beim Blech der alten Ägypter sich trichterförmig

ausweitende *»Stürze«* des Mittelalters nahm im Barock den heute noch geltenden Verlauf nach einer Exponentialkurve an.

1.123 **Umfang der modernen Trompete**

Es sind grundsätzlich 2 Trompeten im Gebrauch, in *C-* und in *B-Stimmung*, wobei letztere vorgezogen wird. Sie ist halb so lang wie die Posaune, also 1,45 m, und die Naturtöne (des ohne Ventile benützten Hauptrohrs) bleiben zur Posaune analog, liegen aber alle um eine Oktave höher. Nachdem praktisch der Pedalton auszuschließen ist, beginnt die Verwendbarkeit der Trompete beim 2. Naturton, also beim b des Hauptrohrs, und geht von hier aus, wegen der noch zu beschreibenden Chromatisierung durch die Ventile, wiederum ähnlich zur Posaune, noch einen Tritonus weiter nach unten, also zum e.

Der Vergleich mit der Posaune erlaubt es auch, die obere Grenze abzuschätzen: Nachdem die Stürze ziemlich genau halb so groß ist wie bei der Posaune, nämlich einen Durchmesser von 13 cm aufweist, liegt auch der oberste erreichbare Ton etwa eine Oktave höher und befindet sich in der Gegend von e^3. – Bei Blasinstrumenten ist allerdings die obere Grenze schwer eindeutig zu definieren, denn sie hängt sehr vom Können des Spielers ab.

Analog zur Posaune sind Obertöne bis zur 10. Ordnung möglich; also umfaßt der ganze Umfang, unter Ausschluß des Pedaltons, die eine Oktave höher als bei der Posaune liegende Region, für die B-Trompete: $e–c^3$, ausnahmsweise (im Orchester kaum) bis e^3.
Auf der heutigen C-Trompete wird das c^3 in der erwähnten 4. Orchestersuite von Bach der 8. Naturton (des Hauptrohrs); damals, auf der großen Trompete, war er der viel schwerer zu treffende und zu spielende 16. Naturton. Das f^3 des 2. Brandenburgischen Konzerts wird auf der heutigen kurzen B-Trompete der 12. Naturton, also noch immer nicht der 16. wie zu Bachs Zeiten. Dennoch wird dazu praktisch immer die historisch unbegründete sogenannte Bach-

Trompete verwendet. – Daß f^3 auf der B-Trompete der 12. Naturton ist, läßt sich leicht der Abbildung S. 18 entnehmen: Dort ist für die Posaune f^1 der Ton 6 des ersten Zuges. Seine Oktave f^2 wird demnach doppelte Ordnungszahl haben, d. h. 12. Die gleiche Ordnungszahl entspricht also dem f^3 der Trompete, da das ganze Instrument eine Oktave über der Posaune steht.

1.124 **Die Chromatisierung**

Nun ist es endlich Zeit, die Auswirkung der durch die Ventile zugeschalteten Stimmbügel näher zu beschreiben. (Vgl. Abb. S. 38.) Die Ventile werden durch die drei mittleren Finger der rechten Hand betätigt. Der Daumen dient zum Festhalten des Instruments. – Das 1. Ventil erniedrigt die Trompete um einen Ganzton, das 2. um einen Halbton und das 3. um $1^1/_2$ Töne.

Die Reihenfolge scheint, da nicht einfach steigernd, etwas unlogisch zu sein, sie ist aber vom mechanischen Aufbau her bedingt. Die beiden längeren Stimmbügel sind zweckmäßig bei den äußeren Ventilen untergebracht, weil sie dann parallel zum Hauptrohr verlaufen können, das erste gegen das Mundstück hin, das dritte in Richtung Stürze. Somit kommt dem mittleren Ventil der weniger Platz erfordernde kleinste Stimmbügel zu.

Die Ventile sind aber nicht nur einzeln, sondern auch kombiniert verwendbar, und nur durch diese beiden Möglichkeiten entsteht die vollständige Chromatisierung des Instruments. Es ist leicht, dazu eine kleine Tabelle aufzustellen (s. S. 41), in der vor allem die Veränderungen des Tones »3« interessieren, denn dieser Ton muß ja so weit stufenweise nach unten versetzt werden können, daß die ursprüngliche Quinte zwischen den Naturtönen »2« und »3« ausgefüllt wird. Dabei wird auch Ton »2« um einen Tritonus sinken. Die Tabelle zeigt völlige Übereinstimmung mit den 7 Positionen des Posaunenzuges (vgl. 1.114). Wie erwünscht, ist die Quinte (von oben nach unten) zwischen f^1 (»3«) und b (»2«) chromatisch überbrückt worden. Der tiefste

Gebrauchston (»2«) geht dabei ebenfalls um einen Tritonus nach unten, so daß die B-Trompete von e aus nach oben mit allen Halbtönen ausgestattet ist.

			»2«	»3«
Ohne Ventile:			b	f^1
Ventil 2 allein:	$^1/_2$ Ton nach unten	(Halbton)	a	e^1
Ventil 1 allein:	1 Ton nach unten	(Ganzton)	as	es^1
Ventil 3 allein:	$1^1/_2$ Töne niedriger	(Moll-Terz)	g	d^1
Ventil 2 + 3:	$^1/_2 + 1^1/_2 = 2$ Töne niedriger	(Dur-Terz)	fis	cis^1
Ventil 1 + 3:	$1 + 1^1/_2 = 2^1/_2$ Töne niedriger	(Quarte)	f	c^1
Ventil 1 + 2 + 3:	$1 + {}^1/_2 + 1^1/_2 = 3$ Töne niedriger	(Tritonus)	e	h

Somit scheint nun alles in bester Ordnung zu sein. Leider ist das nicht der Fall, denn die so originelle Einrichtung verbirgt prinzipielle Stimmungsprobleme, wenn auch das ganze Instrument dadurch gestimmt werden kann, daß der erste Halbbogen des Hauptrohrs mit einem *Stimmzug* versehen wird. Das ist ein posaunenähnliches, aber natürlich viel kürzeres Teil, dessen Verschiebung die Stimmung im Bereich etwa eines Halbtons verändert. Dieser ausziehbare Bogen ist außerdem mit einer durch Feder angedrückten *Wasserklappe* versehen, die dazu dient, die sich beim Blasen ansammelnde, euphemistisch Kondenswasser genannte Flüssigkeit von Zeit zu Zeit ausfließen zu lassen. Ganz ähnlich ist bei jedem Stimmbogen an seiner Halbbiegung ein zusätzlicher Stimmzug vorhanden, so daß die korrekte Länge jedes Stimmbogens ebenfalls genau, einzeln, eingestellt werden kann. Bei der B-Trompete ist durch den Hauptzug das b einzustimmen, dann die Töne a, as und g mit den kleinen Zügen. (Die Stimmzüge heißen frz. *coulisse*, it. *pompa*, engl. *slide*.) So weit, so gut. Weniger erfreulich erweist sich

aber die Kombination von gleichzeitig verwendeten Ventilen, wie es am besten an einem Beispiel einzusehen ist. Die Erniedrigung (durch Ventil 2) um einen Halbton wird durch die Verlängerung des wirksamen Rohres um 6 % erreicht. Wenn aber vor dem Zuschalten von Ventil 2 schon Ventil 3 in Betrieb war, also das Instrument g als Grundstimmung hatte, bewirkt das zusätzliche 2. Ventil, wie vorher, einen Zuwachs von 6 % des Hauptrohrs und nicht, wie es erforderlich wäre, 6 % der dem Ton g entsprechenden größeren Länge. Es gehört zu den Forderungen an den Spieler, daß er diesen Fehler (nach unten, weil Gesamtrohr zu kurz) durch richtige Tongebung im Mundstück auszugleichen versteht. Gut zu intonieren ist, wie man nun ahnt, gar nicht leicht! Bei der Posaune besteht kein Problem dieser Art, weil ja die Positionen des Zuges nicht mechanisch festgelegt sind, aber gerade dieser Umstand erfordert auch dort äußerst genaue, unaufhörliche Kontrolle durch das Ohr.
Die mehrmals erwähnte Analogie mit der Posaune läßt erkennen, daß auch bei der Trompete mehrere Töne als Oberschwingungen anderer Ordnung von verschiedenen Grundtönen erzeugt werden können. Der Trompeter wird deswegen versuchen müssen (wenn es die Schnelligkeit der Tonfolge überhaupt erlaubt), diejenige Möglichkeit zu verwenden, welche am wenigsten Ventile erfordert, soll die Intonation möglichst exakt bleiben. Dem tragen auch instrumentenbewußte Komponisten Rechnung, indem sie

- soweit wie möglich trompetengerechte Fanfaren einsetzen, d. h. Folgen aus Naturtönen eines festen Grundtones (einer gegebenen Stimmung),
- wenigstens Klänge weitgehend vermeiden, die den gleichzeitigen Gebrauch von mehr als einem Ventil benötigen.

Der tiefste Naturton entspricht einer Rohrlänge von 1,45 cm. Für die anschließenden chromatischen Töne lassen sich die erforderlichen Verlängerungen leicht berechnen. Dabei ist es vorzuziehen, die angenäherten bisherigen 6 % (pro Halbton) durch den exakteren Wert von 5,95 % zu ersetzen, damit sich die allein genommen kleine Abweichung nicht multipliziert.

Für das a:	1,45 m		
+ 5,95 %	0,086 m		
	1,536 m;	Länge des 2. Stimmbügels	0,086 m
Für das as + 5,95 %	0,091 m		
	1,627 m;	Länge des 1. Stimmbügels	0,177 m
Für das g + 5,95 %	0,097 m		
	1,724 m;	Länge des 3. Stimmbügels	0,274 m
		3 Stimmbügel zusammen	0,537 m

Mit allen 3 Ventilen zusammen wird demnach die Trompete 1,45 + 0,537 = 1,987 m lang (man beachte: fast 2 m!). Das dabei erwünschte Intervall von einem Tritonus nach unten (b–e) ist die Hälfte einer Oktave, also $\sqrt{2}$ = 1,414. Es würde durch eine Rohrlänge von 1,45 · 1,414 = 2,051 m erreicht. Gegenüber der tatsächlich erzielten maximalen Länge von 1,987 m fehlen 6,4 cm, und somit liegt das unkorrigierte e einen Viertelton (Hälfte eines 6 %-Halbtons) zu hoch. Das ist ein hörbares Intervall.

Es gibt Trompetenausführungen, bei denen der Stimmzug des 3. Stimmrohrs durch eine Öse zu betätigen ist, in die der kleine Finger der die Ventile bedienenden rechten Hand gesteckt werden kann, um während des Spiels eine Korrektur (durch richtig dosiertes Herausschieben des Zuges, wenn erforderlich) zu ermöglichen. Manchmal ist auch der 1. Stimmzug mit einem solchen – dann durch den Daumen zu betätigenden – *Schieber* (oder *Auszug*) versehen. Ja, es bestehen sogar »idiotensichere« Stimmzüge, die durch derart ausgeklügelte mechanische Kopplung mit den Ventilen verbunden sind, daß sie automatisch bei Kombinationsgriffen den entstehenden Fehler ausgleichen. Eine den seriösen Trompeter entwürdigende Einrichtung!

Aus alldem geht hervor, wie widersinnig es ist, die in Bläserensembles und in der Militärmusik verwendeten **Ventilposaunen** zu bauen. Die Ventile entsprechen genau denen der Trompete, so daß sie alle dazugehörenden Unzulänglichkeiten auf die Posaune übertragen und die Vorzüge des genauestens zu handhabenden Zuges verdrängen. Dazu kommt noch ein anderer Nachteil: Bei jedem Ventil wird die Luftsäule abgewinkelt, so daß viel leichter höhere Teiltöne ent-

stehen. Der dadurch schrillere Ton war ja auch der Grund für das (in diesem Sinne berechtigte) Mißtrauen, welches lange Zeit der Ventiltrompete entgegengebracht wurde. Nur sind diese Oberschwingungen bei den hohen, festlichen Trompetenklängen weniger verformend und spürbar als bei den Posaunen, wo gerade die zwar gebogene, aber einfache, freiere, winkellose Luftsäule den charakteristischen vollen, saftigen Ton bewirkt – ein klanglicher Vorzug, der durch die Ventile mindestens stark kompromittiert wird. Allerdings muß zugegeben werden, daß schnelle Passagen und gewisse Sprünge mit den rascher zu handhabenden Ventilen leichter (oder überhaupt nur) auszuführen sind als mit dem trägeren Positionswechsel des Zuges. Andererseits verfremden solche raschen Tonfolgen den Charakter der Posaune. Das Maximum an Zugtechnik ist bei Rossini (»Wilhelm Tell«-Ouvertüre) zu finden. Verdi dachte wahrscheinlich in seinem »Otello« mit Sechzehntel- und sogar Zweiunddreißigstel-Passagen an die Ventilposaune.
(Die Gesamtheit der Ventile wird auch *Maschine* genannt. Wie häßlich und poesielos!)

1.125 **Das Mundstück**

Es muß nun endlich auf die Tonerzeugung eingegangen werden, auf die dafür am Eingang des Rohres periodisch in Tonfrequenzfolge zu erzeugenden Impulse. Dazu dient das Mundstück. Trompete und Posaune entsprechen einander in der Form weitgehend: Beide sind sie zylindrisch, bis zur unteren Ausweitung zur Stürze hin (der Zug wäre bei konischem Rohr nicht anzubringen), und besitzen auch gleich gebaute, nur verschieden große Mundstücke in Kesselform. Das Trompetenmundstück ist etwa 1 cm tief, dasjenige der Posaune mehr als doppelt so viel. Der Spieler drückt die

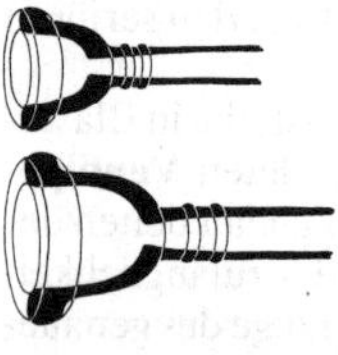

Mundkessel von Trompete (oben) bzw. Posaune

Lippen gegen den Rand des *Kesselmundstücks*; die Spannung der Lippen hat eine rasche periodische Unterbrechung des Luftaustritts aus dem Mund zur Folge. Um diesen Vorgang zu erklären, müssen wir uns an dieser Stelle mit einer

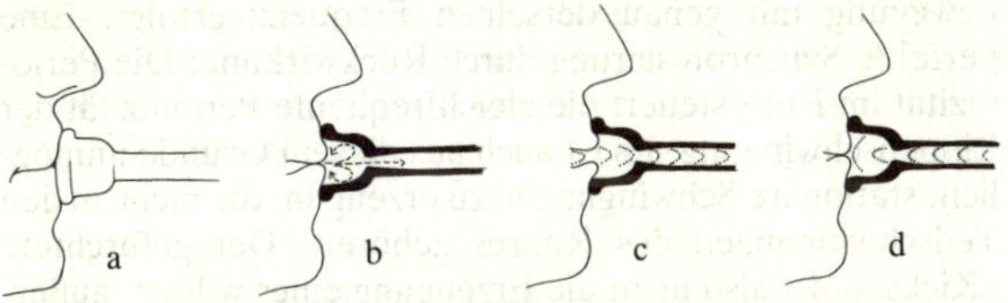

a Aufsetzen der Lippen c Impulseingabe ins Rohr
b Rückstau im Kessel d Rückkehrender Impuls

Trompeten- bzw. Posaunenmundkessel und -rohr

ersten Näherung begnügen und für eine genauere und vollständigere Darstellung auf ein physikalisches Gesetz verweisen, auf das bei der Oboe (Abschnitt 1.212) eingegangen wird. Das hier Gesagte ist nicht unrichtig, enthält aber nur einen Teil des gesamten, recht verflochtenen Vorgangs: Die mit Kraft in den Kessel hineingepreßte Luft kann nicht sogleich vollständig in das Rohr abfließen. Teilweise kehrt sie längs der Kesselwände zurück, trifft so von außen auf die Lippen und preßt diese versperrend zusammen. Wenn der Überdruck sich dann, durch weiteres Entweichen der Luft in das akustische Rohr, wieder ausgeglichen hat, können sich die Lippen erneut so weit (durch den Druck im Mundinnern) aufschließen, daß der nächste Luftstoß austritt und einen der früher beschriebenen Druckimpulse erzeugt.
Ein wichtiger, steuernder Faktor kommt noch hinzu. Bei der Besprechung der Schwingungserzeugung in einem Rohr (vgl. 1.112) wurde beschrieben, wie jeder Druckimpuls am freien, unteren Rohrende teilweise zurückgeworfen wird und durch das Instrument selber wieder an das Mundstück gelangt. Diese von unten in den Kessel gelangenden

Impulse unterstützen die sich darin abspielenden Vorgänge: sie verstärken die von außen auf die Lippen wirkenden Stöße in perfekter zeitlicher Übereinstimmung. Nachdem der Rhythmus der zurückkehrenden Impulse von dem gebildeten Teilton abhängt, bewirken diese, daß die Lippenbewegung mit genau derselben Frequenz erfolgt. Eine perfekte Synchronisierung durch Rückwirkung: Die Periodizität im Rohr steuert die gleichfrequente Periodizität der Lippenschwingung. Es ist auch aus diesem Grunde unmöglich, stationäre Schwingungen zu erzeugen, die nicht zu den Teilschwingungen des Rohres gehören. Der gefürchtete »Kickser« ist also nicht die Erzeugung eines wilden, außerhalb der harmonischen Folge von Teiltönen liegenden Tones, sondern das kurzzeitige Ansprechen eines falschen, dem gewollten Ton nahe liegenden anderen Teiltons.

Nachdem wegen der Stürze die geometrische Länge des Rohres nicht genau definiert ist, sind die Teiltöne nicht absolut festgelegt. Sie können durch Kontrolle der Lippenspannung in der Frequenz etwas verschoben werden. Das ist der Weg, um die bei gleichzeitigem Gebrauch mehrerer Ventile entstehenden Intonationsabweichungen zu korrigieren.

Heute ist es üblich, den Übergang vom Kesselgrund zum Schallrohr etwas abzurunden, damit der Ton (eigentlich romantischen Idealen zuliebe) etwas weicher wird.

1.126 **Der Dämpfer**

Die Trompete kann mit verschieden geformten, in die Stürze gesteckten und durch kleine Korkstreifen haftenden Dämpfern (*Sordinen*) gespielt werden. Jeder verfärbt den Klang auf eine bestimmte, ihm eigentümliche Art. Es muß nochmals gesagt werden, daß der Dämpfer weniger zur Abschwächung des Tones als zur Erzeugung neuer Klangfarben gebraucht wird, ohne dem Instrument dadurch die arteigene Brillanz zu nehmen. Schon einer der ersten Komponisten, welche die Instrumente für das Orchester vorschrieben, Claudio Monteverdi (1567–1643), setzte den

Dämpfer ein. Gutes Beispiel für im Forte verwendeten Dämpfer: die »Petruschka«-Szene in Igor Strawinskys gleichnamigem Ballett.

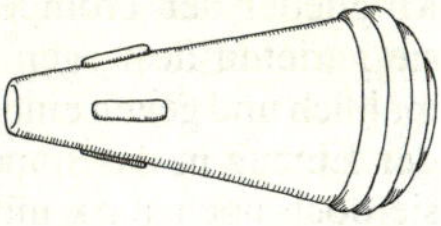

Dämpfer für Trompete

Zu den Dämpfern kann auch der – oft metallene – Hut gerechnet werden, in den man mit der Trompete z. B. im New-Orleans-Orchester bläst.

1.127 **Die Trompete im Orchester**

Die heutige B- (oder C-)Normaltrompete spielt eine Oktave höher als die Tenorposaune und befindet sich somit in der Sopranlage. Das war auch bei der früheren langen Naturtrompete der Fall, da sie, wie schon angeführt, ebenfalls in der Diskantlage gebraucht wurde. (Bevorzugt war dabei bis etwa 1750 die D-Stimmung, dann wurde F-Stimmung beliebter.) Dieser Sopranrolle waren im 16. Jh. andere Stimmlagen zugeordnet, so daß man die Familie der **Naturtrompeten** bis zum 5stimmigen Satz verwenden konnte. Sie bestand aus:

	vokale Entsprechung
Clarino	Sopran
Quinto (Terz oder Quinte tiefer)	Mezzosopran
Alto oder *Prinzipal*	Alt
Vulgano oder *Tenor*	Tenor
Basso	Baß

Zusammen mit anderen Instrumenten wurde die Trompete anfangs selten gespielt, in erster Linie wegen des ihr gezollten fürstlichen Ansehens bis in den Barock hinein. Eine höhere, besonders glanzvolle Rolle wurde den Bläsern in jener Zeit, vor allem in Frankreich am Hofe Ludwigs XIV. (Jean-Baptiste Lully, »Symphonies pour les Couchers du

Roy«), zugewiesen. Zum Orchester gesellte sich vorerst die Trompete als triumphierendes Soloinstrument (F-Trompete in Bachs 2. Brandenburgischen Konzert), wo die tieferen Mitglieder der Trompetenfamilie weniger geeignet waren; sie gerieten deswegen langsam in Vergessenheit. Nur allmählich und gegen einigen Widerstand gelang der Trompete der Einzug in das standardisierte klassische Orchester, da sie doch noch stark mit ritterlichen Assoziationen verbunden war, trotz des Ausfalls früherer Virtuosität und der dadurch beschränkten Aufgabe als harmoniefüllendes, farbgebendes oder rhythmisch unterstreichendes Instrument. In einigen Fällen wurde ihr allerdings in Erinnerung an die glorreiche Vergangenheit zugestanden, aus dieser untergeordneten Rolle herauszutreten, um mit freudigen Signalen besondere Ereignisse anzukünden; dann pflegte man das Orchester in Ehrfurcht erstarren zu lassen, um aufmerksam, schweigend zuzuhören (Beethoven, 6. Sinfonie, Takte 203–204 des Scherzos, oder die berühmte Stelle im »Fidelio« wo sie die Ankunft des als Deus ex machina auftretenden, das Ideal der Freiheit verkörpernden Ministers signalisiert).
Die Entdeckung einer bewußten, die Würde erhaltenden Assimilierung im Orchester geschah eigentlich durch Mendelssohn Bartholdy schon in seiner »Trompetenouvertüre« op. 101 (die hohe Opuszahl ist der späten Veröffentlichung zuzuschreiben; in Wirklichkeit im Jahre 1825 komponiert als Werk eines 16jährigen, der genialen Ouvertüre zum »Sommernachtstraum« vorangehend). Unter den Romantikern verstand es Tschaikowskij, die Trompete besonders wirkungsvoll und überzeugend einzusetzen und unverdeckt vom übrigen Orchester abzuheben.
Im klassischen Orchester sind normalerweise 2 Trompeten vorhanden. Ihre Anzahl wächst dann bei der bis zu Beginn des 20. Jh. allmählich zunehmenden Orchesterbesetzung. Als Einzelfall verlangt Wagner im »Lohengrin« (1850) 3 Trompeten im Orchester und dazu 12 auf der Bühne. Ungewöhnlich zahlreich sind Trompeten und Blech in der »Sinfo-

nietta« von Janáček (1926): 9 Trompeten in C, 2 Baßtrompeten in B, 2 Tenortuben in B.
Unterdessen wurde (gegen die 2. Hälfte des 19. Jh.) die »kleine«, gegenüber der Naturtrompete des Barocks halbierte **Ventiltrompete** eingeführt. Sie ist vorzugsweise in B-, oft auch in C-Stimmung vorhanden, aber durch die Chromatisierung in der Lage, alle vorgeschriebenen Stimmungen klingend zu verwirklichen.

1.128 **Andere Trompeten**

Außer der gebräuchlichen Soprantrompete, von der bisher hauptsächlich die Rede war, bestehen, wenn auch nur in Sonderfällen gebraucht, andere Ausführungen und Größen.
Bach-Trompete. Auf die mißbräuchliche Benennung ist schon eingegangen worden. Diese moderne, für Barockmusik verwendete Trompete ersetzt die damalige tiefe, rund 2,5 m lange Naturtrompete mit der bevorzugten D-Stimmung (4. Orchestersuite von Bach) oder später mit F-Stimmung (auch schon bei Bach, wie oben erwähnt). Mit dem Clarinmundstück, einem sehr flachen Kessel, geblasen, konnte das Clarinregister bis in die Gegend des 20. Naturtons geführt werden. Das ist bei der D-Trompete fis^3.
Durch das Clarinmundstück wird der im Kessel rückläufige Teil der Luft, welcher die Lippen zupreßt, wegen des kürzeren Weges schneller wirksam. Der ganze Prozeß läuft demnach schneller, also mit höherer Frequenz (wie erwünscht), ab.
Die so weit oben anzutreffende Dichte der Naturtöne ist derart, daß sie nur um Vierteltöne auseinanderliegen und demzufolge sehr schwer richtig zu treffen sind. Beim geringsten Fehler der Lippenspannung oder der Mundstellung erklingen daneben liegende Naturtöne.
Die heutige kleine (Bach-)Ventiltrompete reicht, mit normaler Technik geblasen, bei Tönen bedeutend niedrigerer Ordnung in dieselbe Region hinauf. Es gibt heute hauptsächlich zwei Größen der Bach-Trompete: die mit *Hoch-F-*

Stimmung, bei der das f^3 erst der 8. Naturton (ohne Ventil) ist, und die noch kleinere *Hoch-B-Trompete* mit nur 72,5 cm Länge (+ Ventilbögen); ihr 8. Naturton ist bereits b^3.

Die Längen dieser hohen Trompeten lassen sich von derjenigen der B-Normaltrompete ableiten. Bei dieser ist der Grundton (Pedalton) B und die Länge, wie mehrmals erwähnt, 1,45 m. Die Hoch-B-Trompete basiert auf dem eine Oktave höheren b als Grundton, also wird die Luftsäule nur halb so lang sein: 1,45 m : 2 = 72,5 cm. Die etwas tiefere Hoch-F-Trompete befindet sich mit ihrem Grundton »nur« eine Quinte über dem B. Die Quinte entspricht dem Frequenzverhältnis $^3/_2$, die Länge ist dazu umgekehrt proportional, also 1,45 m : $^3/_2$ = 96,67 cm.

Oft sind die beiden Stimmungen in einem Instrument zusammengeführt, wobei ein *4. Ventil* von hoch-B auf F erniedrigt. Es ist demnach wieder ein »Quartventil« wie bei der Tenor-Baßposaune und beim Doppelhorn. Durch diese Ausdehnung des Tonumfangs wird die Zuflucht zu einem nur höchstem Diskant gerechten Instrument etwas vertuscht.

Weil sich Solisten oft Spezialausführungen anfertigen lassen, gibt es auch *Hoch-C-Trompeten*. Sie sind etwa durch ein Quartventil auf G herabschaltbar.

Die Grundstimmung der Hoch-C-Trompete liegt einen Ganzton ($^9/_8$) über dem b, so daß sich folgende Länge ergibt: 72,5 cm : $^9/_8$ = 64,44 cm. Dieses Instrument ist kürzer als die 67 cm messende normale (Soprano-)Querflöte.

Kleine Trompete. Strawinsky verlangt für seinen »Sacre du printemps« eine »Tromba piccola in Re«, eine kleine D-Trompete. Sie ist natürlich noch kleiner als die Bach-Trompete. Die Idee, eine solche Trompete als echtes Orchesterinstrument zu bauen, nicht etwa als Ersatz für Barocktrompeten, stammt von Rimskij-Korsakow, der auch eine Hoch-Es-Trompete erfand.

Zur Rekapitulation: Die D-Naturtrompete liegt eine Terz ($^5/_6$) über der 2,9 m langen B-Naturtrompete. Demnach mißt sie 2,9 · $^5/_6$ = 2,42 m. Die entsprechende Ventiltrompete in D (in der gleichen Lage gebraucht, aber chromatisch) ist halb so lang: 1,21 m. Die kleine Hoch-D-Trompete ist nochmals die Hälfte davon: 60,4 cm (ungefähr gleich der Länge vom Anblaseloch bis zum unteren Ende der Querflöte).

Aida-Trompete. Für seine Oper »Aida« ließ Verdi zum Einsatz auf der Bühne langgestreckte, mit einem Ganztonventil versehene historizistische Trompeten bauen. Er brauchte 2 Gruppen zu je 3 Trompeten, eine in H-, die andere in As-Stimmung. Eigenartigerweise ist dabei das Notensystem der höheren H-Trompeten unterhalb desjenigen der (melodischer verwendeten) As-Trompeten gesetzt. Da diese beiden Stimmlagen nahe bei B liegen, sind die Aida-Trompeten ungefähr gleich lang wie die Normaltrompete, also etwa 1,5 m. Sie werden vom Naturton »3« aufwärts bis »6« eingesetzt. Demnach ist der Umfang der H-Trompete fis^1–fis^2, derjenige der As-Trompete es^1–es^2.

Harold- oder **Engelstrompeten** sind Instrumente normaler Länge, mit den üblichen 3 Ventilen, aber gestreckt gebaut. In Italien heißen sie heute noch **Chiarini**.

Alttrompete. Auch dieses Instrument, in F-Stimmung, wurde durch Rimskij-Korsakow für seine Ballett-Oper »Mlada« erdacht. Es wurde ziemlich vergessen, denn der Erfinder selber vermied bewußt die durch diese Trompete erreichbaren tieferen Noten, damit die Stimme auch mit der üblichen B-Trompete geblasen werden kann. – Interessant ist der Quartabstand nach unten (von B aus). Diesen gleichen Abstand fanden wir schon bei der Tenor-Baßposaune; er wird uns noch öfter begegnen: im Doppelhorn, bei der großen Flöte, bei der Altklarinette und beim Bassetthorn.

Baßtrompete. Mit dieser Benennung wird oft, falsch, die Tuba bezeichnet. Echte Baßtrompeten sind analog der Soprantrompete mensuriert und liegen etwa eine Oktave tiefer, also der Posaune ähnlich. Sie waren nur in der Militärmusik gebräuchlich, bis sie Richard Wagner in das »Ring«-Orchester einführte. Die Baßtrompete kommt in verschiedenen Stimmungen vor: in B (Wagner, »Götterdämmerung«), in C (Richard Strauss, »Guntram«), in D (Strauss, »Elektra«) und in Es (Strawinsky, »Sacre«).

Die außerdem (aber selten) anzutreffenden Baßtrompeten stehen entweder in C oder in Es und weisen ein 4. Ventil auf zur Erniedrigung um $2^1/_2$ Töne (s. Tuba), aber sie reichen beim heutigen Gebrauch höchstens bis zum 10. Naturton hinauf (analog der Posaune).

Übrigens entspricht die Stimmung der Baßtrompete etwa der normalen, tiefen Trompete zu Bachs Zeiten – womit wieder einmal die Problematik der »authentischen« Aufführungen berührt wird.

Die C-Baßtrompete liegt einen Ganzton ($^9/_8$) über der B-Posaune von 2,9 m Länge, mißt also $2{,}9 : {}^9/_8 = 2{,}58$ m. Mit allen Ventilen geht sie zum $_1$Des, d. h. um eine große Septime ($^{15}/_8$), hinunter und wird dabei $2{,}58 \cdot {}^{15}/_8 = 4{,}83$ m lang.

Die C-Baßtrompete wird üblicherweise durch einen Posaunisten geblasen, da das Mundstück ähnlich groß wie das der Posaune ist. Für das kleinere Mundstück der Es-Baßtrompete ist ein Trompeter vorzuziehen.

Die **Jazz-Trompete** ist enger mensuriert; ihr Mundstück hat nicht Kesselform, sondern ist kegelförmig, d. h. dreieckig im Schnitt.

Das **Alphorn** ist eher eine Trompete, aus einer einzigen, in der richtigen Krümmung gewachsenen Tanne hergestellt. Das Mundstück ist entweder eingearbeitet oder es wird aufgesetzt. Die Längen sind verschieden, wie z. B. 2,55 m oder auch 3,30 bis 4 m. Die Bohrung beim Mundstück beträgt etwa 10 mm, die Stürze mißt ca. 18 cm. Das Rohr ist meistens gerade und am unteren Ende leicht nach oben gekrümmt. An dem dazu verstärkten Bogen wird das Instrument auf dem Boden aufgestützt. In neuerer Zeit fand dieses Naturhirteninstrument Einzug in die Kunstmusik (Jean Daetwyler, *1907, Alphornkonzerte).

1.129 **Die Notierung**

Die Liniensysteme der Trompete weisen Violinschlüssel auf. Allerdings lassen sich die Noten nicht wie gewohnt einfach ablesen, sondern es gehört eine gewisse Denkarbeit dazu, die gemeinten, in Wirklichkeit klingenden Töne abzuleiten. Um die Zweckmäßigkeit dieser scheinbaren Komplikation einzusehen, müssen wir uns in Gedanken in die Zeit

zurückversetzen, als die Ventiltrompeten noch nicht existierten. Die Naturtrompete konnte sich nur im Rahmen der Naturtöne bewegen, so daß jeweils die Größe (Stimmung) gewählt wurde, deren mögliche Klänge am häufigsten in der gerade geltenden Tonart gebraucht werden konnten. Meistens waren sogar Tonart und Stimmung identisch; so brauchte man z. B. für ein Werk in Es-Dur Es-Trompeten (Mozart, Sinfonie Nr. 39 KV 543).
Man stelle sich den Spieler vor, der zwischen einem Stück und dem anderen oder sogar zwischen den Sätzen desselben Werkes das ganze Instrument austauschen oder den Stimmbogen umstecken mußte. Ihm war viel besser dadurch gedient, anstelle real klingender Noten gleichbleibende Spielanweisungen zu bieten. Dies geschieht auch heute noch, indem man immer c^1 als hypothetischen Grundton »2«

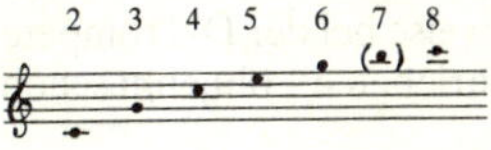

Notierung

Trompete in A
Tschaikowskij, 6. Sinfonie op. 74

Trompete in B
Berlioz,
»Phantastische Sinfonie« op. 14

Trompete in D
Verschiedene Haydn-Sinfonien

Trompete in Es
Beethoven,
3. Sinfonie op. 55 »Eroica«

Trompete in E
Mendelssohn Bartholdy,
4. Sinfonie op. 90
»Italienische«, 4. Satz

Trompete in F
Brahms, 3. Sinfonie op. 90

annimmt. Mit anderen Worten: das geschriebene c^1 ist auf jeder Naturtrompete der tiefste Ton »2«, also etwa auf der B-Trompete das b, auf der Es-Trompete das es^1. Ein geschriebenes g^1 wird, da g^1 3. Naturton von c^0 ist, auf jeder Trompete zum entsprechenden 3. Naturton (Oberquinte), also auf der B-Trompete das f^1, auf der Es-Trompete das b^1. Und so geht es sinngemäß nach oben weiter. In der Zusammenstellung sind die ersten Naturtöne (»2« bis »8«) der öfter vorkommenden Trompetenstimmungen unter ihrer schriftlichen Fixierung angeordnet.

Daraus folgt eine – im Partiturbild sofort auffallende – Konsequenz: Während z. B. in D-Dur alle nicht transponierenden Instrumente, d. h. diejenigen, welche ganz normal gelesen werden können, wie beispielsweise die Posaune und die Streicher, 2 Kreuze aufweisen (fis, cis), steht am Linienkopf der Trompete nichts. Die Versetzungszeichen sind auch nicht erforderlich. So ist beispielsweise bei der D-Trompete der Naturton »5« (Dezime), geschrieben e^1, ohnehin schon fis^1 und nicht f^1.

In der Partitur und in der Trompetenstimme steht immer der unerläßliche Hinweis auf die (früher) zu benützende Trompete. Heute ist er ebenso wichtig, um für die übliche Trompete (B oder C) anzugeben, wie die geschriebenen Noten gelesen werden sollen. Wenn man sich das alles ruhig überlegt und die Figur betrachtet, sieht man, wie die Trompetenstimmen etwa auf das Klavier zu übertragen sind. Dazu muß man transponieren, falls nicht C-Trompete vorgeschrieben ist. Die Trompete ist ein transponierendes Instrument. Für die B-Trompete ist die geschriebene Note um einen Ganzton nach unten zu versetzen, für die D-Trompete einen ganzen Ton nach oben, für die Es-Trompete eine kleine Terz nach oben usw. Man merke:

- Trompete in A, B, H ist nach *unten* zu transponieren, in anderen Stimmungen (E, Es usw.) nach *oben*.

Dazu die Faustregel: Das kleinere Intervall wählen (von c^1 aus). So ist etwa a unten näher beim c^1 als das a^1 oben.

In neuerer Musik, etwa seit Beginn des 20. Jh., pflegen die Komponisten die Trompete in C zu notieren (oft auch alle anderen normalerweise transponierenden Instrumente). Es ist dann ohne Transposition zu lesen, aber direkt zu spielen nur mit der – doch recht oft gebrauchten – C-Trompete. Wird hingegen die klassische, häufigere B-Trompete benützt, muß alles einen Ton höher gegriffen werden, da diese Trompete einen Ganzton nach unten versetzt.

Beispiel: Angenommen, es käme in der »für A-Trompete« geschriebenen Stimme das fis^2 vor. Das »A« der Stimmung ist die kleine Terz unter c^1; klingen muß demnach für dieses fis^2 die kleine Terz darunter, also dis^2 (es^2). Wird dazu die B-Trompete gebraucht, muß ein Ganzton höher gedacht werden, also an den Ton, den man für diese Trompete als f^2 schreiben würde. Dies ist die ohne Ventil zu erreichende Duodezime (Oktave + Quinte), der 6. Naturton (»6«). – Diese Überlegung kann man stark vereinfachen: Die B-Trompete spielt alles einen halben Ton höher als die A-Trompete. Jenes fis^2 ist also für die B-Trompete wie ein für sie geschriebenes f^1 und deshalb ihr 6. Naturton.

Die moderne Trompete bläst nicht nur Naturtöne, sie kann, wegen der Chromatisierung, davon abweichende Töne hergeben. Es sind also alle Versetzungszeichen durchweg möglich. Sie werden aber nie z. B. als Tonartbezeichnung an den Linienkopf gesetzt, sondern stehen jeweils vor den einzelnen Noten.

Bach-Trompeten und andere Hoch-Stimmungen (kleine Trompeten) sind nach der oben beschriebenen üblichen Transposition zusätzlich eine Oktave nach oben zu versetzen. Die Alttrompete (in F) ist nach unten zu transponieren (um eine Quinte). Die Baßtrompete wird ebenfalls im Violinschlüssel geschrieben, weil so dem Trompeter geläufiger, und eine Oktave unter der transponierten Stimme gespielt.

In der Partitur stehen die Stimmen der Trompeten, da höher klingend als die der Posaunen, über diesen. Selbst die eine Oktave unter der Notation im Violinschlüssel liegende Baßtrompete kommt, zuunterst, dahin, damit die ganze Gruppe zusammenbleibt. Geschrieben sind sie auf einem oder auf 2 Systemen, wovon jedes eine bis 3 Trompetenstimmen enthalten kann. Die beiden Systeme sind, wenn auch seltener als beim Horn, nicht immer in gleicher Stimmung geschrieben (Wagner, »Tristan«, 2. Akt, Schluß: 2 Trompeten in F, eine in D).

N. B. Die häufige Notierung in B, also einen Ganzton tiefer klingend als geschrieben, wird *Kornett-Notierung* genannt (weil beim Kornett ebenfalls üblich).

1.13 *Das Horn*

1.131 **Abstammung**

Von den römischen Blechinstrumenten, unter denen die konisch geformten zu den Hörnern zu zählen sind, wurde schon bei der Trompete berichtet und dabei darauf hingewiesen, daß von dort keine direkte Linie zu uns führt. Dennoch kann man bei keinem anderen Instrument die Herkunft und die Geschichte so genau rekonstruieren wie beim Horn.

Die Benennung selber weist auf den Ursprung im Zusammenhang mit den Jagdriten hin, die Verwendung von Tierhörnern, um hineinzurufen, wie in ein Megaphon, und später, bei geeigneter Formgebung des schmaleren Endes, um Töne zu erzeugen. (Das noch spätere Mundstück war nichts viel anderes als eine Verdickung des Randes, um die Lippen zu schonen.) Dieser Zusammenhang mit der Jagd hatte eine doppelte Bedeutung. Sicher ging es darum, reiche Beute heranzubannen, aber es gab noch einen anderen, subtileren Hintergrund, der in der heutigen Zeit, wo oft das Jagen ausgetobte Aggressivität mit Zerstörungswut und Mordlust geworden ist und keinen Zusammenhang mit unerläßlichen Lebensnotwendigkeiten mehr aufweist, vielleicht über-

rascht: Die Natur sollte beschworen werden, sich nicht am Menschen zu rächen für seine Eingriffe und für ein Gedeihen des so wesentlichen Jagdgutes weiterhin zu sorgen – also nicht nur Jagdzauber, sondern Versöhnungszeremoniell. Daß dazu ausgerechnet Teile der erlegten Tiere zu Ehren kamen, erscheint in diesem Zusammenhang von besonders einleuchtender Symbolik. Außer Hörnern wurden Stoßzähne, Muscheln oder Schneckengehäuse verwendet.
Aber auch Ägypter, Inder, Chinesen, Hebräer (Jericho!) und Griechen lernten, dünnwandige Metallrohre herzustellen. Nicht zu vergessen die schon genannten nordischen Luren, die immer zu Paaren gefunden wurden, woraus aber nicht auf 2stimmiges Spiel geschlossen werden darf. Bei all diesen Instrumenten ist zu unterscheiden zwischen zylindrischen und konischen Ausführungen. Die konischen führen bei mäßig weitem Schalltrichter bis zu den trompetenförmigen **Signalhörnern** und bis zu unseren **Tuben**, die zylindrischen zu den Trompeten und Posaunen. Unser heutiges Horn ist im Grunde genommen ein eigenartiger Zwitter, ist es doch fast auf der ganzen Länge zylindrisch und geht erst am unteren, geraden, nach der letzten Windung beginnenden Ende in einen konisch (besser: parabolisch) ausladenden Teil über. (Gleich nach dem Mundstück ist ein kurzer Teil ebenfalls leicht konisch.) Bis zu dieser Hornform führte ein sehr abenteuerlicher Entwicklungsgang; wir müssen uns hier mit einer Zusammenfassung begnügen.
In Europa erschienen metallene Dünnwand-Instrumente, zylindrische und konische, erst wieder mit den in Sizilien eindringenden Sarazenen. Es entstanden daraus verschiedene Entwicklungen, aber alle Formen wurden (im Alt- wie im Mittelhochdeutschen) global einfach als Horn bezeichnet und dabei immer noch (oder wieder) verwendete Stierhörner einbezogen. Hier ist auch das aus einer einzigen kleinen Tanne hergestellte **Alphorn** (vgl. 1.128) zu erwähnen, obwohl es eher die Form der Posaune hat. Historisch interessant ist auch das **Oliphant** genannte Elfenbein-Signalhorn aus der Roland-Sage. Die Kunst des Überblasens (d. h. der

Erzeugung nicht nur des Grundtons, sondern auch einiger höherer Teilschwingungen = Naturtöne) war inzwischen längst entdeckt worden.
Die Geschichte der Horninstrumente enthält ein Kapitel von besonderem historischen Interesse, das nicht überschlagen werden darf: die wichtige Episode der mittelalterlichen **Zinken**. Es sind dies konische, meist 6kantige Rohre mit aufgestecktem, also getrennt verfertigtem Kesselmundstück aus Horn. Das dickwandige Rohr bestand aus Metall oder mit Leder überzogenem Holz und war mit 7 Grifflöchern versehen (davon eines auf der Rückseite, für den Daumen), was ja später bei Instrumenten mit Kesselmundstück nicht mehr anzutreffen ist (s. Ophikleide, 1.141). Es war auch hier eine ganze Familie vorhanden: **Cornettino** (Grundton d^1), **Cornetto** (von a aus), **Cornone** (gekrümmt, von d nach oben) und **Serpent** (von A aus). Also wieder einmal paarweise im Quartabstand, untereinander um eine Oktave versetzt. Der Tonumfang umfaßte jeweils etwa 2 Oktaven. Der Name Serpent hängt mit seiner Form zusammen: Um den Händen die Grifflöcher des langen Rohres in erreichbare Nähe zu bringen, war das Instrument schlangenartig mehrfach gebogen (und dazu mit der Nachbildung eines Schlangenkopfs als Stürze versehen). Die Zinken waren chromatisch spielbar, wenn auch die Halbtonschritte nicht mittels eigener Bohrungen erzielt wurden, sondern durch halbes Zudecken der Grifflöcher. Da die Trompeten höfischen Kreisen vorbehalten blieben, mußten sich die Stadtpfeifer mit weniger noblen Sopraninstrumenten begnügen. Diese Rolle kam den Zinken zu, auf denen sich die Virtuosität so weit entwickelte, daß sie auch in die Kunstmusik Einzug halten durften; J. S. Bach schreibt dafür das »Cornetto« vor, auch wenn »Cornettino« gemeint sein muß. Die englische Bezeichnung **Cornet** darf nicht mit dem Ventilkornett (frz. Cornet à pistons) verwechselt werden; in Frankreich hieß der Zink **Cornet à bouquin** (bouquin = Kesselmundstück, von bouche = Mund). Die ganze Familie verschwand etwa zur Zeit Mozarts, der sie schon nicht mehr verwendete.

Der Zink ist als Einzelgänger zu betrachten; die sarazenischen Businen eröffneten andere Wege, welche zu den heutigen Blasinstrumenten führten. Dabei ist es bemerkenswert, daß die beiden Gruppen, d. h. die Vorgänger einerseits von Trompete und Posaune, andrerseits vom Horn, Kesselmundstücke aufwiesen, denn das moderne Trichtermundstück des Horns entstand erst 1753. Das Horn blieb auch sonst in der Entwicklung zurück, denn es war noch bis zu Beginn des 18. Jh. einfaches Signalinstrument geblieben, als die Trompete den Aufstieg in die Kunstmusik schon längst vollzogen hatte. Es war eben doch viel schwerer, kreisrunde Rohre herzustellen, als gerade Stücke mit im Halbkreis gebogenen Teilen zusammenzufügen. Allerdings wurden schon 1680 in Frankreich und England kreisrunde Rohre gebaut, als **Jagdhorn** (frz. **Cor de chasse** oder **Corne par force = Parforcehorn**; it. **Corno da caccia**, engl. **French horn**). Die Aufnahme dieses Instruments ins Orchester ist sicher Jean-Baptiste Lully (1632–1687) zuzuschreiben, der sein königliches Opernorchester damit bereicherte. Der böhmische Graf Franz Anton von Sporck (oder Spörken; 1662–1738) lernte zu seiner Begeisterung das Instrument in Frankreich kennen und importierte es nach Deutschland (1681), wo es vorerst in der französischen Form weiterlebte.

In der gleichen Epoche, um 1600 herum, war das französische Horn zunehmend zylindrisch geworden, mit gegen den Schalltrichter verschobener konischer Ausweitung. Dadurch war die obere Grenze der Naturtöne weit nach oben (bis zum 18. Naturton) gerückt. Außerdem erleichterte die Rundform gegenüber der abgewinkelten Trompete die Ansprache. Gehalten wurde das Instrument mit der rechten Hand, der Trichter nach oben gerichtet. Noch eine wichtige Umformung zu Beginn des 18. Jh. ist zu erwähnen: Der frühere Kreis war so groß, daß zur Jagd das Horn um den Körper geschlungen werden konnte. Dann erlaubte es die verbesserte Technologie, einem kleineren Radius den Vorzug zu geben, so daß zur Erhaltung der Länge die Windungen vervielfältigt werden mußten. Dieser Umstand erlaubte es, längere Rohre zu bauen als bei der Trompete. Dem, und nicht der (ohnehin damals trompetenähnlichen) Klangfarbe, ist die Einführung ins Orchester zu verdanken. Wohl reichte die Posaune ebenfalls in tiefere Regionen, aber ihr Klang war bewußt weicher gehalten worden. (Nicht zu vergessen: Das Horn wurde noch mit Kesselmundstück, auf die Lippen aufgesetzt, geblasen!)

1.132 **Entstehung des Waldhorns**

1753 war das eigentliche Geburtsjahr des modernen Horns. Man stelle sich das fast zylindrische, mehrfach gewundene Instrument vor, bei dem der konische Teil erst gegen das Ende beginnt: ein Naturinstrument mit der entsprechend reduzierten, wenn auch hoch hinaufreichenden Auswahl von Tönen. Wesentlich war in diesem Stadium die Rolle des Hornisten Anton Joseph Hampel (um 1705–1771) in Dresden. Ihm gelang die bahnbrechende Entdeckung, daß durch Einschieben der rechten Hand in den Schalltrichter der Ton bis zu einer halben Stufe vertieft werden kann, und dies auch bei den niedrigen, weit auseinander liegenden Naturtönen. Durch die eingeführte, mehr oder weniger gewölbte Hand wird das Rohr so verengt, daß der engere Teil der wirksamen Luftsäule länger wird. Man nannte dieses Vorgehen das *Stopfen.*

Entdeckungen sind oft nur scheinbar dem Zufall zu verdanken. Vielmehr besteht der Verdienst ihrer Urheber darin, als erste aus Beobachtungen die richtigen Folgerungen gezogen zu haben. Dies kann an der gesamten Geschichte der Naturwissenschaften immer wieder nachgewiesen werden (Galilei, Newton, Röntgen usw.).

Da sich durch den Trick von Hampel die Skala des Instruments erweitern läßt, wollte er es ermöglichen, ihn systematisch auszunützen und zu erleichtern, indem er das Instrument derart umdrehte (wie es heute noch gehalten wird), daß die Stürze neben die rechte Hüfte kam, und es so zum einzigen nach rückwärts strahlenden Instrument machte.

Dies muß im Zusammenhang mit der Podium- und Raumakustik berücksichtigt werden. Die Hörner sind meistens weit hinten im Orchester plaziert, so daß ihr Klang durch eine eventuell zu nahe oder zu schallharte Rückwand übertrieben nach vorne reflektiert wird. Falls diese Wand fehlt (etwa weil hinter dem Orchester Platz für den Chor vorgesehen ist), können die Hörner zu schwach scheinen, was allerdings selten vorkommen dürfte, aber trotzdem – etwa bei Schallplattenaufnahmen – zu korrigieren ist.

Horn-Trichtermundstück

Bei dem seit Hampel üblicherweise umgedrehten Instrument wird die rechte Hand in die Stürze gelegt, mit Handrücken nach unten (auf das Metall). Der Daumen dient gleichzeitig dazu, das Instrument am Rand zu stützen. Durch dosiertes Hochheben des Handgelenks kann die beim Horn konstitutionell ziemlich delikate Intonation ständig korrigiert werden. Außerdem kann der Musiker die geballte Faust in das Rohr einführen und dadurch *»gestopfte« Halbtöne* erzeugen (darüber später mehr).

Entscheidend für die heute bekannte, runde, weiche, ausgesprochen »romantische« Klangfarbe war aber die Einführung des neuen, etwa 2,5 cm tiefen *Trichtermundstücks*, bei dem die Kante zum Rohrinnern fast ganz verschwunden ist. Es wird zudem nicht wie das Kesselmundstück von Trompete und Posaune an die Lippen gedrückt, also nicht *an-*, sondern *eingesetzt*. Dabei kommt der untere Rand unter die Unterlippe, so daß nur die Oberlippe im Mundstück schwingend den Klang erzeugt. – Zur zusätzlichen Tonveredlung wurde die Stürze so großzügig erweitert, daß sie am Ende einen Durchmesser von 31 cm erreichte.

Die endgültige, 1765 erfolgte Formgebung des (**Natur-**) **Waldhorns** verdanken wir dem Hornvirtuosen und Pariser Konservatoriumslehrer Jean-Joseph Rodolphe (1730 bis 1812). Dieses Waldhorn ist gegenüber dem vorangehenden

»Corno da caccia« von Bach und Händel vollkommen neu; seine Einführung in das Orchester, zusammen mit den Klarinetten, ergab vorher unbekannte Klangfarben. Zur Aufführung barocker Musik wäre es folglich dem Klang nach

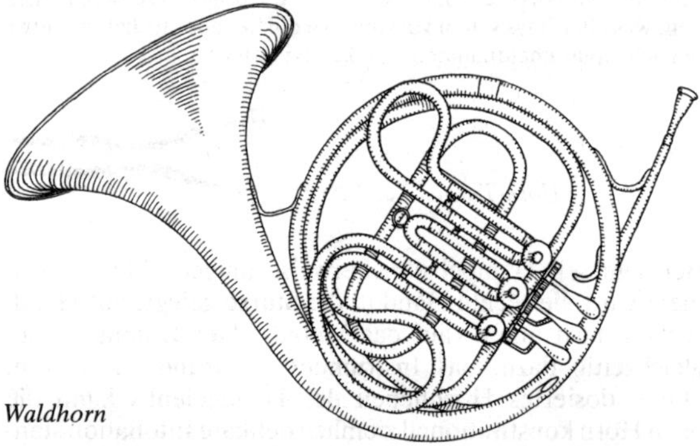

Waldhorn

historisch richtiger, nicht die heutigen Hörner, sondern Trompeten zu verwenden, die den damaligen Hörnern viel eher entsprechen.

Beides zusammen (Trichter statt Kessel, nur eine schwingende Lippe) führt zu einer weniger harten, weniger abrupten Unterbrechung des Luftstroms beim Erzeugen der tonbildenden Impulse (daher die neue Klangfarbe), aber – kein Fortschritt ohne Nachteile. Man bedenke:

- Das Horn wird oft im hohen Register gebraucht (bei posaunentiefem Grundton), in einem Gebiet also, in dem die Naturtöne sehr nahe beieinander liegen.
- Die Stürze lädt so weit aus, daß die wirksame Länge der schwingenden Luftsäule recht ungenau definiert ist (vor allem für kleine Wellenlängen, also wiederum für hohe Töne).
- Durch das Trichtermundstück und die einzige, ohne den Gegendruck der Unterlippe agierende Lippe sind die Vor-

gänge der Tonerzeugung nicht so energiereich und präzis wie beim Kesselmundstück. Dadurch steuern die weicheren Impulsfronten bei ihrer Rückkehr zum Mundstück weniger genau und weniger selektiv die Lippenfrequenz.

Durch das Zusammenwirken dieser drei Faktoren werden »Kickser«, vor allem in Momenten höchster Anspannung, also ausgerechnet bei exponierten Solostellen im Orchester, geradezu herausgefordert. Nachsicht ist sicher angebracht.

Ein Nachsatz: Das Parforcehorn (Corno da caccia) ist außerhalb des Orchesters noch heute im Gebrauch. In Frankreich wird das Instrument in den nach Saint Hubert benannten, mit Jagdkostümen auftretenden Vereinigungen sorgfältig gepflegt.

1.133 **Die Chromatisierung**

Die Wirkung der Handrückenbewegung genügt nicht, um über die Korrekturmöglichkeit hinaus die Lücken zwischen den Naturtönen auszufüllen. Mehr wird durch das *Stopfen* erreicht, aber die gestopften Töne klingen leiser und viel dumpfer als die offenen und sind deswegen nur bei relativ schnellen, klanglich nicht sehr kritischen Durchgängen zu gebrauchen (Mozart und Haydn vermieden sie geschickt). Daß Beethoven in der 9. Sinfonie (3. Satz, Takt 96) eine als As-Dur geschriebene Tonleiter auf dem 4. Horn in Es (klingend: Ces-Dur) verlangt, bedeutet wohl, daß er schon mit einem Ventilinstrument rechnen konnte.

Es war deswegen früher unerläßlich, für jede Tonart über ein geeignetes Horn zu verfügen, um wenigstens die wichtigsten leitereigenen Töne erzeugen zu können. Die von den Komponisten für das Horn vorgeschriebenen Stimmungen sind deshalb außerordentlich zahlreich und überborden den Raum einer Oktave. Mit der nicht transponierenden »Hoch-C«- (oder »Do-alto«-)Stimmung beginnend, geht es chromatisch über alle Stufen hinunter (über die in Länge und

Grundton mit der Posaune identische Stimmung »hoch-B«) bis zur tiefsten Stimmung »tief-A« (»la basso«, deren Grundton das Subkontra-$_2$A ist!). Das sind im Ganzen 16 verschiedene Stimmungen.

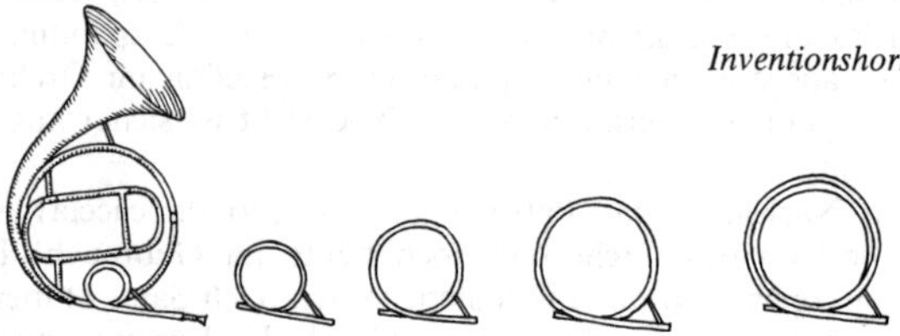

Inventionshorn

A. J. Hampel fand die Lösung des Problems darin, daß er um 1750 zusätzliche *Stimmbögen* entwickelte, die nach dem kurzen konischen Teil unterhalb des Mundstücks in das Rohr eingeschoben wurden. Von der Mensur her entsteht dabei kein Problem, da das Rohr ohnehin bis viel weiter vorn zylindrisch ist (Ein- und Ausgang der Stimmbögen müssen ja zur Austauschbarkeit gleichen Durchmesser aufweisen). Durch diese Zusätze konnte im so geschaffenen **Inventionshorn** jede Stimmung erfüllt werden.
Als aber die Musik sich immer reichlicher der Modulation bediente, etwa in Mozarts Opern als subtilem psychologischem Mittel zur Beleuchtung der Charaktere oder zum Hervorheben von Handlungssituationen, wurde selbst das nun erforderliche ständige Umstecken lästig und zeitraubend (im »Don Giovanni« ändert sich die Hornstimmung durchschnittlich alle 5 Minuten). Es war also dringend geboten, etwas Beweglicheres zu erfinden, um an ein und demselben Instrument zwischen verschiedenen Längen umschalten zu können. Und so führte man vorerst 1, dann 2 und 1830 die definitiven 3 Ventile ein, durch die wieder 7 Stimmungen in einem einzigen Instrument vereinigt werden, so daß die Lücke zwischen den Naturtönen »2« und »3« chromatisch überbrückt wird. 3 Tasten zum Nieder-

drücken setzen über einen einfachen Übertragungsmechanismus je ein Drehventil in Rotation.
Die Umleitung in die verlängernden Stimmbögen geschieht nicht durch vertikal verschiebbare Pumpen wie bei der

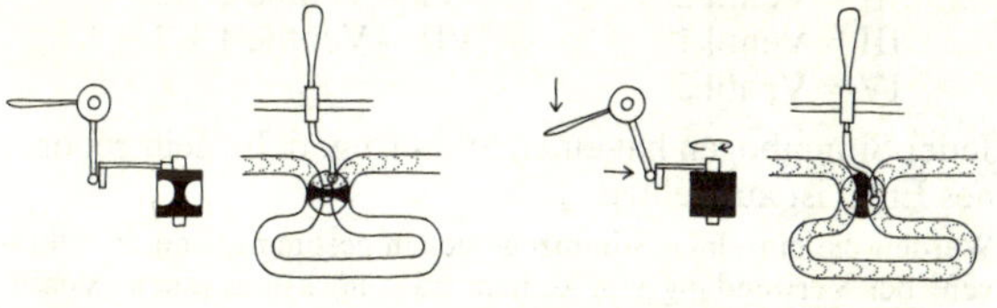

Funktion des Drehventils

Trompete, sondern durch *Drehventile*, deren Erfindung Joseph Felix Riedt (1832) zuzuschreiben ist. Relative Länge und Anordnung der Stimmbögen ist der Trompete analog, da dieselbe platzbedingte Begründung gilt. Die so bewirkte Vertiefung erfolgt in der Reihenfolge: 1 Ton, $^1/_2$ Ton, $1^1/_2$ Töne. Eine Besonderheit ist anzumerken: Wegen der eigenartigen Haltung des Instruments und der anderweitigen Beschäftigung der rechten Hand werden die Ventile, im Gegensatz zu den anderen Blechinstrumenten, durch die linke Hand bedient.
Eines der üblichsten Hörner, gewissermaßen das Normalinstrument, steht in B. Sein Durchmesser beträgt 32,5 cm, seine (gestreckt gedachte) Länge 2,9 m, wie die der Posaune. Der Grundton ist dabei nicht ganz auszuschließen, aber musikalisch unbrauchbar. Somit beginnt die Verwendung dieses Horns, ohne die Ventile zu brauchen, bei Ton »2«, also bei B (Oktave des Grundtons Kontra-$_1$B). Durch Einschalten aller Ventile reicht seine Länge bis zu etwa 4 m und sinkt die Stimmung um einen Tritonus zum E. Vielleicht ist es angebracht, nochmals zu betonen, daß es sich dann, wie bei allen Zwischenstufen, wieder um ein – in anderer Stimmung stehendes – Naturinstrument handelt, auf dem die entsprechenden Teilschwingungen (Naturtöne) erziel-

bar sind. – Als Grifftabelle kann die Abbildung zur Posaune (S. 18) verwendet werden. Die verschiedenen Zugpositionen entsprechen der Reihe nach:

I = kein Ventil	V = Ventile 2 + 3
II = Ventil 2	VI = Ventile 1 + 3
III = Ventil 1	VII = Ventile 1 + 2 + 3
IV = Ventil 3	

Jeder Stimmbogen hat einen Stimmzug, d. h., sein gebogenes Ende ist ausziehbar.

Werden die einzelnen Stimmzüge genau gestimmt, sind die Oktaven, bei Verwendung von keinem oder höchstens einem Ventil, rein. Die anderen Naturtöne sind, unter derselben Voraussetzung, harmonisch, also nicht temperiert. Bei gleichzeitiger Betätigung von 2 oder gar der 3 Ventile sind die Überblasetöne (sofern nicht durch Hand oder Mund korrigiert) falsch. Auch hier gelten für Komponisten und Instrumentalisten die bei der Trompete gemachten Empfehlungen, möglichst wenige Ventile zu brauchen. Mustergültig, wie immer in der instrumentengerechten Verwendung, komponierte Richard Strauss speziell das Hornthema des »Till Eulenspiegel«, das deswegen bei den Hornisten sehr beliebt und aus dem allgemeinen ohrenbeleidigenden Kratzen und Pusten des vor dem Konzert auf den Dirigenten wartenden Orchesters immer wieder herauszuhören ist.
Es erübrigt sich, die Berechnung der Ventilkombinationen erneut aufzustellen, denn sie wäre den Überlegungen bei der Trompete analog (vgl. 1.124), nur müssen jetzt alle Längen verdoppelt, alle Frequenzen halbiert werden (alles ist eine Oktave nach unten zu versetzen).
Da das Horn bis in die hohen Teiltöne hinauf bläst, darf nicht vergessen werden, daß innerhalb der Naturtonreihe, also unabhängig von Ventilschaltungen, die Töne »7«, »11«, »13« und »14« zwar in physikalischem Sinn harmonisch, d. h. ganzzahlige Vielfache des Grundtons sind, aber diatonisch falsche Intervalle ergeben. (Bei der Trompete ist dies nur beim Ton »7« wichtig zu wissen, denn für höhere Töne werden ja heute nicht mehr hohe Register, sondern kleinere Instrumente verwendet). Darüber mehr unter 1.136.

Der Begriff des Stopfens erhält jetzt die Bedeutung einer speziellen Klangfarbe. Die eingeführte Hand dient noch zur Korrektur der Intonation, nicht mehr zur Erzeugung von

Halbtönen. Aber sie kommt auch für das Stopfen im neuen Sinn zur Anwendung, indem dazu die geschlossene Faust bis fast zum Abschluß des Rohres eingeführt wird. Es entsteht dabei ein gepreßter, wegen der verkürzten Luftsäule um einen Halbton erhöhter Klang (frz. bouché). Der Hornist muß deswegen umdenken, als wäre das Instrument einen halben Ton höher gestimmt. Um diese Transposition zu ersparen, ist in einigen Fällen ein 4. Ventil vorhanden, das *Stopfventil*, welches das Rohr ungefähr um einen Halbton verlängert und die Wirkung des Stopfens intonationsmäßig kompensiert.

»Ungefähr um einen Halbton« deshalb, weil dieser Rohrzusatz nur einem Mittelwert aller erforderlichen Längen entspricht. Korrektur bleibt also zusätzlich nötig.

Die 3 Spielventile werden mit den Fingern 2, 3 und 4 bedient: ein Ring, durch den der kleine Finger (5) gesteckt wird, dient zum Halten des Instruments. Der Daumen betätigt das Stopfventil (oder das Zusatzventil des im nächsten Abschnitt beschriebenen Doppelhorns).

1.134 **Das Doppelhorn**

Neben dem üblichen Hoch-B-Horn ist auch das eine Quarte tiefere F-Horn so sehr gebräuchlich, daß beide Instrumente oft im Doppelhorn vereinigt vorkommen. Es ist der Tenor-Baßposaune insofern vergleichbar, als mit einem Ventil (anstelle des Stopfventils) ein Verlängerungsbogen zu- oder abgeschaltet werden kann, der einen Wechsel zwischen B- und F-Stimmung ermöglicht. Die Idee des Doppelinstruments geht auf den Böhmen Johann Anton Maresch und das Jahr 1768 zurück; patentiert wurde sie von Charles Clagget 1788 (London), aber die heutige, vervollkommnete Ausführung ist ziemlich jung, sie stammt von Eduard Kruspe (Erfurt, 1899).

Im Gegensatz zur Tenor-Baßposaune wird das Ventil nicht zum Herunterschalten gebraucht: In seiner Ruhestellung ist das tiefere F-Horn wirksam. Betätigung des Quartventils schaltet das Zusatzrohr ab, bringt also das Horn auf B-Stimmung herauf (der Grund wird in Zusammenhang mit der Notierung deutlich).

Bei der Posaune entstehen beim Übergang von Tenor- zu Baßlage keine besonderen Probleme, da die Positionen des Zuges nicht mechanisch festgelegt sind und deswegen der Spieler jederzeit die Intonation buchstäblich in der Hand hat. Nicht so beim Horn, bei dem die Stimmbögen vorerst nur zum B-Teil proportional richtig bemessen sind. Für eine zusätzliche Verlängerung um eine Quarte sind sie zu kurz. Aus diesem Grund ist ein getrennter Satz von weiteren 3 Stimmbögen vorhanden. Das ganze ist sehr raffiniert angeordnet: Die beiden Dreiergruppen befinden sich auf parallelen Ebenen und gelangen zu denselben Ventilen, die folglich eine zweifache getrennte Umschaltwirkung haben: Durch das Quartventil wird der Wind auf die eine oder die andere Ebene geleitet, auf der er dann weiterfährt (mit oder ohne entsprechenden Stimmbögen). Erst am Ausgang des letzten Ventils kommen die beiden Instrumente wieder zur Stürze zusammen. Es handelt sich also nicht nur der Benennung und der Verwendung, sondern auch dem Aufbau nach um ein wirkliches Doppelinstrument. Die Konstruktion bedingt ein ziemliches Gewicht, weshalb der Bläser den Schalltrichterrand auf seinen rechten Schenkel legt.

Das Doppelhorn bringt in bezug auf den Tonumfang einen zusätzlichen Gewinn, der über das einfache Heruntertransponieren hinausgeht. Zugunsten des F-Teils ist die Mensur, also der Innendurchmesser des Rohres, etwas größer gehalten als beim einfachen (ausschließlich höheren) Hoch-B-Horn. Dadurch werden im B-Teil wenigstens die oberen 3 der sonst zu verhütenden Pedaltöne möglich und brauchbar. Es sind dies die Töne Kontra-$_1$B, -$_1$A und -$_1$As, die sich nach unten den tieferen Tönen des F-Teils anschließen. Letzterer ist (wie normalerweise jedes Horn) mit »2« als tiefstem Ton zu gebrauchen, der mit allen Ventilen zum Tritonus unter dem F herabsinkt, also zum Kontra-$_1$H. Darunter folgen, wie gesagt, bis zum Kontra-$_1$As die Pedaltöne des B-Horns. Dann geht es nicht mehr weiter nach unten, denn um nicht auf die Höhen des B-Teils verzichten zu müssen, ist das Instrument nicht so weit wie ein reines F-Horn gebaut, die Pedaltöne des F-Teils sprechen nicht an. – Das ist alles nicht

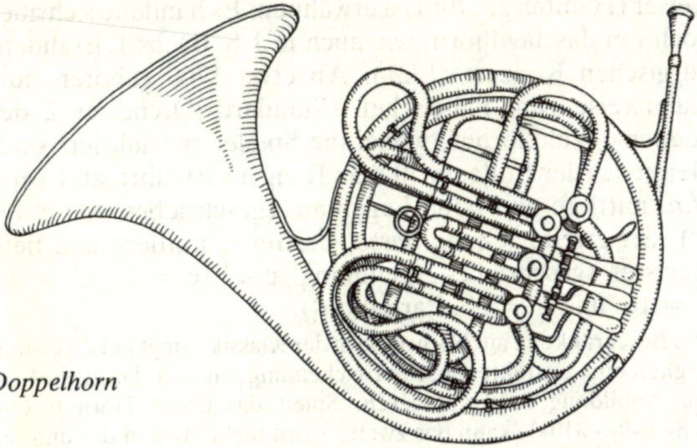

Doppelhorn

so kompliziert, wie es erscheinen könnte, und wird durch die graphische Darstellung des ganzen Umfangs deutlicher. Dabei ist zu bemerken, daß die höchsten Töne ab fis[2] schwer zu blasen sind.

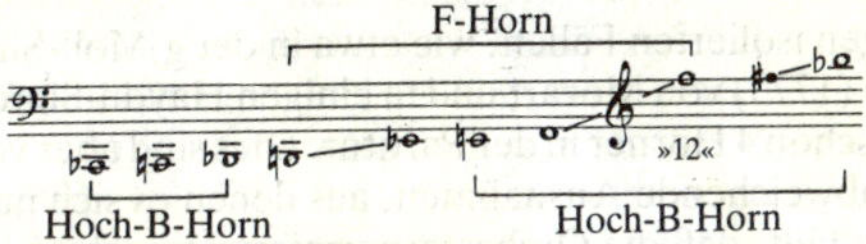

Längen und Frequenzen der beiden Doppelhornsektionen sind gleich wie bei der Tenor-Baßposaune. Das dort Geschriebene gilt auch hier.
Die Mensur: Am Mundstück beträgt die Bohrung 8 mm, bei den Ventilen 11,4 mm. Dann folgt die starke Erweiterung bis zum Schallstückdurchmesser mit 315 mm.

Mellophon heißt ein – für den Gebrauch im Militärorchester – nicht kreisförmig gebogenes, sondern in Trompetenform gebautes, also nach vorn strahlendes Horn in F oder Es. Es besitzt Waldhornstürze und Waldhornmundstück, ist aber in der Mensur etwas dem Kornett angeglichen.

1.135 **Das Horn im Orchester**

Unter den ersten Werken mit Hörnern im Orchester ist – von Lully abgesehen – die Oper »Octavia« von Reinhard Keiser (Hamburg, 1705) zu erwähnen. Es handelte sich aber noch um das Jagdhorn, wie auch in J.S. Bachs 1. Brandenburgischen Konzert (1721). Ab etwa 1760 gehören normalerweise zum klassischen (Standard-)Orchester 2 der »neuen« Waldhörner, wobei die Spieler spezialisiert sind: Der erste (der Rolle, nicht dem Rang nach) führt, als *Corno alto*, mittlere und hohe Lagen aus (geschrieben von c^1 bis e^3), der zweite, *Corno basso*, bestreitet mittlere und tiefe Register (geschriebener Umfang: c–c^3 [c = 2., c^1 = 4., c^3 = 16. und e^3 = 20. Partialton]).

Die Beschränkung auf Naturtöne in der Klassik bringt bei Zweistimmigkeit eine charakteristische Erscheinung mit sich. Dazu wird auf die Abbildung S.18 verwiesen. Spielt das obere Horn b–c–d (»8«–»9«–»10«), kann das zweite Horn nicht etwa in der unteren Sexte mitgehen, denn dazu fehlt ihm das e. Es muß d–f–b (»5«–»6«–»8«) ausführen, wodurch die verdeckte Quinte f–c entsteht. Wenn auch theoretisch nicht zulässig, wird diese unvermeidlich und kommt sogar so oft in der Klassik (auf- oder abwärts) vor, daß man sie »Mozart-Quinte« nennt.

In einigen isolierten Fällen, wie etwa in der g-Moll-Sinfonie KV 183 (1773) von Mozart und in einigen Haydn-Sinfonien, stehen schon 4 Hörner in der Partitur. Dies sind aber von der Norm abweichende Ausnahmen, aus denen es sich nur entnehmen läßt, daß die Orchesternormierung noch nicht bindend geworden war. Endgültig hält das 3. Horn bei Beethovens »Eroica« Einzug (1803): Das Trio des Scherzos ist 3 Hörnern anvertraut, die jetzt vollständige Akkorde ausführen können. Dabei ist zu bemerken, daß schon dort das 3. Horn über dem 2. steht (s. u.). Mit der »Eroica« beginnt für das Horn eine neue Rolle: Es wird immer mehr von der ehemaligen Signalfunktion weggedrängt und entwickelt sich zum Träger von Melodien, solo oder in mehrstimmiger Besetzung. Den Übergang zu 4 Hörnern vollzieht Beethoven mit der 9. Sinfonie (1822–24). Ventile waren aber nicht von Anfang an durchweg üblich, sondern erfreuten sich, im Gegenteil, geringer Beliebtheit. Gegenüber dem hindernislosen, kreisrunden Rohr des Naturhorns bewirkt die »Maschine« (um das unelegante Wort wieder einmal zu gebrauchen) verschiedene Abwinkelungen, wodurch der Ton weniger edel wird. Außerdem können nur (ventillose) Naturinstrumente durchgehend konisch sein. Erst um 1850, als man es vorzog, die Klangfarben der Instrumente zugunsten des romantischen Ideals eines in sich verschmelzenden Mischklangs einander anzugleichen (wobei auf die charakteristischen klanglichen Eigenschaften weitgehend verzichtet wurde), verdrängten die bequemeren Ventilhörner im Orchester die lange noch daneben geführten Naturhörner endgültig. Die Hörner machten dann die spätere Ausdehnung des Orchesters mit und werden oft nochmals auf 8 verdoppelt (Richard Strauss).

Eine arteigene Rollenverteilung bei den 4 Hörnern ist interessant. Wegen der schon angedeuteten Spezialisierung für hohe und tiefe Tongebung werden die Hörner stets paarweise behandelt. Beim Übergang von 2 auf 4 Instrumente bleibt das zweite Paar in demselben Sinn den Rollen gerecht, so daß 1. und 3. (nicht 2.) Horn höhere Regionen übernehmen, während 2. (nicht 3.) und 4. Horn darunterbleiben. Absteigend folgen sich die Stimmen in der Reihenfolge I, III, II, IV. So bewegt sich schon in der »Eroica«, wie erwähnt, das 3. Horn oberhalb des 2.

Robert Schumann akzeptierte Ventilinstrumente nur in den Rollen III und IV neben Naturhörnern für I und II. Die Harmonisierung wurde dadurch freier, aber die schönere Klangfarbe zur Melodieführung blieb erhalten. Die Rollenverteilung wird auch bei weiterer Vermehrung der Hornstimmen beibehalten. Höher bewegen sich I, III, V, VII, tiefer bleiben hingegen II, IV, VI und VIII.

In der Partitur setzt man die Hörner über die Trompeten, obwohl sie tiefer klingen. Dies findet seine Begründung darin, daß sie auf diese Art direkt unter den Holzbläsern zu stehen kommen, mit denen sie recht oft sehr wirkungsvoll zusammengeführt werden. Es ist ja auch kein Zufall, daß die übliche Besetzung für Bläserquintett aus Flöte, Oboe, Klarinette, Fagott und Horn besteht. Im Orchester übernehmen also die Hörner zwei verschiedene Rollen: Sie können beim Blech mitmachen, wohin sie ja auch primär hingehören, oder dazu verhelfen, die klanglich sehr heterogene Holzbläsergruppe zu ergänzen und vor allem zu amalgamieren. Somit bilden die Hörner ein klangliches Bindeglied zwischen Holz und Blech. Weil Wagner für das tiefe Blech andere Instrumente einsetzte, integrierte er konsequenterweise die Hörner in die Holzbläser und notierte sie über den Fagotten.

Auch wenn das Horn über beachtliche Beweglichkeit verfügt, bleibt seine Aufgabe vorwiegend in romantischem Sinne melodisch. Allerdings sind auch Spezialeffekte möglich, wie das durchdringende, metallische »*cuivré*«, welches bei starkem Anblasen des gestopften Instruments entsteht (Tschaikowskij: 6. Sinfonie, 4. Satz, Takt 126). Die ebenfalls vorhandene Sordine wird selten gebraucht.

Nochmals: Zu den einprägsamsten und horneigensten Phrasen gehört das »Eulenspiegel«-Thema, welches fast ausschließlich aus Naturtönen des F-Horns besteht (auch die Wahl dieser Stimmung ist, wie im Zusammenhang mit der Notation ersichtlich, für das Orchesterverständnis von Strauss bezeichnend).

1.136 **Die Notierung**

Um es gleich vorwegzunehmen: Die Hörner werden im allgemeinen mit Violinschlüssel paarweise auf ein Liniensystem notiert, falls die Paare unter sich in gleicher Stimmung stehen. Also I und II zusammen, dann auf der Linie darunter III und IV, wenn vorhanden, weiter eventuell V und VI und endlich auch VII und VIII zusammen. Sehr oft sind die jeweiligen Paare gegenseitig nicht in gleicher Stimmung. (Auch nur 2 Hörner können verschieden sein und erscheinen dann auf getrennten Liniensystemen.) Dadurch wird

das Partiturspiel nicht gerade erleichtert. Sind 3 Hörner vorhanden, stehen sie oft auf demselben System. Ganz unabhängig vom logischen Zusammenhang zu anderen Orchesterstimmen und zur Tonart werden bei Ventilinstrumenten laufend enharmonische Verwechslungen gebraucht. Fis und Ges sind also gleichbedeutend, und es ist Aufgabe des Hornisten, den genauen harmonischen Forderungen durch korrekte Deutung gerecht zu werden.
Notiert wird das Horn, wie die Trompete, in Griffschrift, also gewissermaßen in C-Dur, mit eventuellen Versetzungszeichen nicht generell am Linienkopf, sondern immer wieder vor den einzelnen Noten, wo sie auch nicht von einem Takt zum nächsten Gültigkeit haben; es wird aber trotzdem, zur Klarheit, bei Wiedervorkommen derselben Note im nächsten Takt entweder das Versetzungszeichen wiederholt oder ein Auflösungszeichen geschrieben. Diese Schreibart war früher sehr zweckmäßig, denn bei den vielen Hornstimmungen vereinfachte sie das Lesen und Spielen. Beispielsweise war geschriebenes c^1 stets die Doppeloktave des Grundtons, also ein »4« in der Partialtonreihe des gerade benützten Instruments. Weiter war etwa g^1 immer die Quinte darüber, usw.
Das heutige chromatische Horn erfordert keinen Austausch des Instruments (oder von steckbaren Stimmzügen), jedoch bedingt es die erhebliche Denkarbeit des Transponierens. Steht vor dem Hornsystem etwa »Hörner in G«, muß die ganze Hornstimme klingend um eine Quarte nach unten versetzt werden, weil G ja eine Quarte unter dem C liegt. Somit ist schon eine wichtige Regel implizit angedeutet worden: Hörner transponieren immer nach *unten*, manchmal sogar sehr weit. Unproblematisch ist die Deutung des Transpositionsintervalls in den chromatisch von der As-Stimmung herab bis zur Des-Stimmung reichenden Stufen. Beispielsweise muß ein Es-Horn eine große Sexte tiefer klingen als geschrieben. Etwas weniger eindeutig sind andere Transpositionen, wie »Horn in C«, »H«, »B« und »A«. Wenn nichts anderes dabeisteht, geht die Transposition über eine Oktave

hinunter zum angegebenen Grundton. Bei »B« also eine Oktave plus einen Ganzton (= eine None) abwärts. Es ist auch eine kleinere Versetzung möglich; dann muß aber »hoch-C«, »hoch-H«, »hoch-B« oder »hoch-A« stehen. »Hoch-B« klingt einen Ganzton unter der Notierung. Um keinen Zweifel aufkommen zu lassen, kann man für die eine Oktave überschreitende Transposition »tief-C«, »tief-H«, »tief-B« und »tief-A« schreiben.

Fassen wir zusammen: Es können also die Hornstimmungen von hoch-C (die einzige nicht zu transponierende Schreibart) über alle chromatischen Stufen herunter vorkommen bis zu tief-A. Nochmals: Für ventillose Zeiten war das sehr zweckmäßig und für den Spieler vereinfachend. Für den heutigen Hornisten bedingt aber das Spielen von Werken früherer Jahrhunderte eine ständige Überwindung von Transpositionsschwierigkeiten. Dazu kommt noch eine weitere Komplikation:

In neuerer Zeit wird stets in F-Stimmung geschrieben. Es kann dann in der Partitur nur »Horn« stehen und »in F« stillschweigend vorausgesetzt werden. Das im Hornpaar tiefere F-Horn kann die Griffschrift sofort ablesen, eine Vereinfachung, die auch für den F-Teil des Doppelhorns gilt. Beim Spielen des Hoch-B-Horns oder des B-Teils des Doppelhorns (in Wirklichkeit ebenfalls ein hoch-B) ist eine Quarte herunterzudenken, da hoch-B eine Quarte höher liegt als F und alle Töne eine Quarte höher als gegriffen klingen läßt.

Beispiel. Ist in einer neueren Partitur d^2 notiert, dann klingt

– auf dem F-Horn (oder dem tieferen Teil des Doppelhorns) die Quinte darunter, also g^1;

– auf dem Hoch-B-Horn (oder dem höheren Teil des Doppelhorns) würde c^2 erklingen (ein Ganzton tiefer als geschrieben), wenn B-Stimmung vorgeschrieben worden wäre. Da aber, wenn nichts anderes angegeben, immer F-Stimmung gilt, muß für das einen Ganzton tiefer transponierende Hoch-B-Horn ein Ton höher als der Klang gedacht werden, somit an das a^1, welches man in Hoch-B-Stimmung für den Klang g^1 schreiben würde. Es ist also für das geschriebene d^2 auf dem B-Horn eine Quarte tiefer, d. h. a^1 zu lesen und zu greifen.

Noch komplizierter wird dann das Spielen der vielen anderen möglichen Hornstimmungen: Es müssen die diesen Stimmungen entsprechenden klingenden Töne realisiert werden, aber auf den vorhandenen F- und Hoch-B-Hörnern, was bedeutet, daß entweder eine Quarte oder ein Ganzton zusätzlich höher zu transponieren ist (um die Vertiefung durch F- oder B-Stimmung zu kompensieren).

Beispiel. Gehen wir von obigem Fall aus, mit geschriebenem d^2, aber vor der Hornzeile stehe »Horn in As«. Klingen muß also die untere große Terz des d^2, das b^1. Wie dies zu realisieren ist, kann man auf vier Arten überlegen:

1. a) F-Horn. Da es eine Quinte nach unten transponiert, muß eine Quinte höher als der gewünschte Klang gegriffen werden. Quinte über b^1 ist f^2. Es ist also so zu blasen, als ob in F-Stimmung f^2 geschrieben wäre.

b) Hoch-B-Stimmung. Transposition um einen Ganzton nach unten, also ist an den Ganzton über dem zu klingenden b^1 zu denken, an c^2. Es ist folglich zu spielen, also ob in Hoch-B-Stimmung c^2 stünde.

2. a) Das F-Horn transponiert eine Quinte nach unten. Wir müssen aber (wegen der Stimmung in As) nur eine große Terz nach unten gehen, also eine kleine Terz weniger, als das F-Horn hergibt. Für das Umsetzen in F-Stimmung muß demnach d^2 + kleine Terz = f^2 gelesen werden.

b) Das Hoch-B-Horn transponiert einen Ganzton nach unten und nicht, wie wir es brauchen, um eine große Terz, also eine große Sekunde zu wenig. Das d^2 ist um diese große Sekunde niedriger zu lesen, also c^2.

3. a) Das vorhandene F-Instrument ist gegenüber dem der vorgeschriebenen As-Stimmung eine kleine Terz tiefer. Man muß also beim Lesen um dieses Intervall höher denken. Es ist wiederum d^2 + kleine Terz = f^2.

b) Hoch-B liegt einen Ganzton über dem As. Unser d^2 ist also beim Umdenken auf Hoch-B-Stimmung einen Ganzton tiefer zu setzen: d^2 – Ganzton = c^2.

4. a) F liegt eine Quinte tiefer als C. Alles ist also eine Quinte höher zu lesen. Quinte über dem As (der Stimmung) ist Es. Demnach ist alles wie in Es-Stimmung zu lesen, d. h. eine kleine Terz nach oben zu transponieren, was vom d^2 wieder zum f^2 führt.

b) B liegt einen Ganzton tiefer als C. Alles ist bei dieser Stimmung einen Ganzton höher zu denken. As-Stimmung wird somit B-Stimmung. d^2 ist somit in B-Stimmung zu deuten, wodurch es wieder als c^2 gegriffen werden muß (und damit als b^1 klingt).

Falls der Hornist aus irgendeinem persönlichen Grund ein anders gestimmtes Instrument verwenden will, etwa ein kleineres bei besonders hoch liegenden Partien, ist die dadurch bedingte andere Transposition seine Sache.

Oft wird für tiefe Noten der Baßschlüssel gebraucht, wobei aber dort eine Oktave zu tief geschrieben wird. Der bezweckte Vorteil, das Vermeiden zu vieler Hilfslinien, wird dadurch eigenartigerweise weitgehend aufgehoben.

Da die Hörner immer nach unten transponieren, entsteht zwischen Horn und in gleicher Stimmung geschriebener Trompete bei gleicher Note ein Oktavabstand; die Trompete transponiert ja nach oben. Dies ist vor allem deshalb zu bedenken, weil, wenn nichts anderes angegeben (also meistens), für die Stimmungen von »C« bis hinunter zu »A« (wenn also die Trompete ausnahmsweise nach unten transponiert) beim Horn »basso« (it. = tief) gemeint ist. Für »hoch« gilt analogerweise auch das italienische »alto« (z. B. »Si alto«).

Auch für die Hörner wird jetzt oft klingend, also »in C«, geschrieben. Beim Partiturspiel ist dann nicht mehr zu transponieren. Es muß aber irgendwo auf diese Lesart hingewiesen werden, sonst liest der Hornist in der ihm geläufigen F-Stimmung. Das Schreiben der realen Töne erspart dem Komponisten beim Anlegen der Partitur das Umdenken, das auf die im ständig geübten Transponieren allerdings sehr routinierten Spieler abgewälzt wird.

Bei real geschriebenen Tönen muß für das F-Horn eine Quinte höher, für das B-Horn einen Ganzton höher gegriffen werden.

Nun wäre endlich die schon oft aufgestellte Behauptung zu beweisen, daß nicht alle (harmonischen) Naturtöne diatonisch korrekte (konsonante) Intervalle ergeben. Zu diesem Zweck beziehen wir uns einfachheitshalber auf die C-Dur-Skala, also auf die Schrift für ein Naturinstrument. Es erübrigt sich, mit Frequenzen zu rechnen, Ordungszahlen genügen, da sie ja nichts anderes sind als die Faktoren, mit denen die Grundtonfrequenz zu multiplizieren ist, um die

Frequenzen der Naturtöne zu erhalten. Uns kommt es im Resultat nur auf die Intervalle an, also auf Schwingungsverhältnisse, bei deren Bildung die Frequenzen sich ohnehin herauskürzen.

Zur Vorbereitung wären Unterteilungen des Halbtons zu berechnen. Den Halbton findet man zwischen Quarte (f) und großer Terz (e). Er ist deswegen das Verhältnis: $^4/_3 : ^5/_4 = ^4/_3 \cdot ^4/_5 = ^{16}/_{15} = 1{,}067$. Zwei aufeinanderfolgende Vierteltöne müssen einen Halbton ergeben. Das aus 2 Intervallen sich zusammensetzende Intervall ist immer gleich dem Produkt der beiden Frequenzverhältnisse. Also ist der Halbton gleich dem Quadrat des Vierteltons. Letzteren erhält man endlich als Quadratwurzel des Halbtonverhältnisses, was 1,033 ergibt. Analog gilt für den Achtelton die Quadratwurzel davon = 1,016.

a) Teilton »7« befindet sich, wenn man das großes C als Grundton annimmt, bei b^1. Der dort erwünschte Ton muß einen Ganzton ($^9/_8$) unter der Oktave c^2 (»8«) liegen. Sein Schwingungsverhältnis ist deswegen $8 : ^9/_8 = 7{,}111$. Teilton »7« liegt demnach gegenüber dem richtigen b^1 zu niedrig, und zwar um $7{,}111 : 7 = 1{,}016$. Naturton »7« ist einen Achtelton zu tief, wie durch Vergleich mit dem oben über die Berechnung der Halbtonunterteilungen Gesagten sofort festgestellt werden kann.

b) Teilton »11« ist in der Nähe von f^2. Das korrekte f^2 muß sich eine Quarte ($^4/_3$) über dem c^2 (»8«) befinden. Das ergibt $8 \cdot ^4/_3 = ^{32}/_3 = 10{,}667$, somit weniger als das »11« des Naturtons. Dieser ist also gegenüber dem diatonisch richtigen Intervall zu hoch im Verhältnis $11 : 10{,}667 = 1{,}031$, also ziemlich genau um einen Viertelton. Diese im Berner Oberland von Brahms dem Alphorn abgehörte zu hohe Naturquarte imitiert er im Finale der 1. Sinfonie (Takt 34), indem er, bei C-Notierung des Horns, fis statt f vorschreibt. Dieses fis sollte also im Grunde genommen etwas zu tief geblasen werden (weil der Unterschied zur Quarte f einen Viertel-, nicht einen Halbton beträgt). Die Notierung selbst weist darauf hin, denn Brahms braucht hier nicht die bei Blasinstrumenten bevorzugte Erniedrigung, also nicht ges, sondern die mit fis bezeichnete zu hohe Quarte. Er hatte Clara Schumann eine ähnliche Melodie in einem Brief aus Interlaken mitgeteilt, mit der herrlich archaisch anmutenden Bemerkung: »Also blus das Alphorn . . .«

c) Teilton »13« ist etwa a^2. Das korrekte a^2 liegt eine kleine Terz ($^6/_5$) unter c^3 (»16«), oder $16 : ^6/_5 = ^{80}/_6 = 13{,}333$. Der Naturton »13« ist also wieder zu tief, im Verhältnis $13{,}333 : 13 = 1{,}026$, was zwischen dem Viertel- und dem Achtelton liegt.

d) Für Teilton »14« erübrigt sich die Rechnung. Es wäre alles gegenüber Fall 1 (für »7«) um eine Oktave zu erhöhen, d. h. zu verdoppeln. Der Faktor 2 fiele dann bei der Quotientenbildung heraus, und es bliebe dasselbe Resultat übrig: Naturton »14« ist einen Achtelton zu tief.

1.137 **Die Ventile**

Es könnte nun die Frage gestellt werden, warum die Trompete Pumpenventile aufweist und das Horn Drehventile. Darauf wäre zu antworten: Wenn auch die bisherigen Beschreibungen den häufiger anzutreffenden Konstruktionen entsprechen, so gibt es in Wirklichkeit *jedes* Blechblasinstrument sowohl mit Pumpen- als auch mit Drehventilen, je nach Hersteller und Kundenwunsch. Allerdings besteht in Deutschland eine Vorliebe für Drehventile, während in Frankreich Pumpenventile vorgezogen werden.

Der Versuch, aus den vielen, sich mehrfach widersprechenden Quellen eine kurze geschichtliche Entwicklung zusammenzustellen, führt etwa zu folgender Auflistung:

1813 Der Hornist Friedrich Blühmel aus Waldenburg erfindet ein Ventil in Form eines rechteckigen Kästchens (*Kastenventil*), innerhalb dessen eine Scheibe verschoben werden kann (*Scheibenventil*).

1814 Heinrich Stölzel (Berlin) wendet 2 Ventile auf das Horn an. Sie sind im Stimmbügel eingebaut, der durch einen ventillosen Bügel jederzeit ersetzt werden kann, um das Naturinstrument zurückzugewinnen.

1816 Blühmel verkauft seine Ventilkonstruktion an Stölzel.

1818 Stölzel erhält das preußische Patent auf das Horn mit Kastenventil. (Beethoven hatte inzwischen schon 8 Sinfonien geschrieben.)

1820 Carl Gottlob Schuster (Karlsruhe) verschiebt, durch den Hornisten Johann Christoph Schunke angeregt, die Ventile auf den festen Rohrteil und überträgt 2 Kastenventile auf die Trompete (für $^1/_2$ und 1 Ton Vertiefung).
Ventile erscheinen also zunächst am Horn, erst später auf der Trompete.

1824 John Shaw (London) erfindet das *Verkürzungsventil*, durch welches ein Teil des Schallrohrs nicht zu-, sondern abgeschaltet wird.

1825 Ventilhorn und Ventiltrompete werden in Frankreich bekannt, aus Berlin eingeführt durch Gasparo Spontini.

1826 Joseph Meifred (Paris) baut, zur Vervollständigung der Chromatisierung, ein Horn mit 3 Ventilen. Ihm folgen C. A. Müller in Mainz, Christian Friedrich Sattler in Leipzig und Halary (s. 1828) in Paris. In Frankreich wird die erste Trompete mit 2 Ventilen gebaut.

1827 J.-M. Lablaye (Paris) patentiert ein *Schub*(Pumpen)*ventil*. Stölzels Patentgesuch für ein Pumpenventil wird abgelehnt.

1828 Jean-Hilaire Asté gen. Halary (Paris) führt ins alte Cor de chasse Ventile ein, wodurch das Flügelhorn entsteht.
Blühmel und Stölzel versuchen nochmals vergebens, röhrenförmige Ventile patentieren zu lassen.

1829 Étienne-François Périnet (Paris) baut als erster 3 Ventile in Trompete und Kornett ein (wiederum vollständige Chromatisierung). Das Kornett erscheint in Rossinis »Wilhelm Tell«.
Wilhelm Friedrich Wieprecht (Berlin) baut ein Tenorhorn in B.

1830 Wieprecht (Direktor der Musikchöre des preußischen Gardekorps) führt das Ventilkornett in die Militärmusik ein.
C. A. Müller (Mainz) und Christian Friedrich Sattler (Leipzig) bauen das 3. Ventil auch in die Trompete ein.
Johann Tobias Uhlmann (Wien) baut das *Wiener Ventil* mit gepaarten Kolben. Das Wiener Ventil war etwas umständlich, denn es bestand aus 2 Schubventilen: das eine leitete in den Stimmbogen um, das zweite mußte das andere Ende des Stimmbogens wieder mit dem Hauptrohr zusammenfügen. Eine Verbindung der beiden Pumpen (durch ein Stäbchen) besorgte die gleichzeitige Betätigung.

1832 Joseph Felix Riedt (Wien) erfindet das *Drehventil* (»Radmaschine«), welches die beim Stölzel-Ventil vorhandenen Winkel und Einengungen des Luftkanals aufhebt.

1835 Johann Gottfried Moritz findet eine gedrungenere Konstruktion der Ventile, wodurch es möglich wird, 5 Ventile einzubauen. Sein Sohn, Carl Wilhelm Moritz, baut mit Wieprecht eine Baßtuba mit 5 Ventilen.
Wieprecht verbessert das Pumpenventil zur *Berliner Pumpe*.

1838 C. W. Moritz baut eine Tenortuba in B (gegenüber Tenorhorn: spielbarer Grundton).

1839 Wesentliche Neuerung durch Périnets neues *Pumpenventil* in der heute noch gebräuchlichen Ausführung. Vorzug des Pumpenventils: einfacher als das Drehventil, weil ohne Übertragungsmechanik, also direkte Betätigung des auf- und abgleitenden Zylinders. Es setzt sich gegenüber dem schon sehr verbreiteten Drehventil immer mehr durch.

1840 Ventiltrompete erobert Sinfonie- und Opernorchester.

1850 Adolphe Sax baut Instrumente mit 6 Verkürzungsventilen (**Saxhörner**), die derart einzeln gebraucht werden, daß alle 7 sich dadurch ergebenden Grundstimmungen gleich gut sind (die Fehler der Ventilkombinationen können nicht entstehen).
Das Ventilhorn setzt sich allgemein durch.

1899 Eduard Kruspe (Erfurt) baut ein Doppelhorn.

1906 Gebr. Alexander (Mainz) verbessern das Doppelhorn.

1935 Die Pariser Firma Selmer baut ebenfalls Doppelhörner.

1.14 *Andere Blechinstrumente*

1.141 **Die Klappenhörner**

Es ist kaum möglich, allen vergangenen und gegenwärtigen Blechinstrumenten gerecht zu werden, ohne den Umfang der vorliegenden, bewußt konzentriert gehaltenen Darstellung erheblich zu überschreiten. Die Periode des Übergangs von den Natur- zu den Ventilinstrumenten 1810–1850 war verwirrend, wenn auch die meisten Konstruktionen mehr oder weniger auf das **Signalhorn** zurückzuführen sind. Dieses war konisch, in Trompetenform gebogen (etwa auch kreisförmig), mit bescheiden ausgeweiteter Stürze.
Die Chromatisierung versuchte man vorerst mit *Klappen*; ähnlich wie beim Saxophon schlossen sie, durch Federn angedrückt, Löcher in der Metallwandung und konnten durch Tasten abgehoben werden. Seit 1810 sind solche Instrumente zu finden, bis sie um 1850 durch Ventilinstrumente

verdrängt wurden. Am längsten hielt es ein Baßinstrument aus; es wurde mit 8 (später 12) Klappen im Jahre 1821 patentiert: die **Ophikleide**. Sie erscheint schon vorher (1819) in

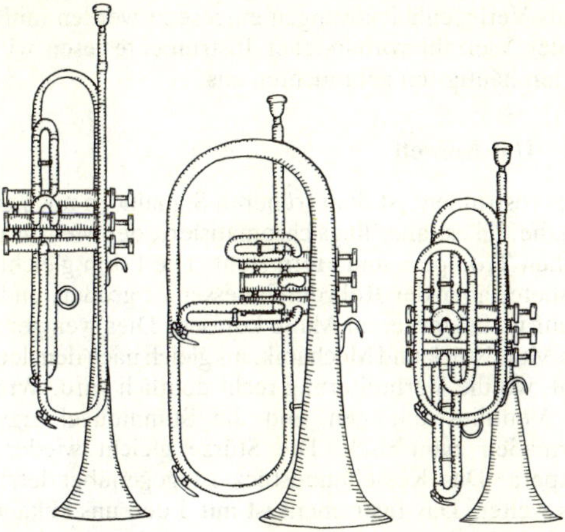

Trompete *Flügelhorn* *Kornett*

der Oper »Olympia« von Spontini, ist in der »Sommernachtstraum«-Musik von Mendelssohn Bartholdy anzutreffen sowie etwa in der »Symphonie fantastique« von Berlioz und in Verdis »Requiem«. Heute wird sie (auch in diesen Partituren) durch die Baßtuba ersetzt. – In Rossinis »Wilhelm Tell« ist ein **Klappenkornett** vorgesehen.
Dies alles deutet abermals auf die Problematik und die Fragwürdigkeit der sogenannten authentischen Interpretationen hin, die mit zeitgenössischen Instrumenten ausgeführt werden sollten. Es ist schon fast unmöglich herauszufinden, welche der noch in Museen vorhandenen (aber meistens nicht mehr spielbaren) Instrumente in den einzelnen Orchestern vertreten waren, aber außerdem verfügen die Bläser

nicht mehr über genügend Übung im Umgang mit solchen Instrumenten, um den heutigen erhöhten Intonationsansprüchen zu genügen. Abgesehen davon, daß die Klappeninstrumente, auch mangels klanglich besserer Möglichkeiten, als Verlegenheitslösungen eingesetzt werden mußten. Aus der Vielzahl vorhandener Instrumente lesen wir die noch am häufigsten gebrauchten aus.

1.142 **Das Kornett**

Dieses Instrument ist dem früheren Signalhorn noch ziemlich nahe, da es, allerdings chromatisiert, der Mensur nach zwischen Trompete und Horn steht. Die Form gleicht der Trompete, aber der Rohrdurchmesser ist größer, und der Verlauf ist in stärkerem Maße konisch. Dies weniger zwischen Mundstück und Mechanik, als gleich nach dem letzten Ventil, wo die Verbreiterung recht deutlich wird. Wie bei allen Ventilinstrumenten sind die Stimmbügel erzwungenermaßen zylindrisch. Die Stürze gleicht wieder der Trompete. Das Kesselmundstück ist gegenüber letzterer etwas weiter. Das Instrument ist mit 3 den uns bekannten Funktionen entsprechenden Pumpenventilen versehen, mit »Pistons«, was die geläufige Benennung **Cornet à pistons** erklärt sowie die abgekürzte Pars-pro-toto-Bezeichnung **Piston**. Die häufigste Stimmung ist diejenige in B: also einen Ganzton tiefer spielend als notiert, eine Eigenart, die wir schon als *»Kornettnotierung«* kennenlernten. (Es existiert auch ein Piston in A, also gegenüber der Notation eine kleine Terz tiefer klingend. Außerhalb Englands ebenso selten ist das Kornett in C.) Der Umfang (tönend) entspricht demjenigen der Trompete, also bei B-Stimmung von e (Tritonus unter b = »2«) bis c^3. In A-Stimmung einen Halbton tiefer.

Der größere Rohrdurchmesser verleiht dem Instrument erhöhte oder, besser gesagt: eine gegenüber der Trompete leichter zu erreichende Beweglichkeit, begrenzt aber – nach oben – die harmonischen Teiltöne, die nur etwa bis zum

8. Teilton vorhanden sind. Dadurch erreicht der Klang nicht den Glanz der Trompete, aber auch nicht die Sättigung des Flügelhorns und noch weniger die Rundheit des Hornklanges. Der erleichterten Tonbildung verdankt das Kornett große Popularität. Das Volkhafte des Instruments unterstrich Strawinsky, indem er das Kornett und nicht die Trompete in die ländlich gedachte Musik zur »Geschichte vom Soldaten« hineinnahm. Besonders beliebt ist das Kornett in der Militärmusik als Sopraninstrument. Es gehört auch zum Inventar der französisch orientierten New-Orleans-Orchester, welche aus Kornett (1 oder 2), Klarinette, Posaune, Tuba, Banjo, Schlagzeug und eventuell Klavier bestehen.

Das Kornett ist oft im frühromantischen Orchester anzutreffen (und darf der besonderen Klangfarbe wegen nicht ersetzt werden), etwa bei Berlioz (»Phantastische Sinfonie«), bei Bizet (»Carmen«) und bei Verdi (»Otello«).

Außer dem Sopraninstrument ist hin und wieder auch ein **Altkornett** in Es anzutreffen (große Sexte nach unten transponierend), sowie ein **Pikkolo-Kornett** ebenfalls in Es (kleine Terz nach oben transponierend).

1.143 **Die Bügelhörner**

Es existiert eine praktisch ausschließlich im Militär- und Blasorchester vorhandene Gruppe verschieden gestimmter Instrumente, die nach der trompetenähnlichen Form Bügelhörner genannt werden. Der Begriff der »Gruppe« ist absichtlich gewählt worden, da diese Bügelhörner nicht eine Familie, d. h. nicht verschieden große Ausführungen desselben Typs, darstellen. Jede Größe hat ihre speziellen Konstruktionsmerkmale. Allen gemeinsam ist aber der konische Verlauf und die kaum ausladende Stürze (vom Signalhorn her). Die Gruppe heißt französisch und englisch **Bugle**, italienisch **Flicorni**.

Es sollen hier, vom kleinsten angefangen, die verschiedenen Typen aufgezählt werden:

Pikkolo in hoch-B. Virtuoseninstrument. Klingender Tonumfang: e^1–c^4 (eine kleine Septime über der Notierung).

Sopranino in Es. Klingender Tonumfang a–es[3] (eine kleine Terz über der Notierung).

Flügelhorn in B (selten in C). Das Sopraninstrument der Bügelhörner, mit stärkerem Konus und fast keinem Schallbecher. Der Klang des heute dem Kornett angenäherten Instruments ist etwas dunkler,

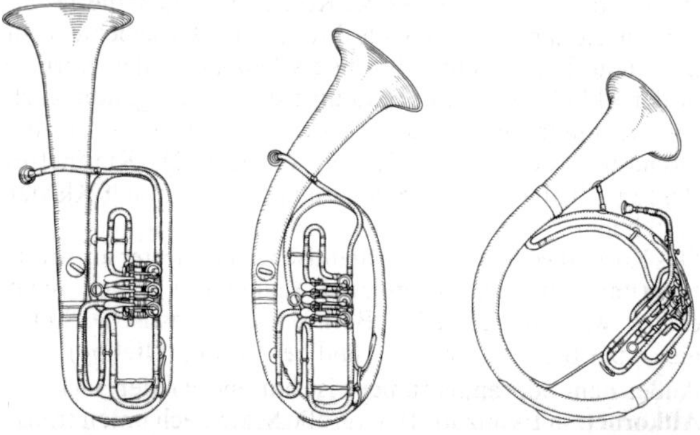

Tenorhorn in gerader und ovaler Form; Baryton in Helikonform

aber satt. Das Flügelhorn ersetzt wegen der leichteren Spielweise, zusammen mit dem Tenorhorn, die Waldhörner des Sinfonieorchesters im Blasorchester. – Klingender Tonumfang: e–b[2] (einen Ganzton tiefer als geschrieben.

Althorn: ein Ventil-Signalhorn in tief-Es (oder tief-F). Enger mensuriert als das Flügelhorn, daher mit weniger weichem Ton. – Von hier nach unten ändert sich die Form. Dieses und die tieferen Instrumente werden senkrecht gehalten, mit Stürze nach oben. Somit ist das Rohr zum Mundstück hin in die Waagerechte gebogen. Auch die ovale Form ist üblich, mit einwärts, aber immer nach oben weisender Stürze. – Klingender Tonumfang: A–g[2] (große Sexte unter der Notierung).

Tenorhorn in B (selten in C), 2,90 m lang, auch **Baßflügelhorn** genannt, da eine Oktave tiefer als das Flügelhorn. Gerade oder ovale Form. – Klingender Tonumfang: E–c[2] (eine None tiefer als Notierung im Violinschlüssel oder einen Ganzton tiefer als Notierung im Baßschlüssel).

Baryton (Tenorbaß, engl. **Euphonium**, it. **Bombardino**) in B. Das Instrument ist genauso lang wie das Tenorhorn, aber weiter mensuriert (doch weniger als die Tuben), so daß es zu tieferen Tönen herabreicht, und zwar bis zum Grundton »1«, der nun – im Gegensatz zu Horn und Trompete – spielbar wird. – Klingender Tonumfang: $_{1}$B–f^{1} (wie im Baßschlüssel notiert).

Die Reihe wurde früher mit dem Bombardon (in F, Es, C oder F) nach unten fortgesetzt, aber heute werden die tieferen Bügelhörner durch die auch zum Sinfonieorchester gehörenden Tuben ersetzt. Das Baryton und die früheren tieferen Bügelhörner werden auch in Helikon-Form gebaut. Damit ist eine Rohrführung gemeint, die es erlaubt, das Instrument so um den Körper zu tragen, daß es auf der linken Schulter aufliegt.

Trompete, Kornett und Flügelhorn in B sind alle gleich lang. Sie unterscheiden sich in den Mensuren (Maße in mm):

	Bohrung beim Mundstück	*Durchmesser des Schallstücks*
Jazz-Trompete	10,5	123
Trompete	11,0–11,39	123–131
Kornett	9,6–11,76	125–132
Flügelhorn	10,7–11,00	152–162

1.144 **Die Tuben**

An die Bügelhörner schließen sich nach unten die Tuben an. Die Benennung stammt natürlich von lat. »tubus« (Rohr) ab, womit man in Rom allgemein Dünnwandinstrumente meinte. Tuba war speziell ein etwa 125 cm langes, gerades Rohr mit kleiner Stürze, aus Eisen oder Bronze, und knöchernem Mundstück. Daraus gingen später die Businen als indirekte Zwischenglieder zu Trompeten und Hörnern hervor.

Die heutige Baßtuba ist ein aufrecht gestelltes Riesenkornett, mit noch weiterer Mensur und vor allem mit ausgeprägt konischem Verlauf. Das Instrument wurde durch Wilhelm Friedrich Wieprecht angeregt und durch Carl Wilhelm Moritz, beide in Berlin, 1835 mit 5 Ventilen patentiert. Das Rohr ist gegen das Mundstück hin in die Horizontale, dem

Spieler entgegen, gebogen. Obwohl sich die Stürze nicht sehr ausweitet (Durchmesser 38–42 cm), steht sie zur Bohrung beim Mundstück (schwache 2 cm) im überaus großen Verhältnis von 20 : 1 (bei der Trompete 11 : 1). Aber auch der gesamte Innendurchmesser ist im Vergleich zu Trompete und Horn so viel größer, daß der Grundton »1« möglich wird. Man nennt solche Instrumente auch *Ganzinstrumente*, im Gegensatz zu den *Halbinstrumenten*, die von der ersten Oberschwingung (»2«) an zu gebrauchen sind. Durch diese Erweiterung des Umfangs gelangt man zu den tiefsten Tönen, die in der Blechbläsergruppe erreicht werden können.

Die **Baßtuba in F** ist mit 3,86 m gleich lang wie das F-Horn, jetzt aber gehen die Klänge eine Oktave weiter herunter, da beim Horn normalerweise keine Pedaltöne gebraucht werden.

Dieser erweiterte Umfang bedingt eine Konsequenz bei der Konstruktion. An Posaune, Trompete und Horn (sowie den meisten Bügelhörnern) genügten der Zug beziehungsweise die 3 Ventile, um die Lücke von 6 Halbtönen zwischen 2. und 3. Partialton chromatisch auszufüllen. In der Baßtuba entsteht jetzt aber eine größere Lücke zwischen den beiden tiefsten Tönen, zwischen 2. Partialton und Grundton. In F-Stimmung sind doch die Naturtöne:

Zwischen den ersten beiden Tönen (jetzt »1«–»2«, nicht mehr »2«–»3«) fehlen 11 Halbtöne (= große Septime). Über die Vertiefung um einen Tritonus durch die sonst üblichen Ventile hinaus fehlen noch $2^1/_2$ Töne (11 – 6 = 5 Halbtöne = Quarte). Diese zusätzliche Verlängerung wird durch ein *4. Ventil* erreicht. Beim Abstieg von »2« zu »1« geht parallel der Grundton »1« ebenfalls um 11 Halbtöne nach unten.

Die Wirkung der 4 Ventile, auf den Grundton bezogen, kann der folgenden Übersicht entnommen werden. Darin sind der Reihe nach die für die stufenweise Erniedrigung benötigten Ventile verzeichnet.

Die Spalten rechts bedeuten (alles in m):

a = die jeweils zugeschaltete Länge,
b = die gesamte erreichte Rohrlänge,
c = die theoretisch für temperierte Skala erforderliche Länge.

	Ventil:		I	II	III	IV	a	b	c
	Töne:		1	½	1½	2½			
	$_1$F	0						3,86	3,86
(Halbton)	$_1$E	½		×			0,23	4,09	4,09
(Ganzton)	$_1$Es	1	×				0,47	4,33	4,33
(Moll-Terz)	$_1$D	1½			×		0,73	4,59	4,59
(Dur-Terz)	$_1$Des	2		×	×		0,96	4,82	4,86
(Quarte)	$_1$C	2½				×	1,29	5,15	5,15
(Tritonus)	$_2$H	3		×		×	1,52	5,38	5,46
(Quinte)	$_2$B	3½	×			×	1,76	5,62	5,78
(kleine Sexte)	$_2$A	4			×	×	2,02	5,88	6,13
(große Sexte)	$_2$As	4½		×	×	×	2,25	6,11	6,49
(kleine Septime)	$_2$G	5	×		×	×	2,49	6,35	6,88
(große Septime)	$_2$Ges	5½	×	×	×	×	2,72	6,58	7,29

Wie bei der Trompete schon nachgewiesen, erzeugt der gleichzeitige Gebrauch verschiedener Ventile nicht die erwünschte Länge. Besonders deutlich wird dies beim gleichzeitigen Gebrauch aller 4 Ventile. Der Fehler beträgt 7,29 : 6,58 = 1,108, also fast einen Ganzton ($^9/_8$ = 1,125). Um ihn auszugleichen, ist oft ein 5. Ventil eingebaut, nämlich das im Patent von 1835 schon vorhandene. Durch dieses Ventil kann ein korrektes Ges erzielt werden, weshalb es auch – enharmonisch – Fis-Ventil genannt wird.

Insgesamt beträgt die Verlängerung durch 4 Ventile 2,72 m, was, zur ventillosen Länge von 3,86 m addiert, total 6,58 m ergibt. Um

die erforderlichen 7,29 m zu erreichen, fehlen also ganze 71 cm: dies ist die Länge des durch das *5. (Kompensations-)Ventil* hinzugefügten Rohres.
Werden aber zusammen mit dem 5. Ventil nicht alle anderen gebraucht, ist diese Korrektur zu groß. Der Ausgleich wird entweder dem Musiker überlassen oder auf zwei Arten mechanisch erleichtert:
a) Stimmbogen des Ausgleichsventils ist mit einem Zug versehen, der durch einen Daumendrücker (gegen eine Rückstellfeder) herausgeschoben werden kann. Nur in seiner äußersten Position wird die gesamte Kompensation realisiert.
b) Die 71-cm-Verlängerung wird in 2 ungleiche Teile aufgeteilt, die je nach Bedarf separat oder zusammen mit je einem Ventil zugeschaltet werden. So ist das mitunter vorkommende *6. Ventil* zu erklären. Die ersten 4 Ventile sind für die rechte Hand eingerichtet, die beiden Kompensationsventile sind linksgriffig. (5. und 6. Ventil zusammen ergeben dasselbe Resultat wie das vorherige 5. Ventil allein.)
Der Schallbecher ist, wie schon gesagt, nach oben gerichtet, das Kesselmundstück weit und tief, mit etwas entschärfter Kante beim Übergang zum Rohr (wodurch eine Annäherung an die weichere Hornfarbe erreicht wird). Wegen der großen Rohrweite kommt das Instrument nicht über den 8. Teilton hinauf.
Mit allen Ventilen zusammen wird der Länge nach, wie aus der Tabelle ersichtlich, das $_2$Ges = 23,12 Hz erreicht. Dann ist aber dieser Grundton wegen der vielen erforderlichen Luft nicht mehr zumutbar. Ein robust gebauter Tubabläser kommt bis zum $_2$A; ohne Bedenken kann man zum $_1$Des herunter. Der übliche Umfang einer F-Baßtuba ist also: ($_2$H–) $_1$Des–f^1 (–g^1).
Im Orchester ist zumeist die etwas tiefere **Es-Baßtuba** zu sehen, da sie größere und meistens ausreichende Tiefe ergibt; ihre Grenztöne liegen einen Ganzton tiefer: ($_2$A–) $_1$H–es^1 (–f^1).
Die Notierung aller Tuben, auch der nachfolgenden, steht immer in C, also nicht transponierend. Dies ist auch dadurch begründet, daß die Tuben als Erweiterung der Posaunengruppe zu betrachten sind; vgl. ihre Verwendung bei Wag-

ner, Strauss, Bruckner, Hindemith (Sinfonie »Mathis der Maler«). Sie sind als ausgesprochene Baßinstrumente zu behandeln; als Melodieinstrumente wirken sie kitschig, was

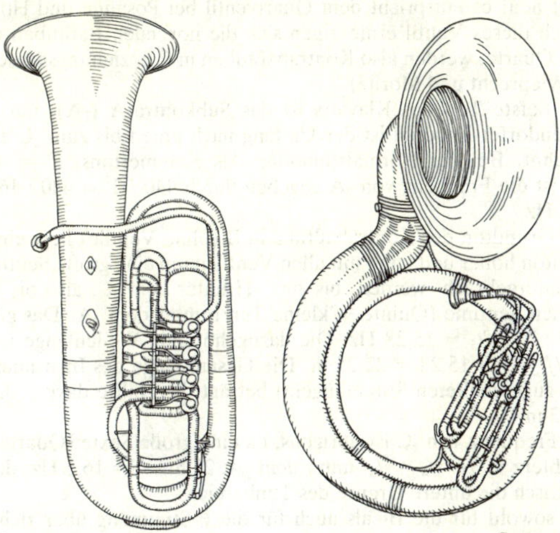

Tuba *Sousaphon*

allerdings mitunter absichtlich ausgespielt wird: Busoni erzielt damit groteske Staccato-Wirkung in seiner Oper »Turandot«. Karikierend ist die Tuba in den »Bildern einer Ausstellung« von Mussorgskij-Ravel eingesetzt (»Bydlo«), satanisch in der »Symphonie fantastique« von Berlioz (»Dies irae«).

Es gibt noch tiefere Tuben, die Kontrabaßtuben. Sie stammen vom Böhmen Václav František Červený (1845) und waren nur im Blasorchester vertreten, bis sie Wagner 1869 im »Rheingold« einsetzte.

Kontrabaßtuba in C. Etwa seit Wagner und Bruckner im Sinfonieorchester. Umfang: $({}_2B-){}_1C-c^1$.

Kontrabaßtuba in B. Bis 11 m lang. Eher im Militärorchester zu sehen. Die Notierung bleibt auch hier nicht transponierend. Umfang: einen Ton tiefer, also $({}_2A-){}_2B-b$.

Das 5. Ventil der Baßtuben (F und Es) ist im Grunde genommen nicht neu: es entspricht dem Quartventil bei Posaune und Horn. Durch dieses Ventil erniedrigen sich die normalen Baßtuben um eine Quarte, werden also Kontrabaßtuben in C beziehungsweise in B (Wieprecht und Moritz).

Der tiefste Ton des Klaviers ist das Subkontra-A (${}_2A$); nur im Bösendorfer-Imperial ist der Umfang nach unten bis zum ${}_2C$ ausgedehnt. Bei der Normalstimmung des Kammertons, $a^1 = 440$ Hz, ist die Frequenz von ${}_2A$ gegeben durch $440 : 2^4 = 440 : 16 = 27{,}5$ Hz.

Der Grundton der Kontrabaßtuba in B (ohne Ventile) liegt einen Halbton höher und kann mit allen Ventilen um eine große Septime heruntergebracht werden, bis zum ${}_3H$ unter dem ${}_2C$, also bis zur kleinen Septime (Quinte + kleine Terz) unter dem ${}_2A$. Das gibt: $27{,}5 : {}^3/_2 : {}^6/_5 = 15{,}28$ Hz. Die dazugehörende Wellenlänge ist $\lambda = c/f = 340/15{,}28 = 22{,}25$ m. Die Gesamtlänge des Instruments (bei zugeschalteten Stimmbügeln) beträgt die Hälfte davon, d. h. 11,13 m.

Die Frequenz von ${}_2C$ ist übrigens, da eine große Sexte (Quarte + Großterz $= {}^4/_3 \cdot {}^5/_4 = {}^5/_3$) unter dem ${}_2A$, $27{,}5 : {}^5/_3 = 16{,}5$ Hz, d. h. praktisch die untere Grenze des Tonbereichs.

Um sowohl für die B- als auch für die F-Stimmung über richtig dimensionierte Verlängerungsrohre zu verfügen, wird auch eine **doppelte Tuba** aus Baß und Kontrabaß kombiniert, ähnlich dem Doppelhorn. Wie bei jenem haben die 6 Ventile Doppelwirkung (Doppelventile); sie dienen getrennt für die eine und für die andere Tuba.

Der **Kaiserbaß** ist eine besonders weit mensurierte Kontrabaßtuba (Stürzendurchmesser bis 45 cm), daher mit noch vollerem und weicherem Ton.

1851 baute A. Sax sogar einen **Subkontrabaß** in Es. Ihm folgte 1873 ein Subkontrabaß in F vom schon genannten Červený. Rudolf Sander soll 1899 noch weitergegangen sein, mit einem Subkontrabaß in C. Untersuchen wir dieses Monstrum etwas näher:

Der Subbaß in C liegt eine kleine Septime unter dem B-Kontrabaß, für den als höchste Länge 11,13 m errechnet wurde. Die jetzt erreichte Länge müßte $11{,}13 \cdot {}^3/_2 \cdot {}^6/_5 = 20$ m betragen und würde dem ${}_3Des$ entsprechen (große Septime unter ${}_2C$). Die Länge des

Instruments soll aber etwa 15 m gewesen sein. Davon das Intervall zu den errechneten 20 m: 20 : 15 = 1,333 = $^4/_3$ = Quarte. Der theoretisch tiefste mögliche Ton lag demnach eine Quarte über dem $_3$Des, war also $_3$Ges = $_3$Fis = Tritonus unter $_2$C, eine Vertiefung, die uns bekannt ist, da sie mit 3 Ventilen erreicht wird. Somit besaß das Instrument kein 4. (Quart-)Ventil. Die Frequenz bei 15 m Länge ist übrigens: $f = c/(2L)$ = 11,333 und liegt schon unter der unteren Grenze des als Ton empfundenen Schwingungsbereichs. Die untere Hörgrenze befindet sich bei 16 Hz. Das $_2$C = 16,49 Hz des ventillosen Pedaltons beim Subkontrabaß liegt nur 16,49 : 16 = 1,03 = 1 Viertelton darüber. Ob er beim riesigen erforderlichen Luftaufwand überhaupt geblasen werden konnte, bleibt sehr fraglich.

Helikon wird eine kreisrund gebaute, um den Körper getragene Militärtuba, mit etwas engerer Mensur, genannt.

Das **Sousaphon** ist ein weiter mensuriertes Helikon, also eigentlich eine Baßtuba. Die sehr ausgeprägte Stürze (Durchmesser bis 72 cm) ist effektvoll – für Aug' und Ohr – über dem Kopf des Spielers nach vorn gerichtet. Das Instrument erhielt seinen Namen vom amerikanischen Militärkapellmeister John Philip Sousa (1854–1932). Es wird in verschiedenen Größen hergestellt, z. B. als Es-Baß und als C- oder B-Kontrabaß (dem Kaiserbaß entsprechend). Die Notierung ist transponierend; beispielsweise ist beim B-Kontrabaß der Klang gegenüber der Notierung einen Ganzton tiefer. Umfang in B: $_2$B–b.

1.145 Die Wagner-Tuben oder Horntuben

Der Wunsch, den Hornklang in den Tonbereich der Tuben hinunterführen und andrerseits den Tubenklang nach Bedarf durch edlere Töne ersetzen zu können, brachte Richard Wagner dazu, spezielle Tuben bauen zu lassen, die später nach ihm benannt wurden. Allerdings geht die Idee weiter zurück, und zwar auf das Jahr 1844 und den uns schon bekannten Böhmen Červený. Die Horntuben erscheinen im »Rheingold« ein Vierteljahrhundert später: im Jahre 1869.

Es handelt sich dabei um in ovaler Tubenform gebaute Instrumente, die mit einem Hornmundstück (Trichter) und

einer Hornstürze versehen sind. Die Bohrung ist enger als bei den Tuben, aber weit genug, um den Grundton zu ermöglichen, und andrerseits eng genug, um in höhere Regionen hinaufgelangen zu können, so daß der Naturton »16« erreichbar ist – ganze 4 Oktaven über dem ventillosen Grundton.
Während man früher ein etwas größeres Mundstück verwendete, wird gegenwärtig das normale Hornmundstück gebraucht. Deswegen ist bei älteren Instrumenten ein Adapter, ein Zwischenstück, erforderlich. Die konische Erweiterung des Rohres beginnt gleich am Ausgang der Ventile. Es sind deren 4 vorhanden (da es sich um ein Ganzinstrument handelt), also auch ein Quartventil. Die Pedaltöne lassen sich demnach bis zur großen Septime unterhalb des ventillosen Grundtons spielen; bei der B-Tuba ist es das $_2$H, bei der F-Tuba das $_2$Ges. Noch eine Eigenart ist die linkshändige Anordnung der Ventile, die dadurch zu erklären ist, daß die Wagner-Tuben durch Hornisten geblasen werden (darum auch dasselbe Mundstück).

Wagner sieht zwei Größen vor, die auch nach ihm nicht mehr ergänzt wurden: die **Tenortuba in B** und die **Baßtuba in F**. (Um Verwechslungen mit den gewöhnlichen Baßtuben zu vermeiden, nennt R. Strauss die tiefere der beiden Horntuben Tenortuba in F.)

- Tenortuba in B: gleiche Länge (ohne Ventile) wie das B-alto-Horn, also 2,90 m.
- Tenortuba in F: Länge des F-Horns, d. h. 3,86 m.

Die gelegentliche Behauptung, die Wagner-Tuben seien Halbinstrumente, ist natürlich falsch, denn sie würden sonst nicht tiefer reichen als die Waldhörner. – Nach der bisherigen Beschreibung ist der Umfang der beiden Tuben klar. In B: ($_2$H–)$_1$B–f^2 (ausnahmsweise bis b^2); in F: ($_2$Ges–)$_1$F–c^2 (ausnahmsweise bis f^2). Ziemlich verwirrend ist hingegen die Notierung. Sie geschieht im Violin- oder im Baßschlüssel, und normalerweise steht die höhere Tuba in B (einen Ganzton höher notiert als der Klang) und die tiefe Tuba in F (eine Quint nach unten transponierend). Nun kommt es aber vor, daß Wagner den Baßschlüssel braucht und dann eine Oktave tiefer schreibt. (Die F-Tuba transponiert dann eine Quarte nach oben.) Das ist aber noch nicht die letzte Tücke: Um Hilfslinien zu vermeiden, verwendet Wagner auch eine von der Norm abweichende Notierung: Die B-Tuba schreibt er in Es, die F-Tuba in B.

Ein klingendes D muß bei B-Notierung als E geschrieben werden, bei Es-Notierung hingegen als H. Analog für das tiefere Horn: Dasselbe D ist in F-Notierung ein geschriebenes A, bei B-Notierung ein geschriebenes E.

Bruckner, der mit Begeisterung die neuen, so herrlich tönenden Klänge verwendete, fügte noch eine weitere Komplikation hinzu. Das B-Tenorhorn wird von ihm etwa richtig als B-alto (also einen Ganzton tiefer klingend) oder als B-basso im Violinschlüssel notiert (der Klang liegt dann eine große None darunter). Fazit: Die Notierung der Horntuben ist uneinheitlich und kompliziert, aber die Hornisten sind für schwierige Transpositionen geschult (s. Beispiele im Abschnitt Horn).

Bei 8 Waldhörnern im Orchester rechnet Wagner damit, daß die Hörner 5 bis 8 mit Wagner-Tuben wechseln: 2 Tenortuben in B und 2 Baßtuben in F. Einen besonderen Hinweis verdient das großartige Quintett im 2. Satz der 7. Sinfonie von Bruckner, mit 2 Tenor-B-Wagner-Tuben, 2 Baß-F-Wagner-Tuben und dazu einer Kontrabaßtuba in C, die bis zum $_{1}$F hinabgeführt wird.

Richard Strauss setzte Wagner-Tuben in verschiedenen Opern (»Elektra«, »Die Frau ohne Schatten«) und in der »Alpensinfonie« ein. Sie kommen auch in der ersten Fassung (1911) von Strawinskys »Feuervogel« vor.

1.15 *Allgemeine Bemerkungen zu den Blechinstrumenten*

Zum Abschluß des Kapitels über Blechinstrumente drängen sich einige für die gesamte Kategorie geltende Bemerkungen und Ergänzungen auf.

1. In der *Notierung* werden allgemein Erniedrigungszeichen (♭) den Erhöhungszeichen (♯) vorgezogen. Man schreibt also eher ges statt fis, selbst dann, wenn im harmonischen Zusammenhang fis korrekt wäre. Die enharmonische Verwechslung läßt sich leichter lesen, muß dann aber gegebenenfalls durch den Spieler korrigiert werden. Man kann daraus nochmals schließen, daß Brahms bewußt jenes fis anstelle des üblichen ges schrieb, auf das im Abschnitt 1.136 hingewiesen wurde.

2. *Triller*. Der rasche und wiederholte Wechsel zwischen zwei benachbarten Tönen kann prinzipiell auf zwei Arten erzeugt werden:
a) Mit der Lippe, wenn sich der Triller in einer derart hohen Region befindet, daß die beiden erwünschten Töne in der Obertonreihe desselben Grundtons direkt nebeneinanderliegen: *Lippentriller*.
b) Mit den Ventilen in den anderen Fällen: *Ventiltriller*. Am besten gelingt der Triller von Noten im Halbtonabstand mit dem 2. Ventil. Weniger glücklich ist der Ganztontriller (mit dem 1. Ventil). Bedeutend schwerer gelingt der Triller mit Ventilkombinationen oder mit dem 3. Ventil, aber ein Triller im Abstand einer kleinen Terz und mehr wird kaum benötigt.
Dies alles für Trompeten, Hörner und andere Ventilinstrumente. Auf der Posaune sind Lippentriller möglich, aber auch solche zwischen Tönen, die zwei direkt aufeinanderfolgenden Zugpositionen entsprechen. Dazu ist aber größte Aufmerksamkeit erforderlich, und die Schnelligkeit bleibt durch die mechanische Trägheit des Zuges beschränkt. Dafür kann man aber auf der Posaune das *Glissando* erzeu-

gen, das Gleiten von einem Ton zum anderen. Allerdings können die Grenztöne nicht beliebig gewählt werden. Sie müssen Teiltöne derselben Ordnung sein, die ohne Änderung des Lippenansatzes durch die Zugbewegung allein – über die Zwischentöne – erreichbar sind. Auch dafür ist Geschick nötig, wenn im schnellen Tempo verlangt.

Beispiel: »Boléro« von Ravel, 4. Takt von Ziffer 10, also 2. Takt des ersten melodischen Posauneneinsatzes, als Charakterisierung des Instruments. Das Glissando geht von g^1 zu b^1, beides Töne 8. Ordnung beziehungsweise zu Position IV und I gehörend.

3. *Artikulation*. Einzelne Töne oder der Beginn von gebundenen Phrasen werden mit dem »Zungenschlag« markiert: Die gegen den Gaumen emporgehobene Zungenspitze hält vorerst den Luftstrom zurück und gibt ihn dann, wie beim Sprechen eines »t«, frei. Bei zwei aufeinanderfolgenden, getrennt zu artikulierenden Tönen spricht man von »Doppelzunge«. Der Luftstrom wird dabei nacheinander mit den Zungenstellungen für »t« und »k« (gegen vorderen und hinteren Gaumen) kurz unterbrochen und freigegeben. Die »Tripelzunge« (3 Noten oder Triole) erfordert die Zungenbewegung einer der Folgen t–t–k, t–k–t oder k–t–k. Strawinsky verlangt in der 1. kleinen Orchestersuite den 5fachen Zungenschlag auf derselben Note (»Espagnole«), Rimskij-Korsakows »Scheherazade« geht bis zur 7fachen Zunge (im letzten Bild). Auch weniger schnelle, aber langdauernde Staccato-Folgen konstanter Notenwerte werden mit einer Kette von t–k–t–k . . . artikuliert.
Als Extremfall läßt man die Zunge wie beim »r« vibrieren, wodurch der *Flatterzunge* (it. *frullato*) genannte Effekt entsteht (Beispiel: Hindemith, Kammermusik op. 24 Nr. 1, 1. Satz). Sie wird nicht nur für einen festen Ton verwendet, sondern mit besonders erregender Wirkung auf Skalen mit engen, womöglich chromatischen Tonschritten (Ravel, »Daphnis et Chloé«, 2. Suite).
Die angegebenen Beispiele betreffen die Trompete. Bei den übrigen Blechinstrumenten ist der Zungenschlag ebenso wichtig und vielseitig; speziell kommt auch sonst, wenn-

gleich seltener, die klangverschärfende Flatterzunge vor (Hörner im 2. Bild von Strawinskys »Petruschka«).
Für besonders scharfen Ansatz wird die Zunge gegen die Zähne gedrückt und nach erzeugtem Druck in der Mundhöhle plötzlich zurückgezogen.

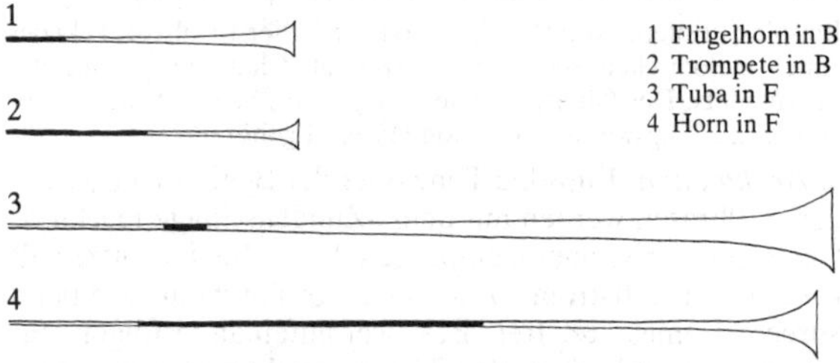

Blechinstrumente im Vergleich
Geschwärzt: zylindrische Teile (sonstige Partien konisch)

4. *Materialien*. Das übliche Konstruktionsmaterial ist Messingblech der Stärke 0,3–0,5 mm. Die gebogenen Teile werden auf zwei Arten hergestellt:
a) Das gerade, mit Blei ausgegossene Rohr wird in kleinen Schritten gebogen. Die dabei entstehenden Falten werden immer wieder durch Hämmern beseitigt. Nachträglich können, zur größeren Präzision, noch Stahlkugeln hindurchgepreßt werden.
b) Die modernere, immer mehr bevorzugte Technik besteht darin, das ohne Rücksicht auf Querschnittverformungen irgendwie zurechtgebogene Rohr in eine Schablone einzuschließen und durch Wasserdruck (mehrere 100 atü) von innen gegen diese zu pressen.
Die sehr geringe Wanddicke wäre beim Schallstück zu unstabil, sein *Rand* muß deshalb verstärkt werden. Dazu bestehen drei Möglichkeiten:
a) *Französischer Rand*: Auf der Stürze wird außen ein Ring befestigt, um den dann der Blechrand zurückgerollt wird.

b) *Kranz*: Ein das Schallstück beidseitig einschließender, aufgestülpter Rand wird angepreßt. Meistens besteht er aus Neusilber und wirkt, etwa bei Tuben, zusammen mit anderen Neusilber-Verstärkungen gegenüber dem Messing dekorativ.
c) *Mainzer Rand*: Ein außen angelöteter und angepreßter flacher Ring.

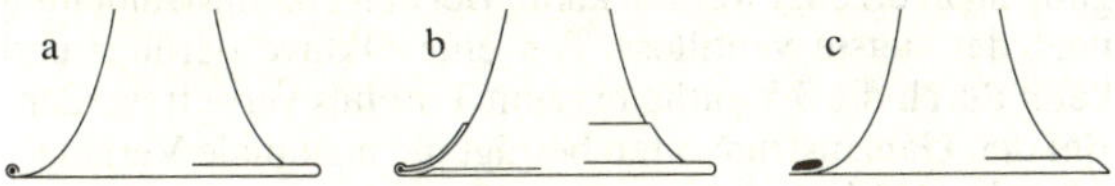

Stürzenränder

5. Die *Maschine* muß sehr genau und sorgfältig gearbeitet werden, denn die Ventile müssen sehr leichten Gang aufweisen und trotzdem hinreichend luftdicht sein. Es geht hier um eine Präzision der Ordnung von $^1/_{100}$ mm, die auch beim Posaunenzug benötigt wird. Bei billigen Instrumenten werden auch diese Teile aus Messing hergestellt. Aber dessen Resistenz gegenüber der unvermeidbar in das Instrument dringenden, sehr aggressiven Magensäure ist zu gering, so daß die ursprüngliche Präzision bald zunichte gemacht wird. Deswegen ist Neusilber vorzuziehen, was aber nicht nur wegen des Materialwertes, sondern vor allem wegen der schwierigeren Bearbeitung infolge größerer Härte wesentlich teurer wird. Aus Neusilber besteht bei wertvollen Instrumenten auch der Innenzug der Posaune, d. h. der nicht bewegliche Teil des Zuges. Gelegentlich wird auch der Anfang des Rohres innen mit Neusilber ausgekleidet.

Beide Legierungen weisen verschiedene Komponentenverhältnisse auf, je nach erwünschten Härtegraden und Bearbeitungsmöglichkeiten.

	Kupfer	Zink	Nickel
Messing	55–90 %	10–45 %	–
Neusilber (Alpaka oder Argentan)	45–70 %	8–45 %	8–28 %

6. *Dämpfer.* Beim tiefen Blech (Posaunen, Tuba) ist der Dämpfer selten, aber möglich (Strawinsky: »Höllischer Tanz« im »Feuervogel«).

7. Abschließend noch eine Übersichtstabelle. Darin ist die aufschlußreiche Rohrlänge (ohne Ventile und ohne ausgezogenen Zug) durch die der Grundschwingung entsprechende Note dargestellt, auch dort, wo diese Grundschwingung nicht erzeugt werden kann. Bei den Halbinstrumenten liegt der tiefste ventillose Ton eine Oktave darüber und kann durch die 3 Ventile bis zum Tritonus vertieft werden. Bei den Ganzinstrumenten beträgt die maximale Verlängerung durch 4 Ventile eine große Septime.

Rohrlängen der Blechblasinstrumente mit zugehörigen Frequenzen

H: Halbinstrument. Tonbereich beginnt eine Oktave höher, bei Teilschwingung »2«, die sich mit 3 Ventilen bis zu einem Tritonus senken läßt.

G: Ganzinstrument. Grundton = Rohrlänge; mit 4 Ventilen bis zu einer großen Septime vertiefbar.

	Grundton (Stimmung)		*Rohrlänge* (m)	*Frequenz* (Hz)
Pikkolo (H) Pikkolo-Kornett (H)	b	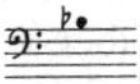	0,72	234,48
Kleine Trompete (H) Sopranino (H) Cornettino (H)	es		1,09	156,32
B-Trompete (H) Kornett (H) Flügelhorn (H)	B	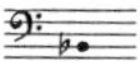	1,45	117,24
Baßtrompete (H) Althorn (H)	Es		2,18	78,16
Baßtrompete (H)	C		2,58	65,95

	Grundton (Stimmung)		*Rohrlänge* (m)	*Frequenz* (Hz)
Sopranposaune (G mit Tritonus-Zug) Waldhorn (H etwas erweitert) Tenor-Wagner-Tuba (G) Tenorhorn (H) Baryton (G)	$_{1}$B		2,90	58,62
Posaune (G mit Zug) Waldhorn (H etwas erweitert) Baßtuba G Baß-Wagner-Tuba (G)	$_{1}$F	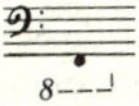	3,86	43,97
Baßtuba (G)	$_{1}$Es	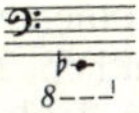	4,35	39,08
Kontrabaßtuba (G)	$_{1}$C		5,16	32,97
Kontrabaßtuba (G)	$_{2}$B	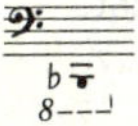	5,80	29,31
Subkontrabaß (G)	$_{2}$F	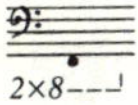	7,73	21,98
Subkontrabaß (G)	$_{2}$Es	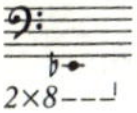	8,70	19,54
Subkontrabaß (G, 3 Ventile)	$_{2}$C	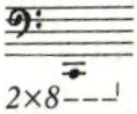	10,31	16,49

1.2 Holzblasinstrumente

Dieser Begriff umfaßt, auf die Hauptinstrumente beschränkt, vier verschiedene Gattungen, also nicht höher und tiefer klingende Vertreter einer einzigen Familie. Die Benennung bezieht sich auf den einzigen gemeinsamen Faktor: das früher allein verwendete Material (nur die Flöte ist seit längerer Zeit metallisch geworden, im Barock war sie ebenfalls aus Holz). Die Unterschiede sind aber wesentlich, sowohl in der Form als auch in der Tonerzeugung. In absteigender Höhenlage gehören zum Holz: Flöte, Oboe, Klarinette und Fagott. In dieser Reihenfolge werden sie in der Partitur ganz oben angegeben. Jedes Instrument ist im normalen (klassischen) Sinfonieorchester 2fach vorhanden. In historischer Sicht besteht eine Ausnahme für die Flöte: Da sie vorwiegend als Melodieinstrument galt und sich nicht am akkordischen Geschehen des übrigen Holzes beteiligte, wurde sie in der Frühklassik nicht verdoppelt, die 3 großen letzten Mozart-Sinfonien inbegriffen, obwohl früher, als Ausnahme, gelegentlich 2 Flöten vorgekommen waren. Beethoven brauchte 2 Flöten, die 4. Sinfonie ausgenommen, wo er wieder nur eine einsetzte. Im romantischen und spätromantischen Orchester wurden die Gruppen, unter Einschluß der entsprechenden Nebeninstrumente, verdreifacht und vervierfacht.

1.21 *Die Oboe*

1.211 **Die Vorgänger**

Ahnen dieses Doppelrohrblattinstruments sind schon im alten Ägypten zu finden, auch im klassischen Griechenland (**Aulos**) und in Asien (**Zurna**). Aus dem Nahen Osten führten die Kreuzfahrer das Instrument in Form des Bomhards in Europa ein. Aus den tiefen Instrumenten dieser Familie wurden im 14. Jh. die Fagotte abgeleitet, ein Jahrhundert später die Oboe.

Bomhard oder **Bomhart** (auch **Pommer**, engl. **Bumbarde** oder **Shawm**, frz. **Bombarde**, it. **Bombarda**) bezeichnet eine Instrumentenfamilie orientalischen Ursprungs, mit weiter konischer Mensur und Doppelrohrblatt. Dieses tonerzeugende Element befindet sich im Innern eines Rohraufsatzes (Mund- oder Windkapsel). Die Lippen umschließen das Mundstück also nicht, so daß der Ton starr ist, wie noch bei Bach und Händel die Melodieführung der Oboe etwas steif bleibt. In 7 Größen kommt der Pommer bei Michael Praetorius (1571/72–1621) vor, in der »Organographia« (1618), dem 2. Band seines berühmten »Syntagma musicum« (1615–1620), in dem er ausführlich die Instrumente seiner Zeit beschreibt und abbildet. Das älteste Glied der Familie, im Diskant, hieß **Schalmey**; **Klein-Schalmey** (h^1–h^3), **Diskant-Schalmey** (d^1–a^2), **Alt-Pommer** (g–d^2), **Nicolo** (c–g^1), **Basset-Pommer** (G–g^1), **Baß-Pommer** (C–h), **Großbaß-Pommer** oder **Bombardone** ($_1$F–e).

Chalumeau ist nach heutigem Gebrauch nicht die französische Bezeichnung der Schalmei, sondern ein Einzelblattinstrument (s. Klarinette, 1.231, aber auch 1.222).

Bombardone nennt man heute eine Baßtuba für Militärmusik mit 3 oder 4 Ventilen, seinerzeit gebaut, um das Patent von Moritz für die 5ventilige Baßtuba zu umgehen.

Diese Instrumente besaßen, je nach Größe, 1–5 Klappen. Sie waren erfunden worden, um die Entfernung der unteren Grifflöcher zu überwinden, indem die Finger nicht mehr direkt die dazu zu weit liegenden Löcher schlossen, sondern über Hebel kleine Verschlußdeckel betätigten. Es handelte sich dazumal um »offene Klappen«, d. h. in Ruhestellung waren die Löcher frei. Unter den beim Holz immer zahlreicher gewordenen Klappen befinden sich seit dem 17. Jh. auch in Ruhestellung »geschlossene Klappen«, wie z. B. für die Überblaselöcher.

Marin Mersenne (1588–1648), ein Freund von Descartes

übrigens, erwähnt in seiner »Harmonie universelle« (1636) nur noch 3 »bombardes«: **Dessus** (= Diskant-Schalmey), **Taille** (= Alt-Pommer) und **Basse** (= Bassett-Pommer).

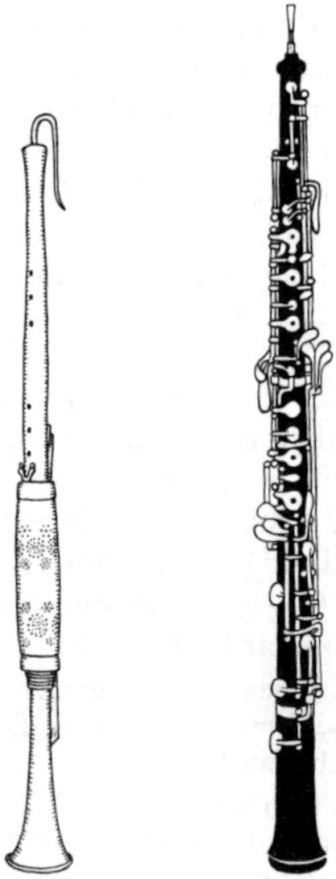

Schalmey (Pommer) *Oboe*

Die beiden großen Baßpommer waren inzwischen durch die Erfindung des Fagotts überflüssig geworden.
Spätestens um 1700 verschwanden die Bombarden, mit Ausnahme der zur Oboe gewordenen Schalmey und des Fagotts, das an die Stelle von Alt- und Baßpommer trat.

Zu erwähnen ist die ähnliche **Rauschpfeife**, mit zylindrischem Rohr und mildem Ton.
In eine andere Richtung der Entwicklung weisen die **Krummhörner** (Diskant, Alt, Baß und Großbaß), bei denen die oberen zwei Drittel zylindrisch waren, das untere Drittel konisch und etwas nach vorne gekrümmt. Der Name darf nicht verwirren: es sind keine Horn-,

sondern Doppelrohrblattinstrumente, ebenfalls mit einem Windkessel. »Horn« hat wohl mit der Krümmung etwas zu tun, ähnlich wie aus der gebogenen Alt-Oboe die Bezeichnung »Englisch Horn« entstand. Italienisch wird das Wort grotesk verformt: **Cromorno** (frz. **Cromorne**).

Bei einer Reihe von Instrumenten im Nahen Osten (Persien, Arabien, Ägypen, Türkei), mit je nach Region verschiedenen Namen, ist zwar keine Windkapsel vorhanden, aber das Doppelrohrblatt wird ganz in die Mundhöhle gebracht. Oft können dabei die Lippen gegen eine das Instrument weiter unten umschließende Scheibe gedrückt werden.

Entscheidend für die Geburt der **Oboe** ist die Umformung des Mundstücks gewesen, welches jetzt zwischen den Lippen gehalten und von diesen zusammengepreßt wird. Durch das Verschwinden der Windkapsel kann der Spieler die Tongebung unmittelbar beeinflussen, und außerdem wird das Überblasen möglich, was den Tonumfang nach oben erweitert. Die konische Bohrung ist enger geworden, die Klappen wurden zahlreicher. Die Gestalt der Oboe formt und festigt sich in der vorwiegend für das Spiel im Freien gebildeten Instrumentengruppe »Grande Écurie du Roi«, während Lully für geschlossene Räume alle Blasinstrumente mit Ausnahme der Blockflöten ausgeschieden hatte. – Versuchen wir zunächst, die Funktion des Mundstücks zu verstehen.

1.212 **Der Satz von Bernoulli (1738)**

Um die Vorgänge im Doppelrohrblatt-Mundstück zu verstehen, sind einige Schulerinnerungen aufzufrischen. Es geht um das hydro- und aerodynamische Gesetz von Daniel Bernoulli (1700–1782).

Eine der Möglichkeiten, um diesen in einigen Fällen zu paradox scheinenden Folgen führenden Satz zu beweisen, besteht darin, Luft durch ein Rohr zu blasen, das in der Mitte eine Verengung aufweist; Manometer (Druckmesser) lassen dabei den Druck längs des Rohres ablesen. Die in die Anordnung geblasene Luft muß in ein und derselben Zeiteinheit jeden der verschieden großen Querschnitte durchlaufen. Das ist nur möglich, wenn im engeren Teil die Geschwindigkeit größer wird als davor und danach. Die

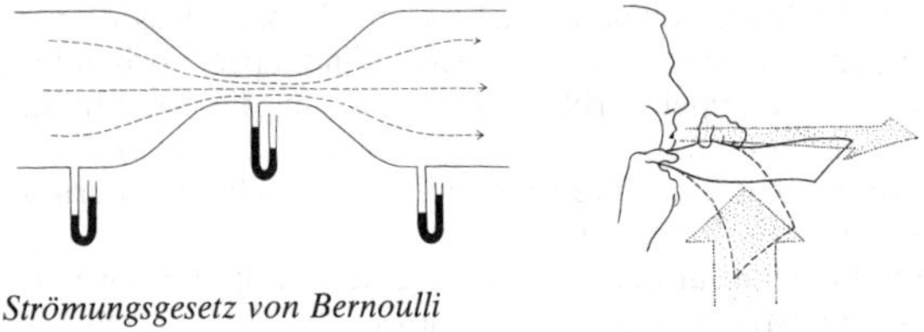

Strömungsgesetz von Bernoulli

Manometer zeigen gegensätzliches Verhalten an: in der Einengung ist der Druck geringer als in den weiten Teilen des Rohres. Es ist also wichtig sich zu merken:

- Größerer Geschwindigkeit entspricht geringerer Druck.
- Geringe Geschwindigkeit erzeugt größeren Druck.

Als Spezialfall:

- Ist die Geschwindigkeit gleich Null, bleibt der Druck dem Luftdruck gleich.

Mit einem einfachen Experiment kann man diese Regel bestätigen: Es genügt, ein Blatt Schreibmaschinenpapier horizontal an den Ecken der Schmalseite so unter die Lippen zu halten, daß man darüberblasen kann. Der herabhängende Teil weicht nicht nach unten aus, sondern hebt sich, weil die Geschwindigkeit der Luft auf der oberen Seite des Blattes größer ist als darunter, wo sie Null bleibt, weil ohne Geschwindigkeit, und somit der Luftdruck unten überwiegt. Solche Druckunterschiede können sehr groß werden. Man denke etwa an die Flugzeuge, bei denen die Tragflächen derart profiliert sind, daß die Luft auf der oberen Seite einen größeren Weg als auf der unteren zu durchströmen hat. Daraus ergibt sich eine Druckdifferenz zugunsten des von unten wirkenden Auftriebs. Diesem Verhalten sind zahlreiche Erscheinungen zuzuschreiben, wie etwa der – gelegentlich verhängnisvolle – Sog nach außen bei offenen Eisenbahnfenstern oder -türen oder das dynamische Gleichgewicht eines Balles über einem senkrechten Wasserstrahl.

Bei horizontalem Verlauf, wenn also die zusätzliche Rolle der Schwerkraft vernachlässigt werden kann, läßt sich das Gesetz von Bernoulli etwas vereinfachen; es gilt dann (mit p = Druck, v = Geschwindigkeit, d = Dichte des fließenden Stoffes):

$$p + \frac{d}{2} v^2 = \text{konstant.}$$

1.213 **Das Doppelrohrblatt**

Nach dem vorangegangenen Exkurs können wir uns mit mehr Verständnis dem Doppelrohrblatt der Oboe zuwenden, jener Einrichtung, die den Luftstrom des Spielers in diejenigen Impulse zerhackt, die zur Erzeugung von stehenden Wellen, also von Tönen, im Rohr erforderlich sind.
Zwei sorgfältig ausgelesene Schilfrohrstücke werden zugeschnitten und dann mit Geduld und Feingefühl bis zur richtigen Dicke abgeschabt. Die beiden Stücke sind dann so geformt, daß sie, um das nur wenige Millimeter weite metallische Anblaserohr gebunden, am freien Ende eine linsenförmige Öffnung umschließen, wie sie etwa durch 2 Klammern () dargestellt werden kann.
Weil der Klang des Instruments und die Erfüllung spieltechnischer Erwartungen weitgehend vom Mundstück abhän-

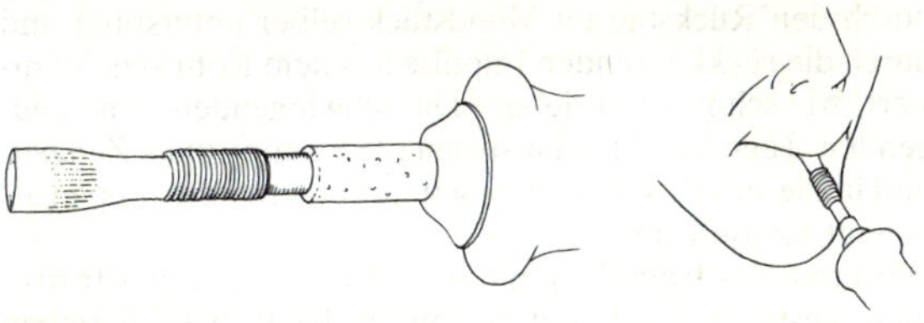

Das Oboenmundstück und seine Haltung

gen, wird es vom Musiker stets liebevoll umsorgt und gepflegt. Dazu gehört auch das Feuchthalten: Bei längeren Pausen nimmt der Oboist das Mundstück vom Instrument ab und hält es im Mund. Man kann solche Mundstücke auch fertig kaufen, aber jeder standesbewußte Oboist scheut die Arbeit der Selbstherstellung nicht, denn nur so kann er das Mundstück den eigenen Forderungen und Spielgewohnheiten anpassen. Fertig gekaufte können natürlich nachträglich korrigiert werden.

Wenn man nun das Doppelrohrblatt zwischen die Lippen nimmt, diese genügend zusammenpreßt und hineinbläst, geschieht folgende Verkettung von Vorgängen: Da die Öffnung sehr klein ist, erreicht die Luft darin gegenüber der in der Mundhöhle verbliebenen Luft eine viel größere Geschwindigkeit. Also bildet sich zwischen den beiden Rohrblättern ein Unterdruck, so daß der höhere äußere Druck sie zusammendrückt: Der Luftstrom wird unterbrochen. Die Ursache der Druckdifferenz ist damit außer Kraft gesetzt; dank ihrer Elastizität kehren die Mundstückhälften in die Ruhestellung zurück, die Öffnung bildet sich wieder und der ganze Vorgang beginnt von vorn. Man erreicht auf diese Weise die periodische Unterbrechung des Luftstroms.

Jetzt versteht man, nebenbei gesagt, auch die Aufgabe des Mundstücks bei den Blechinstrumenten besser: Die gegen den Rand gepreßten und gespannten Lippen übernehmen eine dem Rohrblatt ähnliche Funktion; sie schwingen ebenfalls unter Einwirkung des Gesetzes von Bernoulli, darin durch den Rückstau im Mundstück selber unterstützt und durch die rückkehrenden Impulse aus dem Rohr synchronisiert, wie schon beschrieben. Die schwingenden, tonerzeugenden Teile bei Musikinstrumenten nennt man *Zungen*, und in diesem Zusammenhang funktionieren die Lippen als »membranöse Zungen«.

Wird nun das Röhrchen mit dem Mundstück in das Instrument gesteckt, entstehen im Innern des Rohres dieselben Erscheinungen, wie sie bei der Posaune dargestellt wurden.

Die Impulsfolge erzeugt stehende Wellen, welche auf die Schwingungsfrequenz des Mundstücks so einwirken, daß sie mit der Tonfrequenz übereinstimmt. Genauer: Jeder Druckimpuls durchläuft das Rohr bis zum unteren Ende und kehrt, nach dortiger Reflexion, zurück, um das Mundstück

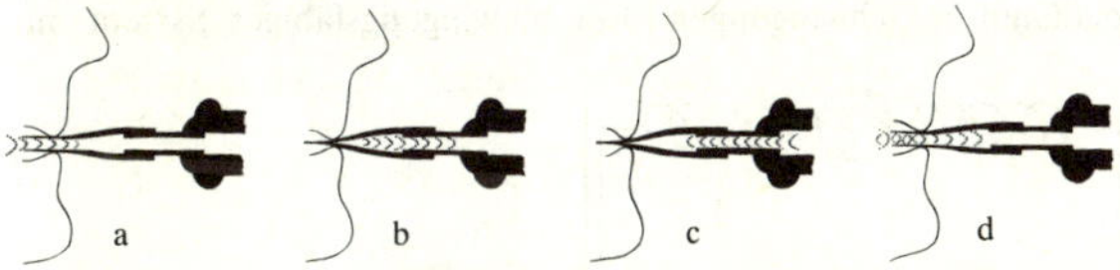

a Impuls eingeben
b Impuls dringt ins Rohr
c Impuls kommt zurück
d Zurückgekehrter Impuls steuert Eingabe des nächsten

Luftimpulse im Oboenmundstück und Lippenstellung

genau in dem Moment zu erreichen, wo ein Energiezuwachs (für die nächste Hin- und Herbewegung) benötigt wird. Er selber unterstützt die Rohrblätter, wenn sie sich öffnen sollen. So ergibt sich die synchronisierende Rückkopplung zwischen Doppelzunge und Welle im Schallrohr.
Bei den Holzblasinstrumenten werden nicht so zahlreiche stehende Wellen ausgenützt wie beim Blech, sondern nur Grundschwingung, 1. Oberton (Oktave) und 2. Oberton (Duodezime), die natürlich jeweils durch die eigenen Teilschwingungen begleitet sind. Zusammen ergibt das einen recht großen Umfang, so daß sich die berechtigte Frage aufdrängt, wie es wohl möglich ist, daß dasselbe Rohrblatt-Paar für alle Töne, dessen das Instrument fähig ist, synchron mitschwingen kann. Diese Unabhängigkeit von einer einzigen Eigenresonanzfrequenz kann auf verschiedene Gründe zurückgeführt werden:

a) Das organische Material besitzt weniger ausgeprägte Eigenfrequenzen als z. B. Metallzungen (darauf ist im Zusammenhang mit der Orgel zurückzukommen).

b) Je höher der zu spielende Ton liegt, um so mehr drückt

der Oboist die Lippen zusammen, so daß der frei schwingende Teil der beiden Zungen (in der Mundhöhle) zunehmend kürzer wird und dementspechend schnelleren Schwingungen folgen kann.

c) Dazu kommt noch ein anderer, weniger leicht zu erklärender Umstand. Es geht um den physikalischen Begriff erzwungener gedämpfter Schwingungen. Ein schwingungsfähiges System mit

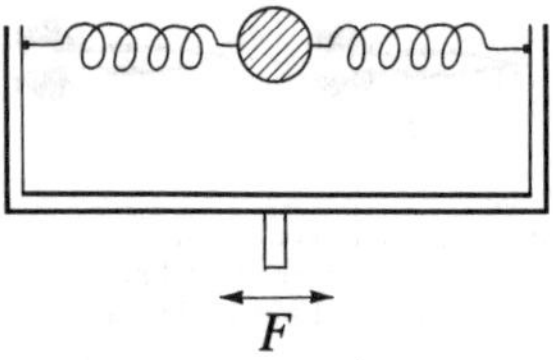

Zur Demonstration erzwungener gedämpfter Schwingungen

Eigenfrequenz f, z. B. dargestellt durch eine von Federn gehaltene Masse, sei so befestigt, daß es einer äußeren Schwingung (der Halterung) mit der veränderlichen Frequenz F unterworfen werden kann.

Zwei Grenzfälle sind besonders anschaulich. Ist F nahezu gleich Null, wird also das Ganze sehr langsam hin- und herbewegt, folgt die abgefederte Masse der Bewegung, ohne in eigene Schwingungen zu geraten. Die Masse bewegt sich mit einer Amplitude a, die gleich groß ist wie die Amplitude A der äußeren Schwingung. Das Amplitudenverhältnis in der Nähe von $F=0$ ist deswegen $a/A=1$. – Der andere Extremfall liegt dann vor, wenn F sehr groß wird, so groß, daß die eigene Trägheit die Masse hindert, sich überhaupt von der Stelle zu bewegen. Ihre Amplitude a ist dann Null, und somit gilt für das Amplitudenverhältnis: $a/A = 0$. Der Übergang vom Wert 1 zu 0 (für a/A) erfolgt aber nicht gleichmäßig fallend. Vorerst bleibt bei steigendem F das Verhältnis a/A nahezu konstant = 1 (ein Idealzustand, der z. B. bei Mikrophonmembranen erzwungen wird, damit die auftreffenden akustischen Schwingungen möglichst ohne Verformungen in das abzugebende elektrische Signal übersetzt werden).

Bei weiter zunehmendem F steigt aber die Kurve für a/A zunehmend steiler, je mehr sich F der Eigenfrequenz f nähert. Die Amplitude a würde unendlich groß, d. h. zum Bruch führen, wenn nicht Verluste – vor allem durch die Reibung, beim Musikinstrument durch Energieabgabe ins Rohrinnere – dies verhindern würden. Es ergibt sich die sogenannte Resonanzkurve, welche das Amplitudenverhältnis bei jeder aufgezwungenen Frequenz anzeigt und deutlich die Resonanz für $F = f$ darstellt. In der Zeichnung ist es vorerst die Kurve 1. – Steigt nun die Dämpfung, kann sich die Schwingung bei $F = f$ natürlich weniger stark ausbilden, die Kurve wird weniger steil und hoch; die Resonanzfrequenz wird dabei gleichzeitig etwas geringer. Dies ergibt Kurve 2. – Bei noch höheren Dämpfungswerten fällt die Resonanzüberhöhung sogar weg: Kurve 3. Wenn man also dafür sorgt, daß die Dämpfung groß genug wird (Lippendruck auf die Doppelzunge), zwingt der weniger gedämpfte Teil der miteinan-

Resonanzkurven mit Dämpfung

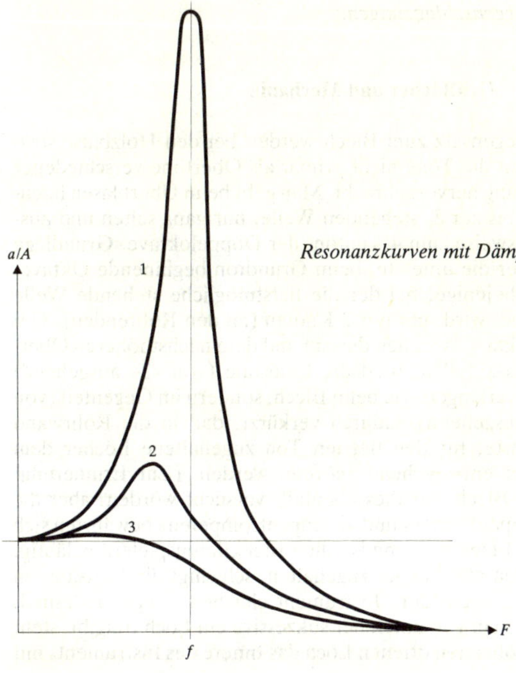

der gekoppelten Schwingungen (Oboenrohr) in weitem Bereich den abhängigen, stark gedämpften Teil (Doppelrohrblatt) zu Schwingungen gleicher Frequenz. Man muß nur dafür sorgen, daß die Eigenfrequenz f des gedämpften Systems hoch genug liegt, um bei allen gewünschten Frequenzen genügend große Amplituden zu ermöglichen, also so, daß a/A weitgehend im horizontal verlaufenden Teil der (gedämpften) Resonanzkurve bleibt. Dies ist bei der Oboe der Fall: Bläst der Oboist in das freie (nicht aufgesteckte) Mundstück, ergeben sich unschöne hochfrequente Kreischtöne. Man hört sie fast immer während der chaotischen Vorbereitungsphase zu einem Konzert.

Technisch gesehen, handelt es sich beim Oboenmundstück um *Gegenschlagzungen.*

1.214 **Grifflöcher und Mechanik**

Im Gegensatz zum Blech werden bei den Holzblasinstrumenten die Töne nicht primär als Obertöne verschiedener Ordnung hervorgebracht. Man geht beim Überblasen höchstens bis zur 3. stehenden Welle, nur ganz selten und ausnahmsweise zum 4. Teilton, der Doppeloktave. Grundlage ist aber die unterste, beim Grundton beginnende Oktave, also diejenige, bei der die tiefstmögliche stehende Welle gebildet wird, mit nur 2 Knoten (an den Rohrenden). Um die Oktave zwischen diesem und dem nächsthöheren Oberton auszufüllen, wird die Luftsäule (von »2« ausgehend) nicht verlängert wie beim Blech, sondern im Gegenteil (von »1« ausgehend) dadurch verkürzt, daß in die Rohrwand gebohrte, für den tiefsten Ton zugehaltene Löcher dem Bedarf entsprechend geöffnet werden. (Zur Erinnerung: Beim Blech war dies ebenfalls versucht worden, aber die »Klappenhörner« und »Klappentrompeten« bewährten sich nicht.) Der Vorgang ist allen Blockflötenspielern geläufig: Werden alle Löcher zugehalten, schwingt die Luftsäule in ihrer ganzen, dem Instrument gleichen Länge. Jedesmal, wenn man von unten her sukzessive ein Loch freigibt, steht beim obersten offenen Loch das Innere des Instruments mit dem Außendruck in Verbindung, und die wirksame Länge des Rohres hört dort auf, ungefähr so, als ob das Instrument bis auf das unterste offene Loch gekürzt worden wäre. Folglich gibt z. B. ein Loch in Rohrmitte die Oktave des Grundtons.

In Wirklichkeit ist der Vorgang allerdings etwas komplizierter. Auch jenseits des offenen Loches schwingt die Luft noch im Rohrinnern. Das Verhalten hängt auch von der Lochgröße ab. Nur wenn sie sehr groß ist, mit dem Rohrdurchmesser vergleichbar, kann man annehmen, daß beim untersten offenen Loch das Instrument virtuell abgeschnitten ist. Ein kleineres Loch hingegen zieht den sich normalerweise am unteren Ende bildenden Schwingungsknoten etwas nach oben, und dieser Effekt ist um so ausgeprägter, je größer das Loch gebohrt wurde. Deswegen bemühten sich Generationen von Instrumentenbauern nicht nur um die korrekte Position, sondern auch um die zweckmäßige Größe jedes einzelnen Loches. Schon diese Andeutung läßt erahnen, wie schwierig und heikel die Aufgabe ist, ein Instrument derart richtig zu disponieren, daß korrekte Intervalle entstehen.

Alte, historische Instrumente wiesen, wie noch die heutigen Blockflöten, 7 den Tonleitertönen einer Oktave entsprechende Löcher auf (plus Überblaseloch für den Daumen auf der Rückseite). Die leiterfremden Halbtöne erzielte man mit *Gabelgriffen*, d. h. durch Schließen des Loches unterhalb des zuunterst offengelassenen. Läßt man beispielsweise alle Löcher bis zu demjenigen frei, welches a ergibt, und schließt dann, bei Offenlassen des a-Loches, das nächsttiefere Loch, das dem Ton g entspricht, erklingt ein as oder gis (wenigstens angenähert).

Beim Gabelgriff wird der Schwingungsknoten nicht ganz so weit heraufgezogen, wie wenn alle Löcher unterhalb des untersten Ganztons offen sind. Im genannten Beispiel stellt sich ein Mittelwert zwischen den ungestörten a- und g-Effekten ein.

Zur Erhöhung des Grundtons kann man nicht so vorgehen. Bei C-Stimmung erklingt ein D, wenn das unterste Loch geöffnet wird. Für die Anwendung des Gabelgriffs müßte unterhalb C noch ein Loch sein. Ein dem Gabelgriff analoger Effekt kann aber durch nur halbes Aufdecken des

Loches erreicht werden. Um diese Technik zu erleichtern, wird oft (bei Blockflöten) die tiefste Bohrung durch zwei kleinere, nebeneinander liegende Löcher ersetzt, die dann je nach Bedarf zusammen (für C) oder einzeln (für Cis) geöffnet werden.

Schon im 16. Jh. wurde für solche Fälle die Verbesserung gefunden, zusätzliche Löcher mit einer *Klappe* zu versehen, mit der sie, gegen einen Federdruck, geschlossen oder geöffnet werden können. Die Klappe ist ein Deckelchen mit Filz, das entweder durch die Bedienungsmechanik auf das Loch gedrückt wird oder das umgekehrt dank einer Feder geschlossen bleibt und über eine Drehstange mit kleiner Taste hochzuheben ist. Solche Klappen erwiesen sich als praktische Lösung schon für das Zuhalten von schwer greifbaren Löchern auf langen Instrumenten, wiesen aber vor allem den Weg, allgemeiner und genauer die heute exakte Chromatisierung der ganzen Oktave zu erzielen.

Will man für jeden chromatischen Ton einer Oktave ein Loch, muß man deren 12 bohren, also zu viele für die Finger zweier Hände. Aus diesem Grund hat die moderne Oboe mit ihren 16 bis 22 Löchern eine recht komplizierte Mechanik erhalten, die zudem noch den Vorteil aufweist, die zu betätigenden Tasten und die direkt greifbaren Löcher derart zu gruppieren, daß die beiden Hände auf dem Instrument nicht verschoben werden müssen. Es handelt sich sozusagen um eine zentralisierte Fernbedienung von Lochklappen über Tasten und Drehgestänge. Die Anzahl der Löcher übersteigt aber die Minimalforderung, weil einige davon, zusammen mit zusätzlichen Mechanikteilen, Spielhilfen darstellen, um etwa gleichzeitig mehrere Löcher zu öffnen oder zu schließen, um denselben Ton verschiedenen Fingersätzen zugänglich zu machen, je nach den in einem Lauf zu spielenden Nachbartönen, um sonst schwierige Triller zu ermöglichen oder aber um den Tonumfang zu erweitern, vor allem nach unten. Ähnliche Präzisionsmechanik ist heute auf allen Holzblasinstrumenten zu sehen, aber die der Oboe gehört zu den kompliziertesten.

Die Katalogbeschreibung einer Oboe kann etwa so aussehen: »Grenadillholz, französische Griffweise, automatisch schließende Halbtonklappe, H-Cis-Triller, Cis-Dis-Triller, C-D-Triller, C-Es-Bindung, B-C-Triller mit jedem beliebigen der 3 unteren Brillenringe zu greifen, Fis-Gis-Triller, 1griffig automatische Doppeloktavklappe, F-Hebel für den kleinen Finger der linken Hand, Gabel-F-Mechanik mit 2teiligem regulierbarem Hebel für die Oktavklappe am Oberteil, H-Cis-Triller am Unterteil, bis tief-B gehend.«
Der oft gebrauchte Begriff der *Brille* oder *Ringklappe* bedarf der Erklärung. Ein Ring ist »freischwebend« über einem Griffloch angebracht, und zwar so, daß er beim Schließen des Loches durch den Finger niedergedrückt werden muß, wodurch die ihn tragende Stange in Drehung versetzt wird, welche auf die Klappe eines anderen Loches wirkt. Auch »verdeckte Fingerlöcher« kommen vor: Wenn Löcher zu groß sind, um durch die Fingerkuppe sicher verschlossen werden zu können, wird ein direkt zu betätigender Deckel angebracht. Er kann auch Teil der Brille sein.

Die Grundskala der Oboe ist D-Dur, so daß die erste Oktave von d^1 bis cis^2 reicht. Durch Zusatzklappen ist jedoch die untere Grenze herabgeführt bis zum h oder sogar bis zum b. Es muß gleich festgestellt werden, daß bei den Holzblasinstrumenten keine festen Konstruktionsnormen bestehen. Die Instrumentenhersteller bieten verschiedene Lösungen an, die auch den persönlichen, oft stark voneinander abweichenden Wünschen und Ansprüchen der Instrumentalisten entgegenkommen.
Wenn man nun in der ersten Teilschwingung, durch Öffnen der Tonlöcher bis zum cis^2 gelangt ist, muß man, um weiter zu steigen, zur zweiten Teilschwingung übergehen; man muß *überblasen*, höheren Druck geben. Dann erzeugt man, wieder bei geschlossenen Löchern, den 2. Teilton der ungekürzten Luftsäule, also das d^2. Um die Ansprache zu erleichtern und um die hohe Lage nicht nur mit forcierten Tönen spielen zu können, wird ein *Überblaseloch* geöffnet, dessen Funktion darin besteht, die Bildung eines zusätzlichen Druckknotens zu begünstigen. Das Loch stellt dazu an geeigneter Stelle (oben) einen ausreichenden Kontakt mit dem Außendruck her, ist aber zu klein, um als Tonloch zu wirken.

Dann geht der Aufstieg weiter, mit weitgehend demselben Fingersatz wie in der ersten Oktave, bis zum cis^3 hinauf. Um noch mehr in die Höhe zu gelangen, ist jetzt durch zusätzliches Überblasen der 3. oder der 4. Teilton (Duodezime bzw. Doppeloktave) der Luftsäule zu bilden. Als Hilfe dazu dient ein zweites Überblaseloch. Von d^3 (mit geschlossenen Tonlöchern) kommt man dann bis zum f^3 hinauf. Dieser oberste Bereich ist allerdings eher zu vermeiden, wenn er auch von Mozart verlangt wird.
Und wieder einmal ist die allgemein geltende Bemerkung fällig, daß die obere Grenze des Tonumfangs bei Blasinstrumenten nie eindeutig festgelegt ist. Sie hängt nicht nur vom Bau des Instruments, sondern sehr stark von den Fähigkeiten des Musikers ab. Im Laufe der Musikgeschichte stellten die Komponisten auch an die Bläser allmählich immer weiter steigende Forderungen, einerseits durch die Vervollkommnung der Instrumente ermutigt, andererseits weitere Entwicklungen herausfordernd. Es ist schwer, den Kausalzusammenhang in jedem Fall zu klären, sicher ist jedoch, daß jede Stilperiode, jede Geschmackswandlung die ihr am besten entsprechenden Instrumente vorfand.
Der Umfang der Oboe (im Orchester) ergibt sich aus obiger Darstellung: b–f^3 (notfalls bis a^3). Die Notierung ist unproblematisch, da für die Oboe in realen Tönen, also nicht transponierend, geschrieben wird. Das Notensystem der beiden Oboen (oder die beiden getrennten Systeme) steht in der Partitur an zweitoberster Stelle, unter den Flöten.

1.215 **Struktur und Klang**

Die Geschichte der modernen Oboe ist eng mit Frankreich verbunden, wo das Instrument als verengte Schalmei schon vom ersten Komponisten einer französischen Oper, Robert Cambert (um 1628–1677), und dann von seinem Nachfolger, Jean-Baptiste Lully (1632–1687), ins Orchester eingeführt wurde. Die Oboe blieb allerdings reichlich unvollkommen, bis 1844 Louis-Auguste Buffet die entscheidende Entwicklung einleitete, indem er die von Theobald Boehm für die Flöte 1832 erdachte und ausgereifte Mechanik auf die Oboe übertrug, was aber zu Fehlern in der Stimmung führte. Deren Grund erkannte ein anderer Pariser, François Lorée, in den Grenzen der Anwendung einer für das zylindrische Rohr konzipierten Flötenmechanik auf die konische Oboe. Zur Vollendung gelang ihm um 1885 deswegen der maßgebende Schritt, die Stimmfehler durch veränderte Bohrung der Tonlöcher zu beseitigen, was in der Folge zu einer gegenüber der Flöte zunehmend komplizierteren Mechanik führte.

Von den vielen Instrumentenbauern, die erfolgreich zur Entwicklung der Oboe beitrugen, sind speziell noch zu nennen: der 1770 in Hessen geborene Wilhelm Triebert (in Paris Guillaume Triébert geworden) und sein Sohn Frédéric. Teilweise in Zusammenarbeit mit dem Oboisten Apollon Barret (1808–1879) entstanden neue Oktavklappen und die Erneuerung der gesamten Applikatur (Fingersatz) unter Berücksichtigung des bis dahin unbeschäftigten, jetzt zur Betätigung von Hilfsklappen beigezogenen Daumens. Es entstand dabei auch die Möglichkeit, denselben Ton durch verschiedene Griffe zu erzeugen. Ebenfalls in Paris gestaltete Henri Brod (1799–1839) die Deckel der Löcher zu flachen Schalen um und deckte ihren Filz mit Ziegenleder ab.

So reifte, ziemlich mühsam, das von Berlioz noch wegen seiner Unzulänglichkeit kritisierte Instrument in Frankreich zur heutigen raffinierten Vollwertigkeit heran. Wohl verlief parallel dazu die Entwicklung einer deutschen Bauweise, für die sich insbesondere Wilhelm Heckel (1856–1909) einsetzte, aber die französische blieb beliebter, wie auch lange Zeit Franzosen im Ausland die besten und begehrtesten Oboisten waren. Sogar der Name des Instruments ist französischer Abstammung (von *haut-bois* = hohes Holz). In alten Schriften und Partituren trifft man auf die dem Ursprung noch nähere deutsche *Hoboe*.

Vom Anblaseröhrchen (mit Mundstück) abgesehen, besteht das Instrument, welches beim Spielen frei, schräg nach unten gehalten wird, aus 3 in Nuten zusammengeschobenen, für den Transport auseinandernehmbaren Teilen. Die Mechanik ist so ausgelegt, daß sich die Hebel an den Nahtstellen auseinanderkoppeln lassen. Der *Korpus* besteht aus *Oberstück* und *Unterstück*, an das sich der *Fuß* genannte Schallbecher anschließt. Wenn auch die Dimensionen nicht einheitlich festgelegt sind, so kann man folgende Größenordnungen angeben: Länge ca. 60 cm, Durchmesser des Anblaseröhrchens 2–3 mm, dann konische Erweiterung. In der Instrumentenmitte beträgt die Bohrung 9 mm; sie wächst in den untersten 12 cm des wie eine kleine Stürze gestalteten Schallbechers auf 3,8 cm. Gebaut wird die Oboe meistens aus wertvollen Hölzern wie Grenadill- oder Kokosholz, Palisander, Buchsbaum usw. oder aus dem billigeren Ebonit. – Das Schallstück ist zwar klein, genügt aber zur Abrundung des Klanges.

J.-B. Fouriers Satz über die Zerlegung von periodischen Vorgängen in einzelne Teilschwingungen (→1.116) ist zu entnehmen, daß ein akustischer Vorgang um so höhere Komponenten aufweist, je brüsker er sich zeitlich abspielt. Die harten Unterbrechungen des Luftstroms im Oboenmundstück erzeugen folglich einen hohen Obertongehalt. Diese Frequenzen werden aber nicht alle in den Klang übernommen, der viel zu schrill würde. Wie bei der Trompete kann man auch hier versuchen, sich auf den Stürzendurchmesser zu beziehen, um die Grenze des Teiltoninhalts abzuschätzen. Für die bei der Oboe geltende Öffnung d von 3,8 cm ergibt sich als obere Grenzfrequenz:

$$f = \frac{c}{2 \cdot d} = \frac{340}{2 \cdot 0{,}038} = 4474\,\text{Hz},$$

was etwas höher liegt als der höchste Klavierton ($c^5 = 4186$ Hz). Der Klang wirkt zwar durchdringend, wird aber doch genügend gefiltert, um angenehm zu bleiben.

Wegen dieser sich deutlich von den anderen Instrumenten abhebenden Klangfarbe gibt die Oboe den Stimmton für das ganze Orchester an. Der hohe Obertongehalt trägt dazu bei, die Tonhöhe sehr genau zu definieren und so als Modell zu dienen. Außerdem läßt sich die Oboe – durch mehr oder weniger tiefes Einschieben des Anblaseröhrchens – nur in engen Grenzen umstimmen.

Wenn auch kein großer Unterschied zwischen den Registern, den Höhenbereichen, besteht, klingt die Oboe in der Tiefe ziemlich massiv und penetrant (Wagner, »Lohengrin«). Im mittleren Register, etwa zwischen g^1 und g^2, steht die größte dynamische Skala zur Verfügung, und der dort weiche und volle Klang ist der für das Instrument charakteristische. Deswegen bewegen sich die schönsten Oboenmelodien und die bekanntesten Solostellen in diesem dankbaren Bereich, von der Trauermarschklage der »Eroica« zur überschäumenden Freude im Scherzo der »Pastorale«, von der ausdrucksvollsten Gesanglichkeit in der Einleitung zum 2. Satz des Violinkonzerts von Brahms bis zur bukolischen Lyrik in der 6. Sinfonie von Tschaikowskij. Mit zunehmender Höhe und steigender Lautstärke wird die Klangfarbe spitzer, abgesehen davon, daß oberhalb c^3 das Fortissimo ebenso wenig wirksam klingt wie das Pianissimo unterhalb e^1.
Die Oboe erreicht auch im Staccato größte lebensfrohe Lebhaftigkeit, wie Rossini in der Ouvertüre zur »Scala di seta« (»Die seidene Leiter«) beweist. Es ist schon im mehrfachen Zungenschlag zu erzielen, weil das Doppelrohrblatt zwischen den Lippen nur wenig in die Mundhöhle hineinreicht und kaum die Beweglichkeit der Zunge einschränkt.
Zu den Eigenheiten der Oboe gehört der geringe Luftgebrauch, da sich die Luft nur mühsam durch die schmale Mundstücköffnung pressen läßt. Deswegen sind lange Melodiebögen ohne Unterbrechung möglich, ja es kann sogar eine spezielle Atemtechnik, die sogenannte *Kreisatmung*, angewandt werden: Beim Blasen mit der zwischen den aufgeblähten Backen gespeicherten Luft wird gleichzeitig durch die Nase eingeatmet.

1.216 **Die Oboenfamilie**

a) Zur Zeit Händels und Bachs entstand als Mezzosopraninstrument, von der französischen **Musette** abgeleitet, die eine kleine Terz unter der üblichen Sopranoboe gestimmte

Oboe d'amore, die **Liebesoboe**. Beide Komponisten setzten sie häufig ein, Bach z. B. in der »Matthäus-Passion«. Sie unterscheidet sich von der Oboe nicht so sehr durch die

Liebesoboe *Englisch Horn (alt)* *Englisch Horn (modern)*

andere Tonhöhe – die Tonbereiche decken sich ja weitgehend – als durch eine eigentümliche Klangfarbe, die dem sogenannten *Liebesfuß*, einer birnenförmigen Ausweitung am Rohrende (welches dann keine Stürze mehr aufweist), zuzuschreiben ist. In diesem Hohlraum werden einige Teiltöne durch Resonanz verstärkt, wodurch ein milderer Klang entsteht. Das Instrument ist 71 cm lang und umfaßt den Tonraum von gis bis d^3.

Obwohl Bach in den Passionen die Oboe d'amore nicht transponierend, sondern klingend notiert hat (was in neueren Drucken umgeschrieben wird), ist die A-Notierung üblich, also eine kleine Terz nach unten transponierend, damit der sich ihrer vorübergehend, neben dem Sopraninstrument, bedienende Oboist die ihm geläufigen Griffe verwenden kann. Die Notierung hat also bei der Oboe und ihren Verwandten immer die Bedeutung einer Griffschrift, die nur in der eigentlichen Oboe dem Klang gleich ist.

Die klingende C-Dur-Tonleiter muß als Es-Dur geschrieben werden, also mit 3 ♭. Die Oboe-d'amore-Stimme weist demnach stets 3 ♭ mehr auf als die nicht transponierenden Instrumente in derselben Partitur oder, was dasselbe bedeutet, 3 Kreuze weniger, denn: Klingendes A-Dur (3 Kreuze) ist als C-Dur zu schreiben, ohne Kreuze. Die »Sinfonia« im 2. Teil des »Weihnachts-Oratoriums« von Bach steht in G-Dur, es ist also normalerweise ein Kreuz zu schreiben; in der heutigen Schreibweise muß die Oboe-d'amore-Stimme 2 ♭ enthalten, denn eines der 3 zusätzlichen ♭ hebt das Kreuz auf, und es sind nur noch die beiden übrigen einzusetzen.

Nach dem Barock geriet die Liebesoboe in Vergessenheit und fand dann in neuerer Zeit wieder gelegentliche Verwendung, so z. B. in der »Sinfonia domestica« (1903) von Strauss für das Thema der Mutterliebe und in »Gigues« aus »Images« (1910–1913) von Debussy.

b) Weit häufiger wird im modernen Orchester das **Englisch Horn** gebraucht, welches eine Quinte unter der Oboe klingt und als F-Instrument den Alt der Oboenfamilie darstellt. Es kommt von der barocken, von Bach oft gebrauchten **Oboe da caccia** (**Jagdoboe**) her, worunter ein mit Liebesfuß versehener Alt-Pommer zu verstehen ist. Um den Zugriff zu den unteren Löchern zu erleichtern, war das Instrument ursprünglich als Kreissegment gebogen, später in der Rohrmitte geknickt. Zum Englisch Horn geworden und in der Mitte des 19. Jh. mit den Klappen der Oboenmechanik versehen, erübrigte sich dieser Knick, der auf das Anblaserohr allein übertragen wurde, um das Instrument bequemer schief nach unten halten zu können. Allerdings wurden erst um 1900 die gebogenen und geknickten Ausführungen ganz aufgegeben.

Die Etymologie der Benennung ist umstritten. Es hindert uns also nichts daran, die amüsanteste Deutung zu erwähnen: Der abgewinkelte Körper führte zur französischen Bezeichnung »corps anglé« (von »angle« = Winkel; zur Erinnerung: alle Oboeninstrumente kommen aus Frankreich). Dann wurde »corps« irrtümlicherweise als »cor« (Horn) gedeutet und außerdem entstand aus »anglé« das auch ins Deutsche übertragene »anglais« (englisch). Allerdings könnte »cor« von der Krümmung herrühren, in Anlehnung an das Horn, wofür die analoge Benennung des Basset*horns*, einer Klarinette, sprechen würde. Auch die analoge Standardstimmung des Horns, in F nämlich, könnte maßgebend gewesen sein.
Das Englisch Horn ist eine Altoboe und wird, wie die Oboe d'amore, in Griffschrift notiert: Oft muß der zweite Oboist im Orchester mit dem Englisch Horn tauschen. Auch wenn zu den beiden Oboen das Englisch Horn zusätzlich vorkommt, also nicht alternativ, wird es von einem Oboisten geblasen. Der Fuß ist wieder birnen- oder eiförmig. Logischerweise kommt die Wirkung des Liebesfußes nur für tiefere Töne zur Geltung, für welche die Luft bis in die untere Region des Rohres in Schwingung gerät. Für höhere Töne (mit weiter oben begrenzter Schwingung) nähert sich der Klang immer mehr demjenigen der Oboe. Aus diesem Grunde ist der Gebrauch des Englisch Horns im tieferen Register, als zusätzliche Klangfarbe, am beliebtesten. Um die typische Klangfarbe in Erinnerung zu rufen, genügt es, an den langsamen Satz der »Neuen Welt« von Dvořák oder an den »Römischen Karneval« von Berlioz zu denken.
Zu Glucks, Bachs und Mozarts Zeiten war noch die alte Oboe da caccia in Gebrauch. Dennoch mußten die beiden Oboen da caccia in Glucks »Orpheus und Eurydike« und in »Alceste« für die Pariser Aufführungen, 1774 und 1776, für 2 Klarinetten umgeschrieben werden, denn in die Pariser Oper hielt das »Cor anglé« erst 1808 seinen Einzug, mit »Alexandre chez Apelles« von Charles-Simon Catel (1773–1830). Das eigentliche Englisch Horn entstand um

1820; Opernkomponisten wie Rossini (»Wilhelm Tell«, 1829), Halévy und Meyerbeer machten von ihm Gebrauch. Bei Beethoven, Schubert, Weber und Mendelssohn ist es nicht zu finden. Wagner setzt es zuerst im »Lohengrin« (1847) ein, doch nur der Lage wegen, denn er wünschte sich keinen Liebesfuß (eine nie befolgte Anweisung!).

Die Notierung ist recht uneinheitlich. Die Behandlung als F-Instrument, eine Quinte nach unten transponierend, war bei der Oboe da caccia noch nicht üblich (Bach schrieb im realen Klang), so daß der Spieler bei alten, nicht umgeschriebenen Partituren fähig sein muß, sich mit folgenden Notierungen auseinanderzusetzen:

c^1 erscheint bei Bach: 

in der alten französischen Notierung: 

in der alten italienischen Notierung: 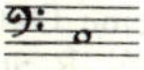

in moderner Notierung: 

Die klingende C-Dur-Tonleiter muß als G-Dur geschrieben werden, also mit einem fis. Dies bedeutet, daß alle Kreuztonarten in der Englisch-Horn-Stimme ein Kreuz mehr und daß umgekehrt alle b-Tonarten ein b weniger aufweisen als die nicht transponierenden Instrumente; c-Moll (3 b) wird z. B. als g-Moll (2 b) geschrieben. In der G-Dur-»Sinfonia« des »Weihnachts-Oratoriums«, 2. Teil, bekommen tatsächlich die Oboen da caccia 2 Kreuze.

Der Tonumfang des Englisch Horns reicht von e bis a^2 (b^2).

Zum Abschluß noch ein Längenvergleich der Mittelwerte (in cm):

	Anblaserohr	*Korpus*	*total*
Oboe	4,3	60	64
Oboe d'amore	5–6	71	77
Englisch Horn	10	80	90

Zwei Außenseiter können noch erwähnt werden: die **Baritonoboe** (eine Oktave unter der normalen Oboe) von Charles Triébert 1825, vorteilhaft durch das besser klingende Heckelphon zu ersetzen, und die **Baßoboe** (Unteroktav des Englisch Horns), von Henri Brod (1830), Triébert und Lorée (1889), seit Beginn des 20. Jh. bei Maino & Orsi, Mailand.

1.217 **Andere Doppelrohrblattinstrumente**

Zu den weniger bekannten Instrumentengattungen mit Gegenschlagzungen (Doppelrohrblatt) gehören die Familien der Heckelphone und der Sarrusophone.
Der erfinderische Instrumentenbauer Wilhelm Heckel (1856 bis 1909), Sohn des beim Fagott zu nennenden Begründers einer berühmt gewordenen Blasinstrumentenfabrik in Biebrich (Wiesbaden), Johann Adam Heckel (1812–1877), schlug mehrere eigenwillige Ausführungen verschiedener Instrumente vor. Dazu gehört als wichtigstes das **Heckelphon**, eine gerade, stark konische Baritonoboe. Sie ist 1,38 cm lang und weist ein kugeliges Schallstück auf. Das Rohr erreicht einen Durchmesser von 3,5 cm. Das massiv, eine Oktave unter der Oboe, klingende Instrument wurde 1904 für R. Strauss konstruiert, der es in den Opern »Elektra« und »Salome« einsetzte. Hindemith verwendete es 1928 im Trio op. 47. Das im Aussehen dem Englisch Horn ähnliche Instrument wird mit einem Stachel auf den Boden gestützt und mit Oboenapplikatur gespielt. Die entsprechende Mechanik ermöglichte es Heckel, die Löcher, dem größeren Durchmesser entsprechend, weit genug zu bohren, ohne Rücksicht auf die Dimensionen der Fingerkuppen.
Das eine Oktave nach unten transponierende Instrument wird im Violinschlüssel notiert und klingt von A bis f^2 (evtl. g^2). Es gehört nur ins große Orchester, da es klanglich die Anwesenheit von 2 Oboen und Englisch Horn voraussetzt.
Zum Hauptinstrument gesellen sich verschiedene andere Tonlagen: das **Terz-Heckelphon** und das noch höhere **Pikkolo-Heckelphon**, ein Hoch-F-Instrument, also eine Quarte nach oben transponierend; Länge: 45 cm, Umfang: e^1–e^3. – Ähnlich gebaut und ebenfalls in hoch-F notiert ist die **Tristan-Schalmei**, eigens dazu konstruiert, im 3. Akt der Wagner-Oper die Ankunft von Isoldes Schiff freudig anzukünden. – Das wie das Fagott mehrfach gewundene **Kontrabaß-Heckelphon** in F ermöglicht das Spielen der Kontrafagottstimme. Umfang: $_1$Es–b.
Dem Wunsch des französischen Militärkapellmeisters M. Sarrus nachkommend, Doppelrohrblattinstrumente ins Blasorchester zu

bringen, konstruierten die Pariser Gautrot und Durand eine Reihe von 6 bis 8 konischen Blechinstrumenten, die **Sarrusophon** genannt werden. Sie wurden 1856 patentiert und auf der Pariser Weltausstellung 1878 vorgeführt. Das höchste von ihnen, in B, ist gerade gebaut und entspricht etwa der Oboe. Die tieferen sind gewunden, der Tuba ähnlich, aber erheblich schlanker, und vertreten die Lagen Alt (Es), Tenor (B), Bariton (Es), Baß (B), Kontrabaß (Es oder C oder B).

Die Sarrusophone besitzen 18 Klappen einschließlich 2 oder 3 Oktav(Überblase)klappen. Sie sind für Saxophonisten gedacht, so daß die Mechanik für Saxophonapplikatur (Griffe) ausgelegt ist. Bei allen Lagen gilt dieselbe Notierung im Violinschlüssel, also wieder Griffschrift, und jede Größe transportiert ihrer Stimmung entsprechend mehr oder weniger weit nach unten. Notierter Umfang: b – ca. f^3.

Das gebräuchlichste der Serie ist das **Kontrabaß-Sarrusophon**, dessen C-Ausführung in Frankreich sogar in das Sinfonieorchester kam, anstelle des Kontrafagotts (das es im Blasorchester vertritt), als dieses noch nicht ausgereift war (Saint-Saëns). Weil weiter mensuriert, klingt das Kontrabaß-Sarrusophon härter und kräftiger als das weichere und angenehmere Kontrafagott. Der Umfang ist bei Es-Stimmung ${}_1$Des–as, bei C-Stimmung ${}_2$B–f, bei B-Stimmung ${}_2$As–es. – Das Instrument ist noch in Partituren von Debussy zu finden, wird aber meistens durch das Kontrafagott ersetzt.

1.22 *Das Fagott*

Die hier für die Darstellung der Instrumente gewählte Reihenfolge entspricht keinen musikalischen Kriterien, sondern erfolgt im Sinne logischer physikalischer Zusammenhänge. Wenn jetzt also auf die Oboe das Fagott folgt, so bedeutet dies nicht etwa, daß es sich um einen tieferen Vertreter derselben Gattung handelt, sondern es geschieht deshalb, weil beide Instrumente über grundlegend gleiche Mundstücke verfügen und die Tonerzeugung deswegen nach denselben Prinzipien erfolgt. Das Fagottmundstück ist allerdings größer, den anderen Dimensionen des Instruments entsprechend.

1.221 **Struktur**

Das nach seiner Form »S« genannte Mundrohr ist bedeutend länger als das der Oboe, nämlich ca. 30 cm lang, und so geformt, damit das Instrument senkrecht gehalten werden kann. Es ist zweimal gekrümmt, weil der Eintritt ins vertikale, hölzerne Rohr höher liegt als der Mund des Spielers: erste Krümmung nach oben, dann zweite, ausgeprägtere Umleitung nach unten in die Senkrechte. Der erste nach unten führende Rohrteil mündet in den zweifach gebohrten Stiefel, in dem zuunterst ein U-förmiges, metallenes Rohr (durch eine Metallhülse verdeckt) die Luftsäule in den aufsteigenden Teil umlenkt. Der darauffolgende Ast endet ca. 140 cm über der Biegung und überragt nicht nur den absteigenden Teil des Instruments, sondern auch den Kopf des Spielers. Die totale Länge des Fagotts (Mundrohr inbegriffen) beträgt 2,915 m, was dem $_1$B entspricht.

Die immer wieder zu findende, von einem Buch zum anderen übertragene Längenangabe von 2,591 m muß korrigiert werden. Sie war für ein älteres Heckel-Modell gültig, das C als Grundton hatte, was wieder einmal mit der üblichen Formel $f = c/(2L)$ kontrollierbar ist (f = Frequenz, c = Schallgeschwindigkeit, L = Rohrlänge). Der angeblichen Länge von 2,591 m entspricht ziemlich genau die Frequenz von 66 Hz = C. Das heute übliche Fagott reicht mindestens zum $_1$B herab, muß also im Verhältnis eines Ganztonintervalls ($^9/_8$) länger sein: $2{,}591 \cdot {}^9/_8 = 2{,}915$ m.

Die typische Verdickung gegen das Rohrende hin ist rein ornamental: im Innern verläuft die Bohrung glatt. Sie ist insgesamt linear konisch, von den 3–4 mm beim Mundstück bis zu den bei gleichmäßiger Erweiterung erreichten 4 cm am Schallstückausgang (es ist keine Stürze vorhanden). Dieses Ende ist meist durch einen Elfenbeinring verstärkt, geschützt und verziert. Dieselbe Ausweitung wie bei der Oboe erfolgt hier weniger rasch, da auf etwa 4fache Länge verteilt. Der Holzteil wird in langjähriger Bearbeitung meistens aus Ahorn hergestellt. Die Beschläge bestehen aus Messing oder besser aus Neusilber. Das Mundstück (Doppelrohrblatt) ist sehr schwer herzustellen. Man benötigt dazu 2–3 Jahre lang gelagertes spanisches Schilfrohr. Außer dem Mundstück weist das Fagott 5 durch Metallringe miteinander verbundene Teile auf:

Fagott

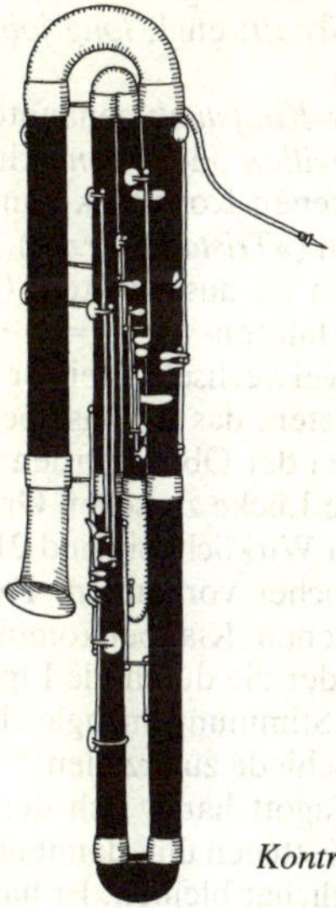

Kontrafagott

1. Das *S-Mundrohr* (engl. *crook*, frz. *bocal*, it. *esse*) aus Messing oder Neusilber. Um das Instrument zu stimmen, stehen dem Fagottisten verschiedene Längen zur Verfügung. Es ist schon konisch, wie überhaupt die Erweiterung stets gleichmäßig und glatt von einem Teil zum anderen übergeht.
2. Der *Flügel*, auch *Parallelröhre* genannt (engl. *wing joint*, frz. *petite branche*, it. *brank*), als niedergehender Rohrteil. Um die Korrosion im Innern durch den Speichel zu verhindern, ist der Flügel meist mit Kunststoff ausgekleidet.
3. Der *Stiefel* (frz. *coulasse*, it. *culatta*), der doppelt gebohrte

Fuß mit weiterhin konischem Umlenkrohr. An ihm befinden sich seit 1817 (J.-F. Simiot, Lyon) die 3 untersten Tonlöcher. Etwa 40 cm hoch.
4. Die aufsteigende *Baßstange* (auch *Röhre*, *Mittelstück* oder *Schaft*; engl. *long joint*, frz. *grande branche*, it. *gran corpo*).
5. Der *Kopfstück* genannte Schallbecher (engl. *bell joint*, frz. *pavillon* oder *bonnet*, it. *campana*). Dem einfach abgeschnittenen Kopfstück kann eine Verlängerung aufgesetzt werden (»*Tristan-Stürze*«), um den Tonumfang nach unten bis zum $_1$A auszuweiten. (Die benötigte Verlängerung ist [weil Halbton = $^{16}/_{15}$ = 1 + $^{1}/_{15}$] $^{1}/_{15}$ von 2,915 = 19 cm.) – Nicht verwechseln: Bei der Flöte hingegen bedeutet »Kopf« den ersten, das Anblaseloch aufweisenden Teil.
Wie bei der Oboe würden theoretisch 11 Löcher genügen, um die Lücke zwischen Grundton und 2. Teilton auszufüllen. In Wirklichkeit sind 21 oder 22 Klappen plus 5 offene Grifflöcher vorhanden. Fast alle Noten können mit verschiedenen Klappenkombinationen gespielt werden, um entweder die durch die Lippen nur sehr gering zu korrigierende Stimmung anzugleichen oder recht merkliche Klangunterschiede zu erzielen.
Das Fagott hängt sich der Musiker mit einem Riemchen oder Kettchen um, damit die vom Gewicht befreiten Hände beweglicher bleiben. Er hält es leicht nach links geneigt; so kann die linke Hand die oberen Klappen und Löcher betätigen, die rechte Hand die unteren, an dem gegen den rechten Oberschenkel angelehnten Teil des Instruments.

1.222 **Ein wenig Geschichte**

Die Geschichte des Fagotts ist recht bewegt und umständlich. Wieder einmal müssen wir uns mit einer Zusammenfassung der wichtigsten Wendepunkte begnügen. Unter den etwas verschwommenen, weil viele Instrumente umfassenden Begriff **»Chalumeau«** gehört eine ganze Reihe von Doppelrohrblattinstrumenten mit konischer Bohrung, von der

Oboenfamilie bis zum unhandlichen, weil geraden, 3 m langen Großbaß-Pommer. Allerdings kam man sehr bald, schon im 16. Jh., auf die Idee, das Rohr zu biegen. So entstand das **Kortholt** (kurzes Holz, in England zu **Curtall** oder **Cortoll** deformierte Bezeichnung). Die Umlenkung der Luftsäule erschwerte die volle Ausbildung aller Obertöne, so daß der Klang gegenüber Oboen und Pommer milder, runder wurde. (Weil das unterste Register der Oboe etwas schnarrend ist, benötigen die noch tieferen Instrumente Liebesoboe und Englisch Horn einen den Ton verbessernden Liebesfuß.) So entstand Ende des 16. Jh. die liebliche, wenn auch weniger sachliche Bezeichnung **Dulzian** (frz. **Douçaine**, it. **Dulciana**, von dolce = süß). Im darauffolgenden Jahrhundert erreichte man schon der heutigen ähnliche Formen. Das Konstruktionsdetail zweier zusammengebundener Rohre trug schon damals zum Namen **Fagott** bei (it. **Fagotto** [= Bündel], wie es von Alfranio degli Albonesi, Domherr aus Ferrara, 1539 genannt wurde und jetzt noch heißt; in Frankreich und England blieb für die Bezeichnung die Klanglage maßgebend: **Basson** bzw. **Bassoon**).

Wie bei allen Instrumenten bestand auch hier früher eine ganze Familie. Ursprünglich befand sich die Bohrung beider Kanäle noch in einem einzigen Stück Ahorn-, Kirsch- oder Birnbaumholz. Sie waren unten durch ein Querloch verbunden (außen mit Pfropfen abgedichtet). Es waren 6 freie Löcher und eine Klappe für das 7. Loch vorhanden; dazu kamen 2 zusätzliche, den Daumen zugeteilte Schallöffnungen auf der Rückseite. Praetorius zählt im berühmten »Syntagma musicum« (1618) folgende Größen auf: *Diskantfagott* (g–c^2), *Altfagott* (c–g^1), *Tenorfagott* (G–f^1), *Choristfagott* (= Bariton; C–d^1 oder g^1), *Quartfagott* (${}_1G$–f), *Quintfagott* (${}_1F$–es). 1620 kam das von dem Berliner Kammermusiker Hans Schreiber konstruierte *Kontrafagott* (*Fagottone*) hinzu. Das Choristfagott erhielt seinen Namen vom Gebrauch als Baßunterstützung im Kirchenchor. Von diesem Standardinstrument stammt das heutige Fagott ab (zuerst ebenfalls mit Grundton C, dann mit ${}_1B$).

Als 1671 das Fagott – zusammen mit der Oboe – in das Orchester für Camberts »Pomona« kam, besaß es 3 Klappen (seit 1636). Deren Zahl nahm dann weiterhin zu, bis es Haydn als perfekt genug erachtete, um es in 2 Exemplaren ins Orchester einzubeziehen. Die endgültige Vervollkommnung ließ aber bis ins 19. Jh. auf sich warten. Wenn auch schon Jean-Nicolas Savary fils (Paris, um 1830) bemerkenswerte Fagotte baute, wurde erst durch Carl Almenräder (1786–1843) in Köln die weiter maßgebende Gestalt im Jahre 1835 erreicht, nach 11jähriger, durch den Physiker G. Weber unterstützter Vorbereitung, die deshalb benötigt wurde, weil sich das Boehmsche Klappensystem der Flöte auf dem Fagott als unbrauchbar erwiesen hatte. (Immerhin führte es F. Triébert noch 1855 in Paris vor.) Almenräder steht zum Fagott wie Boehm zur Flöte: sie sind die eigentlichen Väter dieser Instrumente. In demselben Jahr 1835 wurde Almenräder Mitbegründer der berühmten Spezialfirma von Johann Adam Heckel (1812–1877) in Biebrich (Wiesbaden), die heute noch den Namen Heckel führt. Dort wurde 1877 die Grundform des heutigen Fagotts geschaffen und seit 1885 das endgültige Instrument hergestellt, nachdem weitere Verbesserungen, aber keine grundlegende Änderung gefunden worden waren. Der Sohn Wilhelm Heckel (1856–1909) hatte dabei mitgewirkt.
Parallel zu dieser Entwicklung erfolgte eine andere in Frankreich. Sie führte von Robert Cambert (Paris) zu eben jenem L.-A. Buffet, der sich schon der Oboe angenommen hatte. Vor der letzten Verbesserung wies dieses Fagott noch Intonationsschwierigkeiten auf, über die sich Berlioz in seiner Instrumentationslehre in heftigen Tönen äußert. Das französische Buffet-Fagott ist weniger gleichmäßig in den verschiedenen Registern, klingt aber in den hohen Lagen besser als das deutsche Heckel-Fagott. (Für die gefürchtete, extrem hohe – bis d^2 – und exponierte Einleitung des Paris zugedachten »Sacre du printemps« schwebte Strawinsky die dortige Fagottfarbe vor.)

1.223 **Umfang und Einsatz**

Kein ausladender Schallbecher verhindert die Bildung harmonischer Teiltöne, die beim Fagott außerordentlich zahlreich vorhanden sind und bis zum 48. Oberton reichen können.

Die Öffnung ist praktisch derjenigen der Oboe gleich, also gibt sie die gleich hohen Frequenzen frei. Da sich aber der Grundton des Fagotts 2 Oktaven unterhalb desjenigen der Oboe befindet, stellen dieselben Frequenzen Teiltöne höherer Ordnung dar.

In bezug auf die Gesamtheit der harmonischen Komponenten, die jeden Ton begleiten, ist beim Fagott noch auf eine Eigenart hinzuweisen: Die U-Umleitung im Stiefel befindet sich – wenn man das Mundrohr mitrechnet – etwa auf halber Länge der Luftsäule. Diese Unstetigkeit fördert die Bildung von Teiltönen mit Knoten in der Mitte, also aller mit geradzahliger Ordnung. Außerdem ist die Bohrung im Mittel nicht so groß, daß der Grundton speziell gefördert würde. Beides zusammen bewirkt einen ziemlich starken Anteil des 1. Obertons (Oktave mit Knoten in der Mitte) gegenüber dem Grundton. Dieser Teilton besitzt deswegen höhere Amplitude als sonst bei Blasinstrumenten – eine Eigenschaft, die das Fagott mit der menschlichen Tenorstimme teilt. Die Ähnlichkeit mit der Gesangstimme verleiht dem Fagott einen besonderen Reiz.
Die mit den freien Löchern zu spielende Normaloktave des Fagotts geht von F bis f, worin sich die Stimmung des Ur-Fagotts (eine Duodezime unter der Oboe) widerspiegelt. Diese Skala entspricht den weißen Tasten des Klaviers und ist also eher lydisch als Dur (da darin H und nicht B enthalten ist). Durch Klappen werden die Halbtöne erzeugt und die Skala bis zum $_1$B nach unten erweitert. Wagner und Strauss verlangten auch das $_1$A. Um dieses zu erreichen, muß das Schallstück durch ein längeres ersetzt werden (s. o., 1.221: Tristan-Stürze), aber denselben Effekt erzielt man üblicherweise, unter Berücksichtigung der Ausnahmesituation, mit dem einfachen Trick, einen gerollten Bogen

aus etwas steifem Papier in die normale B-Stürze hineinzuschieben.
Von fis nach oben ist wiederum in den nächsten Oberton zu überblasen, was noch einmal durch ein normalerweise mit einer Klappe geschlossenes Überblaseloch erleichtert wird. Auf diese Art geht es dann prinzipiell mit den normalen Griffen (der Grundoktave) bis zum cs^1 hinauf. Weiter oben benützt der Fagottist spezielle Techniken; man kann heute vom Orchestermusiker verlangen, daß er bis zum es^2 hinauf-

kommt. Selbst e^2 und f^2 sind noch erreichbar. Der Umfang ist also außerordentlich groß, reicht er doch mindestens eine Quarte über 3 Oktaven hinaus. Zur nicht transponierenden Notierung werden 3 Schlüssel gebraucht: Baß-, Tenor- und Violinschlüssel.
Sowohl der Registerwechsel als auch der Übergang zwischen verschiedenen Schlüsseln kann mit außerordentlicher, allen anderen Instrumenten überlegener Behendigkeit erfolgen. Diese Beweglichkeit erstreckt sich auch auf große Intervallsprünge und auf schnelle »Staccati«, was bis zur übermütigen Heiterkeit reichen kann. Aus diesem Grunde wird das Fagott sehr intensiv in Begleitstimmen eingesetzt, sowohl als Baß der Holzbläser als auch zusammen mit den Celli, deren Klänge es zeitlich und tonlich präzisiert, womit es sich als harmonische und rhythmische Stütze des ganzen Orchesters unentbehrlich macht.
Die auch in vergangenen Zeiten erstaunliche Beliebtheit selbst des noch unvollkommenen Fagotts geht aus historisch überlieferten Besetzungen hervor. Im Jahre 1784 wurden in London für eine Monsterveranstaltung ganze 27 Fagotte eingesetzt (allerdings waren auch die Streicher sehr zahlreich: 26 Bratschen, 21 Celli und 14 Kontrabässe). Daß die in klassischen Partituren angegebenen 2 Fagotte gelegentlich mehrfach besetzt wurden, geht aus Mozarts eigenhändi-

gem Bericht (Brief an den Vater) über die Aufführung einer seiner Sinfonien am 3. April 1781 hervor, als so viele Streicher eingesetzt wurden, wie man sie heute für Mozart nicht mehr glaubt verantworten zu können: 40 Violinen, 10 Bratschen, 8 Violoncelli, 10 Kontrabässe und *6* Fagotte (die anderen Bläser doppelt).

Der Quasi-Baritoncharakter des Fagotts, die gegenüber dem ziemlich penetranten Oboenton wärmeren Klänge, erlauben die gute Mischung mit den verschiedensten Orchesterfarben. Andererseits werden ihm auch deshalb Solostellen zugeteilt, weil es über einen weitgefächerten Ausdrucksbereich verfügt. Es kann unheimlich und makaber wirken (Berlioz, »Phantastische Sinfonie«), persiflieren (Prokofjew, »Peter und der Wolf«: Rolle des Großvaters), nobel und pathetisch singen (Tschaikowskij, 6. Sinfonie), träumerisch schwärmen (Strawinsky, »Feuervogel«), aber auch solid und entschlossen wirken (Berlioz, Marsch aus »Fausts Verdammung«).

Die tiefsten Klänge sind etwas hohl und verschleiert (Tschaikowskij, 6. Sinfonie, 1. Satz). Die mittlere Lage eignet sich besonders gut für intensive Gesanglichkeit, aber auch zur Erzielung großer Homogenität in schnellen Passagen (Tschaikowskij, 5. Sinfonie, 1. Satz). Das hohe Register, wenn auch etwas »gewürgt« klingend, ermöglicht die Erzielung großen Ausdrucks. Tief ergreifend wirkt im »Requiem« von Verdi seine Trauerklage (»Quid sum miser« und »Dies irae«). Im Diskant verändert sich die Klangfarbe fast bis zur Unkenntlichkeit: weinerlich, karikierend, durchdringend, aber nicht frech. (Das berühmte Anfangs-Solo im »Sacre«, welches gerade seiner Ungewohntheit wegen Saint-Saëns schockierte und als zündender Funke den bekannten Skandal der Uraufführung auslöste!)

Bis hierher wird wohl schon recht deutlich geworden sein, welch großer Unterschied zwischen Blasinstrumenten und dem Klavier besteht, das keine prinzipiellen Abweichungen zwischen tiefen und hohen Tasten aufweist. Bei den Blasinstrumenten sind immer wieder, sogar von Ton zu Ton,

Umstellungen erforderlich oder spezielle Spieltechniken anzuwenden. So sind einige Klänge leichter zu erzeugen als andere, bestimmte Spielformen (etwa Triller) benötigen sogar Spezialeinrichtungen der Mechanik, andere sind fast nicht ausführbar. Ein Blasinstrument stellt außerordentlich hohe Forderungen, die nur durch unaufhörliche Hingabe, ständiges Experimentieren und unermüdliches Erforschen seiner individuellen Bedingungen gemeistert werden können – womit nicht gemeint sein soll, das Klavierspiel etwa sei problemlos, die Schwierigkeiten sind nur gänzlich andere.
In der Partitur sind die Fagotte zuunterst in der Holzbläsergruppe zu finden, was logischerweise der Baßrolle innerhalb dieser Instrumente entspricht. Das eventuell vorhandene Kontrafagott wird direkt unter den Fagotten notiert.

Die mögliche Auffassung der Hörner als eine den Holzblasinstrumenten besonders ähnliche Farbe bewog Wagner (z.B. im »Tristan«), die Fagotte unter den Hörnern, als gemeinsamen Baß für Holz und Hörner, zu schreiben. Die gute Verschmelzung ergibt eine eindrucksvolle chorische Wirkung von 2 Fagotten und einem Horn.

1.224 **Das Kontrafagott**

Die Verwirklichung sehr tiefer Bläserklänge ist immer abenteuerlich gewesen und wurde mit verschiedenen Mitteln versucht, bis der Berliner Hans Schreiber 1620 das erste eigentliche **Kontrafagott** oder **Fagottone** erfand. Es war ein unförmiges, monströses Ding, da nach dem Muster des Fagotts in größeren Dimensionen gebaut. Es folgten andere, aus verschiedenen Ländern stammende Lösungsvorschläge und damit verbundene Namen, darunter der des Wieners Schuster; so wird berichtet, daß ein Kontrafagott in der Pariser Aufführung der »Schöpfung« von Haydn erklang.
Den tastenden Versuchen wurde durch Wilhelm Heckel ein Ende gesetzt; seine auf das Jahr 1877 zurückreichende und 1901 verbesserte Konstruktion setzte sich praktisch konkurrenzlos durch. Es gelang ihm, mit der Fagottklangfarbe eine

Oktave tiefer zu reichen, dank einer gegenüber dem Fagott auf ca. 6 m verdoppelten Länge. Ihr angeglichen ist die ebenfalls verdoppelte Bohrung, da sie von den 4–5 mm beim Mundstück zu etwa 9 cm ansteigt.

Um die große Länge in handlichere Dimensionen zu bringen, weist das Kontrafagott 3 Knickungen auf, so daß 4 Rohre nebeneinander geführt sind, womit die Benennung »Fagotto« (Bündel) noch berechtigter erscheint. Die reduzierte Gesamthöhe beträgt etwa 1,60 m. Das Instrument ist erheblich schwerer als das Fagott und wird deswegen mit einem Stachel auf dem Boden aufgesetzt.

Die Grundform, mit nach oben gerichteter Schallöffnung, reicht zum Kontra-$_1$D oder zum Kontra-$_1$C hinab (Länge = 5,23 m). Nochmals geknickte, mit kleiner Stürze versehene, abwärts gerichtete und etwas nach außen gebogene Verlängerungen (aus Metall, da leichter) bringen den Grundton auf das Subkontra-$_2$B bzw. auf das Subkontra-$_2$A hinunter. Dies sind die tiefsten Töne, die im Orchester gebraucht werden, denn bei den Tuben fehlt in dieser Region die nötige Definition der Tonhöhe, während das Kontrafagott viel deutlicher richtig zu hören ist, obwohl seine zahlreichen Obertöne so weit nach oben reichen, daß durch sie harmonische Trübungen entstehen können.

Hier ist ein oft wiederholter Fehler zu korrigieren, die Angabe der *Länge* 5,93 m in Verbindung mit dem tiefsten Ton $_2$A. Diese 5,93 m entsprechen jedoch dem Instrument mit aufgesetzter B-Stürze. Mit der A-Stürze beträgt die Länge 6,3 m, was durch die bewährte, schon oft angewendete Formel leicht zu bestätigen ist. Das dazu gehörende $_2$A ist mit seinen 27,5 Hz der tiefste Ton des Klaviers.

An dieser Stelle ist eine Bemerkung anzubringen. Für die Schallgeschwindigkeit wurde bei allen Berechnungen, wie allgemein üblich, 340 m/s angenommen. Dies aber auch, um eine leicht memorierbare Zahl für weitere Berechnungen dem geneigten Leser zur Verfügung zu stellen. Die Schallgeschwindigkeit ist indessen temperaturabhängig nach der Formel

$$c = 331{,}4\ (1 + 0{,}0018\ T)$$

(T in °C). 340 m/s stellt einen Mittelwert dar, der genaugenommen für 16 °C stimmt. Wenn wir annehmen, daß im Konzertsaal im

Innern des Instruments 23 °C erreicht werden, ergibt sich wieder eine runde Zahl für die Schallgeschwindigkeit: $c = 345$ m/s. Die Abweichung gegenüber 340 m/s beträgt ca. 1,5 %, so daß sie bei höher spielenden Instrumenten nicht ins Gewicht fällt, weil wir ja dort sowieso von der Mündungskorrektur absahen. Wie schon mehrfach erwähnt, weichen die Instrumente in ihren Dimensionen oft voneinander ab. Alle bisherigen und noch folgenden Rechnungen ergeben Resultate, die nur als Richtwerte zu verstehen sind.
Bei so langen Röhren wie der des Kontrafagotts übertragen sich die 1,5 % in erhebliche Absolutwerte. Aus dieser erhöhten Schallgeschwindigkeit folgen die genannten 6,3 m Länge.
Zur *Mündungskorrektur*. Diese rechnerische Korrektur der Instrumentenlänge (nach Cavaillé-Coll, dem bedeutenden Orgelbauer) fällt bei trompetenförmigen Schallstücken fast weg und ist am größten bei zylindrischem, gerade abgeschnittenem Rohrverlauf. Der extreme Druckknoten der Luftsäulenschwingung befindet sich etwas außerhalb des Rohrendes. Zur geometrischen Länge L ist deswegen eine Korrektur ΔL zu addieren. Sie beträgt bei Rohrradius R: $\Delta L = 0{,}82\,R$. Beim Kontrafagott (mit $R = 4{,}5$) ist also $\Delta L = 0{,}82 \cdot 4{,}5 =$ ca. 4 cm; das entspricht 0,7 %, was den oben genannten Temperaturfehler etwa zur Hälfte kompensiert.

Der Umfang des Kontrafagotts steigt bis zum f hinauf, ist folglich mit seinen 2 Oktaven + einer Quinte kleiner als derjenige des Fagotts. Dies ist aber nicht weiter schlimm, da gegen die Höhe hin, auch aus klanglichen Gründen, das Kontrafagott besser durch das Normalfagott abgelöst wird.
Der Klang ist dunkel und ernst, weder lyrisch noch romantisch. Dafür kann man vom Kontrafagott dem Fagott fast ebenbürtige, viel größere Beweglichkeit als beim tiefen Blech verlangen. Das Instrument benötigt jedoch viel Kraft. Es wird alternativ vom zweiten oder, wenn vorhanden, vom dritten Fagottisten geblasen, kann aber auch einen zusätzlichen Musiker erfordern.
Die historisch berühmteste Erscheinung des Kontrafagotts im Sinfonieorchester ist Beethoven zuzuschreiben. In seiner 5. Sinfonie erweiterte er den Klangraum durch Hinzufügen der Kleinen Flöte (Pikkolo) nach oben, durch das Kontrafagott nach unten. In der 9. Sinfonie verlangt er zusätzlich zu

den Klangeffekten schnelle Tonfolgen. Trotz einiger Verbesserungen verfügten Bach (Kantate Nr. 31, »Johannes-Passion«), Händel (»Alexanderfest«), Haydn (»Schöpfung«), Mozart (»Maurerische Trauermusik«), selbst Beethoven (5., 9. Sinfonie, »Fidelio«) noch, nur über recht rudimentäre Instrumente. Deshalb verschwand das Kontrafagott praktisch bis zum letzten Viertel des 19. Jh., bis Brahms, R. Strauss, Rimskij-Korsakow, Holst, Dukas, Respighi und Ravel mit guten Instrumenten rechnen konnten. Brahms stellte hohe Anforderungen in der 1. Sinfonie, mit weiten Sprüngen (1. Satz, Takt 434 ff.) und Stellen, die eine den Celli gleiche Beweglichkeit erfordern (4. Satz, Takt 94 ff.). Dukas (»Zauberlehrling«) verwendet es karikierend, Ravel teilt ihm die Rolle dunkler Vorahnungen zu im »Klavierkonzert für die linke Hand«: seltener Fall einer thematischen Rolle für das Kontrafagott. In diesem Sinne ist auch an die beängstigende Episode »Les entretiens de la Belle et de la Bête« aus Ravels »Ma mère l'oye« zu erinnern.

Vom englischen Vorbild ausgehend, wurde schließlich 1890 in Frankreich durch die Firma Fontaine-Besson ein weit mensuriertes Kontrafagott patentiert. Dieses Modell geht von $_1$C (oder $_1$D) nach b. Der Umfang ist also gegenüber der deutschen Bauart in die Höhe verschoben. Es fehlen die tiefsten Töne, während die Ausdehnung nach oben kaum von Bedeutung ist, da sie in den Fagottbereich hineinreicht. Das Instrument erweiterte sich sehr stark: von einem Anfangsdurchmesser von 1,9 cm zu einem Schalltrichter von ca. 30 cm. Der Klang war vor allem in der Tiefe wenig fagottmäßig.

Das Kontrafagott gehört zu den transponierenden Instrumenten, da es eine Oktave höher als der Klang geschrieben wird. Der im Baßschlüssel notierte Umfang des deutschen Instruments geht von ($_1$A) $_1$B bis f^1. Für den oberen Bereich des französischen Instruments ist auch der Violinschlüssel gebräuchlich; der notierte Umfang ist hier: (C–)D–b^1.

V. F. Červený (Königgrätz 1873) stieg in die Unteroktave des Kontrafagotts hinab, indem er ein **Subkontrafagott** mit 4facher Fagottlänge baute. Es konnte sich wegen der zu hohen Anforderungen an den Spieler nicht durchsetzen.

1.23 *Die Klarinette*

1.231 **Ursprünge und Entwicklung**

Wie schon dargelegt, waren die im Barock bevorzugten Töne des höchsten, Clarin genannten Trompetenregisters schwer zu spielen. Um die erwünschte Chromatik zu erzielen, mußte man sehr hohe Teiltöne eines tief gestimmten Instruments anblasen. Diese den Spezialisten vorbehaltene Kunst starb aus, weil sie überflüssig wurde durch die Entwicklung der Ventilmechanik, welche die leichtere Erzeugung derselben Töne auf zur Hälfte verkürzten Instrumenten erlaubte. Schon vor dieser grundsätzlichen Abweichung von der Barocktrompete hatte man ein anderes Instrument gesucht, welches bei unproblematischerer Tongebung das Trompeten-Clarinregister in bezug auf Tonbereich, Klangfarbe und Beweglichkeit vollständig ersetzen sollte.
Die Lösung gelang um 1690 dem durch seine Flöten schon bekannten Instrumentenbauer Johann Christoph Denner 1655–1707). Er konnte von historischen Vorbildern ausgehen und insbesondere mit langem geduldigem Einsatz das **Chalumeau** verbessern, das trotz seiner Kürze (etwa 20 cm) wegen der zylindrischen Bohrung (wie weiter unten gezeigt wird) eine Oktave tiefer klang, als dem Augenschein nach zu erwarten wäre. In verschiedenen Kulturkreisen, auch Asiens und Nordafrikas, waren und sind heute noch viele zylindrische Blasinstrumente mit einfachem Rohrblatt bekannt. Das schwingungerzeugende Blatt ist dabei durch zwei Längsschnitte und einen Querschnitt aus der Instrumentenwand selbst gewonnen. So auch beim mittelalterlichen Volksinstrument Chalumeau (von lat. calamellus = Rohr) mit 9 Grifflöchern. In alten italienischen Partituren findet sich dafür auch die Bezeichnung **Scialmò** (hingegen ist die **Schalmey** [s. 1.211] ein Doppelrohrblattinstrument).

Wie später gezeigt wird, erfolgt beim zylindrischen Rohr das Überblasen nicht in die Oktave, sondern in die Duodezime (Oktave + Quinte). Deswegen können schon bei der einfachsten Ausführung mehr als die einer Oktav-Tonleiter entsprechenden 7 Löcher vorhanden (und begründet) sein. Mit 9 Löchern wird der Tonumfang (ohne Überblasen) gleich Oktave + Terz. Die Duodezime kann nicht ausgeschöpft werden, weil für zusätzliche Löcher der Mensch nicht genügend Finger hat.

Denner verzichtete auf den ursprünglich Schnabel und Rohrblatt einschließenden Becher (Windkapsel; s. 1.211, Bomhart) und brachte das System direkt in den Mund, damals mit Blatt auf der Oberseite. Schon diese erste Klarinette (= kleines Clarin) besaß die beiden charakteristischen Elemente: Aufschlagzunge und zylindrische Bohrung.

Wesentlich war aber auch die Einführung eines Überblaselochs, welches die Ansprache des nächstmöglichen Teiltons erleichterte, hier nicht die Oktave, sondern wegen der zylindrischen Bohrung (wie noch zu beweisen) die Duodezime, womit sich der Umfang ganz erheblich nach oben – im Sinne des »Clarins« – erweitert.

Zusätzliche Verbesserungen sind um 1720 dem Sohn Jacob Denner (1685 bis 1735) zu verdanken. Er verbesserte die Lage des Überblaselochs, verengte die Bohrung, um den oberen Tonbereich noch leichter zugänglich zu gestalten, und brachte eine kleine Stürze an, ähnlich der noch heute üblichen, parabolisch geformten, um die Klangfarbe noch mehr der Trompete anzugleichen.

Die ursprüngliche Rolle der Klarinette als Trompetenersatz geht deutlich aus den ersten für sie geschriebenen Konzerten hervor, etwa den 4 Klarinettenkonzerten von Johann Melchior Molter (1696–1765): Es werden fast ausschließlich diejenigen Töne gebraucht,

B- und A-Klarinette im Größenvergleich

die in den höheren Registern einer Naturtrompete als Teiltöne desselben Grundtons vorhanden sind.
Die Klarinette erscheint im Orchester zuerst in Belgien, 1720 in einer Messe von Jean Adam Faber, dann in Frankreich in Rameaus Oper »Zoroastre« (1749). Es folgte Deutschland mit Eisenach [Opern »L'Olympe« (1753), »Orione« (1763), »Temistocle« (1772) und Sinfonien von Johann Christian Bach] und Mannheim [»Symphonie avec clarinettes et cors de chasse« von Johann Stamitz (1755)]. Gluck setzte in »Orfeo ed Euridice« (1762) und »Alceste« (1767) noch das Chalumeau ein, lernte dann aber in Paris die Klarinette kennen, die er dort ab 1774 verwendete. In Mannheim kam die Klarinette nicht nur ins Orchester; sie erlebte auch die ersten Erfolge als Soloinstrument. Außer Molter schrieb Carl Stamitz (1745–1801) 11 Klarinettenkonzerte, der in Mannheim ausgebildete Franz Xaver Pokorny (1728–1794) deren 2. So kam es, daß sich Mozart 1778 in dieser Stadt für das Instrument begeisterte und es zu höchsten Ehren erhob durch sein 1791 dem Logenbruder Anton Stadler gewidmetes Konzert (KV 622). Stadler gelangen dann auch Verbesserungen des Instruments. Jene Klarinette war etwas länger als die heutige; sie klang bis zum A herab, heute reicht die A-Klarinette nur bis cis. Demzufolge werden jetzt die tieferen Stellen oktaviert, wenn nicht ein historisches oder nachgebautes Instrument zur Verfügung steht, was sehr selten der Fall ist. Mozart räumte der Klarinette einen ständigen Platz im Orchester ein (Es-Dur-Sinfonie KV 543, 1788) und schrieb sogar die g-Moll-Sinfonie KV 550 in eine zweite Fassung mit dem neuentdeckten Instrument um (1791) – ein Eingriff von größerem Gewicht, als es heute erscheinen könnte: Die Klarinetten waren deutlich trompetenähnlich. Die mit kleinen Änderungen der Oboenstimmen entstandene Ergänzung ist um so bemerkenswerter, als Mozart in dieser Partitur auf die Trompeten verzichtet hatte.
Haydn nahm sich der Klarinetten für die Londoner Sinfonien teilweise an, benützte sie aber mit Vorsicht, während

Beethoven ihre Stellung im Orchester endgültig festigte und charakterisierte, wenn sie auch noch recht primitiv waren, trotz der inzwischen nahezu gleichzeitig erfolgten schrittweisen Vermehrung der Klappen auf 6 durch Barthold Fritz († 1766) in Braunschweig, den berühmten böhmischen Virtuosen Joseph Beer (1744–1812), Jean-Xavier Lefèvre (1763–1829) in Paris, und die Brüder Stadler in Wien. Erst um 1810 bahnte der in London lebende Russe Iwan Müller (1786–1854) jene maßgebenden Umformungen an, die zum heute bekannten Instrument führten, das den anderen Holzbläsern in Beweglichkeit keineswegs nachsteht, sie an Dynamik sogar überbietet. Müller brachte die Zahl der Klappen auf 13 und später auf 15. Vorangegangen war in Mannheim die Drehung des Mundstücks, durch die das Rohrblatt auf die Unterlippe gebracht wurde.

Von den vielen Instrumentenbauern sind noch Buffet, Heckel (Ringtasten), Gomez-Boehm, Sax und Mollenhauer zu erwähnen. Der französische Klarinettist Hyacinthe-Éléonore Klosé (1808–1880) regte die Firma Buffet dazu an, die von Boehm für die Flöte entwickelte Mechanik auf die Klarinette zu übertragen. Dem schlagenden Erfolg dieser Neuerung ist die paradox erscheinende Situation zuzuschreiben, daß in Frankreich die Boehm-Klarinette bevorzugt wird, während sich in Deutschland eine ganz andere, vom Orgelbauer und erstklassigen Klarinettisten Oskar Oehler (1858–1936) geschaffene und durch seinen Schüler F. A. Uebel vervollkommnete Konstruktion größter Beliebtheit erfreut. Sie besitzt einen vollen, sonoren, ausgeglichenen Klang, während die Boehmsche Klarinette sich durch gute Stimmung der hohen Töne (ein konstruktionstechnisch sehr schwer zu lösendes Problem) auszeichnet und außerdem eine schnellere Fingertechnik ermöglicht. Jedes dieser wichtigen Systeme hat seine Anhänger. In einem Handelskatalog werden beide nebeneinander angeboten und folgendermaßen beschrieben (wobei sich die Notennamen nicht auf Tonhöhen, sondern auf die für alle Klarinettengrößen gleich bleibende Griffschrift beziehen):

Boehm-System: 21 Klappen, 7 Ringe, Gabel-B-Mechanik, artikulierte Gis-Klappe (Fis-Gis-Triller bzw. G-Gis-Triller), doppelte Es-Klappe bis tief-Es gehend.

Deutsches System: 20 Klappen, 2 Fis-Brillen, 5 Ringe, 4 Triller am Oberstück, Gabel-B-Mechanik, Verbindungshebel zur Oktavklappe, Cis-Heber, H-Cis-Triller, Es-Heber, 4 Rollen.

Die »Rollen« sind kleine drehbare Zylinder an den nebeneinanderliegenden Rändern zweier Nachbarklappen, die es dem Finger erleichtern, von einer Taste zur andern zu gleiten. »Heber« sind derart eingerichtete Tasten, daß durch ihr Niederdrücken sich ein normalerweise geschlossener Deckel über einem Stimmloch hebt.

Die umfangreiche Mechanik bedingt solide, sich nicht verziehende Trag-Struktur. Deswegen wurde das früher verwendete Buchsbaumholz durch Kokos, Rosenholz, Grenadillholz und afrikanisches (nicht mit Ebenholz zu verwechselndes) Schwarzholz verdrängt.

1.232 **Struktur**

Gebaut wird die Klarinette aus den vorangehend genannten Hölzern, aber auch aus Kunststoff oder Metall (für Militärmusik). Sie besteht aus 5 Teilen:

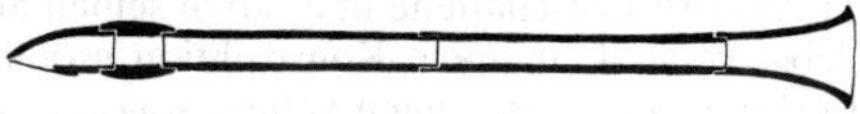

Die Teile der Klarinette (Schnitt)

1. *Mundstück.* Es weist ein einziges Blatt auf, das durch eine mit Handschrauben versehene Manschette auf dem Schnabel befestigt wird. Der schwingende Teil ist auf die oberen 17–19 mm beschränkt. Das Gegenstück, der Schnabel, ist derart geformt und ausgehöhlt, daß nur der seitliche Rohrblattrand mit ihm in Berührung kommen kann. In Ruhestellung bleibt das Blatt ein wenig abgehoben (ca. 1 mm), auch

weil der *Bahn* genannte Schnabelrand leicht nach hinten gebogen ist. Der veränderliche Lippendruck kann so die jeweils erforderliche Begrenzung des schwingenden Anschnitts festsetzen; beispielsweise verkürzt starker Druck bei hohen Tönen den wirksamen Blatt-Teil. Wie bei der

Klarinettenmundstück

Haltung des Klarinettenmundstücks

Klarinettenmundstück im Schnitt

Oboe steuert zusätzlich die Rückkopplung der Vorgänge im Rohrinnern die Schwingungsfrequenz. Die Lippen sind dabei polsternd über die Zähne gezogen.

Auf einen wesentlichen Unterschied gegenüber dem Doppelrohrblatt von Oboe und Fagott ist noch hinzuweisen: Das von der Unterlage abstehende Blatt schlägt nicht immer auf. Es kann ganz feine freie Schwingungen ausführen, die ein bei anderen Holzblasinstrumenten nicht mögliches, hauchzartes Pianissimo erzeugen.

2. *Birne.* Ein durch Klosé um 1846 erdachtes Zwischenstück, ohne Seitenlöcher, gleich unterhalb des Mundstücks; in verschiedenen Längen, damit durch richtige Auswahl die Stimmung jeweils den anderen Instrumenten angeglichen werden kann.

3. *Korpus-Oberstück* mit Löchern und Tasten für die linke Hand.

4. *Korpus-Unterstück* für die rechte Hand eingerichtet.

5. *Schallbecher* (oder *Stürze* oder *Fuß*), 10 cm lang, erweitert sich parabolisch bis zum Innendurchmesser von 8 cm.

Die Gesamtlänge der B-Klarinette (inklusive Mundstück) beträgt 67 cm, die der A-Klarinette 71 cm. Die wenn auch nicht immer erwähnte, so doch viel gebrauchte C-Klarinette ist 60,5 cm lang; sie kommt z.B. im Scherzo der 9. Sinfonie von Beethoven vor.

Die Längenunterschiede entsprechen den Intervallabständen der Grundtöne. Von B zu A führt der übliche Zuwachs um 6% des temperierten Halbtonschrittes. Das Verhältnis der Maße von B- zur C-Stimmung ist gleich dem Ganztonintervall $^9/_8$ (s. 1.234).

Der Innendurchmesser des Korpus beträgt 1,5 cm. Maßgebend für den Klang und die Spieltechnik ist die vorwiegend zylindrische Bohrung (mit Ausnahme der Stürze). Die davon abhängigen Folgen bedürfen einer Erklärung.

1.233 **Einseitig geschlossene Rohre**

Es ist zweckmäßig, an dieser Stelle das Verhalten der Luftsäule in einem Rohr in Erinnerung zu rufen und speziell die Erzeugung der tiefsten stehenden Welle, die des Grundtons, durch die Folge regelmäßig eingegebener Impulse mit Frequenz $340/(2\,L)$ (L = Rohrlänge) wieder zu erwähnen. Wie bei der Posaune näher beschrieben, bilden sich an den Rohrenden 2 Druckknoten, d.h., daß dort der Druck nahezu konstant dem Außendruck gleich bleibt, während in der Rohrmitte folgendes geschieht:

a) 2 Impulse bewegen sich aufeinander zu. Der eine wird vom Mundstück erzeugt, und der andere ist der vorangegangene, nun sich auf dem Rückweg aus dem entgegengesetzten Ende befindende Impuls. Beim Zusammentreffen in der Mitte ergibt sich eine Druckerhöhung, genauer eine Verdoppelung des Impulsdrucks.

b) Jeder der beiden Impulse setzt seinen Weg fort, so daß sich zwischen ihnen – in der Mitte – ein Unterdruck bildet.

Die Beschreibung des Vorgangs kürzt man durch den Ausdruck ab, in der Mitte bilde sich ein *Druckbauch*. »Bauch« steht für das reguläre Abwechseln zwischen den Maximalwerten von Über- und Unterdruck.

Nun kommt der springende Punkt einer neuen Überlegung. Wenn man sich jetzt vorstellt, das Rohr sei durch eine Trennwand in 2 gleiche Teile gehälftet, ergeben sich ziemlich unerwartete Folgen. Zu ihrer Beschreibung betrachten wir die dem Mundstück entgegengesetzte Seite. Wenn ein (vorher eingegebener) Druckimpuls, von der freien Öffnung reflektiert, zurückwandert, trifft er auf die Trennfläche auf, wo er wiederum zurückgeworfen wird. Diese Umkehr der Fortschreitungsrichtung kommt einer Druckverdopplung gleich, genau so, als ob das Zusammenprallen mit einem neuen Impuls bei fehlender Unterteilung erfolgt wäre. Auch die Zeiten entsprechen sich absolut: Nach der Richtungsänderung an der Trennwand bewegt sich der Impuls genau so zum freien Ende zurück wie beim ungetrennten Rohr der darauffolgend eingegebene. In der Mitte, also an der Trennung, folgen sich Druckmaxima und Druckminima in jeder Beziehung (Amplitude und Frequenz) wie beim ganzen Rohr: Der Druckbauch bleibt erhalten.

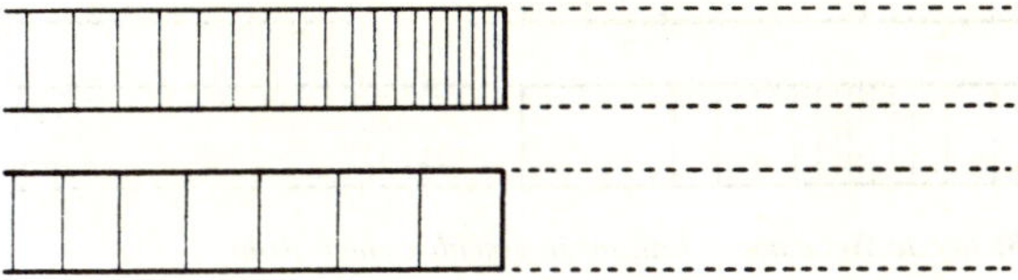

Stehende Welle des Grundtons in geschlossenem Rohr

Daraus läßt sich die wichtige Lehre ziehen: Bei der schließenden Längenhalbierung bleibt die Frequenz der Grundschwingung, also die Tonhöhe, unverändert.

Während bei einem beidseitig offenen akustischen Rohr die Wellenlänge gleich doppelter Rohrlänge ist, wird sie bei einseitig geschlossenem Rohr das 4fache der halbierten Rohrlänge.

Was geschieht nun unter derselben Voraussetzung einer Halbierung mit der zweiten Teilschwingung? Bei ihr bilden sich im beidseitig offenen (langen) Rohr 2 Druckbäuche bei

$^1/_4$ und $^3/_4$ der Länge. In der Mitte hingegen befindet sich ein *Druckknoten*, d. h., daß dort keine periodische Druckänderung stattfindet. Diese Situation kann bei Anwesenheit der oben vorausgesetzten Trennwand nie eintreten, da jeder Impuls, ganz unabhängig von der Frequenz (Häufigkeit) unter lokaler Druckverdopplung reflektiert wird. Es besteht in jener Zone auch keine Öffnung nach außen, durch die ein Druckausgleich erfolgen könnte.

Diese Vorbereitung genügt schon, um verallgemeinerte Schlüsse zu ziehen:

a) Für alle Teiltöne, welche im ungeteilten Rohr in der Mitte einen Druckbauch aufweisen, ändert die Zweiteilung nichts. Diese können als Obertöne auftreten oder als neue Grundtöne in folgender Ordnung erzeugt werden: Ordnung 1 (Grundton), 3 (Duodezime = Quinte über der Oktave), 5 (Terz über der Doppeloktave 4), 7 usw.

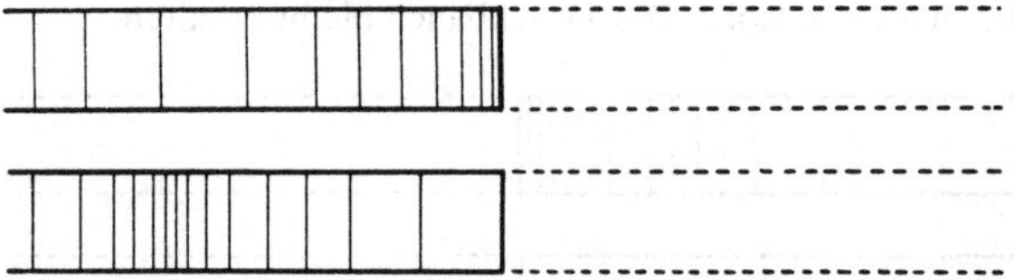

Stehende Welle des 3. Teiltons in geschlossenem Rohr

b) Alle geradzahligen Teiltöne, also diejenigen, welche in der Mitte des ungeteilten Rohres einen Druckknoten bilden, können weder als Obertöne noch als neue Grundtöne entstehen. Es fehlen also die stehenden Wellen der Ordnungszahlen 2 (Oktave), 4 (Doppeloktave), 6 (Quinte über der Doppeloktave), 8 usw. Insbesondere fallen alle Oktaven aus.

Ein solches einseitig geschlossenes Tonrohr heißt, von der Orgelsprache her, *gedackt*, d. i. gedeckt.

Dies alles wird vielleicht leichter verständlich, wenn man sich nicht auf den Druck bezieht, sondern auf die Schnelle (Momentangeschwindigkeit der Luftteilchen). Dem Bernoullischen Gesetz folgend, sind Druckänderungen und Schnelleänderungen immer einander entgegengesetzt, gegenphasig. Insbesondere befindet sich an jedem Druckknoten, also auch an den freien Enden eines offenen Rohres, ein *Schnellebauch*; er bedeutet größtmögliches Pendeln der Luftteilchen um ihren Ruhepunkt. Umgekehrt ist jedem Druckbauch ein *Schnelleknoten* zuzuordnen, wo die Schnelle konstant gleich Null bleibt. – Daraus folgt: Beim Grundton eines offenen Rohres bildet sich in der Mitte ein Druckbauch, also ein Schnelleknoten. Da sich die Luft dort nicht bewegt, ändert die Anwesenheit einer Trennwand überhaupt nichts: Der Vorgang bleibt ungestört. – Beim 2. Teilton des offenen Rohrs hat man in der Mitte einen Druckknoten, somit einen Schnellebauch, d. h. größtmögliche Amplitude der hin- und herschwingenden Teilchenbewegung. Wie leicht einzusehen ist, wird diese Bewegung durch die Einführung der mittleren Trennwand völlig unterbunden.

Da praktisch das obere Ende der Klarinette geschlossen ist, also nicht mit dem freien Raum in Verbindung steht, benimmt sich das Instrument wie ein gedacktes Rohr. Diese Behauptung fordert sogleich einen gewichtigen Einwand heraus: Bei der Oboe wurde auf den besonders hohen, beim Blasen zu überwindenden Widerstand im Mundstück hingewiesen, woraus folgen sollte, daß auch die Oboe nicht als beidseitig offenes Rohr betrachtet werden dürfe und somit auch bei ihr die Hälfte der Teiltöne fehlen müsse. Und trotzdem springt bei ihr das Überblasen in die Oktave! Der scheinbare Widerspruch löst sich auf, wenn man bedenkt, daß die Rohrformen sich wesentlich unterscheiden. Die auf die Trennwand bezogenen Überlegungen gelten ausschließlich für zylindrische Rohre wie das der Klarinette, aber nicht für konisch gebohrte Instrumente wie Oboe und Fagott. Durch diese Form fallen Druckknoten und Schnellebäuche nicht mehr zusammen, sondern sind gegeneinander längs der Luftsäule derart versetzt, daß sich alle Teiltöne, gerade und ungerade, bilden können.

Das Ausfallen der geraden Teiltöne hat verschiedene Konsequenzen:

a) Vor allem liegt der Klarinettengrundton eine Oktave

tiefer als bei einem gleich langen offenen oder konischen Instrument. (Die Bildung des Grundtons geht vor sich, wie dargestellt, als ob das Rohr doppelt so lang wäre. Dies traf auch beim zylindrisch gebohrten Baß-Krummhorn zu, das, der Lage entsprechend, nicht 1,8 m, sondern 90 cm maß.)

b) Die Klangfarbe wird, durch das Fehlen vieler Teiltöne, etwas hohl (wenigstens in mittlerer und tiefer Lage; die Begründung folgt später).

c) Beim Übergang von einer Schwingungsordnung zur nächsthöheren, also beim Überblasen, spricht jetzt nicht die – ausgeschlossene – Oktave an, sondern der erste darauf folgende mögliche Teilton, die Duodezime.

Die Feststellung c) bedeutet, daß zur Erzeugung aller chromatischen Zwischentöne nicht mehr die einer Oktave entsprechenden 11 Tonlöcher genügen. Zwischen einem Ton des tiefsten Registers und seinem ersten Überblaseton befinden sich 18 Halbtonstufen. Zudem kommen noch die vielen ausführungstechnisch bedingten Spielhilfen – Überblaselöcher, Trillerklappen usw. – hinzu, so daß sofort einzusehen ist, wieviel komplizierter die Klarinettenmechanik gegenüber der Minimalmechanik der Oboe sein muß. Es sind 7 Löcher und etwa 20–30 Klappen vorhanden (s. Katalogbeschreibung am Schluß von 1.231).

Besondere Komplikationen ergeben sich auch aus den Problemen der »inneren Stimmung« (Intervallverhalten ihrer Töne). Um nur eines davon zu erwähnen: Grundsätzlich wird die Grundskala temperiert eingerichtet. Die überblasene Duodezime ($^3/_2 = 1{,}5$) weicht aber von der temperierten Quinte ($2^{7/12} = 1{,}498$) ab. Noch deutlicher ist der Fehler beim Überblasen zweiter Ordnung. Die erreichte Terz ist $^5/_4 = 1{,}25$, die temperierte $2^{4/12} = 1{,}26$.

Diese Spiel- und Intonationsschwierigkeiten erforderten lange Zeit für fast jede Tonart eine eigene Klarinette. Durch die nach geduldiger und kunstvoller Arbeit erreichte heutige Perfektion ist es möglich, sich auf 2 Größen zu beschränken: die *B-Klarinette* und die *A-Klarinette*. Jeder Klarinettist verfügt immer über beide Instrumente und bevorzugt das B-Instrument für ♭-Tonarten, das A-Instrument für Tonarten mit Kreuzen. (Allerdings ist auch die *C-Klarinette* noch häufig im Gebrauch; vgl. Verdis »Aida«, 1. und 3. Akt.)

Das B-Dur der kleineren Klarinette enthält schon 2 ♭, so daß die Klarinettenstimme jeweils 2 ♭ weniger aufweist als die Stimme nicht transponierender Instrumente. Etwa bei As-Dur stehen in den Holzbläserstimmen 4 ♭, bei den Klarinetten aber nur 2. Sind die beiden ♭ nicht erforderlich, müssen sie mit 2 Kreuzen aufgehoben werden. C-Dur ist also mit 2 Kreuzen als D-Dur zu schreiben.
Analog bei der A-Klarinette. Die Grundstimmung A-Dur enthält schon 3 Kreuze, so daß in den Klarinettenstimmen jeweils 3 Kreuze weniger – oder, was dasselbe ist, 3 ♭ mehr – stehen als für C-Instrumente. Bei C-Dur sind hier die 3 Kreuze durch 3 ♭ aufzuheben, es ist also Es-Dur zu schreiben. Beispiele bei Beethoven:

»Eroica«, Es-Dur – B-Klarinetten mit einem ♭ (2 sind schon implizit vorhanden);
9. Sinfonie, d-Moll – B-Klarinetten mit einem fis (ein ♭ aufgehoben);
Klavierkonzert Nr. 5, 2. Satz, H-Dur – A-Klarinetten mit 2 Kreuzen (die übrigen 3 sind schon konstruktiv im Instrument enthalten);
2. Sinfonie, D-Dur – A-Klarinetten mit einem ♭ (ein Kreuz aufgehoben).

Allerdings beherrschen die heutigen Klarinettisten ihr Instrument so perfekt, daß sie auf jedem alle Tonarten zu spielen verstehen. Die Auswahl kann dem Komponisten überlassen werden, der zu entscheiden hat, ob er die Klangfarbe der dunkleren, milderen A-Klarinette, der etwas schärferen, spitzeren B-Klarinette oder gar der noch härteren C-Klarinette bevorzugt. Aber auch diese Unterschiede sind heute nur bedingt gültig, da ein erfahrener Klarinettist die Klangfarben weitgehend einander anzugleichen vermag (wozu auch ein Auswechseln des Rohrblatts dient).

1.234 **Spieltechnik, Umfang**

Um Mißverständnissen vorzubeugen, ist gleich darauf hinzuweisen, daß – im Gegensatz zum Blech – die Bezeichnung der Klarinettengrößen (B, A, usw.) sich nicht auf den tiefsten, der Rohrlänge entsprechenden Ton bezieht. Die Benennung weist hingegen auf die jeweilige Transposition hin: Die B-Klarinette erklingt einen Ganzton tiefer als die Notierung, die A-Klarinette transponiert eine kleine Terz nach unten, während bei der C-Klarinette Klang und Notierung übereinstimmen. Dies scheint kompliziert zu sein und erleichtert das Partiturlesen sicher nicht, ist aber äußerst zweckmäßig, denn die notierte Griffschrift bleibt für alle Klarinettentypen immer dieselbe. Bei der Umstellung von einer Klarinette zur anderen braucht man also nicht umzudenken, was bei der Kompliziertheit des Instruments erhebliche Schwierigkeiten mit sich bringen würde. Wenn wir uns demnach in der nachfolgenden Beschreibung der Spielart auf die Notierung, also auf die Griffschrift, beziehen, erhalten wir mit einem Schlag für alle Klarinetten geltende Aussagen, mit Ausnahme geringer Abweichungen für einzelne Töne.

Die Grundskala ist G-Dur, wovon die einzelnen Stufen den 7 auch sonst üblichen Tonlöchern entsprechen. Es sind dies die Löcher, welche bei der Beschreibung der Boehm-Klarinette mit »Ringen« bezeichnet wurden. Über jedem Loch befindet sich ein (etwas größerer) *Ring*, der beim Schließen des Loches durch die Fingerkuppe niedergedrückt werden muß, damit die dadurch erzeugte Drehung des Stäbchens, an dem er befestigt ist, benötigte Korrekturen, vor allem beim Überblasen, steuert.

Es besteht auch hier ein Überblaseloch, das die Bildung des Schwingungsknotens für die Duodezime erleichtert. Das gleiche Loch muß aber für alle Töne der Duodezime über der Grundskala dienen, für welche die Schwingungsknoten gegeneinander verschoben lokalisiert sind. Dadurch entstehen Fehler, die durch Griffkombinationen oder automatische Mechanik ausgeglichen werden müssen.

Grundskala ist also g bis g^1, durch schrittweises Öffnen der 7 Löcher zu spielen. Durch weitere, mit Klappen versehene Bohrungen wird der Tonumfang – immer noch in der Grundschwingung – bis zum e nach unten und bis zum b^1 nach oben erweitert. Wie beim gedackten Rohr erwartet, reicht also die Klarinette, trotz ähnlicher Länge, annähernd eine Oktave tiefer als die Oboe hinab. Dies begründet auch die Einordnung der Klarinettenstimmen in der Partitur an dritter Stelle von oben, zwischen Oboen und Fagotten.

A-Klarinette. Der tiefste klingende Ton, cis, liegt eine Großterz über A, hat also die Frequenz $110 \cdot {}^{5}/_{4} = 137{,}5$ Hz. Daraus ergibt sich die Länge der Luftsäule von $340/(4 \cdot 137{,}5) = 62$ cm.

B-Klarinette: Der normalerweise tiefste Ton D ist eine Quarte höher als A. Folglich: $110 \cdot {}^{4}/_{3} = 146{,}7$ Hz. Die Luftsäule wird also $340/(4 \cdot 146{,}7) = 58$ cm lang.

Für die Gesamtlänge sind noch die 9 cm des Mundstücks zu addieren; so kommt man auf die früher schon genannten 71, 67 bzw. (C-Klarinette) 60,5 cm.

Es werden auch B-Klarinetten hergestellt, die bis zum geschriebenen es hinuntergehen, also bis zum gleichen klingenden des (= cis) wie die A-Klarinette.

Die Klappenmechanik ermöglicht, auch alle chromatischen Zwischentöne im Grundtonbereich zu spielen, also insbesondere bis zum b^1. Von hier aus nach oben wird übergeblasen, wobei das vorherige g zum h^1 wird und die vollständige chromatische Skala sich, bei den gleichen Griffen der Grundtonskala, anschließt. Theoretisch sollte man somit zur Duodezime von b^1 hinaufkommen. Praktisch geht man aber auf diese Weise nur bis c^2 (Duodezime des F-Griffs). Für das in der Höhe darauf folgende cis^2 wird auf den nächsten Teilton übergeblasen. Es ist dies, wie in 1.233 beschrieben, der 5. Teilton, also Doppeloktave plus Großterz. Der Grundton g wird jetzt h^2; das geforderte cis^2 ist somit der

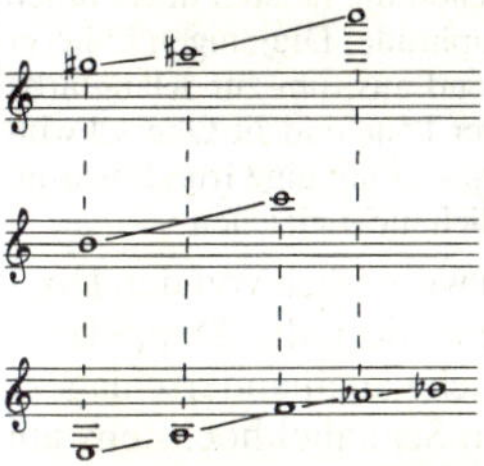

Überblasen zweiter Ordnung, aber mit Intonationskorrekturen

Überblasen erster Ordnung (Duodezime)

Grundtöne

Überblaseton zweiter Ordnung von a. Der von hier aus neue chromatische Bereich sollte theoretisch bis zum 5. Teilton von b^1, also bis d^4 reichen. Normalerweise geht man mit der Klarinette »nur« bis c^4, wobei schon hier die obersten 3 Töne nur mit spezieller Vorbereitung und bei großem Können des Spielers gefordert werden können und höchstens noch das b^3 auch beim Piano erklingen kann, während h^3 und c^4 kaum anders als im Forte zu erzielen sind.

Höhere Teilschwingungen werden bei Rohrblattinstrumenten nicht verwendet. Erstens ist dazu die Mensur zu weit (man vergleiche die Maße mit denjenigen des Horns), und zweitens lägen sie in einem für die Rohrblätter unerreichbarem Frequenzbereich. Schon bei den kleinen Klarinetten, in D oder Es, muß die Skala früher unterbrochen werden, und zwar bei geschriebenem g^3 beziehungsweise as^3.

Beim 5. Teilton werden die erforderlichen Korrekturen noch wesentlicher, so daß für diesen Bereich besondere Griffe und Mechanikteile vorgesehen sind. – Jedenfalls ist der Tonumfang ganz außerordentlich groß: umfaßt er doch vom e zum c^4 ganze 3 Oktaven + eine kleine Sexte. Die Beweglichkeit der Klarinette ist ebenfalls sehr bemerkenswert. Selbst das große, aber nicht weit in die Mundhöhle hineinragende Mundstück hindert die Zunge nicht daran, durch schnelle Stöße ein rasches Staccato hervorzubringen.

Der untere Teil der Klarinette ist nicht mehr zylindrisch. Schon etwa im letzten (unteren) Viertel beginnt eine schwache konische Ausweitung, die dann in den parabolischen Schnitt des Schallbechers übergeht. Daß die geradzahligen Teiltöne fehlen, ist somit nur bedingt richtig. In Wirklichkeit sind schon die tiefsten unter ihnen vorhanden, aber mit sehr geringer Amplitude. Diejenigen höherer Ordnung hingegen bilden sich genügend aus, um zur Klangfarbe beizutragen. Bei zunehmender Höhe der Töne sind die Oberschwingungen immer zahlreicher beteiligt. Dies ist mit ein Grund, warum sich die verschiedenen Register klanglich nicht gleichen.

Die Klangfarbe unterscheidet sich wesentlich von den Doppelrohrblattinstrumenten. Während dort die Doppelzungen praktisch auf ihrer ganzen Fläche aneinanderschlagen, berührt hier die Einfachzunge den Schnabel höchstens am

Rande. Sie kann deswegen viel sanfter vibrieren, so daß die tiefen Noten entweder sehr zart oder im Forte – dann mit starkem Aufprallen – roh und drohend klingen können. – In der mittleren Lage kommt das Rohrblatt kaum oder nur schwach mit dem Schnabel in Berührung (und wird nur durch die Lippe gedämpft), so daß der Ton noch milder werden kann (Adagio des Mozart-Konzerts!) und auch im Forte nicht an Wärme verliert. Hier ist die Klarinette in allen Stärkegraden besonders ausdrucksvoll und gesangsfähig. – Je höher man hinaufreicht, um so greller und zunehmend schwieriger im Piano wird der immer durchdringendere Ton, da dann das Rohrblatt viel weniger nachgiebig, also steifer wird, was auch den steigenden Obertongehalt erklärt.
Das tiefe, dramatische Register wird auch *»Chalumeau«* genannt (und kommt in den Tschaikowskij-Sinfonien oft vor), das hohe Register heißt *»Clairon«*, mit Bezug auf die frühere Rolle der Klarinette als Trompetenersatz.

Die Klarinette ist das einzige Blasinstrument, welches die temperierte Skala realisiert. Alle Intervalle sind also ebenfalls temperiert und nicht rein. Daraus folgt für den Spieler die Notwendigkeit, die wenigen dazu verfügbaren Parameter (Anblasen und besondere Verwendung der Klappenmechanik) bei jeder einzelnen Note zur Stimmungsanpassung an andere Instrumente auszunützen. Aus demselben Grunde sind für viele Töne auch unterschiedliche Griffe möglich.

1.235 **Die Klarinettenfamilie**

a) Für Spezialeffekte, durchdringende oder sogar schreiende Töne im Diskantbereich des Orchesters werden D-Klarinetten (einen Ganzton nach oben transponierend) oder extremer und häufiger **»Kleine Klarinetten«** in Es (kleine Terz höher als Notierung) verwendet. Strawinsky setzte sie als Farbe im »Sacre« ein, Berlioz karikierend verzerrend in der »Symphonie fantastique«, Ravel als Klangbereicherung im »Boléro« und im »Klavierkonzert für die linke Hand«. Da erheblich kleiner, ist der Korpus nicht durch Zweiteilung zerlegbar.

Der Grundton liegt eine Quarte über B, also muß die Länge der kleinen Klarinette etwa $67 \cdot {}^3/_4 = 50$ cm betragen.

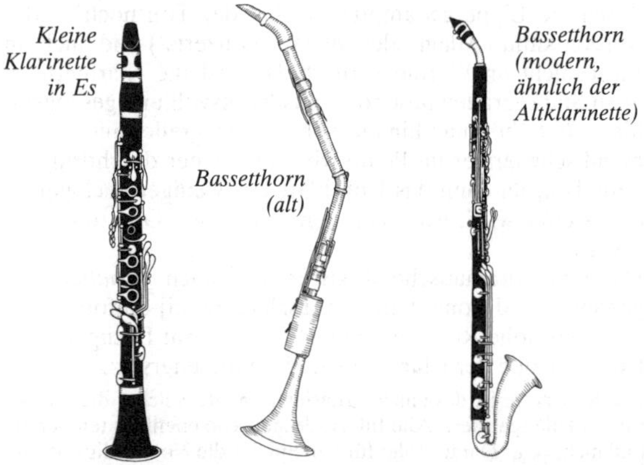

Zahlreicher sind gegenüber den Standardgrößen (A, B und C) die tieferen Vertreter der Klarinettenfamilie.

b) **Bassettklarinette** ist die heutige Bezeichnung der A-Klarinette aus Mozarts Zeiten. Sie wird nur noch selten für jene Klarinettisten gebaut, die das Mozart-Konzert originalgetreu spielen, ohne die bis zum A herabreichenden Stellen, wie sonst üblich, oktavieren zu müssen.

c) Völlig vergessen ist heute die **Liebesklarinette** in As oder F (auch G), da der Liebesfuß, dem der Liebesoboe ähnlich, sich bei der Klarinette als fast unwirksam erwies. Außerdem erfolgte die Erfindung um 1800, also deutlich in klassischer Zeit, als die barocken Liebesfüße schon lange aus der Mode gekommen waren.

d) Das von Mozart heiß geliebte, um 1770 entstandene **Bassetthorn** (»Requiem«, »Entführung«, »Zauberflöte«, »Maurerische Trauermusik« usw.) erscheint später immer seltener (Beethoven verwendete es im »Prometheus«, Mendelssohn in 2 Konzertstücken), bis es fast ganz vergessen wurde. Immerhin setzte es Strauss in »Elektra« und anderen Opern wieder ein. Auch hier, wie beim Englisch Horn, weist das Wort »Horn« auf die ursprünglich gebogene, später geknickte Form hin. Zur Rohrverlängerung diente außerdem eine 2fache Umlegung des Rohres, die durch ein »Buch« genanntes Kästchen versteckt war. Heute wird das Bassetthorn gerade gebaut, aber mit nach oben herumgebogenem Schallstück. Da das Rohr senkrecht gehalten wird, ist das Mundstück an einem zum Spieler hin gebogenen Metallrohr befestigt.

Das vor allem für die Aufführung von Mozart-Werken heute noch gebrauchte Instrument steht in F, transponiert also eine Quinte nach unten. Es gilt die übliche Klarinettennotierung, aber mit durch Zusatzklappen erweitertem Umfang bis zum klingenden F hinab (notiert c; Normalklarinetten gehen bis e, höchstens es). Das Bassetthorn ist aber nicht eine Alt- oder Tenorklarinette, denn sie besitzt eine ausgesprochen eigenständige Klangfarbe, die dadurch entsteht, daß das Rohr eine im Verhältnis zur größeren Länge engere Bohrung und dünnere Wandstärke aufweist. Dieser Unterschied wird oft bei Beschreibungen übergangen, wodurch Verwechslungen mit der ähnlich aussehenden Altklarinette vorkommen können. (Engere Bohrung = mehr Obertöne = hellerer Klang.)

e) Die Romantik zog dem Bassetthorn eine eigentliche **Alt- oder Tenorklarinette** vor, ebenfalls in F, aber mit Klarinettenmensur (weitere Bohrung als Bassetthorn), als echte Fortsetzung der Klarinettenfarbe nach unten. Das Instrument kommt aber recht selten vor, abgesehen von den französischen großen Opern (Saint-Saëns u. a.). Wegen des gleichen Aussehens und der gleichen Stimmlage wird es leider oft als Ersatz des Bassetthorns – unter Verlust des letzterem zustehenden Klangcharakters – verwendet.

f) Häufiger, da sie die Altklarinette überflüssig macht und zusätzliche Tiefe bietet, ist die **Baßklarinette** (it. **Clarone,** Vergrößerungsform von *Clarino*). Sie ist wieder in 2 Größen gebräuchlich, in B und in A, jeweils eine Oktave unter den gleichnamigen Normalklarinetten klingend. Die Notierung bleibt aber dieselbe, im Violinschlüssel, als Griffschrift, und zur üblichen Transposition nach unten muß noch eine Oktave hinzugefügt werden.

Baßklarinette

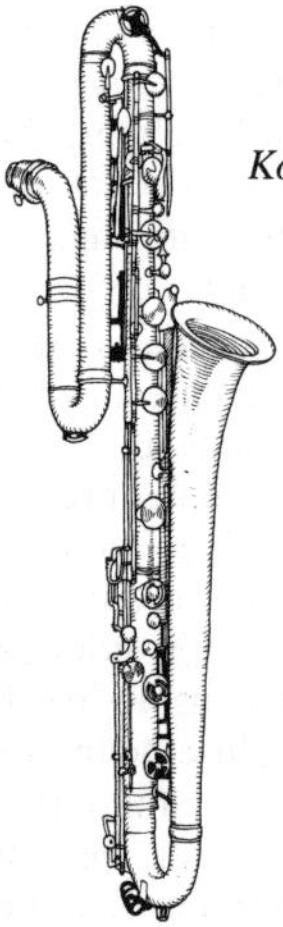

Kontrabaßklarinette

Die Länge übersteigt das Doppelte der Normalklarinette, weil in der Tiefe einige Töne hinzukommen. Die B-Baßklarinette kann bis zum notierten d, also zum klingenden C, und durch Spezialaufsatz sogar bis zum klingenden $_1$B hinuntergebracht werden.

In gerader Bauart würde die Länge zu groß; deshalb wird das Schallstück nach oben gebogen (ähnlich wie beim Saxophon) und der Schnabel auf einem S-förmigen Metallhals – anstelle der Birne – befestigt. Mit einem ausziehbaren Stachel wird die Baßklarinette auf den Boden aufgesetzt.

Die Baßklarinette erscheint 1826 zuerst in den »Hugenotten« von Meyerbeer, und ist oft, etwa bei Tschaikowskij, Rimskij-Korsakow, Wagner und Strauss, zu hören. Eine eindrucksvolle Solostelle befindet sich in Verdis »Aida« (»Già i sacerdoti adunansi«, 4. Akt, 1. Szene).

g) Viel seltener kommt die nochmals in der Länge verdoppelte **Kontrabaßklarinette,** wegen der Tonlage auch **Pedalklarinette** genannt, vor. Sie wurde 1890 von Fontaine-Besson erstmals gebaut und besteht aus 3 durch metallene Halbkreisbögen miteinander verbundenen Röhren. Auch das aufwärts gerichtete Schallstück und das 2fach gebogene Anblaserohr sind länger. In der Regel steht das Instrument in B, also 2 Oktaven unter der Normalklarinette, aber die einheitliche Griffschrift (im Violinschlüssel) bleibt erhalten. Sie kommt z. B. vor bei d'Indy (Oper »Fervaal«), Schoeck (»Penthesilea«) und Schönberg (»Fünf Orchesterstücke« und »Vier Lieder«). Die höher klingende Kontrabaßklarinette in Es ist leichter spielbar und steht der Beweglichkeit der Baßklarinette näher.

Es sei nochmals darauf hingewiesen, daß jeder Klarinettist wegen der gleichbleibenden Griffschrift und der im wesentlichen gleichen Mechanik alle Klarinettengrößen – von der Kleinen Klarinette bis zur Kontrabaßklarinette – spielen kann.

Die Schreibweise ausschließlich mit Violinschlüssel heißt *»französische Notierung«*. Die *»deutsche Notierung«* tiefer Klarinetten geschieht im Baßschlüssel. Der Klang liegt dann bei Baßklarinetten nur einen Ganzton (bei B-Instrumenten) oder eine kleine Terz (bei A-Instrumenten) unter der Notierung. Da höhere Töne in diesem Fall viele Hilfslinien benötigen, braucht man oft eine gemischte Notierung, mit Wechsel zwischen F- und G-Schlüssel. Dies alles verursacht aber gegenüber der einheitlichen französischen Notierung die unnötige Komplikation ständiger Umstellung der Leseart.

1.24 *Das Saxophon*

1.241 **Erfindung und Verwendung**

Vereinfacht ausgedrückt, ist das Saxophon eine Oboe mit Klarinettenmundstück. Es ist das einzige Instrument, welches ohne eigentliche Vorbilder aus Geschichte und Volksmusik entstand, denn das vergleichbare alt-ungarische

Nationalinstrument Tárogató wird kaum als Modell gedient haben.
Die Laufbahn des Saxophons verlief etwas abseits von der »großen« Musik, weil sich der sonore, körperhafte, stark profilierte Klang eher zu solistischen Zwecken eignet als zum Verschmelzen mit den differenzierteren, anpassungsfähigeren anderen Instrumenten des Orchesters. Außerdem existieren von keinem anderen Instrument derart viele Stimmlagen, vom Sopranino bis zum Subkontrabaß, was das Saxophon zu eigener, in sich vollständiger chorischer Besetzung geradezu prädestiniert. Infolgedessen erfreut es sich wie kaum ein anderes Instrument außer dem Klavier größter Bekanntheit als Soloinstrument im Jazz sowie – Trompeten und Posaunen gegenübergestellt – im Chor bei der Unterhaltungsmusik.
Die Benennung bezieht sich auf den Erfinder, den belgischen Klarinettisten und Flötisten Antoine-Joseph (gen. Adolphe) Sax (1814–94), der mittellos 1842 nach Paris gezogen war und dort den Beruf seines Vaters Charles-Joseph, der sich vom Handwerker zum niederländischen Hof-Instrumentenbauer emporgearbeitet hatte, erfolgreich fortsetzte. Wie bei vielen Erfindungen lagen die Ansätze dazu »in der Luft«, und verschiedene Konstrukteure bemühten sich gleichzeitig in derselben Richtung. Es gelang Adolphe Sax, das Rennen zu gewinnen, indem er 1844 die Idee vervollkommnete und 1846 patentieren ließ. Es ging darum, das konische Rohr der Oboe mit dem Klarinettenmundstück zu kombinieren, vor allem zu dem Zweck, trotz Aufschlagzunge ein beim Überblasen oktavierendes, also nicht in die Duodezime springendes Instrument zu gewinnen. Die gegenüber der Oboe viel weitere Bohrung bezweckte, für Musik im Freien geeignetere, größere Lautstärke zu erzielen. Wichtig war dabei vielleicht der etwas verschwiegene Wunsch, den Blasorchestern und vor allem der Militärmusik (Staat als Abnehmer!) einen leichter spielbaren und wetterfesten Ersatz für die schwierige Klarinette anzubieten, der, durch Patentschutz gesichert, das Exklusivfabrikat von

Adolphe Sax sein sollte. Auf diese Weise glaubte er, sich wenigstens in Frankreich kommerziellen Erfolg sichern zu können. Die vielen Urheberprozesse seitens seiner Gegner untergruben indes seine Gesundheit und führten schließlich zu Konkurs und Ruin.
Ungeachtet begeisterter Äußerungen von Berlioz erfolgte kein siegreicher Einzug des Saxophons ins Sinfonieorchester. Rimskij-Korsakow erwähnt es in seiner berühmten und maßgebenden Instrumentationslehre mit keinem Wort. Strauss führt ein Saxophonquartett in die »Sinfonia domestica« (1903) ein, aber »ad libitum«, und dementsprechend wird es fast immer weggelassen, weil – und auch das spricht für den geringen Anklang – selbst große Orchester meistens nicht über ständige Saxophonisten verfügen. Sie werden folglich oft, z. B. im Rundfunk, aus der Nachbarabteilung der »leichten« Muse geborgt.
Das Saxophon fehlt aber nicht in dem als großartige und vielseitige Instrumentationslehre auffaßbaren »Boléro« (1928) von Ravel und als glücklich eingesetztes, ausdrucksvolles Gesangsinstrument in der »Arlésienne« (1872) von Bizet (in demjenigen Teil der Bühnenmusik, den Ernest Guiraud als »Intermezzo« in die 2. gleichnamige Orchestersuite übernahm). Saxophone kommen in Puccinis »Turandot« vor und in verschiedenen anderen Werken, so in Bergs Violinkonzert. Doch ist immerhin bezeichnend, daß so farbenreiche Werke wie Strawinskys »Sacre«, Schönbergs »Orchestervariationen«, Orffs »Die Kluge« und »Carmina Burana« ohne Saxophone auskommen. Dafür beschränkt sich der instrumentale Teil des Oratoriums »Wagadus Untergang durch die Eitelkeit« (1930) von Wladimir Vogel auf ein Saxophonquintett.

1.242 **Struktur und Applikatur**

Das Mundstück ist gegenüber der Klarinette verhältnismäßig kurz und breit. Das Instrument selber wird aus leichtem Messingblech hergestellt, lackiert, vernickelt, versilbert

oder gar vergoldet. Die Form ist auf der ganzen Länge durchgehend konisch, aber gegenüber der Oboe mit bedeutend stärkerer Ausweitung. Beim Mundstück mißt das Rohr des Soprans etwa 9 mm und wächst dann gleichmäßig bis zur ganz am Ende sich nur wenig ausweitenden, eher zur Randverstärkung dienenden als aus akustischen Gründen gebotenen Stürze von etwa 85 mm Durchmesser, was einen Verhältnisfaktor von ungefähr 9 ergibt. Dieser Faktor nimmt bei größeren Instrumenten noch zu, wird beim Baßsaxophon etwa 12 und beim Kontrabaß fast 25.
Der höchste Vertreter der Gattung, das Sopranino, ist gerade gebaut, das nächsttiefere Sopraninstrument gibt es in 2 Ausführungen, gerade oder in der bekannten Tabakpfeifenform: zum Munde zurückgebogenes Anblaserohr, nach oben gerichtetes unteres Ende. Die zunehmende Länge wird bei den folgenden Stimmlagen nicht nur durch größere äußere Ausdehnung gewonnen, sondern auch durch zusätzlich immer länger werdenden, nach oben geknickten Teil und durch verschiedene Formen des Anblaserohrs. Es erhält beim Tenor S-Form und wird vom Bariton ab zur Schleife gebogen, welche dann parallel zum Hauptrohr mit sinkender Grundstimmung zunehmend langgezogen wird.
Die gegenüber der Oboe bedeutend größere Rohrweite begünstigt die Bildung niedriger harmonischer Komponenten und somit eine satte, weichere Tongebung. Die Mechanik ist von der Oboe abgeleitet, aber die Tonlöcher sind alle viel zu groß, als daß die Finger allein sie zuhalten könnten. Sie sind deswegen durchgehend, die der diatonischen Grundskala einbegriffen, mit Klappen versehen, die direkt oder über den Hebelmechanismus betätigt werden. Das Hauptverdienst von Sax bestand darin, die Lage und Größe der Tonlöcher so genau berechnet und ausprobiert zu haben, daß größte Homogenität nicht nur im ganzen – wenn auch etwas geringen – Tonumfang (2 Oktaven + etwa eine Quarte) erzielt wurde, sondern sogar innerhalb der umfangmäßig so stark divergierenden Größen. (Die große Anzahl der Familienmitglieder kompensiert die Umfangsenge der

einzelnen Komponenten.) Dieser Ausgeglichenheit zu verdanken ist die überzeugende Qualität der chorischen Besetzung und die glückliche Kombinationsmöglichkeit zum Quartett, dem viele Komponisten Kammermusikwerke widmeten.
Wieder einmal gilt für alle Größen der Gattung ein und dieselbe Griffschrift, im Violinschlüssel nämlich. Es genügt also zur Beschreibung der Applikatur (Spielweise), sich auf diese Griffschrift zu beziehen. Um die wirklichen Klänge zu erhalten, ist dann alles sinngemäß für die verschiedenen Stimmungen zu transponieren. Also durchgehend in der Sprache der Griffschrift: Wieder in Anlehnung an die Oboe ist die Grundskala das diatonische D-Dur. Zusatzklappen ergeben alle chromatischen Stufen in diesem Bereich und erweitern den Umfang nach unten bis h oder, wenn auch nicht in allen Fabrikaten, bis b.

Sopransaxophon *Altsaxophon* *Baritonsaxophon*

Bei der Oboe ist die Chromatik um die Grundskala D-Dur so selbstverständlich, daß man diese Tonartbindung »vergißt« und das Instrument notiert, als ob es in C stehe, also nicht transponierend. Dasselbe gilt auch für das Saxophon, dessen lose Bindung an D-Dur weiter nicht in Erscheinung tritt.

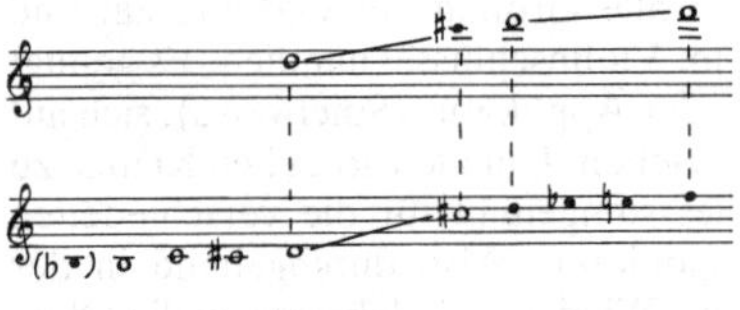

Überblasen erster Ordnung

Nach unten erweiterte Grundskala

Über dem cis^2 erhält man das d^2 und alle folgenden Töne bis cis^3 durch Überblasen in die Oktave der Grundskala, was durch ein Überblaseloch erleichtert wird. Weiter oben erfolgt eine etwas überraschende und eigentümliche Abweichung von sonst gewohnten Spieltechniken. Durch sie wird ein Überblasen in die zweite Ordnung (es wäre die Quinte über der Oktave) umgangen. Obwohl doch die Töne d^2 bis f^3 durchweg als Überblaseoktaven von d^1 bis f^1 gespielt werden, existieren sie auch als zusätzliche Klappen, welche aber nur dazu dienen, durch ihr Überblasen die Oktavtöne d^3 bis f^3 zu erhalten. f^3 ist die obere Grenze des Umfangs bei Saxophonen mittlerer Lage, die extremen hingegen (Sopranino, teilweise Sopran, von Baß abwärts) reichen nur bis zum geschriebenen es^3.

1.243 **Stimmlage und Umfänge**

Die Anzahl der Saxophongrößen ist wirklich außerordentlich, vor allem wenn man bedenkt, daß anders als bei übrigen Familien, nicht nur einige davon, sondern praktisch alle verwendet werden. Sax baute sogar zwei ganze, in sich geschlossene Reihen: Die eine in den bei Blasorchestern bevorzugten Stimmungen, mit dem Sopranino in Es beginnend, alternierend nach B und Es hinuntergehend bis zum B-Subkontrabaß – das sind 8 Instrumente. Die andere Reihe

war für Sinfonieorchester gedacht und alterniert C- mit F-Stimmung. Sie beginnt ebenfalls mit einem Sopranino, diesmal in F, und hört in der Tiefe etwas höher auf, beim C-Baß – also nochmals 6 Stück, was im ganzen 14 Größen ergibt! In beiden Serien werden Sopran, Alt, Tenor und Bariton bevorzugt. Der Sopranino ist zum klassischen Clown-Instrument geworden.
Nun ist es leicht, die einzelnen Tonumfänge zu tabellieren. Zum besseren Verständnis der Transposition ist der Klang des geschriebenen c^1 in eckiger Klammer eingefügt.

Notierung

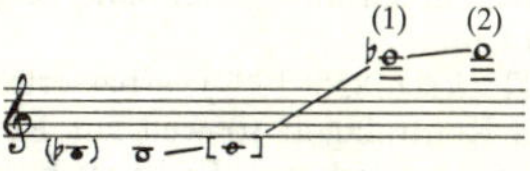

1: Sopranino, Sopran, von Baß abwärts
2: (Sopran,) Alt, Tenor, Bariton

Klang der verschiedenen Baugrößen:

Sopranino	Es:	(des^1–) d^1–[es^1]–ges^3	F:	(es^1–) e^1–[f^1]–as^3
Sopran	B:	(as–) a–[b]–des^3(– es^3)	C:	(b–) h–[c^1]–es^3(–f^3)
Alt	Es:	(des–) d–[es]–as^2	F:	(es–) e–[f]–b^2
Tenor	B:	(As–) A–[B]–es^2	C:	(B–) H–[c]–f^2
Bariton	Es:	(Des–) D–[Es]–as^1	F:	(Es–) E–[F]–b^1
Baß	B:	($_1$As–) $_1$A–[$_1$B]–des^1	C:	($_1$B–) $_1$H–[C] – es^1
Kontrabaß	Es:	($_1$Des–) $_1$D–[$_1$Es]–ges		
Subkontrabaß	B:	($_2$As–) $_2$A–[$_2$B]–des		

1.244 **Saxophon-Abarten**

Aus dem **Tárogató**, der alten ungarischen Volksschalmei mit einfachem Rohrblatt und 5 Löchern, ohne Mechanik, wurde kurz vor 1900 ein etwas enger mensuriertes, gestrecktes Holzsaxophon in Sopranlage mit moderner Klappenmechanik abgeleitet, das seinen Namen behielt. Der ausdrucksvolle, dunkle, etwas melancholische Ton ließ es zum unersetzlichen Nationalinstrument und zum wesentlichen Bestandteil der Zigeunerkapellen werden.

Mit dem Namen Heckel sind noch einige Instrumente eng verbunden, die aber viel weniger erfolgreich waren als das Heckelphon:

- Die 1890 entstandene **Heckel-Clarina**, ein metallenes Sopransaxophon in B mit Oboenmechanik (Oboenapplikatur). Tonumfang: a–cis^3. Davon existiert auch eine höhere Version in Es als **Heckel-Pikkolo-Clarina**, mit Tonumfang d^1–a^3.
- Die ab 1909 so genannte **Heckelphon-Klarinette**, ein stark konisch verlaufendes Holzsaxophon, von d bis c^3 reichend.

Da der Familienname Heckel immer wieder vorkommt, ist es vielleicht nützlich die Verwandtschaftsgrade zu klären:
Johann Adam Heckel (1812–1877) ist der Begründer der Instrumentenfabrik, die zusammen mit Almenräder das Fagott zu fast endgültiger Form brachte.
Sein Sohn Wilhelm Heckel (1856–1909) verbesserte das Fagott weiter und brachte das Kontrafagott so weit zur Reife, daß es die Bewunderung Wagners auf sich zog. Er ist auch der Urheber des oboenähnlichen Heckelphons.
Wilhelms Söhne Wilhelm Hermann Heckel (1879–1952) und August Heckel (1880–1914) beteiligten sich nicht nur an der Vollendung des Heckelphons, sondern erdachten auch die oben angeführten weiteren Heckel-Instrumente und machten sich auch sonst um Verbesserungen vieler Blasinstrumente verdient.
1896 änderte sich die juristische Form der Firma, in die Franz Groffy, der Schwiegersohn von Wilhelm Hermann Heckel, eintrat. Nach dem Tode von Wilhelm Hermann führte Groffy das Geschäft weiter.

1.25 *Die Flöte*

1.251 **Aerodynamisches Verhalten eines Spalts**

Die Flöte ist das einzige Musikinstrument, an dessen Tonerzeugung kein mechanischer Vorgang beteiligt ist. Für sie hat das zum Oboen- und Klarinettenmundstück, auch das zum Kesselmundstück des Blechs Gesagte keine Gültigkeit. Es muß daher ein neuer physikalischer Exkurs eingeschaltet werden, um zu verstehen, was beim Flötenspiel geschieht.

Dazu stellen wir uns einen senkrechten Spalt vor, aus dem Luft in den umgebenden freien Außenraum geblasen wird. Weil es praktisch unmöglich ist, absolut symmetrische Verhältnisse zu erreichen, wird die Luft etwas seitlich austreten

Wirbelstraßenbildung am Spalt

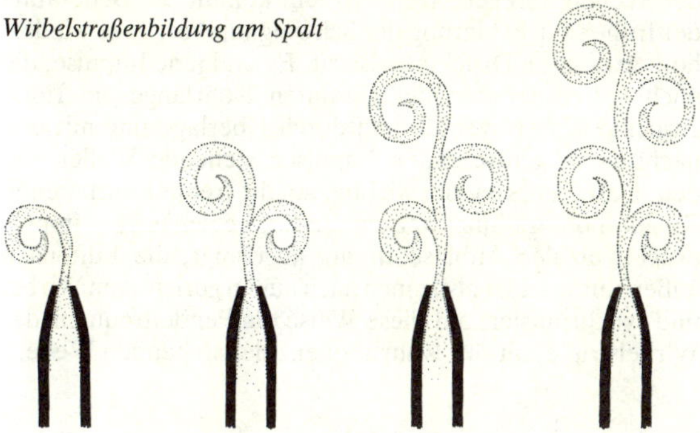

– nehmen wir an, nach links: Dabei wird die Strömung durch den Widerstand der ruhenden Luft weiter nach links so abgestoßen und sogar zurückgewendet, daß sich ein kleiner Wirbel entgegen dem Uhrzeigersinn bildet. Dieser Wirbel dreht sich also auf die Austrittsöffnung zu und drückt die nachfolgend ausströmende Luft auf die entgegengesetzte, die rechte Seite. Dort erfolgt spiegelbildlich diesselbe Erscheinung, also die Bildung eines Wirbels im Uhrzeigersinn, während sich unterdessen der Wirbel links vom Spalt entfernt. Der rechte Wirbel wandert dann ebenfalls ab, drückt aber vorher die ausströmende Luft wieder nach links. Der ganze Vorgang wiederholt sich streng periodisch, und es bildet sich vor dem Spalt eine *Wirbelstraße*, d. h. eine fortschreitende Folge von regelmäßig abwechselnd rechts und links drehenden Wirbeln. Wenn man nun in dem Bereich dieser Pendelbewegung eine Schneide anbringt, wird die Wirbelfolge aufgetrennt. Auf jeder Seite der

Schneide befinden sich dann immer gleich drehende Wirbel. Ist diese Schneide der Rand eines seitlichen Loches an einem Rohr, dringt in regelmäßigen Zeitabständen ein (immer gleich gerichteter) Wirbel in das Rohrinnere und kann die darin eingeschlossene Luftsäule zur Bildung stehender Wellen anregen. Den Wirbeln kommt die Bedeutung der früher zur Erklärung der Schwingungsvorgänge wiederholt erwähnten Druckimpulse zu. Es sind jene Impulse, die nach Durchschreiten der gesamten Rohrlänge am Ende zurückgeworfen werden und durch Überlagerung mit den nachfolgend eintretenden Impulsen stehende Wellen bilden. Dabei ist es wieder wichtig, auf die frequenzerhaltende Rückkopplung hinzuweisen: Jeder gegenläufige Impuls drückt, an der Anblaseöffnung angelangt, die Luft nach außen, unterstützt also einen nach außen gerichteten Wirbel und synchronisiert auf diese Weise die Pendelfrequenz der Wirbelstraße mit der Rohrfrequenz der stehenden Welle.

Schnabel der Blockflöte
Schnitt mit Wirbelbildung

Blockflöte (Sopran)

Auf diese Art funktioniert die **Blockflöte** (s. 1.256). Das lippenfreundlich geschnittene, *Schnabel* genannte Mundstück enthält einen in das vorerst voll ausgebohrte Rohr gesteckten *Block* (daher der Name des Instruments), der fachmännisch *Kern* heißt und den Zweck hat, die Luft in einen seitlichen horizontalen *Kernspalt* so zu führen, daß die Wirbel gegen den gegenüberliegenden Rand (*Schneide*) des gleich anschließenden seitlichen Loches (*Aufschnitt*) der Rohrwand gerichtet werden. Diese Schneide heißt in der Orgelsprache *Labium* (lat. = Lippe). Die feste Konstruktion, die starre Verbindung zwischen Kernspalt und Labium, erleichtert das Anblasen der Töne, weil dazu keine komplizierten Techniken gelernt werden müssen; einfaches Hineinblasen genügt – abgesehen vom Zungenschlag zur Präzisierung des Toneinsatzes oder zur Artikulation von Tonfolgen. Allerdings muß die Stärke des Luftstroms kontrolliert werden. Wird zu schwach geblasen, bildet sich kein eindeutiger Ton, weil sich die Wirbelstraße nicht genügend ausprägt. Bei zu starkem Blasen intensiviert sich die Wirbelfrequenz, und der Ton springt in die Überblaseoktave hinauf (was ja auch erwünscht sein kann).

Signalpfeifen folgen demselben Prinzip. Das Röhrchen mit Kernspalt und Labium mündet in einen zylindrischen oder kugelförmigen Resonator ein.

Zur wesentlichen Schwierigkeit wird hingegen das Anblasen bei der **Querflöte**. Dort existiert nur ein *Anblaseloch*, kein fester Kernspalt. An seine Stelle treten die Lippen des Spielers, durch die der korrekte Luftstrom gebildet werden muß. Dies ist nicht leicht, erlaubt aber viel beseelteres Spiel als die starre Anblaseeinrichtung der Blockflöte. Viel Übung und unaufhörliche Bemühung sind erforderlich, um das Anblasen so zu beherrschen, daß die gegen die Kante des Anblaselochs (gleichzeitig Aufschnitt) geführte Luft die erwünschten Töne mit der nötigen Reinheit erzeugt. Etwas erleichtert wird der Vorgang durch eine um das Anblaseloch herum aufgesetzte Platte. Sie stützt auf der einen Seite die Unterlippe und erleichtert auf der anderen Seite durch eine Kante das Anblasen. Diese *Mundplatte* fehlt bei der barocken Holzquerflöte.

Die Tongebung hängt hinsichtlich Intonation, Klangqualität

und Lautstärke weitgehend von der Lippenspannung und von der korrekten Stellung des Mundes zur Anblasekante ab. Die vielen, gegenüber der Blockflöte zusätzlichen freien Parameter ermöglichen dafür größere Ausdruckskraft, weiteren dynamischen Spielraum, ständige Intonationskorrektur und vor allem absolut freien Zungenschlag, da die Mundhöhle völlig frei bleibt.

Wenn mit einem hohlen Schlüssel gepfiffen wird, geschieht in primitiverer Form dasselbe: Die aus den Lippen tretende Wirbelfolge richtet sich quer auf den gegenüberliegenden Rand des vertikal gehaltenen Röhrchenendes. Die Hohlraumschwingungen werden durch die periodischen Anstöße der alternativ nach unten drehenden Wirbel erzeugt. Musikalisch systematischer ist dieses Prinzip in der **Panflöte** verwirklicht: Parallel zusammengebundene, abgestimmte und folglich in der Länge abgestufte, grifflose (Bambus-) Rohre werden oben in der zur Längsachse senkrechten Schnittebene quer angeblasen. Sie existiert in verschiedenen Stimmlagen. Das uralte Instrument – es ist die **Syrinx** der klassischen griechischen Kultur – blühte in neuerer Zeit wieder zu überraschender Beliebtheit auf.

1.252 **Herkunft und Entwicklung**

Von allen Orchesterinstrumenten kann sich die Flöte der ältesten Vorgeschichte erfreuen. Schon in prähistorischer Zeit waren Flöteninstrumente im Gebrauch. Sie bestanden, soweit wir an den erhaltenen erkennen können, aus hohlen Knochen und besaßen schon seitliche Tonlöcher. Die Verbindung mit der Totenwelt (Knochen!) ist nicht zufällig; sie weist auf symbolische Bedeutungen hin, auf magische Zusammenhänge mit der Jagd und mit dem immer erschütternd empfundenen Mysterium von Leben und Tod. Die in Gräbern der alten griechischen Hochkultur gefundenen Flöten setzten solche Anschauungen in optimistischer Form fort: Sie versinnbildlichten die Auferstehung.
In dem für Subtilitäten weniger empfindlichen Mittelalter war die Flöte in Europa vergessen worden, aber sie drang dann auf zwei verschiedenen Wegen wieder in Mitteleuropa

ein. Zum einen kam sie von Afrika in die südlichen Zonen des Kontinents, zum anderen gelangte sie aus Indien zu den slawischen Völkern. Es handelte sich um Vorfahren der Blockflöte, wie sie Luca della Robbia auf den Reliefs an der Sängerkanzel im Dom von Florenz, zusammen mit anderen Instrumenten, 1432–1438 wiedergab. Die Vorgängerin der Querflöte hingegen fand bildliche Darstellung in Kunstwerken des byzantinischen Kaiserreichs, das bis zu seinem Untergang 1453 stets Mittler europäischer und asiatischer Kulturtraditionen war.
Im 12. Jh. kannte man in Deutschland die Flöte als **Swegel (Schwegel)**, eine zylindrisch gebohrte, eng mensurierte Schnabelflöte mit wenigen Grifflöchern. Aber beide Typen, die sanfte und milde Blockflöte wie die mit großer Leuchtkraft begabte Querflöte, bestanden längere Zeit, jede in verschiedenen Stimmlagen, nebeneinander, bis Deutschland zur wirklichen Heimat der Querflöte wurde, während die Blockflöte ihren Siegeszug über ganz Europa ausgedehnt hatte. Um 1440 berichtete ein Graf des norditalienischen Geschlechts der d'Este voll Begeisterung über die in Deutschland erlebte Querflöte nach Hause, und gleich nach seiner Rückkehr ordnete er die Herstellung ähnlicher Instrumente an, wobei er präzisierte: »Falauti alemani che si suonano a mezzo il flauto, et non in testa, come fanno in nostri« (»Deutsche Flöten, die man in der Mitte spielt, und nicht am Kopf, wie die unsrigen«).
Es war die Zeit, in der die Musiker an Ansehen gewannen. Noch 1235 war im »Sachsenspiegel«, dem bedeutendsten Rechtsbuch des Mittelalters, festgehalten worden: »Spielleut sind keine Leut wie andere Leut, da sie nur den Anschein der Menschheit haben.« Erst im 15. Jh. konnte dieses Vorurteil überwunden werden, so daß sich die ehemals vagierenden, vogelfreien Musikanten in Zünften zusammenschließen konnten. Diese »Stadtpfeifer« oder »Ratsgeiger« erhielten das Privileg, die Feste des Bürgertums und der Stadt mit Musik auszustatten. In diesen Gemeinschaften waren fast alle Instrumente der Zeit vertre-

ten: Zinken, Serpent, Posaune, Trumscheit, Fidel, Drehleier, Schlaginstrumente und, was an dieser Stelle interessiert, Flöten. Es fehlten die dem Adel vorbehaltenen Pauken und Trompeten. Noch Haydn mußte sich für sein Hoforchester bei den Stadtpfeifern gewisse Instrumente, z.B. Trommeln, ausleihen.
Bei der geographischen Trennung der Flötengattungen entstanden Unsicherheiten und Verwechslungen der Bezeichnung. Die Benennung »Flöte« war früher in Deutschland streng der Blockflöte zugeordnet worden. Als aber dort die Bindung zur Querflöte immer bedeutender wurde und dafür die Blockflöten im 16. und 17. Jh. in England (als **Recorder**) sich wachsender Beliebtheit erfreuten, mußte man genauer unterscheiden, was durch die beiden Benennungen

Fistula anglica für Blockflöte (= englische Flöte),
Fistula germanica für Querflöte (= deutsche Flöte)

geschah. Auf jeden Fall bedeutet um 1750 die Angabe »Flöte« in Partituren noch Blockflöte (Bach, Brandenburgisches Konzert Nr. 4). Für die Querflöte mußte **»Flauto traverso«**, **»Flûte traversière«** oder einfach **»Traversa«** vorgeschrieben werden (Bach, Brandenburgisches Konzert Nr. 5). Heute gilt das Gegenteil: Die einfache Bezeichnung »Flöte« steht für Querflöte, während die Blockflöte ausdrücklich als solche angegeben werden muß.
Wie bei der Oboe trug Frankreich zu wesentlichen historischen Verbesserungen bei, aber dann kehrte das Instrument zu weiterer Vervollkommnung nach Deutschland zurück. Einen besonderen Hinweis verdient das unterste, dem kleinen Finger zugeordnete Loch der Blockflöte, denn, so nebensächlich es auch erscheinen könnte, es regte schon frühzeitig zwei Erfindungen an:
1. Da die Haltung der Hände uneinheitlich war, bohrte man dieses Loch gleich zweimal: links von der durch die anderen Löcher gebildeten Reihe und nochmals rechts davon. Der Spieler konnte so nach Belieben die rechte oder die linke Hand unten halten; das von ihm nicht gebrauchte (gegen-

über der Hand entferntere) Loch wurde einfach mit Wachs zugestopft. Dann kam man auf die Idee, denselben Zweck dadurch zu erreichen, daß man den unteren Teil des Rohres (mit dem Kleinfingerloch) drehbar gestaltete, also als »Fuß« einsetzte, während früher das ganze Rohr aus einem Stück geformt war (oft mit Ausnahme des abnehmbaren Schnabels). Daraus ergab sich dann die gotisch kunstvolle Gestaltung des eigentlich zur Verstärkung erdachten Hauptrohrendes, an dem der Fuß eingesteckt wurde. Diese Verzierung wurde dann oben, beim Schnabel, wiederholt. Die Teilbarkeit in 3 Stücke übertrug sich auf die Querflöte.

2. Bei tiefen Flöten mußte fatalerweise mindestens das unterste, eigentlich für den kleinen Finger bestimmte Loch außerhalb von dessen Reichweite gebohrt werden. Diese Schwierigkeit wurde durch die rettende Idee der Klappe(n) überbrückt, die hier wie bei den anderen Holzblasinstrumenten spätere Entwicklungen in nuce vorbereitete.

Die frühere zylindrische Bohrung war bei der Blockflöte schon in der Renaissance durch eine konische ersetzt worden und zwar, im Gegensatz zum Blech, mit der Verengung nach unten, zur Schallöffnung hin. Bei der analogen Änderung der Querflöte war aber das Kopfstück mit dem Anblaseloch zylindrisch geblieben. Um 1660 erhielt auch die Querflöte ihre erste Klappe, andere erschienen zwischen 1722 und 1728 (Quantz). Aber erst im 19. Jh. kam es zur entscheidenden, so gut wie endgültigen Konstruktion als einmaliges Verdienst von Theobald Boehm (1794–1881).

Die Umformung war vor allem aus zwei Gründen unerläßlich geworden:

a) Bei immer größer werdenden Konzertsälen und zunehmend größeren Streicherbesetzungen war die Lautstärke der Flöte zu gering.

b) Die diatonische (D-)Stimmung der Flöte konnte den immer zahlreicher in die Kompositionen einbezogenen entfernten Tonarten kaum folgen.

Boehm war nicht nur »der beste Flötist der gegenwärtigen Epoche in Deutschland« (François-Joseph Fétis), sondern verfügte außerdem über ausgesprochene technische Begabung, über Geschäftssinn und über die zur Führung eines Unternehmens erforderlichen organisatorischen Fähigkeiten. Um seine Großtat darzustellen, ist es vorteilhaft, sie in nur teilweise chronologisch zu verstehenden Etappen vorzustellen. Als Ausgangsinstrument hat man sich eine konische Flöte mit 6 Tonlöchern vorzustellen.

1. Die den Fingern angemessenen kleinen Löcher vergrößerte Boehm, damit sie durch besseren Kontakt mit der Außenluft wirksamer wurden. Für die Finger nun zu groß, erhielten sie die schon 1808 durch F. Nolan eingeführten Ringklappen. Das sind Ringscheiben, die so über den Tonlöchern befestigt sind, daß sie beim Niederdrücken das Loch schließen. Die ringförmige Gestalt kommt dem Wunsch entgegen, das eigentliche Loch noch zu fühlen. Deswegen ist die Aussparung im Ring ungefähr so groß wie das frühere Tonloch. (Heutzutage steht eine zweite Ausführung zur Wahl, mit »gedeckten«, d. h. nicht gelochten Klappen.)

2. Die Stellung der Löcher auf der Längsachse hing früher nicht nur von der exakten Tongebung ab, sondern war weitgehend durch die Reichweite der Finger bestimmt, also nach anatomischen Grundsätzen festgelegt. Boehm berechnete nun mit größter physikalischer Genauigkeit die richtige Stelle eines jeden Loches – zum ersten Mal in der Musikgeschichte!

3. Um alle zweifelhaften und ungenauen Wirkungen früherer Verlegenheits-Spieltechniken, wie die schon beschriebenen Gabelgriffe oder halb zuzudeckende Löcher, zu beseitigen, brachte Boehm für alle Töne Löcher an. Die Flöte wurde somit wirklich chromatisch, mit einem Loch für jeden Halbton. Heute weist die Flöte etwa 15 Tonlöcher auf (nicht alle Ausführungen sind identisch).

4. Zur Bedienung so vieler Löcher reichen die Finger allein nicht aus und ist die Hand zu klein. Deshalb sah Boehm Klappen vor, die so an Übertragungsachsen befestigt waren, daß sie mittels Tasten am anderen Achsenende bedient werden können. Somit sind alle Löcher ohne Verschiebung der

Hände längs des Instruments erreichbar. Dieses System erlaubte noch raffiniertere Neuigkeiten: Durch Niederdrükken der Ringklappen (der Grundstimmung) wird außerdem eine Drehbewegung auf längs des Instruments angebrachte Stäbchen übertragen, die sich auf Hilfsklappen am anderen Ende dieser Stäbchen überträgt. Auf diese Art, und über weitere Spezialtasten, können also mit einem Griff mehrere Klappen gleichzeitig betätigt werden. Die Ruhestellung aller Klappen, ob geschlossen oder offen, sichern Federn, die bei Boehm noch aus Messing bestanden, heute aber aus Stahl sind.

5. Die alte konische und die seit etwa 1680 durchgehend zylindrische Bohrung wurden abgeändert. Vorerst blieb die zylindrische Form im Mundstück und im Mittelteil erhalten, aber der Fuß wurde teilweise konisch. 1846 erfolgte dann die endgültige Gestaltung der Luftsäule mit zylindrischem Mittel- und Unterteil (Fuß), aber mit parabolisch verlaufender Einengung zum Mundloch hin.

6. Das Mundloch wurde, ebenfalls nach physikalischen Kriterien, zu einem länglichen Viereck mit abgerundeten Ecken umgeformt. Das dadurch praktisch oval gewordene Loch weist einen Hauptdurchmesser von 10 bzw. 12 mm auf.

7. Als Material verwendete man früher Elfenbein oder meistens Holz (Buchsbaum, Grenadill, Ebenholz usw., innen oft mit Metall ausgekleidet). Die erste Boehm-Flöte (1832) war noch aus Holz, doch ging man später mehr und mehr zu Metall über: Messing, Neusilber, Silber, Gold und sogar Platin. Boehm selber empfahl vor allem Silber.

Die neuen Instrumente wurden anläßlich der beiden Weltausstellungen von 1851 (London) und 1855 (Paris) der Öffentlichkeit vorgestellt. Man darf aber nicht glauben, der Triumph sei sofort durchschlagend und kritiklos erfolgt. Im Gegenteil: interessanterweise wurden gerade die Ausgeglichenheit des Tones, die durchgehend gleichwertigen Intervallschritte, also das Fehlen einer besonderen Färbung einzelner Tonarten, als Nachteil empfunden. Außerdem ließ die neue Konstruktion die Duodezime stärker als gewohnt hervortreten, so daß man den Klang zu klarinettenähnlich empfand.

Zur Erinnerung: Bei der Klarinette bleibt der 1. Oberton, die Oktave, sehr schwach, während der 2. Oberton (der 3. Teilton) zusammen mit allen geradzahligen Obertönen (ungeradzahligen Teiltönen) mit großer Amplitude vorhanden ist. Dies ist die Folge der gedackten Luftsäule bei der Klarinette. Die konische Form der alten Flöten erschwerte die Bildung des 3. Teiltons, der gegenüber der Oktave etwas geringer ausfiel. Bei der zylindrischen Form hingegen entstehen keine Hindernisse für diesen Teilton. Die Blockflöte ist ebenfalls konisch, deswegen klingt sie besonders zart (italienisch heißt die Blockflöte nicht grundlos **»Flauto dolce«**).

Um wenigstens teilweise diesen Vorwürfen zu entgegnen, baute 1884 Maximilian Schwedler in Leipzig eine konische **»Reformflöte«**. Auch bei ihr verengt sich der Konus zum Fuß hin. Dieses noch nicht ausgestorbene, mit leicht abgeänderter Boehm-Mechanik ausgerüstete Instrument, ein Kompromiß zwischen alter Barockflöte und moderner Mechanik, besitzt außerdem durch Abstützen auf das Kinn den Vorteil, daß es in gleichbleibender Stellung an den Lippen gehalten werden kann.

Die Boehm-Flöte ist tatsächlich ein neues Instrument; im Klang sind sie und ihre Vorgänger grundverschieden. An die Stelle der etwas unsicheren, zarten Tongebung der Barockflöte trat ein weitgehend modulationsfähiger Ton, der den Forderungen der gefühlsbetonten Romantik bestens entgegenkam. Und so fand diese Flöte den endgültigen Eingang ins Orchester, in die Solisten-Literatur und in die Kammermusik, anstelle der in der Klassik allerdings schon verbesserten Querflöte.

Wie schon gesagt, konnte die revolutionäre Mechanik von Boehm auf andere Holzblasinstrumente übertragen werden. Am einfachsten und besten gelang dies beim Saxophon.

1.253 Struktur und Umfang

Die Querflöte ist insgesamt 65–67 cm lang; vom Mundloch bis zum unteren Ende mißt sie 60,5 cm. Die Bohrung beträgt im zylindrischen Teil etwa 1,8 cm. Das aus ungefähr 250 Bauteilen bestehende Instrument ist in 3 Stücke zerleg-

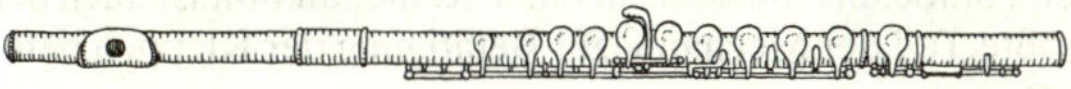

Querflöte

bar. Der erste, ungefähr ein Drittel der Länge umfassende heißt *Kopfstück* und weist parabolisch-konische Bohrung auf.

Diese Form bewirkt, daß bei hohen Tönen die Teilschwingungen weitgehend ausfallen und deswegen der Klang sehr rein und klar wird.

Am oberen Ende verschließt das Kopfstück ein zum Stimmen verschiebbarer und mit einer Schraube verstellbarer Pfropfen, der seiner Funktion wegen *Stimmkork* genannt wird.

Durch die Stimmkorkverschiebung ist eine Tonhöhenänderung etwa um $^1/_8$-Ton erreichbar. Gestimmt wird außerdem durch Verschieben des Kopfstücks gegenüber dem Mittelstück.

Seitlich, 7 cm vom Ende entfernt, befindet sich das ovale *Anblaseloch*. Zur Erleichterung der richtigen Lippenstellung ist es mit einer zweckmäßig geformten *Anblaseplatte* (oder *Mundplatte*) umgeben (Metall, Hartgummi oder Elfenbein). Der runde Querschnitt des Rohres liefert sonst keine Bezugsmöglichkeit, um die korrekte Haltung des Instruments durch die Lippen zu fühlen.

Dem tiefsten Ton der Flöte, c^1, entspricht die kleine Terz über a = 220 Hz (eine Oktave unter dem Kammerton), also $220 \cdot {}^6/_5 = 264$ Hz, mit Wellenlänge 340 : 264 = 1,29 m (bei temperierter Stimmung und bei 20 °C, wie in der Tabelle im Abschnitt 1.4 ersichtlich, 1,31 m). Die Luftsäule in der Flöte muß also etwa 65 cm betragen, da halbe Wellenlänge wie bei allen (Ganz-)Blasinstrumenten. Die Distanz zwischen Anblaseloch und Fußende beträgt aber nur 60,5 cm. Der obere, durch den Stimmkork einstellbare Schwingungsknoten muß sich demnach oberhalb des Anblaselochs befinden. Dies erscheint sofort verständlich, wenn man an die Analogie zur Saite denkt, die ja auch nicht ganz am Ende gestrichen, gezupft oder geschlagen wird (mit Ausnahme des Klavichords).

Am folgenden zylindrischen Mittelstück liegt die Mehrzahl der Tonlöcher, meistens in einer Reihe; an ihm ist auch der größte Teil der Mechanik zur Betätigung der Klappen befestigt.

Der zylindrischen Bohrung wegen sind alle Tonlöcher gleich groß. Bei konischen Instrumenten nimmt die Lochweite zusammen mit dem Rohrdurchmesser gegen das freie Ende hin zu, wie am Saxophon sehr deutlich zu sehen ist. Verglichen mit der Oboe nimmt sich die Flötenmechanik wesentlich einfacher aus. Dabei ist die Flöte fast noch beweglicher als die Oboe, so daß man schließen könnte, sie benötige mehr Spielhilfen. Das trifft aber nicht zu, weil die gegenüber der Oboe erheblich größere Rohrweite die Ansprache aller Töne, selbst bei raschen Übergängen, etwa bei Trillern, sehr erleichtert. Wie im folgenden beschrieben, erübrigen sich sogar Überblaselöcher.
Bei der modernen Metallflöte sind die Verschlußdeckel der Tonlöcher nicht durch Wölbung der Rundung des Rohres angepaßt. Vielmehr haben mindestens die großen Löcher einen kurzen zylindrischen Aufsatz (aus demselben Metall wie das Rohr), auf dessen geraden Rand das Deckelchen gedrückt wird. Auch die großen Löcher des Saxophons sind so gestaltet.

Mit der Bezeichnung *»Klappe«* ist das gesamte System gemeint, bestehend aus dem Verschlußdeckelchen mit Feder, dem kleinen, oft mit Perlmutter belegten Plättchen für den Finger und dem Übertragungsmechanismus (der natürlich fehlt, wenn das Fingerplättchen direkt auf dem Deckel angebracht ist). Man unterscheidet zwischen offenen und geschlossenen Klappen, je nach ihrer Ruhestellung.
Als dritter und letzter Teil der Querflöte folgt das gleichfalls zylindrische *Fußstück*, welches die Löcher und die zugehörigen, in unmittelbarer Nähe des Mittelstücks zu bedienenden Klappen für die tiefsten 3 Töne, bis zum c^1 hinab, aufweist. Unter Umständen wird aber noch der Leitton h gewünscht,

für diesen Fall tritt an die Stelle des C-Fußes ein längerer, mit Zusatzloch versehener H-Fuß. Er kann jedoch nicht immer aufgesteckt bleiben, da er die Bildung der hohen Töne erschwert, die folglich nicht gleich nach dem h gefordert werden dürfen: Der Flötist muß Zeit haben für das Wiedereinsetzen des C-Fußes.

Der C-Fuß mißt 13 cm, der H-Fuß 17 cm. Die Gesamtlänge beträgt also mit dem H-Fuß: $67 - 13 + 17 = 71$ cm. Gegenüber der ursprünglichen Länge von 67 cm erniedrigt sich der Grundton, wie erwartet, um einen Halbton (6%), denn: $1{,}06 \cdot 67 = 71$.

Am Mittelstück kann, wenn erwünscht, eine *Handstütze* angebracht werden. Das Gewicht des Instruments wird dann durch die innere Fläche der linken Hand getragen, die sich ja ziemlich genau in der Mitte befindet. Die Finger werden dann freier, weil sie sonst das Instrument allein halten müssen. Dazu wird vor allem der rechte Daumen gebraucht, weil er allein keine Klappen zu betätigen hat.

Die Boehm-Flöte ist derart disponiert und durchkonstruiert, daß keine bevorzugte (Grund-)Tonart besteht. Deswegen erübrigt es sich auch – im Gegensatz etwa zur Klarinette –, Flöten in verschiedenen Grundstimmungen herzustellen. Die perfekte Chromatik erlaubt der Flöte fast unbeschränkte Beweglichkeit. Allerdings wird die Dauer gebundener Phrasen durch den großen Luftverbrauch begrenzt. Kreisatmung, wie bei der Oboe, ist beim ungehinderten Luftaustritt ja nicht möglich.

Früher war die Grundstimmung der Flöte D-Dur; heute wird sie in C gebaut, so daß die Grundtonart C-Dur, mit allen chromatischen Alterationen, von c^1 aus aufwärts spielbar ist. Die D-Vergangenheit hinterließ ihre Spuren, da im Grundtonbereich zusätzliche Klappen die Skala bis zum d^2 erweitern. Das anschließende es^2 erhält man, wie alle anderen Töne bis zum d^3, durch Überblasen. Dabei gelten fast die gleichen Griffe wie im Grundtonbereich.

Das Tonrohr ist beidseitig offen, so daß im Gegensatz zur Klarinette wenigstens die unteren Teiltöne nicht ausfallen. Speziell der erste Überblaseton (Oktave) ist vorhanden. Überblaselöcher sind als Hilfe nicht erforderlich. Das Überblasen in die höhere Oktave wird durch eine Veränderung der Strömungsgeometrie am Anblaseloch erzielt, die bei allen anderen Blasinstrumenten unmöglich wäre. Dazu wird das Instrument so gedreht, daß sich der Abstand zwischen Lippe und Anblaseloch verkleinert. Es ist dann eine geringere Luftmenge in den beiden Wirbeln der Wirbelstraße zu bewegen, und der Vorgang kann sich mit höherer Frequenz abspielen.

Um Töne oberhalb von d^3 zu spielen, gibt es zwei, teilweise sogar drei Möglichkeiten:

a) Durch Überblasen zweiter Ordnung in die Duodezime, also um eine zusätzliche Quinte höher. Der höchste so erzeugbare Ton ist, logischerweise, die Duodezime des zum Grundtonbereich zählenden d^2, also das a^3.

b) Die Töne von c^3 bis zu demselben a^3 können auch durch Überblasen in die nächsthöhere Ordnung, also in die Doppeloktave über dem Grundtonbereich, erzielt werden.

Beispiel: Grundton f^1 wird beim ersten Überblasen f^2 (Oktave), beim zweiten c^3 (Duodezime) und beim dritten f^3 (als Doppeloktave).

Dies gelingt aber nur im Piano und Pianissimo. Die derart entstehenden, besonders zarten Töne werden *Flageolett* genannt (it. *flautato* = geflötet).

Nicht zu verwechseln mit der gleich lautenden Bezeichnung für eine kleine Blockflöte, die ihrerseits nicht das Querflöten-Pikkolo ist.

Die Nützlichkeit eines speziellen zusätzlichen Loches für e^3 ist umstritten. Deswegen werden oft von demselben Hersteller Instrumente mit und ohne diese E-Klappe angeboten.

c) Durch spezielle Kunstgriffe und Schlüssel(Griff)kombinationen bei normalem Anblasen, wie in der Grundskala.

Wenn ein guter Flötist das Instrument auch bis zum 7. Teilton auszunützen versteht, unterliegt bei normalem (Orchester-)Gebrauch die obere Grenze des Umfangs doch einigen Einschränkungen: Während die Töne bis cis^4 noch im Piano erreichbar sind und das d^4 nur im Mezzoforte gelingt, fordern die 3 chromatisch darüber liegenden Töne (bis f^4) eine ff-Tongebung. Von extremem Virtuosentum abgesehen, ist insgesamt der Tonbereich der Flöte:

Tiefstes Register: (h–) c^1–cis^2
Mittleres Register: d^2–cis^3
Hohes Register: d^3–gis^3
Höchstes Register: a^3–d^4 (ausnahmsweise bis f^4).

Er überschreitet somit 3 Oktaven! In der Regel beschränkt man sich auf den Bereich bis d^3, also Grundtöne und Oktav-Überblasen.

1.254 **Besonderheiten und Einsatz im Orchester**

Hier ist noch auf einige Besonderheiten des Instruments hinzuweisen. So bestehen beim Flötenspiel zwei grundsätzliche Anblasschwierigkeiten:
a) Das leichte Überspringen in harmonische Partialtöne kann nur durch strenge und ständige Selbstkontrolle des Ansatzes vermieden werden (wenn nicht zur Skalenerweiterung nach oben erwünscht).
b) Die Tonhöhe wird theoretisch durch die an sich temperiert vorgesehene Anordnung der 15 chromatischen Tonlöcher bestimmt (von c^1 zu d^2 : 12 + 3 = 15). Praktisch hängt sie aber auch von der Lippenspannung und der Lippenstellung zum Instrument ab. Der Flötist muß also die Stimmung jedes einzelnen Tones genau kontrollieren. Wie in anderen derartigen Fällen besteht dabei die natürliche Tendenz, von der Temperierung unabhängig, also rein zu spielen (wenigstens der Absicht nach!), aber beim Zusammenspiel mit anderen Instrumenten (Tasteninstrumente!) oder im Orchester mit rein spielenden Streichern muß sich der Flötist stets in die klangliche Umgebung einhören.

Die von den Lippen abhängige Fein-Stimmung liegt in einer Variationsbreite von etwa $^1/_4$-Ton.

Im Gegensatz zum Vorgang in den Rohrblättern der Oboe geht hier die Luftunterbrechung nicht brüsk vor sich, sondern eher weich im Übergang einer Wirbelbildung in die entgegengesetzte. Dies erklärt den fast verschwindenden Anteil an Obertönen.

Dem ist die außerordentliche Länge des Einschwingvorgangs (der zur vollen Tonausbildung erforderlichen Zeit) von 0,1 s zuzuschreiben.

Also sind zwar die unteren Teiltöne stark am Klang beteiligt, aber die hohen (scharfen Impulsfronten entsprechenden) fehlen. Dies ist der Grund, weshalb sich bei der Flöte ein teiltonbeschränkender Schallbecher erübrigt. Wegen der relativen Schwäche hoher Obertöne im Klangbild der Flöte wird sie, in tieferen Lagen gespielt, leicht von obertonreichen Orchesterinstrumenten zugedeckt.
Die physiologischen Bedingungen sind ebenfalls denen der Oboe entgegengesetzt: Dort muß wenig Luft mit großem Druck in das Instrument gepreßt werden; hier ist viel Luft erforderlich (praktisch ohne Gegendruck), von der nur ein Teil in das Rohr gelangt. Das Blasgeräusch der daneben geratenden Luft ist dabei nicht zu überhören und bildet eine unvermeidliche und daher typische Komponente des Flötenklangs.
Abgesehen von den tiefsten und höchsten Lagen ist der Flötenton sehr gleichmäßig, ohne nennenswerte Registerunterschiede, so daß in großem Tonbereich und bei allen Stärkegraden dieselbe Wärme, Sanftheit und ein kaum zu vermeidendes »Beben« entsteht. Dadurch wirkt die Flöte besonders poetisch und elegisch.
Etwas genauer: Dem schwächeren, etwas stumpfen unteren Register folgt von a^1 ab die sehr schöne, leuchtende und reine Mitte, ein Bereich, in dem die besten, mit Charme vorzutragenden Solostellen im Orchester liegen, wie etwa im 2. Satz des allzusehr mißbrauchten 1. Klavierkonzerts von Tschaikowskij, wo die Flöte das Thema ankündigt. Von h^2 nach oben wird der Klang strahlend und erst über h^3 etwas scharf.

Lully schrieb in »Psyché« (1678) noch 6 Schnabelflöten vor, da die Querflöte eher in Deutschland gebräuchlich war (daher **Flûte d'allemand** genannt). Um 1680 erfolgte bei der Querflöte der Übergang von der konischen zur zylindrischen Bohrung und es erschien die erste Klappe. Sie diente dem tiefsten chromatischen Ton der damaligen D-Flöte, dem nicht durch Gabelgriff zu verwirklichenden dis^1. Es war Lully, der mit »Le Triomphe de l'amour« (1681) das neue Instrument ins Orchester einführte.

In der konischen, mit einer Klappe versehenen Gestalt hörte Bach die Flöte in Dresden und konnte ihr z. B. die bedeutende Solorolle im 5. Brandenburgischen Konzert zuweisen. (Im 4. sind hingegen 2 Blockflöten vorgeschrieben.) Geschichtlich bedeutungsvoll für das Opernorchester ist die ihr von Gluck in »Orfeo ed Euridice« (1762) zugeteilte prominente Aufgabe.

Um 1770 setzten neue Verbesserungen ein: Quantz erfand den Stimmkork, es kamen neue Klappen auf: das f statt des damals skaleneigenen fis, das gis und das b. Im Jahre 1774 entstand der zusätzliche Austauschfuß, der C-Fuß mit c^1 und cis^1, als Verlängerung der sonst noch in D gestimmten Flöte. Nach den schon gewürdigten grundlegenden Arbeiten von Boehm (1831–1832) erfolgten noch Detail-Vervollkommnungen, z. B. durch Buffet (Paris, 1840).

Inzwischen hatte Mozart in der »Zauberflöte« (1791) dem Instrument geradezu symbolhafte Bedeutung zugewiesen. Er brauchte die Querflöte auch sonst im Orchester (und für Solokonzerte), aber im Sinne von Quantz, der sie als Soloinstrument betrachtete und schrieb, sie sei weniger für »Ripienstimmen« zu gebrauchen. Dieser lange Zeit wörtlich befolgten Meinung ist es zuzuschreiben, daß in der ersten Klassik im Orchester nur eine Flöte üblich war – mit Ausnahmen, z. B. der »Haffner«-Sinfonie KV 385. Davon wich dann Beethoven endgültig ab: Durch eine zweite Orchesterflöte ermöglichte er die Beteiligung der Flöten am harmonischen Bläsersatz. Nur in der 4. seiner Sinfonien beschränkte er sich ausnahmsweise wieder auf eine einzige Flöte. Seither gehören die beiden Flöten zum festen, dem Minimalbestand des Sinfonieorchesters. In der Partitur stehen sie ganz oben, je nach Bedarf in einem System zusammengeführt oder, seltener, in 2 getrennten Systemen.

Berühmt bleibt das ätherische, atemberaubende Staccato in

der Sommernachtsmusik von Mendelssohn Bartholdy. Im französischen Impressionismus gelangte die Flöte zu besonderen Ehren, mit außerordentlichem Feingefühl schon im ersten Manifest dieser für Farben sehr empfänglichen Stilrichtung, im »Prélude à l'après-midi d'un faune« (1892) sowie in der fast jedem Flötenkonzert als Zugabe beigefügten »Syrinx« für Flöte solo (1912), beides von Debussy in klarer Würdigung altgriechischer Kultur.
Im Forte bleibt die Flöte (in ihrer besten Lage) im Orchester recht gut zu hören; deswegen wird sie oft als Verstärkung der Violinstimmen – unisono oder in der Oktave – eingesetzt. Auch unter sich befinden sich die beiden Flöten oft im Oktavabstand. Mit der Violine teilt die Flöte nicht nur die anpassungsfähige Gestaltung des Toncharakters: auch sie kennt fast keine Grenzen in der Geschwindigkeit von Läufen, Sprüngen und Tremoli. Die absolute Freiheit der Zunge in der Mundhöhle gestattet rasche Staccati, klar artikulierte Toneinsätze, schnelle Doppel-, Tripel- und Mehrfachzungenschläge bis zur *Flatterzunge* (it. *frullato*), wobei die Zunge ein rollendes »r« hervorbringt (z. B. Ravel: »Alborada del gracioso«, 1923). Trotz der gegenüber der Oboe geringeren Zahl von Spezialklappen sind alle Halb- und Ganztontriller möglich, die bis zum Tremolo gesteigert werden können, je nach Lage sogar im Kleinterz-, Großterz-, ja Quartintervall.

1.255 **Die Querflötenfamilie**

Wie die Klarinette (zusammen mit Es- und Baßklarinette) kann auch die Flöte im großen Orchester in 3 Größen erscheinen. Zur »Großen«, d. h. normalen Flöte mit c^1 als Grundton gesellt sich sehr oft die Kleine Flöte und seltener die Altflöte. Es existieren auch noch andere Stimmlagen.
Die **Kleine Flöte** (it. **Ottavino**) kam im 18. Jh. auf, aber es genügt nicht von ihr zu sagen, sie sei eine kleinere Version der normalen Flöte, denn sie hat eine eigene Vorgeschichte. Eigentlich sind die kleinen Flöten als wirkliche Ureltern der

ganzen Flötenkategorie zu betrachten, in deren Geschichte sich die große Flöte absonderte und jene eigenen Wege ging, die sie bis zum Privileg führten, in aristokratischen Kreisen heimisch und endgültig durch den Preußenkönig Friedrich d. Gr. geadelt zu werden. Des Königs Lehrer war der gleiche Johann Joachim Quantz (1697–1773) gewesen, der mit seinem 1752 erschienenen Lehrbuch als erster die Grundlagen des Flötenspiels genau beschrieb und systematisch festlegte. Es ist zu Recht ebenso berühmt wie das fast gleichzeitig (1756) erschienene Lehrbuch von Leopold Mozart für Violine und die von Carl Philipp Emanuel Bach in den Jahren 1753–1762 verfaßte Anleitung zum Klavierspiel. Letzterem war allerdings schon 1716 François Couperin mit »L'Art de toucher le clavecin« zuvorgekommen.
Die Kleine Flöte erreichte hingegen als Schwegel und Querpfeife im Volk und im Militär größte Beliebtheit. Der **Schwegel** war eine kleine Schnabelpfeife, mit nur 3 bis 4 Löchern, weil sie mit einer Hand gehalten werden mußte, um der anderen Hand das Schlagen einer Trommel zu ermöglichen. Zum Blasen und Schlagen durch je einen Spieler war hingegen seit dem 13. Jh. schon die quer gespielte **Pfeife** (it. **Piffero**) im Gebrauch. Pfeifen und Trommeln gehören also ebenso untrennbar zusammen wie die nobleren Trompeten und Pauken. Die Aggressivität der auch chorisch besetzten Kombination war Kennzeichen der Schweizer Söldner geworden, und nicht von ungefähr beherrscht sie noch heute schon ab den frühesten Morgenstunden die Basler Fastnacht. Auf die besondere Symbolik weist auch die alte Bezeichnung **»Schweitzerpfeiff«** hin.
Die moderne Kleine Flöte, wenig glücklich auch **Pikkolo** genannt, ist der Großen Flöte ähnlich gebaut, aber weniger als halb so lang (25 cm), weil sie keinen abtrennbaren Fuß besitzt, sondern nur aus Kopfstück mit Anblaseloch und -platte sowie unterem Teil mit den Klappen besteht. Die Mechanik ist von der Boehms abgeleitet, aber wegen Platzmangel etwas vereinfacht. Als Material ist Grenadillholz besonders beliebt, die Kleine Flöte kann aber auch ganz

aus Metall sein. Häufig ist die Kombination von Holz für das Hauptrohr und Metall für das Kopfstück.
Wenn von der Kleinen Flöte gesagt wird, sie sei wegen der halben Länge eine Oktave höher als die Große, ist dies in bezug auf die frühere D-Stimmung zu verstehen. Denn trotz der C-Dur-Grundstimmung bleibt der tiefste Ton d^2. Sehr selten wird eine Verlängerung gebraucht, ein C-Fuß (mit c^2 und cis^2). Geschrieben wird die Kleine Flöte wie die Große, transponiert dann aber eine Oktave nach oben. In der Höhe reicht sie nicht ganz eine Oktave über die Große Flöte hinaus. Der geschriebene Tonumfang ist (c^1–) d–b^3 (–c^4).

In der ♭-Tonarten bevorzugenden Militärmusik ist auch eine Kleine Flöte in Es und öfter eine in Des zu hören. Geschrieben werden beide in C, und beide transponieren eine kleine Duodezime (Oktave + Kleinterz) beziehungsweise eine kleine None (Oktave + Halbton) nach oben.

Die unterste Lage ist nicht sehr glücklich im Ton (wird aber beispielsweise von Ravel im G-Dur-Klavierkonzert raffiniert eingesetzt), die mittlere Region hingegen so klangvoll, daß dort die Flöte das ganze Orchester zu überstrahlen vermag. Aber auch Piano ist möglich. In der Höhe ist das Pianissimo nicht realisierbar, ein Piano höchstens bis zum a^3 (Klang), dann gehen nur noch Forte und Fortissimo, mit sehr schrillem, scharfem Resultat. Die Kleine Flöte ist jedenfalls das höchste Orchesterinstrument und wird in der Partitur über den Flöten notiert, wenn ihr Part einen eigenen Spieler erfordert. Sonst ist sie vom zweiten (dritten oder vierten, wenn vorhanden) Flötisten alternativ zu blasen, d. h. abwechselnd mit dem Hauptinstrument. Ihr Einzug ins Orchester ist wieder Beethoven zu verdanken, der sie in der 5. Sinfonie zur Farberweiterung braucht, gewissermaßen als Gegengewicht für die durch das Kontrafagott in große Tiefe geführten Bläsertöne. In der »Pastorale« erhält sie die autonome Funktion, den Schrecken des Gewitters zu steigern. In der 9. Sinfonie kommt die Kleine Flöte wieder mit dem Kontrafagott zusammen.

In der Militärmusik können, wenn auch selten, zwischen Kleiner und Großer Flöte in absteigender Reihenfolge noch auftreten: **Große Flöte in Es** (**Terzflöte**), eine kleine Terz nach oben transponierend; **Große Flöte in Des**, einen halben Ton nach oben transponierend. Für beide ist der geschriebene Umfang c^1–b^3 (evtl. c^4).

Sehr schön und warm klingt die **Altflöte**, meistens in G – 86 cm lang – gebaut, also eine Quarte nach unten transponierend (Griffschrift für den an die Normalflöte gewöhnten Spieler). Weniger gebräuchlich ist die frühere F-Stimmung – 97 cm –, eine Quinte unter der Schrift klingend.
Die Altflöte wurde um 1750 erfunden; sie ist in Diderots und d'Alemberts »Encyclopédie« (1751) beschrieben. Richtig brauchbar ist aber auch sie erst durch Boehm geworden. Das Instrument besteht aus Metall und weist wiederum 3 Teile auf. Um es etwas handlicher zu gestalten, wird gelegentlich das Kopfstück so umgebogen, daß ein ungleichschenkliges U entsteht. Diese Gestaltung ist deshalb möglich, weil das Kopfstück der Flöten keine Klappen aufweist, insbesondere keine Überblaselöcher.
Der klingende Umfang der G-Altflöte geht von g bis g^3. Durch ein austauschbares, analog zur Großen Flöte H-Fuß genanntes Unterstück kommt noch fis hinzu. Bei der F-Altflöte ist dies alles einen Ton tiefer.
Das in dem mit der normalen Flöte übereinstimmenden Bereich (Mitte und Höhe) lauter und voller klingende Instrument wurde z. B. eingesetzt von Rimskij-Korsakow (»Sage von der unsichtbaren Stadt Kitesch« in F), Ravel (»Daphnis et Chloé« in G) und Strawinsky (»Sacre« in G). In der normalen Dotierung mittlerer Orchester ist die Altflöte selten vertreten. Fälschlich wird sie dann und wann Baßflöte genannt. Das führt zu Verwechslungen mit der eigentlichen

Baßflöte, die eine Oktave unter der Großen Flöte liegt und entsprechend transponiert. Um die doppelt so lange Luftsäule konstruktiv zusammenzudrängen, regte Abelardo Albisi, ein Flötist der Mailänder Scala, 1891 an, das Kopfstück trompetenartig flach zu winden. Die nach ihm benannte Abart **Albisiphon** hat zusätzlich einen Knick, so daß nur noch der Rohrteil mit dem Anblaseloch quer liegt, sonst aber das Instrument gerade nach vorne weist. – Klangbereich der Baßflöte (mit H-Fuß): H–f^2 (evtl. fis^2).

1.256 Die Blockflöten

Dank der Pflege alter Musik auf Originalinstrumenten und durch die erfreulich erfolgreiche Schulmusik ist die **Block-** oder **Schnabelflöte** heute besonders populär geworden. Über ihre Bauweise und Tonerzeugung wurde schon berichtet (vgl. 1.251, S. 164 [Kernspalt und Schneide]; 1.252, S. 166 [Geschichte]; 1.214, S. 111/112 [Gabelgriffe und Doppellöcher]). Zur Vervollständigung hier einige Ergänzungen.

Über die Verwendung der Schnabelflöte im frühen Mittelalter ist kaum etwas bekannt. (Schnabel heißt der ganze obere Teil mit Mundloch und Kern, daher der Name.) Sie florierte in der Renaissance, als sie wegen ihrer Ähnlichkeit mit der menschlichen Stimme besonders als Stütze des Gesangs geschätzt war. Die damals zylindrisch gebohrten, aus nur einem Stück bestehenden Instrumente klangen mild, weich, obertonarm. Daher die Bezeichnung **Flûte douce** bzw. **Flauto dolce**.

Auch **Flauto dritto** war einer ihrer Namen, wie das deutsche **Längsflöte**, zur Unterscheidung von der Querflöte. Das englische Wort **Recorder** hingegen steht im Zusammenhang mit den Vogelstimmen; »to record« kommt von altfrz. »recorder« = erinnern und soll das Wiederholen (»Erinnern«) der »Strophen« des Vogelgesangs bezeichnen.

Um sich dem weiten Stimmumfang des Chores anzupassen und um auch in der Tiefe genügend Fundament zu sichern, entwickelte sich eine ganze Familie von Blockflöten. Jede Größe umfaßt heute noch höchstens 2 Oktaven. Praetorius stellte 1619 einen Flötenchor mit 21 Instrumenten in 8 verschiedenen Stimmlagen zusammen (vgl. die Aufstellung weiter unten).

Mit der Renaissance und dem musikalischen Barock (ab ca. 1600) erfolgt eine neue Wertung des Menschen, der aus

einem nahezu anonymen Mitglied der Gesellschaft zum Individuum wird. Die Chorstimmen verflechten sich weniger, die oberste Stimme entwickelt sich zu der über Begleitstimmen (Generalbaß) vorgetragenen Monodie. Die zunehmende Selbständigkeit der Melodie überträgt sich auf die Instrumente, die Instrumentalmusik wird unabhängig von der vokalen. Es entstehen dabei neue Klangideale, Forderungen nach hellerem, verschärftem, deutlicherem Ton und erhöhter instrumentaler Virtuosität. In diesem Zusammenhang ändert sich die Bauweise der Blockflöten: Der Körper wird aus 3 Teilen zusammengesteckt; die Verstärkung der daraus entstandenen neuen Ränder führt zu Verzierungen (Wülste, Ringe, Elfenbein). Aber für den Ton ist der Übergang zur umgekehrt konischen Bohrung und zu engerer Mensur wesentlich. Die Blockflöte wird klarer und heller, obertonreicher. In dieser Gestalt erscheint sie als Orchesterfarbe (in Pastoralszenen) und in der Oper; Lully wurde schon erwähnt. Als Soloinstrument kommt sie nicht nur in allen möglichen Kammermusikkombinationen vor, sondern auch in größeren Werken, in Kantaten, im Concerto grosso und sogar in ihr gewidmeten Konzerten (Bach, Händel, Vivaldi).
Die Blockflöte unterlag später der lautstärkeren Querflöte, als in der Klassik das Orchester immer größer wurde. Heute ist sie wieder als ernst zu nehmendes Instrument zu betrachten, das, wie alle Instrumente, mit Fleiß und Ausdauer studiert werden muß, um die ganze, bis zu hoher Virtuosität reichende Literatur beherrschen zu können.
Zum Vergleich sind nachstehend die verschiedenen Größen in drei historischen Kategorien mit Angabe des Grundtons zusammengestellt: nach Praetorius, nach Diderots und d'Alemberts »Encyclopédie« und nach heutigem Gebrauch. Die tieferen Instrumente waren schon in den frühesten Ausführungen mit Kleinfingerklappen ausgerüstet, der großen Länge wegen. (Je größer das Instrument, heute vom Tenor abwärts, um so mehr Klappen sind zum Schließen der für die Finger zu weit auseinanderliegenden Tonlöcher notwen-

dig.) Sie werden außerdem mit einem S-förmigen Anblaserohr gespielt, da das Kopfstück die Höhe des Mundes überragt. In der 1. Spalte (Praetorius) steht vor jedem Instrument die Anzahl der im Chor gewünschten Exemplare. Die Tonhöhen sind insgesamt nur relativ zu verstehen, als Vergleich innerhalb der Gruppe, da in früheren Zeiten tiefere und unterschiedliche Stimmungen üblich waren. Bach bevorzugte die Alt-Blockflöte.

	Praetorius (1619)		*Diderot/ d'Alembert (1751)*	*Gegenwart*	
	Gar klein Plockflötlein	c^3			
2	Klein Flötlein	g^2			
2	Discant Flöte	d^2		(Diskant	f^2)
2	Discant Flöte	c^2	Dessus	Sopran	c^2
4	Altflöte	g^1	Haute-contre*	Alt	f^1
4	Tenorflöte	c^1	Tenor	Tenor	c^1
4	Bassettflöte	f	Quinte	Bariton	f
2	Baßflöte	B	Basse	(Baß	c)
1	Großbaß	F			
21	total				

* weil Lage des Contra-Tenors

Die Blockflöten sind durchweg diatonisch, so daß für chromatische Zwischentöne Gabelgriffe (s. Abschnitt 1.214) unerläßlich bleiben. Alle weisen auf der Rückseite ein dem Daumen zugeteiltes Überblaseloch auf.
Heute werden sowohl Renaissance- als auch Barockflöten in verschiedenen Holzarten angeboten (Ahorn, Ebenholz, Buchsbaumholz, Palisander, Rosenholz usw.). Dazu kann man unter »deutscher« (»originaler«) und »barocker« (»englischer«) Griffweise wählen.

Was bedeutet dieser Unterschied in den Griffweisen? Auf den ersten Blick könnte man meinen, er bestehe in der Ausführung der beiden unteren Löcher:

- *Deutsche Griffweise:* normale Bohrung, auch halbgedeckt zu gebrauchen.
- *Barocke Griffweise:* 2 kleinere Löcher (Doppellöcher), die einzeln oder zusammen zugehalten werden können.

Dieser Unterschied trifft meist zu, ist aber nicht absolut kennzeichnend. Der Gegensatz besteht in der verschiedenen Längsverteilung und Größe der Tonlöcher, wie an einem Beispiel dargestellt werden kann: Es sei auf einem c^1-Instrument das f^1 zu blasen. Bei der einfacheren deutschen Griffweise steigt durch fortschreitendes Aufdekken der Löcher die Tonhöhe diatonisch.

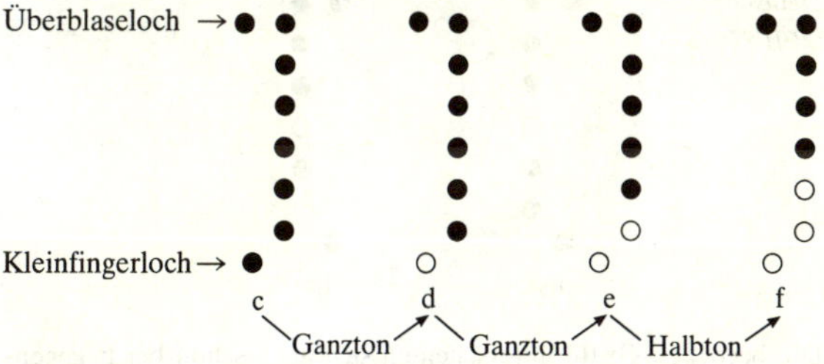

Bei der letzten Fingerstellung ergibt sich beim Instrument für barocke Griffweise ein zu hoher Ton. Die erforderliche Vertiefung muß dort durch einen Gabelgriff erreicht werden:

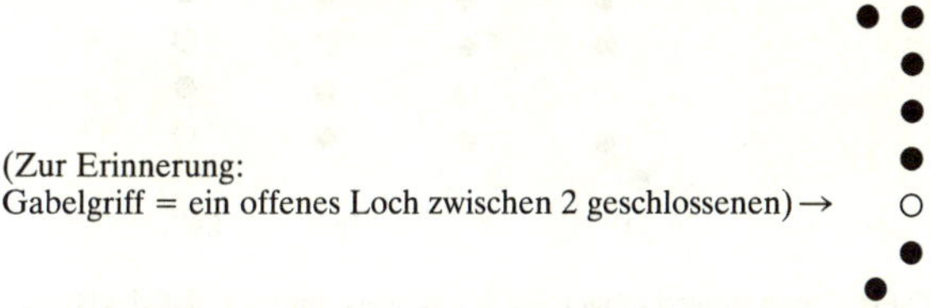

Die deutsche F-Stellung ergibt aber bei barocker Griffweise nicht das fis^1. Dieser Ton erfordert auf jeden Fall einen Gabelgriff:

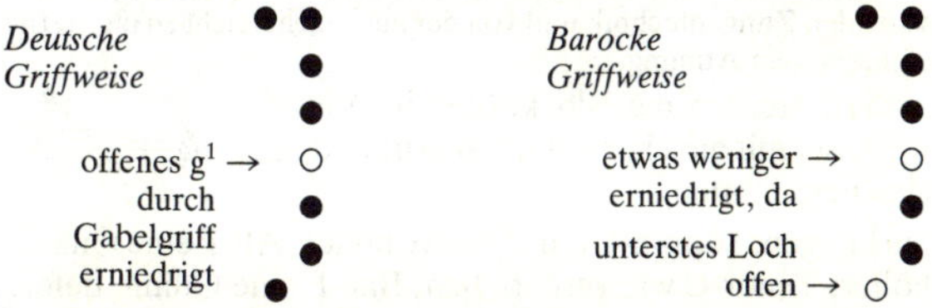

Das sind aber, selbst im engen f-fis-Bereich, noch nicht alle Tücken. Man darf sich nämlich nicht vorstellen, für das Überblasen in die Oktave seien, abgesehen vom dabei halb zu öffnenden Daumenloch, dieselben Griffe anwendbar! Gleiche Griffe sind beim deutschen System wohl für f^1 und f^2 gültig, nicht aber bei fis^1 und fis^2:

Deutsche Griffweise

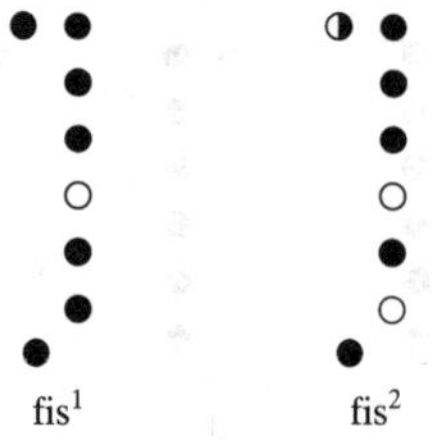

Die barocken Griffe unterscheiden sich auch schon bei f^2 gegenüber f^1:

Barocke Griffweise

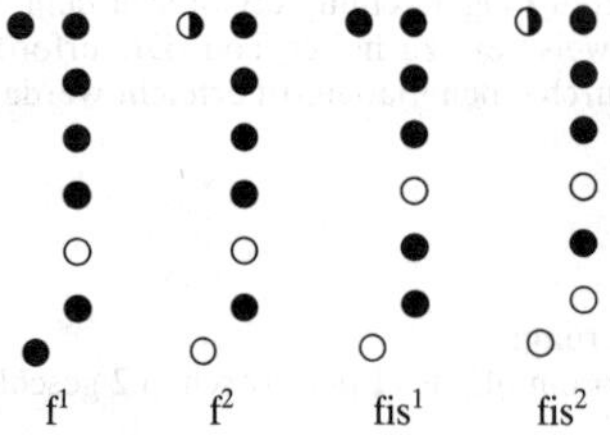

Diese Andeutungen mögen für den Beweis genügen, daß das Blockflötenspiel nicht so leicht ist, wie mancher glaubt. Wie bei fast allen Blasinstrumenten ist jeder einzelne Ton mit spezifischen Eigenheiten versehen. Dies ganz abgesehen von der immer genau zu beherrschenden Zungentechnik und von der auch nicht leicht zu meisternden richtigen Atmung.

Notiert werden die Blockflöten im Violinschlüssel mit gleicher C-Griffschrift und mit gleichem Umfang:

Sie klingen: Sopran-C eine Oktave höher, Alt-F eine Quarte höher, Tenor-C wie geschrieben, Baß-F eine Quinte tiefer.

Der Baß kann auch im Baßschlüssel Oktave + Quarte tiefer als der Klang notiert werden:

Der Großbaß in C transponiert dann eine Oktave nach oben.

1.257 **Blasinstrumente aus Rohr und Ton**

An die **Panflöte** oder **Panpfeife** wurde schon erinnert (Schluß von 1.251). Sie trat in unserer Zeit, aus Rumänien kommend, wo sie wie in Rußland und Litauen heimisch ist, einen neuen Siegeszug durch Europa an. In ihr ist – wie auch im uralten, aus dem 3. Jh. v. Chr. stammenden chinesischen **Sheng** – das Orgelprinzip verwirklicht, mit einem Rohr pro Ton; so erübrigen sich Grifflöcher. Die meistens gedackten Pfeifen sind in chromatischer Folge, in gerader oder gebogener Anordnung, nebeneinandergebunden, gelegentlich in 2 Reihen hintereinander. Die verschiedenen Stimmlagen sind nicht festgelegt, ebensowenig die Anzahl der ungefähr 10 bis 20 Pfeifen.

Die im südlichen und insularen Italien sehr volkstümliche **Okarina** wurde 1867 von G. Donati als Synthese zwischen Blockflöte und Signalpfeife entwickelt. Es handelt sich um eine Gefäßflöte aus Ton mit 8 bis 10 Tonlöchern. Angeblasen wird das wie ein langgezogenes großes Ei aussehende Instrument an einem seitlich herausragenden Schnabel. Alles ist in einem Stück geformt. Der Name kommt von der Ähnlichkeit mit einem Gänseschnabel oder -kopf (it. oca = Gans).

Wegen der Gefäßform kommt im Innern zu den Längsschwingungen eine radiale Komponente, was das Auftreten hoher Teilschwingungen erschwert. Der Klang ist deswegen dunkel und dumpf, dem Vokal »U« ähnlich.

Die Herstellung aus Ton überläßt der Wahrscheinlichkeit einen nicht geringen Anteil am Gelingen der erwünschten Stimmung und der richtigen Tonlöcherdisposition. Einmal gebrannt, sind keine Korrekturen mehr möglich. Man kann aber nachträglich aufeinander gut abgestimmte Sätze auslesen, die vom Sopran bis zum Kontrabaß reichen; sie sind dann entsprechend selten und wertvoll. Ziemlich häufig ist das Okarinenquartett, mit eigener Literatur. Um solchen höheren Ansprüchen zu genügen, werden auch mit einem metallenen Stimmzug versehene Okarinen hergestellt.

1.258 **Raum- und Lufttemperatur**

An Hand der Flöte soll zuletzt das thermische Verhalten aller Blasinstrumente dargestellt werden. Probleme entstehen dadurch, daß ein ruhendes Instrument die Raumtemperatur annimmt, beim Spielen aber durch den Atem erwärmt wird. Vor dem Stimmen des Instruments auf dem Orchesterpodium spielt der Musiker es deshalb warm, um den Temperaturschwankungen vorzubeugen. Sie sind trotzdem bei längerem Blasen unvermeidlich, auch deshalb, weil die Saaltemperatur während eines Konzerts selten konstant bleibt. Konzertbesucher können beobachten, daß der Instrumentalist bei längeren Pausen tonlos ins Instrument bläst, um die Abkühlung zu verhindern.
Wer physikalisch denkt, mag sich nun sagen: Da sich bei zunehmender Temperatur alle festen Körper verlängern, also auch die Flöte, muß ihr Ton sinken. Die Wirklichkeit beweist das Gegenteil. Der Widerspruch ist nicht der immer noch stimmenden Physik in die Schuhe zu schieben, denn die angestellte Überlegung betraf nur einen Teil, den weniger bedeutenden, der Situation. Viel ausgeprägter wirkt sich eine andere thermische Erscheinung aus: Bei zunehmender Temperatur steigt die Schallgeschwindigkeit. Das bedeutet, daß die schallerzeugenden, periodisch ins Tonrohr eingegebenen Impulse um so schneller wieder an das Anblaseende zurückkehren, je höher die Temperatur steigt. Also erfolgt der gesamte Schwingungsvorgang rascher, mit anderen Worten: die Frequenz – und somit die Tonhöhe – steigt. Dieser Zuwachs wird durch die gleichzeitige Ausdehnung des Instruments nicht kompensiert.
Zu dieser physikalisch begründeten Tendenz der Stimmung, sich während des Spiels nach oben zu bewegen, addiert sich ein viel deutlicheres, das ganze Orchester einschließende Heraufgleiten der Intonation, das psychologischen Ursachen zuzuschreiben ist. Dies läßt sich vor allem bei Klavierkonzerten beobachten. Nach längeren Orchesterzwischenspielen erscheint der nachfolgende Einsatz des in gleicher

Stimmung gebliebenen Klaviers oft zu tief. Routinierte Orchester passen sich dann sofort nach unten an.

a) *Frequenzanstieg*

Wenn T die absolute Lufttemperatur bedeutet (in Kelvin-Graden, d. h. Temperatur in Celsius-Graden + 273), so beträgt die Schallgeschwindigkeit

$$c_T = 332\sqrt{\frac{T}{273}}\,\mathrm{m/s}\,.$$

Nehmen wir an, eine Flöte werde bei 18 °C gestimmt. Dieser Temperatur entspricht dann die Schallgeschwindigkeit:

$$c_{18} = 332\sqrt{\frac{291}{273}} = 342{,}8\,\mathrm{m/s}\,.$$

Wenn sich nun beim Spielen die Temperatur auf 30 °C erhöht, ergibt sich für die neue Schallgeschwindigkeit:

$$c_{30} = 332\sqrt{\frac{303}{273}} = 349{,}8\,\mathrm{m/s}\,.$$

Das ist eine Erhöhung um 2 %, denn 349,8 / 342,8 = 1,02.

Beim Kammerton $a^1 = 440$ Hz ergibt sich für c^1 eine große Sexte tiefer: $^3/_5$ von 440 Hz = <u>264 Hz</u>. Aus der üblichen Beziehung $c = \lambda f = 2\,L \cdot f$ (mit λ = Wellenlänge, L = Rohrlänge) kann man bei 18° als Rohrlänge berechnen:

$$L_{18} = \frac{342{,}8 \cdot 100}{2 \cdot 264} = 64{,}92\,\mathrm{cm}\,.$$

b) *Rohrverlängerung*

Für die Längenausdehnung eines festen Körpers gilt:

$$L_t = L_0(1 + \beta t)\,.$$

Dabei bedeuten: L_0 die ursprüngliche Länge, L_t die bei Temperaturanstieg um t °C erreichte Länge, β den Temperaturausdehnungskoeffizienten, für Silber $= 2 \cdot 10^{-5}$. Bei dem oben angenommenen Temperaturzuwachs um 12° (von 18° auf 30°) wird die Ausgangslänge von 64,92 cm zu:

$$L_{30} = 64{,}92\,(1 + 2 \cdot 10^{-5} \cdot 12) = 64{,}94\,\mathrm{cm}\,.$$

Die Verlängerung ist also sehr klein (etwa 0,03 %, denn 64,94 / 64,92 = 1,0003) und für eine Kompensation des durch Schallgeschwindigkeitserhöhung gestiegenen Tones weit ungenügend.

c) *Tonhöhenzunahme*

Die sich jetzt einstellende Frequenz hängt von beiden Faktoren ab: neue Instrumentenlänge und neue Schallgeschwindigkeit. Sie berechnet sich leicht zu

$$f = \frac{349{,}8 \cdot 100}{2 \cdot 64{,}94} = \underline{269{,}33\,\text{Hz}}.$$

Die Frequenz ist um 269,33 – 264 = 5,33 Hz, also um 2 % gestiegen (269,33/264 = 1,02). Dies entspricht ungefähr dem Drittel eines Halbtons (6 %). Die Rohrverlängerung erweist sich als vernachlässigbar.

Portativ (Standmodell) *(zu S. 193)*

1.3 Mechanisch angeblasene Instrumente

1.31 *Die Orgel*

1.311 **Zur Geschichte**

Dieses komplexe, aus sehr vielen Bestandteilen zusammengesetzte Instrument hat eine weit zurückreichende Vergangenheit. Marcus Pollio Vitruvius (1. Jh. v. Chr.) beschrieb schon eine um 250 v. Chr. erfundene **Wasserorgel**, in der das Wasser dazu diente, den zu den Pfeifen geführten Luftüberdruck konstant zu halten. Es handelte sich um ein kleines Instrument von einer Oktave Umfang (oder wenig mehr), das jahrhundertelang allein in Gebrauch blieb. Selbst wenn es stimmen sollte, daß spätestens zur Zeit des römischen Kaisers Nero der wasserunabhängige *Blasebalg* erfunden worden war, so erwähnen alte Schriften immer wieder die Wasserorgel sowohl zu weltlichem als auch zu religiösem Gebrauch. Die von Kaiser Konstantinos V. aus Konstantinopel um 755 an Pippin d. Kurzen gesandte Orgel soll indessen keine Wasserorgel mehr gewesen sein.
Im Gottesdienst war die Orgel anfangs noch selten zu hören, selbst nachdem Vitalianus (Papst 657–672) das Instrument in die Kirche eingeführt hatte. Die erste in Deutschland kirchlich gebrauchte Orgel geht auf Karl d. Gr. zurück, der 812 eine ihm vom byzantinischen Kaiser Michael I. geschenkte Orgel dem Dom zu Aachen zur Verfügung stellte. Und obwohl Papst Johannes VIII. 873 aus Deutschland eine Orgel (samt Orgelspieler!) nach Rom kommen ließ, wurde die Verbreitung des Instruments durch die Gegner der Kirchenmusik, zu denen im 13. Jh. z. B. Thomas von Aquin gehörte, noch lange erschwert. Allerdings diente das mittelalterliche, mit einem Riemen um den Hals gehängte **Portativ** (von lat. portare = tragen) dazu, bei Prozessionen den Gesang zu begleiten. Dabei bediente die linke Hand des

Musikers den Blasebalg, während die rechte auf der Klaviatur spielte. Der Tonumfang war inzwischen auf 3–4 Oktaven gestiegen. Etwas komplizierter war das ebenfalls trans-

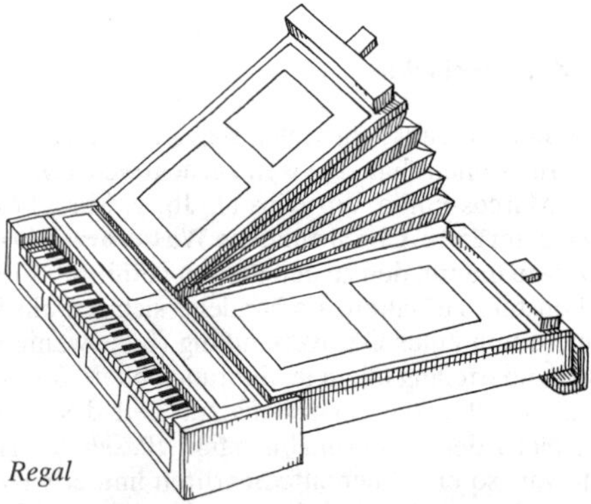

Regal

portfähige, mit zusätzlichen Zungenregistern versehene **Regal**. Das Standinstrument **Positiv** (von lat. ponere = [hin]stellen, etwa auf einen Tisch) besaß und besitzt noch heute vorwiegend Labialpfeifen und kein Pedal.
Als die Orgel in der Kirche schließlich heimisch wurde, also nicht mehr transportabel zu sein brauchte, konnte sie entwickelt und immer komplexer werden. Eine der ältesten Windorgeln (ohne Wasser) entstand 1312 für S. Raffaele in Venedig. Auch die anderen historisch maßgebenden großen italienischen Orgeln (S. Marco in Venedig) stammen aus dem 14. Jh. Ein deutscher, am Dogenhof zu Venedig tätiger Organist namens Bernhard wird meistens als Erfinder des etwa 100 Jahre später hinzugekommenen *Pedals* genannt. Andere Quellen weisen dieses Verdienst dem 1318 gestorbenen Brabanter Louis van Valbecke zu.
Am Anfang erweiterte das Pedal die Manualstimmen nach unten, später wurden ihm eigene Register zugeteilt. Im 16.

Jh. schaffen in Italien namhafte Orgelbauer Meisterwerke: Bartolomeo, Costanzo und Graziadio Antegnati u. a. Unterdessen erweiterte sich die Orgel auch in Deutschland

Positiv

durch Hinzufügen weiterer Manuale, jedes für ein eigenes, getrenntes Werk als Teil des Ganzen. So entstand das außerhalb der Emporenbrüstung angebrachte *Rückpositiv* mit seinem unter dem Hauptmanual etwas nach vorne gerückten Zusatzmanual. Schon 1444, also vor Bernhard, soll in der St.-Sebaldus-Kirche in Nürnberg eine Orgel mit Pedalklaviatur gestanden haben. Die zu Bachs Zeiten perfektesten Orgeln stammen von der Familie Silbermann, aus der Gottfried (1683–1753) der berühmteste war (Dom von Freiberg in Sachsen, Hofkirche in Dresden). Von seinen 47 nachweisbaren Orgeln sind glücklicherweise 30 von Zerstörungen und gutgemeinten »Verbesserungen« unberührt geblieben. Ein anderer bedeutender Orgelbauer jener Zeit war Arp Schnitger (1648–1719; St. Jacobi in Hamburg, viele Instrumente in Holland, England, Spanien und Rußland, im ganzen über 100).

Um die späteren Entwicklungsstufen des Orgelbaus erklären zu können, müssen erst die technisch-konstruktiven Begriffe erläutert werden. Dabei ist mit Nachdruck darauf hinzuweisen, daß es keine festen Normen für die Gestaltung einer Orgel gibt: Jedes Instrument ist eine Einzelanfertigung mit ganz spezifischen Eigenschaften. Dies nicht nur wegen der verfügbaren Geldmittel, sondern vor allem deshalb, weil ein gutes Instrument den lokalen Bedingungen (Raumakustik der Kirche, Standort, bevorzugter Verwendungsbereich usw.) gerecht werden muß. Eine gut disponierte kleine Orgel ist einem aus reinen Prestigegründen überproportioniertem Monstrum vorzuziehen. Nicht gerade guten Ruf genießen sogenannte Industrieorgeln in katalogbeschriebener Serienfertigung.

1.312 **Die Orgelpfeifen**

Die Orgel kann aufgefaßt werden als eine Zusammenstellung verschiedener, durch Klaviaturen bedienbarer Blasinstrumente, bei denen die Anblaseluft durch Bälge erzeugt wird. Ihre Eigenart besteht darin, daß für jedes dieser »Instrumente«, *Register* genannt, so viele Exemplare vorhanden sind, wie Töne gewünscht werden. Einem Register entspricht also eine ganze Gruppe verschieden großer Pfeifen gleicher Klangfarbe, wovon jede nur einen einzigen Ton herzugeben imstande ist. Durch diesen scheinbaren Überfluß wird die Möglichkeit erkauft, mit ein und demselben Register (z. B. Flöte 8′) polyphon oder akkordisch zu spielen.

Der Begriff *Fuß* (hier mit dem konventionellen Zeichen ′ angegeben) ist die ungefähre, im alten Längenmaß eines Fußes (32,5 cm) ausgedrückte Länge der tiefsten Pfeife eines Registers, normalerweise der untersten Manualtaste C entsprechend. Ein 8′-Register weist den Klaviertasten entsprechende Tonhöhen auf (das Klavier kann als 8′-Instrument aufgefaßt werden).

Die Wellenlänge des Tones C beträgt 524,92 cm (s. Tabelle 1.4). Die entsprechende Pfeife muß also eine halb so lange Luftsäule von

$L = 262{,}46$ cm aufweisen. Das ist angenähert 8 Fuß, denn $8 \cdot 32{,}5 = 260$ cm.

Ein 16′-Register weist doppelt so lange Pfeifen auf, klingt also eine Oktave tiefer. Eine Oktave höher klingt ein 4′-Register.

Es ist leicht, ausgehend von 8′ mit $L = 262{,}46$ cm bei C, die Tabelle der Luftsäulenlängen offener Pfeifen für verschiedene Register an den Klaviaturenden C und c^4, mit entsprechenden Frequenzen (f) und Wellenlängen (λ) aufzustellen (Werte gerundet):

	Es klingt für C-Taste				*für c^4-Taste*			
Reg.	*Ton*	f	λ	L	*Ton*	f	λ	L
(Fuß)		(Hz)	(cm)	(cm)		(Hz)	(cm)	(cm)
32′	$_2$C	16,35	2100	1050	c^2	523	66	33
16′	$_1$C	32,70	1050	525	c^3	1047	33	16
8′	C	65,41	525	262	c^4	2093	16	8
4′	c	130,81	262	131	c^5	4186	8	4
2′	c^1	261,63	131	66	c^6	8372	4	2
1′	c^2	523,25	66	33	c^7	16744	2	1
$^1/_2$′	c^3	1046,5	33	16				
$^1/_4$′	c^4	2093	16	8				
$^1/_8$′	c^5	4186	8	4				
$^1/_{16}$′	c^6	8372	4	2				
$^1/_{32}$′	c^7	16744	2	1				

c^7 liegt an der oberen Grenze des Hörbereichs, über die hinauszugehen keinen Sinn hat. Ebenso hört nach unten die Tonempfindung bei etwa 16 Hz auf, also etwa bei $_2$C (in dieser Gegend und darunter werden die Schwingungen mechanisch an der Bauchhöhle empfunden!).

Die Längen der Orgelpfeifen (genauer: ihrer Luftsäulen) gehen von über 10 m bis zu wenigen Zentimetern hinunter. Die Töne decken, was bei keinem anderen Instrument geschieht, die gesamte Spanne des menschlichen Hörbereichs und dies sogar schon durch die Grundtöne allein.

Das Problem der Blasinstrumente, Rohrform und Tonerzeuger so einzurichten, daß sie für alle dem Instrument möglichen Tonhöhen wirksam bleiben, besteht also hier nicht, weil ja das »Instrument« (Register) in ein Exemplar pro

Note aufgeteilt ist: Jede Note eines Registers besitzt ihre eigene Pfeife; das 8′-Flötenregister z. B. besteht aus 61 Flöten, da die Orgelklaviatur heute 5 Oktaven, von C bis c^4, umfaßt. Dies erhöht unvermeidbar die Platzforderungen und die Komplexität der Mechanik, erleichtert es aber, die verschiedenen Klangfarben zu realisieren, so daß in der Orgel viel mehr Farben als im Orchester zur Verfügung stehen, weil die Auflage hinfällig wird, in einem einzigen Rohr die ganze chromatische Tonfolge erzeugen zu müssen. Nochmals: Statt eines einzigen, verschiedener Töne fähigen Instruments sind so viele Eintonkomponenten vorhanden, wie Töne gebraucht werden – ein Prinzip, das in einfachster, mechanikloser Form bei der Panflöte verwirklicht ist.

Die Orgelpfeifen lassen sich in 2 Klassen einteilen: Labial- und Lingualpfeifen.

1.3121 Labial- oder Lippenpfeifen

Die Labialpfeifen sind der Blockflöte analog gebaut: Die Druckluft tritt in den sich nach oben konisch erweiternden Pfeifenfuß ein und wird durch den *Kern* zum seitlichen *Kernspalt* geleitet. Der Kernspalt befindet sich im *Pfeifenmund*, dessen quergestellte, das Pfeifeninnere mit dem

Pfeifenmund einer Labialpfeife (mit Schnitt)

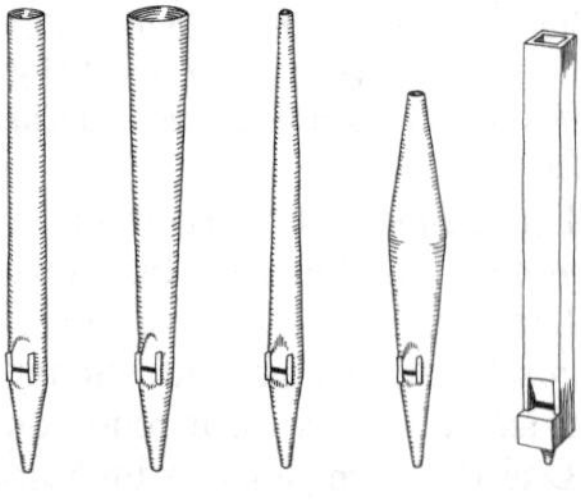

Labialpfeifenformen

Außenraum verbindende Öffnung durch die beiden etwas nach innen verlaufenden *Lippen* begrenzt wird. Die Unterlippe ist die äußere Komponente des Kernspalts, aus dem die Wirbelstraße tritt, welche auf die Oberlippe (*Labium*) gerichtet ist. Diese läßt jeden zweiten Wirbel in das Pfeifeninnere dringen. Damit nicht zu viel Luft seitlich ausweicht, werden oft neben dem Mund 2 hervorstehende vertikale Führungsbleche (*Seitenbärte*) angebracht. Die dadurch verbesserte Windführung erleichtert die Ansprache der Pfeife.

Nach dem Aufbau der Orgel ist die delikate Phase der *Intonierung* durchzuführen. Sie besteht darin, durch leichtes Biegen der Einzelteile um den Aufschnitt herum (Lippen, Bärte) die zu einem Register gehörenden Pfeifen in Klangfarbe, Lautstärke und Ansprache aufeinander abzugleichen.

Die Klangfarbe hängt von der Form und von der Mensur, d. h. dem Verhältnis des Durchmessers zur Pfeifenlänge, ab. So ist bei zylindrischen Pfeifen der Grundton um so stärker, je größer der Durchmesser – bei gleicher Länge – gestaltet ist. Die weiten Pfeifen klingen deswegen der Flöte ähnlich, bei der ja ebenfalls der Grundton, bei relativ geringem Obertongehalt, überwiegt. Je enger die Pfeife hingegen, um so ausgesprochener wird die Teiltonerzeugung und die Ähnlichkeit mit dem Streicherklang.

Andere Klangfarben erhält man durch spezielle Formgebung der Pfeifen. Sie können sich konisch nach oben ausweiten (»Blockflöte«) oder enger werden (»Gambe«). Es gibt auch Kombinationen, wie konische Ausweitung bis etwa zur Mitte, dann Einengung (»Labial-Klarinette«). Auch das Material spielt eine Rolle: Die Pfeifen bestehen oft aus Holz, weitgehend aber aus einer Zinnlegierung (Zinn + Blei), in neuerer Zeit, wenngleich ziemlich selten, aus Kupfer. Die hölzernen haben quadratischen, wenn auch nicht unbedingt über die ganze Länge gleich großen Querschnitt; das »Gemshorn« z. B. verjüngt sich nach oben.

Gestimmt wird auf verschiedene Weise. Die einfachste Einrichtung dafür ist der *Stimmschlitz*. Um ihn zu bilden, wird am oberen Ende der Metallpfeife durch 2 Längsschnitte ein Streifen der Wand freigemacht. Er kann dann nach außen und nach unten eingerollt werden, bis die Luftsäule in ihrer Wirksamkeit der exakten Tonhöhe entspricht. Dies geschieht »unsichtbar« auf der Rückseite der Pfeife, da ja der ungestörte *»Prospekt«*, die prunkvolle Vorderansicht der Orgel, besonders wichtig ist. Eine andere Einrichtung zum Stimmen besteht – bei nicht oder weniger sichtbaren Pfeifen – aus einem über das Pfeifenende gestülpten, vertikal verschiebbaren, etwas größeren Rohr.

Bei Holzpfeifen sind vor einem Seitenschlitz verstellbare Schieber üblich. Auch steht z. B. ein kleines Blech schief über der oberen Öffnung, und das Stimmen erfolgt durch Einstellen seiner Neigung.

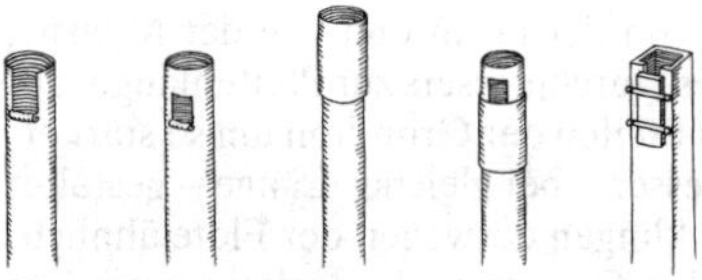

Stimmeinrichtungen offener Labialpfeifen

Die Wirkungsweise ist leicht verständlich, wenn man an die möglichen Grenzstellungen dieses Stimmblechs denkt: Vertikal gestellt, beeinflußt es die Schwingungen praktisch nicht; horizontal hingegen schließt es die Pfeife ab,welche dann gedackt wirkt, d. h. eine Oktave tiefer.

Spezielle Klangfarben erreicht man mit *gedackten*, das sind oben geschlossene Pfeifen. Es fehlen dann die geradzahligen Teiltöne (wie bei der Klarinette), und der Ton wird weicher, hohl (z. B. »Dulzianflöte«). Etwas spezielles sind die spitzgedackten Pfeifen: sie verjüngen sich nach oben bis zum Verschluß.

Gedackte Pfeifen werden vor allem dazu benützt, die teuren oder für den Raum zu hohen langen Pfeifen sehr tiefer Register zu umgehen, da eine geschlossene Pfeife eine Oktave tiefer klingt als eine gleich lange offene. Ist der Ausfall von

Teiltönen unerwünscht, kann er durch einen Trick kompensiert werden: Zu jeder Pfeife wird eine gleich lange, aber offene untrennbar (also immer zusammenklingend) gesellt. Sie liefert die Oktave und alle anderen sonst fehlenden Teiltöne.

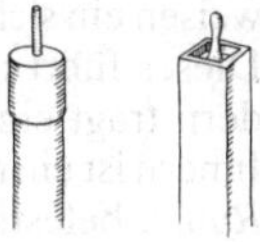

Stimmeinrichtungen gedackter Pfeifen

Die gedackten Holzpfeifen werden durch einen zum Stimmen verschiebbaren, seitlich genau angepaßten, mit Filz oder Leder abgedichteten Stöpsel geschlossen. Bei Zinnpfeifen besteht der Verschluß aus einem auf die Pfeife gestülpten Becher, d. h. einem flach geschlossenen, im Durchmesser knapp größeren Rohrstück.

Die Labialpfeifen umfassen verschiedene Flötenformen (Blockflöte, Dulzian, Schwiegel, Rohrflöte usw.). Unter den gedackten Labialpfeifen befinden sich Bordun, Nachthorn, Subbaß usw.

Wegen ihrer Eigenart verdient die von Aristide Cavaillé-Coll (1811–1899) erfundene, in französischen Orgeln fast immer vorhandene *Flûte harmonique* (in Deutschland *Harmonieflöte* oder *Harmonische Flöte* genannt) einen besonderen Hinweis. Die Metallpfeifen dieses Registers sind weit mensuriert, weisen zwar 16′- oder 8′-Länge auf, werden aber durch ein kleines seitliches Loch dazu gebracht, in die Oktave zu überblasen, also in 8′- bzw. 4′-Lage. Der Ton wird besonders weich und rund, weil das Überblaseloch vorzugsweise die Bildung der geraden Teiltöne erleichtert. Schwingungsweise und Teiltonauslese stellen genau das Gegenteil gedackter Pfeifen dar.

1.3122 Lingual- oder Zungenpfeifen

Bei Rohrblattinstrumenten müssen die Zungen im ganzen Frequenzbereich des Instruments genügend elastisch sein. Dies wird durch geeignetes (organisches) Material und durch hinreichende Dämpfung (Lippen des Spielers) erreicht. Da nun bei der Orgel diese Forderung nicht mehr besteht und die Zunge jeder Pfeife in nur einer Frequenz zu schwingen braucht, wird es möglich, die weniger empfindlichen Metallzungen zu verwenden. Auch die Zungenpfeifen weisen ein sich ausweitendes Fußstück, *Stiefel* genannt, auf. Dieses führt dann nicht mehr zu einem Pfeifenmund, sondern trägt einen *Kern* oder *Kopf* als Abschluß. In seinem Innern ist ein nach unten in den Fuß ragendes Röhrchen, die *Rinne*, befestigt, mit longitudinal eingefrästem Schlitz, der *Kehle*. Die Zunge ist etwas breiter und ruht mit ihrem Rand auf der Kehle, sie abschließend und beim Schwingen auf sie aufschlagend (dem Klarinettenmundstück ähnlich).

Erst nach etwa 1810 sind auch durchschlagende Zungen eingebaut worden. Die Kehle ist dann gerade so breit, daß die Zunge, ohne den Rand zu berühren, durchschwingt.

Etwas unterhalb der Befestigung der Zunge bestimmt ein angedrückter Messingbügel die zur Schwingung freie Länge. Dieser Bügel besteht aus der zweckmäßigen Biegung eines durch den Kopf nach außen ragenden Drahtes, der zum Stimmen verschoben werden kann, wodurch die schwin-

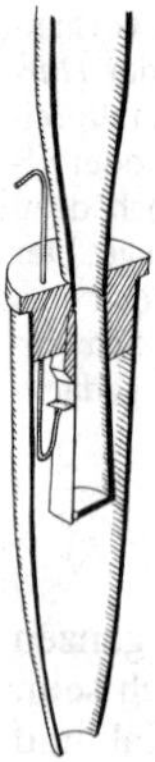

Zungenpfeife (Schnitt)

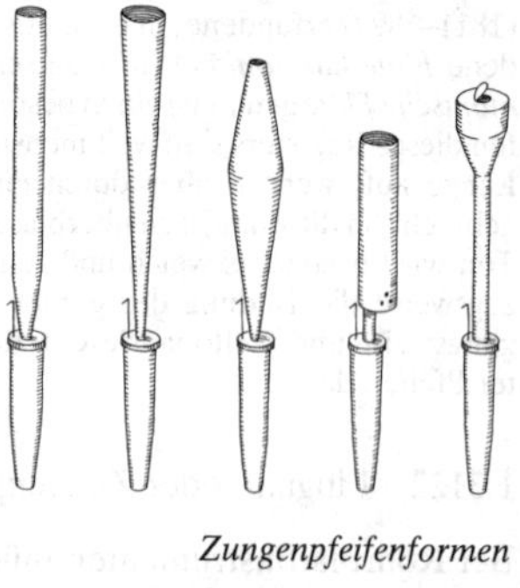

Zungenpfeifenformen

gungsfähige Zungenlänge beeinflußt wird. Diese Einrichtung heißt *Stimmkrücke*.
Der durch die Zunge periodisch unterbrochene, mit viel Teilschwingungen versehene Luftstrom gelangt dann durch die Rinne, die den Kopf durchstößt, in einen Aufsatz, den *Schallbecher*, der keinen Einfluß auf die ohnehin schon bestimmte Tonhöhe ausübt. Er dient dazu, das Obertonspektrum klangfarbenbildend zu gestalten: Resonanzüberhöhung oder Siebwirkung für einzelne Komponenten. In diesem Sinne ist die Form wichtig. Der Schallbecher kann z. B. zylindrisch (»Dulzian«), konisch offen (»Posaune«), doppelkonisch sich zuerst erweiternd, dann einengend (»Krummhorn«) sein oder andere phantasievolle Formen aufweisen, wie 3 abwechselnd auseinander- und zusammengehende Kegel (»Bärpfeife«).
In diese Kategorie gehören verschiedene Stimmen, die Streichinstrumente nachahmen, sowie die *»Regalstimmen«*: sehr kurze und weite Becher. Horizontal, fächerartig nach vorn in den Raum gerichtete Metallpfeifen sind die *»Spanischen Trompeten«* von strahlendem Klang. – Zu den Zungenstimmen gehören außer den zarteren Streicherimitationen die Äoline, das Gemshorn, dann die schärferen, Holzinstrumente und Blech nachahmenden Trompete, Fagott, Klarinette, Zinken, Bärpfeife usw.

1.313 **Register und Registrierung**

Die Gesamtheit der Pfeifen einer Klangfarbe heißt *Register*. Jedes Register wird am Spieltisch, je nach Wunsch des Interpreten, ein- oder ausgeschaltet, wozu je nach Bauprinzip der Orgel seitlich zu verstellende Hebel (*Manopeln*), herausziehbare Knöpfe, herunterzudrückende Zungen oder kleine Kipphebel dienen. Diese *Registerzüge* sind jeweils mit den ihnen entsprechenden Instrumentalfarben und Lagen bezeichnet.
Die Kunst der Registrierung besteht darin, für jedes zu spielende Werk und für jeden Einsatz der Orgel die geeigneten

Register einzeln »zu ziehen« oder gemischt zusammenzustellen. Dabei ist zu bedenken, daß die normale Tonlage, die Grundstimmung, in den Manualen 8′ ist und im Pedal die eine Oktave tiefer klingende 16′-Lage. Das Manual kann aber ebenfalls 16′-Register enthalten; im Pedal ist sogar 32′ möglich. Diese tiefsten Pfeifen weisen eine lange Einschwingzeit auf und sind deswegen nur bei Liegetönen (Baß) oder langsamem Tempo brauchbar.
Selbst bei Beschränkung auf die Grundstimmung können sehr unterschiedliche Klangfarben zusammengemischt werden, und die Orgel ist um so glücklicher »disponiert«, je besser sich die Klangfarben miteinander vertragen.

Disposition ist allerdings ein etwas umfassenderer Begriff, da er nicht nur die Auslegung der Registerzusammenstellung, also die Anzahl der Stimmen und Höhenlagen, beinhaltet, sondern auch die Spieleinrichtungen.

Leider sind dieser Verträglichkeit Grenzen gesetzt, so daß nicht immer alle theoretisch möglichen Registerkombinationen ausgeschöpft werden können.

Sind n Stimmen vorhanden, lassen sich, mathematisch gesehen, 2^n-1 verschiedene Kombinationen bilden, z. B. bei bescheidenen 5 Stimmen, falls keine tonlichen Einschränkungen bestehen, stolze 31 Kombinationen statt nur 5 Einzelfarben.

Den Grundstimmen können auch höher als 8′ liegende, nicht für alleinigen Gebrauch bestimmte *Füllstimmen* (*Aliquoten*) zur Färbung zugeschaltet werden, als künstliche Verstärkung der (Grundton-)Oberschwingungen. Zweckmäßigerweise und am risikolosesten werden sie in der Reihenfolge der Naturtöne (der Grundschwingung) beigefügt, also zum 8′-Register zuerst die Oktave 4′, dann die Oberquinte (Duodezime) $2^2/_3$′, die Oberoktave 2′, die Terz $1^3/_5$′ usw. Beim Niederdrücken einer Taste klingen dann alle diese Pfeifen gleichzeitig. Es können auf diese Weise nicht nur neue Klangfarben erzeugt, sondern auch sehr viele unterschiedliche Stärkegrade – von der zartesten Einzelflöte bis zum *Ripien* (alle Pfeifen) – realisiert werden. Als im Frequenzspektrum noch verschärfende und die Stimmen verdeutlichende Spitze, als *Klangkrone*, dienen *Mixtur* (oder *Zimbel*) genannte *gemischte Stimmen*. Dies sind 2- bis mehrfache Klangkombinationen von hohen Registern, die nicht einzeln einschaltbar sind. So kann eine 6fach-Mixtur untrennbar die Fußlagen 2′, $1^1/_3$′, 1′, $^2/_3$′, $^1/_2$′, $^1/_3$′ enthalten.

Auf den ersten Blick erscheinen die Brüche in den Fußangaben etwas befremdend. Sie lassen sich jedoch logisch leicht begründen und von den Fußlagen der Grundregister ableiten. Bei den Oktaven muß kaum nochmals auf das (ein- bis mehrfache) Verdopplungs- oder Halbierungsverhältnis hingewiesen werden. Bei einem Quintregister aber, das eine Quinte über der 8′-Lage erklingt, steht jede Pfeife eine Quinte höher, ihre Länge muß also $^2/_3$ der entsprechenden 8′-Pfeife betragen: $^2/_3$ von 8 = $5^1/_3$′. Die Länge der Duodezime ist dann nochmals die Hälfte davon, also $2^2/_3$′. In der Tabelle werden die Fußlagen verschiedener Obertöne zusammengestellt. Dabei sind auch Intervalle berücksichtigt, die in Pfeifenorgeln kaum oder nicht vorkommen, aber in elektronischen Orgeln anzutreffen sind, wie Moll-Terz (kleine Terz) oder None. Die normalerweise vorhandenen Fußlagen sind unterstrichen.

Fußlagen von Aliquotstimmen (ohne Oktaven)

	über	32′	16′	8′	4′	2′	1′
Moll-Terz	$^6/_5$	$26^2/_3$	$13^1/_3$	$6^2/_3$	$3^1/_3$	$1^2/_3$	$^5/_6$
Dur-Terz	$^5/_4$	$25^3/_5$	$12^4/_5$	$6^2/_5$	$3^1/_5$	$1^3/_5$	$^4/_5$
Quarte	$^4/_3$	24	12	6	3	$1^1/_2$	$^3/_4$
Quinte	$^3/_2$	$21^1/_3$	$10^2/_3$	$5^1/_3$	$2^2/_3$	$1^1/_3$	$^2/_3$
Große Sexte	$^5/_3$	$19^1/_5$	$9^3/_5$	$4^4/_5$	$2^2/_5$	$1^1/_5$	$^3/_5$
Harm. Septime	$^7/_4$	$18^2/_7$	$9^1/_7$	$4^4/_7$	$2^2/_7$	$1^1/_7$	$^4/_7$
None	$^9/_4$	$14^2/_9$	$7^1/_9$	$3^5/_9$	$1^7/_9$	$^8/_9$	$^4/_9$

Bestimmte Fußlagen sind aber mit Vorsicht zu gebrauchen. So erzeugt z. B. die hinzugefügte Moll-Terz in der Tiefe unangenehme Reibungen mit der Naturterz der Grundstimmung oder noch mehr bei jedem gespielten Dur-Terz-Zusammenklang. Auch die Quarte wirkt nach unten dissonant. Aus diesem Grunde führt man gewisse Füllstimmen nicht über die ganze Klaviatur unverändert bis nach unten. Vielmehr werden sie dort, wo sie gefährlich werden, durch andere Intervalle ersetzt. Beispiel: Bei ein und demselben Moll-Terz-Register (oder Moll-Terz als Mixturkomponente) ist von oben nach unten anzutreffen:

bis zur	c^1-Taste:	Moll-Terz	$^6/_5$
ab	h-Taste:	Dur-Terz	$^5/_4$
ab	e-Taste:	Quinte	$^3/_2$ bis hinunter zur C-Taste.

Außer diesen Unregelmäßigkeiten kommt noch eine *Repetition* genannte Technik hinzu: Die sehr hohen Klangkomponenten können nicht bis zur obersten Taste hinaufgeführt werden, da dann die Pfeifen zu klein und die Töne sogar aus dem Hörbereich fallen würden. Von unten nach oben gespielt, springen solche Komponenten, wo erforderlich (und meistens auf einer fis-Taste), wieder eine Oktave zurück.

Zur quantitativen Erfassung der Unverträglichkeit zu naher Frequenzen dient das Phänomen der *Kombinationstöne*, welche durch die von Tartini gegebene Beschreibung (1754) näher bekannt wurden, aber schon 1744 durch den Organisten Georg Andres Sorge aus Lobenstein entdeckt worden waren. Tartini gibt jedenfalls eine nähere Beschreibung zur Entstehung des »terzo suono«, des 3. Tons mit Frequenz f_1-f_2, der im Ohr entsteht, wenn 2 Töne mit Frequenz f_1 und f_2 gleichzeitig erklingen: Es ist der *Differenzton*. Es gibt auch einen *Summenton*, aber er ist weniger wichtig und schwerer zu hören, weil er in den Bereich der Teilschwingungen fällt.

Ist die Übertragung (Ohr, Mikrophon, Verstärker, Lautsprecher) von 2 gleichzeitigen Schwingungen

$$A = a \cos 2\pi f_1 t \qquad B = b \cos 2\pi f_2 t$$

nicht vollkommen linear (nicht proportional), so werden auf der Wiedergabeseite außer der gewollten Summe $(A + B)$ auch Potenzen davon erzeugt, mindestens das Quadrat. Da aber $(A + B)^2 = A^2 + 2AB + B^2$, ist dabei auch das Produkt $2AB$ vorhanden. Aus der trigonometrischen Formel

$$2 \cos\alpha \cos\beta = \cos(\alpha + \beta) + \cos(\alpha - \beta)$$

folgt für unsere Schwingungen

$$2AB = ab \cos 2\pi (f_1 + f_2) t + ab \cos 2\pi (f_2 - f_1) t .$$

Das ist der Ausdruck für die beiden Kombinationstöne $f_1 + f_2$ und $f_1 - f_2$.

Der Differenzton stellt sich so ein, daß die beiden ihn erzeugenden Töne als seine Oberschwingungen erscheinen. Davon wird in der Orgeltechnik auch Gebrauch gemacht, um große, tiefe, teure Pfeifen zu sparen, wenigstens bei dumpfer, nicht durchdringender Klangfarbe. Beim Zusammenklingen einer Frequenz $2f$ (Oktave) und der Frequenz $3f$ (Quinte) leitet das Ohr durch innere lineare Verzerrung einen im Schallfeld physikalisch nicht vorhandenen Differenzton $3f - 2f = f$ ab. So kann eine 16′- zusammen mit einer (Quint-)$10^2/_3$′-Pfeife ein 32′ vortäuschen (vgl. die Beschreibung des Schlagtons bei der Glocke; s. 3.214).

Bezogen auf die Verwendbarkeit eines Moll-Terz-Füllstimmregisters ergibt sich aus der Differenztonbildung folgende Überlegung: Die erste Dur-Terz einer 8′-Pfeife mit Frequenz f ist der Partialton $5f$. Er befindet sich in der Fußlage 2′, eine Dur-Terz über $4f$. Der Grundton der gleichzeitig als Füllstimme direkt über $4f$ erklingenden Moll-Terz hat Frequenz $4 \cdot {}^6/_5 = 4{,}8f$. Es entsteht also der Differenzton mit Frequenz $(5 - 4{,}8)f = 0{,}2f$. Am obersten Teil der Klaviatur, in der Gegend von $f = 1000$ Hz, liegt der Differenzton bei $0{,}2 \cdot 1000 = 200$ Hz, was nicht störend empfunden wird, da 1000 Hz harmonisch dazu ist. In tiefer Region hingegen, um $f = 60$ Hz, wird die Frequenz des Dur-Moll-Differenztons $0{,}2 \cdot 60 = 12$ Hz, also außerhalb des Gebiets der Tonempfindung, weswegen er als unpassendes Störgeräusch wirkt.

Bei geringer Verstimmung von 2 Pfeifen (also mit sehr nahe liegenden Frequenzen) ergibt sich eine *Schwebung*, womit physikalisch gemeint ist, daß man nur einen Ton hört, aber einen mit schwankender Amplitude. Die Frequenz des Bebens, der empfundenen Amplitudenmodulation, ist gleich dem Frequenzunterschied der beiden erzeugenden Töne.

Die Überlagerung zweier Schwingungen gleicher Amplitude mit Frequenzen F_1 und F_2

$$A = a \cos 2\pi F_1 t \qquad B = a \cos 2\pi F_2 t$$

gibt wegen

$$\cos\alpha + \cos\beta = 2 \cos {}^1/_2 (\alpha - \beta) \cos {}^1/_2 (\alpha + \beta)$$

die Summe

$$A + B = 2a \cos 2\pi \frac{F_1 - F_2}{2} t \cos 2\pi \frac{F_1 + F_2}{2} t.$$

Sind die beiden Frequenzen nahezu gleich, mit Unterschied $f = F_1 - F_2$, wird daraus

$$A + B = 2a \cos 2\pi f/2\, t \cos 2\pi \frac{F_1 + F_2}{2} t.$$

Somit schwingt die dem Mittelwert $(F_1 + F_2)/2$ entsprechende Frequenz mit einer Amplitude, die mit Frequenz $f/2$ moduliert wird. Es ist die Schwebung genannte Erscheinung. Entgegen dem Differenzton ist die Schwebung als physikalische Realität vorhanden

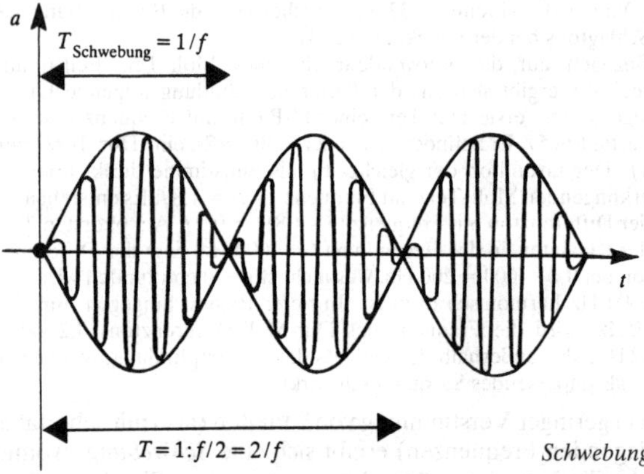

Schwebung

und nicht durch verzerrende Übertragung sekundär erzeugt. Die Schwingung mit Frequenz $f/2$ ist die Hüllkurve der Gesamterscheinung und spiegelbildlich zu ergänzen. Die gehörten Amplitudenschwankungen folgen sich mit Frequenz f.

Die Schwebung dient zur Verwirklichung verschiedener charakteristischer Orgelregister. Dazu sind um wenige Schwingungen in der Sekunde leicht verstimmte Pfeifen vorgesehen, die man zu bestimmten Registern schalten kann. Es entsteht dann im 8′-Register die etwas sentimentale *Vox humana* (Menschenstimme), bei anderen Flötenfarben die *Unda maris* (Meereswellen) und im 4′-Register die *Vox angelica* (Engelsstimme) oder die *Vox coelestis* (Himmlische Stimme), wobei auch andere Bezeichnungen vorkommen können.

Das Einstimmen derselben Schwebefrequenz über ein ganzes Register wäre schwer zu erreichen, ist auch weder ratsam noch wünschenswert. Die kleinen Unterschiede von Ton zu Ton lassen das Beben lebendiger erscheinen, im Gegensatz zum ermüdenden, unbefriedigenden und kitschigen, weil zu starren »Vibrato« von elektronischen Orgeln.

Die Schwebung leistet beim Stimmen sehr gute Dienste. Je mehr man die Frequenzen einer Pfeife einer anderen Pfeife annähert, um so langsamer wird die Schwebung, bis sie, bei vollkommener Übereinstimmung der Frequenzen, ganz verschwindet.

Durch Annullieren der Schwebung gemeinsamer Obertöne zweier Saiten lassen sich die reinen Quinten der Streichinstrumente genau stimmen. Für die wohltemperierte Stimmung helfen die Schwebungen, den gewollten »Fehler« zu kleiner Quinten genau festzulegen. Beispiel: Über $a^1 = 440$ Hz soll die temperierte Quinte e^2 eingestellt werden. Tiefste gemeinsame Teiltöne sind:

für a^1 die Duodezime e^3, d. h. der dritte Teilton, also mit Frequenz $3 \cdot 440 = 1320$ Hz,
für e^2 die Oktave e^3 in der jetzt zu treffenden Temperierung.

Da ein temperierter Halbton $\sqrt[12]{2} = 2^{1/12}$ beträgt, ist die temperierte Quinte e^3 über a^2 (7 Halbtöne höher) $2^{7/12} \cdot 880 = 1318{,}51$ Hz. Das im Sinne der Temperierung richtig gestimmte e^2 muß also $1320 - 1318{,}51 = 1{,}49$ Amplitudenschwankungen in der Sekunde erzeugen. Oder, was dasselbe ist und mit der Stoppuhr kontrolliert werden kann, 10 Schwebungen sollten $10/1{,}49 = 6{,}7$ Sekunden dauern.

Hier wird es verständlich, warum sich die Orgel länger als die anderen Tasteninstrumente der wohltemperierten Stimmung widersetzte: Es entsteht das gravierende Stimmproblem des Konflikts zwischen rein gestimmten Obertonregistern und den temperierten Skalentönen.

Der nicht zu häufige *Zimbelstern* besteht aus kleinen, beim Plenum zu gebrauchenden Glöckchen, die ein sich drehendes, mit Hämmerchen versehenes Rad anschlägt.

Eine andere Art der Erzeugung von periodischen Amplitudenschwankungen ist der *Tremulant*. Dabei wird die Luftzufuhr zu den Pfeifen mechanisch, mit regelbarer Stärke, ins periodische Stocken gebracht. Die Wirkung erstreckt sich auf alle gerade gezogenen Register eines Manuals.

1.314 **Der Aufbau der Orgel**

Eine Orgel enthält ein bis mehrere *Werke*, jedes mit in sich geschlossenem Registersatz und alle im meist reich verzierten Orgelgehäuse, das Schutz und Klangverstärkung zugleich ist, untergebracht. Sie stehen nicht hinter-, sondern fast ausnahmslos übereinander. Bei größeren Orgeln sind vorhanden:

Hauptwerk. Enthält die meisten Register, vorwiegend mit »großen und gravitätischen Mensuren« (Gottfried Silbermann, 1683–1753).

Oberwerk. Nach Silbermann »scharf und penetrant«. Wie der Name sagt, über dem Hauptwerk angebracht.

Brustwerk. »Delikat und lieblich«, unter dem Hauptwerk, direkt über dem Spielschrank.

Schwellwerk. Im hinterenTeil der Orgel, in einem Kasten eingeschlossen, der auf der vorderen Seite einen durch einen *Schwelltritt* regulierbaren Jalousieladen aufweist. (Die herausdringende Lautstärke hängt vom Öffnungsgrad ab.) Ermöglicht agogische Vortragsweise (Achtung, Gefahr!: kann bei Übertreibung kitschig wirken).

Rückpositiv. An der Emporenaußenseite, also hinter dem Rücken des bei mechanischen Orgeln dem Gehäuse zugewandten Organisten.

Fernwerk. Im Nebenraum oder Estrich, für Echoeffekte.

Pedalwerk. Die großen Pedalpfeifen sind meistens seitlich angeordnet, oft in 2 flankierenden *Pedaltürmen.*

Diese Einzelwerke werden auf eigenen, im *Spielschrank* auf der unteren Seite des Gehäuses untergebrachten *Klavieren* (von lat. clavis = Schlüssel, Taste) bespielt, den terrassenförmig übereinander angeordneten *Manualen*, und dem *Pedal.*

Auf eine Unregelmäßigkeit sehr alter Orgeln ist noch hinzuweisen: auf die *gebrochene* oder *kurze* unterste Oktave des Pedals. Ursprünglich diente das Pedal dazu, die tieferen Pfeifen der Manualregister erklingen zu lassen. Als dann dem Pedal eigene Register zugewiesen wurden, ergaben die gewünschten tiefen Töne ziemliche

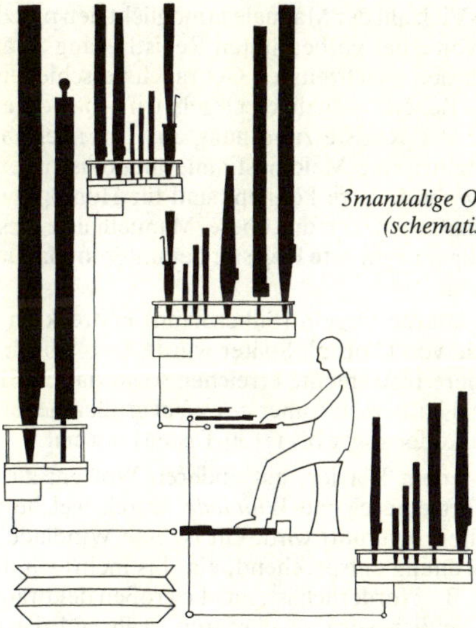

3manualige Orgel (schematisch)

Mehrkosten. Um zu sparen, verzichtete man im untersten Bereich auf vollständige Chromatik. Den untersten »weißen« Tasten wurden die Hauptfunktionen zugeordnet: Tonika (C), Unterdominante (F) und Dominante (G). Die dazwischenliegenden C-Dur-Töne wurden auf die »schwarzen« Tasten verlegt. Ein derart gekürztes, von A aufwärts normales Pedal kann folgendermaßen aussehen:

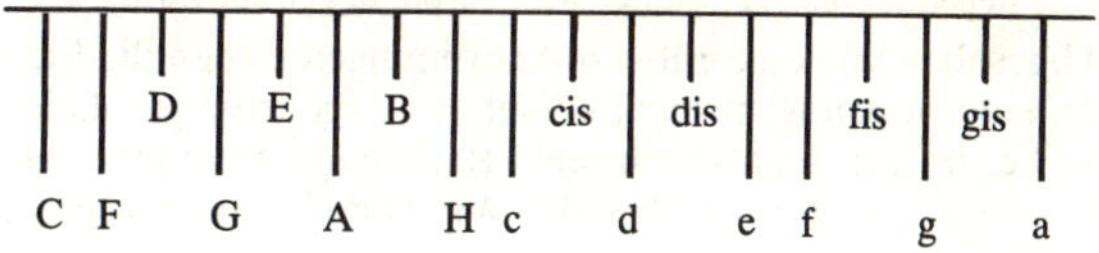

Orgel-Kurzpedal

Noch Silbermann pflegte auf das Cis zu verzichten.

Die Vielzahl der Manuale ermöglicht den plötzlichen Wechsel von einer vorbereiteten Registrierung zu anderen, aber auch den gleichzeitigen Gebrauch verschiedener Klangfarben. Bei einmanualigen Orgeln trifft man oft eine Unterteilung der Registerzuordnung an. Um auch in diesem Fall klanglich eine Melodiestimme monodisch von der Begleitung absetzen zu können, sind für Homophonie geeignete Klangfarben auf die obere Manualhälfte beschränkt und weniger profilierte Register der unteren Manualhälfte zugewiesen.

Bei älteren Orgeln (Silbermann) erstreckten sich die Manuale von C bis c^3. Später wurde C–f^3 üblich (54 Tasten). Neuere Instrumente erreichen sogar das c^4 (61 Tasten). Im Pedal hatte man früher c–c^1; bei großen neueren Orgeln ist C–d^1 oder sogar bis f^1 (30 Tasten) normal.

Zu jedem Klavier, mit anderen Worten: zu jedem Werk gehört eine eigene *Windlade*, durch welche die Luft den Pfeifen zugeführt wird. Oft ist eine Windlade, der Pfeifenanordnung entsprechend, ein- bis mehrfach unterteilt, wie es z. B. erforderlich ist, um die großen dekorativen Baßpfeifen seitlich vorn zu plazieren, während die anderen versteckten Pedalstimmen hinten aufgestellt werden.

Besonderheiten in der Verteilung sind üblich, vor allem bei großen Pfeifen. So befinden sich z. B. in jedem der beiden Pedaltürme immer nur Pfeifen in Ganztonfortschreitung. Man spricht in diesem Fall von C-Seite (mit C, D, E, Fis, Gis usw.) und von Cis-Seite (mit Cis, Dis, F, G usw.). Durch diese Verteilung wird ein symmetrischer Aufbau erleichtert und außerdem verhütet, daß ein Ton durch zu nahe liegende Resonanzen der Nachbarpfeife getrübt wird.

Abgesehen von dekorativen Anordnungen stehen die Pfeifen eines jeden Registers in einer zur Orgelfront parallelen Reihe, im ganzen also parallele Reihen hintereinander auf der Windlade. Direkt über der Windlade befindet sich der *Pfeifenstock*, ein Brett, auf dem die Spitze des Pfeifenfußes ruht; es weist die Bohrungen auf, durch die Luft in die Pfeifen gelangen kann. Etwas weiter oben wird der konische Pfeifenfuß durch das genau gebohrte Kreisloch eines anderen Brettes senkrecht gehalten. Es ist das *Pfeifenbrett*, auch *Pfeifenbank* genannt. Für kleine Pfeifen genügt diese Fixierung. Die größeren werden weit oben noch im ausgesparten Kreisabschnitt eines *Lehnbretts* (auch *Pfeifenlehne*) seitlich festgehalten.

Nicht immer stehen die Pfeifen direkt auf dem Pfeifenstock, manchmal nämlich im Prospekt. Dann wird durch ein gekrümmtes Rohr, die *Kondukte*, die Luft vom Pfeifenstock zur Pfeife geführt.

Die durch geringen Überdruck erzielte Luftzufuhr, in der Orgelsprache *Wind* genannt, wird durch *Schöpfbälge* erzeugt. In alter Zeit waren es ganze Reihen von Tretbälgen, von »Orgelbalgtretern« mit den Füßen und vollem Körpergewicht betätigt. Heute benutzt man elektrisch angetriebene Schleudergebläse. Die Luft kommt dann in den *Magazinbalg* (oder *Regulierbalg*), der als Reservoir einen gewissen Vorrat speichert, aber vor allem auch dazu dient, die vom Gebläse herrührenden Druckschwankungen auszugleichen und den Druck, der den Windladen zugeführt wird, zu bestimmen. Dieser Druck wird durch auf den Regulierbalg gesetzte Gewichte eingestellt. Die *Windkanäle* führen vom Magazinbalg zu den Windladen.

Der Magazinbalg kann verschiedene Formen aufweisen. Üblich sind der Kastenbalg und der Faltenbalg. Beim *Kastenbalg* steht ein beweglicher, luftdichter, aber unten offener Kasten senkrecht in einem nach oben offenen Gegenstück. Die Luft drückt den inneren Behälter nach oben. Dasselbe Prinzip gilt beim *Zylinderbalg* von kreisförmigem Querschnitt. Beim horizontalen *Faltenbalg* verbindet ein (wie an der Ziehharmonika) faltbares Leder 2 Bretter luftdicht miteinander. Die hineingepumpte Luft hebt das obere, wiederum beschwerte Brett hoch. In allen Fällen wird bei extrem hoher Stellung die Überluft durch ein Ventil abgelassen.

Beim Wind ist zu unterscheiden zwischen Druck und Menge: Der Druck muß richtig bemessen sein, denn wenn er zu klein ist, klingt das Instrument matt, mit unsicherer Tonbildung, bei zu starkem Druck scharf und schrill. Die Luftmenge muß hinreichend groß sein, um das Plenum (= viele gezogene Register) bei vollem Akkordspiel zu ermöglichen, ohne daß der Druck zusammenbricht.

Der Winddruck beträgt bei alten Orgeln 60–70 mm Wassersäule. Er richtet sich auch nach der Größe der Kirche. Bei sehr großen Orgeln muß der Winddruck differenziert werden, je nach Größe und Mensur der verschiedenen Pfeifensätze. Bei großen neueren Werken geht er bis zu 100 mm.
1 Atmosphäre in Meereshöhe hebt im Barometer das Quecksilber (mit Dichte d = 13,55 g/cm^3) 760 mm hoch. Eine entsprechende Wassersäule muß d-mal höher sein, also 0,76 · 13,55 = (mit hinreichender Annäherung) 10 m. Der Überdruck in der Orgel liegt demnach bei etwa $^1/_{10}$ atü oder weniger.

Es bleibt noch der vielleicht wesentlichste Punkt der Orgel – an dem sich die Meinungen scheiden – zu erklären: Wie geht man vor, um mit *einer* Taste, je nach Wunsch, die zu *verschiedenen* Registern gehörenden Pfeifen zum Klingen zu bringen? Für jede Pfeife sind zwei Adressen nötig: die durch die Taste bestimmte Tonhöhe und die durch Registerzug oder -züge gegebene Klangfarbe. Die Spieleinrichtungen unterscheiden sich wesentlich durch die Reihenfolge, in der dieses Zweikomponentensystem angesteuert wird. Läßt man Nebenentwicklungen beiseite, bleiben zwei prinzipiell verschiedene, sogar konträre Bauprinzipien zu vergleichen: die Ton- oder Schleiflade und die Register- oder Kegellade.

1.315 **Die mechanische Steuerung**

1.3151 Die Schleiflade

Die Ton- oder Schleiflade stellt die sauberste Lösung dar, die einfachste, übersichtlichste und bewährteste; im Barock hat sie sich ausschließlich durchgesetzt. Die berüchtigten »Heuler«, das sind im Dauerton hängengebliebene Pfeifen, kommen bei ihr so gut wie nicht vor. Sie soll nun beschrieben werden.
Die Windlade muß man sich als einen großen, flachen Kasten (daher auch: Windkasten) vorstellen, über dem die vom Pfeifenstock getragenen Pfeifen in Reihen parallel zur Orgelfront emporragen, je eine pro Register. Die Windlade ist jetzt durch senkrechte Wände, welche rechtwinklig von

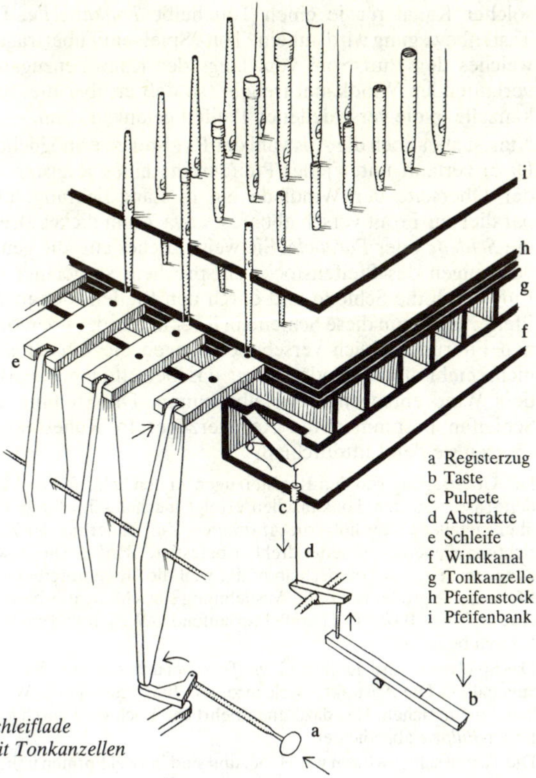

Schleiflade mit Tonkanzellen

der Orgelfront weg verlaufen, derart unterteilt, daß genau so viele Kanäle entstehen, wie die zugeordnete Klaviatur Tasten aufweist. Die Pfeifenreihe eines jeden Registers ist quer aufgestellt und so, daß alle zur gleichen Taste gehörenden Pfeifen (verschiedener Klangfarben und Fußlagen) auf dieselbe Unterteilung der Windlade zu stehen kommen. Ein solcher Kanal für je einen Ton heißt *Tonkanzelle*. Die Tastenbewegung wird auf ein (Ton-)Spielventil übertragen, welches den Luftstrom vom längs der Kanzellenzugänge verlaufenden Windkanal freigibt, so daß er über die Tonkanzelle in die verschiedenen Pfeifen gelangen kann.

Nun ist aber noch die Auswahl der Register zu ermöglichen. Dazu verläuft unter jeder Pfeifenreihe eines Registers an der Oberseite der Windlade ein in Längsrichtung, also parallel zur Front verschiebbares, etwa 7 mm dickes Brett: die *Schleife* oder *Parallele*. Sie weist Löcher auf, die genau denjenigen des Pfeifenstocks entsprechen; so gelangt die Luft durch die Schleife und durch den Pfeifenstock in die Pfeife. Wird nun diese Schleife in ihrer mit Leder überzogenen Führung seitlich verschoben, liegen die Löcher also nicht mehr übereinander, wird das betreffende Register dem Wind entzogen und bleibt stumm. Die Stellung der Schleifen bestimmen die Registerzüge. In Ruhestellung sperren sie den Luftdurchlaß.

Die Übertragung von den Registerzügen zu den Schleifen und von den Tasten zu den Tonkanzellen erfolgt mechanisch, durch Zug über metallene oder hölzerne *Abstrakten*. Zur Änderung der Zugrichtung dienen im Scheitel drehbar befestigte *Winkel*. Die Bewegung zur Seite – schon deshalb nötig, weil die Gesamtbreite einer Pfeifenreihe größer ist als die Ausdehnung eines Manuals – bewirkt eine drehbare *Welle*. Die parallel verlaufenden Wellen sind am *Wellenbrett* befestigt.

Das Spielventil wird durch die *Ventilfeder* bei unbespieltem Zustand zugehalten. Die Abstrakte, welche zu ihm führt, muß in die Windlade hineinreichen. Das dazu unentbehrliche Loch wird durch eine Leder-*Pulpete* abgedichtet.

Die Tasten selber wirken wie Hebel und sind in zwei Formen üblich: mit Drehpunkt am Hebelende, wobei die Taste die etwa in ihrer Mitte befestigte Abstrakte nach unten zieht, oder mit Drehpunkt in der Mitte, wobei das innere Hebelende die Abstrakte nach oben zieht.

Fassen wir zur Verdeutlichung zusammen: Wird eine Taste niedergedrückt, öffnet sich das zu ihr gehörende Spielventil der entsprechenden Tonkanzelle in der Windlade. Der

Wind gerät in die Kanzelle und weicht über alle Pfeifen jener Register aus, deren Schleifen in Spielstellung gebracht sind.

Weitere Spielhilfen:

• Freie Zusatzregistrierung für die Vorbereitung einer zusätzlichen Registrierung zur gerade gespielten. Das sieht in der einfachsten Form so aus: Die Registerzüge auf beiden Seiten der Manuale werden durch Verschieben zur Seite hin betätigt. Die Züge für später hinzugewünschte Register werden hingegen etwas herausgezogen. Ein Pedal, im geeigneten Moment gedrückt, verschiebt alle die so vorbereiteten Züge in Spielstellung.

• *Tutti:* Ein anderes Pedal stellt alle Register ein.

• *Transmission:* Die Register eines Manuals werden einem anderen Manual oder dem Pedal über eine eigene Vorrichtung zugewiesen.

1.3152 Die Kegellade

Schon 1755 gelang J. S. Hausdörfer jene fatale, allerdings schon im alten Rom vorgebildete Erfindung, welche, vermeintlichem Fortschritt huldigend, die Abkehr von der monumentalen Schlichtheit der Barockorgel einleitete und das fragwürdige Ziel einer Orgel als Orchesterimitation und -ersatz anzustreben erleichterte: das *Kegelventil*.

Bis etwa 1700 waren *Springladen* gebräuchlich, bei denen jede Pfeife ein eigenes Ventil besaß. Das System wurde dann total verdrängt durch die Schleiflade, dank ihrer durch bestechende Einfachheit verringerten Störanfälligkeit. Das bis dahin vervollkommnete Kegelventil erlaubte dem Ludwigsburger Orgelbauer Eberhard Friedrich Walcker 1842 die Konstruktion der *Kegellade*.

Mit ihr wird der Vorgang der Zuführung des Windes zur Pfeife umgekehrt; die Kanzellen verlaufen nicht mehr im rechten Winkel zur Orgelfront nach hinten, sondern sind parallel zu ihr angebracht. So kommen alle Pfeifen eines

Registers auf dieselbe Kanzelle zu stehen – daher die Bezeichnung *Registerkanzelle*. Jetzt wirkt die Registrierung auf ein Ventil, das die Luft vorsorglich in die ganze Kanzelle einläßt, selbst wenn kein Ton gespielt wird. Die Taste betätigt dann ein zusätzliches Ventil (eines pro Pfeife!), das dem sich schon unmittelbar darunter befindenden Luftüberdruck den Weg zur Pfeife öffnet. Dies bewirkt gegenüber der Tonkanzelle, bei der die Luft erst noch in die Kanzelle zu strömen hatte, einen härteren, explosiveren Toneinsatz. Außerdem sind bei der Registerkanzelle die gleichzeitig angesprochenen Pfeifen eines jeden Tones völlig voneinander abgekoppelt. Bei der Tonkanzelle werden die durch die Registrierung zusammengebrachten Pfeifen vom selben Luftstrom (aus derselben Kanzelle) gespeist; er fördert so die Klangfarbenmischung.

Näher und genauer betrachtet, erscheint der Unterschied zwischen den beiden zu gegensätzlichen Systemen gehörenden Toneinsätzen etwas differenzierter. Es geht um unterschiedliche *Einschwingvorgänge*. (Einschwingvorgang wird die Gesamtheit jener komplizierten Übergangserscheinungen genannt, die sich im Zeitintervall zwischen dem Niederdrücken der Taste und dem Erreichen des stationären Schwingungszustands abwickeln.) In Wirklichkeit bildet sich der Grundton bei der Tonkanzelle rascher aus (40 ms) als bei der Registerkanzelle (60 ms). Im zweiten Fall nimmt zwar, wie gesagt, die Amplitude der Grundtonschwingung langsamer zu, aber diejenige des 3. Teiltons kommt ihr zuvor und übertrifft sie sogar vorübergehend. Aus diesem Grund scheint der Einschwingvorgang global rascher und härter zu erfolgen als bei der Tonkanzelle, wo sich alle Komponenten milder herausbilden. Vor allem geht bei der Tonkanzelle die Grundtonamplitude in ihrer Bildung eindeutig voran, während die anderen Komponenten unaufdringlich nachfolgen. In vielen Fällen ist bei Barockorgeln der Einschwingvorgang deutlich zu hören. Er entspricht dem Luftstrom, der einfließt, bevor er zur Bildung stehender Wellen am Ende zurückgeworfen wird. Diese Eigenschaft verleiht jenen Registern einen besonderen Reiz. Die Dauer des Einschwingvorgangs befindet sich, je nach Instrument, meistens unterhalb der Größenordnung von 50 ms, erreicht aber bei der Flöte die außerordentliche Länge von 0,1 s.
Die Bezeichnung Kegellade für Registerlade leitet sich von der

Kegellade
mit Registerkanzellen

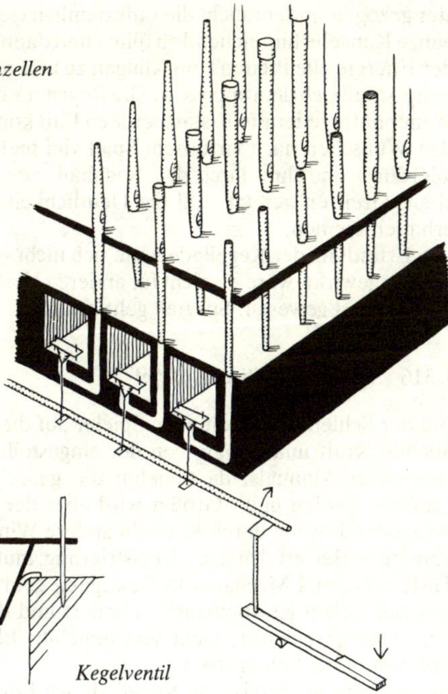

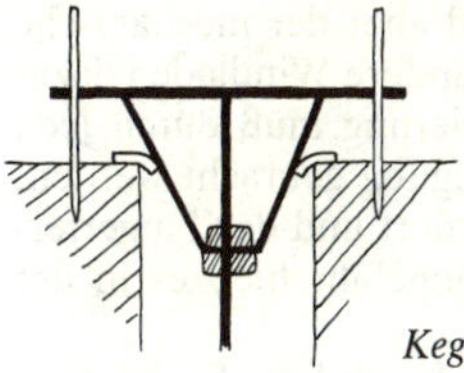

Kegelventil

Form der Ventile her. Es sind dies kleine Kegel, welche, mit der Spitze nach unten, lederumrandete Kreislöcher am Kanzellenboden dichthalten. Eine Feder erübrigt sich, da der Luftdruck, mit dem die aktivierte Registerkanzelle beschickt ist, auf die nach oben gerichtete Kegelbasis wirkt. Zum Spielen wird über den von der Taste betätigten Übertragungsmechanismus durch einen in die Kanzelle ragenden *Stecher* der Kegel hochgehoben; der Wind gelangt in den vorerst nach unten führenden, dann zur Pfeife hochgehobenen Leiter.

Die Erfindung der Registerkanzelle bezweckte ursprünglich etwas anderes. Wenn bei einer Schleifladenorgel viele Regi-

ster gezogen sind, braucht die Luft ziemlich viel Zeit, um die ganze Kanzelle hinreichend zu füllen und dann mit genügender Energie alle Pfeifen zum Klingen zu bringen. Das Spieltempo muß sich dem anpassen. Die Registerkanzelle mit der immer unter jeder Pfeife startbereiten Luft kommt hingegen den Wünschen nach virtuosem Spiel viel mehr entgegen – allerdings sind ihm durch den Nachhall, vor allem in Kirchen, Grenzen gesetzt, soll die Deutlichkeit des Vortrags erhalten bleiben.
Die Erfindung der Kegellade hätte sich nicht so verhängnisvoll ausgewirkt, wäre sie nicht für andere »Verbesserungen« wegweisend gewesen. Speziell geht es um

1.316 **Die pneumatische Orgel**

Bei der Schleiflade ist die vom Spieler auf die Taste auszuübende Kraft unabhängig von der eingestellten Registrierung eines Manuals, da ohnehin die ganze Tonkanzelle geöffnet werden muß. Größer wird aber der mechanische Widerstand, wenn durch Koppeln andere Windladen dazukommen. Bei großzügiger Registrierung muß durch jede Taste recht viel Mechanik in Bewegung gebracht werden, was ziemlichen Kraftaufwand erfordert und der Fingerfertigkeit entgegenwirkt; nicht von ungefähr hieß es in der Frühzeit »Orgelschlagen«.
Bei der rein mechanischen Kegellade wird die Sache noch schlimmer. Jede Taste muß alle ihr zugeteilten (Ton-)Kegel emporheben, auch die der nicht klingenden Register. Je mehr Register eingeschaltet werden, um so mehr Kegel werden zudem durch den Druck in den (Register-)Kanzellen niedergehalten und um so größer wird der erforderliche Kraftaufwand.

Es wird auch die Ansicht vertreten, das Gefühl eines mit der Lautstärke steigenden Widerstandes sei begrüßenswert und verhindere eine höherer Schalleistung unangemessene Spielgeschwindigkeit; auch sei es gut, wenn größere Lautstärke nur mit größerer Anstrengung zu erreichen ist.

Dem allen half die nach Charles Barker (1804–1879), einem in der Heimat verkannten, aber in Frankreich erfolgreichen Engländer, benannte *Barker-Mechanik*, auch *Pneumatischer Hebel* genanntc Erfindung (1832) ab. Der Barker-Hebel ist ein Relais, welches bewirkt, daß der Übertragungsmechanismus nur noch zur Steuerung dient, die Kraft aber pneumatisch durch kleine Pumpenventile erzeugt wird. Der erste Einsatz erfolgte durch den französischen Meister Aristide Cavaillé-Coll in Paris (St-Denis, 1841). Erst diese hybride Lösung pneumatischer Kraftentfaltung, aber mechanischer Übertragung ermöglichte überhaupt die Realisierung großer Registerkanzellen-Orgeln. So konnte nun die Orgel dem Wunsch der Romantik nach einer immer größeren Registerzahl weitgehend entgegenkommen.

Die logische Weiterführung der Idee war der umstürzende Verzicht auf die Mechanik und ihr Ersatz durch die Pneumatik. Verwirklicht haben ihn G. Sanders in Braunschweig (1865) und der Engländer Henry Willis (1867) in der *Röhrenpneumatik*. Dabei wird die ganze früher von der Taste bewegte Traktur durch Metallröhrchen ersetzt. Die Taste betätigt ein kleines Ventil, welches Druckluft in ihr Röhrchen einläßt, die, am Spielventil angelangt, dieses steuert. Nochmals wird dann die zum Öffnen erforderliche Kraft pneumatisch geliefert. Dasselbe gilt auch für die Registrierung, die ja bei der Registerkanzelle ebenfalls durch Ventile erfolgt. Die als Knopf oder Kipphebel (1- oder 2armig) geformten Registerzüge wirken ebenso auf Luftröhrchen, die zu den Kanzellenventilen führen.

Durch diese Lösung werden dem Ausbau der Orgeln kaum noch Grenzen gesetzt, nicht nur in bezug auf den Umfang des Pfeifeninventars, sondern auch in der immer raffinierteren Gestaltung von Spielhilfen, unter denen die Kombinationen besonders zu erwähnen sind:

- *Festkombinationen.* Zur Vereinfachung des Gebrauchs für den nicht zu anspruchsvollen Sonntagsdienst stehen risikolose, nach Stärkegraden abgestufte feste Registerzusammenstellungen zur Verfügung. Der Organist wird dadurch der eingehenden Analyse der Klangmöglichkeiten des Instruments enthoben. Er braucht nur noch durch Knöpfe im Manualbereich oder durch kleine Trittschalter zwischen »pp« (pianissimo), »p« (piano), »mf« (mezzoforte), »f« (forte) oder »ff« (fortissimo) zu wählen. Häufig kann das Pedal allein als »Piano-Pedal« oder »Forte-Pedal« geschaltet werden. Diese Bequemlichkeit wird durch eine gewisse Monotonie der sehr neutral wirkenden Registrierung erkauft. Bei großen Orgeln sind auch feste Kombinationen nach Klangfarben anzutreffen, wie »Choralwerk«, »Labialwerk«, »Prinzipalchor«, »Gambenchor«, »Flötenchor«, »Rohrwerk« (= sämtliche Zungenstimmen).

• *Freikombinationen.* Individuell vorbereitete Registrierungen lassen sich so fixieren, daß sie sogar während des Spiels durch Knopf oder Pedal ein- und ausgeschaltet werden können. Je nach Orgeltyp geschieht die Vorausbestimmung der gewünschten Register auf unterschiedliche Art. Sind Knöpfe vorhanden, die zum sofortigen Einschalten eines Registers gezogen werden müssen, schaltet man an ihnen die Kombination durch Vierteldrehung nach rechts ein. Eine zweite Kombination kann durch Vierteldrehung nach links vorbereitet werden, unabhängig davon, ob die Knöpfe gerade gezogen sind oder nicht. Mit einem einzigen Knopf oder Tritt, als »Kombination I« bezeichnet, kommen alle »rechtsgedrehten« Register zum Klingen, »Kombination II« schaltet die »linksgedrehten« Register ein. – Bei Registrierung mit Kipphebeln sind noch mehr Freikombinationen möglich. Die Haupthebel haben hier eine Ergänzung in parallel verlaufenden, mit kleineren Zungen bestückten Zusatzreihen. Auf jeder dieser Reihen können freie Kombinationen vorbereitet werden, die jederzeit während des Vortrags zur Verfügung stehen. Interessant ist eine Sperrvorrichtung für Kombinationen: Der Hausorganist kann in einem abschließbaren Kästchen seine Registrierungen einstellen und unabhängig vom Gebrauch der Orgel durch Gastorganisten fixieren.

Besondere Gunst genießen auch die *Koppeln.* Sie schalten

ein Manual jedem beliebigen anderen Manual oder dem Pedal zu. Wichtig sind die *Oktavkoppeln*, bei denen hinsichtlich ihrer Wirkung zu unterscheiden ist zwischen der *Superoktavkoppel* (oft vereinfacht, aber irreführend »Oktavkoppel« genannt), durch welche die Töne der nächsthöheren Oktave desselben Registers mitklingen, und der *Suboktavkoppel*, durch die die 16′-Lage zum normalen 8′ hinzukommt.

Es gibt auch negative Register. Eine zusätzliche Replik der Registerzungenreihe (ähnlich wie für die freien Kombinationen) ermöglicht es, bei allen Kombinationen bestimmte Register auszuschalten. Dies wird vor allem dann wichtig, wenn ein Zungenregister auffällig verstimmt ist oder wenn sich in einem Register ein »Heuler« festgeklemmt hat. Spezielle Zusätze sind die Rohrwerkausschaltungen zum Stillegen der besonders leicht verstimmenden Zungenregister und der Mixturausschalter (da sich bei Mixturen Stimmungsmängel besonders unangenehm bemerkbar machen).

Ziemlich selten ist die Einrichtung des *Prolongements*: Dem dritten Klavierpedal ähnlich, wird mit einem Tritt ein Ton oder ein Akkord auch nach dem Loslassen der Tasten festgehalten.

Zu weit größerer Beliebtheit gelangte das Schwellwerk (s. 1.314), ein volles Werk in einem großen Kasten, dessen vordere Wand über den *Schwelltritt* schwenkbare Jalousieläden bilden. Es wurde schon 1712 von dem Engländer Jordan erfunden und ist nicht zu verwechseln mit dem *Crescendotritt*, der eher mit den Festkombinationen zu vergleichen ist, da er bei forciertem Niederdrücken immer mehr Register zur Intensitätssteigerung freigibt. Oft wird die gleiche Einrichtung durch eine Fußwalze, den *Rollschweller*, gesteuert.

Die vielen Klaviere, Registerzüge und Spielhilfen erfordern erheblichen Platz. Andererseits kann die Führung der Übertragungsröhrchen freier erfolgen als der Aufbau der mechanischen Einrichtung. So wurde es üblich, einen vom Orgelkasten unabhängigen Spieltisch frei aufzustellen.

Die vielen neuen Möglichkeiten sind nicht immer zum Nutzen guter Orgelmusik gebraucht worden. Gigantomanie führte oft dazu, ein Instrument weniger nach seiner Klangqualität als nach der Register- und Pfeifenmenge zu bewerten. Übergroße, etwa ein Sinfonieorchester imitierende

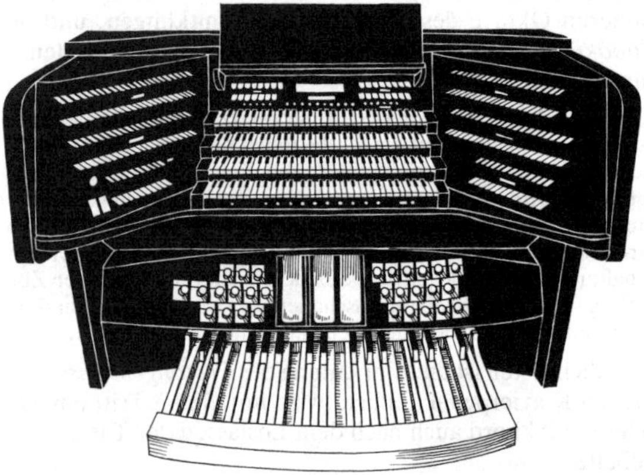

Moderner Orgelspieltisch

oder übertreffende, sogar Schlagzeug und Militärmusikeffekte enthaltende Ungeheuer von Orgeln triumphierten um 1900. Konstruktiv bedingte, daher unvermeidliche Nachteile wurden dafür in Kauf genommen, vor allem die Verzögerung der Übertragung von der Taste zum Tonventil. Während die frühere Mechanik – abgesehen von der bewegungshemmenden Trägheit – momentan wirkte, muß ja bei der pneumatischen Steuerung der Druckimpuls das ganze Röhrchen durchlaufen, bevor er wirksam wird. Um diesen Nachteil zu verringern, wählte man höheren Luftdruck.
Leider glaubte man, auch die alten Instrumente »modernisieren« oder »restaurieren« zu müssen, was oft nur das Beibehalten der alten Pfeifen bedeutete, unter totaler Umstellung der gesamten Steuerung auf Pneumatik, inklusive

Erhöhung des Druckes. Dadurch wurden viele großartige Kunstwerke zerstört. Nur wenige konnten später, wenigstens der Absicht nach, rekonstruiert werden.
Ein weiterer Nachteil der Pneumatik ist der Verlust des direkten Kontakts von der Taste zum Spielventil. Bei mechanischer Traktur kann man mit entsprechendem Feingefühl die Klangfarbe, vor allem den Toneinsatz, durch die Geschwindigkeit, mit der die Taste niedergedrückt wird, beeinflussen.

1.317 **Die elektropneumatische Orgel**

Die Abkehr von der unverfälschten Orgel setzte sich fort, als die elektrische Leitung an die Stelle der Röhrchenpneumatik trat. Erdacht hat die elektrische Traktur der Franzose Peschard 1862; 1868 ließ Barker sie sich patentieren, und 10 Jahre später wurde sie lebensfähig konstruiert von Schmoele & Mols in Philadelphia. Der Firmenname steht für die Industrialisierung einer einst mit handwerklicher Liebe individuell gepflegten Kunst!
Eventuell noch bestehende konstruktive Schwierigkeiten werden in diesem System durch die Vielzahl möglicher Schaltkreise und Relais zur Steuerung von Spiel- und Registerventilen überwunden. Die kompliziertesten Wünsche lassen sich mit wenigen Lötstellen verwirklichen. Seitdem alle Selektionen – sowohl der zu spielenden Töne als auch der Register – durch elektrische Leitungen übermittelt werden, können die Pfeifen direkt auf der Windlade stehen, jede mit einem eigenen elektropneumatischen Ventil versehen.
Durch die elektrische Steuerung ist jetzt auch jede Verspätung der Übertragung verschwunden, die nur noch kabelabhängige Aufstellung des Spieltisches wird noch freier. In dieser Riesenmaschine wird aber die Taste zum elektrischen Kommandoknopf erniedrigt.
Die große Freiheit der Planung führte auch zu orgelunwürdigen Erweiterungen, vor allem an den vor der Erfindung

des Tonfilms so wichtig genommenen und oft sehr teuer ausgelegten Kinoorgeln, die allen szenischen Situationen klanguntermalend gerecht werden sollten mit Schlagzeug, Röhrenglocken, Windgeheul, Sturm- und Donnerrealismus etc. Der Tonfilm ließ alle diese kostspieligen Zwittergebilde verstummen.

1.318 **Die reformierende Orgelbewegung**

Durch Albert Schweitzer (1875–1965) besonders angeregt und durch die Wiederentdeckung der Schnitger-Orgel zu St. Jacobi in Hamburg (1921) gefördert, setzte im Norden Europas eine Reformbewegung ein mit dem Zweck, der ursprünglichen, schlichten und großartigen Barockorgel zu neuer Achtung zu verhelfen. Wo es möglich war, hat man Orgeln sachgemäß restauriert, d. h., die Verschlimmbesserungen wurden rückgängig gemacht, die mechanischen Trakturen mittels Tonkanzellen wiederhergestellt, der Winddruck auf die ursprünglichen Werte reduziert usw.
Dann bezog sich die so zurückgewonnene Ästhetik auch auf den Bau neuer Orgeln; seit Jahrzehnten macht sich jeder Orgelbauer eine Ehre daraus, wieder mechanische Instrumente herzustellen. Heute distanziert man sich speziell von den fließenden Crescendo- oder Decrescendo-Wirkungen und bevorzugt wieder die barocke Terrassendynamik mit ihren gestuften, übergangslosen, allein durch deutliches Zu- oder Abschalten von Registern oder durch Registerwechsel erreichten Lautstärkeunterschieden. Die moderne Technologie ermöglicht dabei auch einige Verbesserungen, so z. B. die Verminderung der Reibung bei den Übertragungselementen und die Herstellung leichterer Abstrakten, insgesamt die Anlage groß disponierter Orgeln ohne prohibitiven Kraftaufwand beim Spiel. Ein gutes Beispiel dieser Art ist die Orgel des Großmünsters in Zürich (1960).
Die Elektrizität wird dabei allerdings nicht völlig vergessen. Die ganze Registratur, mit allen entsprechenden Spielhilfen, wird weiterhin gern elektrisch ausgeführt (was Fehlkon-

takte und ähnliche Mängel nicht ausschließt!). Der Aufbau des Instruments wird damit auf vertretbare Weise erleichtert, ohne die Klangqualität zu gefährden. Lediglich im Spieltisch befinden sich die Stromkreise und die Elemente zur Vermittlung der Registersteuerung an die Schleifladen über elektrische Leitungen. Die Schleifen selbst, die Tonkanzellen sowie die mechanische Traktur für die Spielventile bleiben erhalten!

Diese Orgelbewegung scheint aber jenseits der Alpen, wo die Pneumatik weiterhin in Ehren steht, auf gewissen Widerstand zu stoßen. Erst in jüngster Zeit setzen sich auch dort junge Musikwissenschaftler und Organisten, die ihr Wissen in orgelbewußten Ländern schöpften, für die mechanische Traktur wieder ein.

Allgemein darf man in der Kunst nicht von Fortschritt reden. Vielmehr folgen sich gewandelte Ideale und gegensätzliche ästhetische Grundsätze, nach denen sich die Bewertung der Gestaltungsmittel verschiebt. In diese Wellenbewegung ist auch die Orgelreform geraten. Kaum hat sich die – vertretbar verbesserte – Schleifladen-Orgel durchgesetzt, beginnt man da und dort den ihr zuliebe abgerissenen pneumatischen Orgeln nachzutrauern. Diese in romantischen Klangidealen schwelgenden Instrumente sind nun ihrerseits schon historisch geworden. Es ist verständlich, wenn in einer Zeit, in der für die Instrumentalmusik die Wiederherstellung ursprünglicher Klangfarben und die Erforschung historischer Spielweisen so wichtig erscheinen, daß oft die eigentliche Aufgabe, nämlich Emotionen zu übermitteln, vergessen wird, auch im Bereich der Orgel der Wunsch stilgerechter Interpretationen entsteht. Dazu gehört die Wahl eines Instruments aus der Zeit des Komponisten. Bedeutende Komponisten des 19. Jh. widmeten großartige Werke der romantisch ausgebauten Orgel, welche deswegen, im Sinne der authentischen Wiedergabe, ihre Daseinsberechtigung durchaus behält.

Einen goldenen Mittelweg fand man schon im 19. Jh. in Frankreich, wo Aristide Cavaillé-Coll (1811–1899) in der ganzen Nation ein einheitliches Klangideal verbreitete, das zwar, ganz französischem Geschmack entsprechend, im Blasorchester verwurzelt war, aber der polyphonen Stimmführung im Silbermannschen Sinne treu blieb. Albert Schweitzer schätzte diese Instrumente, als deren majestätische Verwirklichung die Riesenorgel in St-Sulpice (Paris, 1862) bewundert werden kann. Bezeichnenderweise hatte man dieses Instrument nach Charles-Marie Widor (1844 bis 1937) und dem blinden Louis Vierne (1870–1937) dem unvergessenen Marcel Dupré (1886–1971) anvertraut.

1.32 *Auf- und gegenschlagende Zungen*

Die **Sackpfeife** oder der **Dudelsack**, ein über einen Balg geblasenes Instrument alter asiatischer Herkunft, ist in Europa seit 1598 (in Innsbruck) verbürgt, von Praetorius (1619) sowie Mersenne (1636) erwähnt. Wenn auch die regionalen Varianten, mit eigenen Namen, sehr zahlreich sind, bleibt das Prinzip immer dasselbe: Die Luftzufuhr zu mehreren gedrechselten Holzpfeifen geschieht mittels eines zwischen Oberarm und Brust gehaltenen, aus einem ganzen Tierfell hergestellten Windbeutels (meistens Schafsleder). Dieser wird über einen handgetriebenen Blasebalg oder direkt über ein mit Ventil versehenes Mundrohr gespeist. Während des Hochhebens des Balges oder während des Atemholens hält der gegen den Beutel gedrückte Arm den Winddruck aufrecht, so daß alle Pfeifen ständig mit konstanter, ausdrucksloser Schärfe klingen. Es geht um 1–3 Bordunpfeifen (oder »Brummer«), in Tonika-Dominante-Oktave (wenn vorhanden) gestimmt, und eine Spielpfeife mit 6 Grifflöchern. Sie sind in Westeuropa meistens konisch gebohrt, mit Doppelrohrblatt (oboenähnlich), im Osten zylindrisch mit einfacher Zunge (Klarinetten). Die französische **Cornemuse** gehört zur ersten Gattung, die **Musette** hingegen zur zweiten. In Italien (**Piva**, **Zampogna**, **Cornamusa**, **Cennamella** usw.) und in der Bretagne (**Biniou**) gesellt sich meistens ein zweiter Spieler mit einer (Doppelrohrblatt-)Schalmei hinzu. – Nach kurzem modischem Aufschwung für die Schäferspiele des 18. Jh. bleibt heute wohl die **Bagpipe** der schottischen Regimentskapellen am bekanntesten, mit 3 Brummern und tartanüberzogenem Windsack.

1.33 *Frei schwingende Zungen*

1.331 **Das Harmonium**

Obwohl das Harmonium praktisch aus dem Musikgebrauch verschwunden ist, soll es, ohne zu sehr auf Einzelheiten einzugehen, gewürdigt werden, da immerhin namhafte Komponisten wie Rossini (»Petite Messe solennelle«, 1863), Liszt (»Zwei Elegien« für Kammerorchester), Dvořák (»Bagatellen« op. 47, 1878), Strauss (»Ariadne auf Naxos«), Schönberg (»Herzgewächse« op. 20 nach Maeterlinck, 1911) und Webern (2. Fassung [1921] des Doppelkanons »Entflieht auf leichten Kähnen« op. 2) dem Instrument Kompositionen widmeten oder dieses als Klangfarbe in die Instrumentalpalette einbezogen. (Carl Maria von Webers »Adagio und Rondo«, 1811, das beispielsweise im Rundfunk als »Harmoniumkonzert« zu hören ist, war in Wirklichkeit einem Saiteninstrument, dem Harmonichord, zugedacht.)
Die Lautstärke von aufschlagenden Zungen bleibt begrenzt; über diesen Mangel beklagte sich schon Johann Mattheson (1681–1764). Die Europäer hatten sich aus dem Fernen Osten darüber belehren lassen müssen, daß freie, durchschlagende Metallzungen oder *Lamellen* sehr wohl schwingen und dabei eine viel höhere Ausdrucksintensität hergeben können als aufschlagende, traditionelle Zungen, weil sie über größeren Amplitudenspielraum verfügen: Bei der chinesischen Mundorgel Sheng weisen 13 der 17 senkrecht auf dem Windkasten stehenden Bambusröhrchen durchschlagende Zungen auf. Dieses Instrument war in der Mitte des 18. Jh. in St. Petersburg bekannt, wo es dem dort zeitweise tätigen Arzt und Akustiker Christian Gottlieb Kratzenstein 1795 einfiel, den Einbau durchschlagender Zungen in Orgelregister anzuregen. Die erste Ausführung des Gedankens erzielte noch keinen überzeugenden Erfolg, weil der eigentliche Reiz freier Zungen, das Schwingen mit sehr verschiedenen Lautstärken, in einer Orgel (bei

konstantem Winddruck) nicht voll zur Geltung kommen konnte. Als aber der Wunsch nach modulationsfähigen neuen Klangfarben und nuancierten Spielweisen im 19. Jh. zahlreiche Musiker, Organisten, Physiker, Instrumentenbauer und Dilettanten zu Experimenten und zahlreichen neuen Instrumentenschöpfungen anregte (von denen nicht viel mehr als die absonderlichen Namen bekannt blieben), wurde die durchschlagende Zunge in das vielseitige Abenteuer einbezogen. (Es war ja auch die Periode des Aufbruchs in das technische Zeitalter.)
Die erste, historisch wichtige Etappe bezeichnet der **Orgue expressif** des Franzosen Gabriel-Joseph Grenié aus dem Jahre 1810: ein kleines Positiv mit zwei vom Spieler selbst betriebenen Tretbälgen. Die akustische Dominanz der Luftsäulen in den Pfeifen schränkte die Ausdruckskraft noch stark ein. Beim weiteren Ausprobieren wurden die Pfeifen weggelassen und die Schwingungserzeuger frei benützt, also auch ohne die bei den Zungenstimmen der Orgel vorhandenen Aufsätze. Überspringen wir phantasievolle Zwischenstufen bis zum Jahre 1840, als Alexandre-François Debain sein Instrument und dessen Bezeichnung als **Harmonium** in Paris patentieren ließ. Im Grundsatz war damit die Entwicklung abgeschlossen.
Debains Harmonium wies schon 4 Register auf, *Jeux* (= Spiele) genannt. Jeder durch beschrifteten Knopf betätigte Registerzug läßt die Luft in eine Kanzelle strömen, in der die in Metallrahmen schwingenden Metall-Lamellen untergebracht sind. Es sind dies an einer Schmalseite so genau über Rechtecköffnungen in ihrem Metallhalter befestigte Metallzungen, daß sie gerade durchschwingen können, ohne den Rand zu berühren. Jede Taste öffnet den Luftdurchlaß zu der ihr zugeordneten Zunge. Dies geschieht ganz einfach durch Hochheben eines befilzten Deckelchens. Schon in diesem ersten Harmonium war die Klaviatur unterteilt in Baß- und Diskantregister. Das Wesentliche an der Konstruktion war aber der von der Firma Alexandre Père et Fils übernommene Espressivo-Zug: Zum Ausgleich der

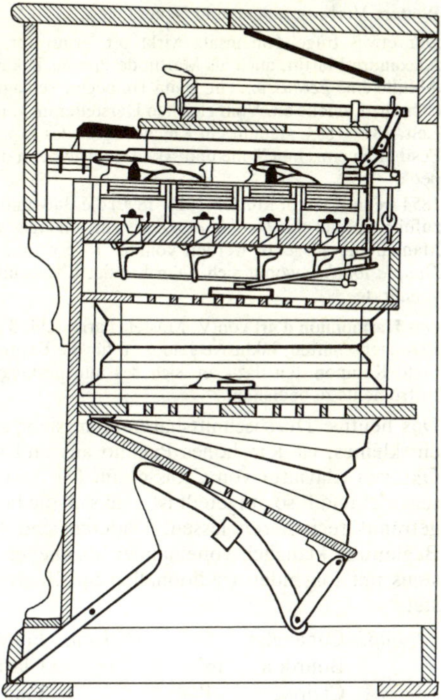

Harmonium (Schnitt)

Pumpbewegung aus den Schöpfbälgen diente schon früher, wie in der Orgel, ein Magazinbalg. Mit dem Expressif-Knopf nun ließ er sich ausschalten, wenn man die Luftzufuhr von den Schöpfbälgen direkt zu den Kanzellen leiten wollte; man erhielt so ein dynamisches, ausdrucksintensives Spiel, und folglich gewann die Fußtechnik eine der Anschlagkultur am Klavier vergleichbare Bedeutung.

Weitere Verbesserungen und Neuerungen:

Der etwas träge Toneinsatz wirkt oft larmoyant. Louis-Pierre-Alexandre Martin, auch als Martin de Provins bekannt, führte als Abhilfe eine *Perkussion* ein: Beim Tonbeginn schlägt ein Hämmerchen die Lamelle an. Vom gleichen Hersteller und aus der gleichen Zeit, 1841–1844, stammt ein Kniehebel für das *Prolongement*, das Festhalten einzelner Töne und Akkorde, wie beim dritten Klavierpedal.

1854 trennte Victor Mustel (1815–1890) die Baß- und Diskant-Luftzufuhr, so daß die *Double expression* unabhängig auf die beiden Manualteile ausgeübt werden konnte. 1855 erfand Tramplin die *Double touche*, womit sich beim kräftigen Tastendruck der Ton verstärkte.

Das **Harmonium d'art** von V. Mustel (Paris) schloß alle damaligen Errungenschaften, inklusive Jalousien für die Expression, ein und regte Komponisten dazu an, sich des nun praktisch endgültigen Instruments zu bedienen.

Das heutige Durchschnittsharmonium sieht äußerlich wie ein kleines, ca. 1 m hohes Pianino aus und weist eine 5-Oktaven-Klaviatur von C bis c^4 auf (61 Tasten), die zwischen e^1 und f^1 so aufgeteilt ist, daß sich die beiden Hälften getrennt registrieren lassen. Dadurch sind Melodie und Begleitung klanglich voneinander abzuheben. Es ist meistens mit folgenden traditionellen Spielregistern ausgerüstet:

Baß:	Cor anglais	8′	*Diskant:*	Flûte	8′
	Bourdon	16′		Clarinette	16′
	Clairon	4′		Flageolet	4′
	Basson	8′		Hautbois	8′

Die »Fuß«-Bezeichnung bedeutet hier natürlich nicht die Pfeifenlängen, sondern die Stimmlage, mit 8′ als dem Klavier entsprechender Grundstimmung.

Die Frequenz jeden Tons hängt von den Dimensionen der Zunge (Länge und Dicke) sowie von der Elastizität ihres Materials ab. Die tiefste Zunge (16′ auf der C-Taste, also ein $_1C$) ist 12 cm lang und 1 cm breit. Die kleinste Zunge hat Millimetergröße. Die verschiedenen Klangfarben werden vor allem durch Abweichungen in der Form der Zungen erzielt, aber auch durch unterschiedliche Gestaltung der Windzuführungskanälchen, die dann etwa wie ein Schallbecher wirken (vgl. die Zungenpfeifen der Orgel).

1836 konstruierte Christian Friedrich Ludwig Buschmann in Hamburg ein Harmonium, das nicht mit Druckluft, sondern mit durch die Kanzellen angesaugter Luft funktionierte. Diese Änderung erleichterte die dazumal beliebte zartere Tongebung, machte sie aber auch orgelähnlich starrer, wenn auch durch zeitlich veränderlichen Ansaugwiderstand ein Beben erzeugt werden konnte, das z. B. in der *Vox humana* zur Geltung kam. Dieses **Saugluftharmonium** gelangte in die Vereinigten Staaten, wo es vor allem durch die Firmen Estey (Brattleboro, Massachusetts, ab 1856) und Hamlin & Mason (Boston, 1861) vertrieben wurde und begeisterte Aufnahme fand. Es war ein stark ausgebautes, in seiner größten Ausführung recht imposantes Möbel geworden, das auch mit Pedalklaviatur geliefert werden konnte und vornehmlich als Orgelersatz diente. Es hieß bezeichnenderweise **Cottage Organ**. Die Klaviatur reichte von $_1$F bis f^3 mit der Unterteilung bei h/c^1.

Der Wesenszug der Expressivfähigkeit bestimmt den Einsatz des Harmoniums in der Kammermusik und seine fast obligatorische Präsenz im Salonorchester seligen Angedenkens, wo es fehlende Instrumente zu ersetzen und Füllstimmen auszuführen hatte. Für die Verwendung in der Hausmusik war der im Verhältnis zu den gebotenen Möglichkeiten recht bescheidene Preis mitbestimmend. Außerdem der Umstand, daß auf dem Harmonium auch bei bescheidener Spielfertigkeit befriedigende Resultate (und weihevolle Stimmung) erzielt werden können. Das Harmonium hat wegen seiner charakteristischen Ausdrucksfähigkeit Eigenart; es sollte nicht zum Orgelersatz herabgewürdigt werden – eine Rolle, in der es oft gebraucht wurde, in Betsälen, Kapellen und Übungszimmern. Zweifellos war es aber, trotz dem vielen, lange Zeit hineingesteckten Erfindungsgeist konstitutionell dazu bestimmt, weder Fisch noch Vogel zu sein: jeder echten Hausorgel unterlegen, für sakralen Gebrauch mit ungenügend unterschiedlichen Registerfarben versehen, als Konzertinstrument von zu träger Ausdrucksgestaltung. Es konnte schließlich gegenüber den vielseitigeren elektronischen Tasteninstrumenten nicht bestehen.

1.332 **Die Ziehharmonika**

Mit Ausnahme vielleicht der Violine fand kaum ein Instrument eine vergleichbare universelle Ausbreitung und eine derart unerschütterliche Präsenz in der Volksmusik aller weiß bevölkerten Länder und Kontinente, daß man meinen könnte, es sei von alters her darin verwurzelt, wie die Ziehharmonika. Von Rußland bis Mexiko, von Schweden bis Griechenland, bei übermütigen Volksfesten und in nostalgischen Stunden auf hoher See (Schifferklavier!) ist sie stets dabei, in nicht einmal sehr unterschiedlichen Abwandlungen und verschiedenen Benennungen. Und doch ist die Entstehung der Harmonika – als Gattung – neueren Datums und einigermaßen übersehbar.
Derselbe Christian Friedrich Ludwig Buschmann, der sich um die Entwicklung des Harmoniums verdient machte, hatte, durch Greniés Orgue expressif angeregt, schon vorher in Berlin (1822) die durchschlagende Zunge für ein kleineres Instrument, die **Handäoline**, eingesetzt; bei fortschreitender Verbesserung wurde es immer größer, bis Cyrillus Demian es in eine einfachere Form brachte, die sich später in das berühmte »Wiener Modell« der **Ziehharmonika** verwandelte, aber erst einmal 1829 als **Accordion** patentiert wurde.
Heute sind im wesentlichen noch zwei Grundtypen üblich, die diatonische **Handharmonika** und das chromatische **Akkordeon**. Der Aufbau ist sehr ähnlich, wobei die Handharmonika-Instrumente im allgemeinen bedeutend einfacher sind: 2 längliche Gehäuse, rechteckig in Querschnitt und Grundfläche, sind miteinander durch einen ledernen, an den Kanten oft mit Metall verstärkten Faltenbalg luftdicht verbunden. Eines der Gehäuse enthält den Diskant; es wird mit einem Schulterriemen getragen und weist auf

einem abstehenden Griffbrett die Tasten für die rechte Hand auf. Das andere Gehäuse stellt die frei bewegbare Baßseite dar, mit eingelassenen (Knopf-)Tasten und einer Schlaufe für die linke Hand, mit der die Übertragung der zur Luftzufuhr nötigen Bewegung des Faltenbalgs mit dem linken Arm erleichtert wird, ohne die Beweglichkeit der Finger zu beeinträchtigen.

In beiden Gehäusen sind die Klangerzeuger untergebracht, längsseitig in Registerkanzellen gruppiert. Jede weist auf ihrer ganzen Länge einen Stimmstock auf, in den kleine Tonzellen gefräst sind, auf welchen sich die einzelnen Stimmplatten befinden, mit je 2 rechteckigen, durch 2 metallene Tonlamellen (bei Ruhestellung) zugehaltenen Aussparungen. Der Luftdurchgang muß, wie bei Orgel und Harmonium, durch zwei Vorrichtungen freigegeben werden:

a) den Registerschieber, der, ähnlich der Orgel-Schiebelade, für das Register gebildet ist: In einen Metallstreifen längs der ganzen Kanzelle sind Öffnungen gestanzt, die bei eingeschaltetem Register genau über den Zugängen zu den einzelnen Ton-Doppellamellen liegen; der Streifen kann so über eine beschriftete Taste seitlich verschoben werden, daß er die Löcher des betreffenden Registers entweder freigibt oder sperrt;

b) den Spielknopf, oft eine Taste, zum Heben eines kleinen befilzten Deckels, der den Luftdurchgang für den entsprechenden Ton öffnet; in Ruhestellung wird dieser Deckel durch eine Feder angedrückt.

Es ist zwischen aus- und einströmender Luft zu unterscheiden. 2 kleine Lederstreifen (*Stimmleder*) wirken derart als Ventile, daß die beim Zusammendrücken des Balges ausströmende Luft nur durch eine der beiden Tonlamellen – *Stimmzungen* – läuft und sie in Schwingung versetzt. Wird der Balg auseinandergezogen, wirkt die jetzt eingesaugte Luft auf die andere Lamelle. In bezug auf die Stimmung der beiden zu einer Taste gehörenden Lamellen sind zwei Konstruktionsprinzipien zu unterscheiden:

a) Die diatonische Handharmonika ist *wechseltönig*, d. h., daß bei Druck und Zug nicht die gleichen Noten erklingen, sondern 2 aufeinanderfolgende Skalentöne. Dadurch sind weniger Knöpfe nötig (10 für mehr als 2 Oktaven). Nur ein Ton, der Skalengrundton in der Mitte der Tastatur, bleibt gleich.
b) Das chromatische Akkordeon hingegen ist *gleichtönig*: Beide Tonlamellen eines Paars sind gleich gestimmt.

Von jedem der beiden Typen gibt es viele Varianten, so daß es zu weit führen würde, auf alle Einzelheiten der Tonstufenverteilung auf den Tastaturen einzugehen. Beschränkt man sich auf die Grundformen, kann generell gesagt werden, daß sich bei der **Handharmonika** ein ziemlich einheitliches Standardmodell (»Club-Modell«) bewährt hat. Es weist in 2 Hauptreihen auf der Diskantseite 23 Knöpfe mit den wichtigsten Tonstufen auf, dazu eine 7knöpfige Zusatzreihe innen für die alternierten Stufen. Die Knöpfe sind so angebracht, daß 2 Haupttonarten im Quartabstand besonders gut spielbar sind. Meistens sind es C- und F-Dur (Umfang f–c^3); in der Schweiz wird Es–B bevorzugt. Auf der Baßseite sind für die Haupttonarten mit 8 Knöpfen Tonika, Unterdominante und Dominante als alleinige Baßtöne wie auch in Dreiklangkopplung vorhanden.

Das gleichzeitige Erklingen verschiedener Zungen auf einem Knopf ist auch bei den nicht akkordgekoppelten Einzeltönen (speziell auf dem Manual) häufig: Es klingen dabei zum eigentlichen Hauptton andere Zungen mit, meistens Oktaven. Die Harmonika ist dann *mehrchörig*; 3chörig bedeutet z. B. = 3 Zungen pro Taste.
Die Anordnung der Diskanttasten ist ziemlich kompliziert, denn das Intervall zwischen Zug und Druck auf derselben Taste variiert längs der Klaviatur vom Halbton zur Quinte. Die Verteilung ist aber so durchdacht, daß 3 nebeneinander liegende, also leicht zusammen greifbare Knöpfe jeweils leitereigene Akkorde bilden. Beim Druck-Zug-Wechsel ergeben sich mit festgehaltenen Knöpfen Tonika-Dominant- bzw. Tonika-Unterdominant-Beziehungen. – Auch die Baßseite ist wechseltönig. Auf beiden Seiten ist die ganze Klappen- und Registermechanik durch einen Deckel zugedeckt, der mit Tuch u. ä. bespannte Schlitze für den Schallaustritt aufweist.

Unter den diatonischen Harmonikas verdient das auf das Jahr 1870 zurückgehende *»Steirische Modell«* wegen klanglicher Eigenheiten einen besonderen Hinweis. Dem sehr hell bis scharf klingenden Diskant steht eine Baßseite gegenüber, bei welcher durch kleine metallene Schalltrichter eine helikonähnliche Färbung erzielt wird.

Zur Notierung: Das Spielen nach gewöhnlicher Notenschrift ist recht schwierig. Es wird deswegen eine Griffschrift bevorzugt. Dazu sind 5 Notenlinien so quer zu den Knopfreihen zu denken, daß die mittlere dem gleichtönigen Bezugsknopf (Tonart-Grundton) entspricht. Die anderen Linien durchqueren in derselben Reihe die beiden Knöpfe darüber und darunter. Die geschriebenen Noten beziehen sich dann auf die Knöpfe (auf den Linien: innere Reihe; zwischen den Linien: äußere Reihe). Diese Pseudonoten geben die Tondauern in üblicher Form an. Schwarz ausgefüllte Tonköpfe gelten für Druck, ausgesparte für Zug. Die Bässe dazu werden mit Buchstaben notiert.

Das **Knopfakkordeon** wurde 1829 in Paris für Cyrillus Demian patentiert. Es ist weit großzügiger aufgebaut. Auf der Melodieseite sind die chromatischen Knöpfe auf 3 Reihen verteilt.

Dabei gibt es zwei Ausführungen mit unterschiedlicher Stellung der C-Tasten. Diese Tasten befinden sich bei Akkordeons mit C-Griff auf der äußersten (ersten) Reihe, bei solchen mit B-Griff auf der inneren (dritten) Reihe.

Damit die Hand auch für melodisch entfernte Töne weniger weit zur Seite greifen muß, also um größere Virtuosität zu ermöglichen, werden häufig Noten in einer vierten, seltener sogar noch in einer fünften Reihe wiederholt. Je nach Ausführung ist auch die Registerzahl verschieden; sie kann bei 10 liegen. Sehr häufig sind 4 Register mit 5 Zungenreihen vorhanden: Grundton 8′, Schwebeton (mit 2 die Schwebungen verursachenden Zungen), Oberoktave 4′ und Unteroktave 16′. Der Umfang kann von E bis cis^4 reichen; es sind dann im 5-Reiher allein im Diskant 97 Knöpfe vorhanden.

Das **Klavierakkordeon** ist ähnlich angelegt, besitzt aber auf der Melodieseite eine Klaviertastatur. Wegen der Breite der Tasten und dem erzwungenen Verzicht auf mehrere Reihen

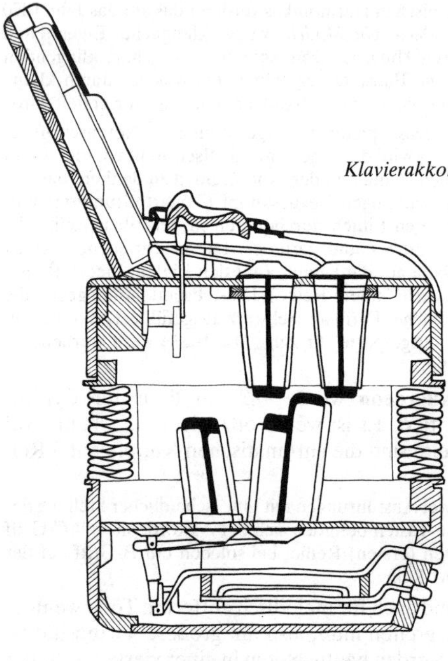

Klavierakkordeon (Schnitt)

muß der Umfang geringer ausfallen; er geht nur etwas über 3 Oktaven hinaus. Große Akkordeons dieser Art reichen von f bis a^3 (41 Tasten), ausnahmsweise von e bis c^4 (45 Tasten). Das Piano-Akkordeon wurde durch denselben Mariano Dallapè geschaffen, welcher in der italienischen Wahlheimat der Ziehharmonika, Stradella (Lombardei), die früheren Messing- durch Stahlzungen ersetzte (um 1923).

Für die beiden Arten des chromatischen Akkordeons werden die Bässe gleich gestaltet. In 4 Reihen sind, dem Quintenzirkel folgend, für jeden Grundton die meistgebräuchlichen, auf ihn gebauten Akkorde für je einen Knopf festgekoppelt, daher der Name Akkordeon. Es befinden sich schräg hintereinander: Dur, Moll, Septakkord (als Dominante) und verminderter Dreiklang. Eine 5. Reihe gibt den Grundton wieder, allein spielbar oder zusammen mit den vorbereiteten Akkorden; es ist somit z. B. der verminderte Dreiklang zum verminderten Septakkord ergänzbar.

Ein zusätzlicher Einzelton im Abstand einer Dur-Terz befindet sich in einer häufig vorhandenen 6. Reihe. Hinter dem C ist also E zu finden. In ganz großen Modellen weist eine 7. Reihe die Kleinterz auf. Die schräg hintereinander liegenden Knöpfe sind dann in der Mitte der Tastatur: Es, E, C, C-Dur, c-Moll, C^7 und C^v. Nach unten und nach oben folgen, mit denselben Komponenten, die anderen Tonarten im Quintabstand. Infolgedessen befinden sich für jede Tonart Unterdominante und Dominante in unmittelbarer Nähe. In besonders raffinierten Ausführungen sind die Akkordtasten im Baß umschaltbar auf 5 Oktaven umfassende chromatische Einzelbaßnoten. Die Baß-Grund- und Akkordtöne gehen von g bis fis^1. Mit den Farbregistern kommen noch – oben und unten – parallel laufende Töne dazu, so daß insgesamt die Tonlamellen den Bereich von C bis c^3 umfassen.

Sind nur die Haupttonarten vertreten, besteht der Baßteil aus 48 Knöpfen. Bei voller, über mehr als eine Oktave fortgesetzter Chromatik sind im 7-Reiher bis zu 164 oder gar 200 Knöpfe vorhanden. – Auch im Baß sind mehrere Register möglich, meistens 3. Je reicher die Ausstattung, desto größer das Gewicht, das bis gegen 15 kg betragen kann.

Handharmonika und Knopfakkordeon werden auf beiden Seiten mit 4 Fingern gespielt, weil die Daumen dazu dienen, Druck und Gegendruck auszuüben. Beim Klavierakkordeon ist rechts der Gebrauch des Daumens möglich; dann muß aber das Instrument durch doppelte Gurte (über beide Schultern) fixiert oder an einem Ständer befestigt werden. Das Knopfakkordeon ist musikalisch viel beweglicher als das dafür leichter zu erlernende Klavierakkordeon. Bei beiden darf aber die Rolle des linken Armes und seiner richtigen Führung nicht unterschätzt werden. Schon bei einem einzelnen Ton geht man vom Haucheinsatz (Balgbewegung bei schon niedergedrückter Taste beginnend) bis zum Stoßeinsatz (Taste erst bei schon erzeugtem Unter- oder Überdruck betätigt). Neben der Fingerartikulation ist also gleichzeitig eine damit koordinierte Balgartikulation zu beherrschen.

In der Kunstmusik ist die Ziehharmonika sehr selten anzutreffen. Es wird dazu meistens auf die Orchestersuite op. 53 (1883) des für Neuerungen immer aufgeschlossenen Tschaikowskij hingewiesen. Etwas mehr Erfolg erzielte das Instrument bei Bühnenmusiken, im Zusammenhang mit Volksszenen: in »Fedora« (1898) von Umberto Giordano und in »Wozzeck« von Alban Berg.

Unter den verwandten Instrumenten sind insbesondere zwei ziemlich ähnliche zu erwähnen – in der Reihenfolge ihrer Entstehung: die Concertina und das Bandoneon.

Sir Charles Wheatstone (1802–1875), der durch seine Pionierarbeiten auf dem Gebiet der elektrischen Telegraphie berühmt gewordene Physiker, ließ 1829 eine mit Tasten versehene Mundharmonika patentieren. Daraus leitete er durch Hinzufügen eines Blasebalgs die **Concertina** ab. Ihr Querschnitt ist ein regelmäßiges Sechseck für den Balg und für die beiden Spielseiten, in welche die Knöpfe (in 4 Reihen) direkt eingelassen sind. Bei diesem gleichtönigen, 4 Oktaven umfassenden Instrument verfügt jede Hand über eine chromatische Tonleiter. Die Concertina ist in England besonders verbreitet und auch bei Clowns sehr beliebt. Es besteht eine umfangreiche Originalliteratur für sie.

1835 leitete C. F. Uhlig eine deutsche **Konzertina** mit quadratischer Form davon ab, in der die Melodieseite mit 3 Knopfreihen die Tonarten G-Dur, D-Dur und A-Dur hergab. Chromatische Zwischentöne ergaben wechseltönige Zusatzknöpfe. Auch links waren keine Akkorde, sondern Einzeltöne vorhanden. Daraus entstand 1845 durch den Krefelder Musiklehrer Heinrich Band (1821–1860) das nach ihm benannte **Bandonium** oder **Bandoneon**. Es ist ebenfalls quadratisch und weist auf jeder Seite, in je 5 Reihen, vollständige Chromatik auf, wiederum ohne vorgeformte Akkorde, wozu insgesamt 144 oder 156 Knöpfe benötigt werden.

Beide Instrumente können mehrchörig sein und werden, ohne Schulterriemen, mit den in Schlaufen steckenden Händen gehalten und gespielt.

Bei allen Ziehharmonika-Typen kann durch ein Leerventil auch tonlos Luft ein- oder ausgestoßen werden. Dazu dient ein Knopf oder eine zur Gruppe der Baßknöpfe parallel geführte Stange.

1.333 **Die Mundharmonika**

Strenggenommen gehört die **Mundharmonika** nicht in dieses Kapitel über mechanisch angeblasene Instrumente, doch ist sie hier anzuführen, weil sie ebenfalls Durchschlagzungen enthält und im Grunde aus einer direkt angeblasenen Ziehharmonika-Kanzelle besteht.

In einem Brettchen sind quer zur Längsrichtung Luftkanäle so eingefräst, daß sie auf einer Seite bis zum Rand reichen und quer über die ganze Breite eine kleine Trennwand (zwischen oberer und unterer Aussparung) stehenlassen. Auf jeder Seite deckt eine metallene Stimmplatte die ganze Oberfläche zu; vorn bleiben die Anblaselöcher offen. In der Stimmplatte befinden sich die jedem Kanal (Einzeltonkanzelle) zugeordneten Rechtecköffnungen, welche durch die Metallzungen (im Ruhezustand) möglichst genau geschlossen werden. 2 äußere, leicht gewölbte Metalldeckel dienen vor allem zum schützenden Abschluß, sind aber ebenfalls, durch den eingeschlossenen Luftraum, an der Tongebung beteiligt.

Die Mundharmonika geht wieder auf die Familie Buschmann zurück. (Wheatstones 1829 konstruiertes **Symphonium** kann kaum als echte Urform gelten; es besaß nur ein Anblaseloch, und die einzelnen Zungen mußten durch Tasten zum Schwingen freigegeben werden.) Von der **Äoline** David Buschmanns (1775–1852) ausgehend, leitete sein jüngster Sohn, der uns hier schon begegnete Christian Friedrich Ludwig Buschmann (1805–1864), durch grundlegende Verbesserungen, erst 16jährig, die schon für jeden Ton getrennte Kanzellen aufweisende **Aura** ab. Daraus formte er dann einerseits die Handäoline, eine Vorstufe der Ziehharmonika, andererseits die **Mundäoline**, die eigentlich schon die heutige Mundharmonika war. Die endgültige

Form fanden in Trossingen Christian Messner (1827) und der Uhrmacher Matthias Hohner.

Von den beiden zu jedem Luft-Doppelkanal gehörenden Lamellen klingt die eine beim Blasen, die andere beim Saugen. Sind sie untereinander unterschiedlich gestimmt, ist das Instrument wechseltönig, im anderen Fall gleichtönig.

Auf den wechseltönigen, *diatonischen Modellen* läßt sich nur eine Tonart spielen, entweder Dur oder Moll. 3 nebeneinander liegende Lochpaare ergeben die Tonika (und ihre Umkehrungen) beim Blasen, den gekürzten Dominantnonakkord (D^9 ohne Grundton, auch als Septakkord auf der VII. Stufe deutbar) beim Ziehen. Ein Beispiel, in C-Dur-Stimmung:

Blastöne: g c e ...
Ziehtöne: a h d f ...

Es ist schwer, die Lippen so weit zuzuspitzen, daß einzeltönig gespielt werden kann. Besser werden dazu alle anderen Luftlöcher zwischen den Lippen mit der Zunge zugehalten.

Andere Ausführungen:

Mundharmonika nach Richter. Die Luftkanäle gehen über die ganze Breite; quadratische Anblaselöcher ohne Quertrennung. Auch hier in jedem Tonkanal 2 Zungen, wechseltönig. Der übliche Umfang schließt 3 Oktaven ein.

Knittlinger Modell (nach dem Herstellungsort). Wieder je 2 Löcher übereinander. In jedem befindet sich außer der Hauptlamelle eine zusätzliche im Oktavabstand (also 8′ + 4′), etwa in der Doppeloktave (8′ + 2′). Wechseltönig, Umfang $c–c^3$.

Wiener Tremolo-Modell. Für jeden Ton sind 2 Zungen vorhanden, um etwa 5 Hz verstimmt, so daß mit halber Frequenz Schwebungen entstehen (nicht Tremolo!). – [Schwebung = periodisch veränderliche Amplitude (Amplitudenmodulation); Tremolo = periodisch veränderliche Frequenz (Frequenzmodulation), heißt bei Sängern, Posaunen und Streichern Vibrato.]

Bei *chromatischen Mundharmonikas* gibt es zwei Typen, beide gleichtönig:

Educator. Die durch Blasen angeregten Zungen geben die

Grundtonart (bei C-Dur-Stimmung die den weißen Tasten des Klaviers entsprechenden Töne); beim Ziehen schwingen die anderen Zungen, den alterierten Tönen (schwarze Tasten) entsprechend.

Chromonika. Die vollständige chromatische Tonauswahl wird dadurch erreicht, daß eine der beiden Reihen das diatonische C-Dur enthält, die andere Reihe hingegen Cis-Dur. Die Umschaltung von der einen zur anderen geschieht durch einen Registerschieber.

Unter zahlreichen Spezialausführungen gibt es speziell zur Begleitung bestimmte Mundharmonikas. Z. B. sind in der **Akkordharmonika** 2 Harmonikas übereinander gekoppelt. Auf der einen befinden sich beim Blasen Dur-Akkorde, beim Saugen Moll-Akkorde; auf der anderen erklingen beim Blasen die entsprechenden Dominantseptakkorde und beim Saugen abwechselnd übermäßige Dreiklänge und verminderte Septakkorde.

Jede Bauart wird in vielen verschiedenen Größen hergestellt. Dementsprechend unterschiedlich sind Tonumfänge und Stimmlagen. Die üblicherweise kleinen Ausmaße, die Handlichkeit, die ziemlich leichte Erlernbarkeit und der billige Preis verhalfen der Mundharmonika dazu, ein weitverbreitetes Volksinstrument zu werden.

Seit ihrer 1857 in Trossingen durch Matthias Hohner erfolgten Gründung fabrizierte die gleichnamige Firma eine Milliarde Mundharmonikas: ein Volksinstrument, das bei solcher Stückzahl, trotz verbreiteter Skepsis, nicht mißachtet werden darf.

Abweichungen zwischen den folgenden Tabellen und Zahlenwerten im Text sind darauf zurückzuführen, daß bei den Berechnungen meistens reine diatonische Intervalle verwendet wurden, während die Tabellen für 12stufige gleichmäßig temperierte Stimmung gelten. In beiden Fällen liegt $a^1 = 440$ Hz zugrunde.

1.4 Tabellen der Frequenzen und Wellenlängen

Frequenzen für $a^1 = 440$ Hz bei temperierter Stimmung

	$_2C-_2H$	$_1C-_1H$	C–H	c–h	c^1-h^1	c^2-h^2	c^3-h^3	c^4-h^4
C	16,35	32,70	65,41	130,81	261,63	523,25	1046,50	2093,00
Cis Des	17,32	34,65	69,30	138,59	277,18	554,37	1108,73	2217,46
D	18,35	36,71	73,42	146,83	293,66	587,33	1174,66	2349,32
Dis Es	19,45	38,89	77,78	155,56	311,13	622,25	1244,51	2489,02
E	20,60	41,20	82,41	164,81	329,63	659,26	1318,51	2637,02
F	21,83	43,65	87,31	174,61	349,23	698,46	1396,91	2793,83
Fis Ges	23,12	46,25	92,50	185,00	369,99	739,99	1479,98	2959,96
G	24,50	49,00	98,00	196,00	392,00	783,99	1567,98	3135,96
Gis As	25,96	51,91	103,83	207,65	415,30	830,61	1661,22	3322,44
A	27,50	55,00	110,00	220,00	440,00	880,00	1760,00	3520,00
Ais B	29,14	58,27	116,54	223,08	466,16	923,33	1864,66	3729,31
H	30,87	61,74	123,47	246,94	493,88	987,77	1975,53	3951,07
							$c^5 =$	4186,01

Entsprechende Wellenlängen für c = 343,33 (bei 20 °C, in cm)

	$_2C-_2H$	$_1C-_1H$	C–H	c–h	c^1-h^1	c^2-h^2	c^3-h^3	c^4-h^4
C	2099,67	1049,84	524,92	262,46	131,23	65,61	32,81	16,40
Cis Des	1981,83	990,91	495,46	247,73	123,86	61,93	30,97	15,48
D	1870,60	935,30	467,65	233,82	116,91	58,46	29,23	14,61
Dis Es	1765,61	882,80	441,40	220,70	110,35	55,18	27,59	13,79
E	1666,51	833,26	416,63	208,31	104,16	52,08	26,04	13,02
F	1572,98	786,49	393,24	196,62	98,31	49,16	24,58	12,29
Fis Ges	1484,69	742,35	371,17	185,59	92,79	46,40	23,20	11,60
G	1401,31	700,68	350,34	175,17	87,59	43,79	21,90	10,95
Gis As	1322,71	661,36	330,68	165,34	82,67	41,33	20,67	10,33
A	1248,47	624,24	312,12	156,06	78,03	39,01	19,51	9,75
Ais B	1178,40	589,20	294,60	147,30	73,65	36,83	18,41	9,21
H	1112,26	556,13	278,07	139,03	69,52	34,76	17,38	8,69
							$c^5 =$	8,20

Nicht vergessen: Die Länge der Luftsäule eines Musikinstruments beträgt in der Regel nur die Hälfte, bei gedackten Rohren nur ein Viertel der (Grundton-)Wellenlänge.

2 Saiteninstrumente

Bei den in diesem Teil zusammengestellten Instrumenten wird die Luft nicht mehr direkt angeregt. Saiten stellen die primären Schwingungserzeuger dar, und erst sekundär werden die Töne an die Luft weitergegeben. – Nochmals sei darauf hingewiesen, daß die gewählte Reihenfolge der Darstellung eher einer gewissen didaktischen Logik entspricht als musikologischen Grundsätzen.

2.1 Gezupfte Saiten

2.11 *Urformen*

2.111 **Eine weit zurückreichende Vergangenheit**

Die Geschichte der Saiteninstrumente ist recht verwickelt, weil sich immer viele verschiedene Formen nebeneinander behaupteten und recht unabhängig entwickelten. Die weit zurückliegenden Ursprünge sind gänzlich anders motiviert als die Entstehung der Blas- und Schlaginstrumente, die, wie schon dargelegt, in kultischer Gebundenheit Symbole verkörperten, als der Mensch noch vorwiegend von Jagd und Fischerei lebte. Einen totalen Umschwung erfuhr die Lebenshaltung beim Übergang zum Agrarwesen und dem damit verbundenen Entstehen einer neuen sozialen Organisation, dem Matriarchat. Im Patriarchat blieb die gesamte Initiative der Männerwelt reserviert, der Mensch griff mit Geschick und Kraft (Jagd), durch rein rationales Denken geleitet, in die Natur ein. Das Matriarchat hingegen blühte im Zusammenhang mit stärkerer Bindung an den Boden auf; die Folge waren die fatalistische Annahme der Naturphänomene und eine stärkere Bewertung der Blutsverwandtschaft (wie sie ja nur in bezug auf die Mutter mit Sicherheit festgestellt werden kann).

Jede Eroberung neuen Ansehens und ausgedehnterer Rechte ist immer mit einer Zunahme auch der Pflichten verkettet. Jetzt waren die dominierenden Frauen für die Bearbeitung der Felder und für die Ernte zuständig, die Kinder hüteten das Vieh auf der Weide, während die Männer von der Jagd weitgehend befreit wurden (da sie nicht mehr alleinige Kostgeberin war) und so Zeit für allerlei Kurzweil fanden. Aus dem Homo faber entwickelte sich (wenigstens teilweise) der Homo ludens. Zu diesen Freizeitbeschäftigungen gehörte auch die fast zweckentbundene Erfindung von »selbstherrlichen« Musikinstrumenten.
Man stelle sich das erste Staunen und die Entdeckerfreude vor, als diese unsere vorgeschichtlichen Ahnen herausfanden, wie der gespannte Bogen nicht nur den existenzsichernden Tod bringen, sondern auch ganz friedliche Töne erzeugen konnte. Und doch mußten Jahrtausende vergehen, bis aus dem einfachen Tonbogen die eigentliche Vorgängerin aller unserer Streichinstrumente entstand: die **Fidel**. Zwar hatte man früh entdeckt, daß zusätzliche Resonanzverstärkung der Bogentöne unerläßlich war, aber es blieben noch viele Verbesserungen zu erarbeiten, bis die Geigenbauer aus Cremona und Tirol endgültige Resultate so überzeugend darbieten konnten, daß diese Geige als triumphalster Sieg des für das Erreichen künstlerischer Ideale geführten Kampfes mit der Materie angesehen werden muß. Selbst spätere, sogar physikalisch begründet scheinende Vorschläge (wie die Trapezgeige von Savart) konnten sie nicht mehr überbieten.
Zurück zum Tonbogen mit gezupfter, schon in seiner Funktion als Jagdbogensehne aus gedrehtem Tierdarm hergestellten Saite: In seiner Frühzeit setzte man sein Ende auf den halboffenen Mund auf, damit die Mundhöhle als Resonator wirken konnte. Später übernahm fast überall ein ausgehöhlter, direkt am Bogen befestigter Kürbis diese Funktion (Kürbisse spielen in der Musik aller Kulturen eine eminente Rolle!).
Einmal entdeckt, führte die Weiterführung des Prinzips

durch den steten Verbesserungstrieb, der die menschliche Intelligenz auszeichnet, fast selbstverständlich zu mehrsaitigen Instrumenten, die mehrere Töne griffbereit darboten und nicht mehr durch Spannungsänderungen des Bogens

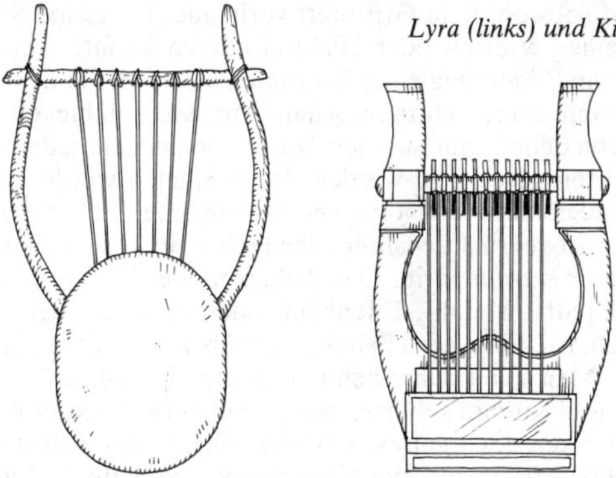

Lyra (links) und Kithara

etwas mühsam hervorgelockt zu werden brauchten. Der erste historisch wichtige Schritt in dieser Richtung war der Übergang zur **Lyra** (**Leier**): An einem Schallkörper aus bespannter Schildkrötenschale oder aus Holz waren 2 Ziegenhörner oder ebenso elegant geschwungene Holzstäbe, die ein Querjoch trugen, divergierend befestigt. Zwischen Querjoch und Hauptkörper wurden die Saiten gespannt. Die Lyra war in vielen alten Kulturen verbreitet, ist aber vor allem für das pharaonische Ägypten und das klassische Griechenland typisch geworden.
Unter Wahrung desselben Konstruktionsprinzips waren viele Abarten und Varianten üblich. Darunter befand sich die »Königin der griechischen Instrumente«, die **Kithara**, mit viereckigem Korpus (Seiten gerade oder gekrümmt), aber mit gestreckten, geraden Jocharmen. Diese solidere, nicht mehr seitlicher (Abknick-)Beanspruchung unterwor-

fene Konstruktion erlaubte es, den Saitenzug zu erhöhen und die vorerst üblichen 4 Saiten schrittweise bis zur Gesamtzahl von 18 zu vermehren. Dies geschah weniger zur Ausdehnung des Tonumfangs als zur Bereicherung um Zwischenstufen. Wenn man bedenkt, daß zusätzlich die linke Hand (obwohl kein Griffbrett vorhanden) einzelne Saiten um einen Viertel- oder Halbton kürzen konnte, versteht man die Bedeutung eines Instruments, welches in der Lage war, mit seiner chromatischen Anpassungsfähigkeit den verschiedenen, mit subtilen Unterscheidungen gedeuteten Tonarten gerecht zu werden. Beim Spielen wurde das an einem Schulterband getragene Instrument mit der Seite auf die Brust gedrückt, während die rechte Hand die Saiten mit einem *Plektrum* anriß. Das Plektrum oder Plektron ist ein Schildpatt-, Metall-, Elfenbein- oder Holzplättchen, das, zwischen 2 Fingern gehalten, quer über die Saiten geführt wird. Man spielt damit heute noch die Mandoline.
Lyra und Kithara gehörten bezeichnenderweise kultisch zur Sphäre des Lichtgottes, des Beschützers der Künste, zu Apollon Musagetes. War doch mythologisch die Erfindung der Kithara Orpheus zugeschrieben, der sie aus der von Apollo geschenkten 7saitigen Lyra ableitete und dabei 2 Saiten hinzufügte, um mit den so erreichten 9 Saiten die Zahl der Musen zu versinnbildlichen. Mit demselben Instrument bewog Orpheus die Unterwelt dazu, Eurydike freizugeben. Die Bedeutung des apollinisch-orpheischen Kults darf nicht unterschätzt werden: er wurde aufklärendes Bindeglied zwischen antiker Götterwelt und Christentum. (Diese ganz transzendentale Durchdringung von Musik und Geistesleben hat nichts Gemeinsames mit dem heutigen geschäftstüchtigen Rock-Religionsersatz für eine kollektiv verzückte Jugend.)

2.112 **Die Saitenschwingungen**

An dieser Stelle ist es angebracht, sich die Vorgänge in einer Saite zu vergegenwärtigen. Eine vielleicht überraschende

Ähnlichkeit mit der Schwingungsbildung bei Luftsäulen wird dabei festzustellen sein.
Ein zur Verlangsamung und zur Verdeutlichung des Verhaltens einer Saite geeigneter Versuch erleichtert das Verständnis. Es genügt, eine nicht zu steife Schnur oder ein dünnes Gummirohr mit einem Ende an einer Wand zu befestigen und am anderen Ende mit einer Hand zu halten und anzuspannen. Je länger die Schnur ist, von einigen Metern bis zu etwa 10 m, desto besser. Wenn man nun am gehaltenen Ende, das wir »Anfang« nennen wollen, mit der Kante der freien Hand hart und kurz auf die Schnur schlägt (sogleich abheben!), sieht man, wie sich die verursachte Deformation mit erheblicher Geschwindigkeit, unter Beibehaltung ihrer Form, fortpflanzt. Am festen Schnurende erfolgt dann eine Reflexion; die Deformation kehrt zurück, immer noch in der gleichen Form, aber seitenverkehrt, nach oben gerichtet.

Fortpflanzung und Reflexion einer Störung auf gespannter Schnur

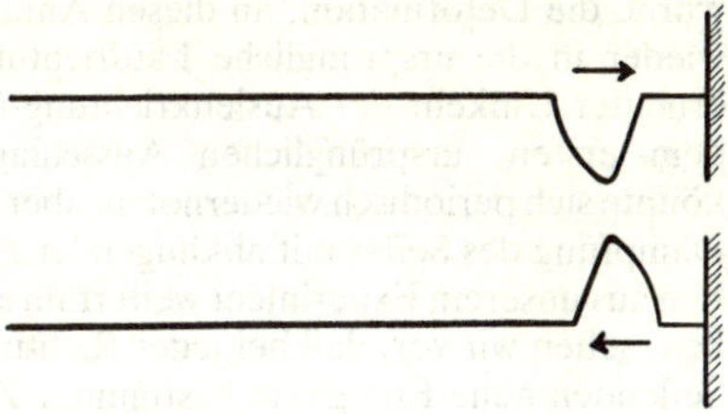

Die Fortpflanzung der Störung *D* ist Funktion der Zeit und der längs der Schnur durchlaufenen Strecke *x*. Nachdem sich die Deformation mit Geschwindigkeit *v* fortbewegt, ohne sich zu verformen, kommt

Zur Gleichung der Fortpflanzung einer Störung

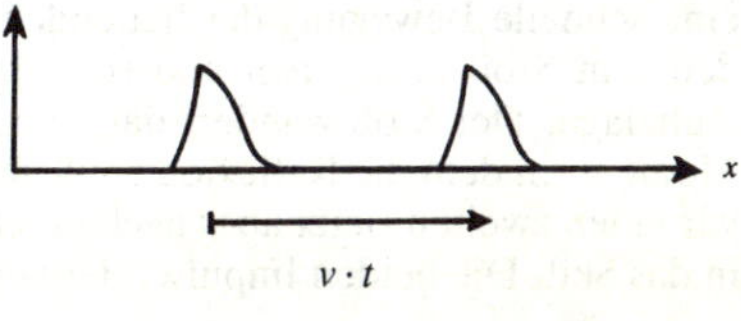

sie an die beliebige Stelle x, nachdem sie in der dazu verflossenen Zeit t die entsprechende Strecke $v\,t$ durchlaufen hat. D ist demnach Funktion von $x - v\,t$, und wenn man für die Auslenkung schreibt:

$$y_1 = D\,(x - v\,t),$$

so bedeutet dies, daß an der Stelle x die Deformation dieselbe ist wie vor t Sekunden an der um die Strecke $v\,t$ vorangehenden Stelle.
Im Moment der Reflexion ändert sich die Richtung der Geschwindigkeit, und deswegen wird die zurückkehrende Auslenkung Funktion von $x + v\,t$. Das an der Wand fixierte Seilende kann sich nicht bewegen. Deswegen muß die Summe des eintreffenden Impulses und seiner Reflexion in jedem Moment null ergeben. Daraus folgt die Erhaltung der Form unter Umkehr der Auslenkrichtung. Das eintreffende D wird das zurückkehrende $-D$. Der reflektierte Impuls ist also, mit den beiden Vorzeichenänderungen, zu schreiben:

$$y_2 = -\,D\,(x + v\,t).$$

Dies wird uns später weiterhelfen.

Könnte man die das Seil fixierende Hand steif genug halten, würde die Deformation, an diesen Anfang zurückgekehrt, wieder in die ursprüngliche Laufrichtung reflektiert, bei erneuter Umkehr der Auslenkrichtung (also identisch mit dem ersten, ursprünglichen Ausschlag). Der Vorgang könnte sich periodisch wiederholen, aber wegen der inneren Dämpfung des Seiles mit abklingender Amplitude.
Um aus unserem Experiment weiterführende Lehren zu ziehen, sehen wir vor, daß bei jeder Richtungsumkehr an den Seilenden neue Energie in bestimmter Zeitfolge zugeführt wird, ähnlich wie bei der Luftsäule im Blasinstrument die hin- und zurückwandernden Impulse stets durch die Vorgänge im Mundstück unterstützt werden. Die Analogie zwischen Luftsäule und Seil kann also weitergeführt werden. Der in den Seilbeginn eingegebene Impuls soll jetzt durch eine schnelle Bewegung der haltenden Hand erzeugt werden: ein Stoß nach oben und sofortige Rückkehr in die Ruhelage. Der Stoß wandert dann im Seil weiter. In dem Moment, in dem die Reflexion am Seilende beginnt, geben wir einen zweiten, jetzt aber nach unten ausgeführten Stoß in das Seil. Die beiden Impulse, der neue und der sich jetzt

auf der Rückkehr befindende vorangehende (beide nach unten gerichtet), treffen gleichzeitig in der Mitte ein und addieren sich. Wenn nun der zweite Stoß, nach oben gekehrt, vom Ende zurückzuwandern beginnt, erzeugen wir mit der Hand einen dritten Stoß, jetzt ebenfalls nach oben. Und so fort. Bei synchronem Fortsetzen dieses Vorgangs stellt sich auf dem Seil, analog der schwingenden Luftsäule, eine stehende Welle ein, mit maximaler Auslenkung in der Mitte. Die Amplitude dieses Schwingungsbauchs wird viel größer als die zur Aufrechterhaltung der Bewegung noch benötigte kleine Handbewegung. Letztere ist so klein, daß man in bezug auf die beiden Enden des Seiles von Schwingungsknoten sprechen kann. Die Schwingungsfrequenz dieses Zustands bezeichnen wir als f_1.
Wird der Rhythmus der Handbewegung allmählich erhöht, führt das Seil unordentliche Bewegungen aus, bis die doppelte Frequenz $f_2 = 2f_1$ erreicht wird. Dann bildet sich eine neue stehende Welle (mit doppelter Frequenz): Es ist die zweite harmonisch mögliche Teilschwingung. Sie weist einen Knoten in der Mitte auf, und die Schwingungsbäuche (die maximalen Auslenkungen) befinden sich bei $^1/_4$ und $^3/_4$ der Länge, mit gegenphasigen Ausschlägen. (Wenn »Punkt« $^1/_4$ ganz unten, ist »Punkt« $^3/_4$ ganz oben und umgekehrt.)
Fährt man im gleichen Sinne fort, erreicht man die dritte harmonische Schwingung mit 3facher Frequenz $f_3 = 3f_1$. Sie hat 2 Knoten (zusätzlich zu beiden Enden) und 3 Bäuche. So sind, wie bei den Luftsäulen, alle ganzzahligen Vielfachen von f_1, also alle $f_n = nf_1$ (mit n = beliebiger ganzer Zahl) möglich. Dabei sind jeweils total (Extreme inbegriffen) $n + 1$ Knoten und n Bäuche vorhanden.

Die ersten 3 Partialschwingungen einer Saite

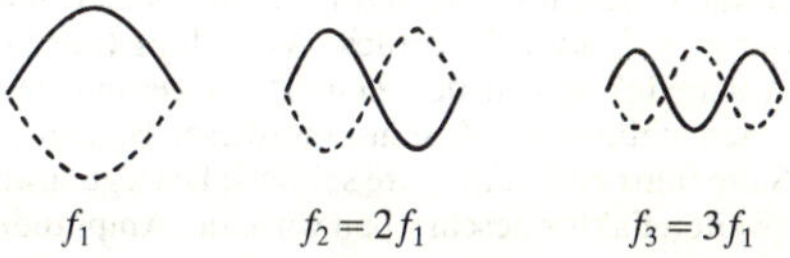

Es gibt keinen Grund, weshalb sich die Saite eines Instruments anders verhalten sollte. Die Phänomene sind genau die gleichen, aber wegen der Kürze und der Spannung erstens schneller im Ablauf und zweitens kleiner im Ausschlag. Schaut man aber z. B. beim Kontrabaß (tiefe Töne und dicke, gut beobachtbare Saiten) genau zu, wird man deutliche Schwingungsformen sehen können.

Rechnerisch kann die Bildung von Knoten und Bäuchen relativ leicht nachgewiesen werden. Für eine periodisch, z. B. von links nach rechts, eingegebene Deformation gilt:

$$y_1 = A \cos 2\pi \left(\frac{x}{\lambda} - \frac{t}{T}\right),$$

wobei λ die noch zu berechnende Wellenlänge und T die Periode bedeuten (zur Erinnerung: T ist die Dauer einer vollständigen Schwingung); x ist die von links nach rechts laufende Koordinate längs der Saite und t = Zeit. Die frühere generelle Funktionsbezeichnung D ist jetzt durch eine spezielle, zeitlich periodische Funktion ersetzt, denn

$$2\pi\left(\frac{x}{\lambda} - \frac{t}{T}\right) = \frac{2\pi}{\lambda}\left(x - \frac{\lambda}{T}t\right) = \frac{2\pi}{\lambda}(x - v\,t).$$

Die Rückkehr erfolgt, wie oben erklärt, mit 2facher Vorzeichenänderung, als

$$y_2 = -A \cos 2\pi \left(\frac{x}{\lambda} + \frac{t}{T}\right).$$

Die Überlagerung der beiden Vorgänge, also $y_1 + y_2$, läßt sich durch die bekannte trigonometrische Summenformel

$$\cos\alpha - \cos\beta = -2 \sin\frac{\alpha+\beta}{2} \sin\frac{\alpha-\beta}{2}$$

umformen zu:

$$y_1 + y_2 = 2\,A \sin 2\,\pi \frac{x}{\lambda} \sin 2\,\pi \frac{t}{T}.$$

In dem soeben erreichten Produkt (zweier Sinusfunktionen) stellt der erste Faktor die örtliche Verteilung (mit x) dar, der zweite die Abhängigkeit von der Zeit (t). Insgesamt beschreibt die Formel einen stationären Zustand mit dieser Bedeutung: Jeder Punkt der Saite führt eine stationäre seitliche Bewegung aus, wie sie durch den zweiten Faktor beschrieben wird; die Amplitude dieser Schwingung ist durch den ersten Faktor gegeben. Sie ist speziell überall dort gleich Null, wo dieser Faktor verschwindet, also wo

$$2\pi\frac{x}{\lambda} = n\pi . \qquad (n = \text{ganze Zahl})$$

Also Amplitude Null an den *Knoten* genannten Stellen:

$$\boxed{x = n\frac{\lambda}{2}.}$$

Weil auch $x = L$ (mit L = Saitenlänge) sich als Befestigungsstelle nicht bewegt, folgt für die Wellenlänge der stationären Schwingung n-ter Ordnung:

$$\lambda = \frac{2}{n}L.$$

Speziell bei der Schwingung erster Ordnung (ein Bauch in der Mitte) ist demnach die Wellenlänge $\lambda = 2L$ (doppelte Saitenlänge).

Die größte Elongation $2A$ (man beachte: doppelt soviel wie die Amplitude jeder fortschreitenden Komponente) erreicht man dort, wo der erste Faktor seinen Maximalwert 1 erreicht, also wo

$$2\pi\frac{x}{\lambda} = \left(n + \frac{1}{2}\right)\pi ,$$

so daß für die Schwingungs-*Bäuche*

$$\boxed{x = (2n+1)\frac{\lambda}{4}}$$

gilt. In den beiden Ausdrücken für Knoten und Bäuche muß man für ein bestimmtes n alle ganzen Zahlen von 0 bis n nacheinander einsetzen.

1. Beispiel. Es sei $n = 1$, dann findet man
Knoten: für $n=0$ und $n=1$ an den Stellen $x=0$ und $x = \lambda/2 = L$. Es sind die beiden Befestigungspunkte der Saite.
Bäuche: $n = 0$ ergibt $x = \lambda/4 = L/2$ (= Saitenmitte).
$n = 1$ ergibt $3/4\,\lambda = 3/2\,L$, was dem theoretischen Bauch entspricht, der sich auf einer zur ganzen Wellenlänge ($\lambda = 2L$) ergänzten Saite ergäbe.

2. Beispiel. Es sei $n=5$. Dann folgt sofort $\lambda/2 = L/5$, so daß eine Momentaufnahme der Schwingung in der Phase maximaler Elongationen gezeichnet werden kann.

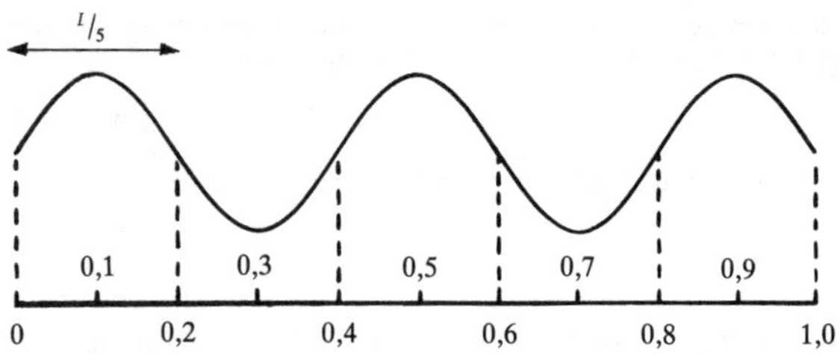

$f_5 = 5\,f_1$ *bei maximaler Auslenkung*

Dasselbe Resultat muß auch berechnet werden können. In tabellarischer Zusammenstellung von Knoten und Bäuchen folgen aus den dazugehörenden Formeln mit $n = 0$ bis $n = 5$:

	Knoten	*Bäuche*
$n = 0$	$x = 0$	$x = {}^1/_4\,\lambda = {}^1/_2\,{}^L/_5 = 0{,}1\,L$
$n = 1$	$x = {}^1/_2\,\lambda = {}^L/_5 = 0{,}2\,L$	$x = {}^3/_4\,\lambda = {}^3/_2\,{}^L/_5 = 0{,}3\,L$
$n = 2$	$x = {}^2/_2\,\lambda = 2\,{}^L/_5 = 0{,}4\,L$	$x = {}^5/_4\,\lambda = {}^5/_2\,{}^L/_5 = 0{,}5\,L$
$n = 3$	$x = {}^3/_2\,\lambda = 3\,{}^L/_5 = 0{,}6\,L$	$x = {}^7/_4\,\lambda = {}^7/_2\,{}^L/_5 = 0{,}7\,L$
$n = 4$	$x = {}^4/_2\,\lambda = 4\,{}^L/_5 = 0{,}8\,L$	$x = {}^9/_4\,\lambda = {}^9/_2\,{}^L/_5 = 0{,}9\,L$
$n = 5$	$x = {}^5/_2\,\lambda = 5\,{}^L/_5 = L$	$x = {}^{11}/_4\,\lambda = {}^{11}/_2\,{}^L/_5 = 1{,}1\,L$ (ist auszuschließen, da sinnlos)

Wie wir von den Blasinstrumenten her wissen, nennt man derartige stationäre Schwingungszustände mit ortsfesten Knoten *stehende Wellen*.

In der Wirklichkeit etwa eines Saiteninstruments erscheinen alle diese möglichen Schwingungsformen mit ganzzahlig vielfachen Frequenzen gegenüber der Grundschwingung (deren Wellenlänge das Doppelte der Saitenlänge ist) gleichzeitig und überlagern sich mit verschiedenen Amplituden. Das Resultat ist zwar wiederum periodisch, aber mit komplizierterem Verlauf als etwa in der Figur für $n = 5$ (s. dazu Satz von Fourier in 1.116: »Die Stürze der Posaune«).

Aus der Feststellung, daß die Teilschwingungen ganze Vielfache der Grundschwingung darstellen, folgt der Hinweis auf die Berechnung der wichtigsten Intervalle (die zuvor schon mehrfach gebraucht, jedoch nicht abgeleitet wurden). Man kann sie einfach ablesen, wenn man die Teiltöne aufzeichnet. Nachdem alle Intervalle nur Frequenzverhältnisse darstellen, also relative Maße sind, die nicht von den Absolutwerten der Frequenzen abhängen, ist es zulässig,

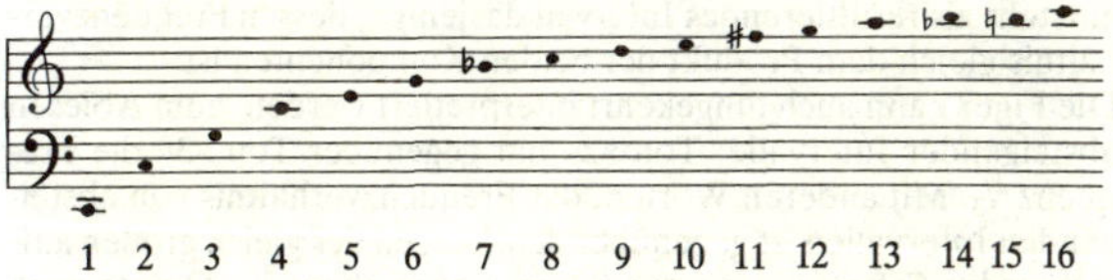

Die Partialtonfolge

in diesem Zusammenhang die Grundtonfrequenz einfach = 1 anzunehmen. Die Numerierung der Teiltonfolge gibt dann gleichzeitig an, um welchen Faktor die Frequenzen gegenüber dem Grundton höher liegen. Die ersten 6 Teilschwingungen genügen, um alle Intervalle abzuleiten. Es lohnt sich also, sich diese 6 ersten Teiltöne einzuprägen. Die Memorierung ist leicht: Ganz trivial ist Ton »2« die Oktave von »1«. Nochmals das doppelte, also »4«, liegt wiederum eine Oktave höher. Dazwischen muß sich das bisher übersprungene »3« befinden: Es ist die Quinte über »2«. Ihre doppelte Frequenz, also die eine Oktave höher liegende Quinte, muß $2 \cdot 3 =$ »6« sein. Somit bleibt noch »5« als große Terz über »4« einzufügen.

Der Reihe nach kann man nun die Frequenzverhältnisse der Intervalle ablesen:

Oktave	von C(1) zu c (2)	Intervall = $^2/_1 = 2$
aber auch z. B.	von c^1(4) zu c^2 (8)	Intervall = $^8/_4 = 2$
Quinte	von c (2) zu g (3)	Intervall = $^3/_2$
Quarte	von g (3) zu c^1 (4)	Intervall = $^4/_3$
Große Terz	von c^1(4) zu e^1 (5)	Intervall = $^5/_4$
Kleine Terz	von e^1(5) zu g^1 (6)	Intervall = $^6/_5$

Auch die Reihenfolge $^3/_2$, $^4/_3$, $^5/_4$, $^6/_5$, ist leicht zu merken (man stelle sich dabei vor: g, f, e, es). Nochmals: diese Verhältniszahlen sind ganz unabhängig von unserer Wahl des C als Grundton.

Die Berechnung des Resultats zweier aneinandergefügten Intervalle ist jetzt ebenfalls leicht verständlich. Es soll z. B. berechnet werden: Quinte + große Terz (= große Septime). Wir kennen das Intervall der Quinte: $^3/_2$. Diese Quinte muß nun Grundton der hinzuzufügenden Terz werden. Die Terz entspricht dem Verhältnis $^5/_4$; sie befindet sich also um $^5/_4$ höher als ihr Grundton, der allein schon $^3/_2$ ist. Das Resultat muß demnach $^5/_4$ von $^3/_2$ sein, also $^5/_4 \cdot {}^3/_2 = {}^{15}/_8$.
Man kann sich merken: Beim Aneinanderfügen von 2 Intervallen entsteht als resultierendes Intervall dasjenige, dessen Frequenzverhältnis gleich dem Produkt der beiden Komponenten ist.
Die Figur kann auch umgekehrt interpretiert werden, zum Ablesen absteigender Intervalle: Ton »2« hat gegenüber Ton »3« die Frequenz $^2/_3$. Mit anderen Worten, das Frequenzverhältnis von absteigenden Intervallen ist gegenüber demjenigen des gleich großen aufsteigenden Schrittes reziprok (Quinte nach oben: $^3/_2$, Quinte nach unten: $^2/_3$). Wenn also z. B. die große Sexte zu berechnen ist, kann man sie als Oktave minus kleine Terz deuten (kleine Terz von der Oktave zurück). Dazu ist also »2« als Grundton des absteigenden Intervalls zu nehmen, das $^5/_6$ beträgt (als Reziprokwert zur steigenden Terz: $^6/_5$). Die Sexte wird folglich $2 \cdot {}^5/_6 = {}^5/_3$. – Mit $^5/_6$ zu multiplizieren ist gleichbedeutend der Division durch $^6/_5$. Deswegen das neue wichtige Resultat: Wird ein Intervall von einem anderen abgezogen, ist das Frequenzverhältnis des ersten durch dasjenige des zweiten Intervalls zu dividieren.
Beispiel: Kleine Sexte = Oktave – große Terz = $2 : {}^5/_4 = {}^8/_5$.
Zwischen großer Terz und kleiner Terz liegt der (kleine) Halbton $^5/_4 : {}^6/_5 = {}^{25}/_{24}$.

2.12 *Die Gitarre*

2.121 **Von der Kithara zur Gitarre**

Natura non facit saltus, und auch die technische Entwicklung (die Musikinstrumente sind nun einmal – Verzeihung – technische Gebilde) geschieht fließend. In der verwickelten Vorgeschichte unserer Saiteninstrumente scheint sich eine logische Linie von graduellen Übergängen abzuzeichnen. Ausgehend von der griechischen Kithara mit ihrem flachen

Resonanzkorpus, so kann man sich vorstellen, wurde die durch 2 geradlinig gewordene Seitenjoche und Querbalken gebildete Saitenhalterung zu einem einzigen 3teiligen Bogen, aus geraden Stücken mit abgerundeten Ecken, umgeformt. Auf diese Weise wäre die angelsächsische **Rotta**, d. h. eine gezupfte Leier, wie sie archäologisch für das 7. Jh. n. Chr. bereits belegt ist, entstanden. Bei ihr verlaufen die Saiten noch frei durch die langgestreckte Öffnung zwischen Wirbelstock und eigentlichem Korpus. Sie mußten also noch »in der Luft« gegriffen werden. Die entscheidende, wenn auch naheliegende Änderungsidee war, ein Brettchen so unter die Saiten zu legen, daß sie durch Andrücken mit den Fingern genauer und mit geringerer Kraft verkürzt werden konnten. Es entstand so das freischwebend über den Korpus reichende *Griffbrett.* Dieses Griffbrett ist auf einer verbindenden Brücke, durch die frühere Einzelöffnung, befestigt. Das so erreichte Instrument ist der im Mittelalter sehr verbreitete Crwth. Man frage nicht, wie dieses vokallose Wort auszusprechen ist; einfacher ist jedenfalls die als **Chrotta** latinisierte Benennung. Es ist leicht einzusehen, daß das neu hinzugekommene Verbindungsstück die Saitenspannung zu übernehmen vermochte und damit die seitliche Halterung überflüssig wurde. So könnte es zur Entstehung des abgesetzten Halses gekommen sein – und schon wären wir bei den Gitarreninstrumenten angelangt. Leider läßt sich dieser hypothetische, allerdings nicht unwahrscheinliche Entwicklungsgang nicht in seinen Einzelschritten belegen, vor allem deswegen nicht, weil in den Quellen ganz verschiedene Instrumente unter gleicher Benennung auftauchen. Wir müssen uns deshalb begnügen, die wichtigsten Stufen kurz zu beschreiben.

Da ist also einmal der vor allem in Wales, aber auch sonst, bis ins 19. Jh. sehr beliebte **Crwth**. Dieses Instrument diente den keltischen Barden zur Begleitung ihres Gesangs; der römische Dichter Venantius Fortunatus (6. Jh.) erwähnt es als **Chrotta britannica**. Es handelt sich um ein Zargeninstrument, d. h. der viereckige Korpus bestand aus Decke und

Boden, die seitlich durch senkrecht zu ihnen stehende, den Resonatorhohlraum umschließende Brettchen, die *Zargen*, verbunden waren. Von den 6 Saiten wurden die über das Griffbrett geführten 4 als Spielsaiten gebraucht; die beiden anderen, etwas seitlich abstehend, dienten als Bordunsaiten. Die Spielfinger wurden durch die Öffnungen zwischen Griffbrett und seitlichen Jochen gesteckt. Die Saiten liefen über einen *Steg* und waren an einem am unteren Rande verankerten *Saitenhalter* befestigt. Man beachte, daß hier schon der für die heutigen Streichinstrumente übliche 4saitige Bezug anzutreffen ist. Der Crwth ist nämlich auch als Vorläufer der Streichinstrumente zu betrachten: In seiner Frühzeit gezupft, wurde er ab Ende des 10. Jh. gestrichen.

Während im Norden gestrichene Saiten mit der Zeit überwogen, zog man in Mittelmeerländern die Zupfinstrumente vor. Und so entwickelte sich, vorerst in Spanien, aus der Chrotta und der Fidel (= Vielle, = Viola) die auch etymologisch den Zusammenhang wiedergebende **Vihuela**, in der Frühzeit auch gestrichen oder mit dem Plektrum gespielt, aber nach dem 16. Jh. nur noch mit den Fingern gezupft. Sie wies 5 jeweils gleich gestimmte Saitenpaare und eine Diskantsaite auf.

Vihuela

Diese höchste Saite, italienisch auch bei der Violine immer noch *»cantino«* genannt, erhielt ihren Namen vom »canto«, von ihrer Rolle, die Melodiestimme über der Begleitung durch die anderen Saiten wiederzugeben. »Discantus« bedeutete ja auch oberste Stimme der Mehrstimmigkeit (als Gegenstimme zum »Tenor«). Die 3 ursprünglich nebeneinander bestehenden Instrumente hießen **Vihuela de arco** (mit Bogen = arco gestrichen), **Vihuela de mano** (mit den Fingern direkt gezupft; mano = Hand) und **Vihuela de peñola** (= Plektrum).

Die Wirbel waren hinterständig angebracht, also einfach von hinten durch das etwas zurückgeneigte Wirbelbrett gesteckt, so daß auf der Vorderseite in ihren herausragenden Stumpf das Saitenende gesteckt werden konnte, um durch Drehen das Spannen der Saite, also das Stimmen, zu ermöglichen. Die Decke wies mehrere (4–5), oft mit kunstvoll durchbrochenen Rosetten versehene Schall-Löcher auf; der Korpus war schon seitlich etwas einwärts geschweift. Die typisch spanische Vihuela wurde zum beliebten Volksinstrument, eroberte aber auch – wohl durch Vermittlung spanischer Troubadours – die Kunstmusik höchster Gesellschaftskreise.

Aus der Vihuela entstand, unter nicht näher feststellbaren Umständen, die **Gitarre** (span. **Guitarra**, it. **Chitarra**).

Die sich im 13. Jh. bildende, in den Miniaturen der Cantigas-Handschriften vom König Alfons X. d. Weisen wiedergegebene Gitarre wurde **Guitarra ladina** genannt, zur Unterscheidung von der morgenländischen **Guitarra morisca** (s. 2.131). Von der ab ca. 1580 verdrängten Vihuela übernahm die Gitarre die 4 mittleren Saitenpaare (unter sich im Einklang oder im Oktavabstand gestimmt). Vorerst also 4saitig, den mittleren Chören von Vihuela und Laute entsprechend, wurde die Gitarre in der Mitte des 16. Jh. durch die 5. Saite nach unten und später durch die 6. Saite nach oben erweitert. Dann erfuhr sie viele Abwandlungen, erhielt Einzelsaiten, wurde vorübergehend doppelchörig und erst im 17. Jh. endgültig 1chörig, also mit 6 verschieden gestimmten Saiten. Dabei gingen Frankreich und Italien voraus, Spanien folgte. Als die Herzogin Anna Amalia von Weimar (1739–1807) – dieselbe, die Weimar zum Mittelpunkt der deutschen Kultur erhob – eine Gitarre aus Italien, wo das Instrument sehr beliebt war, nach Deutschland brachte, war sie noch 5saitig. Angeregt durch Johann Gottlieb Naumann (1741–1801) ergänzte der Geigenbauer J. A. Otto, ebenfalls in Weimar, mit der 6. Saite die Gitarre zu

dem Instrument, das eine alle Volksschichten einbeziehende, bis Mitte des 19. Jh. dauernde Begeisterungswelle auslöste. In Spanien selbst wurde Ende des 18. Jh. die Gitarre am Hofe des Königs Carlos IV. zugelassen. In ihrem gesamteuropäischen Triumph verdrängte das Instrument die vorher nicht wegzudenkende Laute.
Namhafte Musiker und Komponisten nahmen sich ihrer an. Für sie schrieben schon Ferdinando Carulli (1770–1841), Mauro Giuliani (1781–1829), Fernando Sor (1778–1839), Ludwig Spohr (1784–1859), Anton Diabelli (1781–1858), sogar Niccolò Paganini (1782–1840) sowie Carl Maria von Weber (1786–1826), selbst ein ausgezeichneter Gitarrist, und viele andere. Die Gitarre war das einzige Musikinstrument, das der Instrumentationskünstler Hector Berlioz (1803–1869) manuell beherrschte. Im 20. Jh. erneuerte sich der Sieg der Gitarre nicht nur in der Volks- und Unterhaltungsmusik; nachdem Andrés Segovia sie zur Würde des modernen Konzertsaals erhoben hatte, eigneten ihr zeitgenössische Autoren neue Werke zu: Mario Castelnuovo-Tedesco (1895–1968), Manuel de Falla (1876–1946), Albert Roussel (1869–1937) und, mit besonderer Hingabe, Heitor Villa-Lobos (1887–1959). Im Sinfonieorchester erscheint die Gitarre z. B. in der »Nachtmusik« der 7. Sinfonie von Gustav Mahler. Zusammen mit der Mandoline gehört sie zur Serenade op. 24 von Arnold Schönberg.

2.122 **Die heutige Gitarre**

Vorbildlich für die heutige Form ist die von Antonio de Torres (1817–1892) geschaffene »Spanische Konzertgitarre«. Der elegant geschwungene, eckenlose Korpus ist 45 bis 50 cm lang (alle Maße können nur angenähert genannt werden, weil keine festgelegten Normen bestehen). In der Mitte ist er nach innen geschweift, so daß sich folgende Breiten ergeben: oben um 25 cm, Taille um 20 cm, unten um 30 cm. Stradivaris Gitarren wiesen noch weniger gekrümmte Einbuchtungen in Korpusmitte auf, waren so der

Vihuela ähnlicher als die heutigen. Decke und Boden sind gleich geformt, flach und mit den *Zargen* bündig, also nicht überstehend wie bei der Geige. Die Zargenhöhe beträgt beim Hals 87–100 mm und nimmt gegen unten zu, bis 95–107 mm. Bei einer Gesamtlänge von ca. 90 cm ist der *Hals* 40–45 cm lang. – Die *Decke* aus Fichtenholz weist im oberen Teil, etwa tangential zur Taille, ein kreisförmiges Schall-Loch auf (Durchmesser 8–10 cm), ohne Rosette, aber mit Verzierungen längs des Umfangs. Oft ist auch der Deckenrand verziert, mindestens mit einem im Abstand weniger Millimeter parallel zum Rand eingesetzten Äderchen aus dunklerem Holz, das ein mögliches Springen des Holzes (vom Rand nach innen) erschwert.
Von den 6 Darmsaiten des 1chörigen Bezugs sind die 3 tiefsten umsponnen (beschwert). Die *Wirbel* werden hinterständig bedient, halten aber nicht direkt die Saiten fest, sondern übertragen ihre Drehung über ein Schneckenrad auf ein kleines Zahnrad, auf dessen Achse das Saitenende aufgerollt ist. Der in Längsrichtung zweigeteilte Wirbelkasten mit seiner Zahnradmechanik ist breiter als der Hals und schwach nach hinten abgewinkelt.
Die Saiten sind über den *Sattel* geführt, der sich am oberen Ende des *Griffbretts* befindet und zwei Aufgaben erfüllt: genaues Festlegen des oberen Schwingungsknotens (bei leer gezupfter Saite) und Ermöglichen der Schwingungen durch Distanzierung der Saite vom Griffbrett. Weiter verlaufen die Saiten über das Griffbrett und das Schall-Loch bis zum *Querriegel*, an dem sie mit Stiften befestigt sind. Dieses quer, ungefähr in der Mitte der unteren Ausbuchtung, auf die Decke geleimte Stäbchen – Steg und Saitenhalter in einem – weist sehr oft wiederum einen kleinen Sattel auf, wodurch auch unten die schwingende Saitenlänge (von maximal 60 cm) besser fixiert ist. Die Decke muß also die gesamte Saitenspannung aufnehmen können. Zu diesem Zweck ist der Querriegel etwas länger ausgebildet, um nicht nur die Spannung, sondern auch die Schwingungen auf größere Breite zu verteilen. Immerhin ist diese Aufgabe nicht

so raffiniert ausgedacht wie bei der Geige: Die Saitenschwingungen regen vor allem über den Luftweg (ins Schall-Loch hinein) die Hohlraumresonanzen an. Das dadurch erzeugte Nachhallen ist bei den sonst zu kurz klingenden Saiten unentbehrlich. Die durch das Schall-Loch verringerte Festigkeit der Decke wird mittels 2 tangential dazu verlaufender Querstreben (*Rippen* oder *Deckenbalken*) kompensiert. Weitere Streben (die *Spreizen*) verlaufen divergierend in die breiteren Zonen der Resonanzdecke hinein.
Der aus härterem Holz wie Ahorn, Palisander oder Mahagoni bestehende *Boden* ist ebenfalls – durch 3 quer verlaufende *Bodenbalken* – verstärkt. Am Zargen-*Oberbügel* des Korpus befindet sich außen der zur Befestigung des Halses dienende, die ganze Zargenhöhe einnehmende *Halsstock*, dem im Innern, als Gegenstück, der *Oberklotz* entspricht. Ihm gegenüber, also ebenfalls innen, in der Mitte des *Unterbügels*, befindet sich, zur weiteren Verstärkung der Konstruktion, der abgerundete, etwa 8 cm breite *Unterklotz*.
Der am Sattel 45 mm breite *Hals* ist dort 22 mm dick und nimmt bis zu 25 mm in Korpusnähe zu. Im Querschnitt ist er oben flach, unten abgerundet.

Es gibt Stahlsaiten-Gitarren, bei denen auf der Oberseite Hals und Griffbrett konvex abgerundet sind, damit außer den üblichen 4 Fingern auch der Daumen (für die tiefste Saite) zum Greifen dienen kann.

Das Griffbrett verdeckt die ganze Oberseite des Halses und reicht über diesen freischwebend hinaus über die Decke, bis an den Rand des Schall-Lochs, wo es 6 cm breit ist. Es ist mit *Bünden* versehen. Diese bestanden ursprünglich aus verdrehten Darmsaiten, die um den Hals gebunden waren (daher der Name). Heute sind es stabilere eingelassene Metallstäbchen, meistens aus Neusilber. Geigenspieler sehen mit einer gewissen Verachtung (oder ist es Neid?) auf die Bünde herab, weil diese die korrekte Verkürzung der Saiten schon vorgeben und einige Mühe beim Intonieren sparen. Wenn ein Finger im Bereich zwischen 2 Bünden (möglichst näher am unteren) aufgedrückt wird, wirkt die

Kürzung genau ab dem festgelegten unteren Bund. Der Sinn ist aber primär nicht der, das Spiel zu erleichtern, sondern in jeder Länge die Saiten frei schwingen zu lassen, wie dies bei der Geige nur auf leeren (nicht gegriffenen) Saiten geschieht. Bei den Streichern erzeugt die tonbestimmende Fingerkuppe eine beträchtliche Dämpfung. Sie ist dort aber ziemlich unbedeutend, weil, im Gegensatz zur gezupften Saite, der streichende Bogen ständig Energie zuführt und weil durch die andere Form des Steges der Wirkungsgrad des Korpus viel größer ist. Auch muß berücksichtigt werden, daß die Gitarre im Gegensatz zur Geige bevorzugt akkordisch oder sogar mehrstimmig gespielt wird: eine gewisse Erleichterung ist ihr durchaus zuzubilligen.
Die Stimmung ist, bei Aufsicht von links nach rechts, beim Spielen von oben nach unten: E A d g h e^1, also aufgebaut aus 3 Quarten, einer Großterz und wiederum einer Quarte. Daß nicht alle Intervalle gleich sind, hat seine praktischen Gründe, wie wir weiter unten sehen werden. Jedenfalls folgen aus der Doppeloktave zwischen tiefster und höchster Saite Stimmungsprobleme. Wird nämlich von E aus in reinen Intervallen nach oben gestimmt (4 Quarten + Terz), fällt das so erreichte e^1 etwas zu tief aus.

In Zahlen ausgedrückt: 4 Quarten + Terz = $(^4/_3)^4 \cdot {^5/_4} = 3{,}951$ statt 4.

Bei Instrumenten mit festen Tonhöhenbeziehungen wird der prinzipielle Fehler, der dadurch entsteht, daß sich der Quintenzirkel nicht genau schließt, mit dem besten Kompromiß der gleichmäßigen Temperierung kompensiert. Diese ist deswegen auch auf der Gitarre unentbehrlich. Da dann alle Halbtöne (selbst in der Gruppierung zur Quarte und zur Terz) gleich groß sind, kann man sie ohne Bedenken einfach zusammenzählen: Quarte = 5 Halbtöne, Terz = 4 Halbtöne und $4 \cdot 5 + 4 = 24 = 2$ Oktaven, wie gewollt.

Da die temperierte Quinte etwas kleiner ist als die reine, muß die temperierte Quarte, als Ergänzungsintervall zur Oktave, etwas größer sein als die reine Quarte. Auch die temperierte Terz ist etwas größer als die reine Terz, so daß die Folge von 4 temperierten Quarten und einer temperierten Terz genau 2 Oktaven ergibt:

	rein	temperiert
Quarte	$^4/_3 = 1{,}333$	$2^{5/12} = 1{,}335$
Terz	$^5/_4 = 1{,}25$	$2^{4/12} = 1{,}26$

Tatsächlich ist $4 \cdot 2^{5/12} \cdot 2^{4/12} = 2^{20/12} \cdot 2^{4/12} = 2^2 = 4$.

Konstruktiv wird eine Näherung für die Verteilung der Bünde gebraucht, da es zu umständlich wäre, sich an die irrationalen Intervalle der temperierten Stimmung zu halten. Von der Gesamtlänge zwischen oberem und unterem Sattel wird $^1/_{18}$ abgezogen, um die Stelle des 1. Bundes zu finden. Gegenüber dieser neuen Länge verkürzt der 2. Bund wieder um $^1/_{18}$, usw.

Die erzielte Näherung ist leicht zu berechnen. Die beim ersten Bund verkürzte Saite ist noch $^{17}/_{18}$ der leeren Saite lang. Die Abweichung beträgt, wie ein Taschenrechner sofort hergibt: 5,88 %. Der temperierte Halbton wäre, wie schon öfter erwähnt, 5,94 %. Über eine ganze Oktave ergibt die Aufeinanderfolge von 5,88 %-Schritten: $1{,}0588^{12} = 1{,}985$ statt 2. Der Fehler beträgt nur zu vernachlässigende 0,75 %.

Es sind bis zu 19 Bünde vorhanden. Daraus läßt sich der höchste Ton leicht ableiten: Da der 1. Bund die Erhöhung um einen Halbton bewirkt, ergibt der 12. Bund eine Erhöhung um eine Oktave; der 19. Bund erhöht um Oktave + 7 Halbtöne = Oktave + Quinte. Dies gibt bei der höchsten Saite (leer e^1) das h^2. Also ist der Umfang der Gitarre $E - h^2 = 3^1/_2$ Oktaven.

Übrigens wird durch die Bünde das Stimmen vereinfacht, denn sie stellen genaue Bezugsfrequenzen zur Verfügung: Man kann auf jeder Saite genau den Ton greifen, den die nächsthöhere aufzuweisen hat.

Der obere Sattel heißt (wie bei anderen Instrumenten, *Capotasto* (oft verformt zu *Capodastro*, *Kapodaster*), was wörtlich Griffbrett-Ende bedeutet (it. tasto = Griffbrett, capo = Ende). Die Bünde heißen frz. *Barres*, *Ligatures* oder *Frettes* (auch im Deutschen wird gelegentlich *Fretten* gebraucht), it. *Traversine* (traverso = quer). Es besteht die Möglichkeit, durch einen angeklemmten, den Hals

umschließenden, oben geraden Metallbügel alle Saiten gleichzeitig so zu kürzen, daß der sich darunter befindende Bund zum neuen Capotasto umfunktioniert wird. Das ganze Instrument ist dann höher gestimmt, was das Transponieren erleichtert, denn besonders leicht sind jene Akkorde zu greifen, welche die tiefste Saite als Grundton aufweisen. Auf der klassischen Gitarre ist dieser Trick verpönt; dabei wird mit dem – erlaubten – Barré-Griff (von frz. barre = Bund), bei dem man den Zeigefinger quer über alle Saiten legt, dasselbe erreicht.
Zum Spielen setzt man den linken Fuß gewöhnlich auf einen kleinen Schemel. Das Instrument kann dann mit der Zarge auf beide Oberschenkel gestützt werden, wobei die Hauptebene (Decke) vertikal bleibt. Gelegentlich wird eine am Instrument befestigte und auf dem linken, nicht erhöhten Oberschenkel aufgelegte Metallstütze benützt. Der schräg nach oben gerichtete Hals wird mit der linken Hand gehalten, deren Finger von unten über das Griffbrett fassen. Die rechte Hand zupft die Saiten, wobei verschiedene Techniken zur Anwendung kommen, im wesentlichen: mehrstimmiges Spiel mit den Fingerspitzen auf einzelnen Saiten (in Spanien virtuos gebräuchlich), Akkordschlagen über alle Saiten hinweg, etwa zur Liedbegleitung (in Italien beliebt), und als Mischform das gleichzeitige Spielen von Melodie und akkordischer Begleitung (Monophonie). Linkshänder bespannen und halten das Instrument umgekehrt. Auch das in 2.344 erklärte Flageolett ist möglich, indem eine Saite nur berührt, nicht ganz auf das Griffbrett niedergedrückt wird (die Bünde bleiben dann wirkungslos.)

2.123 **Griffe und Notation**

Jeder Bund erhöht um einen Halbtonschritt. Man könnte also leicht in die Zwischenräume die Noten einschreiben, welche dem dort aufgesetzten Finger entsprechen, und erhielte dann folgende Darstellung (wobei das Instrument senkrecht stehend gedacht ist, Capotasto oben):

Saiten leer	E	A	d	g	h	e^1
1. Bund	F	B	es	as	c^1	f^1
2. Bund	Fis	H	e	a	cis^1	fis^1
3. Bund	G	c	f	b	d^1	g^1
4. Bund	Gis	cis	fis	h	dis^1	as^1
5. Bund	A	d	g	c^1	e^1	a^1
6. Bund	B	dis	as	cis^1	f^1	b^1

(Wegen der temperierten Stimmung ist alles enharmonisch austauschbar.) Man sieht daraus, daß es genügt, bis zum 4. Bund zu gelangen, um alle chromatischen Töne auszuschöpfen. Beim 5. Bund findet man wieder die Töne der leeren Saiten (mit Ausnahme des E und des weiter oben schon vorhandenen h). Es genügt also, sollen alle Akkorde erschlossen werden, die ersten 4 Bünde zu betrachten. Vor allem sind die auf E stehenden Akkorde leicht zu greifen. Wenn wir, ohne Rücksicht auf die Tonfolge innerhalb des Mehrklangs, auf jeder Saite gerade so weit hinaufgehen, daß ein akkordeigener Ton entsteht, liefert das obige Schema die Auskunft darüber, wo die einzelnen Saiten gegriffen werden müssen. Soll z. B. der E-Dur-Dreiklang gespielt werden, sucht man im angegebenen Sinn die Noten E, Gis, H, und es kommt folgende Verteilung zustande (○ = leere Saiten):

leer	E	A	d	g	h	e^1
für E-Dur	(E)	H	e	gis	(h)	(e^1)
Bünde	0	2	2	1	0	0

3 Saiten sind leer spielbar. Dieses Resultat kann man schematisch darstellen, indem man ein kleines Rechteck zeichnet, in dem 6 senkrechte Striche die Saiten darstellen, horizontale den Sattel und die 4 ersten Bünde. Mit einem Punkt sind die niederzudrückenden Stellen bezeichnet. Zur Vervollständigung kann man über den leer zu spielenden Saiten einen kleinen Kreis (Null) anfügen. Das ganze sieht dann für den E-Dur-Akkord so aus:

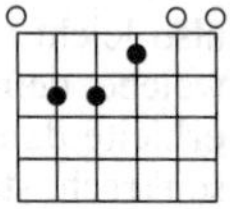

Aus der Tabelle auf S. 266 läßt sich entnehmen, daß praktisch alle über E aufgebauten Akkorde (Dur, Moll, D^7, D^9, D^v) jeweils nur 3 Finger zum Greifen benötigen. Dies ist der Vorteil der immer verfügbaren Großterz g–h. Die Folge g–h–e^1 gibt sogar schon den fertigen Moll-Akkord, dessen Grundton auf der ersten Saite bereits zur Verfügung steht.

Durchgehende Quartenstimmung wäre unzweckmäßig. Dies sieht man schon am einfachsten Grundakkord, nämlich E-Dur:

Quartstimmung	E	A	d	g	c	f^1
Noten für G-Dur	(E)	H	e	gis	e^1	gis^1
Bünde	0	2	2	1	4	3

Selbst in diesem einfachen Fall würde die tiefste Saite allein stimmen, und es sollten mit 4 Fingern 5 Saiten gegriffen werden!

Als weiteres Beispiel der Nonakkord über E (E Gis H D F):

leer	E	A	d	g	h	e^1
D^9	(E)	H	(d)	gis	(h)	f
Bünde	0	2	0	1	0	1

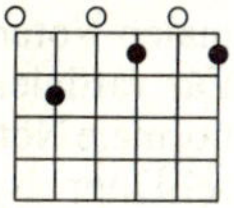

Es sind nochmals, selbst bei diesem komplizierteren Akkord, nur 3 Saiten zu greifen.
Bei höher gelegenen Akkorden geht es oft kaum, ohne 4 Saiten greifen zu müssen; z. B. d-Moll (D F A):

leer	E	A	d	g	h	e^1
gegriffen	F	(A)	(d)	a	d	f
Bünde	1	0	0	2	3	1

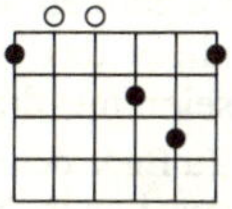

Dies gibt den Sextakkord. Soll aber die Grundstellung erklingen, sind erste und zweite Saite nicht zu spielen. In diesem Fall werden die ersten beiden Saiten im Schema überhaupt nicht bezeichnet:

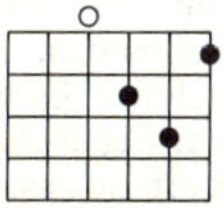

Abgesehen von den leeren Saiten kann jeder Griff in sich unverändert nach oben verschoben werden. Durch diese Erleichterung können die eingeübten Fingerstellungen für verschiedene Kadenzfunktionen (Tonika, Unterdominante, Dominante, Sept- und Nonenakkorde, verminderte Drei- und Vierklänge) in allen Lagen gleich bleiben. Dies erklärt den scheinbar paradoxen Umstand, daß Gitarrenschüler bei Prüfungen harmonische Aufgaben lieber auf ihrem Instrument als auf dem für Transpositionen problematischeren Klavier vorspielen. Nur wenn in einem Akkord leere Saiten vorkommen, muß bei Höherverlegung der Griff angepaßt werden (es sei denn, der Zeigefinger bleibe für den Barré-Griff frei).

Das hier beschriebene System der Akkordschreibung ist nichts anderes als die altehrwürdige *Tabulatur*, die seit dem 14. Jh. für Laute und Gitarre üblich war, da es für Mehrstimmigkeit die Notenschrift auf Linien noch nicht wirklich gab. Diese instrumentenbezogene Griffschrift wird noch heute gebraucht und ist z. B. zur Klärung der Harmonie den normalen Noten bei leichter Musik hinzugefügt.

Für raffiniertere, kunstvolle Benützung der Gitarre wird normale Notenschrift gebraucht, mit Baß- und Violinschlüssel-Doppelsystem, eine Oktave höher als der Klang notiert.

2.124 **Abarten**

Die Gitarre ist bei vielen Völkern und in verschiedenen Gegenden in derart zahlreichen Varianten vorhanden, daß allein das Aufzählen viel Platz beanspruchen würde. Es seien nur die wichtigsten Abwandlungen erwähnt.

Zu Ende des 18. Jh., als die Bewunderung der griechischen Antike den Empire-Stil hervorbrachte, wurde in Frankreich zurückblikkend die Gitarre der griechischen Lyra angenähert, indem der Korpus zu beiden Seiten einen schmalen geschweiften, in Halsrichtung verlaufenden Ausläufer erhielt, oben mit seinem Gegenüber und mit dem Wirbelkasten durch einen nur angedeuteten Querriegel verbunden. Außerdem war der untere Teil als gerader Sockel geformt. Es war die **Lyragitarre**, der wegen akustisch unbefriedigender Eigenschaften nur ein kurzes Leben beschieden war; um 1830 starb sie aus.

Die kulturellen und kolonialen Verbindungen zu Übersee-ländern brachten einige Kuriositäten hervor. Da wäre einmal das **Banjo** zu erwähnen, ein Instrument mit ausgespro-

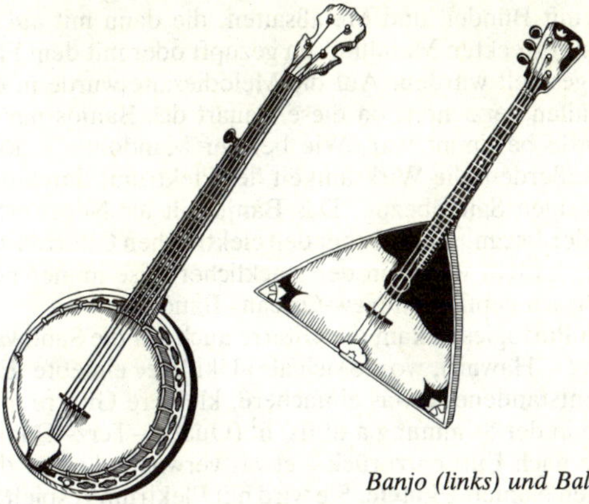

Banjo (links) und Balalaika

chen langem, bundlosem Gitarrenhals und, statt des Korpus, einem 1felligen (oder doppelt bezogenen) Tamburin aus metallenem Zargenkreis und Pergamentbespannung. Von den 5–7 Darmsaiten war ursprünglich die erste etwas kürzer, als höchste Melodiesaite mit dem rechten Daumen zu spielen, zum Greifen dem linken Daumen zugeordnet (so umschloß die Hand praktisch den Hals). Der dazugehörende Stimmwirbel befand sich etwa in der Mitte des Halses. Von der zweiten Saite an, der tiefsten, verlief die Stimmung normal nach oben (in Quinten, Quarten und Terzen nach verschiedenen Varianten, am häufigsten, bei 6 Saiten: g^2, g, d^1, g^1, h^1, d^2). Das »Fell« ist nicht in der Lage, die Saitenspannung aufzunehmen; deswegen enden die Saiten in einem am unteren Ende befestigten Saitenhalter. Zur Übertragung der Schwingungen auf das »Fell« dient ein aufgesetzter Steg. Das Instrument weist eigentlich viele mit der

Mandoline (s. 2.13) gemeinsame Züge auf, wurde aber ursprünglich, im Gegensatz zu ihr, mit den Fingern direkt gezupft. Neben dem in verschiedenen Größen gebauten Originalbanjo entstanden allerdings auch vergröberte Abarten mit Bünden und Metallsaiten, die dann mit auf die Finger gesteckten Metallhülsen gezupft oder mit dem Plektrum gespielt wurden. Auf die Melodiesaite wurde in diesen Fällen verzichtet, da diese Bauart des Banjos nur für Akkorde bestimmt war. Wie bei der Mandoline erhöhte man außerdem die Wirksamkeit des Plektrums durch doppelchörigen Saitenbezug. Das Banjo gilt als Negerinstrument der Jazzmusik, fiel aber den elektrischen Gitarren zum Opfer. Es lebt weiter in der glücklicherweise immer noch nostalgisch gepflegten New-Orleans-Band.
Durch Portugiesen kam die Gitarre auch auf die Sandwich-Inseln (= Hawaii), wo sie sich als »Ukulele« einlebte. Eine dort entstandene, etwas einfachere, kleinere Gitarre mit 4 Saiten in der Stimmung a d^1 fis^1 h^1 (Quarte–Terz–Quarte) kehrte nach Europa zurück – etwas verwirrend unter dem gleichen Namen **Ukulele**. Sie wird mit Plektrum gespielt, ist aber bei der heutigen Vorliebe für weniger zarte Klanggebung fast ganz vergessen.
Die **Hawaii-Gitarre** hat damit nichts zu tun. Dieses europäische Instrument ist eine große Gitarre mit durch Schlagringe gespielten Metallsaiten. Sie wird horizontal gehalten (beim Sitzen auf den Oberschenkeln liegend, beim Stehen mit einem Band umgehängt). Die Saiten werden nicht einzeln gegriffen, vielmehr dient ein über die ganze Griffbrettbreite reichender, in der linken Hand gehaltener Metallstab zur parallelen, globalen Kürzung aller Saiten. Die Bünde fehlen (sie sind nur als Orientierungshilfe aufgemalt oder eingelassen), so daß der Metallstab als beweglicher Capotasto wirkt, mit dem Vibrato und Glissando erzeugt werden, jene Spielarten, die von der hawaiischen **Okeke-laau**, einem einfachen Psalter, als typisches Merkmal der dortigen Eingeborenenmusik abgelauscht wurde. Gestimmt wird diese vorwiegend als Melodie-Instrument eingesetzte Gitarre mit E

A e a cis^1 e^1 (Quarte–Quinte–Quarte–Großterz–Kleinterz). Sie wird heute – wenn überhaupt – fast nur noch mit elektrischer Tonabnahme und Verstärkung verwendet.

Die **Elektrogitarre** beherrscht heute das ganze Feld der Unterhaltungsmusik. Sie wird in Phantasieformen aus Holz (selten), Plastik oder Metall angeboten, da die Gestalt klanglich völlig unwichtig geworden ist, weil die elektrische Verstärkung für die beliebte Verzerrung und für den erwünschten ohrenbetäubenden, gesundheitsschädigenden Lärm sorgt. Bei ungefähr gleichbleibender Größe ergeben unterschiedliche Bezüge (und Spannungen) verschiedene Tonlagen, bis zum Baßregister, so daß der biedere, asketische Saitenkontrabaß in dieser Sparte kaum noch gespielt wird.

Zu den frühen (flachbödigen) Gitarreninstrumenten gehört die um 1500 entwickelte **Cister**, über deren Herkunft man sich mit Mutmaßungen begnügen muß. Sie wies einen sichelförmig nach hinten gebogenen Wirbelkasten auf, der oft an seinem Ende eine nach vorn geneigte dekorative Figur trug. Die gezupften, 2chörig angeordneten Metallsaiten waren einzeln unten an der Zarge (am Unterbügel) befestigt. Die in Aufsicht birnenförmige Decke war mit einem durch Rosette verzierten Schall-Loch versehen. Der Bünde tragende Hals war ursprünglich an der Diskantseite etwas verdickt, damit durch die so erreichte leichte Drehung der linken Hand der Daumen leichter die erste (nicht tiefste) Saite greifen konnte. Diese Eigenart verschwand in der Mitte des 18. Jh. Die Dimensionen waren nicht einheitlich; Mittelmaße: Länge 80 cm, davon 45 für den Hals; Korpusbreite 30 cm; Zargenbreite nach unten abnehmend: oben 7, unten 6 cm. Saitenzahl und Stimmung waren sehr unterschiedlich. Der flache Boden war viel leichter und billiger herzustellen als der bauchige Lautenkorpus. Deswegen und wegen der leichten Spielart stieg die Cister zum sehr beliebten Laieninstrument auf, bis sie nach 1800 von der Gitarre verdrängt wurde. Ein weiterer Grund: Die Metallsaiten rissen weniger leicht als die Darmsaiten der Laute. (»Tempro la cetra, ...«, Ich stimme die Cister, beginnt ein berühmtes Madrigal von Monteverdi.) – Ein zusätzlicher Wirbelkasten, neben und über dem ersten, diente dazu, ungegriffene Baßsaiten anzubringen.

Die mit der Cister verwandte **Pandora** besaß einen mehrfach eingebuchteten Korpus; die Saiten endeten auf einem auch als Steg dienenden, aufgeleimten Querriegel, wie bei der Gitarre. Es war ein Baß-Instrument, wie auch die 1 m lange, mit Bordunsaiten versehene **Erzcister**.

Das russische Volksinstrument **Balalaika** wird als dreieckige Sonderform der Mandoline aufgefaßt; auch ihre Saiten werden mit dem Plektrum angerissen. Ihres flachen Bodens wegen darf man sie hingegen kaum zu den Lauteninstrumenten zählen, auch wenn in Italien die Laute oft fast dreieckig gebaut wird, aber unter Beibehaltung der bauchigen Unterseite. Der Boden der Balalaika ist flach, dafür die Decke (mit einer oder mehreren Rosetten) leicht gewölbt. Die 3 Darmsaiten gehen über einen Steg zum Sattelknopf am unteren Rande (was wieder an die Mandoline erinnert). Das ursprünglich in der Stimmung e^1 e^1 a^1 seit ca. 1770 vorhandene Bauerninstrument ist in jüngerer Zeit durch Wassilij Andrejew zu einer ganzen Familie erweitert worden, deren 6 Größen in Balalaika-Orchestern zusammentreffen. Es sind dies: *Pikkolo* (h^1 e^2 a^2), *Prim* (e^1 e^1 a^1), *Sekund* (a a d^1), *Alt* (e e a), *Baß* (E A d), *Kontrabaß* ($_1E$ $_1A$ D).

2.13 *Die Mandoline*

2.131 **Die Laute als glorreiche Vorgängerin**

Hier muß der logische Gedankengang über Zusammenhang und Entwicklung von Zupfinstrumenten mit flachem Korpus unterbrochen werden, denn ihrer musikgeschichtlich eminenten Rolle wegen ist die **Laute** einzubeziehen, obwohl sie aus dem heutigen Gebrauchsinstrumentarium (außer in historisierenden Interpretationen) verschwunden ist. Ihre Entwicklung ging nicht von der griechischen Kithara mit flachem Korpus aus, sondern von der gewölbten Lyra, wie sie schon in der sumerischen Kultur anzutreffen war und im alten Griechenland weiterlebte. Die Zargen sind eine modernere europäische Erfindung; deswegen weisen die Saiteninstrumente des nahen Orients einen gewölbten Korpus auf, der ungefähr die frühere Schildkrötenschale in Holz nachbildet, ursprünglich aus einem einzigen Stück geformt.

So sind in altägyptischen Grabkammern schlanke Lauten mit abgesetztem, langem Hals dargestellt, mit Plektrum gespielt. Auch auf der Lyra waren Zupfen und Spiel mit dem Plektrum möglich.
Bei historischen und ethnographischen Betrachtungen dient der Begriff »Laute« dazu, Instrumente abzugrenzen, die nicht einen Rahmen mit Querriegel, sondern einen Hals aufweisen.
Während die Kithara in Rom guten Anklang fand und von dort aus mit entsprechenden Umformungen sich über Europa ausbreitete, fanden Laute und Harfe keine Sympathie, da man sie als barbarisch ablehnte. Deshalb dauerte es in Europa ziemlich lange, bis die Laute, in Persien vorgeformt, durch die Araber über Spanien eingeführt wurde. Allerdings war inzwischen schon etwas Konkurrenz vorausgegangen in Gestalt des **Tanburs**, einer vom griechischen **Pandur** ebenfalls im Morgenland abgeleiteten Langhalslaute. Ihr gewölbter, eiförmiger Korpus bestand ebenfalls aus Holz, so daß dieses Instrument die zweite Stufe in der vom Schildkrötenkorpus wegführenden Entwicklung darstellt.
Dem Material war so wesentliche Bedeutung zugeordnet worden, daß es zur Bezeichnung des Instruments wurde: »Laute« kommt (wie span. **Laút**, frz. **Luth** oder it. **Liuto**) vom arabischen **al-'ûd** her; »al« ist der Artikel, »ûd« bedeutet Holz.

Entwicklungsstufen und Geschichte der Laute lassen sich folgendermaßen zusammenfassen:

9. Jh.: Die Laute nimmt in Persien Form an, wobei die früher hinterständigen Wirbel seitenständig werden. Die älteste Abbildung in der Bibel Karls d. Kahlen (823–877) gleicht noch eher dem 3saitigen Tanbur.

10. Jh.: Die arabische Laute al-'ûd wird in Europa eingeführt. Die 4 Saiten sind mit den Intervallen Quarte–Terz–Quarte gestimmt. Frühester Beleg ist ihr Bild auf einer Elfenbein-Pyxis aus Cordoba (Andalusien), 986 datiert.

12. Jh.: Abbildung auf einem Kapitell aus dem Chor der Abteikirche von Cluny in Burgund (Cluny, Musée du Farinier).

13. Jh.: Neben die Guitarra ladina tritt in Spanien die **Guitarra morisca**, mit vom Tanbur übernommenem gewölbtem Korpus. Als Regression erscheint auch wieder ein geschweifter Verbindungsbogen zwischen Korpus und Kopf. Auf einer Miniatur der im Escorial aufbewahrten Cantigas de Santa María aus dem Besitz des Königs Alfonso X. el Sabio (d. Weisen) von Kastilien, um 1275, hat das Instrument noch einen Saitenhalter und ovalen, bauchigen, zargenlosen Korpus sowie, zusätzlich zur Mittelrose, mondsichelförmige Schall-Löcher offensichtlich maurischer Herkunft. Bünde fehlen noch.

14. Jh.: Die Form stabilisiert sich, das Instrument beginnt Europa zu erobern.Der Wirbelkasten ist jetzt rückwärts geknickt, der Korpus birnenförmig, der Hals deutlich abgesetzt. (Beim Tanbur besteht noch ein stetiger Übergang vom Korpus zum Hals, wie übrigens bei der ähnlichen, aber mit Bünden versehenen, chinesischen **p'i-p'a**.) Um 1300 erwähnt Dante Alighieri den Liuto. Um 1350 werden alle Saiten zur Verstärkung des Tons verdoppelt.

15. Jh.: Die Laute erobert eine überragende Stellung im Musikleben, wird zum verbreitetsten Instrument für alle Arten der Musikausübung, zur Gesangs- und Instrumentenbegleitung und für selbständige Hausmusik. Unterdessen wird aus der immer gewölbter und lautenähnlicher gewordenen Guitarra morisca die **Mandola** mit 4 Doppelsaiten. Um 1400 erscheinen 4 Bünde, und es kommt die neue, höchste 5. Saite als Melodiesaite hinzu (frz. chanterelle, it. cantino). In dieser Eigenschaft ist die Saite nicht doppelt, sondern einfach vorhanden. Um 1470 wird die Besaitung nach unten um ein zusätzliches Paar ergänzt. Damit ist die klassische Laute ausgeprägt, mit 5 Paaren + Melodiesaite, im ganzen 11 Saiten. Die jetzt fixierte Stimmung ist: Aa dd^1 gg^1 hh e^1e^1 a^1 (oder einen Ganzton tiefer, jedenfalls 2mal 2 Quarten, dazwischen eine Terz).

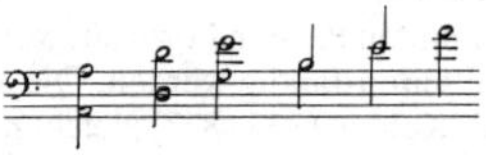

Sie ist der »vieux ton« des 16. Jh., so genannt zur Unterscheidung von dem (neben zahlreichen Varianten) »nouveau ton« des 18. Jh.: A d f a d^1 f^1. In Deutschland wird gelegentlich »auf Abzug«, d. h. einen Ton tiefer, gestimmt.

16. Jh.: In dieser ruhmvollen Zeit erreicht die Laute dieselbe universelle Bedeutung wie in der Romantik das Klavier, sowohl bei

Liebhabern als auch bei Berufsmusikern. Diese eminente Rolle steht auch im Zusammenhang mit der Entwicklung der Polyphonie. In der Tat erfreuten sich die Transkriptionen praktisch der ganzen zeitgenössischen Musik, speziell aber der vokalen Mehrstimmigkeit, größten Anklangs. Die Fixierung solcher Übertragungen war ermöglicht worden durch die zuerst in Italien erschienene Lautentabulatur (es folgten Frankreich und Deutschland, später England). Vorerst wird noch das Plektrum verwendet, dann aber kommen die Bünde um das Griffbrett, und der Aufschwung der Polyphonie fordert Zupfen mit den Fingerspitzen. Der Bedeutung bei gezupften, klangärmeren Saiten entsprechend besteht nur noch ein großes, mit Rosette verziertes Schall-Loch in der Mitte (unter den Saiten). Das Ansehen der Laute bezeugen auch die immer reicheren Verzierungen. Ihre hohe Stellung beweist auch die noch heute geltende Ausdehnung der Berufsbezeichnung Luthier in Frankreich und Liutaio in Italien auf alle Hersteller von Saiteninstrumenten, Geigenbauer inbegriffen. »Lautenschlager« (oder »-schläger«) ist sogar Familienname geworden.

Um 1500 ist der Korpus weniger gewölbt, hat statt tiefer Apfeleher Mandelform. 1510–1540 werden die Bünde zahlreicher. 1528: Endgültige Birnenform, mit etwas nach unten verschobener größter Korpusbreite. In Italien noch ausgeprägtere Umformung zur Mandel, fast bis zu einem gleichseitigen Dreieck, mit gekrümmten Seiten und stark abgerundeten Ecken. 1546 erscheinen allein in Venedig 40 Bände Lautenmusik (in einem Jahr!). In einem Traktat werden 1550 verschiedene Tonerzeugungen behandelt; das Plektrum ist noch immer nicht ganz verschwunden (wenn auch in der Bedeutung stark zurückgetreten). Die Schlüsselstellung der Laute wird auch dadurch ausgebaut, daß verschiedene Größen erscheinen, von der kleinen *Oktavlaute* bis zur *Baßlaute*.

17. Jh.: Die Erweiterung des Gesamttonumfangs der Kategorie läßt auch Einzelinstrumente mit viel mehr Saiten aufkommen, bis zu 9 Doppelsaiten plus Chanterelle und mit abgewandelten Formen (**Chitarrone**, **Arciliuto** = **Erzlaute**, **Theorbe** usw.), weil die Laute, neben dem Cembalo, auch Generalbaßaufgaben übernimmt. Das dadurch geförderte harmonische Spiel trägt zum Verfall der Polyphonie zugunsten der Homophonie (akkordisch begleitete Melodie) bei. Die Stimmung wird dem zu spielenden Stück angepaßt; sie kann z. B. G c f a c^1 f^1 (2 Quarten, 2 Terzen, Quarte) lauten. Besonders beliebt d-Moll mit A d f a d^1 f^1.

18. Jh.: Zu Beginn des Jahrhunderts erscheint die **Mandoline**. In der 2. Hälfte verschwindet die Laute (mit Blockflöten und Gamben) nach und nach, vom Cembalo und von der Gitarrenmode verdrängt.

Die »klassische« Renaissancelaute zeichnet sich durch den fast zum rechten Winkel abgeknickten Wirbelkasten aus, mit seitenständigen Wirbeln (im Gegensatz zur Gitarre). Sie wirken ohne Mechanik, denn die Saiten sind direkt an ihnen befestigt und aufgewickelt (wie bei der Geige). Es sind 11 Wirbel vorhanden, denn die Bespannung umfaßt 5 Doppelsaiten plus eine Einfachsaite. Das Griffbrett ist mit Bünden im Halbtonabstand versehen.

Der Korpus weist die Form einer halben Birne auf. Seine flache Decke aus Fichtenholz ist innen mit fast bis zum Rand reichenden Rippen verstärkt. Die dadurch erzeugte Versteifung ist nicht so ungelegen wie es scheinen könnte, denn bei allen lautenartigen Instrumenten sind die Hohlraumresonanzen viel wichtiger als diejenigen der mechanischen Bauteile. Der außen aufgeleimte, die Saitenenden haltende Querriegel übernimmt ja auch nur teilweise die Rolle eines Stegs.

Der untere, zargenlose, gewölbte Teil des Korpus besteht aus Segmenten, etwa den Kufen eines Fasses vergleichbar, aber an den Enden so zugespitzt, daß die Rundung bis an den Rand geführt wird. Diese Bauteile heißen *Späne*. Davon sind 9 üblich, aber es können auch viel mehr vorkommen, bis zu 40: je größer ihre Anzahl, um so wertvoller die Laute. Die Späne bestehen aus Ahorn oder Sykomore, einem ägyptischen Feigenbaum mit sehr widerstandsfähigem Holz, in der Blütezeit auch aus Sandel- oder Zypressenholz, aus Palisander, Ebenholz und sogar Elfenbein. Mitunter sind 2 Sor-

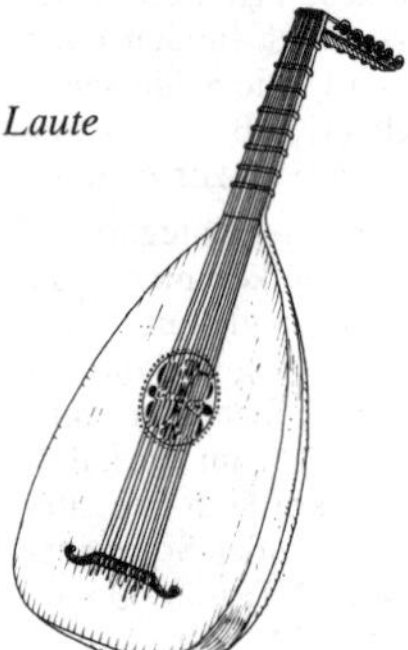

Laute

ten abwechselnd derart eingesetzt, daß eine hell-dunkle Musterung entsteht. Dazu kommen, außer der kunstvoll geschnitzten Rosette, Verzierungen verschiedenster Art, oft aus Elfenbein oder Perlmutter. Die ganze Konstruktion ist sehr delikat und zerbrechlich: Die Decke ist ca. 2 mm dick, die Späne sind nur etwa 1 mm dünn! Deswegen ist das auch auf die leisesten Schwingungen ansprechende Instrument zu einer musealen Seltenheit geworden.

Die erhebliche Knickung des Halses entstand in der Meinung, dadurch die mechanische Beanspruchung des Korpus zu veringern (vor allem an der kritischen Befestigungsstelle des Halses). Dies ist aber illusorisch, denn die Spannung der Saite ist durch ihre Stimmung gegeben, ganz unabhängig von der Gestalt des Wirbelkastens. Eigentlich ist es erstaunlich, daß eine derart leichte Konstruktion die recht erhebliche Saitenspannung aushielt. Die Stimmung war so einzurichten, daß die höchste Saite den Zug gerade noch aushielt, ohne zu reißen.

Ihrer Bedeutung und Ausbreitung verdankt die Laute, zwischen 14. und 18. Jh. von vielen Malern in ihren Werken gewürdigt worden zu sein.

2.132 **Die Lautentabulatur**

Der Laute fiel die Rolle zu, vokale Polyphonie in instrumenteller Übertragung wiederzugeben. Die dazu erdachte Schrift ist deswegen für die heutige Zeit wichtiger als das Instrument selbst, weil sie die für die musikhistorische Forschung, für die Rekonstruktion der über Jahrhunderte gepflegten Musik unersetzlichen Quellen liefert. Die Partitur, d. h. das Übereinanderschreiben der gleichzeitig zu lesenden Einzelstimmen, war noch nicht erfunden – und wäre auch zu schwer zu lesen gewesen, den Spielern aus allen Volks- und Bildungsschichten kaum zumutbar. Obwohl die Notenschrift schon existierte (Guido von Arezzo, vor 1030), mußte also ein Modus gefunden werden, der es über eine leserfreundliche Griffschrift ermöglichte, polyphon zu spielen. Es wurden mehrere Lösungen erfolgreich. Da ist einmal die komplizierteste, die Deutsche Tabulatur.

Tabulatur (it. *intavolatura*, frz. *tablature*; von lat. tabula = Tafel, im Sinne der Schriftseite) bedeutet – ähnlich wie das Wort *Partitur* (von it. parte = Teil; Stimme eines Orchesters) – das Zusammenfassen mehrerer Stimmen auf einem Blatt. Sie ist aber, im Gegensatz zur Partitur, eine Griffschrift. In Tabulatur umschreiben hieß *intabulieren*.

Deutsche Tabulatur. Man stelle sich die anfänglichen 5 Saiten der Laute vertikal nebeneinander gezeichnet vor, mit Sattel oben und durchnumeriert, wie man sie beim Instrument in Aufsicht sieht: links mit 1 bei der tiefsten (d) beginnend, bis zu 5 bei der höchsten (a^1). Die Bünde hat man sich als horizontale Linien vorzustellen. Auf diesem Schema lassen sich alle Fingerstellungen folgendermaßen bezeichnen: Das kleine Alphabet wird horizontal längs des 1. Bundes eingetragen: a, b, c, d, e. Nachdem man so zur 5. Saite gelangt ist, springt man am 2. Bund wieder nach links zur Saite 1 und setzt das Alphabet fort: f, g, h, i, k. Fährt man so weiter, ist beim 5. Bund auf der 5. Saite das Alphabet ausgeschöpft. Danach beginnt man nochmals mit dem Alphabet (bei Saite 1 und Bund 6), aber mit verdoppelten Buchstaben: aa, bb, cc, dd, ee usw. Als die 6. Doppelsaite eingeführt wurde, mußte man dieses bereits eingeführte System ergänzen. Dazu bezeichnete man die neue tiefste Saite (der früheren 1 vorangehend) mit I. Für die ihr entsprechenden Griffe auf den einzelnen Bünden brauchte man dieselben Benennungen wie für Saite 1, aber in Großbuchstaben. Das gesamte Schema sah dann so aus:

Saite	I	1	2	3	4	5
1. Bund	A	a	b	c	d	e
2. Bund	F	f	g	h	i	k
3. Bund	L	l	m	n	o	p
4. Bund	Q	q	r	s	t	u
5. Bund	V	v	w	x	y	z
6. Bund	AA	aa	bb	cc	dd	ee
7. Bund	FF	ff	gg	hh	ii	kk

usw.

Geschrieben wurden nun auf einer horizontalen Linie die zu greifenden Buchstaben, wobei für eine leer zu spielende Saite ihre Ordnungsziffer galt. Die Buchstaben für gleichzeitig zu zupfende Noten waren übereinander geschrieben. Der Rhythmus wurde durch Mensuralnotation über dem Ganzen angegeben, indem für jeden Buchstaben (oder für jede vertikale Buchstabengruppe) Notenhals und Fähnchen die Dauern angaben (wie bei der heutigen Schrift, aber ohne Notenköpfe). Diese Schreibart war ziemlich umständlich zu lesen, weil in jedem Buchstaben nicht nur die Fingerstellung auf dem Bund, sondern auch die gemeinte Saite verschlüsselt war. – Eine wesentlich elegantere Lösung bot die

Französische Lautentabulatur: 5 horizontale Linien stellen die höheren Saiten dar, zuoberst die Chanterelle. Die gleichen Buchstaben gelten für ein und denselben Bund, quer über das Griffbrett: a ist die leere Saite, b der 1., c der 2. Bund usw. Also ist z. B. für den gelesenen Buchstaben d immer der 3. Bund zu greifen, und zwar auf derjenigen Saite, auf dessen Linie der Buchstabe steht. Die Buchstaben für die tiefste Saite sind, ohne eigene ausgezogene Linie, unter den anderen angeordnet. Wiederum geben über den Griffbezeichnungen in einer Linie geschriebene Noten (auch mit Kopf) die Dauern an.

Italienische und *Spanische Lautentabulatur:* Das System ist noch übersichtlicher, indem an die Stelle der Buchstaben die Ordnungszahlen der Bünde treten, mit »0« für leere Saite, »1« für den 1. Bund, »2« für den 2. usw. Diese Zahlen stehen jetzt auf 6 Linien (schematische Darstellung aller Saiten), aber eigenartigerweise mit der höchsten Saite unten (wo sie sich allerdings auch in Spielstellung befindet).

2.133 **Die heutige Mandoline**

Im 15. Jh. entstand eine verkleinerte Ausführung der Laute, die **Mandola**, mit 4 Doppelsaiten in der Stimmung c g c^1 g^1 (später auch andere). Der Körper geht bei ihr geschweift in den Hals über; der Wirbelkasten gleicht dem seitenständigen, sichelartig nach hinten gebogenen und hin und wieder mit Kopf versehenen Wirbelkasten der Cister. Name und Besaitung legen es nahe, die Mandola als Vorgängerin der Mandoline zu betrachten. Dieser Zusammenhang gilt aber höchstens für die lombardische (oder Mailänder) Mandoline, während über den Ursprung jener Form, die sich als überlebensfähig erwies, der neapolitanischen Mandoline nämlich, höchstens Vermutungen möglich sind. Da diese zweite Bauart in der Mitte des 18. Jh. vorkommt, als die Violine schon lange ihre endgültige Gestalt erreicht hatte, und weil die Mandoline von der Geige die Stimmung übernahm, darf man wohl annehmen, daß zur erleichterten Ausführung der Violinmusik ein der wohlbekannten Laute ähnliches Instrument erdacht wurde, mit durch Bünde erleichterter Grifftechnik und unter Ausschaltung der Bogentechnik. (Gewiß ist auch die Handhabung des Plektrums etwas, das man lernen muß, aber sie weist nicht im entferntesten die Vielfalt und Differenziertheit der Bogenführung auf.) Zur Unterscheidung dieser beiden grundsätzlich verschiedenen Mandolinentypen hier ihre Steckbriefe, zusammen mit dem ihres »missing link«, der Florentiner Mandoline:

Mandolino milanese: Gerade aufgesetzter, dann nach hinten gebogener Wirbelkasten, mit seitenständigen Wirbeln, zuoberst eine Figur oder ein Kopf, alles wie bei der Cister. Untere Saitenbefestigung mit Querriegel auf Korpusdecke. Daher kein Steg. 6 ohne Plektrum gespielte Saitenpaare aus Darm. Dementsprechend breiter, kurzer Hals. Offenes Schall-Loch in ebener Decke. Gleichmäßig gewölbter, lautenähnlicher Korpus.

Mandolino fiorentino: Etwas nach hinten geneigtes Wirbelbrett, durch das hinterständige Wirbel reichen. Meist ohne Zierfigur. 4 Saitenpaare; untere Saitenbefestigung am Korpusrand, daher mit Steg, schlanker, längerer Hals. Offenes Schall-Loch, leicht geknickte Decke. Gegen den Hals zugespitzter Korpus, größte Korpustiefe nach unten verschoben.

Dieser letzte Typ wurde zur »modernen«, auf Neapel bezogenen Mandoline, da die berühmt gewordene Neapolitaner Familie Vernaccia im 18. und 19. Jh. mit bedeutenden Verbesserungen einen neuen Typus schuf, die heutige Mandoline: **Mandolino napoletano**. Von den 70 cm Gesamtlänge

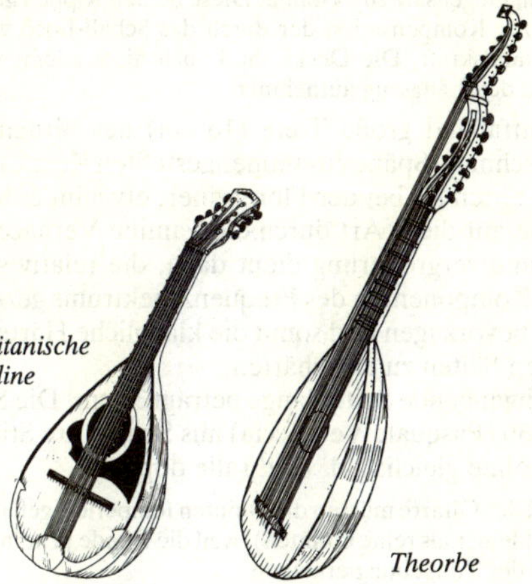

Neapolitanische Mandoline

Theorbe

(inklusive geschnitzter Figur) entfallen etwa 12 cm auf das 10° nach hinten geneigte Wirbelbrett, an dem seitenständig angebrachte Handflügelchen über einen verdeckten Zahnradmechanismus die senkrecht aus dem Brett hervorstehenden Stimmpflöcke drehen. Dann folgt der 15 cm lange Hals, mit Sattel und Bünden, und der 31 cm lange Korpus. Die Saiten verlaufen über einen weniger als 1 cm hohen Steg zum unteren Rand des Instruments, wo sie über eine Blechverstärkung nach unten gebogen sind und an Nägeln enden, die im Untersattel stecken (am oberen Rand des geschweiften Korpusteils). Die Decke weist ein 5,5 cm weites Schall-Loch auf (ohne Rosette) und ist gleich nach dem Steg, am unteren Drittel der Korpuslänge um 15° abgeschrägt. Dort, an der Knickstelle, befindet sich auch die größte Korpusweite von 20 cm. 2 innere Rippen, zum Schall-Loch tangential, verstärken die Decke.

Weil der Steg sehr niedrig ist, bleibt die Vertikalbelastung der Decke durch die senkrechte Komponente der Saitenspannung klein, im Gegensatz zur Violine. Diese beiden Rippen genügen deswegen zur Kompensation der durch das Schall-Loch verringerten Widerstandskraft. Die Decke muß auch nicht allein, wie bei der Gitarre, den Längszug aufnehmen.

Die auffallend große Tiefe (16 cm) des birnenförmigen, durch schmale Späne zusammengestellten Korpus liegt noch weiter unten als bei der Florentiner, etwa im unteren Viertel. Die auf diese Art durch die Familie Vernaccia erzielte Hohlraumvergrößerung dient dazu, die relativ schwachen tiefen Komponenten des Frequenzspektrums gezupfter Saiten zu bevorzugen und somit die klangliche Härte der angerissenen Saiten zu entschärfen.
Die schwingende Saitenlänge beträgt 34 cm. Die Saiten sind seit 1836 (Pasquale Vernaccia) aus Stahl. Ihre Stimmung ist der Violine gleich: g d^1 a^1 e^2 (alle doppelt).

Wie bei der Gitarre müssen die Quinten temperiert gehalten werden (etwas kleiner als reine Quinten), weil die Bünde ja keine Korrekturen bei der Tongebung erlauben.

Das ursprünglich nur bis zur 6. Position gehende Griffbrett ermöglicht jetzt, da es weit über die Decke reicht, die 7. Position. (Zur Erklärung des Begriffs der Position vgl. Abschnitt 2.32, »Violine«.)
Für ein Melodieinstrument, als das die Mandoline gebraucht wird, dauert der gezupfte Ton zu kurz. Typisch wurde deswegen das zur Tonverlängerung gepflegte Tremolo durch rasches Hin- und Herbewegen der *Piuma* (= Plektrum) aus Horn. Hier wird auch die Bedeutung der doppelten Saiten klar: Bei gleicher Geschwindigkeit des Tremolierens aus dem Handgelenk wird die Tonfolge doppelt so dicht. Als Schutz der Decke gegen Kratzer des Plektrums dient eine Schildpatteinlage (*Spielblatt*) rechts neben dem

Schall-Loch, also in Spielstellung unten. Der untere Teil der Decke ist durch etwas erhöhte Bügel geschützt. Sie dienen dem Unterarm als Stütze, damit das Handgelenk beweglicher bleibt, ohne dabei die Deckenschwingungen zu dämpfen. – Die Vernaccia-Mandolinen sind, auch wegen der kunstvollen Verzierungen aus Schildpatt, Perlmutter oder Elfenbein, zu wertvollen Sammelobjekten geworden.

Heute in der Kunstmusik fast vergessen, fand die Mandoline in der Musikgeschichte Aufmerksamkeit bei illustren Komponisten, beim Engländer Thomas Augustin Arne (»Almena«, 1764), bei André-Ernest-Modeste Grétry (»L'Amant jaloux«, Versailles 1778), dann Vivaldi (mehrere Konzerte), Mozart (»Don Giovanni«), Paisiello (»Il Barbiere di Siviglia«) und sogar Beethoven (Kammermusik). In neuerer Zeit findet man die Mandoline z. B. in Partituren Verdis (»Otello«), Mahlers (7. und 8. Sinfonie, »Das Lied von der Erde«) und Schönbergs (Serenade op. 24, 1921–23).

In der Volksmusik wird die Mandoline, als Melodieinstrument, üblicherweise durch Gitarrenakkorde begleitet. Häufig ist auch die Triobesetzung anzutreffen, mit 2 Mandolinen und Gitarre.

In den früher sehr beliebten Mandolinenorchestern wurden die tiefen Stimmen dem **Mandolone** anvertraut, dem Baßinstrument zur Mandoline. Er war etwa 1 m lang und besaß 7 Doppelsaiten von F bis a^1.

Abgesehen davon, daß heute der Geschmack allgemein etwas anspruchsvoller geworden ist und man außerdem lieber Radio hört, statt die Mühe auf sich zu nehmen, selber zu musizieren, abgesehen auch von dem auf die Dauer für heutige Ohren schwer erträglichen Gezirpe und Tremolo eines (meistens auch leicht verstimmten) Mandolinenorchesters, kam früher, in den noch nicht von Ätherwellen beherrschten Zeiten, dem Mandolinenorchester, wie der Blasmusik, eine eminente kulturelle Bedeutung zu: ermöglichten sie doch die Förderung des Instrumentalspiels und die Erschließung selbst entlegener Gemeinden für die Musik.

2.134 Nebenformen der Laute

Im Generalbaßzeitalter wurden für Begleitfunktionen **Erzlauten** (it. **Arciliuti**) eingesetzt. Diese Instrumente fallen dadurch auf, daß über dem – nun nicht mehr zurückgerichteten – Wirbelkasten der Hals, ein wenig links abbiegend, mit einem *Kragen* neu ansetzt und einen zusätzlichen Wirbelkasten trägt. Dieser dient dazu, Bordunsaiten einzuspannen, die auf dem gleichen Querriegel enden, aber frei zum Korpus schweben, ohne Griffbrett, und deswegen nur in ihrer Gesamtlänge zum Schwingen gebracht werden. Neben allerlei Mischformen gab es hauptsächlich zwei Typen: die Theorbe und den Chitarrone, beide von ungefähr gleichem Tonumfang.

Die **Theorbe** (it. **Tiorba**, frz. **Théorbe** oder **Téorbe**) ist der Laute ähnlich, aber größer. Besaitung und Stimmung im 18. Jh. von unten nach oben: 7 Doppelsaiten in Oktaven, 5 Doppelsaiten im Einklang, 2 einfache Melodiesaiten, im

ganzen von $_1$F bis f^1. Die Theorbe diente vor allem zur Gesangsbegleitung oder als Vertreterin der Tiefe in kleinen Instrumentalgruppen. So setzte Vivaldi in einem seiner Konzerte ein aus 2 Mandolinen, 2 Theorben und 1 Violoncello gebildetes Concertino ein. Das Instrument wurde vor allem in Padua gebaut und hieß deswegen auch Paduanische Theorbe im Gegensatz zur Römischen Theorbe = Chitarrone. Besonders erfolgreich war in Padua der zu einer weitverzweigten Lautenmacherfamilie gehörende Wendelin Tieffenbrucker (2. Hälfte des 16. Jh.); dort und in Venedig war eine ganze Kolonie deutscher Instrumentenbauer tätig.

Der **Chitarrone** war schlanker gebaut (Breite immerhin 40 cm), besaß aber einen längeren Hals und längeren Kragen, so daß die Totallänge bis zu 2 m betragen konnte (Saiten 1,5 m). Neben 5–8 freien Bordunsaiten liefen 5 doppelchörige und eine 1chörige Saite (wie bei der Laute) über das Griffbrett, im Extremfall mit Stimmung von $_1$F bis a (nach Praetorius). Nach dem Lautenmacher Alessandro Piccinini (Bologna 1566–1638/39) handelte es sich um ein ausgesprochen dem Generalbaß zugeordnetes Instrument. (Nicht mit der früheren Baßgitarre zu verwechseln.)

Ein seit 1564 belegtes mandolinenähnliches Lauteninstrument war der **Colascione** oder **Calascione**, eher dem Tanbur und der Mandoline gleichend als der Laute, mit kleinem Korpus, aber außerordentlich langem Hals, auf dem bis zu 24 Bünde untergebracht sind. Von insgesamt 2 m Länge entfallen etwa 30 cm auf den Korpus. Entsprach im Tonumfang etwa der Laute, mit einfacher Bespannung von mit Plektrum gerissenen Saiten. Ursprüngliche Stimmung: E a d; in der 2. Hälfte des 18. Jh. der Mandola angepaßt mit: D A c f a d^1.

2.135 **Mischformen**

Alle Zupfinstrumente, deren Umfang durch Kragen und zweiten Wirbelkasten vergrößert ist, nennt man *theorbiert* (theorbierte Gitarre, theorbierte Cister [Theorbencister] usw.).

Schon daraus geht hervor, daß auf dem Gebiet der historischen Zupfinstrumente sehr viele Mischformen bestehen. Eine davon, aus der Frühform der Gitarre, der Vihuela, unter dem Einfluß der Laute (und sogar schon der Guitarra morisca) entstanden, ist die **Wölbgitarre**. In Aufsicht ist sie der Vihuela ähnlich, mit gegenüber der heutigen Gitarre weniger enger Einschnürung des Korpus. Der Boden, auf hohen Zargen aufgesetzt, verleiht dem Korpus durch ausgesprochene Wölbung zusätzliche Tiefe. In diesem Sinne handelt es sich also um eine Mischform: Zargen + Wölbung.

Als Süditalien Ende des 13. Jh. unter die Herrschaft Aragoniens geriet, gelangte die Wölbgitarre nach Neapel. Dort wurde aus ihr die Mandoline, im restlichen Italien die **Italienische Gitarre**, welche in Kalabrien noch als **Chitarra bat-**

tente (it. battere = schlagen) bekannt ist. Dieser Name rührt von der Verwendung als Baß- oder Begleitinstrument her: Die links gegriffenen Akkorde werden rechts mit einer Plektrum-Bewegung über alle Saiten geschlagen. Die Bespannung besteht meistens aus 5 zweifachen Drahtchören. Das Instrument weist eine Besonderheit auf: Vom Schall-Loch aus führt ein Pergamenttrichter in den Hohlraum hinein, um den einfallenden Schall auf den Boden zu konzentrieren, der ihn durch seine Wölbung in den ganzen Hohlraum streut, die Resonator-Wirkung auf diese Art optimierend.

Heute versteht man unter **Schlaggitarre** eine Jazz-Gitarre mit elektrischer Tonabnahme und meistens einem Spielblatt zum Schutz der Decke.

2.14 *Die Zither*

Die Zither führt uns zu den Zupfinstrumenten mit flachem Resonanzkasten zurück. Wenn auch »nur« als Volksinstrument gepflegt, ist sie zumindest aus zwei Gründen erwähnenswert. Erstens bildet sie den Ausläufer einer sehr wichtigen Entwicklung, die zum Cembalo führte, und zweitens stellt sie eines der seltenen prinzipiell sich selber begleitenden Instrumente dar: Sie weist Melodiesaiten und Begleitsaiten auf.

2.141 **Halslose Zupfinstrumente als Vorformen**

Die zu den Gitarren- und Lauteninstrumenten führende Ergänzung der griechischen Kithara durch Hals und Griffbrett hat ein entwicklungsgeschichtliches Pendant in einer gewissermaßen »rationellen« Anpassung des Resonatorkörpers an den Saitenbezug. Man kam auf diesem Weg zu Instrumenten, bei denen die Ausdehnung des Resonators der von den Saiten eingenommenen Fläche gleich war. In der Form von Rechteck, Dreieck oder Trapez war der Resonator nicht breiter als der zwischen zwei entgegengesetzten Seiten gespannte Bezug; das ergab den **Psalter**. Sein Name gibt die Spielweise wieder, denn griech. »psallein« und lat. »psallere« bedeuten »zupfen«.

Im 12. Jh. kam der vom arabischen **Qânûn** abgeleitete griffbrettlose Psalter über Spanien nach Europa, wo er bis ins 16. Jh. hinein in der Kunstmusik üblich wurde (frz. **Psaltère**, it. **Salterio**). Die erfolgreichste und von Malern am häufigsten abgebildete Ausführung hatte die Form eines Trapezes mit konkaven, d. h. nach innen geschweiften Seitenteilen. Die parallel zur Basis verlaufenden Saiten stiegen in ihrer Länge nicht gleichmäßig, sondern überproportional an, genau wie es physikalisch gefordert wird. Bei sonst gleichbleibenden Bedingungen (Dicke, Material, Spannung) entsprechen gleichen Tonschritten nicht gleich große, sondern prozentual gleiche Verlängerungen, z. B. für jeden Halbton nach oben zusätzliche 6% von der Länge der vorausgehenden Saite.

Die vollständige Formel für die Abhängigkeit der Frequenz von den physikalischen Zuständen der Saite wird bei der Geige diskutiert. Hier genügt es zu erwähnen, daß Frequenz und Saitenlänge sich zueinander umgekehrt proportional verhalten. Für proportionale Erhöhung der Frequenz f muß die Länge der Saiten nicht linear abnehmen, sondern wie $1/f$, was eine hyperbolische Hüllkurve ergibt.

Die zweiseitig konkave Form wird hin und wieder nicht gerade zartfühlend mit einem Schweinskopf verglichen, weswegen der Psalter sich auch die rüde Benennung als »instrumento di porco« gefallen lassen mußte. Wohltuender ist es, sich an die herzergreifende Brahmssche Vertonung aus Goethes »Harzreise im Winter« (in der »Alt-Rhapsodie« op. 53) zu erinnern:

Ist auf deinem Psalter,
Vater der Liebe, ein Ton
Seinem Ohre vernehmlich,
So erquicke sein Herz!

Der (französische) Psalter weist eine recht geschickt ausgedachte Konstruktion auf: Die seitlich den Resonator abschließenden, geschweiften Brettchen stehen nicht senk-

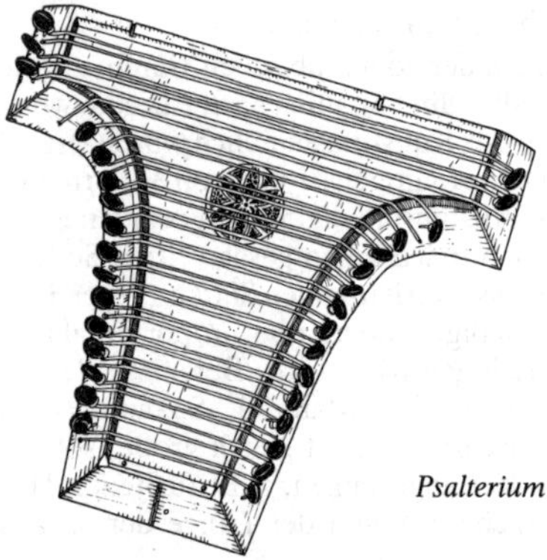

Psalterium

recht zu Decke und Boden, sondern sind geneigt angebracht, gegen die mit Rosetten versehene Decke konvergierend (der Boden ist deswegen etwas breiter als die Decke). Eines von ihnen trägt die Nägel zur Saitenbefestigung, das entgegengesetzte die zum Stimmen drehbaren Stifte, die Stimmpflöcke. Dieselben Brettchen ragen außerdem mit ihren zugekeilten oberen Rändern über die Decke so weit hinaus, daß sie gleichzeitig als Sattel und Steg dienen. – Denkt man sich diesen Psalter gerade, senkrecht zu den Saiten, entzweigeschnitten, erhält man in einer Hälfte schon die Grundform des Cembalos.
Zum Spielen hielt man den Psalter mit beiden Armen vor dem Brustkorb, wobei die seitlichen Rundungen sich auf die Unterarme stützten (da die tiefste Saite oben liegt) und zupfte die 16 Doppelsaiten mit beiden Händen, oder man legte ihn, sitzend, auf die Knie (längste Saite dem Körper zugekehrt) und spielte mit dem Plektrum oder direkt mit den Fingern.

Als der Psalter nach Europa kam, traf er auf ein Instrument, dessen Beliebtheit geradezu universell war. In Deutschland hieß es **Scheitholt** (oder **-holz**), in den Alpen auch **Hexenscheit**; in Frankreich wurde es zur **Épinette des Vosges** (2 Melodiesaiten, 2 Begleitsaiten, Plektrum), das war eigentlich bereits eine primitive Zither. Ihr Aussehen wird schon im deutschen Namen beschrieben: ein langgestrecktes Rechteck, in Gestalt eines Holzscheits, der Länge nach mit wenigen Saiten bespannt. Die Saiten endeten in einem Wirbelkasten, der mit einer Schnecke wie an der Violine, einem geschnitzten Menschenkopf oder sonstwie verziert war. Das um 50 cm lange, etwa 5 cm breite Kästchen konnte gänzlich durch ein Griffbrett mit Bünden gedeckt sein; vielfach verliefen aber nur 1–4 Saiten (meistens 2) über ein schmaleres seitliches Griffbrett, während 1–8 weitere, nicht greifbare Saiten zur Begleitung dienten. Die Melodiesaiten konnten verschieden gestimmt sein. Bei 2 Spielsaiten kam vor: g^1 g^1, oder a^1 d^1, oder g^1 d^1. Praetorius kannte diese »Brettzither« und bewertete sie als »billich unter den Lumpen Instrumente«, aber sie lebte trotzdem bis ins 18. Jh. hinein. Zum Spielen legte man das Scheitholt horizontal quer vor sich hin und verkürzte die Melodiesaiten mit einem über sie gelegten Hölzchen (ähnlich wie bei der sogenannten Hawaii-Gitarre). Das Plektrum wurde meistens nicht gebraucht, abgesehen von der Épinette des Vosges.

2.142 **Die (Schlag-)Zither**

Die Benennung Zither galt bis ins 18. Jh. für die Cister (beide Namen stammen von griech. Kithara ab), bezeichnet aber heute die im 17. Jh. erschienene Vergrößerung des Scheitholts, als der kleine Schritt zum glücklichen Übergang in ein Volksinstrument vollzogen wurde, das noch heute im deutschsprachigen Alpen- und Voralpenraum sowie im Erzgebirge gebraucht wird. Der flach gehaltene Kasten wurde, um mehr Saiten aufzunehmen, bedeutend verbreitert und darüber hinaus noch seitlich ausgebuchtet. Schon in einigen

Scheitholtformen war eine ähnliche Ausbuchtung vorhanden. Eine beidseitig gebauchte sogenannte Mittenwalder Zither konnte sich gegenüber der einseitig gebauchten Salzburger Zither nicht behaupten.

Zum Spielen wird die Zither auf einen Tisch gelegt; deswegen heißt sie im Italienischen **Cetra da tavola** (im Gegensatz zu »cetra« für Cister) (frz. **Cithare**). Die dabei dem Spieler zugekehrte Breitseite ist geradlinig und trägt das Griffbrett mit den Melodiesaiten (quer zum Spieler). Die rechte Schmalseite ist ebenfalls geradlinig und faßt die Stifte zur Saitenbefestigung. Ihr entlang ist der etwas erhöhte Sattel, an dem der schwingende Saitenabschnitt beginnt, angebracht. Hingegen ist die linke Seite, mit den durch Schlüssel wie bei Klavier und Cembalo zu betätigenden Wirbeln, zusammen mit dem entgegengesetzten Sattel (in der Geigensprache: Capotasto) geschweift. Die stetig herauswachsende, nicht winklig abgesetzte, geschweifte Ausbuchtung des Resonators befindet sich auf der dem Spieler abgewendeten Breitseite. Die Resonatordecke weist ein großes kreisrundes Schall-Loch auf. Diese Beschreibung bezieht sich auf die moderne **Konzertzither** (50 cm lang, 25–30 cm breit) als Schlußform einer Entwicklung mit Zwischenstufen und Abarten. Wesentlich beteiligt an dieser Gestaltung waren Ignaz Simon (1789–1866) in Oberbayern, Georg Tiefenbrunner (1812–1880) in München, Georg Heudegger (1815–1859) in Sassau, Anton Kiendl (1816–1871) in Wien, Johann Haslwanter (1824–1884) in München und vor allem der 1838 zum

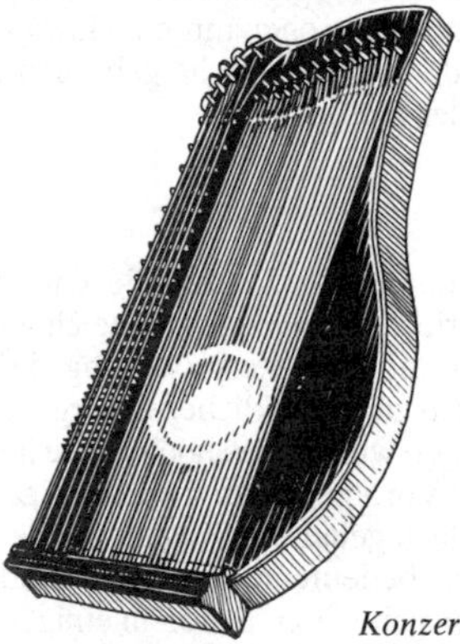

Konzertzither

bayerischen Kammervirtuosen ernannte Wiener Johann Petzmayer (1803–1884).
Die 5 Melodiesaiten führen über 27–29 Bünde, die früher mixolydisch gestimmt waren (G-Dur mit F statt Fis), heute aber chromatisch angeordnet sind. Die Stimmung ist unterschiedlich. Petzmayer schlug vor: a^1 a^1 d^1 g; heute braucht

man in Wien a^1 d^1 g^1 g c, in Bayern a^1 a^1 d^1 g c. Die höchste Saite liegt jeweils vorn, dem Spieler am nächsten. Neben diesen Melodiesaiten sind parallel verlaufende 35–38 Begleitsaiten vorhanden. Ihre Stimmung wurde durch Nikolaus Weigel (1811–1878) in seiner »Zitherschule« normalisiert. Von vorn nach hinten werden abwechselnd absteigende Quarten und aufsteigende Quinten gestimmt. An wenigen Stellen folgen sich 2 Quarten abwärts, und nur der Ort dieser Abweichung zeichnet die verschiedenen Stimmungen aus.
Die Melodiesaiten bestehen aus Stahl oder Messing, die tieferen sind umsponnen. Ebenso werden auch die tiefen Begleitsaiten zur Gewichtsvergrößerung umsponnen (darüber mehr bei der Geige). Die Melodiesaiten kürzt man zwischen den Bünden mit der linken Hand, und spielt sie mit einem am Daumen befestigten Plektrum, dem *Schlagring*. Die Begleitsaiten zupft man mit den 3 Mittelfingern der rechten Hand, während der kleine Finger unbenützt bleibt. Die Notierung erfolgt real, mit Violin- und Baßschlüssel.

2.143 **Abarten**

Die Zither wird auch in Gruppen gebraucht. Dazu gibt es von den Normalmaßen abweichende Ausführungen. Der normalen Konzertzither wird dabei die Diskantlage zugewiesen (*Diskantzither*); zu ihr gesellen sich *Altzither* oder *Elegiezither* (Ganzton, Terz oder Quarte tiefer), *Quint-*

zither (Quinte tiefer) und *Baßzither* (Oktave tiefer). Alle diese größeren, tieferen Versionen werden transponierend notiert, damit jeder Zitherspieler die Stimme ohne jede Schwierigkeit (als Griffschrift) lesen kann.
Im Ensemble tritt eine bemerkenswerte, füllenden oder begleitenden Funktionen vorbehaltene Abart auf, die **Akkordzither**. Bei ihr gibt es überhaupt kein Griffbrett. Die ersten Saiten sind in Vierergruppen, jeweils absteigend, akkordisch gestimmt (erkenntlich an den rasch zunehmenden Dicken innerhalb jeder Gruppe und der darauf folgenden dünnen ersten Saite der nächsten Gruppe). Etwa ab der Mitte bis ganz hinten befindet sich ein Satz chromatisch gestimmter Saiten von c^1 bis c^3. Von der Mitte gegen den Spieler hin folgen sich die Akkordgruppen: Tonika (C-Dur), Dominante (G-Dur), Unterdominante (F-Dur), verdurte Parallele (A-Dur) und e-Moll als Tonikagegenklang oder Dominantparallele. Weil die Tonhöhe hier nach hinten zu nicht ab-, sondern zunimmt, verläuft die Schweifung der linken Seite, im Gegensatz zur Konzertzither, nicht nach außen (verlängernd), sondern nach innen (verkürzend). Bei kleineren Modellen fehlt das e-Moll und ist die chromatische Leiter, bei gleichem Gesamtumfang, nicht vollständig. Es können auch 6 Akkorde vorhanden sein.

Spitzharfe nannte man eine aufrecht gehaltene Zither, beidseitig bespannt und mit 2 Händen (eine auf jeder Seite) gespielt.

2.144 Exotische Zithern

Auch wenn sich die vorliegende Darstellung prinzipiell auf das für uns wesentliche Instrumentarium beschränkt, dürfte es an dieser Stelle angebracht sein, die zitherähnlichen Instrumente fremdöstlicher Hochkulturen zu erwähnen. Dies vor allem, weil sie dort (schwer spielbar) nicht nur eine hochentwickelte musikalische Rolle spielen, sondern auch die höchste und differenzierteste Kommunikationsmöglichkeit selbst abstrakter, in Worten schwer faßlicher Gedanken verkörpern. Es sind dies die untereinander ähnlichen Wölbbrettzithern: **Ch'in** in China und das etwas raffiniertere japani-

sche **Koto**. Beide weisen die Form eines langen Rechtecks auf, dessen Oberseite in Querrichtung etwas konvex gewölbt ist.
Die Saiten sind alle gleich lang; beim Ch'in sind es 7, sehr zart klingend gezupft. Ausgedehnter ist das Koto mit 12–16 Saiten. Jede von ihnen verfügt über einen eigenen, einige Zentimeter hohen Steg, der nicht am Gehäuse befestigt ist, sondern durch die Saitenspannung angedrückt wird. So sind die Stege längs der ganzen Saite einzeln verschiebbar, um jeweils die Tonauswahl festzulegen, die man braucht. Man spielt das auf den Boden gelegte, etwa 1,8 m lange Koto am rechten Ende einer Breitseite niedergekauert, die höchste Saite direkt vor sich. Daumen und 2 Finger der rechten (Spiel-)Hand tragen Ringplektren aus Elfenbein. Eigenartig ist die Tonveränderung auf den Spielsaiten. Es gibt kein Griffbrett, aber die Höhe der Stege erlaubt es, den Saitenabschnitt links davon mit der linken Hand mehr oder weniger niederzudrücken, um die Saitenspannung auch im rechten, gezupften Abschnitt variabel zu erhöhen.
Das französische Wort »cithare« weist auf eine Beziehung der Zither zu Indien hin, wo die Musik ebenfalls in differenzierter Weise zur geistig-religiösen Welt gehört. Allerdings ist der dortige **Sitar** eher ein Lauteninstrument mit langem Hals und kurzem, weit gewölbtem Resonanzkasten. Unter den 5 Spielsaiten mit Bünden verlaufen bei ihr durch Resonanz mitschwingende Bordunsaiten in Aushöhlungen des Griffes. – Unserer Zither entspricht in Indien eher die **Vina**. Sie besteht aus einer schmalen »Zither« (oder sollte man eher Scheitholt sagen?), die auf 2 auf den Boden gestützten Kürbisresonatoren ruht. Sie hat in der Regel keine Bünde auf dem Griffbrett. Eine entwickeltere Form mit Bünden sieht dem Sitar ähnlich, mit einem Holzkorpus unter dem Steg (wie der Sitar) und zusätzlichem Kürbis am anderen Griffende.

2.15 *Das Cembalo*

2.151 **Name, Herkunft und Gestalt**

Das Cembalo ist ein eigenständiges Instrument, das seit Jahrhunderten keine prinzipiellen Änderungen erfuhr und das keinesfalls etwa als Vorläufer des Klaviers angesehen

werden darf. Der wesentliche Unterschied zwischen Cembalo und Klavier besteht in der Schwingungserzeugung: Beim Klavier werden die Saiten angeschlagen, beim Cembalo gezupft. Der ausführlichere italienische Name **Clavicembalo** sagt etwas über die Herkunft aus: Wie an anderer Stelle angedeutet, läßt sich sein Bau als halbierter Psalter beschreiben: der mit Claves, Tasten, also mit einer Klaviatur versehen wurde. Weniger klar bleibt der zweite Teil der Bezeichnung. Bei Worten wie »cymbal« denken wir vor allem an Schlaginstrumente. In östlichen Ländern aber hat das Wort eine andere Bedeutung: z. B. ist das ungarische Cimbalom ein Hackbrett. Der Ursprung des Cembalos dürfte also ein mit Tastenmechanik angeschlagenes Hackbrett gewesen sein. Später wurde daraus ein Instrument mit gezupften Saiten, auf 3–5 Beinen stehend.
Das Cembalo ist schon um 1400 nachweisbar, die erste genauere Beschreibung der Struktur erfolgt aber erst im Jahre 1511. (Das älteste noch erhaltene Exemplar, 1521 vom Bologneser Heronymus gebaut, befindet sich im Victoria and Albert Museum in London.) Schon 1440 war es praktisch fertig geformt und besaß den sehr beachtlichen Umfang von 4 Oktaven. Größte Perfektion und Beliebtheit erlangte es im 17. Jh. und, auf 5 Oktaven erweitert, bis Mitte des 18. Jh. Wenn auch das konkurrierende Klavichord mit seinen nicht gezupften, sondern durch Tangenten angeschlagenen Saiten (s. 2.221) ausdrucksfähiger war, besaß doch das Cembalo den Vorzug größerer Klangfülle und reicherer Klangfarben (Register). Seine besondere Verträglichkeit mit Streich- oder Blasinstrumenten machte es zum beliebten Ensembleinstrument und vor allem zum unersetzlichen Generalbaßinstrument, von dem aus der Komponist die Aufführungen seiner Werke leitete.
Das Cembalo ist also ein Tasteninstrument mit Saiten, die senkrecht von der Klaviatur aus nach hinten verlaufen. Die in der Länge von links nach rechts abnehmenden Saiten sind in einen Holzrahmen gespannt, so daß man an eine liegende Harfe (oder eben an eine Hälfte eines großen Psalters) den-

Einmanualiges Cembalo

ken kann. So ergibt sich die Form eines Vogelflügels, von der die geläufige, später auf das Klavier übertragene Bezeichnung als Flügel stammt. Die Saiten, deren Strahlungsfläche für sich allein genommen zu klein wäre, übertragen die Schwingungen auf einen Resonanzkasten; dazu sind sie an den beiden Schwingungsenden über Stege auf dem Resonanzkasten geführt. Das Wirbelbrett mit den Stimmwirbeln befindet sich auf der Spielerseite, und der gerade erste Steg, der Stimmstocksteg, verläuft parallel zur Klaviatur. Der andere Steg hingegen ist zweifach geschweift, wie der hintere Rand des Rahmens (wiederum ähnlich der Harfe). Die Länge des Instruments kann bis zu 2 m betragen. Es war früher oft reich verziert, mit Stukkatur und selbst durch namhafte Künstler mit Schäferstündchen, mythologischen Szenen oder sonstigen Stimmungsbildern

bemalt – dies sowohl außen als auch auf der Innenseite des beim Spielen hochgestützten Deckels. Desgleichen wiesen die Tasten oft eingelassene kostbare Verzierungen auf.
Da sich unter den Saiten nicht einfach (wie beim heutigen Klavier) ein Resonanzboden befindet, sondern ein Hohl-

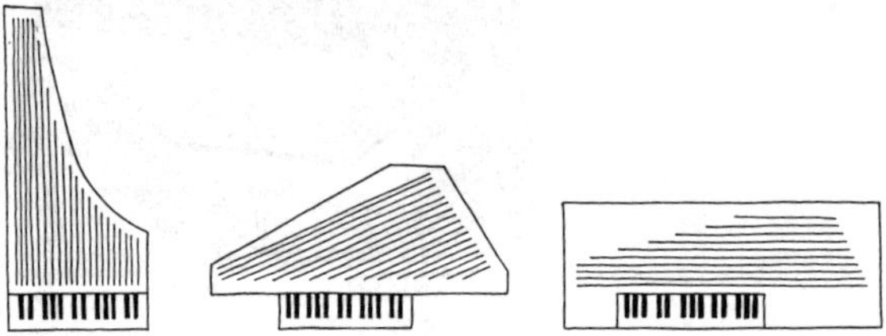

Cembalo *Spinett* *Virginal*

raumresonator, muß im Interesse seiner Wirksamkeit eine Verbindung nach außen bestehen, die durch eine kreisrunde, mit kunstvoller Rosette versehene Öffnung, das *Schall-Loch*, hergestellt wird.

Ursprünglich befand sich die Klaviatur an der längsten Seite, so daß die Saiten parallel zu ihr verliefen. Diese Bauart wurde selbst dann, als die Klaviatur an die Schmalseite rückte, weiter für kleinere, 1chörige Instrumente beibehalten, so für das **Virginal**, dessen Klaviatur nicht die ganze Breite beansprucht. Das **Spinett** nimmt bei gleicher Mechanik eine Zwischenstellung ein, indem die Saiten vorn zwar an einem der Klaviatur parallelen Stimmstock befestigt sind, dann aber schräg nach rechts hinten verlaufen. Diese beiden Gattungen besitzen nicht immer eigene Füße; man kann sie auf einen Tisch stellen.

2.152 **Die Mechanik**

Die Cembalo-Mechanik zeichnet sich durch geniale Einfachheit aus. Die 12 Tasten pro Oktave sind wie bei Klavier und Orgel angeordnet: Die längeren, großflächigen, dicht nebeneinanderliegenden Tasten geben die Grundtonart C-

Dur wieder; sie waren früher dunkel, sind heute meist hell. Die Zwischentöne gehören zu kürzeren und schmaleren, etwa 1 cm höheren und in der Farbe kontrastierenden Tasten; sie sind so weit voneinander entfernt, daß gerade ein Finger zwischen sie gleiten kann. Der sichtbare Teil jeder Taste ist das äußere Ende eines Hebels erster Ordnung, also mit Drehpunkt in der Mitte. Auf dem entgegengesetzten Ende jeder Taste (im Innern des Instruments) ist eine *Docke* (auch *Springer* genannt) aufgestützt. Sie besteht aus einem langen, geraden Holzstück von rechteckigem und so schmalem Querschnitt, daß sie zwischen den Saiten etwas über diese herausragen kann, ohne sie zu berühren. Das obere Ende der Docke ist rechteckig ausgeschnitten, und zwischen den dadurch entstandenen Gabelzinken befindet sich, die Öffnung fast ganz füllend, ein bewegliches Element, die etwa 3 cm lange *Zunge* aus Hartholz. Sie stellt das Kernstück der ganzen Mechanik dar und ist derart auf einer Metallachse gelagert, daß sich ihr oberer Teil nur nach hinten drehen kann. Auf der vorderen, der Saite zugewandten Front ragt aus ihr, unterhalb der Saite, ein *Dorn* hervor. Beim Niederdrücken der Taste geht die Docke nach oben und hebt dieser Dorn die Saite, bis sie nicht mehr folgen kann. Die Elastizität des Dorns überwindend, schnellt dann die Saite zurück: Der Zupfvorgang ist beendet. Die Wirkung entspricht somit genau der eines Plektrums. Der Dorn bestand ursprünglich aus dem Kiel einer Rabenfeder, deswegen heißt das Instrument auch **Kielflügel**. Geht die Taste wieder hoch, geschieht zweierlei: Zum einen weicht der auf die Saite von oben herabkommende Dorn beim Berühren der Saite mit seinem kippenden Halter nach hinten aus (einzige mögliche Drehrichtung) und wird dann durch eine leichte Feder wieder in die vertikale Ruhestellung gedrückt (als Feder diente früher eine Borste, heute besteht sie aus Metalldraht). Zum andern wird ein am oberen Ende der Docke angebrachtes, seitlich hervorstehendes Filzstückchen durch das mittels Bleieinlage vergrößerte Dockengewicht auf die Saite gedrückt; es dämpft die Schwingung.

Beim Niederdrücken der Taste war dieser *Dämpfer* zweckmäßigerweise gehoben worden. (Die zweite Berührung, beim Heruntergehen des Dorns, ist bei einiger Aufmerksamkeit zu hören.)

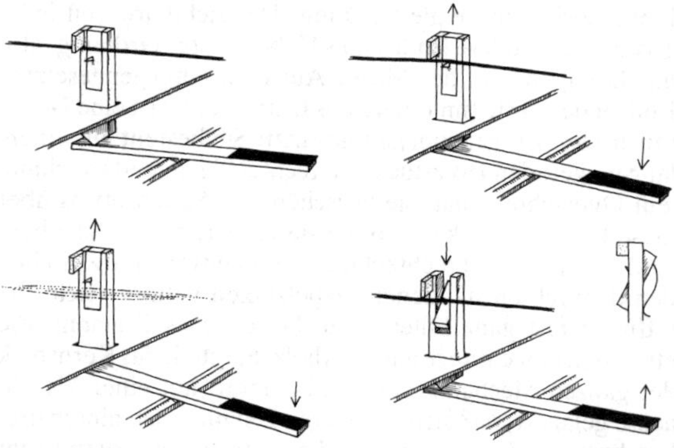

Die Cembalo-Mechanik

Diese Art der Tonerzeugung hängt nur sehr wenig von der Geschwindigkeit ab, mit der die Taste niedergedrückt wird, so daß graduelle dynamische Schattierungen fast unmöglich sind. Die anfängliche Auslenkung ist ja nur Funktion der Elastizität von Saite und Kiel. Aus diesem Grunde konnte das Cembalo nie ganz das klanglich schwächere, aber weniger starre Klavichord, von dem noch die Rede sein wird, verdrängen.
Als dann eine andere Konkurrenz durch die Erfindung des Hammerklaviers entstand, versuchte der Pariser Pascal Taskin (1723–1793), den klanglichen Unterschied etwas zu verringern, indem er die Federkiele durch härtere, keilförmig zugeschnittene Lederdorne ersetzte. Dank dieser Anpassung konnte sich das Cembalo bis um 1800 neben dem Hammerklavier behaupten. Man bedenke: die Hammerklaviere klangen bis dahin noch ziemlich spitz, da die Hämmerchen

mit Leder belegt waren, noch nicht mit Filz gepolstert, so daß sich keine wirklich differenzierende Klangfarbe ergab.

2.153 **Die Register**

Die gängige Bezeichnung des Cembalos als bundloses Tasteninstrument bedeutet, daß jede Saite einer und nur einer Taste zugeordnet ist und immer in ihrer gesamten Länge schwingt. Dies scheint jedem Klavierspieler selbstverständlich, ist es aber selbst bei Tasteninstrumenten nicht, wie wir beim Klavichord sehen werden.

Um auch beim Cembalo nicht nur über eine einzige Lautstärke und Klangfarbe zu verfügen, sind die größeren Instrumente mehrchörig gebaut. Darunter versteht man zusätzliche, nach Wunsch allein verwendbare oder zur Hauptstimme schaltbare Saitenbezüge. Diese Zusatzchöre können wie der erste Chor gestimmt sein, welcher als 8′-(d. h. 8-Fuß-)Register in der Tonhöhe dem Klavier entspricht. Sie dienen dann zur Klangverstärkung oder, durch in Material und Dicke andere Beschaffenheit der Saiten, zur Änderung der Klangfarbe. Es gibt aber auch 4′-Zusatzbezüge, die eine Oktave höher klingen, sowie (bei moderneren Instrumenten) 16′-Unteroktavregister.

Zur Fuß-Bezeichnung wird auf die Beschreibung der Orgel (1.31) verwiesen.

Die 4′-Saiten besitzen halbe Länge und benötigen deswegen einen eigenen, zusätzlichen Steg etwa in der Mitte des Resonanzbodens. Praetorius erwähnt bereits in seinem »Syntagma musicum« (1619) ein Quintregister, doch war das Cembalo schon im 15. Jh. mehrchörig.

Diese Register sind durch Zugknöpfe neben oder über der Klaviatur, durch seitlich verschiebbare Kniehebel oder (nur in neuerer Zeit) durch einrastende Pedale ein- und ausschaltbar. Zu jedem Register gehört nicht nur ein eigener Saitensatz, sondern auch eine ihm zugeordnete Dockenreihe. Alle Docken derselben Reihe laufen durch einen *Rechen*, eine Führungsleiste. Bei einem ausgeschalteten

Register befindet sich der dazugehörende Rechen in Ruhestellung, bei der die durch ihn gehenden Docken beim Niederdrücken der Tasten gerade so zwischen den Saiten hochgehen, daß die Dorne sie nicht berühren. Durch Betätigung des Registerzugs verschiebt man den Rechen so weit seitlich, daß die Dorne dieses Registers unter seine Saiten kommen. Die Docken springen nie ins Leere, weil der Weg nach oben durch eine befilzte Querleiste begrenzt ist. Auch sind Register für zusätzliche Klangfarben möglich, wie der *Lautenzug*, bei dem Stoffstreifen den Klang dämpfend verkürzen, der außerdem nur durch die äußerste Spitze des Dorns erzeugt wird; der gezupfte Lautenton ist zarter und klingt schneller ab als der normale Cembaloton.
Um während des Spiels einen raschen Registerwechsel zu ermöglichen, z. B. beim alternierenden Tutti/Solo-Effekt in Bachs »Italienischem Konzert« BWV 971, sind oft, schon seit der 1. Hälfte des 16. Jh., 2 Manuale vorhanden, jedes mit eigenen Saiten versehen, die man getrennt registrieren, d. h. vorbereiten kann. Das zweite Manual erschließt sogar weitere Bereiche: Da nicht, wie beim Klavier, sanfterer Anschlag geringere Lautstärke erzielt, klingt jeder Akkord lauter als ein Einzelton, und eine Melodie hebt sich über einer Akkordbegleitung schlecht ab. Man kann das ausgleichen, indem man das untere Manual zur Begleitung leiser registriert als das melodietragende obere, das zudem durch die Wahl einer anderen Klangfarbe noch deutlicher abgehoben werden kann. Diese unterschiedliche Färbung und Intensität des Klanges erlaubt es auch, polyphone Stücke verständlicher zu gestalten. Durch eine Manualkoppel können die Register des oberen Manuals zum unteren hinzugefügt werden. Die größte Klangfülle entsteht, wenn außerdem alle Register (des ersten und des zweiten Manuals) gezogen sind. Vor der Rückkehr zum Nachbau historischer Instrumente wurden in größeren Modellen die Registerzüge durch Pedale betätigt. (Diese sind, trotz ähnlichem Aussehen, in ihrer Wirkung nicht mit den Klavierpedalen zu verwechseln.)

Wegen der leichten Holzkonstruktion bleibt die Stimmung nicht sehr lange erhalten und muß fast vor jedem Gebrauch des Instruments erneuert werden, was der verschiedenen Chöre wegen ziemlich viel Geduld erfordert.

2.154 **Einsatz des Cembalos**

Zunächst ein Vergleich:

Moderne, durch Pleyel angeregte Instrumente	*Historische Instrumente des 16. und 17. Jh.*
Relativ schwerer Resonanzboden, auf solidem Rahmen befestigt.	Selbsttragender Resonanzkasten (Korpus) mit leichter Decke.
Keine (weil unnötige) Schallöffnung.	Schall-Loch mit Rosette.
Ein Steg (klavierähnlich).	Zwei Stege (einer an jedem Saitenende, zugleich mit Sattelfunktion).
Tiefe Saiten relativ kurz und umsponnen.	Tiefe Saiten verhältnismäßig lang und nicht beschwert.
16′-Register zusätzlich zu den traditionellen Fußlagen.	Kein 16′ (aber meistens ein oder zwei 8′ und ein 4′, oft Lautenzug).
Registrierpedale.	Registrierung durch Handknöpfe bei den Manualen.
Schwere Stahlsaiten, in der Tiefe außerdem umsponnen.	Leichte Saiten aus Schafsdarm, entkohltem, schwefelfreiem, aber phosphorreichem Eisen, Messing, Silber, sogar Gold.
Starker Rahmen, da die nun schweren Saiten größere Spannung benötigen.	Für die leichten (zart klingenden) Saiten genügt geringere, der leichten Bauart entsprechendere Spannung.

Über den Zusammenhang zwischen Spannung und Saitengewicht gibt die bei der Geige zu diskutierende Formel Auskunft. Dort steht die Spannung im Zähler eines Bruches, in welchem das Saitengewicht im Nenner vorkommt. Beide müssen also (für dieselbe Tonhöhe) zusammen zu- oder abnehmen.

Bis zur Klassik war das Cembalo das bevorzugte Instrument des Dirigenten, der von ihm aus vokale oder instrumentale Ensembles sowie ganze Opern leitete, indem er nicht nur den Generalbaß spielte (wenn dafür nicht, wie oft, ein zweiter Cembalist da war), sondern auch korrigierend und ergänzend eingriff. Außer dieser »Generalbaßpraxis« und der Verwendung in Kammermusikgruppen erfreute sich der Cembalist auch eigener, in Qualität und Umfang sehr beachtlicher Sololiteratur. Ihre Krönung sind die Spitzenwerke von Domenico Scarlatti (1685–1757), dem eigentlichen Erfinder der vielseitigen Klavierspieltechnik, und von Johann Sebastian Bach (1685–1750), dem Schöpfer der Konzertform für Cembalo und Orchester (Streicher).

Später wurde das Cembalo mehr und mehr vergessen, vorerst durch das Hammerklavier ersetzt und in der sich für vollen, weichen Klang und sattes Volumen begeisternden Romantik durch den Flügel mit befilzten Hämmern. Erst um die Wende zum 20. Jh. begann die Musizierpraxis, alte Musik auf den Instrumenten zu spielen, für die sie geschrieben worden war. Wenn auch die Resultate dieser Anschauung nicht immer unbeschränkt bejaht werden können, ist ihr das Verdienst zuzuschreiben, dem Cembalo zu neuer Bedeutung verholfen zu haben. Großen Anteil an der Auferstehung des Cembalos hatte die polnische Virtuosin Wanda Landowska (1878–1959), die mit einem von Pleyel für sie gebauten Cembalo Hochburgen der Musikkultur eroberte. Die darauf folgende Neufabrikation von Cembali »verbesserte« das Instrument mit modernen Technologien. Dazu gehörten der von Pleyel eingeführte Metallrahmen zur längeren Haltung der Stimmung, das historisch nicht belegte 16′-Register, der Ersatz von Registerknöpfen durch Pedale und die Verwendung von feuchtigkeitsunempfindlichem Kunststoff (statt Holz) für die Docken. Die gegenüber der Blütezeit des Cembalos viel größeren Säle erforderten den Einbau elektronischer Verstärker und Lautsprecher (in der

Rosette), eine Ergänzung, die nicht so negativ ist, wie manche meinen, denn die Verstärkung geschieht sehr diskret und ohne Verzerrungen. Sie ist nicht zu verwechseln mit der unnatürlichen, gewollt verzerrenden, stark übertriebenen Mikrophonverstärkung in gewissen Formationen der kommerziellen Musik.
In der 2. Hälfte des 20. Jh. erfolgte jedoch eine erfreuliche Umkehr zum alten Cembalo. Die Resultate dieser Bemühungen sind derart überzeugend, daß man jetzt fast nur noch getreue Kopien historischer Cembali baut.

2.16 *Die Harfe*

2.161 **Ein langer Weg zur Vollkommenheit**

Wie das Cembalo ist auch die Harfe ein Instrument, dessen Saiten in einen Rahmen gespannt werden. Abgesehen vom Fehlen einer Klaviatur besteht ein prinzipieller Unterschied in der Ableitung vom primitivsten Saiteninstrument, dem Musikbogen. In allen bisher betrachteten Saiteninstrumenten liegt die durch die Saiten eingenommene Ebene parallel zur oberen Resonatorfläche (Decke). Eine andere, sogar näher liegende Lösung bestand in der Umformung des unteren Teils des urgeschichtlichen Musikbogens als Resonator. Mit mehreren Saiten bestückt, ergab sich dabei die **Winkelharfe**. Bei ihr sind die Saiten an der Decke eines Resonators und einem aus dem Resonatorende aufsteigenden Stiel befestigt. Die Ebene der Saiten steht also senkrecht zur oberen Resonatorfläche.
Solche Winkelharfen waren in Ägypten geläufig, sowohl in tragbaren Ausführungen als auch größer, mit einem schräg auf den Boden gestützten hölzernen Resonatorkörper. Ein separater Stiel für die obere Saitenbefestigung war nicht nötig, da der Resonatorkörper selbst, sich verjüngend, weit

nach oben reichte. Diese mannshohe **Bogenharfe** wurde beim Spielen oben gegen die Schulter gelehnt, weshalb man sie auch **Schulterharfe** nennen kann.
Im klassischen Griechenland kam die Harfe nicht zu großem Erfolg; man zog die Kithara und vor allem die Lyra vor. Ebensowenig gelangte sie im alten Rom zu Popularität; sie wurde als verträumtes Instrument fraulichen Meditationen überlassen.
Der eigentliche Siegeszug der Harfe begann im 6. Jh. n. Chr. im hohen Norden, wo sie als keltisches Instrument die für spätere Entwicklungen wesentliche Ergänzung dadurch erhielt, daß der obere, das Saitenende tragende (von der Schmalseite des schief gestellten Resonators horizontal ausladende) Bogen durch eine Säule gegen den unteren Resonatorteil abgestützt wurde. Im so entstandenen Rahmen konnten die Saitenspannung vergrößert und die Saitenzahl vermehrt werden. Diese während des Mittelalters in Schottland (Königin Maria Stuart spielte sie) und Irland heimische Form nannte man **Cithara anglica**, und als solche kam sie im 10. Jh. nach Deutschland. Im 12. Jh. war sie in verschiedenen Größen, mit 9–26 Saiten, das typische Instrument der Minnesänger.
Später wurde die Harfe ausgebaut; sie erhielt einen niedrigen, von oft als Löwenpfoten gestalteten Füßen getragenen Sockel (*Untersatz*). Der vordere, den Rahmen vervollständigende Bogen wurde zur geraden Stützsäule, der *Vorderstange*. Die S-förmige Schweifung des *Halses* mit den Stimmwirbeln, die man mit Stimmschlüsseln dreht, blieb bestehen. Unten sind die Saiten durch Stifte an einer direkt auf dem Resonanzboden befestigten *Anhängeleiste* befestigt. Der *Resonanzkörper* wies früher oben oder seitlich Schall-Löcher auf; ihre Funktion haben heute Öffnungen an der Korpusunterseite übernommen. Sockel, Säule und Hals waren mit Figuren und allerlei Rankenwerk verziert, der Korpus zudem bemalt. Bis zum 2. Weltkrieg überlebte von all dieser Herrlichkeit noch die reiche Ausstattung des etwas über den Hals hinausragenden Säulenkopfs. Heute begnügt

man sich damit, das obere Ende der Stange, den *Kopf*, in etwas größerem Durchmesser auszuführen.
Als Monteverdi für seinen 1607 uraufgeführten »Orfeo« die Wahl der Instrumente nicht mehr dem früher üblichen Zufall überlassen wollte, sondern sorgfältig vorausbestimmte, stellte er eine Harfe ins Orchester. Das war damals eine Doppelharfe, an der die diatonische Skala durch Zusatzsaiten chromatisiert worden war. Weil die Harfe keine Bünde aufweist, muß für jeden Ton eine Saite verfügbar sein; das bringt Probleme mit sich. Erstens folgen daraus Platzschwierigkeiten, will man außer der chromatischen Vollständigkeit auch einen größeren Tonumfang erzielen. Zweitens wird das Spiel erheblich schwieriger. Die übermäßige Saitenzahl ist ohnehin eine »angeborene« Krankheit der sich laufend verstimmenden Harfe. Vor jedem Konzert erscheint die Harfenistin (seltener spielt ein Mann) immer als erste auf dem Podium, um sich mit der schwierigen Aufgabe des Stimmens von etwa 50 Saiten zu beschäftigen. Zu den normalen Problemen der Harfe gehört auch, fast in jedem Konzert, das Reißen mindestens einer der durch das Zupfen doch stark beanspruchten Saiten.
Bessere Zukunftsaussichten als die chromatischen Bauweisen erhielt die diatonisch, also in einer einzigen Tonart gestimmte Harfe. Der erste Schritt aus der tonalen Einschränkung zu größerem Tonvorrat erfolgte 1660 in Tirol. Dort wurde die **Hakenharfe** gebaut, in der unterhalb des Wirbels beidseitig herausragende (durchgehende) Metallstäbchen stecken, jedes in der Nähe einer Saite. Das Ende bei der Saite war so zu einem *Haken* gebogen, daß es gegen die Saite gedreht werden konnte, den schwingenden Teil um einen Halbton verkürzend. Diese Drehbewegung erfolgte vom anderen, als Handgriff gebogenen Ende des Stäbchens aus. So konnten der Haupttonart fremde Töne erzeugt werden. Jedoch ergab sich ein Nachteil: Die Hand, welche die Haken betätigte, wurde jeweils, wenn auch nur kurzzeitig, dem eigentlichen Spiel entzogen (denn die Harfe wird so gegen die rechte Schulter gelehnt, daß beide Hände

zum Zupfen kommen). Um dem abzuhelfen, fiel dem Bayern Georg Hochbrucker (um 1670–1763) ein, die Haken durch eine mit *Pedalen* zu bewegende Mechanik zu ersetzen. Nun übernahmen schwenkende *Zugkrücken* (frz. *crochets*) die Rolle der früheren, etwas rudimentären Haken.

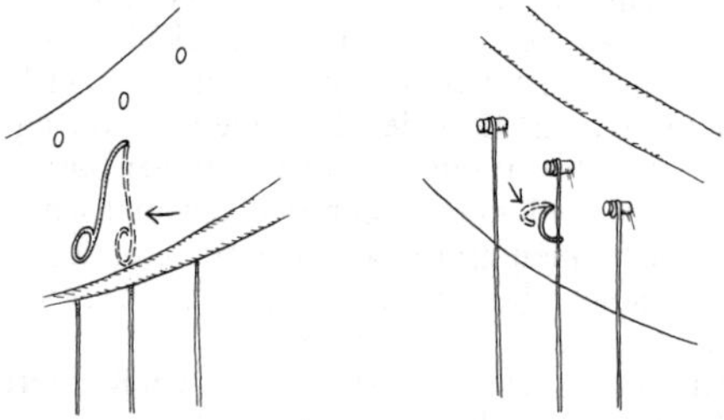

Haken der Hakenharfe

Er sah vorerst 5 Pedale vor, ungefähr den schwarzen Tasten in einer Oktave des Klaviers entsprechend; später ergänzte er seine Erfindung auf 7 Pedale, eines für jede Note. Hier ist, ganz allgemein für diese und spätere Harfen, ergänzend festzuhalten, daß sich jedes aus dem Untersatz ragende Pedal auf alle gleichnamigen Saiten auswirkt. Drückt man z. B. das C-Pedal und rastet es (durch seitliche Verschiebung) ein, gehen die »c« aller Lagen auf »cis« hinauf.
Die 7fache **Pedalharfe** diente vor allem seinem Sohn Simon und dem Neffen Christian Hochbrucker. Simon erschien 1729 mit diesem Instrument zu einem Konzert am kaiserlichen Hof in Wien, und Christian ließ sich in Frankreich dafür applaudieren. Dies ist der Harfentyp, den Gluck 1774 in »Orfeo ed Euridice« einsetzte, für den Mozart sein berühmtes Doppelkonzert KV 299, mit Harfe und Flöte als Soloinstrumenten, schrieb (1778) und den Beethoven für sein Ballett »Die Geschöpfe des Prometheus« (1801) vorsah.
Die Harfe war jetzt zwar bedeutend beweglicher geworden, aber noch nicht in der Lage, alle Schwierigkeiten zu überwinden.

Sehen wir einmal zu, was geschieht, wenn man auf einer in Es-Dur gestimmten Pedalharfe das sehr nahe As-Dur spielen möchte. In der ersten Zeile sind die nicht pedalisierten Ausgangstöne aufgezählt, darunter die erwünschten:

Es-Dur:	Es	F	G	As	B	C	D	Es	F	G	As
As-Dur:				As	B	C	Des	Es	F	G	As

Es ergibt sich sofort, daß das hinzukommende Des nur durch Halbtonerhöhung des C (Cis = Des) gewonnen werden kann. Dieses C fehlt dann in der neuen Tonleiter. Außerdem ist das ursprüngliche D zu entfernen, weil nicht zu As-Dur gehörend, was nur erreicht wird durch seine Erhöhung auf Dis, welches dann doppelt vorhanden ist (Dis = Es).

Versuche, diesen Nachteil zu beheben, unternahmen gleichzeitig (1782) Johann Baptist Krumpholtz (1742–1790) und Georges Cousineau (1733–1800, letzter »Marchand luthier de la Reine« und »Luthier ordinaire de la Reine« [Marie Antoinette]). Vorerst ersetzte Cousineau die Zugkrücken, deren Nachteil darin bestand, daß sie die Saiten seitlich verschoben und so den Fingersatz des Spielers erschwerten. An ihrer Stelle brachte er *Drehkrücken* (frz. *béquilles*) an: eine kleine Gabel mit 2 Zinken, die beim Drehen (durch ein Pedal) die Saite einklemmten, ohne sie zu verrücken. Solche Krücken baute er für jede Saite zweimal ein, die zweite weiter unten, zu Verkürzung um einen Ganzton. Dadurch steigerten sich die Umstimm-Möglichkeiten eminent, aber 14 Pedale (7 für Halbton-, 7 für Ganztonerhöhung) machten die Harfe sehr schwerfällig und umständlich.

In diesem Stadium wurde der rettende Gedanke geboren, welcher der Harfe zur endgültigen Form (**Doppelpedalharfe**) verhalf. Er ist demselben Sébastien Érard zu verdanken, der auch für das Klavier die entscheidende Wende in Gestalt der »doppelten Auslösung« erfand. In den Jahren 1810–1812 formte er die Drehkrücken zu kleinen drehbaren Scheiben um, an denen 2 herausragende Stifte (frz. *fourchettes*) die Funktion der früheren Zinken zuverlässiger und saitenschonender übernahmen: die *Gabeldrehscheiben*. Noch bedeutender war die gleichzeitige Erfindung des *Dop-*

pelpedals, dank dem es genügte, jeder Note nur ein Pedal zuzuordnen, also 7 im ganzen. Es kann in zwei verschiedenen Stellungen mit folgender Wirkung eingerastet werden:
a) Ruhestellung: Die unter dem Wirbel, etwas abgeknickt, über einen Stift mit Capotasto-Funktion geführte Saite schwingt in ihrer gesamten Länge.
b) Pedal halb niedergedrückt und eingerastet: Die obere Scheibe dreht sich und verkürzt die Saite um einen Halbton.
c) Pedal ganz niedergedrückt und wiederum durch seitliche Bewegung fixiert: Die untere Scheibe dreht sich zusätzlich und verkürzt die Saite um einen weiteren Halbton; also klingt die Saite einen Ganzton höher.
Das so vervollkommnete Instrument erstickte alle anderen Experimente, wie etwa die von Gustav Lyon 1894 vorge-

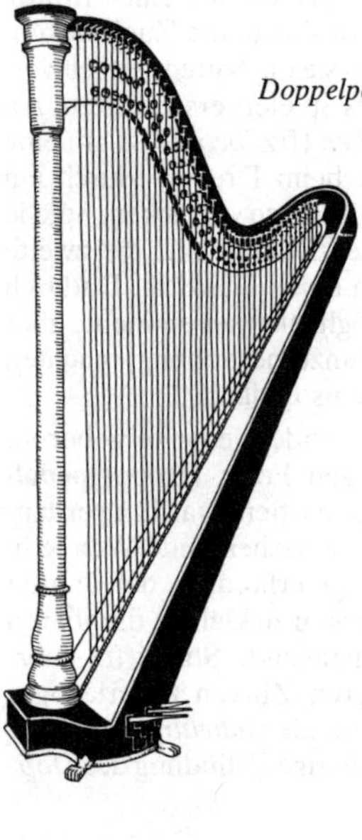

Doppelpedalharfe

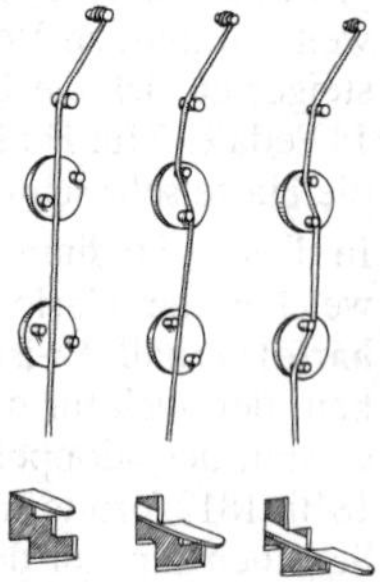

Die drei Pedalstellungen der Doppelpedalharfe

schlagene und von Pleyel gebaute pedallose **chromatische Harfe**, bei der die diatonischen und die alterierten Saiten schräg zueinander verliefen und sich in der Mitte kreuzten. Sie waren auf den entgegengesetzten Seiten des Halses und auf 2 getrennten Aufhängeleisten befestigt. Bei dieser Ausführung fiel die Betätigung von Pedalen zwar weg, was schnellste Anpassung an Stimmen mit reichlicher Chromatik ermöglichte, aber es ergab sich, außer der übergroßen Saitenzahl, eine Reihe spieltechnischer Schwierigkeiten; z. B. war es schier ausgeschlossen, harmonische Glissandos auszuführen, vor allem aber änderte sich die Position der Anreißstelle fortwährend, besser gesagt: die Anreißstelle wurde vom möglichen Zugang zur erwünschten Saite bestimmt, während sie bei der normalen Harfe frei ist und der Positionswechsel die Möglichkeit einräumt, die Klangfarbe zu verändern.
Übrigens spielten Pleyel und Érard die Komponisten Debussy und Ravel gegeneinander aus: Debussy sollte die Güte des chromatischen Instruments von Pleyel beweisen, während Ravel durch Érard veranlaßt wurde, die Eignung der Doppelpedalharfe für schnelle Modulationsfolgen vorzuführen. Heute spielt man auch Debussy auf den Instrumenten nach Érard.

2.162 **Die moderne Harfe**

Die Harfe ist das fast als letztes zu voller Reife herangewachsene Saiteninstrument; nur der moderne Konzertflügel ist jünger. Ihre Beschreibung sei nochmals zusammengefaßt: Als Hauptstütze der etwa die Form eines auf der Spitze stehenden Dreiecks aufweisenden Harfe dient die gerade *Vorderstange*, die den etwas breiter fortsetzenden *Kopf* trägt und unten in den *Untersatz* (Sockel) mündet, aus dem die 7 *Pedale* ragen. Art und Stil der Verzierungen an der Säule weisen auf die Entstehungszeit des Instruments hin. Die schiefe untere Dreiecksseite besteht aus dem nach oben verjüngten *Korpus* (bis 1,5 m lang), der ebenfalls in den

Sockel einläuft und an der Unterseite große Schall-Löcher (meistens 5) aufweist. Er trägt auf der Längsachse seiner Decke die *Anhängeleiste* aus Hartholz, an der die Saiten mit Knöpfen befestigt sind. Die Konstruktion schließt oben ab mit dem langgestreckten »S« des *Halses*, der sich vom Kopf zum *Knie* wie die Übergangsstelle zum oben verjüngten Korpus heißt, herunterschweift. Stange und Hals verbergen die Pedale und Drehscheibchen verbindenden Züge, die *Abstrakten*. Auf dem Hals sind die *Stimmwirbel* angebracht. Wirbel und Scheibchen befinden sich, vom Spieler aus gesehen, auf der linken Seite. Das andere – vierkantige – Ende des Wirbels ragt rechts zur Aufnahme des (Stimm-)Steckschlüssels hervor. Das Ganze ist etwa 185 cm hoch und wiegt 35 kg.

Die 47 Saiten sind in Ces-Dur gestimmt, und der Umfang reicht (Pedalwirkung eingerechnet) von $_1$Ces bis gis^4, beträgt also fast 7 Oktaven. Am besten klingt der Bereich G–g^2.

Eine hypothetische 50. Saite (7 Oktaven = 49 + Schlußton = 50) wäre ces^5. Die 47. ist also ges^4, auf gis^4 hochstimmbar.

Die beiden tiefsten Saiten sind aus Platzgründen nicht mit Drehscheibchen versehen und werden je nach Bedarf gestimmt; während des Spiels sind sie nicht mehr veränderbar.

Als Orientierungshilfe sind die C-Saiten (Ces, C, Cis) rot, die F-Saiten (Fes, F, Fis) blau gefärbt. Die tiefsten Saiten bestehen aus umsponnenem Stahl, die mittleren und hohen aus Darm oder synthetischen Materialien (Nylon, Perlon). Gestimmt wird in temperiertem C-Dur (alle Pedale in Mittelstellung, d. h. in der ersten Raste), auf den Kammerton a^1 bezogen. Von dieser Situation aus erzeugt jedes heraufgelassene Pedal ein ♭, ein ganz niedergedrücktes (zweite Raste) ein Kreuz (♯). Diese Vorstellung erleichtert das Verständnis von Stimmung und Pedalfunktion. – Pedalanordnung von der Mitte aus: links H, C, D; rechts E, F, G, A.

2.163 **Spieltechnik**

Beim Spielen wird die Harfe zur rechten Schulter hergeneigt, wobei sich zwei der Füßchen vom Boden abheben. Man braucht beide Hände, aber für gewisse Effekte (Glissando, Flageolett und Étouffé) bleibt der rechte Arm wegen der Nähe des Korpus in seiner Beweglichkeit ziemlich eingeschränkt. Die rechte Hand greift meistens die höheren, körpernäheren, die linke die tiefen Saiten.
Bei der Harfe – wie bei allen Instrumenten – sollte der Komponist die Eigenschaften und die Spielmöglichkeiten sehr genau kennen, um nicht Unausführbares vorzuschreiben. Leider ist das, selbst bei bedeutenden Namen, nicht immer der Fall, so daß sehr oft der Harfenspieler seine Stimme zur Brauchbarkeit umzuschreiben genötigt ist. Vor allem muß man mit den anatomischen Gegebenheiten der Hand rechnen: begrenzte Ausdehnung, aber zwischen Daumen und Zeigefinger eine größere als zwischen den anderen Fingern. Der Gebrauch des kleinen Fingers ist sehr selten. Entgegen dem Klavier spielt auch in der rechten Hand der sehr bewegliche Daumen die höchsten Noten, was ein kraftvolles Hervorheben der Melodie erleichtert. Völlig ausgeschlossen bleibt die Gleichzeitigkeit oder die sehr rasche Folge von Noten, die nur durch Pedalwechsel auf derselben Saite erzielbar sind. Man muß auch beachten, daß wohl 2 auf entgegengesetzten Seiten liegende Pedale gleichzeitig (mit je einem Fuß) getreten werden können, nicht aber 2 Pedale derselben Seite. Nur ausnahmsweise sollte dies verlangt werden, aber auch dann nur für 2 unmittelbar benachbarte Pedale.
Die Saiten werden meistens in der Mitte mit den Fingerspitzen gezupft, was anfangs blutige Finger verursacht, bis die Haut hart genug ist. Andere Klangfarben erhält man durch Verschiebung der Zupfstelle. Das Frequenzspektrum der Harfentöne enthält normalerweise nur die ersten 6 Teiltöne, die alle zum gleichnamigen Dur-Akkord gehören (bei Ton C: C c g c^1 e^1 g^1). Das fast völlige Ausbleiben höherer,

speziell der dissonanten Teiltöne (7. und 9.) macht den Ton besonders gefällig, voll und trotzdem weich. Die Zupfstelle kann den einen oder den anderen der Teiltöne hervorheben. Je mehr sie nach oben verschoben wird, um so härter wird der Toncharakter. Von den zahlreichen möglichen Klangfarben und Spielarten sind wenigstens die wichtigsten aufzuzählen:

a) *Sulla tavola* heißt unterhalb der Mitte, dem Korpus näher, zupfen (eigentlich bedeutet »sulla« *auf* der Korpusdecke, was strenggenommen sinnlos ist). Die Klangfarbe wird dann, weil obertonreicher, heller, der Gitarre ähnlicher (entspricht ungefähr dem »sul ponticello«-Effekt der Streichinstrumente).

b) Das andere Extrem ist das *Flageolett*, d. h. die Erzeugung nur einiger Teiltöne. Der Effekt ist dadurch zu erreichen, daß man den Handballen leicht in Saitenmitte andrückt und dann die Saite mit dem Daumen derselben Hand zupft. Dadurch wird das Entstehen aller Teiltöne unterbunden, die in der Mitte einen Schwingungsbauch aufweisen müßten. Dazu gehört sogar der Grundton. Es klingen also z. B. von den 6 Teiltönen des C nur die Komponenten c c^1 g^1, was ein sehr zartes Resultat ergibt, eine Oktave höher als die volle Saite klingend. Dieser Effekt wird in der Stimme mit einem kleinen Kreis über der Note bezeichnet.

c) Zwischen diesen beiden Möglichkeiten befindet sich die *étouffé* (d. h. gedämpft) genannte Tongebung. Dabei wird die Saite mit dem Daumen gezupft und sofort mit dem Handballen gedämpft.

d) Interessant ist auch das *Tremolo*, also das sehr rasch wiederholte Zupfen (mit zwei sich abwechselnden Fingern) einer oder benachbarter Saiten, die ihrerseits verschieden oder enharmonisch gleich gestimmt sein können (etwa Cis–Des). Die enharmonische Vertauschung ist immer möglich, weil ja die Harfe temperiert gestimmt wird.

e) Derart charakteristisch, daß diese Spielform vom Instrument selbst den Namen erhielt, ist das *Arpeggio* (von it. arpa = Harfe), d.h. das gebrochene Spiel von Akkorden; die

Töne werden nicht zusammen gezupft, sondern in rascher, steigender (selten fallender) Folge. Dieses Arpeggio kann auch dadurch weit ausgedehnt werden, daß sich die Hände in der Ausführung abwechselnd folgen.

f) Besonders vorzuheben ist das ebenfalls charakteristische *Glissando* (d. h. Gleiten). Es beruht auf der Möglichkeit, mittels der Pedale alle Saiten so einzurichten, daß sie nur die Töne eines bestimmten Akkords wiedergeben.

Ein Beispiel: Die erste Zeile enthält die Grundstimmung, die zweite die Noten eines gewünschten Akkords; die Zahlen dazwischen geben die Pedalstellung an (0 = Ruhestellung, 1 = 1. Erhöhung, 2 = 2. Erhöhung).

Ces	Des	Es	Fes	Ges	As	B	Ces
1	2	0	2	0	1	2	1
C	Es	Es	Ges	Ges	A	C	C

Es ist dies der verminderte Septimenakkord über C. Analog dazu sind alle Vierklänge möglich (Septimenakkorde oder Dreiklänge mit hinzugefügter Sexte, »sixte ajoutée«), aber nicht die einfachen Dur- und Moll-Dreiklänge. Dies ist leicht einzusehen, wenn man versucht, den naheliegenden H-Dur-Dreiklang zu realisieren:

Ces	Des	Es	Fes	Ges	As	B	Ces
0	2	0	2	0	?	1	0
Ces	Dis	Dis	Fis	Fis	?	H	H

Es bleibt das fremde As übrig. Behält man es bei, wird es, da gleichbedeutend mit Gis, zur Sixte ajoutée, und der Akkord wirkt als Unterdominante von Fis-Dur; bringt man es hingegen nach A herauf, wird es zur Septime im Dominantseptimenakkord zu E-Dur. Auch Erhöhung zu Ais, als Leitton zu H-Dur, bringt nicht weiter: auf jeden Fall bleibt ein nicht zum Dreiklang gehörender Ton übrig.

Ist der Mehrklang einmal vorbereitet, kann man einen Finger über alle Saiten gleiten lassen, wodurch das erwünschte Glissando entsteht. Es ist steigend oder fallend ausführbar oder aber gemischt (eine Hand geht nach oben, die andere gleichzeitig nach unten). Aber auch die gleichzeitige Benützung mehrerer Finger einer Hand (2 bis 4) ist möglich, wodurch Doppel-, Dreifach- oder Vierfach-Glissando entsteht. Absteigend ist mit der rechten Hand nur das Einfach-Glissando (mit dem Daumen) ausführbar.

Notiert wird die Harfe nicht transponierend, in der Kombination von Baß- und Violinschlüssel auf 2 Liniensystemen. Mit Bezug auf die Grundstimmung Ces-Dur bevorzugen die Harfenspieler die ♭-Tonarten gegenüber den Kreuztonarten. Dem tragen viele Komponisten Rechnung, indem sie die Harfe (auch bei Kreuzen in anderen Stimmen) enharmonisch mit Erniedrigungszeichen notieren.
Die Saiten sind relativ dünn, die tiefste z. B. dünner als beim Kontrabaß; sie klingen dadurch (bei geringer innerer Dämpfung) lange nach. Deswegen muß der Harfenist oft die Saiten mit den Händen oder sogar mit den über alle Saiten gelegten Unterarmen dämpfen. Sogar wenn die Harfe an einem Orchester-Forte nicht teilnimmt, müssen die allein durch Resonanz angeregten Saiten gedämpft werden, sollen sie nicht in der eventuell darauf folgenden Pause (oder Pianissimo-Stelle) hörbar bleiben! Derselbe Resonanzeffekt tritt sogar innerhalb der Harfe selbst auf (wie ja auch beim Klavier, wenn die Dämpfer hochgehoben sind): Auch nicht direkt gezupfte Saiten geraten in Schwingung. Dies ist mit ein Grund für die gute Wirkung von Arpeggio und Glissando: Der Gesamtklang wird dicht, rauschend und anhaltend.

2.164 **Die Harfe im Orchester**

Das zuvor so gut wie ausschließlich solistisch oder kammermusikalisch gebrauchte Instrument kam im 19. Jh. fast definitiv auch ins Orchester. Damit ist gemeint, daß es früher (Gluck, Beethoven) eher sporadisch darin erschienen war. Für Berlioz erfüllte erst die Érardsche Doppelpedalharfe die Anforderungen eines Orchesterinstruments (»Un bal« in der »Symphonie fantastique«). Die Blütezeit der Harfe war die Romantik (einschließlich der Oper!), wobei die Begeisterung manchmal bis an die Grenze der zur Geschmacklosigkeit gesteigerten Übertreibung führte. Die sehr persönliche Verwendung bei Mahler wurde durch die unerreichte Sensibilität der französischen Impressionisten

(Debussy, Ravel) überboten. Außerordentlich aufschlußreich für die Vielseitigkeit der durch die Harfe gebotenen Möglichkeiten, allein oder mit anderen Orchesterinstrumenten, sind die Partituren von »Madame Butterfly« (1904) und »Turandot« (1924) von Giacomo Puccini.
Im Orchester stehen normalerweise eine oder 2 Harfen, je nach Umfang der restlichen Besetzung und in Anlehnung an die nicht immer klaren Forderungen der Komponisten: Debussy schreibt z. B. im »Prélude à l'après-midi d'un faune« 2 Harfen vor, aber die Stimmen lassen sich ohne Schwierigkeit für nur eine Harfe zusammenfassen. Es sind auch extreme Besetzungen möglich, so die für Bayreuth von Wagner zur »Götterdämmerung« verlangten 7 Harfen. In der Regel verhindern die meist ziemlich engen Raumverhältnisse des Orchestergrabens (in der Oper) solchen Überschwang.

2.165 **Die keltische Harfe**

Die heute blühende Rehabilitierung von Renaissance-Instrumenten erstreckt sich auch auf den Nachbau der **keltischen** (oder **irischen**) **Harfe**. Das durch skandinavische Eroberer im 7. Jh. nach Irland gekommene, noch leichte und tragbare 6–8saitige Instrument wurde dort durch die charakteristisch nach vorn gebogene Vorderstange verstärkt, verbessert und mit mehr Saiten (um die 30) zum Nationalinstrument **Clarsech** erhoben. (In Schottland hieß es **Clarsha**.) Im 12. Jh. genoß diese Harfe die Gunst königlicher Spielleute; später eroberte sie den bürgerlichen Haushalt, wo sie eine derart lebensnotwendige Bedeutung errang, daß sie bei Zahlungsunfähigkeit des Besitzers nicht beschlagnahmt werden durfte. Sie wies dazumal noch mit den Fingernägeln gespielte Stahlsaiten auf, die im 15. Jh. den nuancenfreudigeren Darmsaiten wichen. Im 17. Jh. verschwand die diatonische Harfe fast völlig unter der Konkurrenz der chromatischen Tasteninstrumente, bis sie 1792, in der keltischen Bauweise, durch den verdienstvollen Einsatz von Edward Bunting anläßlich des Festivals von Belfast zu neuen Ehren kam. Ihr großer Erfolg festigte sich vor allem seit 1945 über spezielle, ihr gewidmete Musiktreffen sowohl in Irland als auch in Schottland.

Keltische Harfe

Die heutige keltische Harfe mißt ca. 140 cm in der Höhe. Ihr Resonanzkasten erweitert sich nach unten bis zu 30 cm Breite. (Zum Vergleich: Die Doppelpedalharfe ist 185 cm hoch und ca. 55 cm breit; zuzüglich der Pedale erreicht sie fast 1 m Breite.) Im Höhenmaß ist ein 3füßiger angebauter Schemel oder ein nahezu kubischer Sockel mit eingerechnet. Das Gewicht von 10–15 kg ist drei- bis viermal geringer als dasjenige der großen Schwester. Der Resonanzkörper ist gerade, die Säule, dem irischen Vorbild getreu, nach außen geschweift (was möglich ist, weil sie keine Abstrakten aufnehmen muß).

Das Instrument eignet sich vorzüglich zur Wiedergabe von Renaissancemusik, und es wird dafür im Musikalienhandel recht viel Literatur angeboten, z. T. in Gestalt übertragener

Lauten-, Orgel- oder Cembalowerke. Für Jugendliche ist es, u. a. aus Gewichts- und Preisgründen, geradezu ideal, um Beziehung und Veranlagung zum Zupfinstrument vor dem eventuellen Übergang zur anspruchsvolleren großen Harfe auszuprobieren und auszubauen. Zudem ermöglicht es die Erziehung zur Ausdauer, zur Präzision und fördert die Entwicklung des Gehörs, schon wegen des unumgänglichen täglichen Stimmens.
Die meisten heutigen irischen Harfen weisen 34–36 in Es-Dur gestimmte Saiten auf. Zu jeder Saite gehört aber eine (am Hals unter dem Stimmwirbel angebrachte) Klemme zur Halbtonverkürzung. Sind alle Saiten erniedrigt, ergibt sich E-Dur, was bedeutet, daß alle im Quintenzirkel zwischen diesen Extremen (Es- und E-Dur) liegenden Dur-Tonarten und die dazugehörenden parallelen Moll-Tonarten mühelos eingerichtet werden können.

Gewissermaßen als Bindeglied zur großen Harfe bleibt in Tirol und Bayern eine **Harfe mit Einfachpedalen** sehr beliebt. Sie ist, mit Ausnahme der Übertragungsmechanik, ganz aus Holz gebaut und wiegt nur etwa 35 kg. Die Stange ist, wegen der darin verborgenen Züge, gerade, der Korpus hingegen nach vorn geschweift. Die Grundstimmung ist Es-Dur, mit 36–39 Saiten.

2.166 **Die gezupfte Saite**

Die im Abschnitt 2.112 zusammengefaßte Theorie der Saitenschwingung muß hier für die gezupfte Saite ergänzt werden. Die Beschreibung der Vorgänge auf der Saite ging dort von der Voraussetzung aus, an einem Ende würden periodische Impulse in die Saite gegeben. Die Anfangsbedingungen beim Zupfen sind anders: Zuerst wird die Saite von ihrer Ruhelage so abgelenkt, daß sich von der Angriffsfläche nach den Enden 2 Geraden bilden, also eine Dachform entsteht. Dann wird die Saite losgelassen und gerät in Schwingung. Dieser Vorgang ist etwas näher zu untersuchen.
In 2.112 wurde dargelegt, daß sich eine Störung undeformiert auf der Saite fortpflanzt. Dies trifft natürlich auch hier

wieder zu, aber in etwas komplexerer Form, weil schon zu Beginn die ganze Saite sich nicht mehr in der Ruhelage befindet. Außerdem liegt die anfänglich maximale Auslenkung nicht am Ende der Saite. Es ist kein Grund vorhanden, weshalb die erzeugte Störung sich nur nach einer Seite fortpflanzen sollte: Von der Zupfstelle aus bewegt sie sich nach beiden Seiten fort. Deswegen ist die nachfolgend resultierende Form der Auslenkung in jedem Moment gleich der Summe zweier Dreieckseiten (der abwandernden Dachformen), die sich entgegengesetzt bewegen. Um dies im Detail etwas näher zu verfolgen, müssen wir also auch die Anfangslage als Summe zweier Komponenten, mit je halber Auslenkung, deuten. Jede dieser Komponenten wandert dann von der Zupfstelle nach außen, aber mit stetig kleiner werdender Amplitude, da diese, an den festen Saitenenden angelangt, verschwinden muß. Die Spitzen bewegen sich auf einer Kurve, die bei der Zupfstelle halbe Amplitude aufweist und an den Enden zu Null wird. (Diese Kurve ist ein halber Ast der Sinusfunktion.)

Bei versetztem Zupfen entstehen, der geringeren Symmetrie der Bedingungen wegen, mehr Teiltöne als bei Zupfstelle in der Mitte. Die theoretische Voraussetzung, daß die Zupfstelle sehr eng definiert ist, wird mit guter Annäherung nur beim Cembalo erfüllt. Bei der Harfe bewirkt die Polsterung der Fingerkuppe eine Abrundung des Auslenkmaximums. Dieser Unterschied bewirkt abweichende Klangfarben. Die Fourier-Zerlegung einer spitzen Form ergibt viel mehr Teiltöne (also spitzeren Klang) als beim abgerundeten Ausschlag. Darum sind im Harfenton viel weniger Obertöne enthalten.

2.2 Angeschlagene Saiten

2.21 *Frei geschlagene Saiten*

2.211 **Das Hackbrett**

Die Ethnologen behaupten mit guten Gründen, das Anschlagen gespannter Saiten sei älter als das Zupfen. Es ist deswegen nicht erstaunlich, daß mindestens zur gleichen Zeit, wenn nicht früher, dem Psalter ähnliche, zum Schlagen eingerichtete Instrumente entstanden. In der Bogenlaibung am Mittelportal des »Portico de la Gloria« an der Kathedrale von Santiago di Compostela schlägt einer der 24 Ältesten ein Psalterium (gegen 1190). Gezupft wurden solche Instrumente erst seit ca. 1300; Praetorius sah im Psalterium noch ein mit Fingern gezupftes Hackbrett. In Südeuropa war das Zupfen beliebter, weswegen man sich eher auf den Psalter bezog und das als fremd empfundene Hackbrett **Salterio tedesco** nannte.
Im Fernen Osten sind ähnliche Instrumente bekannt, so in China das **Yang ch'in**, und in »Tausendundeiner Nacht« wird – neben damaszenischer Laute, persischer Harfe und tatarischer Pfeife – ein ägyptisches Hackbrett erwähnt.
In Iran wies das **Santir** 4chörige Messingsaiten auf; jeder Chor hatte einen eigenen verschiebbaren Steg, um verschiedene Stimmungen einrichten zu können. Von dort kam das wieder vergessene **Hackbrett** zu Beginn der Renaissance, etwa Mitte des 14. Jh., durch die Slawen und die ungarischen Zigeuner nach Europa, wo es gleichzeitig auch durch die Araber eingeführt wurde. Es konnte sich nicht recht gegenüber dem Psalter behaupten, blieb dafür in den Alpen heimisch, wo es noch gespielt wird (Salzburg, Appenzell, Oberwallis).
Sein mit Schall-Löchern versehener flacher Resonanzkasten, der zum Spielen auf den Tisch gestellt wird, weist die Form eines Trapezes auf. Die zwischen den schiefen Trapez-

rändern eingespannten Messingsaiten verlaufen parallel zu der dem Spieler zugewendeten Breitseite, links an Nägeln, rechts an den Stimmwirbeln befestigt, wie bei der Zither. Mit einem Schlüssel werden die Stimmwirbel gedreht. Meistens ist die untere Lage 3chörig, die obere 4–5chörig. Die tiefsten Saiten sind umsponnen.

Hackbrett

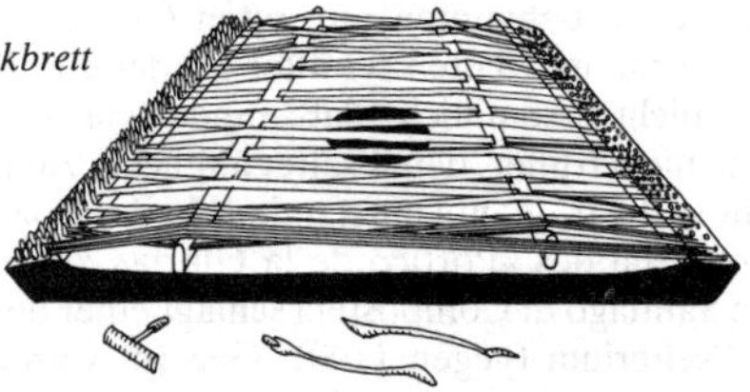

Durch die vielen Saiten entsteht, selbst bei diatonischer Stimmung, unter Verzicht auf chromatische Vollständigkeit (die vor allem in Salzburg gepflegt wird), ein Problem, soll das Instrument eine normale, einfach zu transportierende Größe nicht überschreiten: Wie ist es möglich, mit genügender Treffsicherheit die 3–5 Saiten eines Tones anzuschlagen, ohne auch Nachbarsaiten zu streifen? Diese Schwierigkeit wurde durch einen Trick behoben: Es sind 2 Stege vorhanden, der linke den Befestigungsstiften entlang, der rechte längs der Stimmwirbel. Beide erstrecken sich über die ganze Tiefe, von der Breitseite bis zur entgegengesetzten Schmalseite. Sie sind auf der Unterseite so durchbrochen, daß Saiten berührungslos durchgezogen werden können. So wird jeder zweite Chor unter den linken Steg hindurchgeführt, geht dann schräg zum rechten Steg hinauf und gleich daneben zu den Stimmwirbeln hinab. Es ist also für einen Chor dieser Art nur der rechte Steg zur Übertragung der Schwingungen auf den Resonanzboden wirksam. Die dazwischenliegenden Chöre verlaufen umgekehrt: sie gehen unter dem rechten Steg hindurch und steigen (in umgekehrtem Sinne schräg) über den linken Steg. Schlägt man nun in

genügender Stegnähe, trifft man einen von den Nachbartönen räumlich abgesetzten Chor.
Ein zusätzlicher Trick erlaubt es, eine Vergrößerung des Notenvorrats zu erzielen, ohne die Saitenzahl zu erhöhen: Rückt man nämlich die beiden Stege so weit gegen die Mitte, daß jeder die über ihn laufenden Saiten im Verhältnis 2 : 3 unterteilt, so gewinnt man zu jedem Ton (des längeren Stücks) die dazugehörende Quinte auf dem kürzeren Abschnitt (*Quintensteg* beim Schweizer und beim steirischen Hackbrett). Beim deutschen Hackbrett ist auch das Teilungsverhältnis 1 : 5 (Oberterz) üblich. Umfang und Stimmung sind verschieden, etwa in der Spanne von (C) D bis fis^3 (a^3).
In neuester Zeit (1985) erfand man im schweizerischen Wallis eine Verbesserung, die etwa dem Prinzip der Hakenharfe entspricht: Jeder Chor kann durch das Andrücken eines am Rande zu betätigenden Bügels um einen Halbton erhöht werden. Dadurch entfällt die Bindung an eine einzige Tonart.
Gespielt wird das Hackbrett mit 2 filzbezogenen Schlegeln oder mit 2 Holzklöppeln (*Löffel*), deren Köpfe nur auf einer Seite einen Filz tragen. Die Klangfarbe ändert sich je nachdem, ob man mit dem harten oder dem weichen Teil schlägt. – In englischer Sprache heißt das Hackbrett eigenartigerweise **Dulcimer** (vielleicht von »dulce melos« = zarte Melodie).

2.212 **Das Cimbalom**

Das nur in Jugoslawien, Griechenland (»Santouri«), Osteuropa, Asien und in unseren Gebirgsgegenden in zahlreichen Formen erhaltene Hackbrett war im 16. Jh. allgemein beliebt und vor allem an den Höfen böhmischer Adliger und der ungarischen Könige geläufig, wo es **Sambuca** hieß.

In der Tat weist das mehrdeutige »Sambuca« nicht nur auf eine kleine altgriechische Flöte aus ausgehöhltem Holunderholz hin (sambucus = Holunder), sondern bezeichnet gleichzeitig ein ebenfalls griechisches psalterähnliches Saiteninstrument und in der Folge viele in Europa vorkommende Varianten davon.

In Südosteuropa wurde es umgeformt, bis es zum nach 1800 charakteristischen Instrument der ungarischen Zigeunerkapellen wurde, dem **Cimbalom** (dt. **Zimbal**). Die Konstruk-

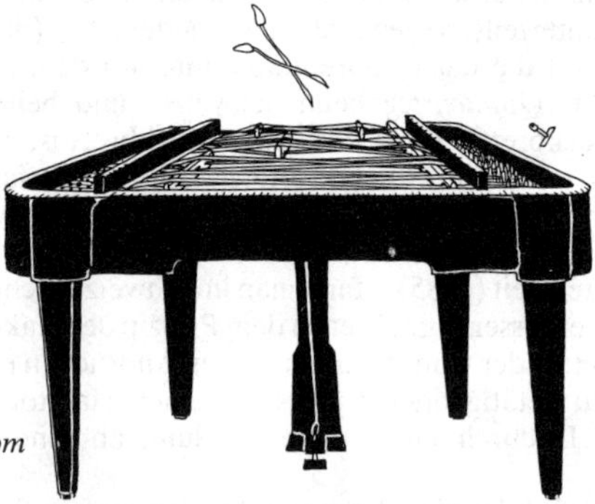

Cimbalom

tion ist derjenigen des Hackbretts ähnlich, steht aber in einem Gehäuse auf eigenen Füßen. Der böhmische, in Budapest arbeitende Instrumentenbauer József Schunda gab ihm die endgültige, große Form und ein Pedal zur Betätigung von Dämpfern (1874): Längs der äußeren Stege ruhen 2 befilzte Holzleisten dämpfend auf den Saiten, werden sie nicht durch das Pedal abgehoben.

Das Cimbalom mißt in der Breite vorn 140, hinten 95 cm und ist 74 cm tief. Der Tonvorrat umfaßt C, D, dann chromatisch $E-e^3$, im ganzen also etwas über 4 Oktaven. Nur selten tritt auch unten durch Cis und Es die vollständige Chromatik auf (nicht sehr beliebt, weil das Instrument dadurch zu groß wird). Öfter ist oben die Ergänzung mit f^3 anzutreffen, und manchmal wird die Chromatik sogar bis a^3 ausgedehnt.

Die Verteilung der Noten sieht recht kompliziert aus, was die oft auf dem Instrument gezeigte Virtuosität noch bewundernswerter erscheinen läßt. Zur Verdeutlichung soll eine

Stimmung des Cimbaloms

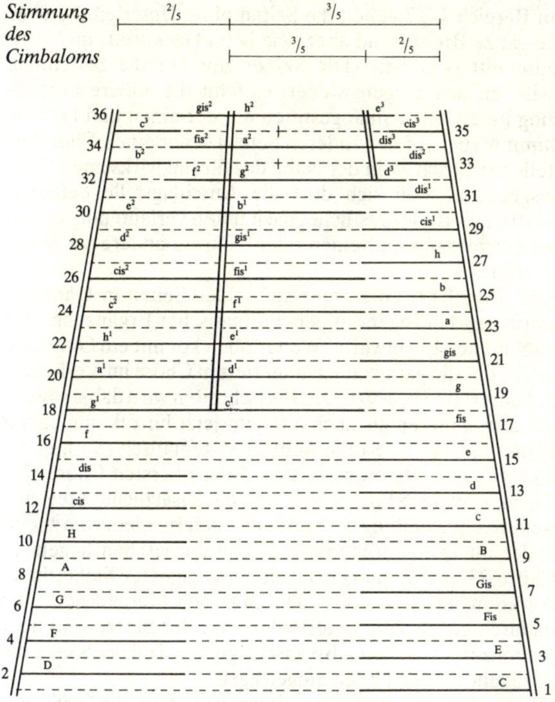

(der Übersichtlichkeit wegen nicht genau maßstäbliche) Skizze dienen, die folgendermaßen zu interpretieren ist: Jeder horizontale Strich stellt einen Chor dar, dessen Saiten jeweils über das ganze Instrument gehen. Von den hier numerierten Chören sind 1 einfach, 2–5 doppelt, 6–18 dreifach bespannt (alle mit umsponnenen Saiten), 19–36 vierfach (Stahlsaiten). Dies macht insgesamt $1 + 4 \cdot 2 + 13 \cdot 3 + 18 \cdot 4 = 120$ Saiten. Gelegentlich haben die höchsten Chöre sogar fünffache Bespannung.

Im Bereich 1–17 gehen die Saiten ohne Unterteilung über die ganze Breite, sind aber, wie beim Hackbrett, im Vertikalschnitt gekreuzt. (Die Skizze gibt nur die Saitenteile zwischen den Stegen wieder; es fehlt die äußere Fortsetzung bis zu den Anhängestiften auf der einen und bis zum Stimmwirbel auf der anderen Seite.) Jeder einen Chor darstellende Strich ist in der Nähe des für ihn wirksamen Stegs ausgezogen, weil sich dort die Anschlagstelle befindet. Gestrichelt ist der restliche, nach unten verlaufende Saitenteil eingetragen, der einen oder mehrere andere Stege unterkreuzt.

Von Chor E(3) an geht es auf beiden Seiten in Ganztonschritten – bei gegenseitiger chromatischer Ergänzung – bis zu Nummer 17 aufwärts. Weiter oben kommt ein Quintsteg hinzu, der die geradzahlig numerierten Chöre im Verhältnis 2:3 unterteilt ($^2/_5 + ^3/_5$). Das Fortschreiten wird dabei sowohl auf dem äußeren als auch auf dem jetzt hinzukommenden mittleren Teil der Saiten weniger systematisch (Sprung zur Oktave, auch Halbtonschritte). 3 der obersten Chöre (32, 43, 36, sind noch komplexer, weil ein zusätzlicher Steg eine weitere Unterteilung der rechten $^3/_5$ liefert, wiederum zueinander im Quintverhältnis 3:2. Die dazwischen liegenden Chöre 33 und 35 hingegen sind an geeigneter Stelle durch Agraffen im Resonanzboden ganz heruntergedrückt und dadurch gleichzeitig unterteilt. – Auf der Skizze sind über jedem ausgezogenen, also anschlagbaren Teil der Saiten die dazugehörenden Noten eingetragen.

Die etwas verwirrende Anordnung bezweckt, die Größe des Instruments, trotz beachtlichem Tonumfang, möglichst zu begrenzen. Es liefern

1–17, 19, 21, 23, 25, 27, 29, 31:	je 1 Ton,	= 24 Töne
18, 20, 22, 24, 26, 28, 30, 33, 35:	je 2 Töne,	= 18 Töne
32, 34, 36:	je 3 Töne,	= 9 Töne
	insgesamt	51 Töne

Bei der größtmöglichen Ausdehnung wird Chor 2 zum Dis, Chor 1 zum D. Nach unten folgen das links anzuschlagende Cis und das C rechts.

Oben geschieht die chromatische Erweiterung folgendermaßen: Chöre 33 und 35 gehen über einen zusätzlichen, weit links angebrachten Steg. Zwischen diesem und dem großen Quintensteg bleiben b^2 und c^3 bestehen. Dieselben Saiten liefern aber im neu abgetrennten kleinen Stück fis^3 (33) und gis^3 (35). Ein zusätzlicher Chor (37) geht ebenfalls über diesen vierten Steg und gibt links davon a^3 und rechts f^3. Dieser Chor verläuft dann weiter, nach rechts, und ist dabei durch eine Agraffe so unterteilt, daß er ganz rechts wieder für das g^3 emporkommt. Das sieht dann so aus:

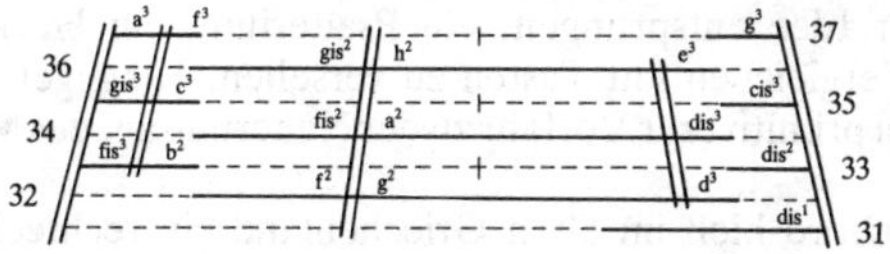

Erweiterung des Cimbaloms nach oben bis g^3

Gespielt wird das Cimbalom mit einem Klöppel in jeder Hand (dem des Xylophons ähnlich), aus Holz allein oder mit befilztem Kopf, wobei drei Härtegrade zu Verfügung stehen. Auch Pizzicato ist möglich sowie das Finger-Glissando. Weil der Ton nur kurz nachklingt, werden viel Tremolo und schnelle Figurationen gebraucht.

Liszt interessierte sich leidenschaftlich für das Zimbal, was aus seinem Briefwechsel mit Schunda, dem schon erwähnten »Vater« des Instruments, hervorgeht und durch die wiederholte Nachahmung des Cimbaloms auf dem Klavier (»Ungarische Rhapsodien«) – die aber schon Schubert vorweggenommen hatte (»Divertissement à la hongroise«) – bezeugt wird. Debussy setzte es in der Instrumentierung des Klavierwerks »La plus que lente« ein. Igor Strawinsky ließ sich von einem im Kaffeehaus gehörten Cimbalom derart begeistern, daß er es im »Renard« (1917) übernahm und im »Ragtime für 11 Instrumente« (1918) zum klanglichen Mittelpunkt machte. Am bekanntesten ist wohl das patriotische Auftreten im »Háry János« (1926) von Zoltán Kodály.

2.22 *Über Tastenmechanik angeschlagene Saiten*

2.221 **Das Klavichord**

Der Name ist deutlich: Das darin enthaltene lateinische »claves« steht für Tasten, das griechische »chordé« heißt Saite; es geht also um ein mit Tasten gespieltes Saiteninstrument. Man könnte daraus folgern, ein solches Instrument sei der Idee entsprungen, ein Psalterium, ein Hackbrett oder dergleichen mit Tasten zu versehen. Hingegen regte ein viel primitiverer Vorfahr zu der Neuerung an: das **Monochord**.

Monochord hieß im alten Griechenland ein rechteckiger, länglicher Kasten, mit 2 festen Bünden auf den Schmalseiten und mit einer einzigen Saite (monos = allein, einzig) bespannt. Durch einen längs einer Skala beweglichen Steg ließ sich die Saite in geometrisch ablesbare Abschnitte unterteilen. Das Instrument diente somit zur Experimentation der Intervalle, wobei es für die auf diesem Gebiet grundlegenden Erkenntnisse des Pythagoras große Dienste leistete. Der Forschungsbereich, der Vergleich von Intervallen, die rechnerische Ausdrückbarkeit von Konsonanten, wurde im Mittelalter durch die Vermehrung der Saiten (auf 2–4) erleichtert und erheblich erweitert. Dabei hätte es dann Polychord heißen müssen, die Bezeichnung blieb aber unverändert.

Gehen wir vom Monochord aus und überlegen, daß bei den Saiteninstrumenten (Gitarre, Laute usw.) für jeden Ton zwei Vorgänge benötigt werden: das Abgrenzen der erwünschten Saitenlänge auf dem Griff (mit der linken Hand) und das Anregen der Schwingung durch Zupfen, mit oder ohne Plektrum (durch die rechte Hand). Beide Aktionen können auf sehr fruchtbare Art zusammengefaßt werden. Man denke sich dazu einen Hebel (Taste), der quer zur Saite so gelagert ist, daß der saitennahe Teil sich hochhebt, wenn das andere Tastenende niedergedrückt wird. Auf dem sich nach oben bewegenden Teil kann man ein metallenes, schmales Dreieck so mit der Spitze nach unten ins Holz stecken, daß die horizontale Oberkante quer zur Saite steht. Beim Anschlagen und Niederhalten der Taste geschieht

Taste und Tangente

dann zweierlei: Die *Tangente* (besagtes Dreieck, von lat. tangere = berühren) schlägt die Saite an und wirkt außerdem als Bund, d. h. als Begrenzung des schwingenden (längeren) Saitenabschnitts. Der kürzere Teil wird nämlich durch einen zwischen die Saiten geflochtenen Stoffstreifen gedämpft. Läßt man die Taste los, gelangen die Saitenauslenkungen an den Stoff und verschwinden sehr schnell. Also ist auch das Problem der Tondauer auf einfachste Art gelöst.

Dies ist nicht als Spielerei zu bewerten, denn die eindeutige Abhängigkeit der Tonhöhe von der Saitenlänge, die geometrische Abbildung der Intervalle, läßt höchste Intonationsgenauigkeit und reine Stimmung zu. Aus diesen Gründen ist ein solches Monochord für alle Genauigkeit erfordernden Studien und Übungen ein sehr wertvolles Rüstzeug. Deswegen wurde es auch zum Errechnen der Mensuren von Orgelpfeifen eingesetzt.

Denkt man sich nun mehrere Tasten nebeneinander eingebaut, jede mit eigener Tangente, können auf derselben Saite verschiedene Töne gespielt werden.

Soll die Tonfolge chromatisch werden, sind die Tasten inwendig, hinter dem Drehlager, so seitlich anzuknicken, daß jede Tangente gegenüber der vorangehenden (tieferen) die Saite um weitere 6 % (Halbton) kürzt. Die Tangenten befinden sich dann aus diesem Grunde, gegen die Höhe hin, immer näher beieinander, genau wie

die Bünde der Gitarre. (Die äußere Tastenbreite bleibt dabei konstant.)
Musikalisch kann man beim Monochord immer nur einfache Tonfolgen spielen, nur aufeinanderfolgende Einzeltöne.

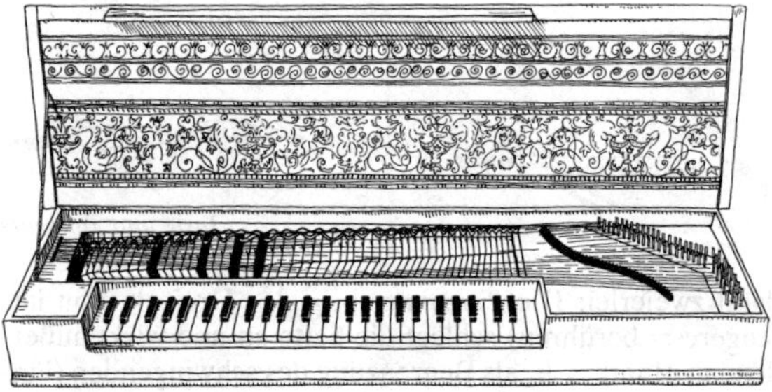

Klavichord

Dem wurde durch Vermehrung der Saiten abgeholfen, wodurch im 12. oder 13. Jh. das **Klavichord** entstand, wenn auch der älteste Beleg erst 1404 zu finden ist und die erste Abbildung 1440 erscheint. Die Tasten selber wurden erstmals durch Johannes Gallius Arthusianus (1415–1473) beschrieben.
Das Klavichord hat Rechteckform und ist 85–190 cm lang, 30–60 cm tief und 10–20 cm hoch. Die Klaviatur befindet sich auf der vorderen Längsseite, aus der Mitte ein wenig nach links versetzt, und die Saiten verlaufen parallel dazu. In sie ist links der dämpfende Stoffstreifen eingeflochten, rechts hingegen ruht ein Steg auf dem mit verziertem Schall-Loch (Rosette) versehenen Resonanzboden aus Fichten- oder Zypressenholz. Das Klavichord war das erste mit Tasten versehene Saiteninstrument. Zum Spielen wurde es auf einen Tisch gestellt.
Der Ton war sehr zart, da die leichte Tangente nur aus geringer Entfernung anschlug. Um ihn zu verstärken, waren die Saiten verdoppelt. Zu jedem Saitenpaar gehörten 2–4

Tasten. Das bedeutet also, daß nicht jede Tastenkombination gespielt werden konnte. Die einer Saite gemeinsamen Tasten waren aber so disponiert, daß sie harten, daher nicht gebrauchten Dissonanzen entsprachen (etwa Halbton). Die Einschränkung der Freiheit kommt im Namen zum Ausdruck: es war dies das bis zur Mitte des 18. Jh. noch gebrauchte **gebundene Klavichord**.
Erst steigende Ansprüche an das Tasteninstrument (Bach!) ließen das **freie** (oder **ungebundene**) **Klavichord** entstehen. Bei ihm ist jede Taste mit eigener Saitendoublette versehen, was die Polyphonie ermöglicht, um so mehr als – im Gegensatz zu den Zupfinstrumenten – beide Hände zur gleichzeitigen, direkten Tonerzeugung frei sind.
Der Tonumfang nahm ziemlich rasch zu. Praetorius berichtete noch von 3 Oktaven (F–fis^2), dann erfolgte eine Erweiterung vor allem nach oben (z. B. 1511: A–h^2), später nach unten bis C. Um 1700 sind 4 Oktaven vorhanden, zu Beginn des 19. Jh. sogar deren 5. Das freie, wie das Cembalo reich verzierte Klavichord konnte sich nämlich selbst dann noch behaupten, als das Cembalo schon (oder noch) recht beliebt war. Beide Instrumente fielen erst dem Hammerklavier zum Opfer.
Man darf nicht den Fehler begehen, das Klavichord als Vorstufe des Cembalos zu betrachten. Es sind zwei grundsätzlich verschiedene, wenn auch lange nebeneinander bestehende Instrumente: das eine gezupft, das andere angeschlagen. Aber der hauptsächlichste Unterschied zum Cembalo besteht aus zwei Vorzügen des Klavichords:
a) Die Lautstärke hängt ab von der Energie, mit der die Tangente an die Saite geschlagen wird; so ist es möglich, das Spiel dynamisch zu färben und mit Akzenten zu gestalten. Johann Sebastian Bach hat deshalb in gewissen Fällen das Klavichord dem Cembalo vorgezogen.
b) Beim schon angeschlagenen Ton ist der Kontakt zwischen Finger und Saite (über Taste und Tangente) nicht unterbrochen. Man kann dadurch weiterhin auf den Ton einwirken, vor allem durch seitliches Oszillieren des Fingers, wobei,

den Streichinstrumenten ähnlich, ein hier *Bebung* genanntes Vibrato entsteht.
Das Klavichord blieb ein Instrument für den intimen Gebrauch, für Musik in kleinsten Kreisen, selbst nachdem, wie durch Sebastian Virdung 1511 in »Musica getutscht« belegt, Metallsaiten eingeführt wurden, in der Tiefe nach 1600 sogar umsponnen. – Letzte Blüte der Klavichordliteratur waren die Sammlungen »für Kenner und Liebhaber« (1779–1787) von Carl Philipp Emanuel Bach.

2.222 **Das Hammerklavier**

Als sich die Konkurrenz zwischen Klavichord und Cembalo zuspitzte und sich zugunsten des letzteren zu entscheiden schien, nahm die Entwicklung einen anderen Verlauf: Der Wunsch, dem Cembalo vergleichbare Lautstärke zu erzielen und dabei die dem Klavichord eigene, direkte Kontrolle der Anschlagsnuancen beizubehalten, führte zu einer bahnbrechenden Erfindung. Es war der Florentiner Bartolomeo Cristofori (1655–1732), dem es gelang, grobe frühere Ansätze mit einem Schlag zu einer Mechanik zu entwickeln, die in nuce schon die wesentlichen Elemente des modernen Flügels enthielt: Es entstand das **Gravicembalo col piano e forte**, auch **Arpicembalo** genannt (1709). Ausschlaggebend in einer dem Cembalo ähnlichen Konstruktion (Klaviatur an der Schmalseite des Flügels, Saiten zu ihr senkrecht) war der Ersatz des Springers durch einen mit Leder überzogenen Hammer. Der gegen die Saite geschleuderte Hammer übermittelt ihr mehr Energie als der Federkiel des Cembalos oder die Klavichordtangente. Das prinzipielle und wesentlichste Problem des Anschlags mittels eines Hammers besteht darin, daß dieser sich nach dem Anschlag wieder abheben muß, um nicht die freie Saitenschwingung zu verhindern. Und darin nun bestand der wichtigste Teil der Erfindung Cristoforis: in der genialen, in ihrer Einfachheit nie mehr übertroffenen Einrichtung zur optimalen Übertragung der Tastenbewegung auf den Hammer.

Die erste Konstruktion von Cristofori läßt sich folgendermaßen beschreiben: Die Hämmer sind alle an einer parallel zur Klaviatur verlaufenden Leiste (*Hammerstuhl*) drehbar gelagert, die Tastenbewegung wird durch eine *Stoßzunge*

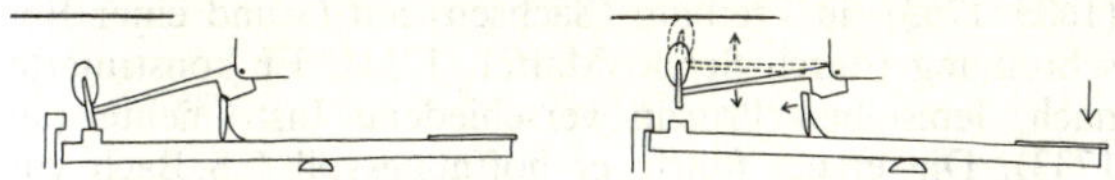

Cristofori-Mechanik

vermittelt, d. h. durch ein auf dem inneren Tastenteil so gelagertes Stäbchen, daß es den Hammer nahe an seinem Drehpunkt angreift und nach oben schleudert. Die Berührungsstelle am Hammer ist derart gestaltet, daß nach erfolgter Übertragung des Schwungs an den Hammer die Stoßzunge abgleitet und den nicht mehr gestützten Hammer frei auf einen *Fänger* fallen läßt (eine Bewegung, die durch den elastischen Rückprall nach dem Anschlag unterstützt wird). Die Stoßzunge ist demnach gleichzeitig *Auslöser* (wie man generell die den Hammer nach dem Anschlag freigebenden Bauteile nennt). Durch eine kleine Feder wird die Stoßzunge bei losgelassener Taste in die startbereite Ausgangslage zurückgebracht. – In späteren Modellen erfolgt die Aktion der Stoßzunge nicht mehr direkt auf den Hammerstiel, sondern wird über einen dazwischengeschalteten Zusatzhebel (*Treiber*) übermittelt, wodurch eine zusätzliche, verstärkende Hebelwirkung entsteht, was aber am Prinzip nichts ändert.

Wir werden der Erfindung von Cristofori bei ihrer Weiterentwicklung zur modernen (englischen) Mechanik wiederbegegnen. Seinem Gravicembalo allerdings war vorerst kein großer Erfolg beschieden, weil es gegenüber dem Kielflügel als zu kompliziert empfunden wurde und weil im damaligen Florenz das Bedürfnis nach einem Cembaloersatz fehlte. Immerhin ließ sein Brotherr Großherzog Cosimo III., Vater des 1713 verstorbenen Gönners Ferdinando de' Medici,

Cristofori wie einen Adligen in der Kirche S. Jacopo tra' Fossi beisetzen, nicht auf dem gewöhnlichen Sterblichen zugewiesenen Friedhof.
Aufgenommen wurde Cristoforis Idee indessen vom berühmtesten Orgelbauer der Familie Silbermann, Gottfried (1683–1753), in Freiberg (Sachsen) auf Grund einer Beschreibung (durch Scipio Maffei, 1711). Er konstruierte nach demselben Prinzip verschiedene Instrumente (ab 1733). Die ersten führte er hoffnungsvoll J. S. Bach vor (1736), erntete aber nicht die erhoffte Begeisterung. Bach bemängelte die schwere Spielart gegenüber dem fast keine Kraft benötigenden Cembalo und den tonschwachen Diskant. Später (1747) sprach er jedoch »völlige Gutheißung« für eine verbesserte Variante aus, die er bei Friedrich d. Gr., bei dem sich ganze 15 Silbermann-Instrumente befanden, ausprobieren konnte. Andererseits enthielt das von Bach hinterlassene umfangreiche Intrumenten-Inventarium kein Hammerklavier! Silbermann hatte inzwischen seine Werkstatt zur Fabrik erweitert, so rasch waren seine Instrumente beliebt und begehrt geworden.

2.223 **Das Getriebe**

2.2231 Die Deutsche bzw. Wiener Mechanik

Eine Erfindung kommt selten allein. Ist einmal das hindernde Tor eines Vorurteils durchbrochen, werden gleichzeitig oder in kurzer Aufeinanderfolge verschiedene Durchblicke in die vorher verschlossene Zukunft frei. Daher entstehen auch immer wieder Streitigkeiten über die Zuteilung des Verdienstes von Erfindungen, welche fast gleichzeitig dann entstehen, wenn die Zeit dazu reif ist. Man kann es auch anders sagen: Ein bestehender Anspruch, ein Bedürfnis fordert zur Tat heraus. Es ist also nicht weiter erstaunlich, daß andere Lösungen zur Hammerbetätigung ausgedacht wurden.
Die brauchbarste Variante gegenüber Cristofori ist die *Prellmechanik*. Ihre Grundform geht auf Johann Andreas Silbermann (1712 bis 1783), Neffe Gottfrieds, zurück. Die Einrichtung ist von bemerkenswerter Einfachheit, daher auch von hoher Zuverlässig-

keit. Der Hammer ist auf der Taste montiert. Dazu trägt ihr rückseitiges Ende eine Gabel (aus Holz, später auch Metall), in welcher der Hammerstiel drehbar gelagert ist, wobei der Hammerkopf dem Spieler zugewendet ist – entgegengesetzt zu Cristoforis Anordnung. Der Hammerstiel ragt auf der Rückseite etwas über den Drehpunkt in der Gabel hinaus, und dieser *Schnabel* greift unter die feste, allen Tasten gemeinsame *Prell-Leiste*. Wesentlich ist nun folgende Justierung: Der Tastengang ist so bemessen, das bei langsamem Niederdrücken der Taste der durch die Gabel hochgehobene Hammer der Saite nahekommt, sie aber nicht berührt. Beim normalen Anschlag der Taste wird dann der Hammer zur Saite hinaufgeschleudert, wobei sich der Schnabel von der Prell-Leiste abhebt, so daß der Hammer durch Gewicht und elastisches Zurückprallen in die Ausgangslage zurückfällt. Wie bei der Lösung mit Stoßzunge (Cristofori und G. Silbermann) wird so der Weg des Hammerkopfs größer als der Tastentiefgang. Dadurch kann dem Hammer erhebliche kinetische Energie während seines Wegs zur Saite hin erteilt werden. Ein weiterer Vorteil dieser Vorrichtung besteht aus der geringen erforderlichen Bauhöhe, so daß Instrumente entstehen konnten, die an Gewicht und Größe dem Klavichord vergleichbar blieben und **Tafelklaviere** genannt wurden.

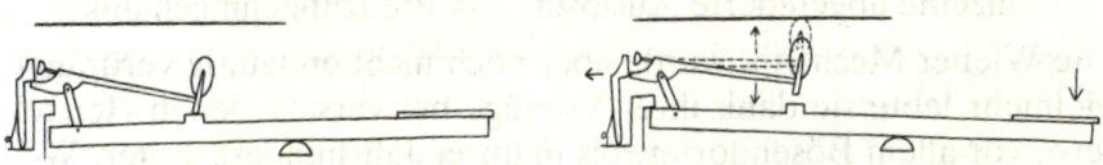

Prellzungenmechanik

Die wesentliche und praktisch endgültige Verbesserung der Prellmechanik erfolgte durch einen Silbermann-Schüler, Johann Andreas Stein (1728–1792) in Augsburg. Er ersetzte die starre hintere, aus einem Stück bestehende Prell-Leiste durch einzelne, d. h. für jede Taste getrennte, im Querschnitt ähnlich geformte, aber nach hinten bewegliche Segmente, *Prellzungen*, *Auslösepuppen* oder einfach *Auslöser* genannt. Wieder einmal ein Sieg der einfachen, guten Idee! Dadurch wurde es auch beim normalen Spielen möglich, durch die Gabel den Hammerkopf bis zur Saite zu begleiten (also ohne Losschleudern), denn in dem Moment, in welchem der Hammerkopf die Saite berührt, wirkt, da die Bewegung der Taste (also auch der Gabel) noch andauert, der durch die Saite gehemmte Hammerkopf als Drehpunkt, so daß der Hammerschnabel die federnd gelagerte Prellzunge wegdrängt. Der Hammer fällt also frei auf den Fänger zurück. Bei losgelassener Taste rastet der Hammerschnabel wieder unter die Auslösepuppe ein.

Diese *Prellzungenmechanik* erfreute sich größter Beliebtheit wegen ihrer Zuverlässigkeit und wegen des leichtes und perlendes Spiel ermöglichenden Anschlags. Sie wurde *Deutsche Mechanik* genannt, bis Steins Tochter Nannette, 1794 mit dem Klavierbauer Johann Andreas Streicher (1761–1833) verheiratet, die väterliche Fabrik nach Wien umsiedelte und dieselbe Mechanik somit zur *Wiener Mechanik* machte. (Nannette Stein war übrigens ein Wunderkind gewesen; sogar Mozart hatte ihr Klavierspiel gelobt.) Diese Mechanik entsprach den Idealen und den Erwartungen der dortigen Pianisten wie Mozart, Haydn, Hummel und Czerny, welche die gefällige Spielart, den zarten, hellen und klaren Klang schätzten. Durch Streicher war die Erfindung des Schwiegervaters erst richtig berühmt geworden. Allerdings hielt sie den späteren Forderungen von energiegeladenem und auch romantischem Klangideal auf die Dauer nicht stand (Beethoven!), und dieselbe Firma mußte auch die Herstellung der englischen Stoßzungenmechanik aufnehmen.

Nochmals zur Unterscheidung:

feste, durchgehende Prell-Leiste = Prellmechanik;
einzelne abgefederte Auslöser = Prellzungenmechanik.

Die Wiener Mechanik wurde aber noch nicht endgültig verdrängt; vielmehr lebte sie dank ihrer Vorzüge bei verschiedenen Herstellern, vor allem Bösendorfer, bis in unser Jahrhundert weiter. Weil die genaue Übertragung vom Finger auf die Saite so direkt und einfach ist und nicht der äußerst komplizierten statischen und dynamischen Verkettungen des aus sehr viel mehr Teilen bestehenden englischen Getriebes bedarf und weil sich der Hammer bis zum Anschlag nicht loslöst, wird der viel engere und unmittelbarere Kontakt zwischen Spieler und Saite sehr deutlich empfunden und (nostalgisch) geschätzt. Zugegebenermaßen ist rasche Tonrepetition schwieriger, weil jedesmal die Taste ganz hochkommen muß, bis zur Ruhestellung, bevor der Schnabel wieder unter die Prellzunge gleiten kann, aber dies war ja bei der Konkurrenz lange Zeit ebenfalls erforderlich. Der Mangel ist durch gut artikuliertes Fingerspiel auszugleichen, ein Tribut, den berühmte Pianisten um die Jahrhundertwende und zu Beginn des 20. Jh. noch in Kauf nahmen. Heute ist die Wiener Mechanik leider aus dem Handel verschwunden.

2.2232 Die Englische Mechanik

Von Mitteldeutschland aus gelangten bedeutende Klavierbauer nicht nur nach Wien, sondern auch nach Frankreich und nach England, wo sie besonders günstige Bedingungen zur Weiterentwicklung vorfanden. Unter diesen Emigranten befand sich ein anderer Mitarbeiter und Schüler Silbermanns, Johann Christian Zumpe (1735–1800), der, durch den 7jährigen Krieg verjagt, nach London zog, wo er in die durch den Schweizer Burkhardt Tschudy oder Tschudi (1702–1773), auch Burka(r)t Shudi genannt, gegründete Klavierfabrik aufgenommen wurde. Dort vereinfachte er die Stoßzungenmechanik sehr stark, vor allem um sie dem geringen Platz in den beliebten Tafelklavieren anzupassen. Er führte einen fest auf der Taste befestigten Stößer aus Messingdraht ein, der mit einem Lederkopf direkt den Hammerstiel (wiederum in der Nähe des Drehpunktes) antrieb. Die Hämmer waren dazu wieder in einem Hammerstuhl gelagert. Der Stößer war etwas zu kurz gehalten, damit der losgeschleuderte Hammer von der Saite, die Schwingung freilassend, zurückfallen konnte. Es war dies die erfolgreiche *Stoßmechanik*, in Wirkung und Einfachheit der ursprünglichen Prellmechanik ziemlich ähnlich. Im Jahre 1767 wurde das englische Hammerklavier zum ersten Mal vorgeführt, aber vorerst zur Gesangsbegleitung; als eigenständiges Instrument hob es 1768 Johann Christian Bach in London aus der Taufe.

Dabei standen drei wesentliche Umformungen noch nicht zur Verfügung. Die eine wurde 1772 durch Americus Bakkers entwickelt und 1777 von R. Stodart in der inzwischen von Tschudy dem Schwiegersohn John Broadwood (1732 bis 1812) weitergegebenen Fabrik verbessert. Sie bestand darin, die festen Stößer durch drehbare, nach dem Anschlag ausweichende *Stoßzungen* (ähnlich denen Cristoforis) zu ersetzen, um selbst bei größerem Kraftaufwand die Spielgenauigkeit zu steigern: Bei der einfachen Stoßmechanik konnte bei zu kräftigem Spiel der Hammer mehrmals zwischen Saite und Stößer hin- und hergeworfen werden. Mit dieser *Englischen* oder *Stoßzungenmechanik* entstand ein Instrument zur wuchtigen Tonerzeugung, dessen schwere Bauart dickere und gespanntere Saiten in 3chörigem Bezug ermöglichte, aber trotzdem alle Voraussetzungen für ausdrucksvolles Spiel und für orchestral differenzierte Wirkungen erfüllte. Beethoven, der Schrecken aller Klavierbauer, bevorzugte diese englischen Instrumente; er wandte sich 1818 vom Wiener Flügel ab, aber selbst die Flügel von Broadwood hielten ihm nicht immer stand!

Auch hier zur Erinnerung:

Stößer starr	=	Stoßmechanik;
wegfedernde Stoßzunge	=	Stoßzungenmechanik.

Die zweite sich aufdrängende Verbesserung bezog sich auf die Auslösung. Das Herausgleiten der Stoßzunge, wenn auch nach Backers besser regulierbar, war doch etwas ungenau und mußte immer wieder nachjustiert werden. Mit einem Schlag verschwand dieser Nachteil endgültig durch die Petzkofsche *Winkelzunge* (um 1810). In der beigefügten Zeichnung wurde diese neue Stoßzunge der Deutlichkeit wegen geschwärzt. Ihre Funktion ist sofort einzusehen: Der aufrecht stehende Teil entspricht der früheren Stoßzunge; er stößt den Hammer, wie gewollt, nach oben, indem er auf eine am Stiel befestigte *Hammerrolle* aus Filz wirkt. Dann aber, bevor der Hammer ganz zur Saite gelangt ist, trifft der kürzere Horizontalteil der Winkelzunge, die *Auslösenase*, auf einen regulierbaren Schraubenkopf, die *Auslösepuppe*. Die Winkelzunge dreht ab und verläßt den Kontakt mit dem Hammer. Dieser wird also in dieser Mechanik wiederum gegen die Saiten geschleudert und trifft sie, nachdem er jede Verbindung mit der Taste und ihren Mechanismen (*Getriebe*) verloren hat.

Bei korrekt eingestellter Mechanik spürt man beim langsamen Niederdrücken der Taste einen Druckpunkt, eine Stelle mit etwas größerem Bewegungswiderstand. Wenn man von dort aus energisch weiter stößt, muß der Hammer die Saite gerade so genau berühren, daß sie ganz leise anspricht.

Wird so der Hammer von der gesamten Mechanik weggeschleudert, scheinen alle psychologischen und physiologischen Anschlagtheorien sinnlos zu sein. Vom rein physikalischen Standpunkt aus könnte man das meinen, denn der

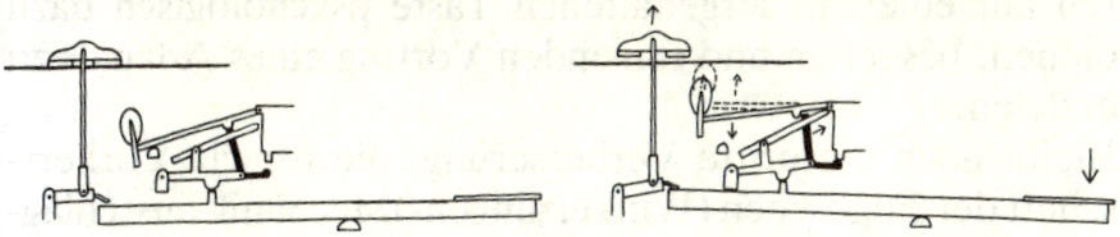

Stoßzungenmechanik mit Winkelzunge

einzige Parameter, über den man (bei noch so gepflegtem Anschlag) verfügt, bleibt die Geschwindigkeit, mit welcher der Hammer auf die Saite schlägt; das ist genau derselbe Effekt, wie wenn man ein Gewicht aus verschiedenen Höhen auf die Taste fallen ließe. Die Realität weicht jedoch ziemlich von solchen Laboratoriumsversuchen ab. Vor allem darf man nicht vergessen, daß beim Anschlagen eines Tones das andere Ende der Taste einen Dämpfer abhebt, der beim Verlassen der Taste auf die Saite zurückfällt. Und so kann schon die Verbindung allein zweier Noten sehr viel nuancierte Gestalten annehmen, je nach den Unterschieden in der zeitlichen Folge von Dämpfung des ersten und Anschlagen des zweiten Tons, und dies sogar ungeachtet der möglichen Lautstärkeunterschiede. Denkt man dann an die vielen rasch aufeinanderfolgenden oder zusammenklingenden, vom Komponisten verlangten Noten, sieht man ein, daß bei weitem nicht nur die rein turnerische Fingerfertigkeit maßgebend ist, sondern vor allem eine äußerst perfekte Beherrschung aller Bewegungsvorgänge, damit die Ausführung den eigenen Interpretationsvorstellungen gerecht wird. Der Pianist muß also die Kontrolle der Hammergeschwindigkeiten und ihrer genauen zeitlichen Folge stets sorgfältig ausüben, und das ist keine leichte Aufgabe. Warum soll er sich dabei nicht durch laboratoriumsfremde Einbildungen helfen dürfen? Zur Erzielung klanglich guter

Resultate dient oft die Vorstellung vermeintlicher anatomischer und physiologischer Abläufe besser als die genaue Kenntnis der wirklichen Vorgänge. So kann sogar das im klanglichen Effekt unwirksame, aber oft zu sehende Vibrieren auf einer niedergehaltenen Taste psychologisch dazu dienen, beseelten und singenden Vortrag eines Adagios zu erzielen.

Bleibt noch die dritte Verbesserung, die für die Vorherrschaft der Englischen (Winkelzungen-)Mechanik ausschlaggebend wurde. Von England war der Klavierbau nicht nur nach Deutschland, sondern auch nach Frankreich zurückgekehrt, wo er sehr intensiv gepflegt wurde. Dort machte sich der Elsässer Sebastian Erhard (1752–1831) besonders verdient. Er war 1768 nach Paris gegangen, wo er seinen Namen ins französischer klingende Sébastien Érard umwandelte. Im Jahre 1777 stellte er das erste Klavier in Frankreich her, und 1823 ließ er seine große, zwei Jahre zuvor erdachte Erfindung patentieren: die *doppelte Auslösung* oder *Repetitionsmechanik*. Schon Cristofori hatte einen Halter eingeführt, um den Hammer nach dem Anschlag aufzufangen. Érard machte daraus einen *Auffänger* (an jeder Taste), mit dem Zweck, den Hammer bei niedergehaltener Taste nicht ganz zurückfallen zu lassen, sondern auf halber Höhe zu halten. Außerdem richtete Érard die Stoßzunge so ein, daß sie schon in dieser Mittelstellung des Hammers, bei geringem Hochheben der Taste (somit weit vor der Ruhestellung von Taste und Hammer), unter die Hammerrolle kommt und einen erneuten Anschlag ermöglicht. Also: für rasch wiederholten Anschlag ist es nicht mehr nötig, den ganzen Hoch- und Tiefgang der Taste zu durchlaufen, da selbst bei leichtem Hochheben die Stoßzunge durch eine Feder unter den sich schon auf halber Höhe befindenden Hammer gedreht wird. (Alle anderen zahlreichen Mechanikteile, Hebelchen, Federn, nehmen ebenfalls erneut Spielstellung ein.)

Die Schnelligkeit der Tonwiederholung wird also nicht durch die längere Zeit bestimmt, die der Hammer braucht, um ganz herunterzufallen, und die der Taste eingeräumt werden muß, um ganz zurückzukehren. Außerdem wird bei kürzerem Tastengang auch die raschere Bewegung der Finger erleichtert (schon wegen der Trägheit). Es sind also zwei Auslösungen möglich: die normale, bei gänzlichem Loslassen der Taste (wie in der früheren Englischen Mechanik allein vorhanden) und diejenige auf halber Höhe. Deswegen spricht man von doppelter Auslösung (*double échappement*). Diese entscheidende Erfindung eröffnete dem Klavierspiel die Tore höchster Virtuosität und Brillanz; sie ermöglichte es Liszt, Bülow und Tausig, Europa im Rausch ihrer Klänge zu erobern, aber sie kam auch der subtilen Verzierungstechnik eines Chopin entgegen. – Überhaupt ist Érard der eigentliche Schöpfer des modernen Flügels, des Instruments, das sich durch die neue Mechanik, die dickeren Hämmer und die stärkeren Saiten ganz deutlich vom Klavichord absetzte.

2.224 **Geschichtlicher Überblick**

1709 Bartolomeo Cristofori erfindet das Gravicembalo col piano e forte.

1720 Cristofori bringt den Umfang auf 4 Oktaven ($C–c^3$).

1721 Erste Instrumente von Silbermann.

1728 Burkhardt Tschudy gründet die später nach dem Schwiegersohn John Broadwood benannte Firma in London.

1732 Lodovico Giustini (Pistoia) schreibt 12 Sonaten für »Cimbalo di piano e forte volgarmente detto di martelletti« (it. martelletto = Hämmerchen).

1747 Johann Sebastian Bach rühmt, ja bewundert den verbesserten Gottfried-Silbermann-Flügel.

1760 Johann Andreas Silbermanns Prellmechanik (Grundlage der späteren Wiener Mechanik).

1768 Johann Christian Bach spielt öffentlich das neue Klavier.

1773 Ältester Johann-Andreas-Stein-Flügel mit Deutscher Prellmechanik. 5 Oktaven ($_1F–f^3$).
Die ersten eigentlichen Klaviersonaten erscheinen: Muzio Clementi op. 2.

1774 John Joseph Merlin erfindet in England nochmals die Verschiebung (= heutiges linkes Pedal); Cristofori hatte sie schon 1725 vorgesehen. (Vgl. 2.225.)

1777 Robert Stodart (Firma Broadwood) erhält das Patent für die Englische Stoßzungenmechanik.
Mozart geht zum Hammerklavier über (5 Oktaven).

1780 Sébastien Érard gründet mit dem Bruder Jean-Baptiste eine Klavierfabrik in Paris.

1783 Broadwood ersetzt Kniehebel durch (rechtes) Pedal und läßt es patentieren (Aufhebung aller Dämpfer; die Kniehebel waren noch für die beiden Klaviaturhälften unterteilt, das Pedal nicht mehr).

1788 Broadwood unterteilt den Steg für Baß und Diskant.

1789 Auch Stein ersetzt Kniehebel durch Pedal.

1794 Broadwood erweitert (für J. L. Dussek) den Umfang auf 6 Oktaven ($_1$C–c^4) und läßt ein Pedal patentieren zum Einschieben von Filz- oder Lederstreifen zwischen Hämmern und Saiten. Die Idee stammt aus dem Jahre 1783.

1796 Beethoven erhält vom befreundeten Johann Andreas Streicher (Wien) einen seiner Flügel.
Érard baut den ersten großen Konzertflügel (im heutigen Sinn).

1799 Mit op. 14 schreibt Beethoven seine ersten zweifellos dem Klavier zugeteilten Sonaten (Umfang in Wien noch $_1$F–f^3 = 5 Oktaven).

1800 Muzio Clementi gründet Klavierfabrik in London.
Das Klavier erhält eigene Beine statt separatem Gestell.

1801 Stodart in London und Matthias Müller in Wien erweitern den Umfang auf $_1$F–f^4, was sich als Normalumfang immer mehr durchsetzt.
Érard schenkt Haydn eines seiner modernen Instrumente.
Beethovens »Mondschein-Sonate« geht von $_1$F bis e^3 (noch 5 Oktaven).

1803 Karl Lichnowsky schenkt Beethoven einen Érard-Flügel.

1804 Beethovens »Waldstein-Sonate« geht bis as^3 (Baß noch nicht unter $_1$F).

1807 Ignaz Joseph Pleyel eröffnet eine Werkstatt in Paris.

1808 Die gestiegene Saitenspannung veranlaßt Broadwood dazu, metallene Streben einzubauen und im Diskant, wo die Spannung am größten, Metallklammern einzusetzen.

1810 Beethoven erklärt seinen Érard-Flügel als nicht mehr brauchbar und bittet Streicher um Ersatz.
Erfindung der Petzkofschen Winkelstoßzunge.

1811 Johann Heinrich Pape aus Hannover wird Pleyels Mitarbeiter in Paris.

1816 Beethoven bringt Streicher dazu, das Klavier auf 6 Oktaven zu erweitern.

1817 Beethoven erbittet von Streicher ein »lauteres« Klavier.

1818 Thomas Broadwood schenkt Beethoven ein Klavier; dieser zieht es allen anderen vor. Umfang: ${}_1C$–c^4.

1821 Beethoven: Sonate op. 111 (Nr. 32) bis c^4 (Baß geht bis ${}_1C$).

1823 Érard läßt sich die 1812 erdachte doppelte Auslösung patentieren und stellt sie in der Pariser Weltausstellung zum ersten Mal vor.

1824 Der Pianist Friedrich Kalkbrenner wird Teilhaber der Firma Pleyel.
Liszt spielt in Paris einen Érard-Flügel mit 7 Oktaven Umfang (${}_2A$–a^4 = zum ersten Mal 85 Töne).

1826 Der als Jean-Henri 1815 unabhängig gewordene Pape ersetzt den Lederbezug der Hämmer durch Filz.

1827 Broadwood patentiert Eisenspreizen des Rahmens.
Alpheus Babcock (Boston) führt in USA den gußeisernen Rahmen für Tafelklaviere ein.

1828 Ignaz Bösendorfer gründet seine Firma in Wien.

1830 Pleyel führt Sperrholz-Resonanzboden ein.
Chopin gibt sein erstes Konzert in Paris (Salon Pleyel).
J.-H. Pape kreuzt die Saiten, was 2 Stege bedingt.

1831 Der Engländer William Allen konstruiert den ersten Ganzmetallrahmen, inklusive Saitenhalter.

1836 Heinrich Engelhard Steinweg beginnt in Seesen (Harz) Klaviere zu bauen.
Pape (Paris) erweitert den Umfang auf ${}_1C$–f^4.

1839 Pape geht über zu ${}_1C$–a^4.

1840 Henri Herz, Virtuose und Klavierbauer, vereinfacht die Englische Mechanik zur heutigen Form (Paris).

1843 A. Bord (Paris) erfindet den metallenen Sattel, Capotasto oder Kapodastro genannt und von Steinway (USA) später als »Capo d'Astro« übernommen.

1847 Joseph Gaveau gründet seine Firma in Paris.
Broadwoods »Iron grand pianoforte« noch mit Querspreizen im Rahmen.

1850 Der Filzhammer setzt sich allgemein durch.
1853 Julius Blüthner beginnt Klavierfabrikation in Leipzig.
Friedrich Wilhelm Carl Bechstein gründet Fabrik in Berlin (baut amerikanischen Gußeisenrahmen nach, kreuzsaitig, Englische Mechanik).
Heinrich Engelhard Steinweg wandert mit 4 Söhnen nach Amerika aus, wo sein 483. Klavier unter der Firma Steinway & Sons herauskommt.
1855 Erster Metallrahmen Steinways wird Vorbild.
Carl Friedrich Theodor Steinweg, ältester, in Deutschland gebliebener Sohn Heinrich Engelhards, gründet eine Fabrik in Wolfenbüttel. Ab 1858 in Braunschweig mit Friedrich Grotrian.
1858 Érard schenkt Richard Wagner einen seiner Flügel.
1859 Friedrich August Förster gründet Fabrik in Löbau (Sachsen).
Henry Engelhard Steinway jun. erfindet die Saitenkreuzung mit Eisenrahmen (quer über die Diskantsaiten geführte Baßsaiten).
1862 Claude Montal (Frankreich) erfindet das Tonhaltepedal (»Pédale de prolongement«), durch Liszt sogleich in neuen Kompositionen verwendet. Steinway erwirbt 1874 das Exklusivrecht dazu. Erst in neuerer Zeit, nach Auslaufen des Patents, von anderen Herstellern immer häufiger eingebaut (etwa 2. Hälfte des 20. Jh.).
1866 Förster baut einen durchgehenden Panzerrahmen, der den ganzen Stimmstock deckt und mit Hartholz ausgedübelte Wirbellöcher enthält.
1872 Steinway läßt den Ganzmetallrahmen »Cupola Iron Frame« und seine »Duplex-Stimmung« (Resonanzen ohne zusätzliche Saiten) patentieren.
1873 Blüthner führt (resonierende) »Aliquotsaiten« ein.
1876 Steinway läßt den neuen, heute noch hergestellten »Cupola«-Rahmen patentieren.
1880 Niederlassung von Steinway in Hamburg gegründet.
Broadwood stellt ersten spreizenlosen Ganzstahlrahmen her.
Um diese Zeit: von den USA aus zunehmend Ergänzung der obersten Oktave bis c^5.
1885 Wilhelm Schimmel beginnt Fabrikation in Leipzig.
1887 Torakusu Yamaha gründet Klavierfabrik in Japan.
1900 Bösendorfer baut die Wiener Mechanik in verstärkter Ausführung aus.

1900 Im Flügel 88 Tasten $_2A - c^5$ allgemein üblich (Debussy!).
1903 Steinway & Sons geben Flügel Nr. 100000 an das »Weiße Haus« in Washington.
1950 Erster Konzertflügel von Yamaha.

In der umrissenen Zeitspanne etablieren sich berühmt gewordene Klavierfabriken, jede mit etwas abweichenden Bauarten und charakteristischem Klang. Unter den heute bekanntesten befinden sich in Deutschland und Österreich: Bösendorfer (Wien, 1828), Bechstein (Berlin, 1853), Blüthner (Leipzig, 1853), Förster (Löbau, 1859), Grotrian-Steinweg (Braunschweig, 1885), Steinway (Hamburg, 1880) und Schimmel (Leipzig, 1885, 1931 Neugründung in Braunschweig). Blüthner und Förster wurden auch durch eigenwillige Sonderkonstruktionen bekannt: Blüthner stellte den berühmt gewordenen Aliquotenflügel her (s. 2.225). Förster ging ebenfalls eigene Wege, wie z. B. mit dem Bau von Vierteltonflügeln.
Trotz ihrer Pionierleistungen erfreuten sich die französischen Firmen keines bis heute dauernden Erfolges, weder Érard (1780) noch Pleyel (1807) noch Gaveau (1847). Diese drei Pariser Markennamen sind zwar nicht aus dem Handel verschwunden, aber die Instrumente werden seit 1974 von Schimmel gebaut. Italien ist zurückgeblieben, weil dort in der Blütezeit der Klaviermusik, im 19. Jh., die Instrumentalmusik eine bedeutend geringere Attraktion ausübte als die Oper. Wenn auch nicht zu internationaler Bedeutung angestiegen, befriedigen heute einige Firmen (vor allem aus dem italienischen Tirol) den nationalen Bedarf. Große Tradition vertritt die 1864 gegründete Firma Petrof (Hradec-Králové / Königgrätz) in der Tschechoslowakei. Heute können die historischen Marken nur durch absolute Spitzenqualität dem Angebot erheblich billigerer Instrumente aus dem Fernen Osten standhalten (Korea und vor allem Japan mit Kawai und Yamaha).
Mozart schätzte die leichte Spielart seines (Wiener) Stein-Flügels mit geringem Tastengang so sehr, daß er ihn für sein öffentliches Auftreten benützte. Der Klang distanzierte sich kaum von demjenigen des Cembalos, und tatsächlich könnten mehrere Klaviersonaten von Mozart für das Cembalo geschrieben sein. Andererseits gelingt die ein Tasteninstrument einschließende Kammermusik Mozarts mit dem historischen Hammerklavier (italienisch »fortepiano« genannt) viel überzeugender als mit dem Cembalo oder gar mit dem modernen Flügel, dessen dazu viel zu dicker Ton weniger gut mit demjenigen der anderen Instrumente verschmilzt. Auch Haydn spielte Klaviere mit Wiener Mechanik, deren Zartheit seinem

Klangideal am besten entsprach. Der robuste Klang englischer Klaviere hingegen gehorchte dem feurigen Temperament und der orchestralen Vorstellung Beethovens besser: er äußerte sich mit Begeisterung über seinen Broadwood-Flügel. Zwar stammt die erste, eindeutig dem Hammerklavier zugeordnete Literatur von Muzio Clementi (Sonaten op. 2 aus dem Jahre 1770, in London 1773 erschienen), aber erst Beethoven erforschte und erschloß bahnbrechend die klangliche und gestalterische Tragweite des neuen Instruments, dem er den Siegeszug in die Romantik anbahnte.
Die Großzeit des Klaviers war die Romantik mit ihrem enormen, alle Register umfassenden Ausdrucks- und Empfindungsanspruch, von der schwärmerischen Melodie bis zu rauschenden Virtuositätsdemonstrationen, vom gehauchten Pianissimo bis zum orchestralen Ausbruch. Solche Klangvorstellungen erforderten immer schwerere Konstruktionen und die Abwendung vom früheren zarten und hellen Klang zugunsten dunklerer, grundtöniger Farben. Zu dieser Transformation gehörte auch der endgültige Ersatz der kleinen wildlederüberzogenen Holzhämmer durch dicke Filzköpfe.
Liszt schätzte die Érard-Instrumente, Chopin spielte sowohl Érard als auch Pleyel und Broadwood. Später gingen die Pianisten immer mehr zu Steinway über, nicht ganz verständlicherweise andere, sehr klangschöne Marken (Bechstein und Bösendorfer z. B.) vernachlässigend. Ein Grund könnte darin bestehen, daß in Amerika Steinway & Sons fast ungestört weiterproduzieren konnten, während in Europa nach dem 2. Weltkrieg Fabriken neu aufzubauen waren und Jahre vergehen mußten, bis sie wieder über ausreichend lange gelagertes Holz (Resonanzböden!) verfügen konnten. Dann begann der mühsame und undankbare Weg, das Vertrauen zurückzugewinnen.
Als Orchesterinstrument wurde das in sich so vollständige und selbstherrliche Klavier nur sehr spät aufgenommen. Zu den berühmtesten Verwendungen in diesem Sinn gehört seine bei einigen Bildern zentrale Stellung in Strawinskys »Petruschka«.

2.225 **Der moderne Flügel**

Das gesamte Spielwerk, mit Tasten und Mechanik, ist auf einem Rahmen montiert, den man wie eine Schublade nach vorn herausziehen kann. Es werden dann alle Schrauben, Federn, Lager, Hämmer zur Einregulierung und Justierung zugänglich, die Dämpfer ausgenommen. Die gesamte Mechanik besteht aus etwa 1000 Teilen und umfaßt an die 670 Stellschrauben. Sehr viel Geduld erfordert die Regulierung zum Erreichen desselben Anschlags auf der ganzen Tastatur und zur Homogenisierung der Klangqualität über den gesamten Tonbereich. Diesen komplexen Vorgang des Ausgleichs nennt man *Intonation.*

Alle Tasten verfügen über dieselbe Mechanik, nur werden die gerade ausgerichteten Hämmer zur Tiefe hin immer größer. Ein Vorteil gegenüber dem Klavichord besteht darin, daß die Hebelarme aller Tasten gleich lang sind und nicht wie dort von der verschiedenen Distanz anzuspielender Saiten abhängen. Die Steighöhe der Hämmer beträgt etwa 5 cm.

Die Tasten wurden erst im 19. Jh. einheitlich unten weiß, oben schwarz. Sie wippen über einem Waagebalken, durch einen darin steckenden Stift, den *Waagebalkenstift*, geführt und gehalten. Ein weiterer, in die Taste hineinreichender Stift am vorderen Ende, der *Tastenführungsstift*, hält sie seitlich fest. Der Tiefgang ist relativ gering, etwa 1 cm. Das etwa 50 g betragende Spielgewicht (kleinstes Gewicht zum Niederdrücken der Taste), der Gegendruck (beim Hochgehen der Taste) von 20 g und die Balance (Schwerpunktslage) werden durch ins Holz eingelassenes Blei eingestellt. Im Innern jeder Taste ist die durch Drehung in der Höhe regelbare *Pilote* befestigt. Sie stellt die Verbindung zur restlichen Mechanik her, indem sie beim Spielen das Hebeglied heraufdrückt, an dessen Ende die Winkelstoßzunge sitzt. Außerdem greift das Ende jeder Taste unter einen Stößer, der den Dämpfer des zu ihr gehörenden Chors abhebt. Der Dämpfer besteht aus Holz mit befilzter Unterseite. Bei den einfachen (tiefsten) Saiten ist der Filz entweder flach oder konkav der Saite angepaßt; bei den Doppelsaiten hat er Keilform und dringt etwas zwischen sie; beim restlichen 3chörigen Teil sind entweder je 2 Keile vorhanden oder es ist wieder flacher Belag angebracht. Die höchsten Saiten sind nicht gedämpft, da sie ohnehin nur kurz nachklingen.

Die Schwingungsamplituden werden in der Höhe viel geringer; sie sind deswegen leichter zu dämpfen, so daß flaches Auflegen genügt. (Da die hohen Saiten dünner sind, bleibt auch ihre Trägheit geringer.) In der Gegend der Doppelbesaitung hingegen ist der Keil wirkungsvoller. Gewicht und Auflagelänge der Dämpfer nehmen gegen die Tiefe hin zu.

Normalerweise sind im heutigen Flügel 88 Tasten vorhanden, mit dem Umfang $_2A-c^5$ ($= 7^1/_4$ Oktaven). Bösendorfer baut sein »Imperial«-Modell bis zu $_2C$ herunter = 97 Tasten (8 Oktaven). Diese Zusatztasten sind, um den Pianisten nicht zu verwirren, durch umgekehrte Farbgebung gekennzeichnet.

Den 88 Tasten entspricht eine größere Anzahl Saiten. Im Diskant wären die Saiten zu dünn und zu sehr gespannt, um vom Hammer genügend Energie aufnehmen zu können. Die Bespannung ist deswegen 3chörig. Von der Mitte abwärts sind die Saiten mit Kupfer umsponnen und dadurch zunehmend beschwert, sonst müßten sie zu lang gemacht werden. Wegen der größeren Masse der Einzelsaite genügt 2chöriger Bezug. In der untersten Lage ist die Umwindung so schwer, daß Einfachbezug ausreicht. (Zur Erinnerung: je schwerer die Saite, um so tiefer der Ton, bei sonst gleichen Bedingungen.)

Wenn wir wieder einmal vom Kammerton $a^1 = 440$ Hz ausgehen und durch wiederholte Zweiteilung die Frequenz des tiefsten $_2A$ des Klaviers berechnen, erhalten wir 27,5 Hz. c^2 liegt eine kleine Terz über a^1; seine Frequenz ist also $440 \cdot {}^6/_5 = 528$ Hz. Mehrmals um 2 (Oktaven) hinaufmultipliziert, ergibt dies für die oberste Taste c^5 = 4224 Hz. Das Frequenzverhältnis der beiden Extremtöne ist demnach 4224/27,5 = 153,6. Wenn also alle Saiten gleiche Dicke und gleiche Spannung hätten wie das etwa 5 cm lange c^5, müßte dem $_2A$ die um diesen Faktor größere Länge von 7,68 m entsprechen, statt der wirklichen Größenordnung von 2 m. Um die fehlende Länge im höchstens 2,75 m messenden Konzertflügel (Imperial ausgenommen) zu kompensieren, läßt von oben nach unten die Spannung nach, und die Saiten werden immer dicker bzw. zunehmend umsponnen, also beschwert. Dies geht so weit, daß in der untersten Oktave die Saiten weit unterproportional länger werden und dafür beim $_2A$ die Dicke von 0,5 cm erreichen.

Der Gewichtszuwachs erlaubt es, größere Energie aufzunehmen, so daß, wie schon erwähnt, gegen unten der im Diskant 3chörige Bezug

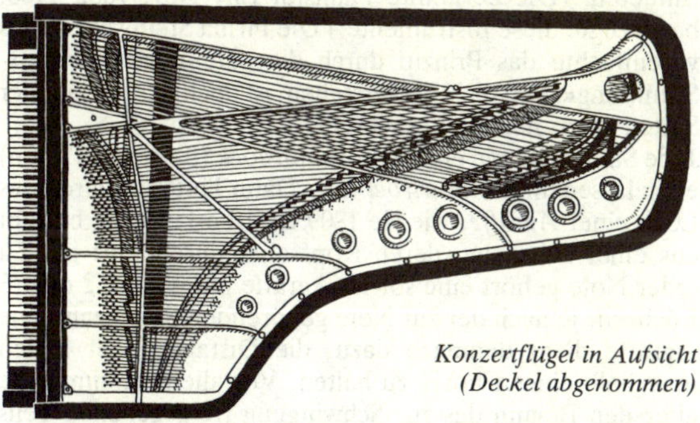

Konzertflügel in Aufsicht
(Deckel abgenommen)

zuerst zweifach, dann einfach wird. Im größten Steinway-Modell (»E«) besteht folgende Verteilung (von unten nach oben):

8 Einfach, schwer umsponnen	=	8 Saiten
5 Zweifach-Chöre, umsponnen	=	10 Saiten
7 Dreifach-Chöre, umsponnen	=	21 Saiten
68 Dreifach-Chöre, nicht umsponnen	=	204 Saiten
88 Tasten mit		insgesamt 243 Saiten

Die 39 Saiten der untersten 20 Tasten kreuzen die höheren Saiten.

Die Saiten sind in dem Sinne gekreuzt, daß die schief nach rechts hinten verlaufenden Saiten des untersten Viertels sich oberhalb der gegen links gerichteten Saiten der mittleren Region befinden. Im obersten Drittel liegen die Saiten senkrecht zur Klaviatur (sie sind dazu kurz genug). Das Kreuzen bietet nicht nur den Vorteil, längere Saiten einbauen zu können, sondern verbessert die Verteilung der auf den Rahmen wirkenden Kräfte. Außerdem wird die Koppelung, die bei abgehobenen Dämpfern harmonische Saiten zum Mitschwingen bringt, enger, der geringen Distanz wegen.

Zu diesem Mitschwingen ist noch einiges zu sagen. Blüthner baute früher Flügel, die mit zweifachem Saitenbezug versehen waren, indem nicht angeschlagene sogenannte *Aliquotsaiten* durch Resonanz mitschwangen und den Ton abrundeten. (Die berühmte Pianistin Elly Ney, 1882–1968, bevorzugte diese Instrumente.) Die Firma Steinway & Sons vereinfachte das Prinzip durch die patentierte »Duplex-Stimmung«. Um diese zu verstehen, ist noch der Verlauf der Saiten etwas näher zu beschreiben:

Jede Saite geht von einem im *Stimmstock* (über den Tasten) eingelassenem *Stimmwirbel* aus. Dann läuft sie durch das Loch einer *Agraffe*, wie sie 1809 Érard erfand; sie besteht aus einer Schraube, deren Kopf quer durchbohrt ist. Zu jeder Note gehört eine solche Agraffe mit einem, 2 oder 3 Löchern, je nach der zur Note gehörenden Saitenzahl. Die Agraffe dient demnach dazu, die Distanzen der Saiten innerhalb eines Chores zu halten. Vor allem bestimmt sie aber den Beginn des zur Schwingung freigegebenen Teils der Saite. Das hintere Saitenende geht über einen der beiden *Stege*. Wegen der Saitenkreuzung müssen 2 vorhanden sein: einer befindet sich rechts hinten (für die tiefen Saiten), der andere verläuft zweifach geschweift fast über den ganzen Resonanzboden. Jede Saite wird auf dem Steg durch 2 *Stegstifte* zweimal seitlich abgeknickt, dann geht sie über einen kleinen Bund bis zum *Anhängenagel* im Metallrahmen, läuft um ihn herum und kommt parallel wieder nach vorn zum nächsten Stimmwirbel zurück, entweder als Saite desselben Chors oder des Nachbarchors. Das vorderste Stück kann nicht schwingen, weil die Agraffe die Saite gegen den Rahmen (mit dazwischengelegtem Filz) drückt. Der hinterste Teil, zwischen Steg und Anhängestift, wird durch einen eingeflochtenen Filzstreifen ebenfalls gedämpft.

Diese Beschreibung gilt nur für die unteren beiden Drittel des Umfangs. Die beiden obersten Oktaven (c^3–c^5) sehen anders aus. Die Agraffen sind ersetzt durch 6 Bünde (je einen für 6 Chöre). Weiter vorn drückt eine Querstrebe des Rahmens (*Querbalken*) die Saiten etwas nach unten und wirkt somit als Hauptbund = »Capotasto«. Es geht dabei um die »barre harmonique« genannte Erfindung von Sébastien Érard (1838). Von dort an schwingt der angeschlagene Teil der Saite. Weiterhin fällt auf, daß das ziemlich lange Saitenstück zwischen dem Steg und dem Bund beim Aufhängestift, wie im ersten Saitenabschnitt, nicht mehr gedämpft ist. Vergleicht man die Längen der Saitenabschnitte, leuchtet der Sinn der Einrichtung sofort ein.

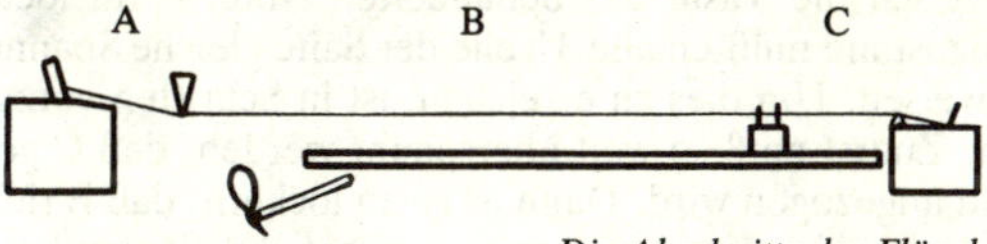

Die Abschnitte der Flügelsaite

Es bestehen immer rationale Verhältnisse zwischen den Unterteilungen jeder Saite. So z. B. B : A = 2 (oder 3, oder 4), B : C = 4 (oder 3). Diese äußeren Teilstücke vertreten immer harmonische Oberschwingungen der jeweiligen Saite. Somit steht eine Reihe von Saitenteilen zur Verfügung, die immer resonierend mitschwingen können, da sie ja außerhalb der durch die Dämpfer gehemmten Abschnitte liegen. Auch die B-Teile der oberen, ungedämpften Saiten können als Resonatoren wirken.

Dem allem ist auch zu entnehmen, wie komplex das *Klavierstimmen* ist. Gute Stimmer werden immer seltener, weil der Beruf im Grunde genommen angesichts der hohen Anforderungen ziemlich undankbar ist; er setzt nämlich sehr viel Ausdauer, Feingefühl, mechanische Geschicklichkeit und äußerst gutes Gehör voraus. Worin besteht dieses Metier? Gehen wir von der häufigsten Situation aus, eine Saite sei zu tief. Sie muß also gespannt werden, wozu der Stimmschlüssel oder *Stimmhammer* auf den Stimmwirbel gesetzt wird. Dreht man den Schlüssel im Uhrzeigersinn, steigt der Zug im Abschnitt A der Abbildung, und erst wenn die Kraft groß genug ist, um den Widerstand am Capotasto oder an der Agraffe zu überwinden, wird die Saite ebenfalls im Abschnitt B angezogen. Kommt der anschlagbare Saitenteil B zur richtigen Tonhöhe, bestehen längs der Saite 3 ver-

schiedene Spannungen, von A bis C abnehmend, denn in C bleibt vorerst noch die frühere (zu geringe) Spannung erhalten. Beim Spielen streben diese Spannungen dazu, sich auszugleichen; die Saite würde sehr bald verstimmt, ließe man sie in diesem Zustand. Auf jeden Fall betätigt der Klavierstimmer zum Spannungsausgleich dauernd und ziemlich energisch die Taste der behandelten Note. – Im idealen Endzustand müßten alle 3 Teile der Saite gleiche Spannung aufweisen. Um dies zu erreichen, ist in Schritten vorzugehen: Zuerst muß so weit überspannt werden, daß C genügend angezogen wird. Dann ist so zu lockern, daß B richtig klingt. Nun ist aber A zu wenig gespannt und dies muß durch erneutes Anziehen (nicht so weit, daß B höher wird) ausgeglichen werden. – Die theoretische Beschreibung des Vorgehens ist natürlich viel einfacher als seine mühevolle Verwirklichung, die nicht nur dazu dienen muß, die Spannungen für längeres Halten der Stimmung auszugleichen, sondern auch dazu, in den nicht angeschlagenen Saitenabschnitten die richtigen Obertöne zu verwirklichen. Und dabei hat dies alles mit erheblichem Kraftaufwand am Stimmhammer zu geschehen.
Es ist bei diesem komplizierten Vorgang kaum möglich, die Saiten eines Chors in sich genau gleich zu stimmen. Das wäre auch gar nicht wünschenswert, denn eine kleine Verstimmung innerhalb eines Chors erzeugt jenes leichte Beben (Amplitudenvibrato, s. Orgel), das zum typischen, nicht starren Klavierton gehört und außerdem den Klang des Einzeltons nicht zu stark von temperierten, also unvermeidlich schwebenden Zusammenklängen abhebt. Dies kommt noch beim Klavierstimmen hinzu: Das Fortschreiten im Quintenzirkel wird dadurch erschwert, daß temperierte, d. h. etwas zu kleine Quinten erzielt werden müssen, wie bei allen Tasteninstrumenten. Der geübte Stimmer kann die Schwebungsfrequenz von Quinten und Quarten genau genug einstellen, um den Quintenzirkel zu schließen (eine unerläßliche Kontrolle).

Die Notwendigkeit der Temperierung folgt aus rein rechnerischen

Gründen. Baut man sukzessive 12 Quinten übereinander auf, z. B. von $_1$C aus, wobei man wieder (ungefähr) zu einem c gelangt, wird total das Intervall $(^3/_2)^{12} = 129{,}75$ durchschritten, was nahezu 7 Oktaven gleichkommt. Genauer gesehen sind aber 7 Oktaven $2^7 = 128$, also etwas weniger als die 12 Quinten. Die reinen Quinten sind für unser Vorgehen zu groß, soll die mehrfache Endoktave stimmen. Man schießt mit reinen Quinten etwas über das Ziel hinaus. Der Fehler entspricht dem Intervall 129,75/128 = ungefähr 74,3/73,3, welches *pythagoreisches Komma* genannt wird. Die temperierten Quinten müssen also gerade so weit kleiner sein, daß dieses Komma verschwindet.

Man kann die Forderung auch anders formulieren: Der chromatische Halbtonschritt h muß so groß sein, daß man durch sein 12maliges Aneinanderreihen zur Oktave kommt. Weil jede Intervallfolge einer Multiplikation gleichkommt, wird die Bedingung zu

$$h^{12} = 2 \text{ (Oktave), woraus}$$
$$h = \sqrt[12]{2} = 1{,}0595 \text{ folgt.}$$

Mit genügender Annäherung kann man oft pro Halbton einen Zuwachs der Frequenz um 6% oder im Verhältnis 18 : 17 annehmen, denn $^{18}/_{17} = 1{,}0588$. (Auf dem Griffbrett der Gitarre verkürzt jeder Bund die Saite zusätzlich um $^1/_{18}$.)

Da eine Quinte 7 Halbtöne umfaßt, beträgt die temperierte Quinte $2^{7/12} = 1{,}498$ und ist also kleiner als die reine Quinte von $^3/_2 = 1{,}5$. In $c^1 = 264$ ist die harmonische Oberquinte $3 \cdot 264 = 792$ Hz enthalten. Die temperierte Quinte g^1 hat aber die Frequenz $1{,}498 \cdot 264 = 395{,}47$ Hz; die Oktave (das Doppelte = ca. 791 Hz) ergibt eine Schwebung mit der Grundtonquinte, die in der Sekunde 792 – 791 = 1mal pulsiert. So viel müßte auch jeder Chor in sich schweben.

Gestimmt wird zuerst etwa eine Oktave um c^1 herum (durch Folgen von Quinten, Oktaven und Quarten), dann erfolgt das Stimmen der anderen Höhenlagen durch Übertragung von Oktaven. – Der Hammer schlägt die Saite zwischen $^1/_7$ und $^1/_9$ ihrer Länge an, damit die dissonierenden Teiltöne 7 und 9, welche dort Schwingungsknoten aufweisen müßten, nicht entstehen können. Weil die Hammerköpfe zur Realisierung gleicher Hebellängen der Tasten längs einer geraden Linie ausgerichtet sind, müssen Stimmstock und Steg einander entgegengesetzt geschweift sein, um solche arithmetischen Verhältnisse zu erhalten.

Der Zug von über 200 Saiten ergibt zusammen erstaunliche 16–20 Tonnen, je nach Größe des Flügels, was ungefähr dem Gewicht eines Eisenbahn-Personenwaggons entspricht. (Noch 1808 betrug die Gesamtspannung »nur« 4500 kg.) Um diese riesige Beanspruchung aufzunehmen, ist der mit Längs- und Querstreben (oberhalb der Saiten) versehene Metallrahmen unerläßlich geworden. Sein Gewicht bedingt eine solide Holzkonstruktion, ebenfalls mit Balken (*Rasten*) verstärkt. Die Umrandung ist sehr solide, besteht sie doch aus bis zu 18 Schichten übereinandergeleimter 5 mm dicker Hölzer. Das Gewicht der gesamten Konstruktion beträgt, je nach Größe, etwa 300–400 kg (Bösendorfers »Imperial«: 480 kg).

Auch der hölzerne Stimmstock besteht übrigens aus mehreren verleimten Schichten. Um ihn von der hohen Saitenspannung zu entlasten, wird er durch im Eisenrahmen integrierte Metallplatten überdeckt. Die Platten haben Löcher für die Stimmwirbel.

Die Saiten sind zu dünn, um mit genügender Intensität ihre Schwingungen der umgebenden Luft zu vermitteln; deswegen ist die Übertragung mittels *Steg* (aus Ahorn oder Buchenholz) auf einen *Resonanzboden* (aus Fichtenholz) erforderlich. Dieser besteht aus aneinandergeleimten, etwa 10 cm breiten und 1 cm dicken Brettern und ist in Querrichtung durch aufgeleimte Leisten (*Klangrippen*) verstärkt. Er bedarf beim Bau besonderer Pflege und sorgfältiger Prüfung der Holzqualität, da sein Einfluß auf den Ton entscheidend wirkt.

Der Ton pflanzt sich in Faserrichtung etwa 4mal schneller fort als quer dazu. Dies wird durch die rechtwinklig zu den Fasern aufgeklebten Klangrippen kompensiert.

Der Resonanzboden ist so befestigt, daß er nur am Rande, in der *Zarge* gehalten, ohne Beeinträchtigung durch andere Bauteile, frei schwingen kann. Man beachte:

a) Der Resonanzboden ist ein Einzelelement, also nicht die Decke eines Hohlraumresonators. Deswegen fehlt auch, im Gegensatz zum historischen Cembalo, das Schall-Loch.

b) Die Saiten verlaufen horizontal über den Steg, so daß sie keinen schwingungshemmenden Vertikaldruck auf den Resonanzboden ausüben.

Im Gegensatz zu den Streichinstrumenten verbessert sich das Klavier beim Altern nicht. Es muß allerdings »eingespielt« werden, bis alle Bewegungsvorgänge wunschgemäß ablaufen, dann aber setzt ein Verschleiß ein, den man nur mit arbeitsintensivem Einsatz beheben kann. Dazu gehört das Ersetzen von Filzteilen oder gar der ganzen Hämmer. Kaum zu verbessern ist aber die zunehmende Verschlechterung des Resonanzbodens, dessen Lebensdauer (bei gehobenen Ansprüchen) rund 10 Jahre beträgt. (Noch nachteiliger als Temperatursprünge sind Schwankungen der Luftfeuchtigkeit, die sich auch auf den Stimmstock negativ auswirken.) Ein Auswechseln ist möglich, aber kaum ratsam, da sehr teuer und weil das Instrument dadurch doch nicht neuwertig wird. Dieser Eingriff bedingt übrigens auch einen Totalersatz der Saiten.

Jedes Klavier verfügt über 2 Pedale: Das rechte Pedal hebt alle Dämpfer ab und dient dazu, den Klang zu verlängern und durch die in Resonanz mitschwingenden Saiten voller zu gestalten. Es wird oft dazu gebraucht, nacheinander angeschlagene Akkorde zu binden. Das Erlernen einer korrekten Pedalbehandlung ist nicht zu unterschätzen; sie muß mit Verstand und Genauigkeit beherrscht werden. Viele Komponisten versuchten durch selbst eingetragene Pedalisierung, dem leider allzu häufigen Mißbrauch vorzubeugen oder die eigenen Absichten besser darzustellen. Diese Bezeichnungen sind aber mit Vorsicht zu interpretieren, mindestens bei älterer Musik, weil sie zu einem großen Teil (Beethoven!) aus Zeiten stammen, in denen die Saiten bedeutend schneller abklangen.

Das linke Pedal versetzt die ganze Mechanik etwas nach rechts: Die Hämmer treffen dann nur noch 2 Saiten der Dreifachchöre. Bei den früheren Doppelsaiten klang durch die *Verschiebung* eine einzige Saite; deswegen heißt die entsprechende Spielanweisung bis heute *una corda* (it. = eine

Saite). Nicht außer acht zu lassen ist außerdem, daß oft durch die Verschiebung weniger abgenutzte Filzteile des Hammers zum dadurch weicheren Anschlag kommen. Bei den tiefen Einzelsaiten tritt dieser Effekt sogar allein ein. Das linke Pedal ist demnach nicht nur zum Leiserspielen nützlich, sondern auch als Mittel zur Färbung des Tons. Schon Cristofori hatte bei seinen 2chörigen Hammerklavieren an eine Verschiebung gedacht.

Ein drittes, in der Mitte angeordnete Pedal wird heute von vielen Herstellern eingebaut, nachdem das Steinway-Patent verfallen ist. Es handelt sich um ein *Tonhaltepedal*: Wird es nach gespielten (und vorläufig niedergehaltenen) Tasten niedergedrückt, werden die Dämpfer dieser Tasten hochgehalten, unabhängig davon, was nachher gespielt wird, ganz gleichgültig wie zusätzlich pedalisiert wird.

(Das Klavier hat mit der Orgel gemeinsam, daß für jede Note ein separater Tongeber erforderlich ist. Dieser Preis muß für die fast uneingeschränkte Eignung zur Polyphonie bezahlt werden.)

2.226 **Varianten**

Bei der Entwicklung des Flügels wurden viele Varianten erdacht und gebaut, die nur noch musealen Wert aufweisen. Von den früheren Abarten seien nur einige Namen genannt wie das **Pyramidenklavier** und das **Harfenklavier** (beide mit vertikal gestelltem, verschieden gestaltetem Oberteil). Die vertikale Anordnung von Resonanzfläche und Saiten war schon im 16. Jh. mit dem **Claviciterium** vorausgenommen worden. Es besaß mit Cembalo-Dorn angerissene Metallsaiten. Auch den **Pedalklavieren** war ein Pedalcembalo vorausgegangen. Es gab sogar Klaviere mit Registerzügen für verschiedene Effekte.

Viel erfolgreicher zeigten sich die Bestrebungen, ein platzsparendes, billigeres und etwas leichteres Instrument herzustellen. Der Erfolg war so überzeugend, daß heute die ohne Zusatz gebrauchte Bezeichnung **»Klavier«** allgemein für dieses in vielen Haushalten vorhandene **Pianino**, wie der korrekte Name lautet, gilt. Das heute **»Flügel«** genannte

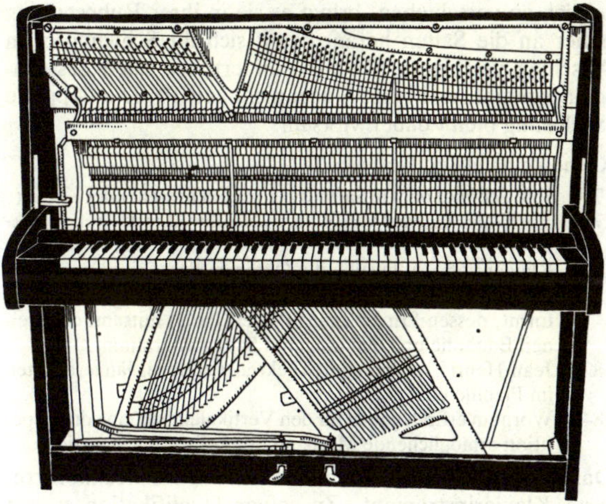

Pianino (geöffnet)

Instrument dient fast nur noch dem professionellen Gebrauch.

Gemeint ist der eigentliche **Konzertflügel** von etwa 280 cm Länge. Es werden aber auch kleinere Flügel gebaut, bis zu 120 cm herunter. Unter die Größenordnung von 180 cm darf man aber nicht gehen, soll der eigentliche Flügelcharakter bewahrt bleiben. Der eigentliche Vorteil dieser **Salon**- oder **Stutzflügel** besteht darin, eine echte Flügelmechanik dort zur Verfügung zu stellen, wo das große Modell zu viel Platz beansprucht oder zu teuer und zu laut wäre.

Das Pianino ist vertikal gebaut: Saiten, Resonanzboden und Eisenrahmen stehen senkrecht. Die Saiten sind kürzer, aber noch ausgiebiger gekreuzt als beim (horizontalen) Flügel. Da die Hämmer ebenfalls aufrecht stehen, ist die Mechanik ziemlich kompliziert, muß doch die Gravitation, welche beim Flügel die Retourbewegung der Hämmer verursacht, durch Zusatzelemente und -federn ersetzt werden. Auch die Wirkung des linken Pedals ist anders: Statt die Hämmer seitlich zu verschieben, bringt es sie in ihrer Ruhestellung näher an die Saiten heran, damit sich ihr Schwung beim Anschlag verringert. Dadurch ändert sich auch das Anschlagsgefühl, was beim Flügel nicht zutrifft. Die doppelte Auslösung bleibt dabei wirksam.

Kleine Zeittafel des Pianinos:

1780 Joh. Schmidt baut in Salzburg ein aufrecht stehendes Klavier.
1789 Vertikales Klavier von William Southwell in Dublin (5 Oktaven).
1807 Klavier von Southwell mit 6 Oktaven, das
1811 Robert Wornum (London) zum niedrigen **Cottage Piano** umformt, dessen Prinzip Ignaz Pleyel (Paris) mitsamt der kleinen Bauhöhe und den kürzeren Saiten übernimmt.
1828 Jean-Henri Pape baut durch gekreuzten Bezug längere Saiten im Pianino ein.
1842 Wornum erfindet auch für den Vertikaleinbau eine die Repetition ermöglichende Mechanik, die »Tape check action«.

Das Pianino wurde im 19. und im 20. Jh. das meistkonstruierte Klavierinstrument. Zu seiner Qualifikation trugen ebenfalls viele Patente verschiedener Hersteller bei. Darunter sind z. B. von der Firma Schimmel erwähnenswert:

a) Metallene Senkrecht- und Querstreben des Rahmens, welche es erlauben, auf die schweren, massiven Holzrasten hinter dem Resonanzboden zu verzichten, trotz der bei vertikalen Klavieren um 16 Tonnen betragenden totalen Saitenspannung. Dadurch wurde es ab 1935 möglich, erheblich leichtere Kleinpianos zu bauen.

b) Stimmstock aus 22 mit alternierender Faserrichtung übereinandergeleimten Schichten; ebenfalls geschichtete Stege.

Neben der 1986 mit der Goldmedaille für das beste Pianino ausgezeichneten Marke Pfeiffer (in Stuttgart 1862 durch Joseph Anton Pfeiffer gegründet) erfreuen sich in Deutschland mehrere Firmen guten Erfolgs. Unter den ältesten von ihnen ist vor allem Ibach zu nennen (durch Johannes Adolf Ibach 1794 bei Barmen [= Wuppertal] gegründet, seit 1945 mit Sitz in Schwelm). Weiter folgen: Sauter in Spaichingen (Gründer: Johann Grimm 1819; vom Neffen Carl Sauter und seinen Nachkommen weitergeführt), Seiler (Eduard Seiler 1849 in Liegnitz, nun in Kitzingen), Feurich (Julius Feurich 1851 in Leipzig, 1959 Neugründung in Langlau), Schimmel (1885 Wilhelm Schimmel in Leipzig, ab 1929 in Braunschweig mit Neugründung 1931). Die meisten dieser Hersteller fabrizieren ebenfalls Flügel, wenn auch nicht immer bis zur vollen Konzertgröße um 280 cm. Die bis zum 2. Weltkrieg in der Schweiz blühende Fabrikation renommierter Pianinos mußte wegen zu hoher Arbeitskosten bei relativ kleinen Serien weitgehend dem ausländischen Druck weichen. Die Sabel-Klaviere (Rorschach am Bodensee) konnten durchhalten. Schmidt-Flohr (früher Bern) ist wieder erschienen, aber als englischer Export. Es fällt bei allen Marken auf, wie sehr die Klavierfabriken Familienunternehmen sind, in denen die Erfahrung von Generation zu Generation weitergegeben wird. So ist es bezeichnend, daß man sich bei der nach kurzem Untergang unter neuer Leitung erstandenen Firma Burger & Jacobi (Biel) bemühte, den noch erreichbaren Teil der traditionssichernden Belegschaft zurückzugewinnen.

Auch an verschiedenen Klaviaturen wurde herumprobiert. Vor allem versuchte man den Nachteil zu beseitigen, daß in den höchsten und den tiefsten Lagen die Tasten nicht mehr in Richtung des abgedrehten Armes stehen. Folgende beiden Lösungsvorschläge konnten sich nicht durchsetzen:

a) Bogenklaviatur (Vorversuche 1907 vom Australier Ferdinand Clutsam in letzte Form gebracht): Die Tasten sind radial angeordnet, mit Fronten längs eines Bogens um den Pianisten herum.

b) Strahlenklaviatur (1908, Albert Schulz): Kompromißlösung, bei der die Tastenfronten auf einer Geraden bleiben, die Tastenrichtungen hingegen zum Spieler hin konvergieren.

Zu erwähnen sind noch die chromatische Klaviatur des Ungarn Paul von Jankó (1882) mit 6 Reihen wabenförmiger Tasten, terrassenartig übereinanderliegend, sowie die Versuche, Vierteltonklaviere zu konstruieren (Vierteltöne ermöglichen neue Ausdrucksnuancen, ergeben aber keine bessere Annäherung des Prinzips gleichförmiger Temperatur an die reinen Intervalle). Davon gibt es 2 prinzipielle Varianten:

a) 2 über- und hintereinander angeordnete normale Klaviaturen, ähnlich den beiden Cembalo-Manualen, gehören zu 2 ineinandergebauten, mit Vierteltonunterschied gestimmten Klavieren. 1924 von der Firma Förster in Löbau für den Vierteltonkomponisten Alois Hába hergestellt.

b) Sämtliche Tasten werden in je 2 aufgeteilt (was spieltechnische Probleme ergibt).

2.3 Gestrichene Saiten

2.31 *Gemeinsame Herkunft*

Über Herkunft und Geschichte der Violinen kann man nur Vermutungen aufstellen, wenn auch begründete. Im Gegensatz zu den Errungenschaften des technischen Zeitalters, und dazu gehören beispielsweise das moderne Blech oder der Konzertflügel, sind hier nicht genau aufeinanderfolgende Entwicklungsstufen mit entsprechenden Jahreszahlen aufzählbar. Vielmehr überlagern sich zeitlich und örtlich die verschiedensten Ausführungsvarianten und die unterschiedlichsten Benennungen. Trotzdem soll versucht werden, in großen Zügen die Vergangenheit der einschlägigen Streichinstrumente darzustellen.

In Abschnitt 2.121 war schon der **Crwth** vorgestellt worden, der in seiner ältesten Form gezupft, später aber mit dem Bogen gestrichen wurde. Dazu mußte der Steg auf der Oberseite gewölbt werden, da der Bogen sonst nicht selektiv auf einzelne Saiten hätte einwirken können. Die Krümmung war allerdings nicht so stark, daß der damalige, sehr schwach gespannte Bogen das beliebte Akkordspiel (wohl meistens als Bordun zur Melodiesaite mitgespielte tiefere Saiten) unmöglich gemacht hätte. Leider ist aber die Weiterentwicklung zu den späteren, zur Violine führenden Stufen nicht sehr eindeutig auf den gestrichenen Crwth zurückführbar, selbst wenn man eine durch Verzicht auf die Seitenbügel entstandene Zwischenform annimmt.

Sehr wahrscheinlich besteht auch ein Zusammenhang mit dem türkischen (und arabischen), durch die Kreuzfahrer eingeführten **Rebab**, der mit dem Bogen gestrichen wurde. Wie er hatte eine im 12. Jh. in Europa (Spanien) gebrauchte Frühform der Geige keinen abgesetzten Hals; der Korpus erstreckte sich bis zum oberen Bund des Griffbretts, hatte gleich viele Saiten (2–3) und war mit einem Schall-Loch versehen, das allerdings aus 2 symmetrisch angeordneten und als Kreissegmente gestalteten Öffnungen bestand.

Wesentlich in der Entwicklung erscheint die Trennung von Korpus und abgesetztem Hals, der als besonderer Teil angefügt, nicht mehr aus einem Stück mit dem Korpus geformt ist. Sie kam an den verschiedenen Fidelformen des 14. Jh. vor. Die Schwierigkeit näherer Beschreibung ist schon aus der uneinheitlichen Benennung ersichtlich, die eine korrekte Interpretation alter Dokumente so oft problematisch macht. Das mittelhochdeutsch **Fidel** genannte Instrument heißt englisch **Fiddle**, altfranzösisch **Fideille**, wird aber mittelfranzösisch zur **Vielle** und spanisch zur **Vihuela**. (Aus dieser letzten Bezeichnung folgte der Name **Viola** für spätere Entwicklungen, die im 16. und 17. Jh. vollzogen wurden, wobei dann »Fidel« abschätzige Bedeutung annahm.

Das Wort »Fidel« stammt aus Südasien, wo interessanterweise in verschiedenen Dialekten derselbe Wortstamm sowohl Saiten- als auch Trommelinstrumente bezeichnete, eine Eigentümlichkeit, der wir schon beim ungarischen Cimbalom begegneten. Die »fidula« wird neben einer »lyra« schon in der Evangelienharmonie des Otfrid von Weißenburg im 9. Jh. neben anderen Instrumenten aufgezählt. Diese »lyra« hatte wohl einen gewölbten Korpus, denn die bauchige Bauart der Fidel hieß auch Lyra; daher die davon abgeleitete spätere »lira da braccio«.

Die Instrumente, die als Resonatorunterseite ein ausgehöhltes Holzstück aufwiesen, erhielten kurz vor 1300 die Zargen und damit den getrennt verarbeiteten Korpusboden. Die Fidel der Minnesänger wies in der Mitte des Zargenkorpus oft schon die später so typische seitliche Einbuchtung auf. Der Hals trug am oberen Ende eine Stimmplatte, in welcher die Wirbel sagittal (senkrecht von unten) eingesteckt waren und oben genügend weit herausragten, um das aufgewickelte Saitenende aufnehmen zu können. Es gab zwei prinzipiell unterschiedliche Kategorien der Formen und der Spielarten. Die eine wurde in Armrichtung auf die Schulter aufgesetzt, noch wie die frühere Zwischenform des

Rebecs, dessen bauchiges Unterteil kaum eine andere als diese »gestemmte« Haltung ermöglichte. Die dadurch bedingte Drehung der linken Hand schloß die Verwendung des Daumens auf dem Griffbrett aus, wie bei der heutigen Geige. Der flache Boden anderer Fideln hingegen konnte quer an den Brustkorb angelehnt werden, so daß der Bogen fast senkrecht zu führen war. Diese Stellung ermöglichte es, mit dem Daumen die tiefste der sonst als Bordun verwendeten Saiten zu greifen.

Zu den Vorläufern der Streichinstrumente gehört auch die **Drehleier** deutschen Ursprungs, ein in Frankreich als **Vielle** vom 10. bis ins 13. Jh. besonders beliebt gewordenes Instrument. Die Saiten waren über den Rand eines im Durchmesser etwa 16 cm großen, knapp oberhalb des Steges eingebauten Holzrades hinweggeführt. Beim Drehen des Rades an einer unten herausragenden Kurbel wurden alle Saiten durch Streichen (besser: Reiben) zum Schwingen gebracht. Einige Saiten waren als Bordunsaiten fest gestimmt, die anderen (Melodiesaiten) liefen durch ein Kästchen, in dem Tasten steckten; auf der Innenseite der Tasten waren Tangenten befestigt, mit denen tonhöhenbestimmend die Saiten gekürzt werden konnten. Es bedurfte also weder schwieriger Bogenführung noch subtiler Grifftechnik. Diese Erleichterung bedeutete aber keinen Verzicht auf Ausdrucksmöglichkeiten. Sie entstanden durch (nicht leicht zu beherrschendes) unregelmäßiges Drehen der Kurbel, bis zu einzelnen, deutliche Akzente erzeugenden Impulsen. Von dieser Vielle unterschied sich die Fidel als **Vielle à archet** (Leier mit Bogen).

Auf Bildern ist oft das vom 14. bis ins 19. Jh. gebrauchte **Trumscheit** (auch **Trumbscheit**) zu sehen, eine Verbesserung des altgriechischen Monochords. Seine einzige Saite lief über einen sehr langen, nach unten etwas breiter werdenden Korpus; es hatte weder getrennten Hals noch Griffbrett. Beim Spielen wurde es auf den Boden gestützt und an die Schulter gelehnt. Die Besonderheit dieses Instruments bestand in der Ausführung des Stegs. Das eine der 2 Füßchen, mit denen er drehbar an der Korpusdecke befestigt war, nahm fast den ganzen Vertikaldruck der Saite auf, so daß das andere Füßchen beim Schwingen der Saite mitvibrierend auf eine Metallplatte der Resonanzdecke trommelte. Sein trompetenähnlicher knatternder Ton machte das Trumscheit zum Trompetenersatz in Frauenklöstern (noch im 19. Jh.); daher auch die Bezeichnung **»Nonnengeige«**. Auf diese Verwendung weist auch das Wort

Trumbscheit (ahd. trumba, mhd. trumme oder trumpe = Trompete) hin. Es könnte aber auch anders begründet sein: Die Saiten wurden nicht auf ein Griffbrett gedrückt, sondern nur durch aufgelegte Finger verkürzt, wodurch ausschließlich Flageolett-Töne entstanden (Erklärung dazu beim Violoncello). Es waren also, wie bei der Trompete, nur die Naturtöne hervorzubringen.

Im Laufe der Jahrhunderte erfolgte also die Bildung sehr verschiedener Instrumente in komplizierter gegenseitiger Verkettung. So begann sich in Frankreich aus der Vielle der Troubadours die **Viola** zu bilden. Dabei ist es erstaunlich, daß Italien lange Zeit zu dieser Entwicklung noch nicht beitrug und kaum ein Streichinstrument verwendete. Die Meisterschaft italienischer Geigenbauer entwickelte sich bis zu höchster Vollendung erst, nachdem diese Instrumente aus Deutschland und aus Frankreich eingeführt worden waren. Die Neugestaltungen wucherten besonders im 15. Jh. in vielen freien Varianten, auch in bezug auf Form und Verteilung der Schall-Löcher. Aus ihnen kristallisierten sich im 16. Jh. drei Familien heraus: die **Lira da braccio**, die **Viola da braccio** und die **Viola da gamba**. Dabei blieb der Lira da braccio (mit 5 Griff- plus 2 Bordunsaiten und herzförmiger Wirbelplatte) kein langes Leben beschieden; sie verschwand recht bald, wenn auch von ihr abgeleitete Formen z. B. in der griechischen Volksmusik noch anzutreffen sind. – Die beiden Violenfamilien interessieren uns näher. Beiden ist gemeinsam:

- die Einbuchtung des Korpus in der Mitte (zur Erleichterung der Bogenführung beim Spielen der äußeren Saiten);
- der Ersatz der Wirbelplatte durch einen Wirbelkasten, durch dessen beide Flanken jeder Wirbel quer gesteckt ist (*Flankenwirbel*); so wird im mittleren Teil des Wirbels die Saite sehr sicher gehalten;
- Verzicht auf Bordunsaiten in weiterführenden Hauptformen des Instrumententypus.

Für die anderen Komponenten sind prinzipielle Unterschiede festzustellen:

Viola da gamba (Gamben)	*Viola da braccio* (Violinen)
Boden flach, mit Knick im oberen Teil.	Boden gewölbt.
Korpus führt zugespitzt in den abgesetzten Hals.	Korpus oben abgerundet (Schulter), Hals senkrecht dazu.
Decke und Boden mit Zargen bündig.	Decke und Boden mit Randüberstand, über die Zargen hinaus.
Einbuchtung des Korpus nicht betont, die untere Ecke sogar oft abgerundet.	Ecken der Einbuchtung durch herausragende Spitzen besonders betont.
Breite Zargen.	Relativ schmale Zargen.
C-förmige Löcher (kurz *C*-Löcher genannt).	*f*-förmige Löcher (kurz *f*-Löcher genannt).
Hals breit (weil mehr Saiten) und unterseitig flach gerundet.	Schmalerer Hals, unten voll gerundet (annähernd halbkreisförmiger Querschnitt).
Griffbrett mit Bünden.	Keine Bünde.
Flacherer Steg (erleichtert das Akkordspiel).	Stärker gewölbter Steg.
6 (auch 5 oder 7) dünne Saiten.	4 dickere Saiten.
Bogenführung untergriffig.	Bogenführung obergriffig.
Aufrechte Haltung, zwischen den Knien eingeklemmt oder auf einen Oberschenkel gestützt.	Armhaltung (wenigstens bei den hohen Instrumenten), auf Schulter gestützt. Kinnhalter erst 1820 durch Louis Spohr, den Virtuosen und Komponisten.

Interessanterweise wird auch die heutige Geige in Nordafrika noch oft beim Sitzen vertikal auf einen Oberschenkel gestützt, mit nach vorn gerichteten Saiten, in Analogie zu den Instrumenten alter dortiger Tradition. In derselben Haltung spielt man auch die bulgarische **Gadulka** oder **Gudulka**. Hingegen verwendet man die polnische Geige **Zlobzoki** zwar in Armhaltung, aber gegen die Mitte der linken Brustkorbseite gedrückt.

Bei der Gambe sind um 1630 mindestens 4 Größen vorhanden: *Dessus* (oberste Saite auf d^2 gestimmt), *Haute-contre*, *Taille*, *Baß* (bis D hinabreichend). Die häufigste Stimmung der 6 Saiten erfolgte in der Intervallfolge Quarte–Quarte–Terz–Quarte–Quarte (wie der »vieux ton« der Laute).

»Viola da braccio« bezeichnet seit 16. und 17. Jh. die heutige Violinenfamilie (Geige, Bratsche, Violoncello).

Bei der spanischen Vihuela, von der die Benennung abzuleiten ist, war zu unterscheiden zwischen Vihuela de arco (mit Bogen gespielt) und Vihuela de mano (gezupft).

Das Wort **Geige** entstand in Deutschland im reformzeitlichen Suchen einer eigenständigen deutschen Sprache. Es ist auf Umwegen zu erklären: Orientalische mehrsaitige Instrumente wurden in kauernder, konstante Bogenrichtung bedingender Stellung gespielt. Um die verschiedenen Saiten an den Bogen zu bringen, mußte also das Instrument ständig gedreht werden. An diese Spielart lehnt sich wohl das altnordisch gebrauchte »geiga« (= hin und her gehen) an, woraus das mittelhochdeutsche »gige« entstand. »Geige« und die Tanzform »Gigue« der früheren Suite sind demnach desselben Ursprungs. Möglicherweise erübrigt es sich aber, den Orient zu bemühen, weil das »Hin und her« einfach die Bogenbewegung bezeichnen könnte.

»Geige« ersetzte allmählich »Fidel«, blieb aber populär (und mißfiel Leopold Mozart), während dem Wort »Violine« noblere Geltung zukam. »Violine« ist die Verkleinerungsform von »Viola«. Die Bezeichnung erscheint zum ersten Mal in Giovanni Gabrielis »Sacrae Symphoniae« (1597), bedeutet dort aber die heutige Bratsche, denn der Umfang reichte unter das g (tiefste Violinsaite) herab.

Auch die Violine war durch eine ganze Familie vertreten, mit sogar 7 sich im Quintabstand folgenden Größen (tiefste Saite: $_1B$, F, c, g, d^1, a^1, e^2). Die berühmten »24 violons du Roy«, deren Leitung u. a. Lully anvertraut war, bestanden aus 6 *Dessus* (erste Geigen), 4 *Quintes* (zweite Geigen), 4 *Haute-contres* (Altbratschen), 4 *Tailles* (Tenorbratschen) und 6 *Basses* (Violoncelli). Der diese Zusammensetzung bezeugende Abbé Marin Mersenne (1588–1648) berichtet, aus den Konzerten dieses Ensembles gehe eindeutig hervor, daß die Violine »le Roy des instruments« ist. (Die damalige Rolle der Tenorbratschen ging im 17. Jh. auf die Celli über, da diese die Baßstimme den hinzugekommenen Kontrabässen – wenigstens teilweise – übergeben konnten.)

Noch für Beethoven war »Violine« der Gattungsbegriff für eine ganze Familie, denn seine heute »Streichquartette« genannten Kompositionen bezeichnete er öfters als »Violinquartette«. (Mit »Streichquartett« könnten ja auch andere Instrumente gemeint sein.)

Die heutige **Violine** entspricht also der früheren Diskant-Viola-da-braccio (Dessus). Die hohe Viola da braccio hingegen hieß **Violetta**.

Während die 6saitigen Viole da gamba weniger erfolgreich waren und ungefähr in der Barockzeit von der Bildfläche verschwanden, erfolgte aus den Viole da braccio die Stabilisierung dreier der heutigen Streichinstrumente: Violine, Bratsche und Violoncello. Das gilt auch, wenn das Violoncello eine gewisse Verwandtschaft mit den Gamben nicht ableugnen kann. Mit letzteren hat es die Zargenhöhe gemeinsam sowie die Haltung, in der es gespielt wird; immerhin wird es heute mit einem den Gamben fremden Stachel aufgestützt.

Die Violine ist der Modellfall eines Instruments, das sich wegen seiner Perfektion seit über 400 Jahren erhalten hat. Wenn auch die eigentlichen Ursprünge ziemlich verschwommen bleiben, trugen sicher, nach langem Ausreifungsprozeß, italienische Hersteller der 2. Hälfte des 16. Jh. wesentlich zu seiner endgültigen Gestaltung bei, allen voran Gasparo Bertolotti »da Salò« (1540–1609) in Brescia. Die höchste Perfektion wurde durch die berühmten Geigenbauer aus Cremona erzielt: Nicola Amati (1596–1684), Antonio Stradivari (1644?–1737) und Giuseppe Guarneri »del Gesù« (1698–1744, in Urkunden auch als Guarnieri erwähnt). Manche möchten zur patriotischen Glorifizierung gern die »Erfindung« der Violine ihrer eigenen Nation zuschreiben. Von einem einmaligen Erfindungsakt kann indessen nicht die Rede sein, aber bei den in diesem Zusammenhang genannten Namen handelt es sich durchweg um sehr verdienstvolle Geigenbauer, die schon fast endgültige Ansätze individuell bearbeiteten. So, um nur die wichtigsten zu nennen, Testatore il Vecchio (Mailand), der Ende des 15. Jh. als erster die Viola zur Violine verkleinert haben soll, Kaspar Tieffenbrucker (1514–1571) in Lyon sowie die Meister in Brescia: die Pioniere Giovanni Kerlino (Ende des 15. Jh.), Pellegrino Micheli da Montechiari (Beginn des 16. Jh.), dann der schon genannte Gasparo da Salò und Giovanni Paolo Maggini (1579–1630). Auch in nichtlateinischen Ländern erreichte der Geigenbau zur gleichen Zeit beachtliche Höhepunkte. Zu erwähnen sind speziell: in Tirol Jakob Stainer (vor 1617–1683) in Innsbruck und die Familie Klotz in Mittenwald, allen voran Mathias Klotz (1653–1743), der den Beruf in Cremona und beim Stradivari-Schüler François Médard in Frankreich (Mirecourt) gelernt hatte. Die hohe Kunst wurde auch durch englische, niederländische und Schweizer Geigenbauer auf höchster Stufe ausgeübt. Es würde zu weit führen, auch nur die berühmtesten Namen aufzuzählen, aber mindestens ist Jean-Baptiste Vuillaume (1798–1875) aus dem Geigenbaustädtchen Mirecourt zu erwähnen.

Im Orchester erscheint die Violine schon bei Claudio Monteverdi, der entgegen früheren Zufallsbesetzungen bestimmte Klangfarben genau vorschrieb und für seinen »Orfeo« (1607) unter den Streichinstrumenten aufzählt: »Violini ordinari« (die heutigen Bratschen) und »Violini piccoli alla francese« (kleine Geigen französischer Art = heutige Violinen, denn die Geige war noch ein ausgesprochen französisches Instrument, bevor sie Gasparo da Salò in Italien einführte). Auch für Giovanni Gabrieli war »violino« noch eine Bratsche, wie schon erwähnt.

Es sind noch einige Nebenformen zu nennen.

Unter **Violino piccolo** wird entweder eine um eine Quarte höher gestimmte *Quartgeige* gemeint (c^1 g^1 d^2 a^2), bei Praetorius »Klein Discant Geig« genannt, oder die um eine kleine Terz höhere *Terzgeige* (Bach: 1. Brandenburgisches Konzert). Auf diese Stimmungen kann heute verzichtet werden, da es die jetzige Gestalt der Violine mit verlängertem Griffbrett erlaubt, dieselbe Höhenausdehnung zu erreichen.

Die **Viola d'amore** ist ein zu den Gamben gehörendes Instrument in Bratschengröße, allerdings in Armstellung gespielt, bei dem unterhalb des Halses 7–14 Resonanzsaiten verlaufen, dann über die Decke geführt und unter den 6–7 Spielsaiten durch kleine Löcher des Steges gezogen sind. Sie kommt in Meyerbeers »Hugenotten« (1836) vor. Hindemith schrieb 1927 ein Konzert für Viola d'amore (»Kammermusik Nr. 6« op. 46,1).

Das **Baryton** war eine Tenorgambe mit 6 Spielsaiten aus Darm, die tiefste auf E gestimmt, und mit 7–44 Stahl-Resonanzsaiten, ähnlich der Viola d'amore. Sie konnten im unten ausgehöhlten Hals auch mit dem Daumen gezupft werden, was die Spielweise stark erschwerte. Trotzdem liebte Haydns Brotherr Nikolaus I. von Esterházy das Instrument so sehr, daß der Komponist ihm an die 175 das Baryton einschließende Werke widmete (Konzerte, 126 Trios, 12 Divertimenti, 17–23 Duos und mindestens 11 Kassationen). Das Baryton wurde in Deutschland nach englischem Vorbild entwickelt und bis ins 19. Jh. gepflegt.

Seine Vorgängerin war die **Viola bastarda**, mit den im 17. Jh. durch die Engländer hinzugefügten Resonanzsaiten, auf die man später allerdings wieder verzichtete.

Die **Viola pomposa** war eine Bratsche mit einem durch Zufügung einer 5., obersten, der höchsten Violinsaite gleich gestimmten Saite (e^2) erweiterten Umfang. Ihr Bau wurde durch J. S. Bach angeregt. Sie wird auch in der einschlägigen Literatur laufend verwechselt mit dem

Violoncello piccolo, das genau eine Oktave tiefer lag und ebenfalls für Bach konstruiert wurde. Ihm eignete er die letzte der heute durchweg mit dem Violoncello gespielten 6 Solo-Suiten zu. In der Originalausgabe steht anstelle einer näheren Instrumentenbezeichnung nur die Angabe: »à cinq cordes« (mit 5 Saiten), gefolgt von der in Noten angegebenen geforderten Stimmung in Quinten: C G d a e^1. Die tiefsten Saiten entsprechen somit genau dem üblichen Violoncello.

Ein von Georg Staufer gebautes, zwischen Gitarre und Violoncello stehendes Streichinstrument mit 6 Saiten und Bünden war das **Arpeggione** (Wien, 1823). Der Korpus glich insofern der Gitarre, als auch er keine Ecken hatte. Dieser Verzicht erfolgte in Anlehnung an den durch François Chanot (Paris 1817) erarbeiteten Vorschlag einer Violine in Gitarrenform, mit *C*-Löchern. Selbst der Name des Arpeggione wäre wahrscheinlich vergessen worden, hätte ihm Franz Schubert nicht eine Sonate (D 821) gewidmet, die heute meistens, entsprechend umgeschrieben, mit dem Violoncello vorgetragen wird.

In diesem Zusammenhang kann noch erwähnt werden, daß immer wieder Versuche durchgeführt wurden und werden, die Form der Violine neu zu gestalten. Die wohl berühmteste dieser Varianten ist die mit einigem Anfangserfolg gepflegte **Trapezgeige** von Félix Savart (Paris, 1818). Wissenschaftliche Überlegungen führten diesen Physiker dazu, den Korpus trapezförmig zu bauen, mit geraden Zargen. Die Schall-Löcher waren geradlinig, in Holzfaserrichtung geschnitten, um diese nicht zu durchtrennen.

2.32 *Die Violine*

2.321 **Anatomie und Funktionsweise**

Heute versteht man unter Violine das auch Geige genannte Sopraninstrument der Familie. Wenn die von den Vorgängern übernommenen Bauteile auch mehrfach schon erwähnt wurden, ist es angebracht, sie hier zusammenstellend ausführlicher zu beschreiben, um so mehr, als diese Darstellung (von den Dimensionen abgesehen) auch für die tieferen Instrumente der Gattung Gültigkeit hat. Dabei sind alle angegebenen Maße nur Richtwerte, da sie von Instrument zu Instrument beträchtlich abweichen.
Die Bauart der Violine ist ein erstaunliches Wunderwerk im Zusammenwirken von genialer Einfachheit und äußerster Zweckmäßigkeit bei der konstruktiven und funktionellen Verkettung der immerhin an die 30 Teile, vor allem wenn man an das geringe Gewicht (etwa 400 g) denkt und an den ausschließlichen Gebrauch von Holz nicht einmal besonders wertvoller Natur.
Der bedeutendste Teil der Violine ist der (oder das) *Korpus*, der Resonator. Er besteht aus der Decke, dem Boden und den seitlich verbindenden Zargen. Seine Gestaltung wird durch die gewünschte Verteilung der Resonanzen, durch die Zugkräfte der Saiten und durch die von der Bogenführung geforderte Einschnürung in der Mitte (*Ausschweifung* oder *Bug*) bedingt.

Der *Boden* trägt die gesamte Konstruktion. Im Unterschied zu fast allen anderen Teilen des Korpus besteht er aus härterem Ahorn (Acer), mit quer laufenden Fasern. Er ist entweder aus einem Stück geformt oder aus zwei an der *Fuge* in

Violine

der Längsachse zusammengeleimten Teilen. Der Boden ist nach außen gewölbt und mißt in der Mitte, an der dicksten Stelle, 6 mm. Durch Abflachung der Wölbung und abnehmende Holzstärke gegen die Ränder hin entsteht dort eine schwache Vertiefung, die *Hohlkehle*.

Die *Decke* – sie wird auch *Resonanzboden* oder *Sangboden*, manchmal *Dach* genannt – besteht aus weichem Fichtenholz (Picea abies). In Größe und Form entspricht sie genau dem Boden, hat aber fast immer eine Fuge. Die Maserung verläuft (im Gegensatz zum Boden) in Längsrichtung. Die obere Hälfte (*Brust* oder *Oberbacke*) ist etwas schmaler als die untere (*Bauch* oder *Unterbacke*). Auch die Decke wölbt sich in der Mitte, und zwar nicht nur, um der großen Beanspruchung durch die Saiten standhalten zu können, sondern auch, um – wie beim Boden – das Volumen des Hohlraums zu vergrößern. In der Mitte ist die Decke ca. 4 mm dick; sie wird nach außen dünner, ebenfalls zu einer Hohlkehle von 2 mm Stärke führend. Der Rand ist 3 mm dick.

Die Decke weist 2 Einschnitte auf: oben für die Befestigung

des Halses, unten für den *Untersattel*, der die Kante verstärkt, über welche die dicke Saite geführt wird, die den Saitenhalter festhält. Die beiden Schall-Löcher sind in der Form eines kleinen *f* ausgeschnitten, heißen daher *f-Löcher*. Die beiden rund geformten Enden der Löcher heißen *Mündungen*; in der Mitte sind die Öffnungen mit 2 spitz auslaufenden *Kerben* versehen.
Etwa 5 mm vom Rand entfernt verlaufen parallel zu diesem in Boden und Decke 2 eingelegte *Äderchen* oder *Flödel* aus dunklerem Holz. Sie dienen nicht nur zur Verzierung, sondern sorgen etwaigen von den Rändern ausgehenden Rissen vor.

Zargenkranz und Klötze

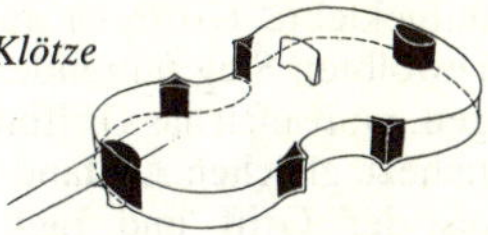

Der *Zargenkranz* bildet den seitlichen Abschluß des Hohlraums. Er ist im wesentlichen aus 6 rechteckigen, sehr dünnen (1 mm) und 3 cm breiten Ahornbrettchen gebildet, die dem Rand von Decke und Boden folgend gebogen sind. Jede Seite hat eine *Ober-*, eine *Mittel-* und eine *Unterzarge*. (Die Mittelzarge gehört zur Einbuchtung.) Das Ganze ist aber so zusammengefügt, daß Boden und Decke rundherum etwa 3 mm vorstehen. Dieser Außenrand verstärkt die Konstruktion und erleichtert das Ansetzen eines Werkzeugs, wenn die Geige zu Reparatur- oder Revisionszwecken aufgeschnitten werden muß. Allein wären die Zargen zu dünn, um die starken Zugkräfte aufnehmen zu können, auch würden sie zu leicht an den Ecken auseinanderbersten. Deswegen sind die Ecken innen durch 4 *Klötze* verstärkt, die wie Säulen den nötigen Halt sichern. Diese Fichtenholzstücke schmiegen sich in die Ecken der Zargen und sind innen derart konkav gerundet, daß der Hohlraum Gitarrenform annimmt. Eine zusätzliche Verstärkung und Abdichtung leisten die *Gegenzargen* (oder *Rippen* oder *Reifchen*); das sind

den Zargenbiegungen folgende kleine, längs Boden und Decke eingeleimte Leisten aus Fichtenholz.
Im Innern der *Schulter*, der oberen Abrundung des Korpus, liegt der *große Klotz*, ein Stab aus weichem Holz mit abgerundeten Kanten; an ihm ist der Hals befestigt. Ihm entgegengesetzt, unten, sitzt der *kleine Klotz*, mit dem in der Mitte eingesteckten *Knopf* zur Befestigung des Saitenhalters.
Rechtwinklig zur Schulter ist der *Hals* angebracht, der in den Wirbelkasten ausläuft. Der Hals wird im unten abgerundeten mittleren Teil, längs dem sich die linke Hand beim Spielen verschiebt, *Griff* genannt. Auf dem Griff sitzt das aufgeklebte *Griffbrett* aus Ebenholz. Weil die über den gewölbten Steg führenden Saiten nicht in einer Ebene liegen, muß auch das Griffbrett gewölbt sein, sollen alle Saiten nahezu gleichen Abstand von ihm einnehmen. Es ist länger als der Griff und ragt selbsttragend über die Decke hinaus.
Der oben offene *Wirbelkasten* hat an den Seitenwänden die *Wirbellöcher*. Da durch je 2 gegenüberliegende Löcher ein konisch geformter *Wirbel* geführt wird, sind die Löcher nicht gleich groß. Die Bedienung der seitenständigen Wirbel wird erleichtert durch wechselseitiges Einstecken von links und von rechts. Sie bestehen aus Buchsbaum-, Rosen- oder Ebenholz (in billigen Geigen aus anderen Hölzern, was auch für das Griffbrett zutrifft). Der Wirbelkasten trägt meistens eine *Schnecke*. Früher waren auch Menschen- und Tierköpfe üblich.
Die Wirbel sind so angeordnet, daß jede Saite, ohne die anderen oder fremde Wirbel zu berühren, zum Griffbrett gelangt, dessen oberster Rand mit dem *Obersattel* versehen ist. Dieses kleine Querleistchen aus Ebenholz definiert genau den schwingenden Teil der (leeren) Saite. Deswegen heißt es italienisch *Capotasto*.

Hier wird nun die für das Klavier funktionsgemäß etwas sinnwidrig übernommene Bezeichnung des Capotasto verständlich. »Tastare« (it.) heißt tasten, befühlen. Dementsprechend ist »tasto« das Griffbrett, auf dem gefühlt, getastet wird. Aus »capo« = Kopf, Ende, Abschluß ergibt sich für »capotasto« die Sinnbedeutung Griffbrettabschluß.

Die Saiten verlaufen weiter über dem Griffbrett zum *Steg* hin. Der Steg aus Hartholz steht auf der höchsten Stelle der Deckenwölbung, zwischen den Kerben der *f*-Löcher. 4 kleine Einschnitte an seiner Oberseite fixieren die Lage der Saiten, welche (etwas umgelenkt) unten im Saitenhalter enden und dort einfach durch einen in Ösen gesteckten Knoten befestigt sind. Der *Saitenhalter* aus Ebenholz weist auf der Unterseite 2 Bohrungen in Längsrichtung auf, durch die eine dicke Darmschlaufe, die *Henkelsaite*, gesteckt wird, welche um den Knopf im kleinen Klotz läuft. Der Saitenhalter schwebt frei, durch die Saitenspannung gehalten, über der Unterbacke.

Die Decke ist relativ steif, mit durch die Wölbung erhöhter Festigkeit, aber die periphere Hohlkehle erteilt ihr die zum Schwingen erforderliche Elastizität. Besonders beweglich muß (trotz der dort höheren Dicke) die Mitte sein, wo der Steg steht. Dazu bewirken die beiden *f*-Löcher eine teilweise Entkoppelung, indem sie die innere Zone der Decke von den Seiten trennen – zusätzlich zur Aufgabe, den Hohlraum, der seine eigenen Resonanzen hat, mit der umgebenden Luft zu verbinden. Andererseits schwächen diese Schall-Löcher die Decke gerade an der Stelle, wo sie die größte Belastung durch den vertikalen Saitendruck erleidet. Diese Kraft darf nicht unterschätzt werden: Die gesamte Längsspannung der 4 Saiten beträgt ungefähr 28 kg (!). Sie erzeugt eine vertikal auf den Steg wirkende Kraftkomponente, weil die Saiten abgewinkelt über ihn verlaufen; diese Last liegt bei 12 kg. Es ist wirklich erstaunlich, wie ein so leicht gebautes Instrument (im Totalgewicht von 400 g ist der schwere Hals inbegriffen) derartige Belastungen überhaupt aushalten kann, ohne dabei an Schwingungsfähigkeit einzubüßen.

Der hohe Vertikaldruck würde praktisch die Decke blockieren, wenn nicht zwei weitere, eminent wichtige entlastende

Bauteile vorhanden wären: Unter dem rechten Stegfüßchen (in Aufsicht, bei hochgehaltenem Griff), unter der höchsten Saite, befindet sich im Innern, zwischen Boden und Decke geklemmt, ein 5–6 mm dickes Fichtenholzstäbchen, der *Stimmstock*. Die Rolle dieser Abstützung gegen den Boden

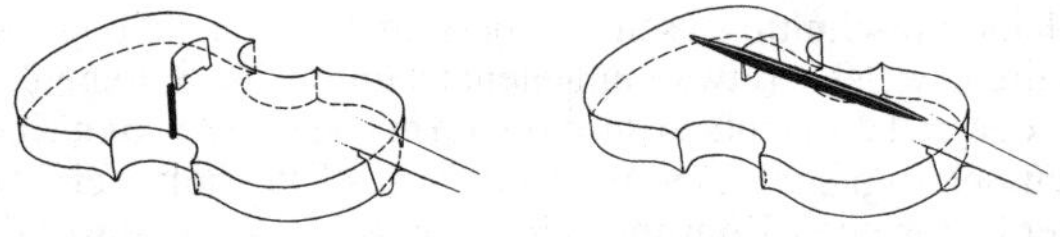

Anordnung von Stimmstock (links) und Baßbalken

ist so wichtig, daß der Stimmstock französisch *»âme«* und italienisch *»anima«* genannt wird, was in beiden Fällen »Seele« bedeutet. Die korrekte Einpassung des Stimmstocks ist eine subtile Arbeit. Sie besteht nicht nur darin, die genau richtige Länge herzustellen, sondern – vor allem – im geduldigen Ausprobieren der günstigsten Stelle. Davon hängen Klangqualität und Toncharakter ganz wesentlich ab.

Zu dieser Justierung wird der Stimmstock mit einer speziellen Pinzette durch das am nächsten liegende *f*-Loch wiederholt verstellt.

Der Stimmstock war schon im Crwth vorgeformt; dessen Steg war deshalb unsymmetrisch, weil sein rechter Fuß durch ein Loch in der Decke in den Innenraum drang und sich auf den Boden stützte.

Unter dem linken Stegfuß ist auf der Innenseite der Decke der *Baßbalken* angeleimt. Sein Name weist darauf hin, daß er sich in der Gegend der tiefsten Saite befindet. Er ist ein Stab aus Fichtenholz von mindestens $^2/_3$ der Korpuslänge, mit abgerundeten Kanten. An der Klebestelle ist er 5 mm breit, unter dem Steg mit 10 mm am dicksten. Auch dem Baßbalken muß größte Sorgfalt bei der Herstellung gewidmet werden, hat er doch genau der Deckenwölbung zu folgen. Er wird nicht parallel zur Fuge angebracht, sondern etwas schief: am unteren Ende ist er um eine Balkenbreite weiter von der Fuge entfernt als am oberen Ende, was die unten größere Korpusbreite berücksichtigt.

Die Funktion von Stimmstock und Baßbalken ist besonders genial ausgedacht: Der rechte Stegfuß wirkt als Drehpunkt (da er durch den Stimmstock fixiert ist). Die zum oberen Rand des Steges tangentialen Saitenschwingungen werden demnach als vertikale Bewegung auf den linken Fuß übertragen und durch ihn dem Baßbalken übermittelt. Dieser

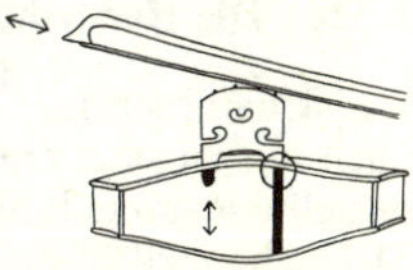

Wirkungsweise von Stimmstock (rechts) und Baßbalken

gibt die Schwingungen auf die ganze Deckenlänge weiter. Es soll nochmals auf die nicht zu überbietende Zweckmäßigkeit der Konstruktion hingewiesen werden: Die *f*-Löcher erleichtern das Schwingen des Deckenzentrums, schwächen aber die statische Resistenz derselben Zone. Gerade dieser Nachteil wird durch Stimmstock und Baßbalken nicht irgendwie passiv kompensiert, sondern in den wesentlichen Vorteil umgewandelt, die Schwingungen, für deren Ausstrahlung die Saitendicke zu gering wäre, auf die große Fläche der Decke zu übertragen.
Die Elastizität der Decke und die Hohlraumresonanzen wirken selektiv auf die harmonischen Teilschwingungen der Saite und müssen so disponiert sein, daß die an den Geigenton gestellten ästhetischen Bedingungen erfüllt werden.
Auf den Saiten bilden sich auch schwer kontrollierbare Längsschwingungen. Die komplizierten Einschnitte im Steg verhindern durch elastisches seitliches Nachgeben deren Übertragung auf die Decke. Außerdem verringern diese Einschnitte das Gewicht des Steges, der ja möglichst trägheitsarm quer zu den Saiten zu schwingen hat.
Der Steg ist nicht symmetrisch: Seine Wölbung sinkt auf der Baßseite weniger weit herab, damit gegen die Tiefe hin die Saiten weiter vom Griffbrett entfernt bleiben. Dies ist zweckmäßig, weil die möglichen Schwingungsamplituden

von der obersten E- zur untersten G-Saite zunehmen (und die Saite beim Schwingen nicht auf dem Griff aufschlagen soll). Hingegen wäre bei übertriebenem Abstand der E-Saite vom Griffbrett ein zu großer Kraftaufwand erforderlich, um sie niederzudrücken.

2.322 **Die Herstellung der Violine**

Es ist natürlich hier nicht möglich, einen Geigenbaukurs auch nur zu skizzieren. Jedoch soll wenigstens auf die oft gestellte legitime Frage geantwortet werden, wie man eine Decke herstellt. Der Vorgang läßt sich in einzelne Schritte zerlegen:

1. Das Holz wird in Längsrichtung mit radialen oder wenigstens nach außen divergierenden Schnitten aus dem Stamm getrennt. Dadurch erhält man einen trapezförmigen Querschnitt.
2. Das so erhaltene Brett wird in Längsrichtung in der Mitte auseinandergesägt, so daß die beiden dadurch entstehenden Hälften wiederum trapezförmigen, jetzt niedrigeren Querschnitt aufweisen.
3. Die beiden Teile werden auseinandergeklappt (wie man ein Buch aufschlägt) und längs der beiden dabei zusammenkommenden breiteren Trapezbasen zusammengeleimt. Durch dieses Vorgehen entsteht in der ganzen Dicke die zur

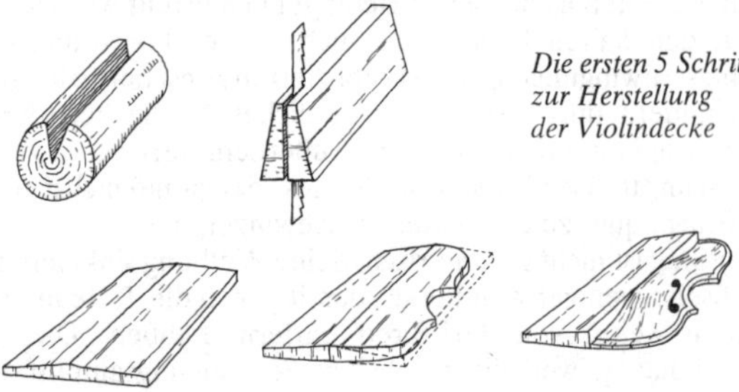

Die ersten 5 Schritte zur Herstellung der Violindecke

Fuge symmetrisch gezeichnete Maserung. Jetzt sieht dieses Geigenholz wie ein Dach aus, mit flach durchgehender unterer Fläche.

4. Nun wird der Umriß mit einer Bandsäge ausgeschnitten und mit Hilfe von Schablonen geformt.

5. Zuerst wird die Gestalt der äußeren Wölbung herausgehobelt, symmetrisch zur Fuge. Eine sehr genau zu nehmende, weil für die Schlußform entscheidende Arbeit, wiederum durch Schablonen kontrollierbar. Das Brett ist unten immer noch flach.

6. Erst nachträglich, wenn die Oberseite fertig ist, beginnt man die Unterseite auszuhöhlen. Dabei muß ständig, an jeder Stelle, die Dicke mit einem Meßzirkel, dem *Tasterzirkel*, überwacht werden, bis sie überall genau stimmt. Für diese Geduldsarbeit werden kleine Hobel verwendet, bis zu 3 cm Länge und 1 cm Breite. – Da die Dicken ziemlich genau vorbestimmt sind, ist nun verständlich, wie wichtig die richtige Form der äußeren (oberen) Fläche ist, da man sich jetzt auf sie bezieht. Hier kommen aber Akustik und Gehör zum ersten Mal in Einsatz: es ist nicht nur der Tasterzirkel bestimmend, sondern es wird durch Klopfen auf die verschiedenen Zonen immer wieder der Klang kontrolliert. Er gilt als wesentliche Orientierung beim endgültigen und optimalen Nacharbeiten der Flächen, das später vorgenommen wird (Punkt 9). – Die Wölbung ist also aus dem Vollen geschnitten; nur bei ganz billigen Fabrikgeigen in Serienherstellung entsteht sie durch Biegung eines flachen Brettchens.

7. Die am Rand umlaufenden Äderchen werden eingelegt. Wieder eine Geduldsarbeit: genaues Ausheben der Rinnen mit dem 2 parallele Klingen aufweisenden *Einschneideschnitzer* und Einpassen des dünnen Einsatzes.

8. Nach provisorischem Aufleimen auf die schon fertigen und auf den Boden geklebten Zargen wird der Rand nochmals genau, den Zargen folgend, nachgeschnitten.

9. Die Decke wird wieder abgetrennt und nochmals nachgearbeitet. Auch die Optik kommt zu Hilfe: Der Geigen-

bauer prüft die Dicke auch auf Grund des Durchscheinens von Sonnen- oder Lampenlicht.

10. Die *f*-Löcher werden aufgezeichnet und, von den Mündungen beginnend, ausgeschnitten.

11. Der Baßbalken wird hergestellt, richtig angepaßt und verleimt. Wieder einmal hängt das Gesamtresultat von der Genauigkeit einer Baustufe ab. Der Balken wird vorerst genau der Wölbung folgend geschnitten. Dann erniedrigt man ihn gegen die Enden hin, so daß er beim Auflegen um die unter den Steg kommende Mitte ein wenig schaukeln kann. Beim Ankleben entsteht dadurch in der Mitte ein der Saitenlast entgegenwirkender Druck nach oben, und ein Zug nach unten an den Enden. (Bei schwach gewölbten Decken wird dieser Druck stärker; höhere Wölbung bedarf geringerer Unterstützung. Dies erfordert sorgfältige Abwägung.)

Die Zargen werden nach dem Zurechtschneiden mit dem warmen *Biegeisen* gebogen. Auch der Hals mit Saitenhalter und Schnecke wird manuell hergestellt, nach erstem Aussägen der groben Profile. In fertigem Zustand wird er angeklebt.

Das Fichtenholz für die Decke muß aus einer Gegend mit langsamem Baumwuchs stammen, d. h. aus 1200–1500 m Meereshöhe, wo es dichte Faserung (Jahresringe) erhält.

2.323 **Die Violinsaiten**

Auf die Violine sind 4 in Quinten gestimmte Saiten gespannt. Sie werden von oben herab numeriert: I = e^2, II = a^1, III = d^1, IV = g. Die Tonhöhe einer Saite hängt von verschiedenen Faktoren ab. Sie nimmt zu, wenn

a) die Länge abnimmt,
b) die Spannung zunimmt,
c) der Querschnitt verkleinert wird,
d) das Gewicht bei gleichbleibendem Querschnitt verringert wird. Gemeint ist dabei das Gewicht pro Längeneinheit (z. B. eines 1 cm langen Stücks).

Die genaue Formel sieht so aus:

$$f = \frac{1}{2L}\sqrt{\frac{P}{q \cdot d}}.$$

Dabei bedeuten: f die Frequenz, L die Saitenlänge, P die Spannung (Zugkraft), q den Querschnitt (Fläche), d die Materialdichte (Masse/Volumeneinheit).

Alle 4 Parameter werden in der Praxis ausgenützt:

a) Mit den Fingern der linken Hand grenzt der Spieler die Länge des schwingenden Saitenstücks ab, indem er an geeigneter Stelle die Saite auf das Griffbrett drückt. Soll der Ton klar definiert erscheinen, muß dabei eine erhebliche Kraft ausgeübt werden und dies in einer physiologisch nicht gerade günstigen Stellung, mit so stark gedrehter Hand, daß der Handrücken fast ganz nach innen weist. Außerdem müssen Fingerbewegung und Bogenführung ganz synchron gehen, etwa wie bei Holzblasinstrumenten Klappentechnik und Anstoßen der Töne.

b) Wird der Stimmwirbel gedreht, ändert sich die Saitenspannung und damit die Stimmung. Mit dem Stimmen beginnt man beim a^1 der Saite II als Bezugsfrequenz. Es heißt nicht von ungefähr *Kammerton*, denn es bildet die Ausgangslage des Stimmvorgangs aller Instrumente. Das korrekte a^1 entnimmt man einer Stimmgabel, oder es wird im Orchester durch die Oboe gegeben, weil man dieses Instrument auch im Tongewirr der Konzertvorbereitung durchdringend hört; außerdem erleichtert sein Obertonreichtum den Tonhöhenvergleich anderer Instrumente. Dies ganz abgesehen davon, daß die Oboe schwerer umstimmbar ist als andere Instrumente, dafür aber in der Tonlage ziemlich konstant verweilt. Ist jedoch der Einsatz eines Klaviers als Solo- oder als Orchesterinstrument vorgesehen, muß nach diesem gestimmt werden, da es praktisch in kurzer Zeit nicht mehr verändert werden kann. – Liegt das a^1 fest, werden die anderen Saiten so gestimmt, daß reine Quinten entstehen: I und III in Quinten zu II, dann IV in der Unterquinte von III. Auf die dabei entstehenden Probleme soll später eingegangen werden.

c) Die Saite IV müßte, wäre sie gleich dick wie I (e^2), so weit entspannt werden, daß sie musikalisch nicht mehr brauchbare Klänge erzeugen würde. Ein Verlängern ist nicht denkbar, weil die Dimensionen des Instruments festliegen; also muß man zu einem anderen Parameter Zuflucht nehmen und größere Stärke wählen. In der Tat werden von I (e^2) abwärts bis III (d^1) die Saiten zunehmend dicker.

d) Weil sich für die Saite IV (g) aber eine zu große, die Saite versteifende Dicke ergäbe, nützt man den letzten Parameter aus, indem man die Saite durch darumgewickeltes Metall (Kupfer, Silber oder Aluminium) beschwert. (Dies ist leicht zu verstehen: je schwerer die Saite, um so träger die Bewegung.) Die Darmseele dieser *umsponnenen* oder *umwickelten* Saite wird vor der Metallauflage durch eine Lage Seidenfaden geschützt.

Die höchste Saite besteht oft, zum Nachteil der Klangfarbe, die dadurch schärfer wird, aus Stahl, der bedeutend resistenter ist als die an dieser Stelle bis hart an die Grenze der Reißfestigkeit beanspruchte Darmsaite. Im übrigen verwendet man heute oft synthetisches Material (Nylon, Perlon), das leichter mit konstanter Dicke herstellbar und obendrein haltbarer ist.

Die theoretische Saitendicke sollte für eine ausgeglichene Lastverteilung betragen: e^2 (Darm) = 0,5 mm; a^1 = 0,75 mm, d^1 = 1,125 mm; g (mit Silber umsponnen) = 1 mm. Praktisch kommen immer Abweichungen von diesen Richtwerten vor.

Überlegen wir kurz, wie die Saiten verwendet werden. Auf jede Saite können 4 Finger der linken Hand einwirken. Der Daumen befindet sich unter dem Hals und hält das Instrument fest. Die Spielfinger werden (um den Fingersatz beschreiben oder in die Noten eintragen zu können) numeriert. Diese Numerierung weicht aber von der für das Klavier gebrauchten ab, da hier der Daumen nicht mitgezählt wird. deswegen ist »1« = Zeigefinger und »4« = kleiner Finger. (Beim Klavier ist »1« = Daumen und »5« = kleiner Finger.)

Stellen wir uns jetzt einen Violinisten vor, der, ausgehend

von der tiefstmöglichen Note, die G-Dur-Tonleiter spielen möchte. Er geht so vor:

- Saite IV liefert leer das g, dann nacheinander, durch die Finger 1, 2, 3, 4 der Reihe nach gekürzt, die darauf folgenden Noten a, h, c^1, d^1. Diese letzte Note stimmt mit der leeren Saite III überein. Deswegen ist es sinnvoll, auf diese Saite hinüberzuwechseln:
- Saite III. Auf ihr kann man wieder mit den nacheinander aufgesetzten Fingern fortfahren und erhält d^1 (leer), dann e^1, fis^1, g^1, a^1. So ist nochmals der durch die nächste Saite gegebene Ton erreicht. Folglich geht es auf Saite II weiter:
- Saite II gibt leer a^1 und gegriffen nacheinander h^1, c^2, d^2, e^2. Dann erfolgt wieder der Wechsel auf die höhere Saite:
- Saite I erzeugt leer e^2, dann fis^2 und g^2.

Auf diese Weise war die Tonleiter über 2 Oktaven zu spielen, ohne die Hand von der Grundstellung am Griffende in der Nähe des Wirbelkastens entfernt zu haben. Diese Handposition nennt man *1. Lage*. Mit ihr gelangt man auf Saite I bis zum h^2.

Die vorangehende Überlegung zeigt, daß beim Saitenwechsel jedesmal ein Ton wiederholt werden kann, einmal gegriffen, das andere Mal auf der höheren Saite leer. Leer schwingende Saiten klingen etwas anders als gegriffene Töne und stechen gegenüber diesen etwas hervor. Dies hat mit der Gewandtheit des Spielers nichts zu tun und rührt daher, daß die Fingerkuppe geometrisch weniger genau den Saitenabschnitt definiert als der starre Obersattel. Will man die beschriebene Tonleiter mit homogener Klangqualität spielen, muß der Grundton jeder nächsthöheren Saite jeweils vermieden werden; der mit Finger »4« auf der vorangehenden Saite erzeugte Ton ist vorzuziehen.

Es ist nun leicht einzusehen, daß die Stimmung in Quinten kein Zufall ist, denn sie ermöglicht, ohne Lagenwechsel der linken Hand, einen Tonumfang von über 2 Oktaven (g–h^2) zu erreichen.

Wird die linke Hand so weit gegen den Körper herangezogen, daß Finger »1« auf der Saite IV (G) nicht mehr das a erzeugt, sondern um einen Ton höher liegt (mit dem h), spricht man von *2. Lage*. In ihr verschiebt sich alles um einen

Ganzton nach oben, und die höchste Note wird c^3. Analog dazu fährt man mit Ganztonverschiebungen in die höheren Lagen fort. In der 7. Lage ist der tiefste auf der G-Saite gespielte Ton das g^1, eine Oktave über dem leeren g.

Beim Spiel in verschiedenen Lagen ergibt sich eine Schwierigkeit. Jedes Intervall ist durch das Frequenzverhältnis der beiden Töne bestimmt. Das bedeutet, daß mit steigender Lage dasselbe Intervall zunehmend enger zu greifen ist. Vom g aus ist z. B. die Terz bei $^4/_5$ der gesamten Saitenlänge zu finden. Auf derselben Saite müssen hingegen von g^1 aus $^4/_5$ der restlichen (kürzend gegriffenen) Länge genommen werden, also genau die Hälfte des früheren geometrischen Abstandes.

Die Violinsaite ist zwischen Obersattel und Steg ca. 32 cm lang. Die große Terz (h) über dem Grundton der Saite IV (G) erfordert die Verkürzung auf $^4/_5 \cdot 32 = 25{,}6$ cm. Die Differenz von 6,4 cm gibt den Abstand vom Obersattel an, den der (in diesem Fall zweite) Finger greifen muß. In der 7. Lage erzeugt Finger »1« den Grundton g^1, indem er die Saitenlänge halbiert = 16 cm. Für die Terz ist jetzt zu kürzen auf $^4/_5 \cdot 16 = 12{,}8$ cm. Die Distanz des jetzt greifenden Fingers »3« (»1« ist ja für den Grundton besetzt) ist $16 - 12{,}8 = 3{,}2$ cm, d. h. die Hälfte von vorher.

Beim Erlernen des Violinspiels muß der Anfänger schrittweise in mühevoller Hingebung Lage um Lage erobern. Auf der 1. Saite (E) geht man bis zur 13. Lage mit dem höchsten Violinton d^4. Ausnahmsweise kommt die 14. Lage dazu: Das Violinkonzert von Dvořák reicht bis zum a^4 hinauf, dem höchsten a des Klaviers.

Wenn 2 benachbarte, wie nun bekannt in reinen Quinten gestimmte Saiten durch flaches Auflegen eines Fingers in demselben Verhältnis gekürzt werden, muß wieder eine Quinte entstehen, und zwar an jeder Stelle des Griffbretts. (Nur bei minderwertigen oder abgespielten Saiten trifft dies nicht uneingeschränkt zu.) Man spricht von *quintreinen* Saiten. Dieses Gütekriterium kann nur durch auf der ganzen Länge eingehaltene Homogenität (in Dichte und Querschnitt) erfüllt werden.

Strenggenommen besitzt jede Saite ihren besonderen, spezifischen Klang. Der größte Unterschied besteht selbstverständlich zwischen den äußersten Saiten, der kristallklar und brillant klingenden höchsten, auch »Quinte« genannt (frz. »chanterelle«, it. »cantino«, weil ihr fast ausschließlich die Melodierolle zufällt), und der g-Saite von viel runderem und satterem Klang. Nicht von ungefähr wird diese Saite häufig ihrer besonderen Klangqualität wegen ausdrücklich – auch für höhere Bereiche – vorgeschrieben, oft mit der italienischen Angabe »sul sol« (Bruckner, 7. Sinfonie, 2. Satz/ Adagio).

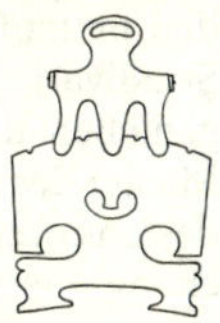

Steg mit aufgesetzter Sordine

Die Klangfarbe wird stark verändert durch Aufsetzen der *Sordine*, einer Art doppelten Kamms, der, ohne die Saiten zu berühren, auf den Steg geklemmt und durch eigene Elastizität oder eine Feder festgehalten wird. Die Sordine wirkt durch ihr Gewicht hemmend auf den Steg, der den höheren, schnelleren Schwingungen nun schwer folgen kann, weil diese die Trägheitskraft nicht mehr voll zu überwinden imstande sind. Diese bedeutende Aussiebung harmonischer Klangkomponenten ergibt eine etwas gedrückte Klangfarbe. Man merke sich also, daß die Sordine eigentlich weniger zur Erniedrigung der Lautstärke dient (extremes Pianissimo ist auch ohne sie erzielbar), sondern eher zur Erzeugung traumhafter, verklärter Klangfarben (Anfang des 2. Satzes in Beethovens 5. Klavierkonzert). Sordine im Forte kommt z. B. im 4. Satz der »Pathétique« von Tschaikowskij vor.
Notiert werden die Violinen durchweg im Violinschlüssel, der bekanntlich das g^1 auf der 2. Linie des Notensystems definiert. In alten Partituren aus Zeiten, in denen den Bläsern mehr abfärbende als selbständige Aufgaben zugeteilt wurden, erscheinen sie oft noch zuoberst, als führende Stimmen. Heute sind die Streicher unten zusammengefaßt, mit den ersten Violinen an oberster Stelle und den zweiten gleich darunter.

2.324 **Das »Geheimnis« Stradivaris**

Angesichts der eminenten Bedeutung der Korpusresonanzen als entscheidende Faktoren bei der Bildung des Optimalklangs ist es nicht erstaunlich, daß über die Herstellung der Geigen, speziell des Korpus, allerlei zählebige Legenden umlaufen. Allen voran diejenige eines angeblich von Stradivari gehüteten Geheimnisses. Seine Instrumente genießen den Ruhm, unerreichte Wunderwerke zu sein, Muster des einzig wahren Geigentons. Dabei sprechen mindestens drei Gründe gegen eine solche kritiklose Verherrlichung: die meistens fragwürdige Authentizität der »Stradivari«-Instrumente, die entstellenden Eingriffe, denen sie meist unterzogen wurden, die Alterung. Von den einigen Hundert bekannten »Stradivari«-Geigen sind nur etwa 2 Dutzend auf Grund ihrer lückenlos nachweisbaren Geschichte (gesicherte Folge der Besitzer) ohne Zweifel authentische Schöpfungen aus der Werkstatt des Meisters. Die meisten anderen wurden allerdings in derselben Zeit gebaut – schon damals fälschte man Stradivari-Geigen. Sie könnten ebenfalls bewundernswert gut sein, wenn sie nicht, wie die echten, bedauerliche Leidensgeschichten hinter sich hätten.

Die Etikette, *Geigenzettel* genannt, mit Datum und Namen des Herstellers, im Innern des Bodens eingeklebt, hat zur Bewertung praktisch keine Bedeutung. Sie wird und wurde systematisch gefälscht oder von einem Instrument zum anderen übertragen. So findet man in Fälschungen auch Etiketten, die von echten Stradivaris stammen. Die immer wieder aufglühenden Hoffnungen beim Auffinden einer als »Stradivari« etikettierten Violine müssen grundsätzlich enttäuscht werden. Es gibt keine unbekannten Stradivari-Geigen.

In ihrer mehr oder weniger abenteuerlichen Existenz mußten die alten Instrumente, vor allem die besten, allerlei gewalttätige Eingriffe, »Verbesserungen« und Restaurierungen über sich ergehen lassen. Die stärksten Entstellungen entsprangen den ständig zunehmenden spieltechnischen Ansprüchen und besonderen Bedürfnissen der Virtuosen. Abgesehen von verbrecherischen Verstümmelungen bis zu

Dimensionsänderungen (verkleinerndes »Zurechtschneiden« des Korpus oder sogar Vergrößerung der Decke durch angeklebte Umrandung) sind folgende Änderungen als normal anzusehen:

a) Um für immer virtuoseres Spiel den Fingern des Violinisten mehr Platz zur Verfügung zu stellen, wurde der Hals von 110 auf 130–135 mm verlängert.

Die Verlängerung des Halses beträgt also 2,5 cm. Aus der jetzigen Saitenlänge von 32,5 cm folgt die damalige: 30 cm. Die Formel für die Saitengrundfrequenz zeigt, daß die Saitenlänge, bei gleicher Tonhöhe, sich proportional zur Quadratwurzel der Spannung verhält:

$$L \approx \sqrt{P},$$

also

$$P \approx L^2.$$

(Eine Verlängerung der Saiten erniedrigt den Ton, wenn dieses Herabsinken der Tonhöhe nicht durch höhere Spannung ausgeglichen wird.) Um die Saitenverlängerung von 30 auf 32,5 cm zu kompensieren, hat die Spannung im Verhältnis $(32{,}5/30)^2 = 1{,}17$ zu steigen. Das ist ein Zuwachs von 17%.

b) Zur Erleichterung des Spiels in früher nicht gebrauchten hohen Lagen mußte der Hals eine Schlankheitskur über sich ergehen lassen.

c) Die hohen Lagen konnten aber nur dadurch erschlossen werden, daß das Griffbrett entsprechend länger und weiter über den Korpus gezogen wurde. Von 190 mm kam es auf 266–270 mm Länge.

Um 1700 stellte für gute Spieler die 7. Lage die obere Grenze dar: etwa eine Oktave über der 1. Lage. Nach Paganini ging man eine weitere Oktave höher, bis zur 13. Lage. Wegen der Saitenlänge von 30 cm bedeutet dies, daß für das alte Griffbrett eine Länge von etwas mehr als der Hälfte der Saitenlänge genügte. Um zur höheren Oktave zu gelangen, ist der schwingende Teil der (länger gewordenen) Saite nochmals zu halbieren. Also muß das neue Griffbrett mindestens $^3/_4 \cdot 32{,}5 = 24{,}4$ cm lang sein (wobei noch genügend Platz für die agierenden Finger hinzuzunehmen ist).
Der Teil über dem Korpus betrug früher $190 - 110 = 80$ mm; er mißt heute $270 - 135 = 135$ cm, also ganze 5,5 cm mehr. Gesamtverlängerung des Griffbretts: $2{,}5 + 5{,}5 = 8$ cm.

d) Der Steg wurde von 27 auf 32–35 mm erhöht, um das virtuose Spiel einzelner Saiten zu erleichtern. Ob es der zu Bachs Zeiten weniger straff gespannte, aber nicht mehr sehr stark geschweifte Bogen erlaubte, 4 Saiten gleichzeitig zu spielen, bleibt umstritten. Möglicherweise waren allerdings 3tönige Akkorde möglich (der Steg war ja flacher), was wenigstens teilweise das heute unvermeidliche, behelfsmäßige und unbefriedigende Arpeggieren einschränkte. Oder sind die Bach-Solosonaten als abstrakte Wunschvorstellungen zu verstehen? (Beim Streichinstrument berührt der Bogen beim Arpeggio in rascher Folge nebeneinanderliegende Saiten, durch eine Kreisbewegung der rechten Hand geführt.)

e) Die Erhöhung des Steges hätte die Saite zu sehr vom Griffbrett abgehoben; man mußte dieses folglich mit dem Hals stärker nach hinten neigen.

Zu den glorreichen Pionierzeiten des Geigenbaus befand sich die obere Halsfläche in der Ebene des Deckenrandes. Die schon vorhandene, aber geringere Neigung des Griffbretts wurde durch einen zwischen diesem und dem Hals eingefügten (Längs-)Keil erreicht. Beim später üblichen Umbau verschwand der Keil, und der ganze Hals nahm die Neigung des Griffbretts an.

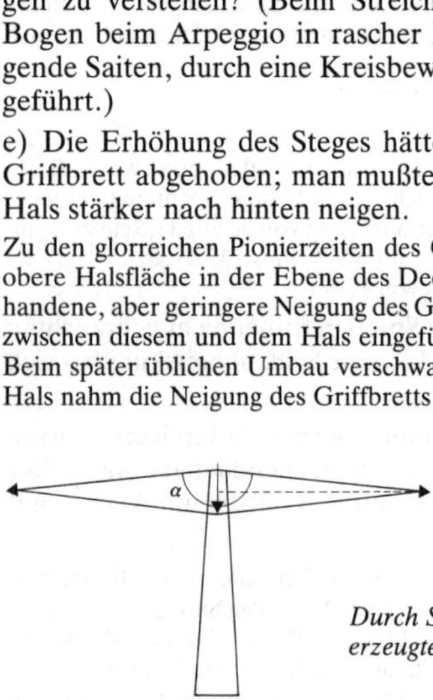

Durch Saitenspannung erzeugter Druck auf den Steg

Die veränderte Geometrie bewirkte einen weniger flachen Saitenverlauf über dem Steg: Der von 164° auf 155°–158° verkleinerte Winkel verursacht eine Vergrößerung der auf die Decke wirkenden senkrechten Belastung auf die heutigen 10–12 kg.

Bei einem Gesamtzug von 28 kg (Darmsaiten) folgt der Betrag der vertikalen Kraftkomponente, also der auf die Decke wirkende Saitendruck, aus der trigonometrischen Berechnung:

$$2 \cdot 28 \cos \frac{\alpha}{2} = 56 \cos 78° = 11{,}6\,\text{kg}.$$

Mit dem früheren Winkel hätte diese Last (bei gleich vorausgesetzter Saitenspannung) 56 cos 82° = 7,79 kg betragen. Das die Spannungserhöhung wiedergebende Verhältnis ist (11,6/7,79) = 1,49. Ein Zuwachs von nahezu 50%.

f) Wegen der immer größer werdenden Konzertsäle und Orchester entstanden der Wunsch und die Notwendigkeit, einen strahlenderen und kräftigeren Klang zu erzielen. Dazu ersetzte man die erheblich dünnere, zart klingende frühere Besaitung durchweg durch eine dickere; z. B. hatte die frühere A-Saite die Stärke der heutigen E-Saite.

Die Dicke der A-Saite stieg also von 0,5 mm (heutige E-Saite) auf 0,75 mm. Die Frequenzformel zeigt, daß erhöhter Saitenquerschnitt (q in der Formel) durch eine entsprechende proportionale Spannungserhöhung kompensiert werden muß, soll der Bruch unter der Quadratwurzel unveränderten Wert behalten. Der Querschnitt ist aber seinerseits dem Quadrat des Durchmessers proportional. Somit beträgt die erforderliche Spannungsvergrößerung $(0{,}75/0{,}5)^2 = 2{,}25$, also mehr als das Doppelte!

g) Der Ersatz einer oder mehrerer Darmsaiten durch dauerhaftere Stahlsaiten erhöhte zusätzlich die mechanische Beanspruchung des Instruments.

Die in der Literatur darüber zu findenden Angaben widersprechen sich. Eigene Messungen mit handelsüblichen E-Saiten ergaben für e^2 = 660 Hz (dem a^1 = 440 Hz entsprechend) folgende Mittelwerte:

Darmsaite	6,5 kg	Zugkraft,
Stahlsaite	8,5 kg	Zugkraft.

Die den Stahlsaiten zuzuschreibende Mehrbelastung beträgt hiermit ziemlich genau 30%.

Die Stahlsaiten erschienen schon um 1850, aber erst ab etwa 1915 wurde Stahl für die E-Saite (allein) allgemein üblich.

Da Stahlsaiten weit weniger längenelastisch sind als Darm- oder Nylonsaiten, erlauben es die Wirbel nur sehr schwer, beim Stimmen die erforderliche Präzision zu erreichen. Beim Drehen springt der Wirbel meistens etwas über die erwünschte Stellung hinaus. Um dieser Schwierigkeit abzuhelfen, wird eine kleine Mechanik gebraucht, *Feinstimmer* oder auch (wieder einmal pars pro toto) *Mikrometerschraube* genannt. Darmsaiten kann man am unteren Ende einfach durch einen Knoten verdicken, welcher in einer der 4 Ösen des Saitenhalters festgehalten wird. Stahlsaiten lassen sich nicht so leicht knoten und werden deswegen mit einer »Kugel« geliefert, d. h. mit einer metallenen Verdickung am unteren Ende. Diese Kugel kommt nun nicht direkt in den Saitenhalter, sondern in die erwähnte, durch den Saitenhalter festgehaltene Einrichtung. Sie weist einen L-förmigen, im Scheitel drehbar gelagerten Hebel auf. Sein kürzerer, aufrecht stehender Arm hält in einer Spalte die Saite mittels ihrer Kugel fest. Auf den längeren, horizontalen Teil wirkt eine kleine senkrechte Handschraube, welche die gewünschte Feineinstellung ermöglicht. Zur glücklicherweise seltenen Verwendung eines vollständigen Stahlbezugs (etwa wegen der Wetterfestigkeit bei im Freien spielenden Kurorchestern) werden auch Saitenhalter mit fest verbundenen 4 derartigen Mikrometerschrauben geliefert.

Ein zusätzlicher Nachteil der Stahlsaiten besteht darin, daß die Stimmung längere Zeit fast unverändert beibehalten wird (was für den Violinisten ziemlich bedeutungslos ist, da eine Kontrolle und ein genaues Nachstimmen jeweils unerläßlich bleibt). Die ohnehin schon erhöhte Belastung des Korpus wirkt deswegen ständig mit Größtwerten. Darmsaiten hingegen entspannen sich durch Nachgeben und erlauben so dem Instrument, sich zu erholen.

Die Saitenfrequenz ist der Quadratwurzel der Spannung proportional. Diese der Formel entnommene Aussage kann auch so formuliert werden: Für zwei verschiedene Frequenzen (auf derselben Saite) ist das Spannungsverhältnis gleich dem Quadrat des Frequenzverhältnisses:

$$P_1/P_0 = (f_1/f_0)^2 .$$

Auf Grund dieser Gleichung kann ein Eigenversuch ausgewertet werden: Eine auf e^2 = 660 Hz gestimmte E-Saite aus Darm (mit der oben schon erwähnten Spannung von 6,5 kg) war nach 24 Stunden auf 651 Hz gesunken. Dieser Erniedrigung entspricht das Zugkraftverhältnis $(651/660)^2 = 0{,}97$. Eine Abnahme um 3%, welche, auf die Gesamtspannung von 28 kg bezogen, immerhin fast 1 kg ausmacht.

h) Die Kammerton-Stimmfrequenz ist seit dem Barock ständig gestiegen. Sogar die rechtlich 1939 festgelegte, immer noch geltende Normierung von $a^1 = 435$ Hz wird kaum noch eingehalten; dabei stellte diese Norm schon eine erhebliche Konzession dar. Man muß heute froh sein, wenn nicht 442 Hz überschritten werden. Die Berliner Philharmoniker spielen sogar mit 445 Hz (was auch in den USA üblich ist und Europa durch die Platten »Music minus one« aufgezwungen wird). Höhere Stimmung ist aber gleichbedeutend mit größerer Saitenspannung.

Die weiter oben abgeleitete Formel für das Spannungsverhältnis bei verschiedenen Frequenzen ergibt jetzt beim Steigen von den gegenüber dem Barock schon hohen 435 Hz auf 445 Hz: $(445/435)^2 = 1{,}047$. Die Beanspruchung der Geige steigt somit um mindestens 4,7%, was vielleicht wenig erscheinen könnte, aber, auf die Gesamtspannung bezogen, eine Erhöhung auf $1{,}047 \cdot 28 = 29{,}32$ kg und somit um mehr als 1 kg bedeutet.

i) Um die erhöhte Beanspruchung aushalten zu können, mußte der ursprüngliche Baßbalken durch einen dickeren und längeren ersetzt werden.

j) Im gleichen Sinne war auch der Stimmstock durch die von 3 mm auf 5–7 mm gebrachte Dicke zu verstärken.

k) Der stärker beanspruchte Hals konnte nicht mehr wie früher auf den oberen Klotz nur geleimt werden. Er wird in ihm verzapft.

Stellen wir alle Faktoren zur Spannungserhöhung zusammen:

a) längere Saiten	Faktor 1,17,
f) dickere Saiten	Faktor 2,25,
h) höherer Kammerton	Faktor 1,05,

so folgt für die Zusammenwirkung (durch Multiplikation) der Gesamtfaktor von 2,76. Die heutige Spannung (bei Darmbesaitung) von 28 kg reduziert sich für die Barockzeit auf $28 : 2{,}76 = 10{,}14$ kg! Der Stahl der E-Saite fügt (Punkt g) noch 2 kg hinzu; also beträgt heutzutage die übliche Längsspannung ganze 30 kg und ist somit 3mal höher als früher ($30 : 10{,}14 = 2{,}96$). Sind alle Saiten aus Stahl (Punkt g), wird dieser Zug zu 130% von 28 kg = 36,4 kg Dauerbelastung, rund 3,6mal mehr als im Barock.

Als Vertikalkomponente (Last auf dem Steg) ergibt sich für die Barockgeige $2 \cdot 10{,}14 \cos 82° = 2{,}8$ kg. Heute ist sie mit 11,6 kg (Punkt e) 4mal höher, sogar bei durchgehender Darmbesaitung.

Mit einer E-Saite aus Stahl wird diese Komponente $2 \cdot 30 \cos 78°$ = 12,5 kg (4,46mal größer). Bei totalem Stahlbezug steigt die senkrechte, kaum nachlassende Belastung ebenfalls um 30% und wird 130% von 11,6 = 15 kg. Das ist 5,4mal mehr als früher. Erstaunlich, daß die Meistergeigen eine derart beängstigende Zumutung überhaupt aushalten und darüber hinaus immer noch zu klingen imstande sind.

Hier eine Übersicht über die Kilogrammwerte der Belastungen:

	Längsspannung der Saiten	*Vertikaldruck auf den Steg*
Barockvioline	10	2,8
Heutige Violine		
Darmsaiten	28	11,6
E-Saite Stahl	30	12,5
alle Saiten Stahl	36,5	15

Wie wäre es nach diesen schwerwiegenden Vergewaltigungen noch möglich, das Klangideal Stradivaris und anderer berühmter Geigenbauer der Vergangenheit festzustellen und derart sicher zu rekonstruieren, daß es als Norm gelten könnte – ein im Grunde genommen gar nicht erwünschter Bezugspunkt nach der Gewöhnung an das Spiel der großen Violinisten des 20. Jh.

Unter **Barockvioline** versteht man heute Instrumente in der früheren Bauweise: kurzer Hals, niedriger Steg, dünne Darmsaiten, schwächerer Baßbalken, schlankerer Stimmstock; so werden sie nun nachkonstruiert. Allerdings spielt man sie in den wenigsten Fällen mit dem entsprechenden hohen Bogen. Ob der dabei zu hörende weinerliche Ton, das vorsichtige Vortasten von einer Note zur nächsten sowie das Crescendieren jedes Tons nach seinem Einsatz wirklich dem Barockideal entsprechen, bleibe dahingestellt. Die Zartheit des Tons und die unstete Tonstärke (aufeinanderfolgender Töne) wurde allerdings schon als direkte Folge der geringeren Bogenspannung gedeutet. Man kann sich in der heutigen Zeit schwer daran gewöhnen. Auf jeden Fall sollte wenigstens auf das moderne Vibrato verzichtet werden. Der Klang der ursprünglichen Barockviolinen hatte recht wenig mit dem der zur heutigen strahlenden Klangfülle heraufstrapazierten Meisterinstrumente gemeinsam.

Vergleich und Qualitätsvorstellungen werden noch fragwürdiger, wenn man an die altersbedingten Veränderungen denkt. Ein mit verhältnismäßig jungem Holz konstruiertes Instrument neigt eher zu spitziger Klangfarbe als alte oder mit lange gelagertem Holz hergestellte Streichinstrumente. Gegenüber heute waren die Geigen zu Stradivaris Zeiten auf jeden Fall aus jüngerem Holz und wiesen deshalb noch nicht den heute so bewunderten runden Ton auf. Da indessen Stradivari schon zu Lebzeiten mit seinen Geigen beneideten, großen Erfolg erzielte (daher die zeitgenössischen Kopien), muß geschlossen werden, daß damals die bevorzugte Klangfarbe heller und schärfer war als die heute auf denselben Instrumenten erzielte – ganz unabhängig von den Umgestaltungen. Dies weist zusätzlich und mit aller Deutlichkeit auf die ganze Problematik hin.

Meistens wird im Zusammenhang mit dem »Geheimnis Stradivaris« der *Lack* erwähnt, über den man sich oft falsche Vorstellungen macht. Der Lack kann höchstens negativ wirken, auf keinen Fall die Violine verbessern. Soll er seine unentbehrliche, schützende Abdeckfunktion ohne Nebenwirkungen ausüben, muß verhindert werden, daß der Lack in das Holz eindringt und dessen Fasern versteifend zusammenklebt. Dazu dient eine sorgfältige abdichtende Grundierung, bevor er aufgetragen wird. Außerdem darf der Lack keine dicke, harte und dadurch steife Schicht bilden, sollen die Eigenschaften des Korpus nicht zerstört werden. Das eigentliche Geheimnis besteht also darin, Lacke gefunden zu haben, welche das Holz schonen und eine hinreichende Elastizität bewahren, um nicht den Eigenschaften des Instruments entgegenzuwirken. Eine schlecht gebaute Geige kann auch durch den besten Lack nicht gut werden, aber umgekehrt kann ein schlechter Lack eine unter besten Voraussetzungen entstandene Geige verderben.

Die Geschicklichkeit – nicht: das Geheimnis – Stradivaris und seiner zeitgenössischen Kollegen bestand darin, derart optimal über Dimensionen, Formgebung und Stärkendifferenzierung zu verfügen, daß aus dem sorgfältig ausgelese-

nen Klangholz das Beste herausgeholt wurde. Ihr Feingefühl bei großer und unfehlbarer Sicherheit im Abklopfen des Holzes während der Bearbeitung erlaubte es, auch die letzten im Material versteckten Möglichkeiten derart auszuschöpfen, daß am Schluß alle Resonanzen (inklusive derjenigen der eingeschlossenen Luft) richtig verteilt auftraten. Diese Arbeit war bei jedem Instrument neu durchzuführen. Es wäre deswegen völlig verfehlt zu glauben, es genüge, mit der höchstmöglichen Genauigkeit eine Stradivari-Geige zu kopieren (was mit der heutigen Technik ein leichtes wäre), um ein ähnliches Resultat zu erreichen.
Wie ist nun aber zu erklären, weshalb man heute nicht gleichwertige Instrumente herzustellen vermag? Diese oft gestellte Frage gibt ein immer noch geltendes Vorurteil wieder. Auch in unserer Zeit versteht es mancher gute Geigenbauer, hochwertige Instrumente herzustellen. Er ist sogar in der Lage vorauszubestimmen, ob ein Instrument sofort gut zu klingen hat oder ob es nach Jahren erst besser werden soll (und in dieser Zeit zu konstanteren Eigenschaften für die spätere Zukunft heranreift).

2.325 Qualitätsforderungen an eine Violine

Für die Qualität einer Violine ist nicht so sehr das Alter maßgebend, sondern die Art, wie sie – vor allem die Decke – auf verschiedene Frequenzen anspricht. (Die Hohlraumresonanzen verschieben sich nur wenig, weil das Volumen praktisch, mit geringer Streuung, immer dasselbe ist.) Um

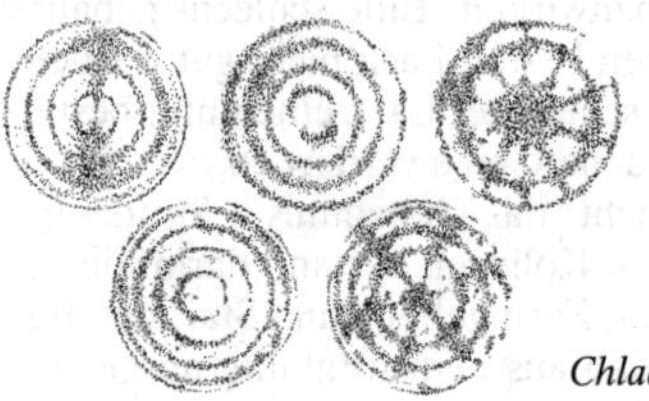

Chladni-Figuren einer Kreisplatte

die Rolle der Schwingungsformen der Decke zu verstehen, müßte man sich an die Physik-Stunde erinnern, in der die Chladni-Figuren vorgeführt wurden (benannt nach Ernst F. F. Chladni [1756–1827], Jurist und Akustiker).

Es geht um folgende Erscheinung: Angenommen, eine kreisrunde oder quadratische Metallplatte sei bei horinzontaler Lage im Mittelpunkt fixiert und auf sie möglichst gleichmäßig Sand gestreut. Wenn man mit einem Geigenbogen den Rand anstreicht, gerät die Platte in Schwingungen, und der Sand verschiebt sich hüpfend so, daß er sich zu regelmäßigen Figuren sammelt, die teils aus konzentrischen Kreisen, teils aus Radien bestehen: Er wandert von den bewegten Plattenteilen zu nicht schwingenden Knotenlinien. Etwas Ähnliches hatten wir schon bei den Ausführungen über Saitenschwingungen angetroffen: Dort kamen Knotenpunkte vor, Ruhestellen, an denen kein Ausschlag (für eine bestimmte Teilfrequenz) der Saite erfolgte. So trennte z. B. beim 1. Oberton (= 2. Teilton) ein Knoten in der Mitte zwei Bereiche, die gegenphasig schwingen: Wenn rechts der Ausschlag nach oben gerichtet ist, erfolgt er links nach unten und umgekehrt. Anders als bei der Saite handelt es sich nun bei den Platten um zweidimensionale Gebilde, und statt Knotenpunkten treten *Knotenlinien* auf, mit ähnlichem Verhalten. Es sind Trennungslinien zwischen Zonen, welche mit entgegengesetzten Phasen schwingen.

Auf ähnliche Weise lassen sich die Schwingungen von Decke und Boden eines Streichinstruments untersuchen. Es bilden sich dann unregelmäßige Knotenlinien, die wiederum (wie bei den einfacheren Chladni-Figuren) die Fläche in gegenphasig schwingende Zonen unterteilen. Nochmals die Bedeutung dieser Aussage: Wenn die Zone neben einer Knotenlinie oder eine von einer Knotenlinie umrandete Zone nach oben schwingt, bewegt sich gleichzeitig die angrenzende Zone nach unten, und umgekehrt in der darauf folgenden Schwingungsphase. Dieses Verhalten ist nun für die Abstrahlung des Klanges zu interpretieren: Knotenlinien trennen Zonen, die gegenphasig ausstrahlen und sich dadurch in der Wirkung gegenseitig schwächen.

Aus der letzten Feststellung ergibt sich sofort ein wesentliches Gütekriterium für eine Violine, wenn man die Knotenlinien der Decke für verschiedene Frequenzen bestimmt:

Die Abstrahlung wird um so besser, je geringer die Aufteilung in Zonen ausfällt. Den praktisch nicht erreichbaren Idealzustand hätte man, wenn die ganze Decke, ohne jede

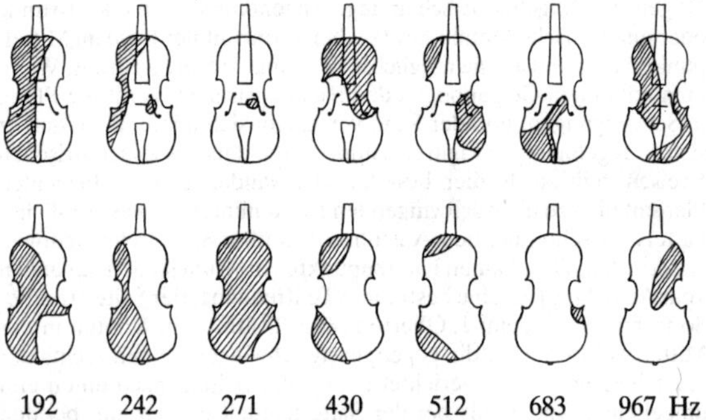

Chladni-Figuren einer Geige (oben Decke, unten Boden) bei verschiedenen Frequenzen

Unterteilung, schwingen könnte (analog zur Grundschwingung einer Saite). Dies wird in einigen Frequenzbereichen bei den besten Geigen fast erreicht, wenn sich nur eine kleine Zone um ein Stegfüßchen vom Rest der Decke trennt. Das gegenphasige (wenn auch immer nur partielle) Auslöschen unterbleibt dann so gut wie völlig, und der Ton wird in voller Kraft ausgestrahlt; der Violinist sagt dann, daß seine Geige »trägt«, also auch größere Entfernungen mit guter Intensität erreicht.

Einer niedrigen Anzahl von Knotenlinien kommt auch andere Bedeutung zu, die aus folgender Überlegung folgt: Je höher die Frequenz steigt, um so zahlreicher müssen Knotenlinien auftreten, weil nur zunehmend kleinere Flächen hochfrequenter schwingen können als die Gesamtfläche. Die erwünschte möglichst geringe Neigung zur Bildung von Knotenlinien ist daher gleichbedeutend mit der Bevorzugung tiefer Frequenzen. Durch eine solche Bevorzugung der tieferen und durch Schwächung der höchsten Teiltonfrequenzen entsteht ein runder, weicher, voller Klang.

An dieser Stelle drängt sich eine physiologische Überlegung auf. Das menschliche Ohr besitzt bei gewisser Übung die Fähigkeit, aus einem Klang die untersten Komponenten, ungefähr bis zum 8. Teilton, herauszuhören. Alle höher gelegenen Partialtöne hingegen werden als Gruppe, *Residuum* genannt, global erfaßt und als Grundton empfunden. Das Residuum kann den Grundton sogar ganz ersetzen, was z. B. bei der Glocke der Fall ist, wo der Grundton fehlt, aber vom Ohr aus dem Residuum, also aus den höchsten Teiltönen, rekonstruiert wird. – So erfährt auch bei der Geige der Grundton eine Unterstützung durch das Residuum. Was geschieht dabei im Konzertsaal? Wie immer absorbieren die meisten Materialien (Decke, Boden, Wände, Bestuhlung, Publikum, Teppiche, Vorhänge, usw.) höhere Frequenzen stärker als die tiefen (deswegen fällt auch die Nachhallzeit mit steigender Frequenz ab). Weil also mit zunehmender Frequenz die Absorption steigt, wird das Residuum stets mehr gedämpft als der eigentliche Grundton. Der Klang einer guten Geige enthält eine gut ausgeprägte Grundtonamplitude (wenig Knotenlinien im Grundtonbereich), und diese bleibt auch dann weitgehend erhalten, wenn im Raum das Residuum durch Absorption stark geschwächt wird. Bei einem minderwertigen Instrument sind die Knotenlinien zahlreicher, so daß die Unterstützung des Grundtons durch das Residuum eine wesentliche Rolle spielt. Beim Spielen eines solchen Instruments im gleichen Konzertsaal wird das Residuum praktisch wegabsorbiert; es bleibt allein der echte, aber schwache Grundton übrig. Dieser Unterschied der Klangqualität ist deutlich hörbar vor allem bei einem Solisten, der sich mit einem solchen Instrument nur noch schwer von den Orchesterstreichern abzuheben vermag.

Es besteht noch ein anderes physikalisches, für die Qualität des Geigentons maßgebendes Kriterium. Es bezieht sich auf das Frequenzspektrum. (Frequenzspektrum nennt man die graphische Darstellung, in der man über den horizontal – logarithmisch – aufgetragenen Frequenzen vertikal die Amplituden der einzelnen Teilschwingungen einzeichnet.) Das Spektrum einer guten Geige weist eine sehr charakteristische Gestalt auf. Die Hüllkurve der Teiltonamplituden (die Verbindungslinie aller Spitzen des Spektrums) weist eine Schwächung in der Gegend von 4000 Hz auf, um dann, vor dem endgültigen Verschwinden für höchste Frequenzen, nochmals etwas anzusteigen. Zum letzten Absinken ist zu sagen, daß es nicht zu hoch oben liegen darf, soll der Klang nicht durch übertriebenen Obertongehalt schrill und stechend werden. (Diese Aussage ist gleichbedeutend mit der Forderung nach möglichst wenigen Knotenlinien.) Ein sehr ausgesprochenes Residuum hoher Frequenzen

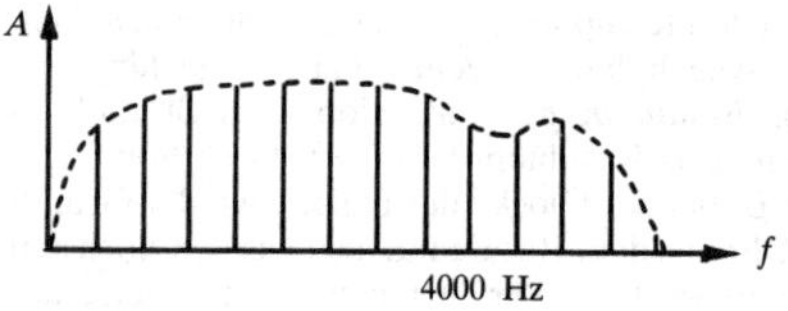

Eigenfrequenzen-Hüllkurve einer hochwertigen Violine

ist ja gerade bei qualitativ hochwertigen Geigen nicht erforderlich. Die Senke der Hüllkurve um 4000 Hz bewirkt aber ein besseres Heraushören der weiter oben liegenden Obertöne, derjenigen, welche dem Klang Brillanz und Lebendigkeit verleihen. Von dieser raffinierten Eigenschaft macht auch die Schallplattenindustrie Gebrauch: Die an die Jugend gerichtete Produktion (Rock, Disco-Musik usw.) wird mit einer in diesem Sinne korrigierten Wiedergabekurve verformt. Die dabei abgehobenen hohen Frequenzen erfüllen den Zweck, über die ohnehin schädliche Lautstärke hinaus noch höhere Aggressivität zu erzielen.

In diesem Zusammenhang spielt der richtige, sorgfältig auszuprobierende Sitz des Stimmstocks eine entscheidende Rolle.

Bei alldem wurde nicht vom Boden gesprochen. Ihm fällt geringere Bedeutung zu, weil er nach hinten und nach unten abstrahlt. Dennoch werden durch den Kinnhalter die Bodenschwingungen erleichtert, und ganz vernachlässigen darf man sie nicht. Ursprünglich war es üblich, die Geige direkt auf das Schlüsselbein zu legen, wie man auf Bildern von Leopold Mozart (1719–1787) feststellen kann. (Leopold Mozarts vielzitierter »Versuch einer gründlichen Violinschule« von 1756, dem Geburtsjahr des Sohnes, war übrigens, strenggenommen, nicht das erste Unterrichtswerk zur Violine. Ihm ging Francesco Geminiani mit »The Art of Playing on the Violin«, London 1731, voran.) Von Paganini (1782–1840) wird berichtet, er habe die Geige auf den Kör-

per aufzulegen gepflegt, um durch akustische Kopplung die Resonanzen des Brustkorbs mit anzuregen. Für eine bequemere Haltung erfand der Komponist und Geigenvirtuose Ludwig Spohr (1784–1859) vor 1820 den *Kinnhalter*, d. h. einen leicht vertieften länglichen Ebenholzteller, der mit einem Leichtmetallbügel so durch Schrauben über die untere Zarge angeklemmt wird, daß die Decke, völlig unberührt, frei schwingen kann. Spohrs Kinnhalter befand sich noch über dem Saitenhalter; heute sitzt er links davon. Erst im 20. Jh. allgemein gebraucht, bezweckt der Kinnhalter, das Instrument mit dem Kinn gegen die Schulter zu drücken und es dadurch so weit festzuhalten, daß die linke Hand freier beweglich wird, da teilweise von der Haltefunktion entlastet. Dabei wird die Decke in ihren Schwingungen nicht gedämpft. Die Geige wird jetzt durch diese Erfindung höher gehalten als zu Zeiten von Leopold Mozart und von Paganini; diese hielten das Instrument schief nach unten.
Einige Violinisten (und Bratscher) verwenden einen erweiterten Kinnhalter, der mit *Schulterstütze* versehen ist (auch *Klangbrücke* genannt), durch die der Instrumentenboden vom Körper abgehoben wird und ebenfalls frei schwingen kann. Bei den Orchesterbratschen kann dies besonders wichtig sein, wenn sie rechts vom Dirigenten sitzen. Der Boden ist dann gegen die Hörer gerichtet, so daß es vorteilhaft wird, seine mögliche Abstrahlung nicht zu dämpfen.

2.326 **Die Stricharten**

Die Kunst der Bogenführung ist sehr komplex, und schon die Befolgung ihres elementarsten Grundsatzes bereitet dem Anfänger Mühe: Der Bogen (s. 2.362) muß locker und doch dezidiert geführt werden, mit derart zwischen Arm und Handgelenk koordinierter Bewegung, daß er sich in seiner ganzen Länge senkrecht zu den Saiten bewegt, nicht etwa auf einem Kreisbogen. Dabei soll er leicht nach außen geneigt sein (die Stange steht nicht senkrecht über den Haaren, sondern befindet sich etwas vom Steg entfernter). Auch ist der Bogendruck auf die Saite sehr genau zu beherrschen, zu kontrollieren und der jeweiligen Strichart anzupassen. Bei zu geringem Druck wird der Ton unsauber, unsicher, pfeifend; ist hingegen der Druck zu groß, entsteht ein häßlicher, kratzender, schnarrender Klang, mehr einem Geräusch als einem musikalischen Ton ähnlich.

Die Zahl der einzelnen Stricharten und ihrer Kombinationen ist so groß, daß hier nur die wichtigsten aufgezählt werden können:

- Der lange Bogenstrich (*Legato*) bedingt den eigentlichen Gesangston der Violine. In allen Tonschattierungen, vom pp zum ff, mit Crescendo und Decrescendo, ermöglicht er, mehrere Noten gebunden in jeder Strichrichtung auszuführen. Er erfordert Geschmeidigkeit und Lebhaftigkeit des Vorderarms. Dabei kann im Extremfall auf jeden Auf- oder Abstrich nur eine Note kommen. Das Binden bleibt sogar dann möglich, wenn auf einer einzigen durchgehaltenen Note eine Richtungsänderung des Bogens, kurz *Bogenwechsel* genannt, erforderlich wird: Der Wechsel darf keinen Ruck erzeugen, muß aber doch so entschieden sein, daß weder eine Unterbrechung der Melodielinie (oder fast nicht der einzelnen Note) zu hören ist, noch eine unerwünschte Akzentuierung sich bemerkbar macht. Schnelligkeit und Druck in der Bogenführung müssen dem Lautstärkegrad angepaßt werden.
- Beim *Détaché*-Strich erklingen die Noten getrennt voneinander, jede mit ihrem eigenen, jeweils wechselnden Strich gespielt: *Separato*. Die mit kürzerem oder längerem Bogen ausgeführten Striche sind ebenfalls in allen Tonabstufungen möglich und ergeben einen großen, weit tragenden Ton. Am Ende jeder Note muß der Bogenstrich leicht unterbrochen werden, um dann den nächsten Ton (mit Bogenwechsel) zu beginnen. Meistens wird dieser Strich an der oberen Bogenhälfte gespielt, was eine besondere Schwierigkeit mit sich bringt: Der Arm ist gestreckter und muß trotzdem eine genaue Druckkontrolle ausüben, wobei er kaum durch das (an der Spitze vernachlässigbare) Bogen-

gewicht unterstützt wird. Sehr zart wird das Détaché im pp bei schnellem Tempo an der äußersten Spitze ausgeführt.

- *Grand Détaché* (it. *Sciolto*): Bei gleichem Grundprinzip wird eine größere Bogenlänge für jede Note gebraucht, was ein neues Problem ergibt: Im unteren Teil des Bogens, in der Nähe des Frosches (s. 2.362), muß die Schwere der ganzen Hand überwunden werden und darf doch das Handgelenk nicht versteifen. Andererseits kann das gewöhnliche Détaché auch nur in Froschnähe ausgeführt werden, aus dem Handgelenk heraus. In allen Détaché-Formen kommen Akzente (Sforzati) oft vor, ja es können sogar viele aufeinanderfolgende Noten Sforzati sein, dann wird das Détaché eine Zwischenstufe zum Martelé. Eine Besonderheit weist das Détaché bei Triolen auf (die in frühen Violinkonzerten oft vorkommen), weil dann die Akzente abwechselnd auf Ab- und Aufstrich fallen. Bei großer, intensiver, nachdrücklicher Tongebung wird das Détaché zum *Portato*.
- Vom Détaché unterscheidet sich das *Détaché sec* oder (it.) *Martellato*, der *gehämmerte* Strich. Bei ihm wird der Bogen angedrückt, dann lebhaft bewegt und plötzlich angehalten, was (durch den immer noch aufliegenden Bogen) die Saite sogleich dämpft. Es bildet sich eine kurze Pause bis zum nächsten, mit Strichwechsel auszuführenden Ton (wodurch der Zeitwert jeder Note etwas gekürzt wird). Wieder einmal ist das Zusammenwirken von Handgelenk und Unterarm in diesem, meistens mit dem oberen Bogenteil auszuführenden Strich wichtig. Andererseits kann das *Martelé* am unteren Bogenteil als Übung zur Lockerung des Handgelenks dienen.
- *Grand Martelé*: Gleiche Technik, aber mit größerer Bogenlänge pro Strich und Note. – Bei mehreren Noten pro Strich ergibt sich das *Staccato*. Der Bogen hält nach jeder Note kurz an und bewegt sich für die nächste in gleicher Richtung weiter. Jede Note benötigt einen leichten Stoß aus dem Handgelenk. Ist leichter im Aufstrich zu spielen, aber auch im Abstrich möglich.

- *Tremolo-Vibrato:* Auf- und Abstrich folgen einander in möglichst rascher Folge in der Bogenmitte, ohne genaue Beziehung zwischen Tondauer und Zeiteinheit. (Monteverdi verlangte es als erster ausdrücklich im »Combattimento di Tancredi e Clorinda«.)
- Das *Tremolo-Legato* hingegen läßt, mit jeweiligem Strichwechsel in rascher Folge 2 verschiedene Noten abwechseln. Da es am wirkungsvollsten wird, wenn beide Noten auf einer Saite liegen, sollten sie wo möglich den Quartabstand nicht überschreiten.

Von all diesen und ähnlichen Formen der Bogenführung unterscheiden sich die springenden Stricharten, bei denen die Elastizität des Bogens so ausgenützt wird, daß er sich zeitweise kurz von der Saite abhebt. Diese Stricharten sollen wenigstens gruppenweise aufgezählt werden, ohne auf die subtilen Differenzierungen innerhalb jeder Gruppe einzugehen, die eigentlich nur vorführbar, kaum beschreibbar sind.

- Von *Springbogen* oder *fliegendem Staccato* (*Balzato*) spricht man, wenn der Bogen am elastischsten Teil, der Mitte, so auf die Saite fallen gelassen wird, daß er sich durch seine Elastizität wieder abhebt, bevor er für die nächste Note (im gleichen Strich) zurückfällt. Der Bogen bleibt sehr dicht an der Saite, sein Abheben ist kaum sichtbar. Erfolgt der ganze Vorgang nur vom (sehr lockeren) Handgelenk aus, spricht man von *Saltellato* oder *Sautillé*. Unterhalb des Bogenschwerpunkts wird diese Technik schwieriger. Die Rolle des Bogen-Eigengewichts muß hier durch die Bewegung des Handgelenks ersetzt werden, wodurch eine höhere Lautstärke entsteht als an der Bogenspitze. Noch weiter unten, beim Frosch, entsteht die Sonderform des *Picchiettato*: kurz, hart, vor allem zur Erzielung sonst schwer zu erreichender rhythmischer Präzision bei Doppelgriffen geeignet. In Verbindung mit dem Springbogen kann man Crescendi, Decrescendi und Sforzati ausführen, aber alles nur in schnellem Tempo; lediglich das Spiccato ist auch langsam ausführbar. Sehr wirkungsvoll wird der fliegende Springbogen in Arpeggien über verschiedene Saiten hinweg, abwechselnd mit Auf- und Abstrich gespielt, wie es bei Paganini und Mendelssohn Bartholdy (Violinkonzert) vorkommt. Die erforderliche Regelmäßigkeit und Gleichmäßigkeit ist sehr schwer zu erzielen, dafür wird das springende Arpeggio sogar mit Doppelgriffen möglich, dann aber nur im Forte (selten!).

• Schärfer artikuliert ist das *abprallende* oder *geworfene Staccato* (*Ricochet*), gewöhnlich im Abstrich, für die ganze Gruppe von Noten mit einem Bogenstrich. Dazu wird der Bogen auf die Saite geworfen, wodurch das Abspringen heftiger ausfällt. Die Kraft, mit welcher der Bogen zu werfen ist, muß in bezug auf die Anzahl der zu spielenden Noten und auf ihre Lautstärke genau dosiert werden. Sehr schwierig ist dabei, vor allem beim Übergang zu anderen Saiten, die Koordination der linken Hand, deren Finger mit den Sprüngen des Bogens zeitlich genau übereinstimmend aufgesetzt werden müssen.

• Bei langsamerem Tempo, aber ähnlichem Vorgehen, kommt es zum *Spiccato*, abwechselnd im Auf- und Abstrich für jede Note.

• *Col legno:* Der Bogen kann auch mit der Stange (it. legno = Holz) gebraucht werden, gestrichen wie gesprungen. Es entsteht dann ein besonderer, etwas geheimnisvoller Klangeffekt. Diese praktisch nur im Orchester verlangte Spielweise wird meistens mit dem *»Picchiettato«* verbunden, einem kurzen, wiederholten Abprellen, was einen mysteriös raschelnden Ton erzeugt. Diesen Spezialeffekt hat nicht erst Berlioz (»Symphonie fantastique«, letzter Satz) entdeckt; schon Mozart schreibt ihn für Violoncelli und Kontrabässe vor: Beim »Alla turca«-Einschub im letzten Satz des Violinkonzerts A-Dur KV 219 gibt er an: »coll'arco al rovescio« (mit verkehrtem Bogen).

• *Pizzicato:* Die Saiten werden mit den Fingern der rechten Hand gezupft, entweder bei gewöhnlicher Haltung der Violine oder (bei längeren Stellen) in Gitarre-Haltung. Paganini führte auch das Pizzicato mit der linken Hand ein, wodurch gestrichene und gezupfte Noten sich in schnellem Tempo folgen können; es ist sehr schwer, besonders wenn sich das Zupfen nicht auf leere Saiten beschränkt.

Zu den der linken Hand zuzuordnenden Besonderheiten gehören:

• *Glissando:* Während des Bogenstrichs gleitet der Finger auf ein und derselben Saite von einer Note zur nächsten; so entsteht eine kontinuierliche Tonhöhenänderung.

• *Vibrato:* Es kam in der Romantik in Mode. Im 16. Jh. diente es nur zeitweise als spezielle Ausdrucksvariante. Das Vibrato besteht aus einem Frequenzbeben des Tones, welches dadurch erzielt wird, daß bei aufgesetztem Finger das linke Handgelenk in Verbindung mit dem Unterarm regelmäßige Schwingungen ausführt, die je nach dem zu erzielenden Ausdruck intensiviert oder verlangsamt werden können. Dies geschieht nach H. Scherchen »zur Steigerung des Ausdrucks wie zur Färbung des Tones und zum Ausschwingen der Saite« – vorausgesetzt, es wird nicht larmoyant übertrieben. Ganz ohne Vibrato zu spielen, wie es bei Barockmusik wohl angebracht wäre, ist viel schwerer, weil der geringste Intonationsfehler erbarmungslos stehenbleibt, im wahrsten Sinne des Wortes, und nicht mit dem Vorwand des Vibratos schnell korrigiert werden kann.

• *Flageolett:* Dieser Begriff erfordert eine physikalische Erklärung, die, um den Abschnitt über die Violine nicht allzusehr auszudehnen, beim Violoncello folgen wird (s. 2.344).

2.327 **Mehrfachgriffe**

Als der Steg noch flacher und der Bogen nicht gestreckt, sondern wirklich gebogen war, mit lockerem Bezug, der je nach Bedarf mit dem Daumen mehr oder weniger gespannt werden konnte, war es möglich, mehrere Saiten gleichzeitig zu streichen und dadurch Intervalle, sogar Akkorde, im Zusammenklang zu spielen. Mit der modernen Violine und dem heutigen Bogen kann man höchstens 2 Noten gleichzeitig spielen, vorausgesetzt, sie gehören auf 2 benachbarten Saiten zu derselben Lage der linken Hand. Man spricht dann von *Doppelgriffen*, deren Erfindung Rameau zugeschrieben wird. Es ist nicht ganz elementar herauszufinden, welche Doppelgriffe überhaupt ausführbar sind. Selbstverständlich entstehen keine Grenzen, wenn eine leere Saite daran beteiligt ist; schwer sind hingegen z. B. die verminderten Quinten.

Eine kleine Rechnung soll diese Behauptung untermauern. In einer früheren Überlegung war abgeleitet worden, daß die G-Saite für das h auf 25,6 cm gekürzt werden muß. Soll das f^1 (verminderte Quinte) dazu gespielt werden, ist es auf der nächsthöheren Saite (D) zu greifen, wo es die kleine Terz der Grundschwingung darstellt, die dem Frequenzverhältnis 6 : 5 entspricht. Das f^1 ist also bei $^5/_6 \cdot 32 =$ 26,7 cm zu greifen. Die beiden Finger kommen sich somit sehr nahe (bis auf etwa 1 cm) und behindern sich gegenseitig beim Anpeilen einer genauen Intonation – und dies schon in der 1. Lage; mit zunehmender Höhe verringern sich die Abstände noch mehr. (Einfacher überlegt: Ein quergelegter Finger gibt immer eine Quinte, also muß die verminderte Quinte sehr nahe liegen.)

Der Spezialfall eines Doppelgriffs ergibt sich, wenn zu einer Gesangslinie eine leere Saite stets mitgespielt werden soll. Unter der Bedingung, daß die variablen Noten alle auf einer Nachbarsaite des Borduns liegen, besteht hier keine weitere Einschränkung.

Drei- oder Vierklänge hingegen können nicht zusammen gespielt werden und sind stets im Arpeggio auszuführen, also mit schnellem Wechsel des Bogens über die Saiten hinweg. Derart entstellt müssen wir heute die Solo-Sonaten und Partiten von Bach hören. Logischerweise dürfen auch hier, abgesehen von leeren Saiten, die zu arpeggierenden Noten nicht verschiedenen Lagen der linken Hand entsprechen. Wieder ist für den Komponisten genaue Kenntnis des Instruments erforderlich, um nicht zu schwere oder unmögliche Akkorde vorzuschreiben. Selbst Beethoven, Brahms

und Strawinsky mußten sich für ihre Violinkonzerte von großen Virtuosen beraten lassen. – Es besteht die Möglichkeit – um auch darauf zuletzt noch hinzuweisen –, zur Klangverstärkung auf 2 Nachbarsaiten dieselbe Note gleichzeitig zu spielen, wie Gluck dies schon für seine Oper »Armida« vorgeschrieben hat.
Die Problematik »authentischer« Aufführungen überträgt sich auf die Streicher, wie es nach all den Ausführungen über das Violinspiel deutlich geworden ist. Es genügt dazu nicht, Stahlsaiten durch Darmbespannung zu ersetzen. Und selbst wenn Originalinstrumente vorliegen, bleibt es für die Spieler schwer, sich in vergangene Zeiten zu versetzen und ausschließlich die damaligen (aus der Übung gekommenen) Techniken anzuwenden. Dieselbe Umstellung fällt aber auch dem Zuhörer schwer, abgesehen davon, daß über die alte Praxis keine die Zweifel ausschließenden Belege bestehen. Man ist weitgehend auf (wenn auch begründete) Vermutungen angewiesen.

2.33 *Die Bratsche*

Die Bratsche ist das Alt-Instrument der Violinen. Die italienische Bezeichnung **Viola** weist auf sie als Bezugsgröße der ganzen Familie hin: »Violino« ist eine kleine Viola, »Violone« vertritt die Baßlage, das »Violoncello« (= kleines Violone) ist die Tenor-Zwischenstufe. Also versinnbildlicht die Bratsche die ganze Familie der Viole da braccio des 16. Jh.; daher die phonetisch daraus abgeleitete deutsche Bezeichnung. Die französische Benennung **Alto** bezieht sich auf die Rolle innerhalb der Streichergruppe.
Die erste uns bekannte Bratsche stammt von Andrea Amati; sie wies einen 47 cm langen Korpus auf. Andreas Söhne, Guarneri und Stradivari hingegen bauten ein kleineres Modell von 41 cm Länge. Es bestanden also zwei Bratschenfarben nebeneinander: eine Tenor- und eine Alt-

Bratsche (it. **Contralto**). Die erste verschwand ziemlich bald, während sich die Alt-Violine mit derartiger Sicherheit durchsetzte, daß sogar die wenigen noch vorhandenen

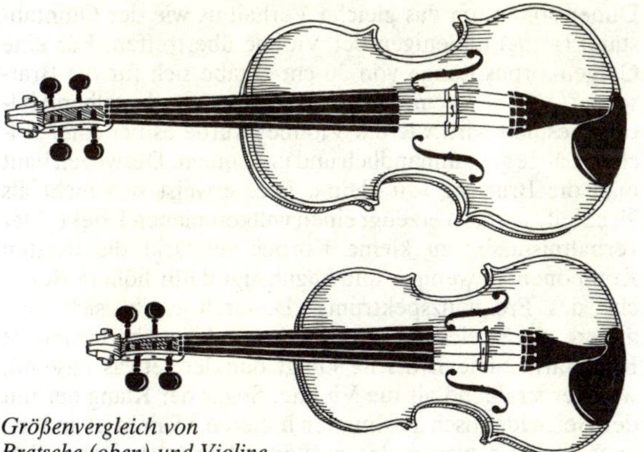

Größenvergleich von Bratsche (oben) und Violine

großen Exemplare brutal verkleinert wurden. Die definitiven Längenmaße sind allerdings nicht einheitlich; sie liegen zwischen 40,5 und 38 cm, am häufigsten bei 39 cm.

Die Bratsche ist eine maßstäbliche Vergrößerung der Violine und bedarf deswegen keiner gesonderten Beschreibung. Die 3 obersten Saiten sind wie die 3 tiefsten der Violine gestimmt und werden durch die Unterquinte vervollständigt: I = a^1, II = d^1, III = g, IV = c. Um möglichst wenig Hilfslinien zu benötigen und Schlüsselwechsel einzuschränken, wird die Bratsche fast ausschließlich im Altschlüssel notiert, wodurch sich ihre Stimme von den anderen Streichern (auch in der Orchesterpartitur) sehr deutlich abhebt. Nur für die höchsten, übrigens nicht mehr sehr »bratschenecht« klingenden Lagen geht man zum Violinschlüssel über.

Wie bei der Violine verläuft die Numerierung der Saiten von oben nach unten. Ihre Dicken: a^1 = 0,75 mm, d^1 = 1,125 mm, g (umsponnen) = 1,00 mm und c (ebenfalls umsponnen) = 1,5 mm. Die gesamte Längsspannung liegt bei 31 kg.

Das ganze Instrument steht eine Quinte tiefer als die Geige. Sollten die klanglichen Bedingungen gleich sein, müßten die Dimensionen um das gleiche Verhältnis wie der Quintabstand (= $^3/_2$) diejenigen der Violine übertreffen. Für eine Geigenkorpus-Länge von 36 cm ergäbe sich für die Bratsche: $^3/_2 \cdot 36 = 54$ cm. Da das Instrument in derselben Haltung gespielt wird wie die Violine, würde es bei einer solchen Länge sehr unhandlich und unbequem. Deswegen baut man die Bratsche »zu klein«. Dies erweist sich nicht als Nachteil, sondern erzeugt einen willkommenen Effekt: Der verhältnismäßig zu kleine Korpus verstärkt die tiefsten Komponenten weniger und begünstigt dafür höhere Bereiche des Frequenzspektrums. Dadurch ergibt sich eine andere, die Streicher-Palette erweiternde und bereichernde Klangfarbe. Die Bratsche klingt dunkler, etwas näselnd, weniger strahlend als die Violine. Sogar der Klang der mit der Geige identisch gestimmten höheren 3 Saiten ist anders, auch weil sie wegen der größeren Länge (bei ähnlicher Dicke) stärker zu spannen sind.

Dies geht aus der üblichen Saitenfrequenzformel hervor: Zunehmendes L bedingt (bei gleicher Frequenz) größeres P, sogar in quadratischem Verhältnis. Durch zweimalige Verwendung der Formel kann, aus uns schon bekannten Größen, die Spannung der a^1-Bratschensaite berechnet werden:

a) Wenn d den Saitendurchmesser bedeutet, so ist q (Querschnittsfläche) in der Formel proportional zu d^2; demnach gilt:

$$f \approx \sqrt{\frac{P}{q}} \approx \frac{\sqrt{P}}{d}$$

und
$$P \approx (f \cdot d)^2 .$$

Die 0,5 mm dicke e^2-Saite ($f = 660$ Hz) der Violine ist mit 6,5 kg gespannt. Die Spannung der 0,75 mm dicken a^1-Saite ($f = 440$ Hz) müßte demnach bei gleicher Länge betragen:

$$P_2 = P_1 \left(\frac{f_1 \cdot d_1}{f_2 \cdot d_2}\right)^2 = 6{,}5 \left(\frac{0{,}5 \cdot 660}{0{,}75 \cdot 440}\right)^2 = 6{,}5\,\text{kg} .$$

Die Dickenzunahme entspricht genau dem Quintverhältnis der Frequenzen, so daß die Spannung unverändert bliebe.

b) Die a^1-Saite der Bratsche ist aber länger. Die Frequenzformel zeigt, wie früher schon festgestellt, Proportionalität zwischen P und L^2. Der den Längenzuwachs Geige–Bratsche wiedergebende Faktor beträgt 39/36 = 1,08. Die jetzt geltende Spannung nimmt zu um $(1{,}08)^2 = 1{,}17$ und wird $1{,}17 \cdot 6{,}5 = 7{,}6$ kg.

Daß die Gesamtspannung nicht im gleichen Maße zunimmt (sie geht von 28 kg auf 31 kg), ist dadurch begründet, daß bei der Bratsche eine Saite mehr umsponnen ist als bei der Violine.

Der Hals ist ebenfalls länger als bei der Violine, aber die Spieltechnik bleibt im wesentlichen dieselbe, wenn auch alle Tonleiterschritte und Intervallgriffe etwas größer ausfallen. Der Relation 39/36 = 1,08 entsprechend sind alle zu greifenden Abstände rund 10% länger.

Bei einer zur Unterquinte streng proportionalen Größe wäre der Distanzzuwachs von Intervallen 50%, weil $^3/_2 = 1{,}50$.

Ein guter Violinist kann sich ziemlich leicht umstellen – es gibt Virtuosen, die am selben Konzertabend die Instrumente wechseln –, aber die größere Spreizung der Finger vermindert ihre Beweglichkeit. Das bedeutet jedoch nicht, daß die Bratsche im Orchester allein zur Ausführung harmonischer Füllstimmen verwendet wird. Die Zeiten sind längst vorbei, in denen schwächere Violinisten zur Bratsche hinüberwechselten und es dabei zu befriedigenden Leistungen brachten. Heute werden auch an den Bratschisten hohe Forderungen gestellt.

Der Einsatz der Bratsche, vor allem in tiefen Lagen, bringt dramatische oder drohende Klänge ins Orchester, was vor allem in der Oper zur Geltung kommt. Während Rimskij-Korsakow in seiner Sinfonischen Dichtung »Scheherazade« der Violine eine erzählende und die Einzelbilder verbindende Rolle zueignete, als Verkörperung der schwatzhaften, jungen und verführerischen Hauptfigur, und Richard Strauss im »Heldenleben« die heroischen Gesten der Violine auskostete, zog es Berlioz in »Harold en Italie« vor, die erzromantischen Abenteuer seiner schwärmerischen Titel-

figur der Bratsche anzuvertrauen, da sie dunkle und erregende Schicksale angemessener zu beschreiben imstande ist. Zu solistischen Ehren kam die Bratsche z. B. bei Mozart (»Konzertante Sinfonie« KV 364), Brahms (Sonate mit Klavier), Hindemith (»Der Schwanendreher«, mit Orchester) und Bartók (unvollendetes Konzert). Haydn und Mozart verstanden es besonders geschickt, durch entsprechende Stimmführung die Bratsche in ihren Streichquartetten gebührend zu würdigen.
Die Stricharten sind dieselben wie bei der Violine. – Es kann ebenfalls eine Sordine aufgesetzt werden.

2.34 *Das Violoncello*

2.341 **Herkunft und Bewährung**

Einleitend muß (wieder einmal) darauf hingewiesen werden, daß die übliche Bezeichnung **Cello** eine nicht ganz zulässige Abkürzung darstellt, da »-cello« im Italienischen nur das Verkleinerungssuffix zum Stammwort »violone« ist. Die Namensform müßte eigentlich verworfen werden, wäre sie nicht in den allgemeinen Sprachgebrauch eingegangen.
Vom Baß der Viole da braccio abgeleitet, stand das Violoncello längere Zeit in Konkurrenz zum Tenor der Viole da gamba, der allein die anderen Gamben bis zur 1. Hälfte des 18. Jh. überlebte. Allerdings war eine Rollenverteilung üblich: Der Gambe kamen solistische Aufgaben zu, während das Violoncello mehr harmoniefüllende und vor allem in die Baßführung einbezogene Funktionen auszuüben hatte.
Obwohl eines der ersten bekannten Violoncelli schon 1572 in Cremona durch Andrea Amati gebaut worden war, erhob es erst im Jahre 1689 Domenico Gabrielli (1659–1690) mit seinen »Ricercari« zu solistischen Würden. Als J. S. Bach

Violoncello

1720 mit den 6 Suiten BWV 1007 bis 1012 die großen, in ihrer Einmaligkeit einsam dominierenden Denkmäler der Violoncello-Solo-Literatur schuf, widmete er die letzte noch einem 5saitigen Instrument, der »Viola pomposa«. Weder diese Werke noch die Violoncello-Konzerte von Haydn genügten, um das Instrument im Orchester der meist parallel zum Kontrabaß geführten Baßrolle zu entheben. In den Partituren war ihm nicht einmal ein eigenes Notensystem vergönnt, mußte es doch das generell mit »Bassi« bezeichnete unterste System mit den Kontrabässen und häufig sogar mit anderen zusätzlichen Instrumenten teilen. Als der Generalbaß zugunsten einer weniger globalen Rollenverteilung der Instrumente verdrängt wurde, änderte sich bei Haydn und Mozart kaum etwas, und es war wieder einmal Beethoven, der die individuellen Eigenschaften auch des Violoncellos zu entdecken und auszunützen verstand, es öfter von den Kontrabässen getrennt einsetzend (z. B. 5. Sinfonie, 2. Satz). Über die Verwendung im Orchester schrieb 1812 E. T. A. Hoffmann, der typisch romantisch mehrfachbegabte Musiker und Schriftsteller (1776–1822), in seiner berühmten Rezension des »Coriolan« von Beethoven:

»Seit einigen Jahren ist das Violoncell ein für das Orchester neuerworbenes Instrument: denn sonst dachte man nicht daran, es durchaus obligat, außer dem Grundbaß zu behandeln. Auch in dieser Ouverture geht es selten „col Basso“, sondern hat seine eigenen, zum Teil nicht leicht auszuführenden Figuren. Rez. gesteht zu, daß diese Art, das Violoncell zu behandeln, ein offenbarer Gewinn für das Orchester ist, da manche Tenorfigur, von den gewöhnlich schwach besetzten und überhaupt dumpfklingenden Violen vorgetragen, nicht genug heraustritt, der durchdringende, originelle Ton des Violoncells dagegen von eingreifender Wirkung ist; in dem vollen Tutti würde er sich aber nicht entschließen können, den Kontrabässen die Unterstützung der Violoncelle zu rauben, da diese erst durch die höhere Oktave den Ton der Kontrabässe deutlich und scharf bestimmen.«

Die Stelle ist in extenso zitiert worden, weil die Rolle der Celli im Orchester kaum besser beschrieben werden kann. Übrigens widmete Beethoven dem Violoncello auch Sonaten und Variationen mit Klavier. Eine dank der ergreifenden Gesanglichkeit schönsten und bezeichnendsten Orchesterstellen, die je für das Violoncello geschrieben wurden, ist das Hauptthema des letzten Satzes der 1. Brahms-Sinfonie.

Die meisten bedeutenden Geigenbauer stellten auch Violoncelli her. Besonders wertvoll war das Beethoven vom Fürsten Karl Lichnowsky (1756–1814) geschenkte Quartett: Es bestand aus einer Amati-Geige und drei Guarneri-Instrumenten: einer Geige, einer Bratsche (aus dem Jahre 1690) und einem Violoncello.

2.342 **Struktur und Stimmung**

Das Violoncello erbte von der Gambe den relativ kurzen Hals und die verhältnismäßig hohen Zargen, welche tiefere Luftresonanzen ermöglichen. Das ist wichtig, weil das Violoncello – noch ausgesprochener als die Bratsche – im Verhältnis zur Violine »zu klein« ist. Die Proportionen der Decke sind, in Breite und Länge, der Violine gleich, die Länge des Korpus beträgt aber nur 68 cm. Um die klangliche Auswirkung dieser Maße zu deuten, ist noch die Stimmung des Instruments zu erwähnen. Die 4 Saiten befinden sich eine Oktave unter denjenigen der Bratsche: I = a, II = d, III = G, IV = C. Gegenüber der Geige müßte also die Korpuslänge betragen: $^3/_2$ (Quinte der Bratsche) · 2 (Oktave tiefer) von 36 cm (Geige) = 108 cm. In Wirklichkeit ist das Violoncello aber ziemlich genau nur halb so groß. Dies bedeutet praktisch, daß der 1. Oberton (= 2. Teilton = Oktave mit doppelter Frequenz des Grundtons) bevorzugt verstärkt wird. Wenn auch die Zargen im richtigen Verhältnis größer sind ($^3/_2 \cdot 2$ = 3mal), wird durch die Decke der 1. Oberton speziell unterstützt. Eine ähnliche Eigenschaft wurde schon beim Fagott festgestellt und dabei auf die Ähnlichkeit dieses Verhaltens mit der menschlichen Tenorstimme hingewiesen. Diese Gleichartigkeit ist die Quelle des als ansprechend, warm und eindringlich empfundenen Gesangtons des Violoncellos.

Die Saitendicken betragen: a = 1 mm, d = 1,5 mm, G (umsponnen) = 1,3 mm und C (umsponnen) = 2 mm (doppelte Dicke des »a«). Die gesamte Längsspannung liegt bei 45 kg.

Die Haltung des Violoncellos kommt ebenfalls von der Gambe her. Immerhin wird das Instrument heute nicht mehr zwischen die Knie geklemmt und allein so gehalten, sondern (etwa seit 1800) auf einen *Stachel* gestützt, der in einer durch den Unterklotz hindurchgehenden Metallhülse ein- und ausschiebbar sitzt und durch eine Handschraube in der gewünschten Länge festgehalten wird. Den Korpus stützt man dann so gegen das linke Knie und den Brustkasten, daß der Hals in die Nähe der Schulter kommt, aber dort nicht aufliegt: Beim Bewegen der linken Hand längs des Griffbretts muß der Daumen unterhalb des Halses auf der ganzen Länge frei verschiebbar bleiben.

Die gegenüber Violine und Bratsche umgekehrte Stellung des Violoncellos hat einige Konsequenzen: Bei Violine und Bratsche befindet sich die rechte Hand (mit Bogen) neben der höchsten Saite, auf der Seite des Stimmstocks; bei Violoncello (und Kontrabaß) ist die bogenführende rechte Hand auf der Seite des Baßbalkens und der tiefsten Saite.

Daraus ergibt sich die Tendenz, bei den Geigenstimmen möglichst in die Höhe zu streben – zur nahe liegenden höchsten Saite – und umgekehrt beim Violoncello eher die tieferen Saiten zu bevorzugen. Dies entspricht auch den jeweils wesenseigenen Aufgaben.

2.343 **Fingersätze**

Das Violoncello machte die bei den höheren Violininstrumenten historische Verlängerung des Halses nicht mit. Sein Hals ist also vergleichsweise kurz geblieben, was sich aber nicht nachteilig auswirkt: Während bei Violine und Bratsche die höchsten Noten auf jeder Saite durch die Ausdehnung der linken Hand bestimmt werden (wenn der immer unter dem Hals bleibende Daumen den Korpusrand erreicht), gilt beim Violoncello diese Grenze nicht, weil der Daumen zum Festhalten des Instruments nicht unbedingt erforderlich ist und deswegen die ganze Hand über das Griffbrett gegen den Steg hin verschoben werden kann. So war es möglich, den kürzeren Hals durch ein längeres, weiter über den Korpus reichendes Griffbrett zu kompensieren.

Sehen wir kurz die prinzipiellen Bedingungen an, denen die Fingersätze unterworfen sind. Wegen der gegenüber der Violine doppelten Saitenlänge sind ziemliche Unterschiede zu erwarten.

a) In den untersten Lagen kann ein Ganzton höchstens zwischen den Fingern 1 und 2 (Zeige- und Mittelfinger) gegriffen werden. Die anderen nebeneinander liegenden Finger lassen sich nicht mehr genügend spreizen.

Das Ganztonintervall beträgt $^9/_8$. Ein Ganzton aufwärts verkürzt die Saite auf $^8/_9$. Für die 32,5 cm lange Violinsaite gibt dies in den untersten Lagen einen Abstand der Finger (auf einer Saite) von $^1/_9 \cdot 32{,}5 = 3{,}6$ cm. Beim Violoncello kommt man bei doppeltem, um 7 cm liegendem Abstand schon zu sehr unbequemer, nur beschränkt zumutbarer Spreizung der (gebogenen!) Finger.

Somit umfaßt die ganze Hand, von Finger 1 zu Finger 4,

normalerweise nur eine kleine, höchstens eine große Terz (in den unteren Positionen).

Quarte = $^3/_4$ der Saitenlänge. Um den Grundton herum (*L* um 70 cm) entspricht eine Quarte dem Abstand von 70 : 4 = 17,5 cm, was zu weit auseinander liegt, um noch ohne Handverschiebung gegriffen werden zu können.

Diese Feststellungen führen zu den beiden nächsten Konsequenzen:

b) Wenn wir wieder, wie bei der Violine, die Tonleiter vom Grundton der tiefsten Saite aus spielen wollen (hier also C-Dur von C aus), kann man Finger 1 für D aufsetzen und kommt dann mit Finger 4 höchstens zum F (Terz höher). Es wird also (ohne Lagewechsel) nicht mehr, wie bei der Violine, der Grundton der nächsthöheren Saite (G) erreicht. Dieses G muß leer gespielt werden. Dasselbe geschieht bei jedem Übergang: die leeren Saiten sind unter der gewählten Voraussetzung unvermeidbar.

c) Es wird beim Violoncello aus diesen Distanzgründen sinnvoll, nicht nur Ganztonverschiebungen der Hand vorzunehmen, sondern auch *halbe Lagen* einzuführen, von Halbton zu Halbton, was bei den Violoncello-Dimensionen schon recht viel ausmacht.

d) Der kurze Hals verhindert es, über die 6. (Ganzton-) Lage hinauszugehen. Aber weiter oben kommt die schon angedeutete spezielle Technik zum Einsatz, die Hand von der Daumenbindung an den Hals loszulösen und ganz über das Griffbrett nach unten zu bewegen, was bis zum Griffbrettrand möglich ist (im Orchester bis zum a^2).

Für die 7. Lage befindet sich also die ganze Hand über dem Griffbrett und geht dann bis zur 14. Lage, allerdings von der 8. an nur auf der höchsten Saite gebraucht. Dort kann der Umfang bis zum dis^3 hochgezogen werden, ein Tritonus über dem oben genannten a^2.

a = Grundton der höchsten Saite. Saitenlänge für das 2 Oktaven höhere $a^2 = 70 : 4 = 17{,}5$ cm. Die für d^3 schwingende Länge beträgt nur noch $17{,}5 : \sqrt{2} = 12{,}4$ cm, da Tritonus = $\sqrt{2}$.

In diesen höheren Lagen gewinnt man zusätzlich etwas sehr Beachtenswertes: Der Daumen kann ebenfalls auf die Saiten gesetzt werden (*Daumenaufsatz*) und übernimmt dann die (oft gebrauchte) Funktion eines »Capotasto«, womit gemeint ist, daß er einen neuen Saitengrundton festhält. Speziell wird der Daumen zum Spielen von Oktavdoppelgriffen gebraucht, indem er den unteren Ton greift und der obere Ton auf der nächsten Saite unter Verwendung des 3. Fingers gespielt wird (um einen Quartabstand höher, weil auf Nachbarsaiten Quinten direkt nebeneinander liegen). Die obere Tonregion beginnt etwa in Saitenmitte, so daß der verbleibende schwingende Teil ungefähr den Längen der Violinsaiten entspricht. Die verkürzten Intervallschritte werden dann der Violine analog und mit ähnlicher Technik spielbar.
Zu den Doppel-, Dreifach- und Vierfachgriffen müssen wir uns mit der Feststellung begnügen, daß natürlich die für die Violine geltenden Einschränkungen erhalten bleiben (z. B.: alle Noten gehören zur selben Lage) und daß neue, durch den speziellen Fingersatz bedingte hinzukommen. Dafür erschließt der Daumenaufsatz, auch quer über 2 Nachbarsaiten, neue Möglichkeiten.
Notiert wird das Violoncello meistens im Baßschlüssel. Es kommen aber auch bei mittlerer Lage Tenorschlüssel (C-Schlüssel auf der zweitobersten Linie) und Violinschlüssel hinzu. Der Cellist muß beim Lesen nahtlos von einem zum anderen Schlüssel hinüberwechseln können. Notiert wird in der Partitur die Violoncellostimme zuunterst, falls der Kontrabaß eine Oktave darunter parallel geführt wird. Kommt den Kontrabässen eine eigene Linie zu, so steht diese zuunterst, und die Celli werden gleich darüber notiert.
Alles schon bei der Violine über Bogenstriche und Sordine Gesagte gilt auch für das Violoncello. Allerdings bleibt der Gebrauch einer Sordine selten (Ravel: Sonate für Violine und Violoncello; im 5. Klavierkonzert von Beethoven steht, wie meistens, »con sordina« nur in den Violinstimmen).

2.344 **Flageolett und andere Klangfarben**

Es ist endlich auf drei spezielle Klangeffekte einzugehen, die bei allen Streichinstrumenten verlangt werden.

Um den ersten, das *Flageolett* zu verstehen, muß man sich an die Feststellung erinnern, daß auf einer Saite Teilschwingungen verschiedener Ordnung möglich sind, die sich normalerweise zur Bildung der realen Schwingungsform über-

Entstehung des Flageoletts in der Doppeloktave

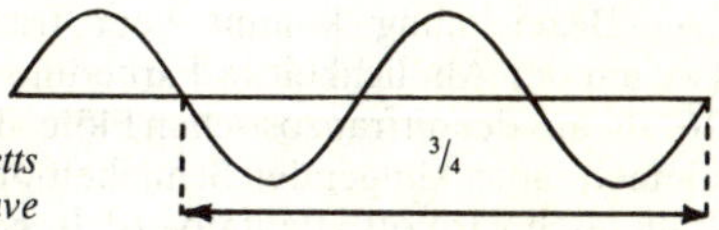

lagern. Nun ist es aber bei den Streichinstrumenten durch die Technik des Flageoletts möglich, einzelne dieser Teilschwingungen zu isolieren. Es war festgestellt worden, daß zu jeder Teilschwingung an der Bewegung nicht beteiligte, »Knoten« genannte Stellen gehören. Es ist mnemotechnisch besser, dabei an Obertöne zu denken, für welche die Numerierung bei der 2. Teilschwingung beginnt: Oktave = 1. Oberton. Dann kann man sich leicht merken, daß zum *n*-ten Oberton *n* Knoten kommen (die Saitenenden nicht mitgezählt). So weist der 3. Oberton (Doppeloktave des Grundtons) 3 Knoten auf, welche die Saite in 4 gleiche Abschnitte unterteilen. Die Knoten befinden sich in diesem Fall bei $^1/_4$, $^1/_2$ und $^3/_4$ der Saitenlänge.

Überlegen wir nun am konkreten Fall der D-Violinsaite mit Grundton d^1 weiter. Der oberste der 3 genannten Knoten befindet sich an der Stelle, wo beim Auflegen des Fingers die schwingende Saitenlänge auf $^3/_4$ begrenzt wird, was der Quarte g^1 entspricht. (Das Quartintervall beträgt $^4/_3$.) Wenn nun aber der Finger an derselben Stelle die Saite nicht auf das Griffbrett drückt, sondern sie nur berührt, kann sie zwar wieder in ihrer ganzen Länge schwingen, ist aber gezwungen, an der Berührungsstelle einen Knoten zu bilden. Es sind also alle Teiltöne ausgeschlossen, welche diese Bedingung nicht erfüllen. Die tiefstmögliche sich ausbildende Schwingung muß somit die Doppeloktave des Grundtons sein: Es klingt das d^3 als Flageolett. Dies wird so geschrieben:

Die Bezeichnung kommt vom französischen *Flageolet* (wegen der Ähnlichkeit in Farbe und Tonhöhe mit der im 16. Jh. aus der altfranzösischen Flöte »Flageol« abgeleiteten kleinen, hoch klingenden Schnabelflöte, dem »Flageolet«). Italienisch wird oft »flautato« (d. h. geflötet) gesagt und in Partituren geschrieben, was aber zu Verwechslungen führt, denn das ähnlich klingende »flautando« ist etwas anderes. Eindeutiger ist für das Flageolett die andere italienische Bezeichnung *Armonico* (= Teilton). Der aufgezwungene Schwingungsknoten und die Dämpfung seiner Umgebung durch die Fingerkuppe machen diesen Klang fast obertonfrei, so daß er sehr weich und zart ausfällt, viel weniger scharf als das normal gespielte d^3, ein Effekt, den man ziemlich oft gebraucht. Ihn anzuwenden, wird nicht dem Spieler überlassen; der Komponist schreibt genau vor, wann er diesen samtenen Klang wünscht.

Es können auch andere Obertöne als Flageolett erzeugt werden. Berührt man auf der D-Saite nicht die Quarte, sondern die Quinte a^1, geschieht folgendes: Da die Quinte dem Intervall $^3/_2$ entspricht, wird bei $^2/_3$ der Saitenlänge die Bildung eines Knotens erzwungen. Das ist genau die Bedingung für die Bildung des 3. Teiltons, der Duodezime a^2. (Man vergleiche dazu die zur Beschreibung der Saitenschwingungen aufgezeichnete Teiltonreihe im Abschnitt 2.112.)

Man kann die Überlegung weiterführen: Es soll nun die große Terz berührt werden. Die Terz bildet mit dem Grundton das Intervall $^5/_4$. Der jetzt erzeugte Knoten befindet sich bei $^4/_5$ der in 5 Abschnitten schwingenden Saite (4 Knoten), also muß der Flageolett-Ton dem 4. Oberton entsprechen, d. i. der 5. Teilton = Doppeloktave + große Terz = fis^3.

Tabelle der möglichen Flageoletts:

Berührtes Intervall	*Intervall-verhältnis*	*Anzahl der Knoten*	*Ordnung des Obertons*	*Flageolett-Ton*	*mit Bezug auf Grundton d^1*
Oktave	2	1	2	Oktave	d^2 (schwer)
Quinte	$^3/_2$	2	3	Duodezime Oktave + Terz	a^2
Quarte	$^4/_3$	3	4	Doppeloktave	d^3
Große Terz	$^5/_4$	4	5	Doppeloktave + große Terz	fis^3
Große Sexte	$^5/_3$	4	5	Doppeloktave + große Terz	fis^3
Kleine Terz	$^6/_5$	5	6	Doppeloktave + Quinte	a^3

NB. Bei Großterz- und Sextenflageoletts berührt man 2 verschiedene Knoten derselben Saitenunterteilung.

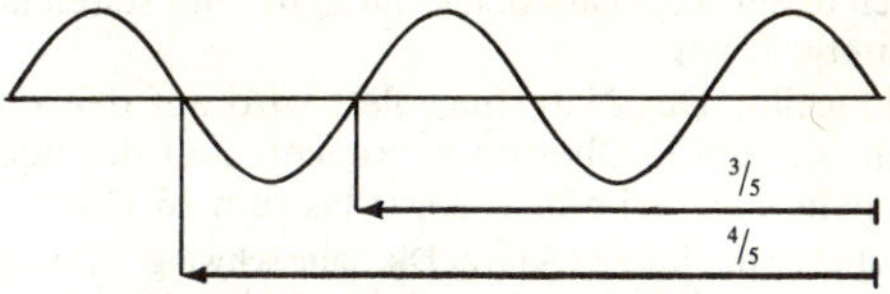

2 Arten des Flageoletts in Doppeloktave + Großterz (obere Dezime)

Im Orchester wird normalerweise das Quartflageolett gebraucht, nur selten das der Quinte. Die anderen bleiben der Sololiteratur vorbehalten.

Alle diese Flageoletts werden *natürlich* genannt, zur Unterscheidung von den künstlichen. (Bekanntlich gibt es noch eine dritte Art, das unfreiwillige Flageolett. Es entsteht, wenn die Saite nicht mit genügender Kraft angedrückt wird. Anfänger können davon ein Lied singen.)

Beim *künstlichen Flageolett* wird mit dem 1. Finger (Zeigefinger) ein Ton normal gegriffen und zusätzlich mit einem höheren Finger, im gewünschten Abstand davon, der das Flageolett erzeugende Ton berührt. So entsteht z. B. über dem gegriffenen f^1 das Quartflageolett f^3 (Doppeloktave). Auf diese Weise wird in großer Tonhöhe die ganze chromatische Skala ohne jede Schärfe spielbar. Auf der Violine erzielt man die höchsten Töne als Großterz-Flageoletts bis zur Obergrenze, dem d^5. Sie bleibt eine extreme Ausnahme, denn die übliche Grenze, normal gespielt oder als Flageolett, bleibt a^4.

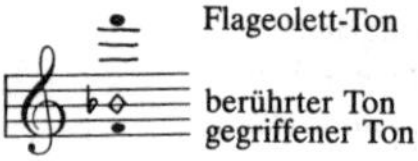

Um die Auskünfte über die Verwendungsmöglichkeiten des Flageoletts nicht auf verschiedene Abschnitte zu verstreuen, ist es zweckmäßig, sie für alle Streichinstrumente hier kurz zusammenzustellen.

- Violine: Alle möglich, bis zum 6. Oberton.
- Bratsche: Als natürliche Flageoletts braucht man die Naturtöne 2–5. Beim künstlichen Flageolett beschränkt man sich in der Regel auf den Quartgriff. Nur selten kommt der Quintgriff vor.
- Violoncello: Das Naturflageolett wird auf den unteren 3 Saiten bis zum 6. Oberton gebraucht. Auf der höchsten Saite I geht man viel höher, sogar bis zum 16. Oberton.

16. Oberton ist die 4fache Oktave. Die Saite schwingt mit 15 Knoten in 16 Abschnitten. Der zu berührende Knoten liegt bei $^{15}/_{16}$, was dem Intervall $^{16}/_{15}$ = kleine Sekunde entspricht (= Quarte – Terz).

Für das künstliche Flageolett erscheint der Daumenaufsatz geradezu prädestiniert und er wird auch viel angewendet, in der Regel mit Quartgriff. Man notiert meistens nur den zu klingenden Ton, zusätzlich mit einem darüberstehenden »o« bezeichnet.

- Kontrabaß: Alle natürlichen Flageoletts sind möglich, aber auf der untersten, der E-Saite (und bei Fünfsaitern auch auf der H-Saite) klingen nur die Obertöne 4, 5 und 6 befriedigend. Auf den Saiten A, D und G werden die Ober-

töne 2–8 gebraucht. Künstliche Flageoletts sind wegen der großen Intervallabstände erst vom ersten Daumenaufsatz an möglich. (In tieferem Bereich können die Finger, ohne Daumen, keine Quarte greifen.) Die Flageoletts sind übrigens die einzigen beim Kontrabaß nicht transponierend geschriebenen Töne.
Bemerkenswert ist das Zusammentreffen von Flageoletts bei ersten und zweiten Violinen, Bratschen und Celli im »Feuervogel« von Strawinsky, kurz nach Beginn.

Es sind noch zwei den Toncharakter beeinflussende Effekte zu beschreiben. Beide hängen von der Stelle ab, an der die Saiten gestrichen werden.
Wenn in der Stimme *»sul tasto«* steht (also eigentlich: »auf dem Griffbrett«), so ist gemeint, man solle den Bogen vom Steg entfernen. Theoretisch müßte die Saitenmitte gemeint sein; dann würden alle Teilschwingungen mit Knoten in der Mitte, also die geradzahligen, ausfallen (wie bei der Klarinette) zugunsten eines weicheren Tons. Die Teiltonzahl wird aber auch dann mit ähnlicher Wirkung eingeschränkt, wenn der Bogen nicht ganz so weit versetzt wird, aber in die Gegend des Griffbrettendes kommt. Ein Spezialfall dieser Strichart ist das schon erwähnte *Flautando*. Der Bogen wird dann mit dem kleinstmöglichen Druck beim Griffbrett aufgesetzt und sehr schnell bewegt.
Der gegenteilige Fall liegt bei der Vorschrift *»sul ponticello«* vor. Auch diese Anweisung ist nicht wörtlich zu verstehen als »auf dem Steg«. Über dem Steg wäre das Streichen sinnlos. Normalerweise wird etwa in der Mitte zwischen Steg und Griffbrettende gestrichen. Wenn der Bogen sich aber näher beim Steg bewegt, kommt er in eine Zone, in der nur hohe Partialtöne die jetzt dort angeregten Schwingungsbäuche aufweisen. Der Ton wird sehr obertonreich und dadurch scharf, schneidend, im Extremfall sogar häßlich und kreischend.

2.345 **Der Wolf**

Beim Violoncello tritt eine sehr eigenartige und unangenehme Erscheinung auf, die *Wolf* oder *Wolfston* genannt wird. Dabei handelt es sich keineswegs um einen Konstruktionsfehler, denn auch die Instrumente aus der Werkstatt berühmter Geigenbauer weisen diese Eigentümlichkeit auf; jedes Cello hat seinen Wolf. Natürlich erhebt sich sogleich die Frage: Warum tritt er nicht bei Violine und Bratsche auf? Die Antwort folgt sogleich aus der Erklärung der Ursache.

Bei der Violine ist der Resonanzkörper auf die Grundtöne abgestimmt, die möglichst erhalten werden müssen (s. auch die früheren Überlegungen über das Residuum [2.325]). Für höhere Töne sind allerdings ebenfalls Resonanzen vorhanden (bei entsprechender Bildung von Knotenlinien), es sind aber relativ flache Nebenresonanzen. Beim Violoncello hingegen ist der Korpus relativ klein (und bevorzugt sogar den 1. Oberton). Es ist deswegen nicht zu vermeiden, daß wenigstens eine klar definierte, also spitze Resonanzfrequenz im besten Tonbereich liegt. Deswegen können sich dort durch Vermittlung des Steges Koppelschwingungen zwischen Saite und Korpus bilden.

Die Koppelschwingung ist ein physikalisches Phänomen, das am besten durch einen leicht ausführbaren Versuch beschrieben und erklärt werden kann: Man denke sich 2 identische Pendel nebeneinander aufgehängt. Wegen der gleichen Länge haben sie genau dieselbe Eigenfrequenz, d. h. die Zeit für eine Schwingung ist bei beiden genau gleich lang. Nun sollen die beiden Pendel, nahe am Drehpunkt, durch eine sehr weiche Feder verbunden werden. Bewegt man jetzt eines der Pendel seitlich und läßt es dann los, beginnt es zu schwingen. Durch die Feder wird seine Schwingungsenergie aber allmählich auf das andere Pendel übertragen. Wegen dieser Energieabgabe wird die Amplitude des ersten Pendels immer kleiner, während diejenige des anderen Pendels aus Resonanzgründen zunimmt. Die

Übertragung der Bewegung geht so weit, daß nach einer gewissen Zeit das erste Pendel zum Stillstand kommt, während nur noch das zweite Pendel schwingt, mit einem Ausschlag, welcher der Anfangsamplitude des ersten Pendels gleich ist (abgesehen von Reibungsverlusten). Nun steht das erste Pendel also still und das zweite schwingt mit der ganzen nun bei ihm konzentrierten Energie. Die Anfangsbedingungen sind also wieder erreicht, aber mit Rollentausch, und der Vorgang beginnt wieder von neuem, wobei er nun zu derjenigen Phase führt, in der nur das erste Pendel schwingt und das zweite stillsteht. Die Schwingungsenergie wechselt also zwischen den beiden Pendeln regelmäßig ab.
Dieser Vorgang findet immer dann statt, wenn zwei schwingungsfähige Systeme dieselbe Resonanzfrequenz aufweisen und die Resonanzen scharf bestimmt sind. Zu einem ähnlichen Vorgang kommt es also bei der Koppelung zwischen Saite und Violoncello. Allerdings tritt eine Komplikation hinzu, weil ja die Schwingungen nicht sich selbst überlassen werden, indem der Bogen die Saite ununterbrochen streicht. Dazu ist nicht zu vergessen, daß die Korpusdecke den Schall in den Raum abstrahlt. Kommt sie zu großer (Resonanz-)Amplitude, wird viel mehr Energie an den Raum abgegeben, als die Saite nachliefern kann (die Abstrahlung wirkt stark bremsend). Folglich kommt die Decke leichter zum kurzen Stillstand, als dies durch die Energierückgabe an die Saite allein geschehen würde. Dann ist sie wieder bereit, von der Saite erneut angeregt zu werden, und so beginnt der ganze Vorgang wieder von vorn. Eine weitere Resonanzfrequenz unterstützt das Phänomen noch zusätzlich: Von den vielen Raumresonanzen fällt wenigstens eine mit der wolfsbildenden Resonanz des Instruments zusammen, wodurch die Energieabgabe in den Raum (bei jener kritischen Frequenz) gefördert wird. Der Ton wird dann durch die unerwünschte Unstetigkeit häßlich, so daß für Abhilfe gesorgt werden muß.
Der Weg zur Aufhebung des Wolfs geht aus seiner Erklärung selbst hervor. Es wurde darauf hingewiesen, daß zur

Ausbildung des Wolfstons genaue, spitze Resonanzen erforderlich sind. Bei jedem schwingungsfähigen System bewirkt eine Dämpfung die Verbreiterung der Resonanzkurve, d. h. eine Verringerung der Resonanzüberhöhung und somit eine weniger genau definierte Resonanzfrequenz (s. 1.213). Wenn also festgestellt worden ist, welche Saite den Wolf erzeugt, genügt es, die Resonanz des angekoppelten Systems etwas zu dämpfen und zu verschieben. Dazu dient einfach ein kleines Gewicht in Form eines Röhrchens, welches zwischen Steg und Saitenhalter über diese Saite gesteckt wird. (Das an die Saite angekoppelte System besteht aus allen anderen Instrumententeilen, also auch einschließlich dieses unteren Saitenstücks. Aus der Zusammenwirkung, nicht nur vom Korpus her, wird die Resonanzfrequenz bestimmt.)

2.35 *Der Kontrabaß*

2.351 **Entstehung**

Das Violoncello verkörpert zwar im Kammermusikensemble den Baß (mit baritonaler Höhenausdehnung, vor allem in Solostücken), aber im Orchester erfüllt es nicht nur Baßfunktion, da sehr oft Tenorrollen hinzukommen. Weil es aber das größte Instrument der Violinenfamilie ist, mußte für den eigentlichen Baß, auch Großbaß genannt, zum tiefer stehenden Instrument einer anderen Gattung gegriffen werden, zur **Baßgambe**. Schon beim Violoncello kann von einer Anlehnung an die Gamben gesprochen werden (kurzer Hals, hohe Zargen, Haltung), aber beim Kontrabaß bleibt sie viel deutlicher:

- Dicker, kurzer Hals.
- Die Oberbacke (Brust) ist deutlich schmaler als die Unterbacke (Bauch).
- Außerordentlich erhöhte Zargen verleihen dem Instrument ein plumpes Aussehen. Noch mehr als beim Violon-

cello ist die Korpusgröße gegenüber der tieferen Stimmung zurückgeblieben. Die hohen Zargen bezwecken eine teilweise Kompensation durch Vergrößerung des Luftvolumens.

• Der Boden ist flach und weist in der Gegend der Brust einen Knick auf, den *Bruch*. Dadurch wird das Instrument nach oben weniger tief, was das Spielen erleichtert. Der flache Boden wäre nicht stark genug, um den Druck des Stimmstocks aufzunehmen. Er wird deswegen unter dem Stimmstock durch ein eingeleimtes, über die ganze Breite reichendes Brettchen, den 4 cm breiten *Bruchbalken*, verstärkt.

• Der Korpus ist oben, an den »Schultern«, nicht konvex abgerundet, sondern beidseitig konkav gegen den Hals hinaufgebogen. Eine Geigenform mit runder Schulter und gewölbtem Boden erschwert das Spiel: Das Instrument steht vom Körper weiter ab, und zudem kann sich der Spieler für die höchsten Lagen weniger leicht nach vorne neigen.

• Die Schall-Löcher sind keine *f*, sondern haben die *C*-Form der Gamben.

• Die Saiten sind nicht in Quinten, sondern in Quarten gestimmt.

Beim Durchlesen dieser Aufzählung kann man rasch feststellen, daß sie nicht in allen Punkten stimmt. In der Tat wurde dieser »Ur-Kontrabaß« in einigen Teilen der Violinenfamilie angepaßt. So sind heute praktisch immer *f*-Löcher vorhanden. Der Hals endet meistens mit einer Schnecke (was in der Gambenfamilie selten vorkommt; dort sind figürliche Darstellungen üblich). Im »klassischen« Kontrabaß erweist sich der flache Boden als schwächster Teil, der kaum schadlos (für Reparaturen) abgenommen werden kann. Auch macht er das ganze Instrument ziemlich unstabil. (Man bedenke: Der verhältnismäßig dicke Boden trägt bei allen Streichinstrumenten die gesamte Konstruktion.) Aus diesem Grund wird er oft durch einen gewölbten Boden ersetzt. In etwa ist auch die Gestalt des ganzen oberen Teils der Violine angepaßt: konvexe Abrundung und breitere Oberbacke. Dies bezweckt, die bei der Violine raffiniert ausgeklügelte Belastungsverteilung auch auf den Kontrabaß zu übertragen, wodurch auch eine bessere Halt-

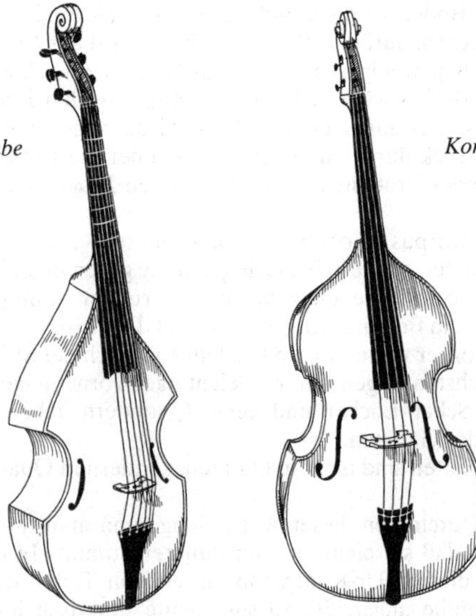

Baßgambe *Kontrabaß*

barkeit der Stimmung erzielt wird. Andererseits macht der gewölbte Boden das Instrument unhandlicher und entfernt es (inklusive Griffbrett) vom Körper des Spielers.

Das Violoncello konnte die Gambe auch deswegen nur allmählich verdrängen, weil die neue Quintenstimmung etwas weniger bequem war, wie bei der Beschreibung des Tonleiterspiels ersichtlich wurde. So hielt sich auch neben dem neu hergestellten **Violone** der ursprüngliche **»Contrabbasso di viola«** weiter, wie Monteverdi (1567–1643) den Gamben-Kontrabaß nannte. Wieder einmal war Gasparo da Salò

(1540–1609) führend gewesen, als er im Jahre 1566 einen dem Violoncello ähnlichen Kontrabaß von den Gamben ableitete. Sein Instrument wies noch 5 Saiten auf, als Kompromiß zwischen den 6 Saiten der Gambe und den 4 Saiten der Violinen. Dieses Instruments bediente sich der legendäre, in London lebende Virtuose Domenico Dragonetti (1763–1846) aus Venedig.

Weil bis zur Mitte des 18. Jh. die Gamben-Kontrabässe bevorzugt blieben, weiß man nicht genau, um welche Instrumente es sich handelte, als Streicher in der Kontrabaßlage im Orchester (»Violons du Roi«, 1663, und in der Oper »Alcyone«, 1706, von Marin Marais [1656–1728]) erschienen. Bis um 1760 handelte es sich sehr wahrscheinlich noch um die mit Bünden versehene Gambe, denn die modernere Gestalt des heutigen Kontrabasses entstand in der 2. Jahrhunderthälfte.

Sehr früh zog auch das neue Instrument eigene Virtuosen an. Ein Nachfolger Dragonettis war Giovanni Bottesini (1821–1889), der Kontrabaßkonzerte geschrieben hat. Der verdienstvolle Dirigent Serge Kussewitzky (1874–1951) kam vom Kontrabaß her. (Arturo Toscanini war übrigens Violoncellist gewesen.)

2.352 **Saiten und Fingersatz**

In der Mitte des 18. Jh. nahm der Kontrabaß die heutige Form, noch mit flachem Boden, an. Er wies nur 3 Saiten auf, die nicht einheitlich gestimmt wurden. In Italien, Deutschland und Frankreich waren Quinten üblich mit (von oben nach unten) A, D, $_1$G, während man in England Quarten vorzog, mit G, D, $_1$A. Die Beschränkung auf 3 Saiten, wie sie oft noch in der Volksmusik anzutreffen sind, bietet den Vorteil geringerer Belastung der Decke und daher eines kräftigeren Tons und genauer wahrnehmbarer Tonhöhe.

Der Kontrabaß wird transponierend notiert, eine Oktave höher, als er klingt. Davon machte die Klassik in dem Sinne Gebrauch, daß er meistens nicht getrennt geschrieben wurde, da er einfach die Violoncellostimme eine Oktave tiefer zu unterstützen hatte. Das war schon bei der Urform des Kontrabasses üblich; auch Bach schrieb eine einzige Stimme für beide (oktavierenden) »Bassi«, obwohl er wußte, daß der Kontrabaß nicht tief genug reichte, um das Prinzip lückenlos beachten zu können. Das Violoncello reicht bis zum C herab, also müßte der Kontrabaß bis zum $_1$C nach unten folgen können und nicht nur bis $_1$G (in Deutschland). In der Praxis war der Mangel nur relativ, denn der Kontrabaß wurde von Dilettanten gespielt, die ohnehin nicht der ganzen Cellostimme hätten folgen können und sich mit der Ausführung der wichtigsten, meistens der rhythmisch gliedernden Noten begnügen mußten. So sah Gluck in seinem »Orfeo ed Euridice« (1774) schon eine getrennte Linie für die stark vereinfachte Kontrabaßstimme vor, wodurch er auch zu große, durch die Quintenstimmung entstehende Schwierigkeiten von vornherein ausschließen konnte. Aber weder Mozart noch Beethoven berücksichtigten immer die untere Grenze des Kontrabasses. Deswegen ergab sich die heute noch oft gültige Praxis, die Noten unter dem Instrumentengrundton eine Oktave höher (im Einklang mit den Violoncelli) zu spielen. Andererseits verlangten diese beiden Komponisten vom Kontrabassisten sehr großes technisches Können. Mozart schreibt im 1. Satz der Es-Dur-Sinfonie KV 543 sehr rasche Skalen für die Bässe vor, und in der Durchführung des letzten Satzes derselben Sinfonie läßt er sie sogar an thematischen Aufgaben teilnehmen. Berühmt und gefürchtet (da bei Probespiel für Orchesteranstellungen fast nie vergessen) sind die raschen Kontrabaßfiguren im Scherzo der 5. Sinfonie von Beethoven, aber auch das Donnergepolter der Kontrabässe im Gewitter der »Pastorale« hat historische Bedeutung. Dabei ist bemerkenswert, daß die genannte Stelle in der 5. Sinfonie als tiefsten Ton $_1$G einschließt, was auf den 3saitigen Kontrabaß hinweist.

Neben dieser traditionellen Verwendung vollzogen Boccherini und Beethoven, was bei Mozart schon angelegt war: die

Emanzipation des Kontrabasses, dem spezielle Farbeffekte zugewiesen wurden, für die sich die Einschränkung auf 3 Saiten als unbefriedigend erwies. Ein Dokument für diese neue Würdigung des Instruments ist im Trauermarsch der »Eroica« zu finden. Gleichzeitig wird dort auch die Erweiterung nach unten dadurch belegt, daß die Grundlage der dem Kontrabaß anvertrauten Figurationen nicht mehr $_1$G, sondern $_1$E ist. (Nur zweimal kommt ganz kurz, und dann zusammen mit den Violoncelli, das nicht ausführbare $_1$C vor.) Auch für die »Unvollendete« Schuberts (1820–28) und in Webers »Freischütz« (1821) ist der 4saitige Kontrabaß unerläßlich, weil er oft unter das früher tiefste $_1$G geführt wird. Es ist sicher kein Zufall, daß beide Autoren bis zum $_1$E heruntergehen, denn die 4 Saiten wurden nicht mehr in Quinten, sondern nach Gambenart in Quarten gestimmt: G, D, $_1$A, $_1$E.

Die Quartenstimmung war, durch die Größe des Instruments bedingt, die einzige, welche der neuerdings verlangten erhöhten Beweglichkeit entgegenkam. Dies wird sofort klar, wenn man sich den Fingersatz am bewährten Beispiel der Tonleiter überlegt. Auf der tiefsten, der $_1$E-Saite greift Finger 1 das $_1$F, 2 das $_1$Fis, 3 das $_1$G und 4 das $_1$Gis. Weiter geht es nicht mehr ohne Verschiebung der Hand. Deswegen wird beim Übergang zur nächsthöheren Saite dort das $_1$A unerläßlich. Bei Stimmung in Quinten müßte sich die Hand für das $_1$A und das $_1$B (auf der untersten Saite) in eine höhere Lage begeben und dann für die nächsten Noten auf der höheren Saite wieder zurückgehen, alles zum Schaden der Geläufigkeit.

Bei der Länge von 107 cm der leeren $_1$E-Saite liegt $_1$F (Halbton höher) bei $^{15}/_{16} \cdot 107 = 100{,}3$ cm. Das $_1$Gis (große Terz) befindet sich bei $^4/_5 \cdot 107 = 85{,}6$ cm. Der Abstand $_1$F–$_1$Gis beträgt ganze 14,7 cm, so daß eine größere Dehnung zwischen den Fingern 1 und 4 sicher nicht verlangt werden kann. In der Tat liegt auf derselben Saite das $_1$A (Quarte von $_1$E) bei $^3/_4 \cdot 107 = 80{,}25$ cm, also vom F mehr als 20 cm entfernt, und ist deswegen in der 1. Lage unmöglich zu spielen.

Normal gespielt werden die Lagen 1–7 (mit den dazugehörenden halben Lagen). Weiter oben kommt, wie beim Violoncello, der Daumenaufsatz für 5 zusätzliche (+ halbe) Lagen zum Einsatz. Von der 3. Daumenlage an werden nur noch die oberen beiden Saiten gebraucht.

Stimmschraube

Die 107 cm langen Darmseiten weisen folgende Stärken auf: G = 3 mm, D = 4 mm, $_1$A (unbesponnen) = 4,25 mm, wenn umsponnen = 3,2 mm, $_1$E (besponnen) = 4,25 mm. Durch das beschwerende Umwickeln kann die Saite dünner und somit handlicher gemacht werden. Schon im Jahre 1778 führte der Berliner Karl Ludwig Bachmann eine Einrichtung ein, welche das den gesteigerten Anforderungen im Orchester besser entgegenkommende exakte Stimmen, trotz Saitendicke, erleichtert: Die Wirbel werden nicht mehr direkt, sondern über eine Mechanik bedient, die durch 2 Grundplatten aus Messing (eine auf jeder Seite des Wirbelkastens) getragen wird. Ein Zahnrad am Wirbelende wird durch ein mit hinterständigem Griff versehenes Schraubenrädchen gedreht (ähnlich wie an der Gitarre).
Späteren Komponisten genügte die erreichte Tiefe noch nicht. Mussorgskij schrieb in der »Nacht auf dem Kahlen Berge« das $_1$D vor, welches nur durch Herabstimmen (»Scordatura«) der 4. Saite erzielbar war. Ebenso verlangten Wagner und Strauss die Abweichung von der Normalstimmung herunter auf $_1$Es.

Die *Scordatura*, das Umstimmen, war in früheren Zeiten bei der Violine, der Bratsche und bei Zupfinstrumenten ziemlich beliebt, um bestimmte Akkorde leichter spielbar zu machen, aber auch um dem Instrument mehr Glanz zu verleihen. Am berühmtesten ist wohl der Fall des 1. Violinkonzerts von Paganini: Die Orchesterstimmen stehen in Es-Dur, den Solopart spielte der Autor griffmäßig in D-Dur auf der um einen halben Ton höher gestimmten Violine. Heute werden alle Teile dieses Konzerts in D-Dur gespielt, weil die Scordatura nicht mehr üblich ist. (Der Stimmton stieg übrigens inzwischen generell, so daß wir das frühere D-Dur ohnehin höher hören.) Bei Paganini ging es aber nicht um die absolute Höhe, sondern darum, das Soloinstrument klanglich von den Orchestergeigen besser abzuheben.

Solche Vorschriften und der Wunsch, ohne Einschränkung die Violoncellostimme bis zum $_1$C (eine Oktave unter dem tiefsten Violoncelloton) mitspielen zu können, führten zu zwei Lösungen für die Erweiterung des Tonumfangs:

a) Verlängerung der 4. Saite über die Schnecke hinaus, bis zum $_1$C. Dabei wird nicht nur ein beweglicher Bund (als Capotasto) vorgesehen zur Abgrenzung der normalen $_1$E-Länge, sondern ein Hebelmechanismus eingeführt, der es erlaubt, ohne die Hand nach oben zu bewegen, über Tasten die chromatischen Töne zwischen $_1$C und $_1$E zu greifen, auch weil dabei die $_1$E-Saite normal gespielt werden kann (was bei Scordatura nicht der Fall ist).

b) Zu Beginn unseres Jahrhunderts führte man eine 5., tiefere Saite für das $_1$C ein. Um aber logischerweise die Quartschritte nach unten fortzusetzen, wird diese Saite meistens auf $_2$H gestimmt. Die zusätzliche Saite wirkt sich aber nicht so vorteilhaft aus, wie es auf den ersten Blick erscheinen könnte, denn sie verursacht eine zusätzliche senkrechte Belastung der Decke, welche die klanglichen Nachteile des Übergangs vom 3saitigen zum 4saitigen Kontrabaß verschärft (aus diesem Grunde wurde ja längere Zeit im Orchester des 19. Jh. neben dem 4-Saiter noch der klangvollere 3-Saiter beibehalten). Kontrabässe mit 5 Saiten gab es schon bei Leopold Mozart. Die dabei vorhandenen Bünde verdeutlichen die Herkunft von der Gambe. W. A. Mozart zog 3- und 4saitige Bässe vor.

Die Lösung a) ist also vorzuziehen, auch weil sie, außer der geringeren Stegbelastung, präziseren Bogenansatz auf der

$_1$E-Saite ermöglicht. Zum $_1$C heruntergezogene Kontrabässe sind im Orchester sehr gut heraushörbar. So z. B. würde ohne sie in einem Fortissimo-C-Dur-Akkord die Unteroktave des mit leerer C-Saite von den Violoncelli gespielten Grundtons fehlen. (Auch bei den Bratschen ist c eine leere Saite!) Beim System der verlängerten $_1$E-Saite klingt hingegen das Kontrabaß-$_1$C besonders sonor. Wenn aber 5-Saiter eingesetzt werden, ist es nicht zweckmäßig, alle Kontrabassisten damit auszurüsten; auf die klangstärkeren 4-Saiter sollte man nicht ganz verzichten. Schon 1–2 5saitige Kontrabässe sind gut genug hörbar. Alleinige Verwendung von 5-Saitern ergibt nicht die erhoffte Erhöhung der Klangfülle, weil dann zwar auch für den Bereich $_2$H–$_1$Es die Violoncelli nach unten oktaviert werden können, aber im ganzen übrigen Bereich des üblichen Tonumfangs die Kontrabaßgruppe keinen ungestört vollen Klang zu entfalten vermag.

2.353 **Dimensionen und Klang**

Da der Kontrabaß grundsätzlich die Violoncellostimme eine Oktave tiefer mitspielt, müßte, um die akustischen Bedingungen der Violine zu übernehmen, seine Größe das Doppelte des theoretisch »richtigen« Violoncellos betragen. Der Korpus hätte dann $2 \cdot 108 = 216$ cm lang zu sein. In Wirklichkeit mißt er aber 110 cm, und das ganze Instrument kommt zur schon beachtlichen Länge von 195 cm. Von der Violine bis zum Kontrabaß werden also die Streichinstrumente durchweg nicht im gleichen Verhältnis größer, mit dem die Stimmung tiefer wird, sondern bleiben gegenüber dieser in zunehmendem Maße zurück. Aus diesem Grunde nehmen die Saiten nicht nur am einzelnen Instrument gegen unten an Dicke zu, sondern werden auch von einem Instrument zum nächsttieferen stärker, denn die unterproportionale Längenzunahme allein vertieft die Stimmung nur ungenügend. Das geht bis zu den derart dicken Kontrabaßsaiten, daß zum Stimmen die Schraubenmechanik benötigt wird.

Die ungenügende Ausdehnung der Decke wird teilweise durch höhere Zargen (17–21 cm) zur Vergrößerung des Luftvolumens kompensiert. Zwar ist verschiedentlich versucht worden, größere Kontrabässe herzustellen, aber es gelang nie, solche Absonderlichkeiten durchzusetzen. So konstruierte J.-B. Vuillaume (Paris, 1849) einen 4 m hohen Riesenkontrabaß, den er **Octobasse** nannte. Zum Greifen seiner 3 Saiten diente eine mit Pedalen zu bedienende Mechanik. Für ein Musikfest in Cincinnati (1889) stellte man einen 4,8 m hohen Kontrabaß her. Er wurde durch 2 Spieler bedient, von denen der dem Griffbrett zugeteilte eine Leiter benützen mußte. Aber schon im 17. Jh. sind derartige Übertreibungen vorgekommen; darunter war der 2,47 m hohe italienische **Gigante** (= Riese).
Das Griffbrett ist so lang, daß man sehr hoch gelegene Töne erreichen kann, wozu auch der Daumenaufsatz dient. Mit Flageolett kommt man sogar bis zum g^2; der Gesamtumfang hat folglich die beachtliche Weite von 4,5 Oktaven. Das weit nach unten reichende Gleiten der linken Hand wird dadurch erleichtert, daß man den Kontrabaß stehend oder auf sehr hohen, Barhockern ähnlichen Stühlen sitzend spielt. Ein kurzer, dicker Metallstachel dient als Bodenstütze.
Sehr viele Stricharten sind möglich, aber nicht alle mit derselben Beweglichkeit wie bei der Violine ausführbar. Gut gelingen, außer den gebundenen Strichen, Martellato, Balzato, Saltellato und Staccato, alles Effekte, die in der Unterstimme hervorragend zur Geltung kommen. Beliebt sind auch das Tremolo und das Pizzicato. Letzteres stellt sogar die im Jazz und in der Volksmusik geläufigste Verwendung dar. Da beim Pizzicato nicht gebunden wird, bemüht man sich dabei selten um Fingersätze, sondern verschiebt die ganze Hand von Note zu Note. Auch Mehrfachgriffe sind möglich, werden aber selten verwendet. Allein gespielt, wirkt der Kontrabaß geheimnisvoll bis düster und sogar grotesk, auf der höchsten Saite ist ihm aber sogar delikate Gesanglichkeit nicht fremd.

Die selbst bei seinem großen Luftvolumen ungenügenden Dimensionen verhindern die Entfaltung eines leuchtenden, strahlenden Klangs. Der Kontrabaß verkörpert so in der Streicherfamilie eine Rolle, die derjenigen der Baßtuba innerhalb des Blechs entspricht: auch dieser ist es nicht vergönnt, die heroischen Töne von Trompeten und Posaunen in die Tiefe fortzusetzen. Weil nicht nur der 1. Oberton, wie beim Violoncello, sondern auch Teiltöne höherer Ordnung (wegen der noch ausgesprochener »zu kleinen« Dimensionen) in die Resonanzenregion des Korpus zu liegen kommen, werden sie gegenüber dem Grundton hervorgehoben; gut ausgebildet sind Oktave, Duodezime, Doppeloktave, Doppeloktave + Großterz. (Aus diesem Grunde gelingen die Flageoletts besonders gut.) Die sehr hohen Teiltöne fehlen fast ganz, denn die Dimensionen sind doch zu erheblich, um rasche Schwingungen mitzumachen. Daraus entsteht die charakteristische dunkle Klangfarbe. Vor allem kann sich das ja nur aus den höchsten Teiltönen bestehende Residuum kaum ausbilden, und damit hängt die oft nicht sehr klar definierte Tonhöhe zusammen sowie die Schwierigkeit, den Kontrabaß intoniert zu spielen. Das Fehlen der höheren Obertöne bewirkt auch die harte, geradezu brutale Wirkung bei forscher Tongebung.

Zur Beschreibung eines besonderen, der Flageolett-Entstehung ähnlichen und nach seinem piemontesischen Entdecker K. Langlois benannten Effekts (ungefähr aus dem Jahre 1830) überlassen wir am besten Richard Strauss das Wort. Er schrieb den *Langlois-Effekt* in der »Salome« (Hinrichtung des Jochanaan) vor: »Diese Saite, statt auf dem Griffbrett aufgedrückt zu werden, ist zwischen Daumen und Zeigefinger fest zusammenzuklemmen: mit dem Bogen ein ganz kurzer scharfer Strich, so daß ein Ton erzeugt wird, der dem unterdrückten Stöhnen und Ächzen eines Weibes ähnelt.«

Die beschriebenen Klangeigenschaften tragen zur Eignung des Kontrabasses als Begleitinstrument sehr positiv bei: Der solide Klang dient zur harmonischen Stütze des ganzen Orchesters, ohne daß eine zu gebieterische, zu profilierte Klangfarbe das Instrument besonders isoliert. Seine unentbehrliche Rolle spielt sich in einer gewissen Anonymität ab, die den verschiedensten Orchestrierungseffekten ein verfärbungsfreies Fundament zusichert.

Einige weitere Partiturstellen für Kontrabaß finden sich bei Berlioz (»Symphonie fantastique«: Pizzicato im 1. Satz, Takte 12 und 14; Akkorde zu Beginn des 4. Satzes), in Verdis »Otello« (während Othello sich in Desdemonas Schlafgemach schleicht), im »Carneval des animaux« von Saint-Saëns als Versinnbildlichung des Elefanten, eine Solostelle in Strawinskys »Pulcinella«. Wohl die berühmteste kammermusikalische Beteiligung ist dem Kontrabaß im »Forellenquintett« von Schubert neben Violine, Bratsche, Violoncello und Klavier eingeräumt.

In der Partitur stehen die Kontrabässe zuunterst, entweder zusammen mit den Violoncelli, falls sie diese oktavieren, sonst auf getrenntem System.

Größenvergleich (in cm/Mittelwerte)

	Gesamtlänge	*Korpuslänge*	*Obere Breite*	*Untere Breite*	*Zargenhöhe*	*Saitenlänge*
Violine	60	36	16,5	20,5	3	32
Bratsche	70	40	21,5	26	3,5	37
Violoncello	125	77	32,5	44,5	12	70
Kontrabaß	195	110	53	64	21	107

Steghöhe = 3,4 (Vl.), 3,7 (Br.), 9,5 (Vc.), 15 (Kb.).

Umfang	*Tiefster Ton (leer)*	*Höchster Ton gegriffen*	*Höchstes Flageolett*	
			Orchester	*Solist*
Violine	g	d^4 (a^4)	h^4	d^5
Bratsche	c	a^3	e^4	g^4
Violoncello	C	a^2	c^4	a^4
Kontrabaß, 4 Saiten	$_1E$	h	g^2	g^3
5 Saiten	$_1C$ ($_2H$)			

Die angegebene gegriffene obere Umfangsgrenze entspricht etwa dem Orchestergebrauch; Solisten können höher hinauf.

Anzahl der Lagen	Saite:	IV (tiefste)	III	II	I (höchste)
Violine		7 (11)	7 (11)	7 (11)	13 (14)
Bratsche		7	7	7	8 (11)
Violoncello	ohne Daumenaufsatz	7	7	7	7
	mit Daumenaufsatz				7–14
Kontrabaß	ohne Daumenaufsatz	7	7	7	7
	mit Daumenaufsatz	8–9	8–9	8–12	8–12

Hier sind nur die ganzen Lagen gezählt. Von der Violine zum Kontrabaß verwendet man zunehmend auch halbe Lagen. So liegen zwischen den 7 ganzen Lagen des Kontrabasses 5 halbe Lagen und zwischen den 5 ganzen Daumenlagen nochmals 3 halbe Daumenlagen.

Violine, Bratsche, Violoncello und Kontrabaß im Größenvergleich

2.354 **Ein Stimmungsproblem der Streichergruppe**

Das $_1$E des Kontrabasses fordert den Vergleich mit dem e^2 der Violine heraus: es sind die beiden extremen, weil tiefsten und höchsten Saiten des Streicherchors. Dabei ist ein interessantes Resultat zu erwarten, wenn der Aufstieg über die leeren Saiten erfolgt, genaue Stimmung innerhalb jedes Instruments vorausgesetzt. Es wurde ja schon mehrere Male auf die Schwierigkeiten hingewiesen, die sich bei Aneinanderreihung von Quinten ergeben. Fortgesetzte Quintenschritte gehen z. B. auch im Quintenzirkel etwas über das Ziel hinaus, da dieser sich nur durch etwas verkleinerte Quinten schließt. Was ergibt sich nun bei den Streichern?

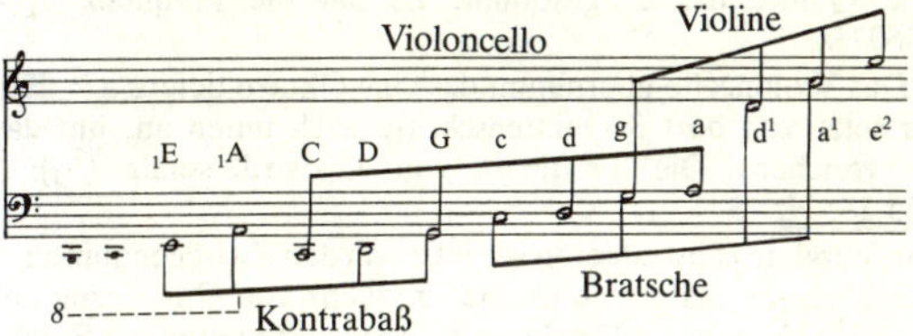

Aufstieg von $_1$E nach e^2:

a) Im Kontrabaß geht es 3 Quarten nach oben: $_1$E–$_1$A–D–G $= (^4/_3)^3$.

b) Dieses G ist auf dem Violoncello zu finden. Es ist aber einfacher, sogleich zur Oktave g in Bratsche und Violine hinaufzusteigen: Faktor 2.

c) Von g sind 3 Quintenschritte aufwärts zu nehmen: g–d^1–a^1–e^2 $= (^3/_2)^3$.

Alle Faktoren zusammengefügt, ergibt sich für das untersuchte Intervall $_1$E–e^2: $(^4/_3)^3 \cdot 2 \cdot (^3/_2)^3 = 2 \cdot (^4/_3 \cdot {}^3/_2)^3 = 2 \cdot 2^3 = 2^4$, also genau 4 Oktaven. Diese Feststellung könnte befriedigend sein und alles in bester Ordnung erscheinen lassen, wäre nicht der oben angedeutete Zweifel im Wege. Das etwas unerwartet richtige Resultat läßt sich aber leicht erklären. Betrachtet man die Teiltonreihe, sieht man, daß die Quarte als Abstand zwischen 3 und 4 erscheint und deswegen die Quinte 2–3 genau zur Oktave 2–4 ergänzt. Wenn also die Quinte zum Schließen des Quintenzirkels etwas zu groß ist, fällt umgekehrt die Quarte etwas zu klein aus. Somit kompensieren sich in obiger Rechnung die »Fehler«, denn von beiden Intervallen werden gleich viel, je 3, gebraucht.

Es geht auch einfacher: $_1$E–$_1$A (Kontrabaß) = Quarte, $_1$A–a^1 = 3 Oktaven, a^1–e^2 (Violine) = Quinte. Zusammen: $(^4/_3) \cdot 2^3 \cdot (^3/_2) = (^4/_3 \cdot {}^3/_2) \cdot 2^3 = 2 \cdot 2^3 = 2^4$. Wiederum ergänzen sich Quarte und Quinte genau zur Oktave.

Wenn wir nun den Kontrabaß auslassen und nur die Instrumente mit Quintenstimmung berücksichtigen, kommen die vorgesehenen Hindernisse zur durchweg reinen Stimmung zum Vorschein.

Vergleichen wir jetzt den größten Umfang leerer Saiten zwischen

Violoncello und Geige, also C–e^2, und gehen wir dazu dem Stimmvorgang nach.

a) Bezugspunkt ist der Kammerton a^1 = 440 Hz. Dazu wird als reine Quinte das e^2 gestimmt. Es hat die Frequenz $^3/_2 \cdot 440 = 660$ Hz.

b) Das Violoncello übernimmt das eine Oktave tiefere a = 220 Hz und setzt von dort 3 Quintenschritte nach unten an, um das C zu erreichen. Die Frequenz von C wird somit $(^2/_3)^3 \cdot 220 = \underline{65{,}185\,\text{Hz}}$.

Zum Vergleich abstrahieren wir jetzt von den Zwischenquinten und berechnen die diatonisch exakte Frequenz von C in bezug auf e^2 = 660 Hz. Von e^2 zu E geht es 3 Oktaven hinunter zur Frequenz $660 : 2^3 = 660 : 8 = 82{,}5$ Hz. C liegt eine große Terz tiefer, mit Frequenz $^4/_5 \cdot 82{,}5 = \underline{66\,\text{Hz}}$.

Der Stimmungsfehler ist gleich dem Intervall 66 : 65,185 = 1,0125. Dieses Verhältnis ist in der Akustik als 81 : 80 bekannt und heißt *syntonisches Komma.* Es stellt auch die Abweichung dar, die man bei zwei verschiedenen Ableitungen der None findet:

a) 2 aufeinanderfolgende Quinten (z. B. c–g–d^1) = $(^3/_2)^2 = {^9/_4}$.

b) Dasselbe Intervall ergibt sich auch durch große Sexte + Quarte (c–a–d^1). Die große Sexte ist gleich Oktave – kleine Terz = $2 : {^6/_5} = 2 \cdot {^5/_6} = {^5/_3}$. Somit wird Sexte + Quarte = $^5/_3 \cdot {^4/_3} = {^{20}/_9}$ (statt der obigen $^9/_4$). Das Intervallverhältnis der beiden Resultate beträgt $^9/_4 : {^{20}/_9} = {^9/_4} \cdot {^9/_{20}} = \underline{^{81}/_{80}}$ (= 1,0125).

In der Praxis tritt dieser Schönheitsfehler nicht zutage, weil ihn das Ohr »zurechtbiegt«, wie es die temperierte Quinte annehmbar macht. Außerdem werden in der Höhe leere Saiten besser vermieden. Beim gegriffenen Ton wird die durch das Vibrato erzeugte Frequenzschwankung ohnehin größer als derartige Subtilitäten.

2.36 *Die Bögen der Streichinstrumente*

2.361 **Wirkungsweise des Bogens**

Da in weit überwiegender Weise der Bogen zur Tonerzeugung bei Streichinstrumenten dient, darf seine Bedeutung nicht unterschätzt werden. Vor allem ist die Wirkungsweise der über die Saiten gestrichenen Bespannung (aus Pferdehaar) darzustellen. Bei der Behandlung der Blasinstrumente wurde immer wieder das Prinzip untersucht, nach welchem sich ein Luftstrom in unstetige Stöße verwandelt, deren mehr oder weniger rasche Folge durch die angekoppelte Luftsäule des Instruments gesteuert wird. Für die Streichinstrumente besteht eine analoge Transformation: Der kontinuierliche Bogenstrich erzeugt die Schwingungsbewegung der Saite. Um dies zu erklären, muß wieder einmal zu Schulerinnerungen gegriffen werden.

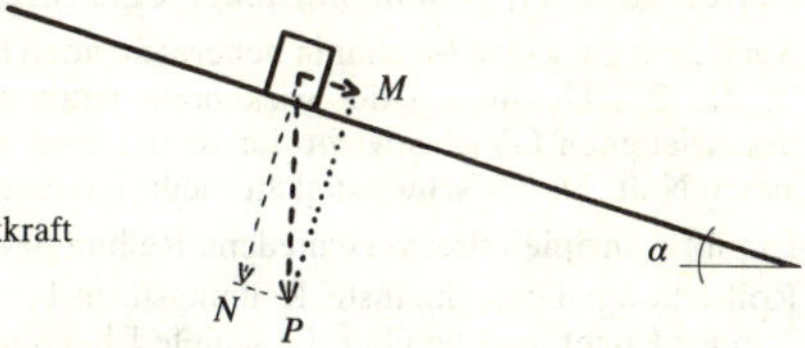

P Schwerkraft
M Bewegende Kraftkomponente
N Senkrechte Druckkraft

Schiefe Ebene

Dazu ist es zweckmäßig, von der schiefen Ebene auszugehen. Man stelle sich also ein geneigtes Brettchen vor, auf dem ein Körper ruht. Die auf ihn wirkende Schwerkraft kann in 2 Komponenten zerlegt werden, deren Zusammenwirkung mit der Kraft selber identisch ist. Eine dieser Teilkräfte stellt den senkrecht auf das Brett ausgeübten Druck dar, die andere, der schiefen Ebene parallele, versucht den Körper in Bewegung zu setzen. Dies gelingt ihr vorerst nicht, da eine durch die Rauhigkeit der sich berührenden Flächen entstehende *Haftreibung* sich der Verschiebung widersetzt. Neigt man das Brett langsam weiter, wird die ihm parallele Kraftkomponente immer größer, bis es ihr gelingt, die Haftreibung zu überwinden: Der Körper beginnt zu gleiten. In diesem Moment ist das für unsere Erklärung wesentliche Phänomen geschehen: Auch der Bewegung setzt sich eine Reibung entgegen, die *Gleitreibung*; diese ist aber kleiner als die vorher wirkende Haftreibung. In der Tat bleibt die Bewegung auch dann erhalten, wenn die Neigung, bei der sie begann, etwas zurückgenommen wird. Bei diesem zum selbständigen Loslösen von der Haftreibung noch

zu kleinen Neigungswinkel kann die Bewegung durch einen kleinen Stoß ausgelöst werden, der den Übergang von der Haftreibung zur kleineren Gleitreibung bewirkt.
Noch eine Feststellung ist wichtig: Die Gleitreibung ist proportional zur Bewegungsgeschwindigkeit, d. h., sie nimmt in gleichem Maße wie die Geschwindigkeit zu. Es kann sich also eine Geschwindigkeit einstellen, bei der die Reibung genau die bewegende Kraftkomponente kompensiert: Die Bewegung wird gleichförmig (oder »linear«: zu gleichen Zeiten gehören gleiche zurückgelegte Strecken).

Nach dem die ganze Mechanik beherrschenden Prinzip von Newton ist die Beschleunigung der wirkenden Kraft proportional. Beim beschriebenen Gleichgewicht der Kräfte wird die Beschleunigung gleich Null: Die Geschwindigkeit bleibt unverändert.

Es gibt prinzipiell drei verschiedene Reibungstypen:

Rollreibung: Diese kleinste Reibungsform bremst die Bewegung einer Kugel, welche über die schiefe Ebene rollt.

Haftreibung (die größte): Sie verhindert die gegenseitige Verschiebung zweier sich berührender Körper.

Gleitreibung (liegt zwischen den anderen): Sie verhindert ungestörtes Gleiten eines Körpers auf einem anderen.

Wenn wir die Gleitreibung R nennen, so sagt uns die Physik, daß sie proportional zur Kraft ist, mit der zwei Körper aufeinandergedrückt werden: $R \approx K$. Wird als Proportionalitätskonstante der Reibungskoeffizient r eingeführt, kann man schreiben: $R = r \cdot K$. Ist α der Neigungswinkel der oben betrachteten schiefen Ebene, und nennt man das Körpergewicht P, so drückt der Körper mit der zur Ebene senkrechten Komponente N auf diese Ebene. Weil $N = P \cdot \cos\alpha$, wird die sich der Bewegung entgegensetzende Reibung $r \cdot P \cdot \cos\alpha$. Die bewegende, der Ebene parallele Kraftkomponente ist $M = P \cdot \sin\alpha$. Bewegungsgleichgewicht entsteht dann, wenn die bewegende Kraft M und die dazu entgegengesetzt gerichtete Widerstandskraft gleich groß sind. Aus der so aufgestellten Gleichung $P \cdot \sin\alpha = r \cdot P \cdot \cos\alpha$ folgt der Neigungswinkel, bei dem diese Bedingung zutrifft: $\operatorname{tg}\alpha = r$. Er wird *Reibungswinkel* genannt. – Uns interessiert dabei vor allem die Feststellung, daß eine gleichförmige Bewegung überhaupt möglich ist.

Nun können wir zum Streicherbogen zurückkehren. Die Haarbespannung wird auf die Saite gedrückt und z. B. gezogen. Zuvor hat man die Haftreibung durch Einreiben mit *Kolophonium* fast bis zur Klebrigkeit vergrößert. (Kolophonium ist der nach der kleinasiatischen Stadt Kolophon benannte Rückstand, der beim Destillieren von Terpentin

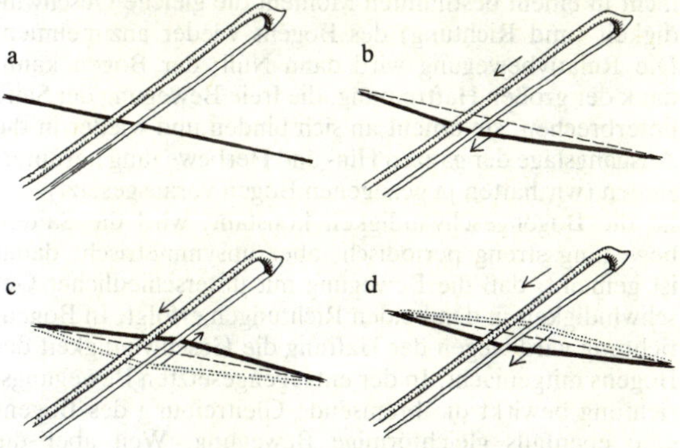

Wirkung des Bogens: a) Aufsetzen; b) Mitnehmen der Saite; c) Zurückschnellen der losgerissenen Saite; d) erneutes Mitnehmen der Saite durch den Bogen

entsteht, dem zähen Harz, das bei Rindenschnitten aus Nadelhölzern herausquillt.) Wegen der Haftreibung wird die Saite vom Bogen mitgeführt (es findet vorerst keine gegenseitige Bewegung statt). Dadurch spannt sich die Saite immer mehr, bis die dadurch verursachte Rückstellkraft die Haftreibung überwindet. Die Saite reißt sich von der Bogenbewegung los. Dann bleibt sie aber nicht in der erreichten Auslenkung stehen, weil die jetzt – wegen der eingesetzten gegenseitigen Verschiebung – wirkende Gleitreibung geringer ist als die vorangehende, die Auslenkung erzeugende Haftreibung. Die Saite kann also zurückkehren, und sie tut dies mit konstanter Geschwindigkeit, weil die unentwegt wirkende Gleitreibung des Bogens eine Beschleunigung verhindert.

Bei dieser Rückwärtsbewegung gelingt es der Saite sogar, wegen der Trägheit, über die Ruhelage hinauszuschwingen und auf der entgegengesetzten Seite sich so zu spannen, daß die Rückkehr beginnen muß. Dabei ist es ihr unmöglich, nicht in einem bestimmten Moment die gleiche Geschwindigkeit (und Richtung) des Bogens wieder anzunehmen. Die Relativbewegung wird dann Null; der Bogen kann, dank der großen Haftreibung, die freie Bewegung der Saite unterbrechen, sie erneut an sich binden und wieder in die Ausgangslage der ganzen Hin- und Herbewegung herunterziehen (wir hatten ja gezogenen Bogen vorausgesetzt).
Ist die Bogengeschwindigkeit konstant, wird die Saitenbewegung streng periodisch, aber unsymmetrisch; damit ist gemeint, daß die Bewegung mit unterschiedlicher Geschwindigkeit in den beiden Richtungen erfolgt. In Bogenrichtung wird wegen der Haftung die Geschwindigkeit des Bogens mitgemacht. In der entgegengesetzten Bewegungsrichtung bewirkt die bremsende Gleitreibung des Bogens eine ebenfalls gleichförmige Bewegung. Weil aber die Gleitreibung geringer ist als die Haftreibung, kann die Saite mit größerer Geschwindigkeit (der Bogenrichtung entgegengesetzt) zurückkehren, hat sie sich einmal von der Haftreibung losgerissen. Die Richtungsumkehr erfolgt an beiden Schwingungsscheiteln abrupt, praktisch unmittelbar, so daß in zeitlicher Aufzeichnung eine unsymmetrische Sägezahnkurve entsteht. Wie bei der gezupften Saite setzt sich die lokal erzeugte Störung längs der ganzen Saite fort und wird an den Enden zurückgeworfen. Durch die sehr komplizierte Überlagerung entsteht die viele Teiltöne enthaltende Schwingungsform.

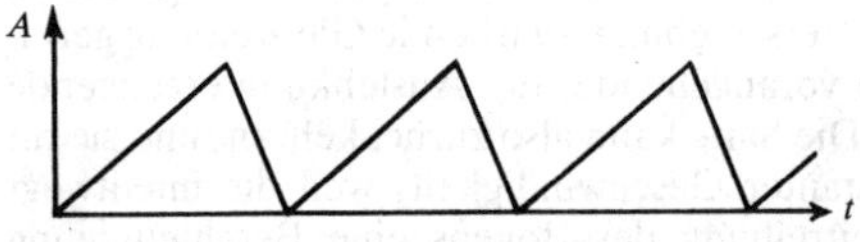

Zeitlicher Auslenkungsverlauf der Saite an der Strichstelle

Eine Bewegungsform mit scharfen Ecken ergibt bei der Fourier-Zerlegung äußerst viele (hohe) Teiltonkomponenten. Deswegen hängt die Klangqualität von Streichinstrumenten ganz wesentlich von der durch das Instrument vorgenommenen Teiltonauswahl und von selektiver Resonanzverstärkung ab.

Nochmals: Die zusammen mit dem Bogen ausgeführte Bewegung ist relativ langsam gegenüber der rückläufigen, der Bogenrichtung entgegengesetzten Bewegungsphase. Aus der Tatsache, daß bei Violine und Bratsche der die Schwingungen auf die ganze Decke übertragende Baßbalken auf der Seite gegenüber der rechten Hand sitzt, ergibt sich eine interessante Folgerung: Bei gezogenem Bogen verläuft der schnellere und energiegeladenere Teil der Saitenschwingung auf den Baßbalken zu. Er wird also regelrecht heftig angestoßen. Unter sonst gleichen Bedingungen (Bogendruck und -geschwindigkeit) fällt somit der Ton lauter aus als bei gestoßenem Bogen. Beim Stoßen bewegt sich die energischere Bewegungsphase vom Baßbalken weg. – Der Abwärtsstrich erleichtert zusätzlich das Forte, weil bei Ansatz in Froschnähe mehr Druck ausgeübt werden kann. Diesen Effekt nützen erfahrene Geiger entweder geschickt aus oder mildern ihn durch strenge Bogenbeherrschung.
Beim Violoncello und beim Kontrabaß erfolgt genau das Gegenteil: Die gegenüber der Geige umgekippte Haltung bringt den Baßbalken auf die Seite der rechten, bogenführenden Hand. Die schnelle Phase der Schwingung geht hier auf den Baßbalken zu, wenn der Bogen gestoßen wird, mit Ansatz an der Spitze. Größere Lautstärke wird hier beim Stoßen erzielt. Der in Froschnähe mögliche größere Druck hat hier kompensierenden Sinn beim Ziehen.

2.362 **Der Violinbogen**

Wenn auch die Bestandteile des Bogens bei allen heutigen Streichinstrumenten dieselben sind, wird in der nachfolgenden Beschreibung speziell der Geigenbogen vorgestellt. Er besteht aus Stab, Frosch und Bezug.

Der *Stab* (oder die *Stange*) ist lang, schlank und elastisch, etwas nach »unten«, gegen die Haare hin, gebogen; zum Spielen wird er durch Anziehen des Bezugs etwas gestreckter. Sein Material ist vorzugsweise das leichte und trotzdem

Violinbogen

harte, vor allem elastische Pernambukholz. Die Stange hat runden Querschnitt und wird am unteren Ende 8eckig. Der Durchmesser beträgt an der Spitze, der dünnsten Stelle, etwa 5,5 mm; gegen unten nimmt er zu: Sein 11 cm langer zylindrischer Abschnitt am unteren Ende mißt ca. 8,5 mm. Stärke und Krümmung sind durch den Bogenmacher dem wechselnden Verhalten des jeweiligen Materials anzupassen. Das Holz wird gerade, den Fasern entlang, geschnitten und nachträglich über dem Feuer gekrümmt. – An der Stange unterscheidet man verschiedene Abschnitte. Ganz oben sitzt das *Köpfchen*, eine Verdickung und Erhöhung, an dessen flacher, mit dem dünnen *Blättchen* (aus Elfenbein, Gold oder Silber) belegter Unterseite die Haare befestigt werden. Die italienische Bezeichnung *Scarpetta* (= kleiner Schuh) weist auf seine Form hin. Ihm folgt unmittelbar der *Hals*, der schwächste und gekrümmteste Teil der Stange. Dann führt der allmählich an Dicke zu- und an Biegung abnehmende *Bügel* bis zum nicht mehr gebogenen und stärkeren Teil, dem *Griff*. Am bewickelten Griff wird der Bogen gehalten und an die Saiten gedrückt.

Unterhalb des Griffes, am *Fuß* des Bogens, ist der *Frosch* befestigt. An ihm werden die Haare durch die *Zwinge* eingekeilt und längs der ganzen Unterseite durch ein *Schieber* genanntes Perlmutterplättchen geschützt. Eine kleine, in

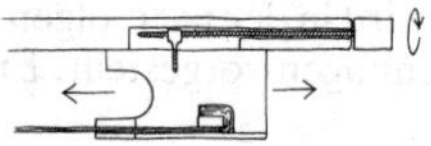

Frosch und Stangenfuß (im Längsschnitt); das Haar ist mit der Zwinge eingekeilt

Längsrichtung des Fußes gefräste Aushöhlung (das *Kästchen*) nimmt eine am Frosch befestigte Schraubenmutter auf, die durch eine Schraube in der Fußachse zur Regelung der Haarspannung verschoben werden kann. Diese Schraube wird durch das die Stange abschließende *Zäpfchen* geführt und gehalten. Sie endet mit einem zylindrischen Griff (mit Stangendurchmesser), dem *Schraubenkopf* oder *Beinchen* (weil früher aus Knochen verfertigt). Oft ist der meistens aus Ebenholz bestehende Frosch mit kostbaren eingelegten Verzierungen versehen, die nicht nur ästhetische Zwecke erfüllen, sondern auch dazu dienen, je nach Material und Menge, den Schwerpunkt des ganzen Bogens mehr oder weniger dem Frosch näher zu bringen. Die Spannung der Haare erfordert nur eine sehr geringe Verschiebung des Frosches um wenige Millimeter, so daß der durch Kästchen und Schraube bedingte Spielraum von rund 2 cm weitgehend genügt. Der Frosch dient nicht nur dazu, die Spannung einzustellen, sondern auch und vor allem, um eine angemessene Entfernung zwischen Bezug und Stange zu erhalten. (An der Spitze übernimmt das Köpfchen diese Aufgabe.) Wenn er nicht gebraucht wird, wird der Bogen entspannt, damit seine wertvolle Elastizität nicht durch Ermüdung des Materials verlorengeht. – Die Spielanweisung *»am Frosch«* (also mit dem untersten Teil des Bogens zu spielen) wird in der in diesem Bereich sehr oft verwendeten französischen Sprache mit *»au talon«* wiedergegeben. Dies ist sinngemäß richtig, aber keine genaue Übersetzung; »talon« (= Ferse) steht für Fuß (= unteres Bogenende), während der Frosch selbst »hausse« heißt.

Das den Frosch andeutende graphische, unter oder über die Note gesetzte Zeichen ⊓ bedeutet Abstrich (da ein solcher im extremen Fall beim Frosch beginnt). Umgekehrt wird das die Spitze versinnbildlichende Zeichen v für Aufstrich (weil oben am Bogen beginnend) verwendet.

Der *Bezug* besteht aus Schwanzhaar von Schimmelhengsten. Er enthält 120–150 sehr sorgfältig einzeln ausgesuchte Haare mit auf der ganzen Länge gleichmäßiger Dicke.

Künstlich gebleichtes (nicht von Schimmeln stammendes) Haar ist weniger elastisch und weniger dauerhaft. Für tiefere Instrumente nimmt die Dicke der verwendeten Haare jeweils zu. Beim Kontrabaßbogen braucht man hingegen besonders kräftiges schwarzes Pferdehaar.

Nur etwa 5% der Haare sind brauchbar. Die äußere Haarschicht besteht aus Schuppen, von denen jede mit dem oberen Ende den unteren Rand der nächsten bedeckt. Deswegen fühlt sich das Haar in Wachstumsrichtung weniger rauh an als gegen die Haarwurzel gestrichen. Aus diesem Grund wird empfohlen, die Haare im Bogen hälftig entgegengesetzt, gemischt, zu richten. In beiden Strichrichtungen ist dann die zur Bewegung der Saiten erforderliche Rauhigkeit gleich groß.

Die wichtigsten Maße des Geigenbogens: Die totale Länge beträgt 74–75 cm, die verwendbare Länge des 8–9 mm breiten Bezugs (die *Spiellänge*) mißt 65 cm. Das Köpfchen ist 22 mm hoch und steht von der Stangenunterseite 17 mm ab. Der 4,5 cm lange Frosch ist 19–21 mm hoch. Das Totalgewicht liegt bei 55–57 g, davon entfallen auf die Stange allein 35 g.

Der relativ jungen Vollendung des Geigenbogens geht eine bewegte Geschichte voraus. Die historischen Umformungen erfolgten aus der Notwendigkeit, den mehr und mehr steigenden spieltechnischen Anforderungen immer besser zu entsprechen.

Im ursprünglichen primitiven Rundbogen hielt ein gebogenes Holzstück den Bezug fest, der einfach durch 2 Einschnitte an den Enden gelegt und durch 2 Knoten außerhalb derselben festgehalten wurde. Im 15. Jh. war der Bogen flacher, zu Beginn des 16. Jh. sogar gerade. Um die Haare in genügendem Abstand von der Stange zu halten, erschien damals die Urform des Frosches als gebogene Nase am unteren Ende. Damit auch an der Spitze das Haar nicht zu nahe an die Stange kommt, schweifte man nachträglich (um 1650) diese nach unten. Die Spannung der Haare wurde noch durch den Daumen geregelt und je nach erwünschtem Effekt (Polyphonie!) dosiert. Etwas später (um 1690) gestal-

tete man den Frosch beweglich, und die Spannung wurde einfach dadurch gegeben und geregelt, daß ein am Frosch befestigter Bügel in die sägezahnförmig eingeschnittene Oberseite (die *Crémaillère*) des Bogenfußes einrastete. So ungefähr sah der noch von Arcangelo Corelli (1653–1713) gebrauchte kurze und unelastische Bogen aus. Die Violintechnik war noch nicht sehr weit entwickelt; es wurde weniger die Geläufigkeit als die Tonqualität gepflegt, welche allerdings noch der Terrassendynamik verpflichtet war, d. h., man unterschied nur »forte« und »piano«, ohne Übergänge.
Um 1700 wurde zur einstellbaren Festhaltung des Frosches die Schraube eingeführt. Aber entscheidende Neuerungen sind Giuseppe Tartini (1692–1770), dem »Erfinder« des die Geige zu solistischem Glanz bringenden Violinkonzerts, zu verdanken. Sein Bogen war nun leichter, schlanker, länger und fast durchweg gerade; nur die Spitze war noch nach unten gebogen. Um den Bogen besser und rutschfester halten zu können, ließ Tartini den Griff, der sich weiter oben befand als heute, mit Rillen versehen. Diese wurden auch später, obwohl eigentlich zwecklos, beibehalten, vor allem um das Gewicht etwas zu verringern.
Die entscheidende Umstellung erfolgte um 1725–1750. Bis 1725 hielt man den Daumen noch unter dem Bogenhaar, aber der Siegeszug der italienischen Sonate führte auch zu der ihr besser entsprechenden Bogenhaltung mit seitlich gehaltenem Daumen. Dabei läßt sich der Bogen ziemlich weit oben, dem Schwerpunkt näher, fassen (wie durch Geminiani gelehrt), was differenziertes Spiel ermöglicht. Ab etwa 1750 gestaltete man den Bogen, den neuen orchestralen Forderungen (Mannheimer Schule!) gehorchend, kräftiger, länger und breiter – von den früheren 7 mm der Bespannung neu zu ca. 10 mm Breite. Zur Erzielung eines mächtigeren Tons mit größerer Kraft ging man zur heutigen, schon Leopold Mozart vertrauten Haltung über: näher am Frosch, unter weitgehendem Verzicht auf klangliche, in immer größer werdenden Konzertsälen kaum noch sinn-

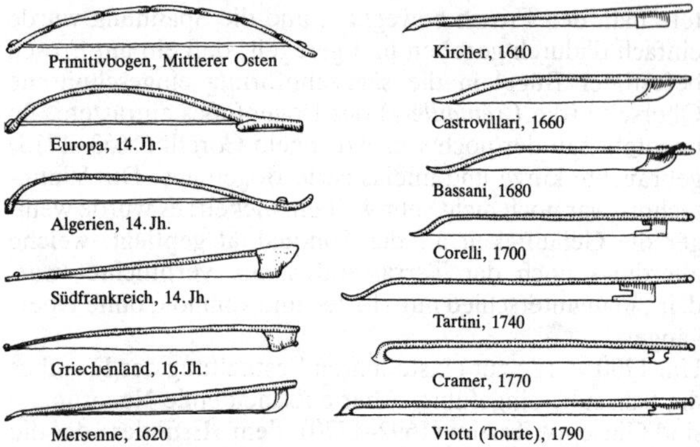

Evolution des Geigenbogens

volle Subtilitäten. Außerdem wurde auch die Bogenstange umgeformt. L. Mozarts Bogen war noch leicht nach oben gekrümmt (1756), obwohl gegen 1700 bereits die gerade Stange und wenige Jahrzehnte später die Krümmung nach innen aufgekommen war (Viotti, Tourte).

1770 erfand Wilhelm Cramer (1746–1799) in London die erste Form des Köpfchens als Ersatz der Biegung des oberen Stangenendes. Diese Umformung war so gelungen, daß sie praktisch endgültig wurde. Um 1780–1790 setzte sie sich durch; fast gleichzeitig waren übrigens François Tourte (um 1747–1835) in Paris und John Kew Dodd (1752–1839) in England zu ähnlichen Ergebnissen gekommen. Die wichtigsten Anregungen dazu stammten vom Virtuosen Giovanni Battista Viotti (1755–1824), für den schon Tourte »père« (1740–1780 in Paris tätig) die Froschschraube eingebaut hatte. Den Vater übertrafen die beiden Söhne, der 1770 bis 1786 in Paris arbeitende Xavier »l'aîné« und vor allem der jüngere François, der »Stradivari des Bogens«. Auf diesen geht der heutige Bogen zurück. Als geschulter Uhrmacher verfügte er über ausgesprochen feines Tastgefühl und über die nötige Gewandtheit. Nachdem er mit einheimischen Hölzern das Bogenschneiden nach dem Faserverlauf geübt hatte, fand er im brasilianischen Pernambuk, einem leichten, festen und biegsamen Holz, das geeignete Material zur Herstellung der Stange. Diese wurde durch ihn noch leichter und erhielt eine Krümmung in entgegengesetzter Richtung, in der Mitte auf das Haar zu. Das Köpfchen gestaltete er schlanker und im Einvernehmen mit Viotti und Rodolphe Kreutzer (1766–1831), dem Konzertmeister der Pariser Großen Oper, der vor allem durch Beethovens Widmung der A-Dur-Violinsonate op. 47 in die Musikgeschichte eingegangen ist, stabilisierte er die Bogenlänge auf 74–75 cm. Den Frosch gestaltete Tourte stabiler, vor allem gab er ihm mehr Gewicht und führte so die revolutionäre Schwerpunktsverlagerung des Bogens herbei: Der Schwerpunkt sank auf 19 cm Abstand vom unteren Ende des Bogens herab. Neu und vorbildlich war auch die dem Bezug gewidmete Aufmerksamkeit: Die früher einfach gebündelte Haarsträhne erhielt ihre flache Form als Band, was besseren Kontakt (durch mehr Haare) mit der Saite bedeutet. Auch die heute noch übliche Befestigungsart an Köpfchen und Frosch stammt von François Tourte. Er bearbeitete außerdem die Stange mit außerordentlichem Geschick und mit Präzision, ohne Holzfasern zu durchschneiden. Mit ihm war die wesentliche Entwicklung zu Ende gekommen (1790), wie sie von allen nachfolgenden Bogenmachern übernommen wurde.

Schon zu Tourtes Lebzeiten genossen seine Bögen hohes Ansehen. Sie waren auch deswegen sehr rar, weil der Krieg zwischen England und Nordamerika die Einfuhr des wertvollen brasilianischen Holzes erschwerte, wozu als weitere Schwierigkeit noch kam, in den Lieferungen geeignete, den hohen Anforderungen an Homogenität und Geschmeidigkeit genügende Brettchen zu finden. Die Nachfrage nach seinen Bögen überstieg die Herstellungskapazitäten seiner Werkstatt. Noch heute sind Tourte-Bögen sehr begehrte und entsprechend wertvolle Sammlerstücke.

Der so um 1790 vollkommen ausgebildete Bogen bedurfte nur noch einiger Detailverbesserungen. So stammen gute »Marken«-Bögen von Nicolas Lupot (1758–1824) und seinem Bruder François (1774–1837), von Jacques Lafleur (1760–1832), vom systematischen Lehrer mehrerer guter Schüler Jean-Baptiste Vuillaume (1798–1875), von François-Nicolas Voirin (1833–1885) und den Brüdern Dominique (1810–1874) und Charles Peccate. Vuillaume hatte die Herstellung normiert und durch genaue Regeln und Arbeitsmethoden die unentbehrliche Genauigkeit sichergestellt. Sein Schüler Christoph Nürnberger (1839–1899) exportierte die Bogenmacherkunst nach Markneukirchen (Sachsen), wo die Herstellung von Bögen bester Qualität zur heute noch bestehenden Tradition wurde.
Neben Pernambukholz verwendet man heute auch andere Hölzer, z. B. Caesalpina Sapan (Japan), Tabura guaianenesis (Französisch-Guayana), Buche und Kirschbaumholz.
Trotz der Schematisierung sollte dieser geschichtliche Überblick zu bedenken geben, wie wichtig der Bogen ist und welche Mühe und Genauigkeit seine Herstellung erfordert. Er ist nicht einfach ein neutrales Zubehör, sondern spielt die wesentliche Rolle eines Vermittlers der ganzen schwierigen Kunst des Violinspiels. Um einen guten Bogen zu finden – ein Anliegen jedes Geigers –, genügt die Bereitschaft, hohe Preise zu zahlen, nicht, es gehört auch eine erhebliche Dosis Glück dazu, wie immer bei der Suche nach einem Kunstwerk.

2.363 **Der Bratschenbogen**

Der für die Bratsche gebrauchte Bogen ist dem Violinbogen ähnlich, nur in der ganzen Ausführung etwas schwerer. Die Stange wiegt 40 g, der ganze Bogen 63–65 g. Das Köpfchen ist 25 mm, der Frosch 23 mm hoch; die Länge ist etwas geringer: 73–74 cm.

2.364 **Der Violoncellobogen**

In Anbetracht der größeren Kräfte, die zum Auslenken der erheblich stärkeren Violoncellosaiten erforderlich sind, verwendet man einen kürzeren und solideren Bogen. Seine Gesamtlänge beträgt 70 cm, die Spiellänge 61 cm. Das Haarband ist, aus den gleichen Gründen, breiter und mißt hier 12 mm. Alle Höhen übertreffen diejenigen des Violin- und des Bratschenbogens: 28 mm für das Köpfchen und 24 mm für den Frosch. Die Stange wiegt 50 g, der gesamte Bogen zwischen 70 und 75 g.

2.365 **Die Kontrabaßbögen**

Der von den Gamben herkommende Kontrabaß nahm ursprünglich auch den dort gewohnten Bogen mit, welcher, im Gegensatz zum Violinbogen, untergriffig, d. h. mit nach unten gerichtetem Handrücken, gehalten wird, so daß die Finger den Druck auf die Saite ausüben; Zeige- und Mittelfinger liegen über der Stange, der kleine Finger in der tiefen Einbuchtung des Frosches. Beim Bogen für diese Haltung fehlt das Köpfchen und ist durch die Krümmung der Spitze ersetzt. Der Frosch hingegen übernimmt, trotzt anderer Form, auch hier die Funktion, die Spannung des Bezugs zu regeln. Alles ist dabei höher gehalten. Bei einer Gesamtlänge von 68,5 cm (Stange allein 61 cm) sind Frosch und Kopf 5 cm hoch. Das 1,8 cm breite Haarband bietet eine Spiellänge von nur 53 cm. Dicke der Stange: unten 2 cm, in der Mitte 1,5 cm, oben 1 cm. Dieser *Dresdener Bogen* stellt eine in Wien durch den Böhmen František Simandl (1840–1912) erzielte Verbesserung des früheren, noch stark nach außen gebogenen Dragonetti-Modells (nach dem Virtuosen Domenico Dragonetti [1763–1846]) dar. Die Art der Handhabung nennt man *»deutsche Haltung«*. Sie ergibt eine gewisse Härte des Tons und eignet sich wegen des recht erheblichen Drucks, der auf die Saiten ausgeübt werden kann, besonders für die dynamische Forcierung und für

Akzente. Daß sie hingegen die Beweglichkeit nicht einschränkt, beweist u. a. die durch Spieler wie den Amerikaner Garry Karr vorgeführte verblüffende Virtuosität.

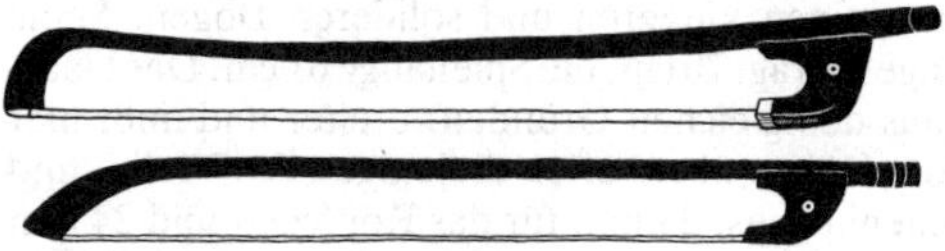

Deutscher (Dresdener) Kontrabaßbogen

Wie sich der Kontrabaß konstruktiv der Violinenfamilie mehr oder weniger anpaßte, näherte sich auch der Bogen dem Vorbild von Tourte und erhielt die Form des *Leipziger Bogens*, mit Köpfchen und dem Violoncellobogen ähnlicherem Frosch. Dieser Bogen wird in *»französischer Haltung«* gespielt, mit Handrücken nach oben, wie beim Violoncello. Natürlich weist er gegenüber dessen Bogen andere Dimensionen auf: Bei einer Gesamtlänge von 70 cm mißt die Stange 61,5 cm. Der Kopf ist 4 cm hoch, der Frosch 4,5 cm. Das 1,9 cm breite Haarband erreicht eine Spiellänge von 53 cm. Die Stange ist dünner als die des Dresdener Bogens: unten 1,5 cm, Mitte 1,2 cm, oben 0,9 cm. Insgesamt ist dieser Bogen etwas leichter und schlanker als der »deutsche«, so daß ihn seine Nähe zum Violoncellobogen für das Kantilenenspiel geeigneter macht und nuancenreichere Führung erleichtert.

Französischer (Leipziger) Kontrabaßbogen

3 Schlaginstrumente

Zu Unrecht sind die Schlaginstrumente dazu verurteilt, bei Aufzählungen und Klassierungen praktisch immer zuletzt genannt zu werden, was weder ihrer historischen und künstlerischen Bedeutung noch ihrer unüberhörbaren Rolle entspricht. Man bedenke: eine einzige kleine Trommel läßt sich im größten Sinfonieorchester selbst im Fortissimo noch hören (»Boléro« von Ravel). Ebenso macht sich vielleicht mancher Orchesterbesucher oder nicht spezialisierte Leser wenig Gedanken über diese Instrumentenkategorie und unterschätzt die mit ihr verbundenen konstruktiven und spieltechnischen Schwierigkeiten. Es ist deswegen sinnvoll, einiges über diese recht große und heterogene Gruppe, zu der immer neue »Lärminstrumente« dazuerfunden werden, mitzuteilen, übrigens auch, um den immer wieder vorkommenden Verwechslungen bei ihrer Benennung und Verwendung vorzubeugen.

3.0 Ursprung

An jedem Kind kann man die Freude beobachten, mit der es Gegenstände lärmend aufeinanderschlägt. Nicht viel anders dürften die Instrumente der Schlagzeugfamilie bei den Urvölkern entstanden sein, deren rhythmische Instinkte und Bedürfnisse durch das Zusammenschlagen von Gebrauchsgegenständen (der Jagd, der Feld- oder Hausarbeit) erweckt, befriedigt und gepflegt wurden. Der das ganze Leben primitiver Kulturen beherrschende Götterglaube übertrug sich auf solche Tätigkeiten und verwandelte ihren ludischen Ursprung in sakrale Symbolik.
Die Herkunft von Musikinstrumenten entspricht der Befriedigung von religiösen und rituellen Ur-Anliegen des in die Natur mit ihren zyklischen Abläufen einbezogenen Menschen. Der universell immer vorhandene Dualismus (Leben–Tod, Sonne–Mond, Tag–Nacht usw.) übertrug

sich dabei auch auf diesen mystischen Kreis, indem die Instrumente zwei konträren Bezugssphären zugeordnet wurden: der männlichen und der weiblichen. Die männlichen Instrumente gehören zu den strahlenden Tagesstunden, zur leuchtenden Sonne; weibliche Wesenhaftigkeit wurde hingegen mit den dunklen Geheimnissen der Nacht, dem fahlen, farblosen Mondlicht verbunden.
In diesem Sinne sind Hörner (Jagd), Trompeten (Kampf und heroische Erhabenheit) und Tuba (Kraft) männliche Instrumente sowie allgemein alle diejenigen, die von Röhren herrühren, in welchen man durch Hineinschreien schreckenerregende Laute erzeugte, mit dem Ziel, die bösen Geister in die Nacht zurückzudrängen. Eine derartige Bedeutung überlebte z. B. im Alphorn, dessen Aufgabe es ist, die aufgehende Sonne zu begrüßen und zu würdigen, aber auch, sich von ihr abends mit Dankbarkeit zu verabschieden.
Die Fellinstrumente gehören zur weiblichen, erdgebundenen Welt. Noch heute graben gewisse Völkerstämme Mulden in die Erde, um hineingerufene Töne zu verstärken und weit umher auszustrahlen. So entstanden wohl die ersten Fellinstrumente durch eine über ein solches Loch gespannte Tierhaut, wobei der doppelte Symbolismus besonders deutlich in Erscheinung tritt: einerseits die der beschwörenswerten Fruchtbarkeit entgegengebrachte Huldigung, andererseits die (weniger auffällige) Würdigung des ebenso geheimnisvollen, gleichfalls Leben spendenden Mutterschoßes. Kommen dann, zur Tonerzeugung, noch Schlegel hinzu, so unterstreicht ihre phallische Bedeutung den Symbolismus nur zu deutlich.

3.1 Felle

3.11 *Mit bestimmter Tonhöhe*

3.111 **Pauken**

Die nobelsten, bis zu Beethoven die einzigen (sinfonie)orchesterwürdigen Schlaginstrumente sind die Pauken, die sich unter den Fellinstrumenten dadurch auszeichnen, daß sie in bestimmter Tonhöhe erklingen und sich stimmen lassen. Schon in vielen alten Kulturen bekannt (Ägypten, Syrien, China, Rom), wurden sie durch den Islam über den Süden und den Osten in Europa eingeführt. Es handelte sich dazumal um kleinere, tragbare Instrumente, die aus Gleichgewichtsgründen paarweise beidseitig auf Kamelen oder Pferden angeschnallt waren. In dieser Form kamen die arabischen Kesseltrommeln, die späteren Pauken, im 13. Jh. nach Europa. Viel weiß man von den Urformen nicht, aber man kann annehmen, daß auch die Kreuzfahrer zu ihrer Kenntnis beitrugen. Jedenfalls sandte schon 1384 Herzog Philipp d. Kühne von Burgund seine Pauker nach Deutschland, um sie dort in ihrer Kunst vervollkommnen zu lassen, denn deutsche Pauker galten als besonders geschickt im Schlagen und in der eleganten Gestik.

Über die größeren, erst im 15. Jh. entstehenden eigentlichen Pauken erwähnt die Geschichtsschreibung zwei Episoden, die auch deswegen interessant sind, weil sie das gleichzeitige Eindringen in Europa aus zwei Richtungen belegen: Als 1457 König Ladislaus Postumus von Böhmen und Ungarn zur Brautwerbung eine Abordnung von Prag nach Frankreich an den Hof Karls VII. sandte, erregten schon in Lothringen und noch mehr in Paris die berittenen Pauker des Gefolges größtes Aufsehen. Und als Elisabeth von Valois 1559 zur Heirat mit Philipp II. von Frankreich nach Spanien reiste, empfingen sie an der spanischen Grenze Pauker zu Pferde, was ebenso sensationell wirkte.

Lange Zeit hielt sich die traditionelle Bindung an das Pferd, und das paarweise Auftreten wurde auch später bei Standinstrumenten beibehalten. Der Zusammenhang mit dem Pferd unterstreicht und verdeutlicht die den Trompeten ähnliche privilegierte soziale Bedeutung der Pauken. Im Gegensatz zu den mit Trommeln und Pfeifen ausgestatteten Fußtruppen rühmte sich die durch gehobene Stände gestellte Kavallerie ihrer Pauken als Baßinstrumente zu den ebenso dem Adel vorbehaltenen Trompeten. (»Pauken und Trompeten« gehören seither ja sprichwörtlich zusammen.) Dem Rang entsprechend wurden die Pauken manchmal sogar aus Silber hergestellt (17. Jh.), waren auf jeden Fall mit einem kostbaren gestickten Seidenbehang, der sog. Schürze, verziert. In dieser Gestalt sind sie in Hans Burgkmairs »Triumphzug Maximilians I.« von 1515 zu sehen. Noch im 17. Jh. mußte man mindestens Baron sein, um Pauken und Trompeten führen zu dürfen. Im Jahre 1623 wurde durch Dekrete die kaiserliche Trompeter- und Paukergilde gegründet. – Im Frankreich Ludwigs XIV. wurden die Pauken den Regimentern anvertraut und waren, ebenso heilig wie die Fahne, bis zum Tode zu verteidigen. (Gutes Beispiel für Pauken und Trompeten: das Eurovisionssignal mit dem Beginn von M.-A. Charpentiers »Te Deum« [1702].)
Wie die Saiten können auch Felle nur in gespanntem Zustand schwingen; sie benötigen also eine geeignete Halterung. Das ist für die Pauken der Rand eines Kupfer- oder Messingkessels (in neuerer Zeit zur Gewichtsersparnis aus Aluminium oder Fiberglas), über den das Fell gespannt wird. In der Form einer Halbkugel übt der Kessel die Funktion eines Resonators aus und bestimmt weitgehend den Frequenzbereich der Pauke. Damit die eingeschlossene Luft die Fellschwingungen nicht dämpft, ist unten, im Wölbungsscheitel, ein Loch vorhanden. Es dient nur zum Druckausgleich und ist nicht so groß, daß es die Hohlraumschwingungen verhindern könnte. Bespannt ist die Pauke mit Kalb-, Esel- oder (selten) Ziegenfell, das eine diagonale

Naht aufweist, deren Bedeutung noch zu erklären bleibt. Heute nimmt man auch billigere und haltbarere Plastikfolien.

Physikalisch gesehen ist die Dicke der Felle gegenüber den Durchmessern so gering, daß man sie mit guter Annäherung als zweidimensionale Gebilde betrachten darf. Die fast eindimensionalen Schwingungserzeuger, wie die Saite oder annäherungsweise die Luftsäule eines Blasinstruments, weisen Schwingungsknoten auf, welche Abschnitte trennen, die gegenphasig (mit entgegengesetzt gerichteten Auslenkungen) schwingen. Bei zweidimensionalen Schwingungssystemen ergeben sich hingegen *Knotenlinien*, die sich an der Schwingung nicht beteiligen. Sie können z. B. durch aufgestreuten, feinen Sand sichtbar gemacht werden: Die Sandkörner hüpfen von den sich bewegenden Teilen fort und sammeln sich an den ruhenden Stellen an. Die Knotenlinien trennen gegenphasig schwingende Zonen voneinander. (Es sind dies die Chladni-Figuren, die bei der Beschreibung des Schwingungsverhaltens von Violinen [s. 2.325] schon erwähnt wurden.) Wie bei der Kreissymmetrie einer Membran zu erwarten, fallen diese Knotenlinien relativ einfach aus. Sie bestehen entweder aus konzentrischen Kreisen um den Membranmittelpunkt oder aus Durchmessern, wobei auch verschiedene Kombinationen auftreten. Wie sich bei der Saite (und der Luftsäule) mögliche Teilschwingungen zur Gesamtschwingung überlagern, ergibt sich auch hier die reale Schwingungsform durch die Summe der Partialfrequenzen. Bei den gegenüber dem eindimensionalen System doch recht komplizierten Bedingungen und bei der Vielfalt der möglichen Knotenlinien ist nicht zu erwarten, daß die Teiltöne, etwa wie bei der Saite, harmonisch ausfallen, also ganzzahlige Vielfache derselben Grundtonfrequenz darstellen.

Die einfachste (Grund-)Schwingung weist keine anderen Knotenlinien auf als den durch den Kesselumfang gegebenen unvermeidlichen Kreis. Die ganze Membran schwingt dabei (mit maximaler Auslenkung im Mittelpunkt) in gleicher Phase auf und ab. Die nächstliegenden höheren Frequenzen ergeben sich aus folgender kleinen Tabelle, aus der hervorgeht, um welchen Faktor die einfacheren Konfigurationen von Diagonalen und Kreisen gegenüber dem Grundton höherfrequentig schwingen.

		Anzahl der Knotendurchmesser			
		0	1	2	3
Anzahl der Knotenkreise	0	1	1,59	2,13	2,65
	1	2,29	2,92	3,50	4,06
	2	3,60	4,22	4,83	5,42

Diese tiefsten Teiltonfrequenzen sind demnach, in aufsteigender Reihenfolge: 1–1,59–2,13–2,29–2,65–2,92–3,50–3,60 usw. Ihre Folge ist dichter als diejenige der die Saiten-Teiltonfrequenzen wiedergebenden natürlichen Zahlenreihe. Die Überlagerung ergibt also keinen Klang im Sinne einer Kombination harmonischer Komponenten. Und dennoch ist es möglich, die Membran zur Erzeugung von Klängen bestimmter Tonhöhe zu verwenden, was auf den ersten Blick undenkbar scheint. Man kann aber durch geeignete Wahl der Schlagstelle die Situation überlisten. Wird nämlich in Radiusmitte angeschlagen, bildet sich, zusätzlich zur Grundschwingung, zunächst als Knotenlinie der zum Schlagradius senkrechte Durchmesser. Die Bildung dieser Knotenlinie wird durch die dort angeordnete Naht im Fell gefördert. Dieser Teilton hat Frequenz 1,59 (s. Tabelle) und liegt somit ziemlich nahe bei der Quinte 1,5. Zusätzlich entsteht ein Knotenkreis, so daß auch die Frequenz 2,92 auftritt (s. Tabelle für 1 Durchmesser + 1 Kreis), wodurch die Oberquinte 3 (Duodezime, eine Oktave über der erwähnten Quinte) recht gut angenähert wird. Die unregelmäßige Verteilung der anderen Partialschwingungen erteilt der Pauke ihren eigenartig kernigen Klang.

Die Terz $^5/_4$ = 1,25 und die Dezime (eine Oktave höher) $^{10}/_4$ = 2,5 fehlen bei den Teilfrequenzen der Membran. Diesem Umstand verdankt der Paukenklang seinen neutralen Charakter, so daß er bedenkenlos sowohl mit Dur- als auch mit Moll-Akkorden eingesetzt werden kann. – Die heute beliebten Plastikfolien sind bedeutend nachgiebiger als die etwas steifen, mit größerer innerer Reibung versehenen Tierfelle. Sie klingen deswegen zu lange nach und schwingen zu leicht mit einer größeren Anzahl von (unharmonischen) Knotenlinien. Deswegen muß man diese Folien etwas dämpfen, wozu an passender Stelle ein innen dagegen gedrücktes Filzkissen angebracht wird.

In der Urform, als noch keine hohen Anforderungen an die Stimmung gestellt wurden, waren die Felle einfach mit Nägeln an den damaligen Holzkesseln befestigt. Um aber die erwünschte Möglichkeit zu erschließen, die Pauken um- und korrigierend nachzustimmen, mußten die Felle mit regulierbarer Spannung befestigt werden. (Denn dies kann doch als bekannt vorausgesetzt werden: Eine Membran klingt um so höher, je fester sie gespannt ist, genau wie die Saite.) In diesem Sinne war der nächste Schritt, das Ersetzen der Nägel durch Schnüre, mit denen das Fell angezogen werden konnte, schon ein Fortschritt.

Von eigentlicher Pauke kann man aber erst reden, seit, zusammen mit der Vergrößerung der Kesseltrommeln, die primitiven Schnüre den Schraubenspannringen gewichen waren, die das Stimmen erheblich erleichterten (Nürnberg, 15. Jh.). Dazu wurden 2 heute noch verwendete Reifen eingeführt; an einem von ihnen, dem losen *Fellring*, wird das Fell befestigt. Er ist etwas größer als der Kesseldurchmesser, so daß mit ihm das Fell über den Kesselrand gestülpt werden kann.

Zwischenbemerkung: Der Rand des Kessels ist nach innen umgebogen, damit anstelle der schneidenden Kante eine schonende Abrundung entsteht. Dieser Falz versteift außerdem den Rand erheblich.

Über dem Spannring sitzt der zweite Reifen mit dem Querschnitt eines auf den Kopf gestellten »L«. Es ist der *Zugring* (auch *Spannring* oder *Spannreifen*), an dessen Umfang 6–14 Schrauben den Zug ausüben, da sie in Gewinde greifen, welche in kleine herausragende, am Kessel befestigte Konsolen gefräst sind. Diese *Stimmschrauben* wiesen oben qua-

dratische Köpfe auf; zu ihrer Betätigung benötigte man einen Vierkantschlüssel.
In dieser Gestalt kamen im 17. Jh. die Pauken durch Lully und Purcell mit wichtigen Aufgaben ins Orchester. Purcell wies ihnen sogar schon Solostellen zu (»Fairy Queen«, 1692).

Kesselpauken auf Untersatz

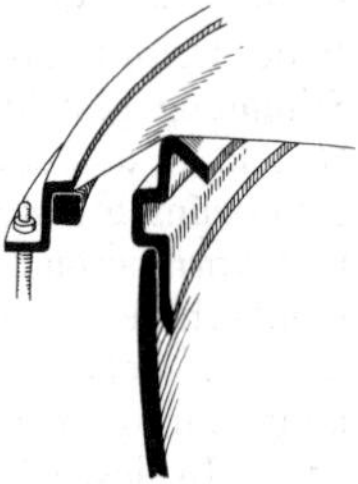

Paukenrand, Fellring und Spannreifen (oder Zugring)

Bach und Händel setzten die Pauken selten ein; die damaligen Instrumente genügten ihren Ansprüchen (»Weihnachts-Oratorium« bzw. »Feuerwerksmusik«), wenn auch beim Stimmen jeweils alle Schrauben zu drehen waren, um gleichmäßig verteilte Spannung zu erhalten. Man beschränkte sich ja meistens auf die beliebten Trompetentonarten D-Dur und C-Dur (mit Paukenstimmung A–d bzw. G–c). Das Stimmen war handlicher geworden, blieb aber doch recht umständlich, selbst nachdem der Schlüssel durch an jeder Schraube angebrachte feste Handgriffe ersetzt wurde, was noch zu Mozarts Zeiten genügte.
Als das Umstimmen nicht nur auf die Pause zwischen 2 Sätzen beschränkt blieb und als durch die Erfindung der Ventile das Blech chromatisch beweglicher und allen Tonarten zugänglich geworden war, kam der königliche Hofpauker Gerhardt Kramer in München auf die Idee, durch einen Mechanismus alle Schrauben gleichzeitig zu spannen

(1812). Verschiedene Instrumentenbauer arbeiteten dann diesen Gedanken aus, und es entstanden die immer weiter verbesserten **Maschinenpauken**. An ihrer Entwicklung waren der Engländer Cornelius Ward (1837), der Italiener Carlo Alberto Boracchi (Monza, 1840), der Wiener Hans Schnellar und der Deutsche Gotthold Pfundt (1842) beteiligt.

Die frühere Pauke war eigentlich die auf einen separaten Untersatz, einen Spanischen Reiter, gestellte, weiter stets zweifach vorhandene kleine **Kavalleriepauke** (50–60 cm im Durchmesser). Jetzt erhielt der größer gewordene Kessel einen soliden Gußeisenfuß, der den Aufbau einer komplizierten, schweren und teuren Maschine gestattete. Der Kessel wird bei der Maschinenpauke durch 6–8 vom Fuß ausgehende, gegen den oberen Rand geschweifte Streben gehalten. Ebenso viele gerade Stangen (jeweils zwischen 2 Streben) sind am Zugring befestigt und führen zu den Spitzen eines horizontalen, sich unter dem Kessel befindenden Sterns hinunter. An der Mitte des Sterns greift ein zweiarmiger Hebel an, dessen anderes Ende durch ein Gewinde bewegt wird, das an einer seitlich über das Fell heraufgezogenen Stange, der *Hauptstimmspindel*, sitzt. Dreht man diese Spindel an ihrem Handgriff, bewegt sich der Stern auf oder ab und verändert die Spannung auf dem ganzen Umfang des Fells. Der Terminus besagt, daß die anderen, traditionellen, einzelnen Stimmschrauben (*Spindeln*) bestehen bleiben, zum Ausgleich eventueller Unsymmetrien des Systems oder von Inhomogenitäten des Fells. Man nennt diese Ausführung auch **Kurbelpauke**.

Daneben erfolgte eine andere, ebenso wichtige Entwicklung durch den Sachsen J. C. N. Stumpff (Amsterdam 1821) und später durch G. J. Wunderlich (Altenburg 1890) mit der **Drehkesselpauke**: Bei ähnlicher Anordnung der Streben und der Zugstangen (mit Zugring) wird die Spannung durch eine kräftige zentrale, senkrechte Schraube erzeugt. Diese Spannschraube ist fest mit dem Fuß verbunden und wirkt auf das sich in der Mitte des Sterns befindende Gewinde.

Zur Änderung der Spannung, also der Stimmung, ist die ganze Pauke in einem oder im anderen Sinne um ihre Achse zu drehen.
Die lange Zeit übliche Drehpauke brachte den Nachteil mit sich, daß nicht immer derselbe erprobte Schlagfleck gebraucht werden konnte und zudem die Naht immer wieder anders lag. Außerdem hob sie den früheren Nachteil

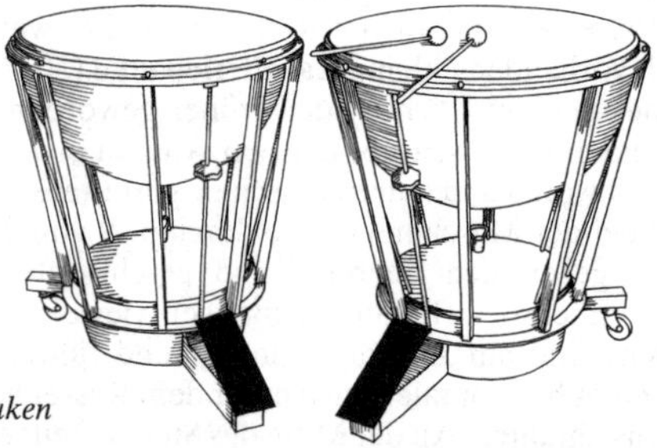

Pedalpauken

nicht auf, beim Umstimmen das Spiel unterbrechen zu müssen. Deshalb erdachte Pierre-Louis Gautrot (Paris 1855) die später durch Carl Pittrich (Dresden 1881) nochmals verbesserte **Pedalpauke**: Grundsätzlich bleibt die Anordnung dieselbe wie bei den anderen Maschinenpauken, aber der den Stern spannende Hebel wird durch ein Pedal betätigt, das sich in den verschiedenen Stellungen seitlich einrasten läßt. Ein mit dem Pedal verbundener Zeiger gibt seine Stellung längs einer Skala an, auf der mit Notennamen beschriftete Bezugsmarken nach erfolgter, immer wieder zu überprüfender Eichung fixiert werden können. (Die Einzelstimmschraube an jeder Zugstange blieb noch unerläßlich!)
Die Pedalpauke wurde zusehends eleganter und leichter gebaut. Vorerst stellte man den Sockel nicht mehr aus Eisen, sondern aus Aluminium her. (Er weist heute 3 Füßchen auf, wovon 2 mit Rollen versehen sind.) Die dicken Zugstangen wurden durch dünne, fast unsichtbar geführte

Stäbe ersetzt. Sie befinden sich im Innern der jetzt mit U-förmigem Querschnitt gestalteten großen Haltestreben (die Öffnung des U ist gegen den Kessel gerichtet). Die dabei erforderliche zweimalige Umlenkung der Zugrichtung als Anpassung an die Kesselwölbung erfolgt über kleine, im Scheitel gelagerte Rechteckwinkel. Diese Anpassung war auch deswegen nötig, weil der schwerfällige Stern (der etwa als ganzes Rad erschien) verschwand: Die einzelnen Zugstangen gehen direkt von der Mitte des Sockels aus. Noch eleganter ist eine Ausführung, bei der fast die ganze Mechanik in das Kesselinnere verlegt ist. Vom Sockel aus greift ein einziger Zugstab durch das Schalloch in die Pauke hinein, und von ihr zweigen im Innern die einzelnen Stäbe ab, die erst ganz nahe am Zugring durch kleine Löcher der Kesselwand herausragen, um wieder über eine Dreieckumlenkung auf den Zugring zu wirken.
In modernsten Ausführungen wird das Stimmen durch eine kraftsparende Zusatzeinrichtung erleichtert: Normalerweise muß der Fuß immer, beim Losrasten des Pedals, der ganzen übertragenen Spannung entgegenwirken, um sie dann zu vergrößern oder zu verringern. Heute wird die Grundspannung durch eine starke, im Sockel untergebrachte regulierbare Feder hergestellt und aufrechterhalten, so daß nur noch die Differenz zu dieser Basisspannung an Kraft aufgewendet zu werden braucht. – Unterdessen wurden die Pauken auch ständig vergrößert, um ihr Klangvolumen der zunehmenden Orchesterbesetzung anzupassen; sie erreichen heute Durchmesser bis zu 80 cm.
Die historisch übernommene Aufstellung der beiden Pauken ist anders als von den Tasteninstrumenten her gewohnt: Die tiefere Pauke steht rechts, die kleinere links vom Spieler. Aus diesem Grunde ist bei der größeren Pauke das Pedal links, bei der kleineren rechts angebracht, so daß die beiden Pedale direkt nebeneinander zu liegen kommen. Nachdem sich nicht alle Musiker an die klassische Regel zu halten wünschen, kann man auch Pauken mit umgekehrt angeordneten Pedalen bestellen. In den schlanken moder-

nen Modellen sind die Pedale radial geführt, also in der Mitte angebracht; so gibt es keine Entscheidungsschwierigkeiten bei der Anschaffung.
Der Drehwinkel bei Drehmaschinenpauken oder der Tonanzeiger bei Kurbel- und Pedalpauken können nur orientierende Hinweise liefern, weil die Stimmung von vielen Faktoren abhängt: von Temperatur, Feuchtigkeit, Alterung des Fells usw. Der Pauker muß die Stimmung stets kontrollieren, wozu er über äußerst genaue und sensible absolute Tonhöhenempfindung verfügen muß. Dies ist vor allem dann unerläßlich, wenn er Töne des nächsten Einsatzes vorbereiten soll, die unter Umständen der gerade vom Orchester gespielten Tonart fremd sind. Dabei darf er nur ganz leise mit einem Finger das Paukenfell anklopfen. Diese Stimmprozedur wird dadurch erschwert, daß die starke Einschränkung des Teiltonbereichs (der zudem nichtharmonische Frequenzen enthält) im Pianissimo den Stimmton sehr verundeutlicht.
Gespielt werden die Pauken mit 2 Schlegeln von ca. 30 cm Länge. Davon stehen mehrere (4–5) Paare zur Verfügung, mit – je nach erwünschtem Effekt – verschiedenen Köpfen: Schwamm (nicht mehr üblich), Filz in diversen Härtegraden, Holz allein (hart) oder mit Leder überzogen (mittlere Härte).

Es war erst Berlioz, der die früheren Holzköpfe durch Schwamm oder Filz ersetzen ließ. Daraus folgt, daß heute bei Musik der Klassik (Beethoven!) die Pauken meistens zu weich gespielt werden.

Die Schlegel werden nicht, wie man vielleicht zu glauben geneigt ist, in der Faust gehalten, sondern liegen auf dem gebogenen Zeigefinger, leicht durch den Daumen angedrückt. Die anderen Finger heben bei Pianissimo-Schlägen das Stielende gegen den Handteller hoch, wodurch sich der Kopf auf das Fell senkt. Im Forte erfolgt dann allerdings die Bewegung aus dem Handgelenk. Geschlagen wird vom leise angehauchten Anrühren bis zum explosiven Sforzato, normalerweise abwechselnd mit der rechten und der linken Hand. Dabei muß der Pauker beim Übergang von einer

Pauke zur anderen die Arme oft kreuzen. Dieser »Kreuzschlag« erschwert in extremen Lautstärkegraden die Kontrolle und ist bei sehr rascher Tonfolge kaum zumutbar. Er kann umgangen werden, indem ausnahmsweise eine Hand 2 aufeinanderfolgende Noten schlägt (»Doppelschlag«). Beliebt ist der Wirbel mit so dicht aufeinanderfolgenden Schlägen, daß sie einzeln nicht mehr hörbar sind. Der Wirbel ist nicht nur im Piano oder im Forte möglich, sondern kann auch in ausdrucks- und wirkungsvollem An- oder Abschwellen erfolgen, mit großer Spannweite des Lautstärkeunterschieds. Wird der Wirbel mit 2 Tönen, also unter Verwendung beider Pauken gespielt, entsteht das – ziemlich selten vorkommende – Tremolo. Für den vorher nur seltenen Wirbel wurde Beethoven maßgebend.
Der Paukenton klingt ziemlich lange nach, was die Erzielung eines satten Wirbels erleichtert, aber auch unerwünscht sein kann. In vielen Fällen muß nach dem Schlagen das Fell mit dem Handballen gedämpft werden. Dem ist auch vom Komponisten Rechnung zu tragen, indem er, selbst bei Pedalpauken, genügend Zeit zum Umstimmen einräumt, sonst entsteht ein Übergangs-Glissando, wie es allerdings auch erwünscht sein kann, gerade in jüngeren Kompositionen, entweder beim Ausklingen oder während eines Wirbels (Bartók: Sonate für 2 Klaviere und Schlagzeug). Wenn in gewissen Situationen ein Mikrophon in Paukennähe aufgestellt werden muß und dadurch das Ausklingen unverhältnismäßig verstärkt wird, kann man es einfach dadurch abkürzen, daß man ein gefaltetes Taschentuch auf dem Fell liegen läßt. Gedämpftes, etwa einem Trauermarsch gerechtes Spiel erzielt man durch ein über die ganze Pauke gelegtes Tuch (Berlioz: »Symphonie fantastique«, 4. Satz, zudem mit Schwammschlegel).
Es bleibt noch einiges über Stimmung und Notation zu sagen. Bei Bach und Händel treten die Pauken, wie erwähnt, selten auf und dann zusammen mit Trompeten. In dieser Kombination übernehmen sie Haydn und Mozart ins Sinfonieorchester. Ein deutliches Beispiel dazu ist der

Beginn von Haydns Sinfonie Nr. 104. Wenn die Pauken dabei recht bald eine gewisse Autonomie gegenüber den Trompeten errangen, blieb ihre Verwendung doch längere Zeit tonartbestimmend, weil sie dazu verleiteten, den häufigsten Trompetenstimmungen, D-Dur und C-Dur, treu zu bleiben. Da sich die Felle nur beschränkt dehnen lassen und das unveränderliche Luftvolumen über die Hohlraumresonanzen im Kessel weitgehend entscheidend auf den Tonbereich wirkt, bleibt das jeder Pauke zugängliche Stimmintervall relativ klein. Die größere Pauke umfaßt den Bereich F–c, die kleinere B–f, also jeweils eine Quinte. Um diesen Bereich besser ausnützen zu können, war es in der Klassik üblich, die ältere Gewohnheit zu übernehmen, die Tonika über die Dominante zu legen, so daß das Intervall zwischen den Paukentönen eine Quarte betrug. Dadurch waren alle Tonarten zwischen B und f chromatisch möglich (Bereich der kleineren Pauke). Bei Quintenstimmung (Tonika unten) wäre ausgerechnet C-Dur auszuschließen gewesen, da die Dominante g außerhalb des Bereichs der kleinen Pauke liegt. – In der Frühklassik schrieb man die Pauken transponierend. Am Anfang wurde die Stimmung angegeben, z. B. »Pauken in B und Es«; geschrieben wurden dann aber immer nur die Noten c (für Tonika) und G (für die Dominante) im Baßschlüssel. Deswegen heißt die größere auch *G-Pauke*, die kleinere *C-Pauke*.

Es ist interessant und aufschlußreich, den Paukeneinsatz in den Sinfonien Mozarts, Haydns und Beethovens chronologisch zu verfolgen. Sieht man die 49 Mozart-Sinfonien durch, fällt auf, daß in 7 davon die Trompeten ohne Pauken vorkommen. Beim älteren Haydn erscheinen die Pauken noch später. Im folgenden sind nur die Sinfonien mit Trompeten *und* Pauken berücksichtigt.

1768–1778

Mozart: 6 Sinfonien in D-Dur, Paukenstimmung A–d (übliche Quarte);
2 Sinfonien in C-Dur, Paukenstimmung G–c (übliche Quarte).

Haydn braucht die Pauken erst ab 1773 mit
1 Sinfonie in D-Dur, Paukenstimmung A–d,
3 Sinfonien in C-Dur, Paukenstimmung G–c.

1779

Mozart: Sinfonie in G-Dur (KV 318). Zum ersten Mal keine »Trompetentonart« bei Anwesenheit von Pauken. Diese sind als d–g geschrieben, wieder eine Quarte, aber außerhalb des Stimmbereichs der beiden Pauken liegend. Es sind dazu drei Deutungsversuche möglich:

- Mozart rechnete damit, daß kleinere Pauken besorgt würden;
- die Pauken mußten gefährlich stark überdehnt werden;
- wahrscheinlichste Lösung: Mozart nahm an, das Intervall würde auch ohne Anweisung bei der Aufführung zur Quinte G–d umgestellt. Er wagte aber diese Abweichung von der Gepflogenheit ebensowenig auszuschreiben wie Dissonanzen auf schwerem Taktteil, die er als (lange) Vorschläge notierte.

1780–1786

Mozart: 2 Sinfonien in C-Dur, Paukenstimmung normal als G–c (Quarte);
2 Sinfonien in D-Dur, Paukenstimmung normal als A–d.

Haydn: 1 Sinfonie in C-Dur, Paukenstimmung normal als G–c;
2 Sinfonien in D-Dur, Paukenstimmung normal als A–d.

1786

Mozart: Sinfonie in Es-Dur (KV 543), zweite und letzte Abweichung von »Trompetentonarten«, mit Pauken, die in der Quarte B–es gestimmt sind.

1788

Mozart: Sinfonie in C-Dur (»Jupiter«, KV 551) mit der üblichen Quarte G–c in den Pauken.

Haydn: Erst jetzt, in der G-Dur-Sinfonie (Hob. 88), wagt der novitätsfreudige Komponist, in der Paukenstimme die Tonika nach unten zu verlegen und die Notierung umzudrehen, indem er die technisch richtige Quinte G–d vorschreibt.

1791–1792

Haydn: 2 weitere Sinfonien in G-Dur (Hob. 92 und 94) mit Pauken in G–d (Quinte); 2 Sinfonien in D-Dur (Hob. 93, 96), 1 in C-Dur (Hob. 97) und 1 in c-Moll (Hob. 95), alle ohne Probleme (Pauken in A–d bzw. in G–c).

1792

Haydn: Sinfonie in B-Dur (Hob. 98), Pauken mit der Quarte F–B. Beide Pauken an der unteren Grenze des Stimmbereichs, obwohl die Quinte B–f möglich gewesen wäre. Selbst Haydn wählt zwischen den beiden möglichen Lösungen die üblichere.

1793–1795
Haydn: 2 Sinfonien in Es-Dur (Hob. 99, 103) mit der Paukenquarte B–es;
2 Sinfonien in D-Dur (Hob. 101, 104) mit Pauken A–d;
1 Sinfonie in G-Dur (»Militär«, Hob. 100), wie früher mit der Quinte G–d.

1800–1808
Beethoven bleibt vorerst der Paukenquarte und den traditionellen Tonarten treu:
1. Sinfonie in C-Dur mit Pauken in G–c.
2. Sinfonie in D-Dur mit Pauken in A–d.
3. Sinfonie in Es-Dur, Pauken in B–es, im Trauermarsch G–c. (NB. Es wird während der Sinfonie zum ersten Mal das Umstimmen verlangt!)
4. Sinfonie in B-Dur. Pauken 1., 3. und 4. Satz F–B (wieder tiefstmöglich wie bei Haydn Hob. 98, Verzicht auf die Quinte). Für den 2. Satz gilt die Quartenstimmung B–es.
5. Sinfonie in c-Moll, Pauken in G–c, immer noch Quarte.
Von hier an löst sich Beethoven derart radikal von der Tradition, daß er im »Fidelio« (die Oper geht in der Instrumentation immer dem Sinfonieorchester zeitlich voraus) sogar den Tritonus A–es wagt. Die neu errungene Freiheit läßt endlich Abweichungen von den üblichen Tonarten zu:

1808–1824
6. Sinfonie: Im f-Moll-Gewitter der »Pastorale« stehen die Pauken in F–c = Quinte. Keine Pauken in den anderen Sätzen.
7. Sinfonie in A-Dur. 1., 2. und 4. Satz mit der Quinte A–e, im 3. Satz, als Neuigkeit die kleine Sexte A–f.
8. Sinfonie in F-Dur. 1. und 3. Satz mit der Quinte F–c. Im 4. Satz erscheint zum ersten Mal das größte erreichbare Intervall: die Oktave F–f.
Auch in der »Egmont«-Ouvertüre (1810) kommt die Quinte F–c zur Anwendung. Die ersten 4 Klavierkonzerte und das Violinkonzert fallen in die Zeit vor 1808, als Beethoven noch der Tradition treu geblieben war, aber auch das 5. Klavierkonzert bleibt bei der Paukenquarte B–es.
9. Sinfonie in d-Moll. 1. und 4. Satz mit der üblichen Quarte A–d, 3. Satz mit der Quinte B–f. Besonders bemerkenswert ist die revolutionäre motivische und solistische Verwendung der Oktave F–f im Scherzo. Sie wird für die Wahl der Haupttonart d-Moll mitentscheidend gewesen sein, denn diese erschloß die spezielle

Verwendung von F–f (als einzige mögliche Oktave) in der parallelen F-Dur-Tonart des Scherzos, in welchem die Pauken, losgelöst von anderen Aufgaben, das Motiv – für damalige Hörer sicher sehr überraschend – bis zum Paroxysmus hämmern. Wieder ein Beweis dafür, wie Beethoven es verstand, das Wesen der Instrumente zu erforschen und dabei, in Neuland stoßend, ihre spezifischen Eigenschaften zu enthüllen und auszukosten.

Sicher, schon Haydn setzte die Pauken im Pianissimo (und solo) ein (»Paukenwirbel«-Sinfonie), was aber nur als Ausnahme zu bewerten ist. Der eigentliche Lehrmeister in der Paukenverwendung ist und bleibt Beethoven. Es sei dazu noch an sein Violinkonzert erinnert, für welches der Pianissimo-Paukenbeginn das Motiv des ganzen 1. Satzes verkündet.

Selbst Beethoven aber stand der damaligen einschränkenden Situation der Schraubenpauken machtlos gegenüber: In der »Eroica« mündet das vorbereitende, durch die Pauken in B und es unterstützte Es-Dur-Fortissimo in Takt 45 in die Doppeldominante F-Dur (bei gleicher Lautstärke), in der aber auf die Unterstützung der Pauken verzichtet werden muß, da sie in keiner Weise zur neuen Tonart passen. Verdi machte sich keine derartige Sorgen. In ähnlichen Fällen läßt er rücksichtslos die Pauken weiterspielen, selbst mit völlig tonartfremden Tönen.

Weitere Neuerungen brachte der kurz auf Beethoven folgende Meister der Instrumentation, Hector Berlioz (1803 bis 1869). Er nahm die Idee eines Paukers auf, zur besseren Anpassungsfähigkeit an die harmonischen Forderungen eine dritte Pauke im mittleren Stimmungsbereich A–d einzuführen. In seiner »Symphonie fantastique« ging Berlioz weiter, indem er sogar 4 Pauken vorschrieb, was ihm eine zusätzliche Erweiterung der Paukenanwendung ermöglichte: In »Scène aux champs« werden vollständige 4stimmige Paukenakkorde im Wirbel gespielt. Ganz zu schweigen vom extremen Ausnahmefall seines »Requiems« mit 10 Spielern zugewiesenen 8 Paukenpaaren (bei entsprechend ausgiebiger Verstärkung der Blechbesetzung).

Das Beispiel von Berlioz setzte sich nicht sofort durch, weshalb man in der Romantik meistens die üblichen 2 Pauken verwendete. So z. B. in der »Rheinischen Sinfonie« von Schumann, wo die historische Quarte B–es wieder erscheint, weiterhin ohne Versetzungszeichen geschrieben. Wenn auch die Pedalpauken eine derart große Beweglichkeit erlauben, daß R. Strauss (»Elektra«) und Mahler (7. Sinfonie) durch rasches Umstimmen erzielbares Melodiespiel verlangen, kann man im modernen Orchester mit der Anwesenheit von 5 Pauken rechnen, wenn auch meistens 3 genügen.

Besetzung	*Tonumfang*	*Durchmesser im Mittel*
Normal		
Große G-Pauke	(Es–) F–c (–cis)	72,5 cm
Kleine C-Pauke	(A–) B–f (–g)	57,5 cm
Mittlere Pauke	(G–) A–d (–e)	65 cm
Zur Erweiterung:		
Tiefe D-Pauke (Baßpauke)	(C–) D–A (–B)	80 cm
Hohe A-Pauke (Kleine Pauke)	(H–) c–c^1 (–d^1)	50 cm
Ausnahmsweise:		
Oktavpauke	(f–) g–e^1 (–f^1)	40 cm

Die eingeklammerten, besser zu vermeidenden Extremklänge können, je nach Fabrikat und Fellqualität, auch weiter auseinanderliegen.

Nachdem sich die Pedalpauken allgemein durchsetzten, wird die Stimme, weil die ganze Chromatik möglich geworden ist, nicht mehr transponierend, sondern klingend geschrieben (stets im Baßschlüssel), mit in jedem Takt wiederholten Versetzungszeichen. Ab Mitte des 19. Jh. herrscht völlige Freiheit in der Stimmung (Bizet: 1. »Arlésienne-Suite« mit Gis–e im »Carillon«). Das den Pauken zugeordnete 5-Linien-System befindet sich zwischen Streichern und Blech. Da die Hörner, trotz tieferem Klang, direkt unter dem Holz geschrieben werden (mit dem sie oft zusammengehen), kommt die Paukenstimme direkt unter die Trompeten zu stehen (falls keine Posaunen oder Tuba vorhanden sind); das entspricht ihrer klassischen Rolle. Die Bauhöhe bleibt einheitlich für alle Größen 80 cm. Die Instrumente werden stehend gespielt oder auf einem speziellen Stuhl sitzend, der zwar hoch sein muß, aber nicht so weit, daß er die Kraftentfaltung über die Füße, beim Stimmen, erschwert. Gewöhnlich genügt sogar bei 5 Pauken ein Spieler; in schwierigen Fällen sind mehr möglich. Der wohl aufrührerischste Einsatz der 5 Pauken geschieht im »Sacre« von Strawinsky, wo mindestens 2 Spieler gefordert werden. (Die Stimmung ist dabei: G B d es h). Große Virtuosität verlangen viele moderne Komponisten (Boulez: »Pli selon pli«).

Die erhebliche Vereinfachung der Maschine mit im Innern verlaufenden Zugstäben gestattet es auch, tragbare Pauken zum Marschieren herzustellen. Bei diesen ist das Pedal durch eine Kurbel ersetzt. Jeder Spieler trägt nur eine Pauke. Die **Marschierpauke** liegt in sehr vielen verschiedenen Größen vor und wird meistens in Dreierkombination gebraucht. Für die Tenorlage gibt es 4 Größen (mit Durchmesser 35–45 cm), die insgesamt den Bereich h–es^2 decken. Die Baritonlage ist mit 5 Größen vertreten (45–55 cm Durchmesser), insgesamt von es bis g^1 gehend. Wiederum 4 Größen (55–65 cm Durchmesser) vertreten die Baßlage von A bis b. Diese Pauken sind aus leichtem Material gebaut, Aluminium oder Fiberglas.

In der kaum noch gebrauchten **Französischen Pauke** werden zum Stimmen Ringe unterschiedlichen Durchmessers im Innern so an das Fell gedrückt, daß die schwingungsfähige Kreisfläche sich verkleinert.

3.12 *Mit unbestimmter Tonhöhe*

Unbestimmte Tonhöhe bedeutet keinesfalls, daß tiefe und hohe Klanglagen nicht unterschieden werden können, sondern nur, daß aus dem Klang keine bestimmte Tonhöhe herauszuhören ist, daß er also keine feststellbare »Note« wiedergibt. Deswegen werden ja auch diese Instrumente jeweils auf einer einzigen Linie geschrieben. Allerdings können verschiedene Instrumente in einem 5-Linien-System derart untergebracht werden, daß jedem ein eigener Zwischenraum zukommt. Die Kleine Trommel wird dann im 3. Zwischenraum geschrieben. Das gesamte Schlagzeug erscheint in der Partitur unter der Paukenstimme, also direkt über den Streichern.

3.121 **Kleine Trommeln**

Die Trommeln gehören zu den ältesten Musikinstrumenten überhaupt und wurden in allen Kontinenten entdeckt und entwickelt. Es ist deswegen nicht erstaunlich, daß sie in sehr vielen verschiedenen Formen überliefert wurden, deren beste Vertreter die abendländische Musik übernommen hat. Um ihrer Vielzahl gerecht zu werden, sind unterschiedliche Einteilungskriterien denkbar; wir orientieren uns an der Form des Hohlraumresonators.
So gesehen sind die zylindrischen Trommeln die einfachsten. Bei ihnen dient ein weites Rohr, die *Zarge*, dazu, ein oder zwei *Felle* in gespanntem Zustand festzuhalten. Sind zwei Felle vorhanden, wird meistens allein das obere angeschlagen, und durch die Kompression der eingeschlossenen Luft überträgt sich die Schwingung auf das untere Fell. Dicke und Spannung der beiden Felle sind verschieden, damit die an sich schon dichten Teilfrequenzen nicht übereinstimmen und sich gegenseitig derart überlagern, daß ein völlig unharmonisches, sehr dichtes Spektrum entsteht, welches keinen definierten Tonhöheneindruck erzeugt. Das stärker beanspruchte Schlagfell oben ist dicker als das Resonanzfell.
Die Trommeln sind einerseits die ältesten in der Schlacht mitgeführten Schlaginstrumente, andererseits genießen sie in vielen Kulturen die hohe Ehrung sakraler Bedeutung. Trommeln gehören zu rituellen Handlungen und haben magische Symbolkraft. Sie sind bis heute dazu bestimmt, Fest- und Trauerfeiern zu untermalen.

Sogar aus der Steinzeit sind Spuren vorhanden, in Form von Tonkörpern, über denen in V-Form angelegte Schnüre die Felle in Spannung hielten. Sehr früh gab es die verschiedensten Formen rund um das Mittelmeer. So haben z. B. ägyptische Tempeltänzerinnen Schellentrommeln zusammen mit Flöten, Harfen und Tschinellen gebraucht. Wohlbekannt sind die Berichte über die furchterregende, Panik auslösende Wirkung der Sarazenentrommeln auf die überraschten Kreuzfahrer.

Die Trommeln werden im mittelalterlichen Europa seit Beginn des 13. Jh. ständige Begleiterinnen der Fußtruppen, die sich ja keiner Pauken bedienen durften, zusammen mit speziellen Flöten, so daß sehr bald die untrennbare Schicksalsverbindung von Trommeln und Pfeifen entstand – als volkstümliche Parallele zur aristokratischen Kombination von Pauken und Trompeten. Größer und schwerer geworden, gesellte sich diese Trommel bei den Schweizer Söldnern zur »Schweitzerpfeiff«, einer Pikkolo-Querflöte mit 6 Grifflöchern. Jene Landsknechte bedienten sich der **Rührtrommel**, die bis zu 1 m hoch war und einen halb so großen Durchmesser aufwies. Sie ist der älteste Trommeltyp des überkommenen schauerlichen Verkünders düsterer Situationen und Schicksale; die Rührtrommel war bei Hinrichtungen mit Beil oder Galgen immer dabei. Heute dient sie meistens dazu, ähnliche Momente in der Oper zu unterstreichen, von Gluck (»Iphigenie auf Tauris«, 1779, allerdings nicht mit Wirbeln, sondern mit Einzelschlägen) bis Wagner (»Walkürenritt«, »Parsifal«), R. Strauss (»Ein Heldenleben«) u. a. Marin Marais ließ in der Oper »Alcyone« (1706) die normalen Trommeln nur schwach spannen, um den Effekt der Rührtrommel zu erhalten.

Die heutige, immer noch aus Holz bestehende Rührtrommel ist 60 cm hoch und mißt nur 26 cm im Durchmesser. Sie gehört somit zu den ausgesprochenen Röhrentrommeln. Die Felle werden immer noch durch V-förmig angelegte Seile gehalten. Jeweils 2 der aufeinander folgenden Bahnen verlaufen in einer Ledermanschette, deren vertikale Verstellung den Zug und damit »Tonhöhe« und Klangcharakter (mehr oder weniger dunkel) reguliert. Die Schnüre gehen durch die Löcher der beiden Spannreifen.

Rührtrommel

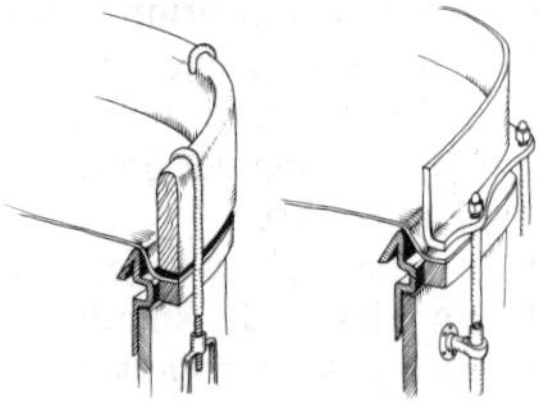

Trommel. Spannring aus Holz (links) und aus Metall (rechts)

Interessant ist eine spezielle Verwendung der Rührtrommel. Stellt man sie auf den Boden, kann das untere Fell schlecht schwingen, wenn überhaupt. Dadurch nähert sich die Rührtrommel der einfelligen Pauke und wird, wenigstens angenähert, stimmbar. Es war also kein Fehler von Berlioz (wie einige Beckmesser ihm ankreiden), im »Requiem« eine »Rührtrommel in B« vorzuschreiben. Französisch heißt die Rührtrommel übrigens **Caisse roulante** oder **Caisse sourde**. Ihr dunkler, voller und drohender Klang läßt sie zwischen kleiner und großer Trommel einreihen, etwa als Bariton der Trommelfamilie.

Im 18. Jh. begann man das Holz der Zargen durch Metall (Messing, Stahlblech) und die Schnüre durch Spannschrauben zu ersetzen.

Holzzargen bestehen aus mehreren Schichten Sperrholz, in einem Arbeitsgang durch eine Presse warm geformt und verleimt. Stahlzargen werden aus einem Stück auf der Drehbank hergestellt (durch Umbiegen des Randes einer Scheibe), damit keine Naht das Fortschreiten der Schwingungen behindert.

Die technische Verwirklichung steht derjenigen der Pauke sehr nahe, denn auch hier wird das im Fellring gehaltene Fell über den abgerundeten Rand der Zarge gestülpt und durch einen Zug- oder Spannring angedrückt.

Besteht der Spannring aus Holz, muß seiner Herstellung besondere Aufmerksamkeit gewidmet werden. Es genügt nicht, eine Holzleiste über eine Form zu biegen, denn dadurch würden die äußeren Fasern gestreckt und verlören an Widerstandskraft. Die durch Schrauben den Ring anziehenden Haken neigen dazu, den oberen Rand des Reifens nach außen zu deformieren. Um dies zu verhüten, wird oft die Zugeinrichtung seitlich am Spannring befestigt – eine unelegante, unannehmbare Lösung. – Zur sorgfältigen Herstellung eines Trommelrings wird ein Ende der Holzleiste an einem drehbaren Zylinder befestigt; dann erfolgt unter Dampfeinwirkung das Krümmen nicht etwa durch Biegen, sondern durch Stauchen, also Stoßen, mit dem Zweck, die innere Seite zusammenzupressen, nicht etwa die äußere Schicht zu dehnen. Dabei wird in kleinen Abständen der schon gebogene Teil immer weiter am Zylinder angeklammert. Die beiden Enden der Leiste sind vorher so genau im Keil zu schneiden, daß sie sich am Schluß der Formgebung genau zur Dicke des ganzen Reifens ergänzen. Bei gut gearbeiteten Zugreifen ist die etwa 10 cm lange Klebestelle kaum zu sehen, so exakt erfolgt die Kontinuität im Übergang der Fasern.

Oft hält eine langgezogene gemeinsame Schraubenmutter mit 2 gegenläufigen Gewinden 2 jeweils gegenüberstehende Spannschrauben für Schlag- und Resonanzfell derart zusammen, daß durch ihr Drehen gleichzeitig beide Spannschrauben angezogen werden. Diese vereinfachte Konstruktion ist zu verwerfen: Viel besser sind separat anziehbare Schrauben, damit die beiden Felle unabhängig voneinander reguliert werden können. Das ist wichtig, um eine gute Durchdringung der Teiltonspektren einzustellen, im Interesse einer ausgesprochen unbestimmten Tonhöhe. – Die früheren besonders dünnen Kalbfelle sind heute fast immer Plastikfolien gewichen.

Im 11. Jh. kamen die über das (untere) Resonanzfell gespannten *Schnarrsaiten* hinzu. Sie bestehen aus Darm oder Seide, durch umsponnenes Kupfer oder Silber beschwert, oder (heute fast ausschließlich) aus Metallspiralen. Bei jedem Ausschlag des Resonanzfells werden diese Saiten abgestoßen und schlagen sogleich zurück, wodurch das charakteristische Knattern und Schnarren entsteht, welches der Trommel ihren Namen gibt: **Schnarrtrommel**. Die Anzahl der Spiralen ist verschieden: von 6 bis 25. Bei 15 und weniger Spiralen ist jede einzeln in ihrer Spannung durch ihre Befestigungsschraube regulierbar.

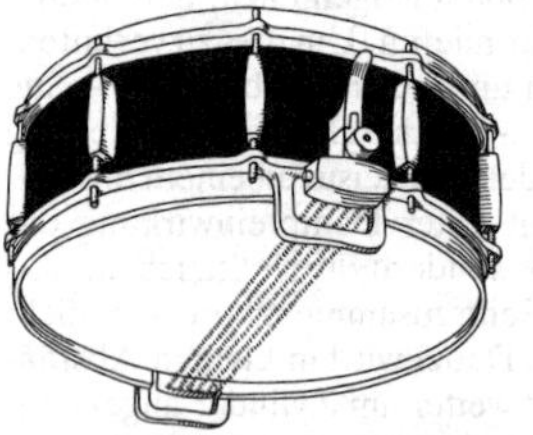

Schnarrtrommel (Kleine Trommel)

Der Trommler bedient sich zweier etwa 38 cm langer zylindrischer Schlegel aus Hickory, die zur Spitze hin verjüngt sind und dort mit einem kugelförmigen Kopf enden. (Durchmesser etwas geringer als 1 cm.)

Es sind verschiedene andere Kopfformen im Handel; als unangebracht sollten sie boykottiert werden.

Die Schlagtechnik ist die schwerste von allen Spieltechniken bei Schlaginstrumenten und bedarf großer Übung. Die Stöcke werden in den beiden Händen nicht gleich gehalten, weil die Trommel nicht horizontal, wie die Pauke, sondern etwas schräg am Körper des Spielers hängt. In der rechten Hand drückt der Daumen den Stock auf den gebogenen Zeigefinger. Links hingegen wird, bei nach außen gedrehtem Handrücken, der Schlegel mit dem Daumen über dem Mittelfinger festgehalten. Rechts erfolgt die Schlagbewegung aus den Fingern (Druck des Daumens), links durch Drehung des Vorderarms um die eigene Achse.

Der Schlagfleck befindet sich nicht ganz in der Mitte der Membran; außerdem kommt man für abnehmende Lautstärke (decrescendo) dem Rand näher, in Zonen kleinerer Amplitude. Piano-Schläge erfolgen am Fellrand, wie es ausdrücklich mit »am Rande geschlagen« bezeichnet wird. Soll hingegen auf den Zargenrand geschlagen werden, lautet die Anweisung: »am Reifen«. Das Gegeneinanderschlagen der Schlegel wird durch gekreuzte Schlegel als Zeichen über den Noten angezeigt. Man schlägt nicht schief von oben, vielmehr muß der Schlegel beim Aufschlagen möglichst parallel zum Fell geführt sein. Dazu darf der Spannreifen nicht mehr als 7–8 mm hervorstehen.

Von den vielen möglichen kodierten *Schlagfolgen* seien nur die häufigsten erwähnt:

– *Einzelschläge* unterschiedlicher Betonung, abwechselnd links und rechts gespielt (beispielsweise 8 Schläge pro Takt im Marschtempo). Bestimmte Verteilungen der Akzente erfordern auch aufeinanderfolgende Schläge derselben Hand.

– *Wirbel*: eine derart dichte Folge von Schlägen, daß sie einzeln nicht mehr unterscheidbar sind. Dazu helfen die Schnarrsaiten wesentlich, da sie nicht zur Ruhe kommen und ständig gegen das Resonanzfell rasseln und schwirren. Beim »engen« Wirbel, der sog. *»Mühle«*, werden die Schläge nicht abwechselnd rechts und links gespielt, sondern es folgen einander Zweifachschläge, also 2 Schläge rechts, 2 Schläge links usw., wobei der jeweils zweite Schlag durch das elastische Rückprallen vom Fell gefördert wird. Der Wirbel ist nicht nur bei konstanter Lautstärke möglich, sondern auch in starkem Auf- oder Abschwellen. Er ist so typisch für das Instrument, daß es auch als **Wirbeltrommel** bezeichnet wird. Sehr oft führt der Wirbel auftaktig zum Hauptschlag  .

– Der *einfache Vorschlag* (*Schleppstreich*, *Doppelschlag* oder *Druckruf*), mit kurzer Ziernote vor dem Hauptschlag  , wird links–rechts oder umgekehrt ausgeführt (bei rascher Folge abwechselnd).

– Der *zweifache Vorschlag* (oder *Ruf*) hat voran 2 kurze und schwächere Schläge, . Sie werden beide mit der gleichen Hand gespielt, also: links–links–rechts oder umgekehrt rechts–rechts–links.

– Der *dreifache Vorschlag* (oder *Rucker*) ist analog  (linke Hand Ziernoten, rechte Hand Hauptschlag: links – links – links – rechts, aber auch rechts – rechts – rechts – links).

– Beim *vierfachen Vorschlag* (*Wirbelrucker*) nehmen die 4 Ziernoten schon den Charakter eines Wirbels an und werden dementsprechend auf die Hände verteilt; auf die rechte Hand kommen Beginn des Kurzwirbels und Hauptschlag (rechts–rechts–links–links–*rechts*) .

– Beim *Druckwirbel* (oder *Druckruf*)  oder  oder  werden beide Schlegel gleichzeitig leicht aufgeschlagen; dann läßt man sie der Notenlänge entsprechend wiederholt springen und hebt sie ohne Abschlag ab.

– Für den besonders akzentuierenden *einzelnen Doppelschlag* braucht man beide Stöcke gleichzeitig. Notierung: Kopf mit 2 Hälsen .

In der Unterhaltungsmusik kommt auch ein *Stahlbesen* zur Anwendung, mit dem sowohl geschlagen wie gewischt werden kann.

Die Schnarrsaiten bewirken auch einen zusätzlichen Effekt: Sie erleichtern die Bildung einer Knotenlinie längs des Durchmessers, wodurch im unteren (Resonanz-)Fell die Grundschwingung geschwächt wird und deswegen der Klang höher wirkt. Alle Schnarrsaiten sind an einem Bügel befestigt, so daß man sie mit einem Handgriff abheben und dadurch unwirksam werden lassen kann. Die einzelnen Schläge erscheinen dann besonders trocken und scharf. (Beim Abheben hört auch der Knotenlinien bildende Effekt auf, der Gesamtklang scheint etwa eine Oktave tiefer zu sein.)

Für die an Schlaginstrumenten immer reich besetzte Unterhaltungsmusik besteht ein ganzes Quartett von Schnarrtrommeln verschiedener Lagen:

Sopran	7 cm Höhe	31 cm Durchmesser
Alt	12 cm Höhe	33 cm Durchmesser
Tenor	16 cm Höhe	34 cm Durchmesser
Bariton	29 cm Höhe	36 cm Durchmesser

Die Baßlage ist durch die – schnarrsaitenlose – Große Trommel (s. 3.122) gegeben.

Als Orchestertrommel dient die ebenfalls schief an einem Ständer befestigte Soprangröße, die **Konzerttrommel**, mit einem Durchmesser zwischen 34 und 38 cm und einer Höhe von 12–15 cm. Sie ist ein ausgesprochenes Diskantinstrument und muß fest gespannt sein, damit der Klang hart, perlend und präzis wird. Während Verdi in der »Sizilianischen Vesper« (1855) und Donizetti in der »Regimentstochter« (1840) die Trommel mit militärischer Bedeutung verwendeten, setzte Rossini sie in der »Diebischen Elster« (1817) als Orchesterinstrument ein. Im »Boléro« von Ravel kommt der helle, schneidende Klang von fast metallischer Härte in einem außerordentlich großen dynamischen Variationsbereich zur Geltung.

Es ist interessant zu beobachten, daß die undefinierbare Tonhöhe der Trommel sich vortrefflich dazu eignet, hohe Blasinstrumente zu begleiten, um dabei den Rhythmus, vor allem in den Staccati, genau zu profilieren (»Turandot« von Puccini). Zu den bekanntesten und besten Anwendungen der Konzerttrommel gehören viele Stellen in »Scheherazade« von Rimskij-Korsakow und die Verkündung der ganzen unerbittlichen Strenge des zum Tode verurteilenden Gerichts im »Till Eulenspiegel« von R. Strauss (nach dem Vorbild von Berlioz: »Marche au supplice« in der »Symphonie fantastique«). Auch die Kleine Trommel kann für Trauermusik mit einem aufgelegten Tuch gedämpft werden.

Wenn in einer Partitur **»Caisse claire«** steht (»Geschichte vom Soldaten« von Strawinsky), ist eine schnarrsaitenlose Kleine Trommel gemeint, mit stark gespannten, ausgesprochen hoch klingenden Fellen. Meistens begnügt man sich aber damit, an der normalen Konzerttrommel die Saiten abzuheben (und vergißt dabei das dadurch bewirkte Sinken der Klanghöhe). Schnarrtrommel heißt französisch übrigens **Caisse à timbre**; »sans timbre« bedeutet folglich abgehobene Schnarrsaiten.

Für das Militärspiel gelten in jedem Land eigene Richtlinien. Meistens wird dabei, wie in den uniformierten Musikkorps, die Kleine Trommel nicht von der niedrigen Konzerttrommel vertreten, sondern von einer **Marschtrommel**, die eher der Alt- als der Soprantrommel entspricht. Sie ist 22–29 cm hoch und hat einen Durchmesser von 34–38 cm. Dazu kommt noch die **Tenor-** oder **Paradetrommel**. Es ist dies eine hochzargige, noch mit Schnüren gespannte schnarrsaitenlose Trommel, 36–41 cm im Durchmesser und 27–30 cm hoch. Die Schnüre sind V-förmig durch Ledermanschetten geführt. Die Fellspannung wird durch Verschieben dieser Manschetten geregelt. Gespielt wird diese Trommel mit ca. 30 cm langen Schlegeln, die 5 cm breite und 3,5 cm hohe Filzköpfe aufweisen. Man hält die Schlegel mit um die Finger gelegten Schlaufen, damit sie beim Ausführen weit ausladender, schwungvoller Figuren nicht entschlüpfen. An den Paradetrommeln hängen zur Dekoration geflochtene, farbige Schnüre. Die stehend oder marschierend gespielten Trommeln werden an Tragriemen um die rechte Schulter gehängt und sind mit einem »Kniebügel« versehen, mit dem sie am Oberschenkel aufruhen.

Von der mittelalterlichen Landsknechtstrommel stammen zwei weitere Trommeltypen ab:

a) Die **Basler Trommel**, der Tenortrommel ähnlich, aber mit Schnarrsaiten versehen und mit Holzschlegeln geschlagen, weist einen Durchmesser von 40 cm und eine 40 cm hohe Zarge auf, bei einer Gesamthöhe von 50 cm. Auf ihr wird in Basel die Tradition direkt überlieferter (nicht geschriebener) komplizierter Rhythmen sehr aktiv gepflegt, um zusammen mit Querpfeifen als berühmtes Merkmal der dortigen Fastnacht mit beachtlichen Leistungen eingesetzt

zu werden. Ihr sind die Trommeln der französischen »Garde Républicaine« ähnlich.
b) In Südfrankreich entstand eine enge Röhrentrommel, das mit Leinen gespannte und mit einem einzigen Schlegel geschlagene **Tambourin de Provence**. Eine Hand bedeutet

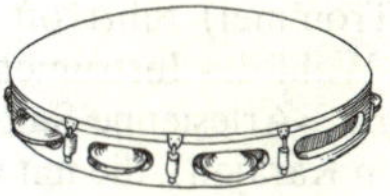

Schellentrommel

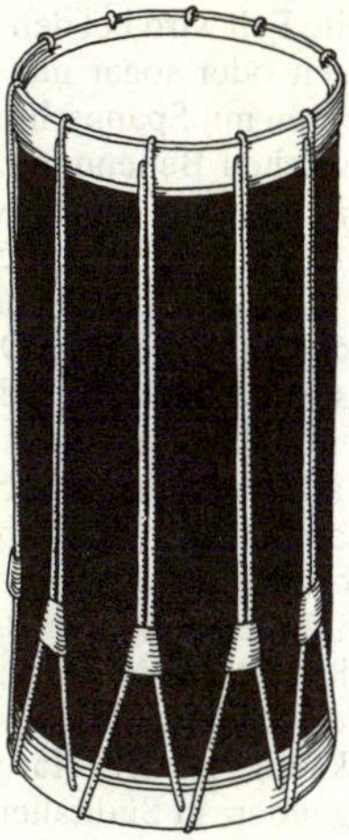

Tambourin
(Provenzalische Trommel)

auch, daß nur Einzelschläge ausgeführt werden und keine Wirbel (dazu war früher die andere Hand damit beschäftigt, das gleichzeitig dazu gespielte **Galoubet** zu halten; dies war die dt. »Schwegel« genannte kleine Schnabelflöte mit nur 3 Grifflöchern [mehr wären einer Hand allein nicht zumutbar]). Bespannt ist diese provenzalische Trommel mit weichem Kalbfell; der Schlegel trägt einen schweren Beinkopf. so daß dunkle, wenn auch harte Klänge entstehen, mit denen südfranzösische folkloristische Tänze begleitet werden. Sie wird folgerichtig z. B. in Bizets »Arlésienne« gebraucht. Korrekterweise sollte eine Schnarrsaite über das obere Fell gespannt sein.

Die Bezeichnung »Tambourin« führt uns – der oft entstehenden Verwechslung wegen – zur **Schellentrommel**, dem frz. **Tambourin de basque**, it. **Tamburello**. An ihr sind in Aussparungen der etwa 5 cm niedrigen Zarge (selten) Kugelschellen oder (meistens) kleine Beckenpaare (5–16 mit 5 cm Durchmesser) angebracht. Das einzige, ca. 30 cm weite Fell wird bei den billigen Ausführungen einfach angenagelt oder sogar nur angeleimt, aber in Orchesterinstrumenten mit Spannschrauben versehen. Die Ähnlichkeit der deutschen Benennung **»Tamburin«** mit dem französischen »Tambourin« (= Provenzalische Trommel) führt oft zu Mißverständnissen und zu falscher Wahl des Instruments. Es gibt Schallplattenaufnahmen der 2. »Arlésienne-Suite«, auch von berühmten Dirigenten (von Karajan), die mit der falschen Trommel (in der »Farandole«) eingespielt wurden. In der Partitur der deutschen Peters-Ausgabe von Bizets »Carmen« steht »Tamburino« statt (wenn schon italienisch) »Tamburello«. Es wäre besser, sich im deutschen Sprachgebrauch auf die Bezeichnung »Schellentrommel« zu beschränken und jeder Benennung des anderen Trommeltyps »ohne Schellen« hinzuzufügen.
Die Schellentrommel war den Phöniziern und den Römern bekannt, in den Harems beliebt; in Europa spielten sie Zigeuner; in Süditalien, aber vor allem in Spanien, wo sie **Pandero** heißt, wurde sie derart charakteristisch, daß sie in der gehobenen Musik als ausgesprochen spanisches Merkmal gilt. In diesem Sinne erscheint die Schellentrommel in Bizets Oper »Carmen« als Begleiterin von spanischen Tänzen. Schon vorher, in Webers »Oberon« (1826), erschien sie erstmals im Orchester. Sie nimmt u. a. am Bacchanal der Pariser Fassung von Wagners »Tannhäuser« (1860) teil und übernimmt sehr deutlich auch im »Nußknacker« von Tschaikowskij (1892) und in »Ibéria« von Debussy (1912) spanische Attribute.
Die Schellentrommel wird auf zwei Arten gespielt: Man schüttelt sie, um nur die Schellen erklingen zu lassen (dazu gibt es auch Ausführungen ohne Fell), oder man schlägt sie

an, mit dem Zweck, zusammen mit dem Trommelschlag die Schellen genau im gewünschten Takt anzuregen. Im Piano hört man den Schlag auf das Fell nicht, aber er kann in steigender Stärke und Härte hervorgebracht werden. Für zunehmende Lautstärke klopft man mit der Handfläche auf das Fell, pocht mit einem Knöchel (am häufigsten) darauf oder schlägt, noch lauter werdend, das ganze Instrument gegen den Ellbogen oder das Knie. Durch kreisförmiges Reiben des Fells können die Vibrationen der Schellen längere Zeit aufrechterhalten bleiben.

Um etwas Ordnung in die leicht zu verwechselnden Benennungen zu bringen, sei nochmals festgehalten:

a) ohne Schellen (mit 2 Fellen): Provenzalische Trommel, Röhrentrommel; frz. Tambourin, Tambour de Provence, Tambourin provençal; it. Tamburino (Bizet: »L'Arlésienne«);

b) mit Schellen (ein Fell): Schellentrommel, dt. auch Tamburin, Baskische Trommel; frz. Tambour de basque, Tambourin de basque; it. Tamburello (Bizet: »Carmen«).

In vielen außereuropäischen Kulturkreisen (Bali, Nigeria, Kambodscha, Java, Japan usw.) kommen zylindrische oder faßförmige Zweifelltrommeln in verschiedenen Dimensionen vor, die horizontal entweder umgehängt oder auf den Boden bzw. sitzend auf den Schoß gelegt werden. Jede Hand schlägt das Fell auf ihrer Seite, und die unterschiedliche Stimmung sowie raffinierte Fingertechnik ermöglichen interessante rhythmische Kombinationen. Speziell sind hier die japanischen, verschiedene Größen und Formen umfassenden **Gagaku-Trommeln** zu erwähnen.

3.122 **Die Große Trommel**

Das Baßinstrument der Trommelfamilie begann sich um 1780 aus der Türkentrommel herauszubilden, unterstützt durch die damalige Janitscharenmode. Die gegenüber dem Vorbild niedrigere Sperrholzzarge trägt 2 Kalbfelle (besser, aber seltener: Eselfelle). In der Größe gibt es erhebliche Unterschiede, aber man kann, je nach Verwendung, etwa

folgende (nicht absolut geltende) Klassifizierung vornehmen:
In dem vom *Jazz* herkommenden Einmann-Schlagzeug der Unterhaltungsmusik mißt die auf den Boden gestellte Große Trommel 29–34 cm an Zargenhöhe und 48–53 cm im Durchmesser. Sie wird mit einer an sie geklemmten Pedalmaschine geschlagen.
Für *Militär- und Marschmusik* kommt eine etwas größere Trommel zur Verwendung, mit Zargenhöhe 29–38 cm und Durchmesser 43–67 cm. Sie wird mittels einer oder 2 an der Zarge befestigten Ösen an einem doppelten Schulterriemen so hoch gehalten, daß sie nicht auf den Bauch drückt und daß gerade noch darüber hinweggesehen werden kann. Zur Verwendung im Freien braucht man auch wetterfeste Ganzmetallausführungen der Zargen und der Spannringe. Andererseits können diese Trommeln zur Parade, den Tenortrommeln ähnlich, mit Spannseilen und mit aufgemalten reichlichen Verzierungen versehen sein. – Sie werden mit 2 Schlegeln an Schlaufen geschlagen, abwechselnd rechts und links, jede Hand auf das ihr zugewandte Fell. Beim Vorsetzen des rechten Fußes schlägt die linke Hand und umgekehrt. In Österreich nimmt man Schlegel mit Holzköpfen, sonst werden harte Filzkugeln an Holz- oder Leichtmetallstöcken vorgezogen, auch in England und den USA.
Beim Blasmusik-*Platzkonzert* kann die Trommel größer sein, mit Zargenhöhe um 34 cm und Durchmesser zwischen 48 und 77 cm. Sie wird auf einen Klappschemel gestellt oder, soll sie beim Marschieren verwendet werden, auf einem Spezialwagen (mit 2 Rädern) befestigt, auf dem sie, von der üblichen Vertikalstellung abweichend, auch schwenkbar ist. Es kommen mittelharte Schlegel zur Verwendung, die bei stehendem Spiel nicht eingeschlauft werden. Hier, wie bei der Marschtrommel, sitzt der Schlagfleck fast in der Mitte, aber Wirbel werden eine Handbreite vom Rand (mit Paukenschlegeln) ausgeführt.
Bei kleinen Formationen fast unvermeidlich, aber auch bei größeren anzutreffen ist die Befestigung eines Beckens hori-

zontal über der Großen Trommel, so daß mit dem anderen Becken darauf geschlagen werden kann. Diese Anordnung muß auch deswegen abgelehnt werden, weil sie eine weitere zu vermeidende Folge mit sich bringt: Um einen Wirbel zu schlagen, braucht man dann einen Schlegel mit 2 Köpfen für die freie Hand; der so nur schwer kontrollierbare und nicht eng ausführbare Wirbel wird durch Drehen der Hand erzeugt. Eine andere Unsitte besteht im kreisförmigen Führen des Schlegels: Dieser sollte senkrecht auf das Fell schlagen und nicht in wischender Bewegung.

Die größten Trommeln sind im *Sinfonieorchester* zu sehen, mit Höhen um 34–43 cm und Durchmessern von 67–96 cm. Hier wird zwischen stärkerem Schlag- und dünnerem Resonanzfell unterschieden, weil nur eine Seite angeschlagen wird. Die verschiedene Dicke bewirkt, daß die Partialfrequenzen nicht zusammenfallen, sondern sich gegenseitig im Gesamtspektrum durchdringen. Dazu ist es auch erforderlich, daß die Spannschrauben eines jeden Fells getrennt auf der Zarge befestigt sind, um die Spannung der Felle einzeln einrichten zu können. Die Tonhöhe ist zwar undeterminiert; wenn aber beim Schlagfell ein Eigenton herauszuhören ist, muß das Resonanzfell einen halben Ton tiefer gestimmt werden. Bei richtiger Spannung entsteht der Eindruck eines (unbestimmten) Tones in der Gegend zwischen C und G.

Geschlagen wird die Große Orchestertrommel mit einem schweren, ca. 30 cm langen Schlegel aus Hickory oder einem anderen Holz oder aus Leichtmetall, der einen 6 cm dicken und 4 cm breiten Filzkopf trägt. Der Schlag klingt 2–3 Sekunden nach; soll aber eine harte Wirkung erzielt werden, führt man den »sitzenden Schlag« aus: Der Schlegel bleibt, mit dämpfendem Effekt, nach dem Schlag aufgedrückt.

Auf einen Untersatz gestellt, ist die Große Trommel das einzige vertikal verwendete Instrument der europäischen Familie. Allerdings wird sie auch oft in einem Kippständer gehalten, in welchem sie drehbar ist, wodurch sie sowohl geneigt wie auch horizontal gebraucht werden kann. Letz-

tere Stellung erleichtert den mit Paukenschlegeln auszuführenden Wirbel.
Die Verwendung im Orchester hat mit der groben, aufdringlichen, ununterbrochenen Markierung der schweren Taktteile in der Militärmusik nichts gemeinsam. Um sich ein Bild der extremen Wirksamkeit ihres Einsatzes zu machen, genügt es, an die Schauder erregenden, mit Orchester-Fortissimo abwechselnden Einzelschläge im »Dies irae« des »Requiems« von Verdi zu denken (1874). Die Große Trommel oder ihr direkter Vorfahr kam schon in Marin Marais' »Alcyone« (1706) vor und erschien, wenn auch sehr diskret, in der »Entführung aus dem Serail« von Mozart (1782) sowie im Triumphmarsch der »Vestalin« von Spontini (1807).

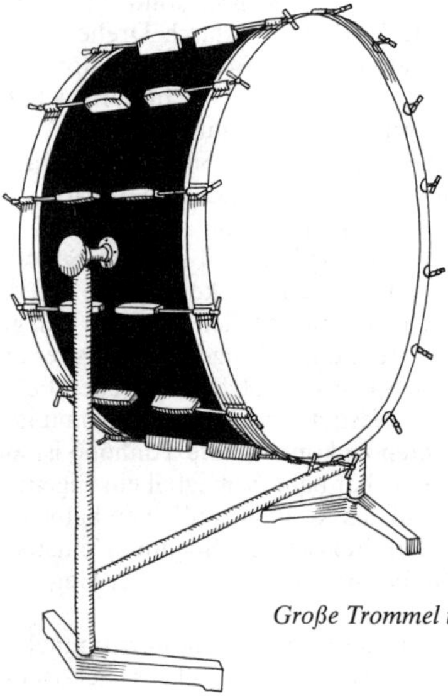

Große Trommel im Drehgestell

Haydn nahm als erster die Instrumente unbestimmter Tonhöhe der »Janitscharenmusik« (Große Trommel, Becken, Triangel) ins Sinfonieorchester auf (Sinfonie Nr. 100 in G-Dur, »Militär-Sinfonie« genannt, 1794). Diese immer wieder als Neuerungstat Haydns herausgestellte erste Verwendung der Geräuschinstrumente ist aber mit Vorsicht aufzunehmen, denn es handelte sich nur um einen isolierten Fall, um einen Gag, den sich Haydn leistete, einen witzigen Einfall wie den der »Abschieds-Sinfonie«. Allgemein kann gesagt werden, daß das erstmalige Erscheinen eines Instruments im Orchester weniger wichtig ist als der bedeutungsvolle determinierende Einsatz eines nicht nur erworbenen, sondern auch vollständig assimilierten Bestandteils der Gesamtbesetzung. Außerdem wurde jede Ergänzung der Orchesterbesetzung stets äußerst vorsichtig und nur unter künstlerischem Motivationsdruck vollzogen. Wenn auch Beethoven die Janitschareninstrumente in der damals Aufsehen erregenden »Schlacht bei Vittoria« (1813) verwendete, so war es Berlioz vorbehalten, die Große Trommel, losgelöst von allen türkischen und militärischen Bindungen, in ihrer ganzen Variationsbreite – vom dumpfen Pochen bis zum kräftigen Knall – im Orchester einzugliedern.
Die Unbestimmtheit der Tonhöhe ermöglicht eine unerwartet gute Mischung mit tiefen Instrumenten (Kontrabaß und Tuba): Es entsteht – im Piano – der Eindruck, daß die Große Trommel dieselben Noten wie die anderen Instrumente im Sinne einer tiefen Pauke mitspielt. Im letzten Satz der 9. Sinfonie von Beethoven (1822/24) erhält das mehrmals in spannender Erwartung der synkopierten Marschmusik wiederholte B der Fagotte und des Kontrafagotts durch die Große Trommel eine mysteriöse Fülle (»Alla marcia« ab Takt 331). Bei Beginn der Melodie kommen die anderen Janitschareninstrumente hinzu, und das ganze Orchester führt über ein riesiges Crescendo zum jauchzenden Triumphmarsch des Tenors mit Chor und vollem, strahlendem Orchesterklang. – Dieser Verwendung ziemlich ähnlich, folgt im »Mors stupebit« des »Requiems« von Verdi ein

Pianissimo-Schlag der Großen Trommel allein der jeweils letzten Kontrabaßnote im vorbereitenden und dann begleitenden Ostinato mit dem Effekt besonderer Schwere und Tragik. Es scheint als ob das A der Kontrabässe in der unteren Oktave wiederholt würde. – Eine ebenso dramatische Wirkung erzielt Verdi in der »Aida« (1871) mit dem Wirbel der Großen Trommel, der allein und drohend das »Discolpati« (»Rechtfertige dich«) in der vorletzten Szene untermalt.

Es sind noch zwei Spezialfälle zu erwähnen:

Die in England und den USA gebrauchte, nun auch auf das europäische Festland vordringende **Schottische Trommel** wird wie die normale Große Trommel beim Marschieren getragen, aber ihre Zargen sind viel schmaler (12–20 cm, bei 60 cm Durchmesser), so daß am Ende einer effektvollen ausladenden Kreisbewegung jede Hand auch das entgegengesetzte Fell treffen kann. Selbst wenn gerade nicht geschlagen wird, führen beide Hände (dann seitliche) ununterbrochene Drehbewegungen aus, nach einer genau vorbereiteten Choreographie.

Die aus dem 19. Jh. stammende **Gongtrommel** weist nur ein Fell auf, mit von 60 bis zu 150 cm reichendem Durchmesser und einer Zargenhöhe von nur 20–25 cm. Wie ein Gong in einem Rahmen hängend, wird sie mit einem Schlegel geschlagen, dessen Kopf aus mit Lammfell überzogenem Weichfilz besteht. Das Ausfallen von Resonanzen des Luftvolumens und des zweiten Fells macht den Klang trockener als bei 2felligen Baßtrommeln. Für den Wirbel setzt man wiederum Paukenschlegel ein, wobei, im Abstand eines Radiusdrittels vom Rand weg gerührt, ein erschauern lassendes Donnergepolter entsteht.

In Japan ist eine Trommel mit noch größerer Dimension bekannt, das **Dadaiko**, eine riesige Vertreterin der Gagaku-Trommeln. Der Körper dieses in einem mit Drachen und roten Flammen künstlerisch ausgearbeiteten Rahmen mit senkrechten Fellen hängenden Instruments weist Sanduhrform auf. Geschlagen wird mit einem schweren, lackierten Holzschlegel, wobei der Spieler auf einer kleinen Treppe steht, welche es erleichtert, mit voller Kraft auf das um 2 m weite Schlagfell einzuwirken. Größe und Verzierungen weisen darauf hin, daß dieses Instrument nur bei hohen Feierlichkeiten geschlagen wird.

Notiert wird die Große (wie die Kleine) Trommel auf einer einzelnen Linie. Wird aber das Schlagzeug in einem 5-Linien-System zusammengezogen, kommt die Große Trommel in den ersten, den untersten Zwischenraum.

Steht in der Partitur *»Rute«*, so bedeutet dies, daß mit einer normalen Rute auf die Zarge oder ein Fell der Großen Trommel zu schlagen ist (Mozart: »Entführung«, Strauss: »Elektra«, Mahler: 6. Sinfonie).

3.123 **Exotische Trommeln**

Unter »exotisch« sind hier nur jene Instrumente zu verstehen, die zwar aus fernen Ländern stammen, aber in unseren Breitengraden in die E-Musik oder in die kommerzielle Unterhaltungsproduktion eingedrungen sind.

Da ist vor allem das (nicht mit dem Tamtam zu verwechselnde) **Tomtom** zu nennen. Es handelt sich dabei um eine zylindrische Einfelltrommel mit verhältnismäßig hoher Holzzarge und mit 3 an ihr befestigten, ausziehbaren, dünnen, als Füße dienenden Stangen. Im Orchester ist meistens eine Gruppe von 4 verschiedenen Größen vorhanden, mit Durchmessern zwischen etwa 20 und 40 cm bei einer Zargenhöhe zwischen 35 und 50 cm. Gespielt wird mit Schlegeln verschiedener Härte. (Als Variante ist auch eine gleich große

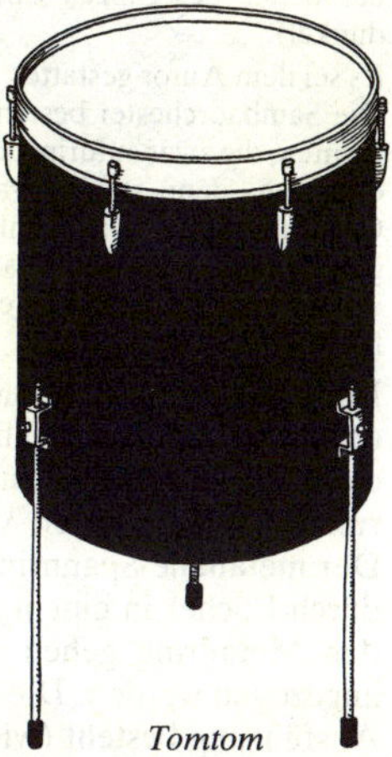

Tomtom

2fellige Metallausführung möglich; durch eine der Pauke ähnliche Mechanik läßt sich über ein Pedal die Spannung des oberen Fells verändern.) Etwas kleiner dimensionierte Tomtoms werden, in Dreiergruppen umgeschnallt, beim Marschieren eingesetzt.

Kleine Tomtoms (∅ ca. 10 cm) werden auch (selten) bei ungefährer Stimmung in chromatischen Sätzen von etwa 2 Oktaven zusammengestellt.

Mit etwas Phantasie kann man das Tomtom als Standfußtrommel deuten, da es, trotz extremer Stilisierung, an die mit kunstvollen Füßen versehenen Trommeln aus Indonesien, Hawaii und Zentralafrika erinnert oder an die in Mexiko tradierten Formen mit aus dem Körper selber herausgeschnittenen Beinen.

Zu den in original brasilianischen, mitreißenden Sambaorchestern gebrauchten Instrumenten gehört das höhere, mit 2 Fellen versehene metallene **Surdo**. Es wird umgehängt oder steht ebenfalls auf eigenen Füßen. Geschlagen wird mit 2 schweren, aber weichen Schlegeln, wodurch ein dröhnender, dumpfer Klang entsteht, der tiefste des ganzen Ensembles (port. surdo bedeutet dumpf, dunkel).

Es sei dem Autor gestattet, eine eigene Beobachtung zu erwähnen: Die Sambaorchester bestehen fast ausschließlich aus Schlaginstrumenten, die zwar aufdringlichen, aber keineswegs monotonen Lärm erzeugen, denn ständig variierte Feinstrukturen überlagern den Grundrhythmus. Die Ähnlichkeit mit senegalesischen Trommlergruppen ist so frappant, daß es naheliegt, den Zusammenhang auf die auch nach Südamerika eingeschleppten Negersklaven zurückzuführen.

Ebenfalls zylindrisch sind die einfelligen **Bongos**, mit einem der Zargenhöhe ungefähr gleichen Durchmesser (um 20–30 cm). Die Originalinstrumente aus Kuba haben dicke, mit rundum eingravierten Vertiefungen verzierte Holzkörper. Der metallene Spannring wird durch 4 Stäbe gehalten, die durch Löcher in einem das Instrument unten abschließenden Metallring gehen und unten mit Schraubenmuttern angezogen werden. Die heute gebräuchliche (und billigere) Ausführung besteht (wie beim Tomtom) aus Fiberglas; sie hat normale, an der Zarge befestigte Spannschrauben. Als Mittelweg sind auch Bongos mit einem der hölzernen Ausführung nachgebauten Plastikkörper im Handel. Geschlagen wird ausschließlich mit den Händen. Bongos sind die klanghöchsten Fellinstrumente.

Holz-Bongos

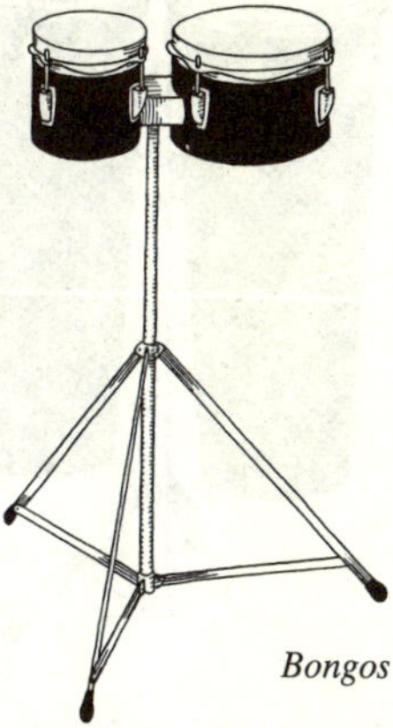

Bongos

Die Bongos treten mindestens paarweise auf, zu zweien an einem Ständer befestigt. Auch Dreiergruppen oder Viererkombinationen sind möglich. Die maximale Ausdehnung des Klangbereichs wird durch Zusammenstellung von 2 Vierergruppen erreicht. Die Dimensionen sind dann folgende (wobei die erste Zahl jeweils die Höhe, die zweite den Durchmesser bezeichnet):

Hohe Gruppe: 13×15 – 13×20 – 16×24 – 19×29
Tiefe Gruppe: 22×31 – 24×34 – 29×36 – 34×38

(Eine gewisse Konfusion kann dadurch entstehen, daß unter »Bongo« nur die Ausführung mit den beiden Metallringen gemeint ist, selbst wenn Plastikmaterial das Holz ersetzt, und dann die Fiberglas-Bongos, trotz geringerer Höhe und nicht vorhandenen eigenen Füßen, zu den Tomtoms gezählt werden.)

Die **Timbals** sind den Bongos gleich dimensionierte, auch mindestens paarweise gebrauchte, an Ständern befestigte Metalltrommeln, werden aber mit Schlegeln gespielt.

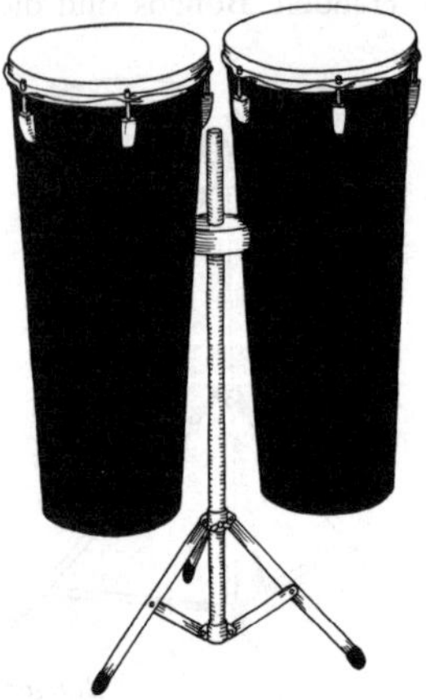

Congas (moderne Form)

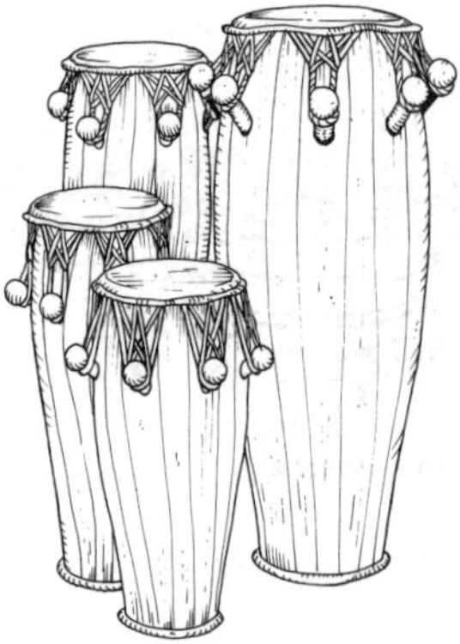

Congas

Die **Conga**, das wohl an Ausbreitung und Beliebtheit glücklichste, in der Verwendung vielseitigste Einfellinstrument, kann man wegen der Wölbung des Körpers den Faßtrommeln zuordnen. Diese sich nach unten verjüngende, ausgesprochene Langtrommel stammt aus Afrika (z. B. Senegal), ist aber in ganz Südamerika (speziell Brasilien) und auch Kuba heimisch geworden, so daß man sie zu den lateinamerikanischen Perkussionsinstrumenten zählt.

Ähnliche Formen sind – unter sehr verschiedenen Benennungen (**Tumba**, **Kintu** usw.) – nicht nur in Afrika, sondern auch in Indonesien und Java zu finden, wenngleich nicht immer gewölbt, sondern einfach konisch nach unten schmaler werdend.

Der Körper wird aus verschiedenen Holzarten hergestellt, mit sorgfältig durch Nut und Feder fixierten und verleimten

Dauben. Das Fell besteht aus Kuh-, Ziegen- oder (in Afrika) Antilopenhaut. Heute ist es meistens, dem allgemeinen Usus entsprechend, mit am Körper befestigten Schrauben angezogen. Bei den metallosen Originalinstrumenten wird hingegen das Fell angepflockt, d. h. mit gedrehten Hanfschnüren an aus dem Körper hervorstehende Pflöcke gebunden.

Auf den ersten Blick würde man meinen, diese Pflöcke müßten eher nach unten geneigt sein, um der Spannung zu widerstehen. In Wirklichkeit weisen sie nach oben und halten durch die Reibung in der Wandbohrung. Diese Konstruktion verfolgt den Zweck, das Fell ohne große Mühe fest spannen zu können. Dies geschieht folgendermaßen: Die Spannschnüre werden bei fast 10 cm herausragenden Pflöcken ganz außen, in Nähe der Pflockköpfe, befestigt. Dann wird durch Hineinschlagen der Pflöcke die Spannung erzeugt und erhöht. Dehnt sich dabei das Fell oder läßt später die Spannung nach, wird es losgebunden und mit verkürzt geknoteten Schnüren in Kopfnähe der wieder herausgezogenen Pflöcke erneut befestigt, und die Prozedur beginnt von vorn. Dies kann mehrmals wiederholt werden.

Mit den Fingern und den Handballen beider Hände können an verschiedenen Stellen des Fells raffinierte und differenzierte Klang- und Rhythmuskombinationen hervorgebracht werden. Sie erscheinen potenziert, wenn derselbe Spieler über 2 verschieden »gestimmte« Instrumente verfügt. Aus diesem Grunde sind Congas oft zu zweien an einem Ständer befestigt. Sie stehen dann so hoch, daß sie stehend gespielt werden können. Es gibt auch eine Kombination von 2 Congas und 2 Tomtoms zum Umhängen.

Die Dimensionen variieren in der Höhe zwischen 55 und 75 cm, im Durchmesser von ca. 15 bis 30 cm. Die 4 wichtigsten »Standardgrößen« besitzen eigene Namen: *Super Quinto* (Durchmesser 20 cm), *Quinto* (25 cm), *Conga* (28 cm) und *Tumbadora* oder einfach *Tumba* (30 cm).

Die Congas werden oft mit billigerem, leichterem Fiberglas gebaut, in vereinfachter Form mit geraden Wänden, d. h. sich einfach konisch verjüngendem Durchmesser. Auch diese Instrumente erscheinen meistens paarweise an einem Ständer befestigt.

Seit etwa 1980 wird die lateinamerikanische (Kuba-)Fiberglaskopie einer westafrikanischen rituellen Sanduhrtrommel angeboten, die **Bata-Trommel**. Ihre Form ist stark unsymmetrisch, denn die Einschnürung befindet sich nicht in der Mitte; sie trennt 2 ungleich hohe Teile, welche auch mit verschiedenen Durchmessern enden. Horizontal umgehängt, werden beide Felle mit Fingern und Handballen geschlagen, wobei der erhebliche Klanghöhenunterschied virtuose Ausnützungen ermöglicht. Von diesen 65 cm langen Trommeln sind 3 oft kombiniert gebrauchte Größen vorhanden:

klein:	*Oconcolo*	Felldurchmesser 15 und 23 cm
mittel:	*Omelé oder Itotelé*	Felldurchmesser 17 und 28 cm
groß:	*Iya*	Felldurchmesser 18 und 35 cm

Die Unterschiede bestehen somit vor allem im größeren Sektor der Trommeln.

Wir haben nur beiläufig die Kriterien genannt, nach denen die Trommeln mit Bezug auf die Form des felltragenden Körpers eingeteilt werden können: in zylindrische, faßförmige, sanduhrförmige und mit Standfüßen versehene Gattungen. Dabei fehlt noch die über alle Zeitalter und Kontinente verstreute Becherform, die in Ton archäologisch schon 2000 Jahre v. Chr. nachweisbar ist. Bei ihr besteht der Korpus aus 2 ineinander übergehenden Zylindern, von denen sich der kleinere meistens unten befindet und der obere mit dem Fell bespannt ist. Es hätte keinen Sinn, hier die zu den einzelnen Ländern (Griechenland, Jugoslawien, Guatemala, Elfenbeinküste, Ghana, Kambodscha, Nigeria, Indien usw. usw.) gehörenden Benennungen aufzuzählen, denn nur ein Instrument der Gattung beginnt jetzt (noch vereinzelt) in unseren Kulturbereich einzudringen: die 1fellige afrikanische **Djumbe**. Sie wird mit 60–70 cm Höhe aus Pappelholz nachgebaut und trägt ein 34–36 cm weites Ziegenfell, entweder mit den ursprünglichen Schnüren oder mit den modernen Schrauben gespannt.

Ähnlich sieht die ägyptische **Darabukka** aus. Ihr kelchförmiger, sich unten etwas ausweitender Körper besteht aus Ton. Eine Fischhaut ist mit Schnüren über den oberen, abgerundeten Rand gespannt. Angeschlagen wird mit beiden Händen. Das Instrument ist oft mit reichen Verzierungen versehen.

3.2 Platten und Scheiben

Diese Instrumente sind sogenannte Selbstklinger, weil sie dank der ihnen eigenen Steifheit (und Elastizität) vibrieren können, ohne Spannvorrichtungen (Saiten, Felle) oder künstliche Begrenzungen (Luftsäulen) zu benötigen. Natürlich bleibt eine Halterung erforderlich, aber eine passive. Sie benötigen also nicht das für die Felle unentbehrliche mitschwingende Luftvolumen.

3.21 *Mit bestimmter Tonhöhe*

3.211 **Der Gong**

Der Gong verbreitete sich nach seinem chinesischen Vorbild in ganz Südostasien und stammt in der uns bekannten Form aus Java. Im Altertum Chinas bildete man sogar ganze Militärorchester mit Gongs. Der imposante Ton wurde auch mit der Totenwelt verbunden und hatte die Aufgabe, böse Geister fernzuhalten. Umgekehrt ruft in den buddhistischen Klöstern der Gong die Götter an. Auch im alten Griechenland (Sparta) zog man den Gong für rituelle Zeremonien bei. Die heutige Gestalt begann sich im 6. Jh. n. Chr. in China auszubilden.
Der Gong darf nicht mit dem ungestimmten Tamtam (s. 3.222) verwechselt werden! Diese und andere hartnäckig aufrechterhaltene Konfusionen beruhen auf Ähnlichkeiten der Instrumente bei flüchtiger Betrachtung. Es handelt sich beim Gong um eine relativ dicke (1–2 mm), sorgfältig gegossene, dann gehämmerte Bronzeplatte. Sie ist leicht gewölbt und in der Mitte zu einem runden Buckel ausgebogen, auf den man mit einem befilzten Schlegel schlägt.

Wenn, wie oft, mit Gong oder mit »Sinfonischem Gong« das Tamtam gemeint ist, präzisiert man den eigentlichen Gong mit einem

Zusatz: »gestimmter Gong« oder »Gong mit Kuppel«. Das Tamtam weist keine Kuppel (Buckel) auf. – Während im javanischen Gong der Buckel abgerundet aus der Fläche herauswächst, hebt er sich im

Gong-Gruppe

Gong-Querschnitt

thailändischen (siamesischen) Gong mit scharfem Winkel ab. Siamgongs kommen mit Durchmessern zwischen 38 und 62 cm vor.

Wesentlich für die klangliche Charakteristik ist der breite, ziemlich scharf im rechten Winkel zurückgebogene Rand. Diese Form bewirkt eine derartige Versteifung des Randes, daß er erzwungenermaßen als Knotenlinie wirkt. Für die Untersuchung der Schwingungseigenschaften muß man deswegen den Gong als eine am Rand eingespannte Platte betrachten.

Im original javanischen Gong ist der Rand breiter als bei uns und über den rechten Winkel hinaus konvergierend zurückgebogen. Die größte Variante, der **Kenong**, besitzt einen so hohen Rand, daß er eigentlich zu den Glocken gezählt werden müßte. Er ruht auf gekreuzten, oberhalb eines hohlen kastenförmigen Rahmens gespannten Saiten.

Die Grundfrequenz gehört zur Schwingung, welche die ganze Oberfläche einbezieht, mit maximalem Ausschlag in der Mitte. Dem Fell analog kann man wieder eine kleine Tabelle der ersten Partialschwingungen zusammenstellen. Sie betrifft mit möglichen Knotenlinien (Durchmessern, konzentrischen Kreisen) schwingende, rundum eingespannte Kreisplatten.

		Anzahl der Knotendurchmesser		
		0	1	2
Anzahl der	0	1	2,07	3,42
Knotenkreise	1	3,90	5,98	8,68
	2	8,70	11,76	
	3	15,50		

Dabei ist bei den Kreisen der Rand nicht mitgezählt. Man sieht aus dem Schema, daß einige Frequenzen fast harmonisch liegen: 2,07 und 3,90 sind nahe der Oktave 2 und der Oberoktave 4. 5,98 ist beinahe die Quinte 6 über der Oktave 4. Allerdings ist noch zu berücksichtigen, daß sich schwerlich Knotendurchmesser bilden können, und zwar aus folgenden Gründen:

a) der Buckel in der Mitte erzeugt eine die Kreissymmetrie fördernde Versteifung;

b) die Biegung des Randes zwängt durch ihre Unnachgiebigkeit ebenso Kreissymmetrie auf;

c) der Schlag erfolgt in der Mitte (= Schwingungsbauch).

Die Partialfrequenzen mit Durchmessern sind also höchstens mit sehr geringen Amplituden vorhanden. Der Grundton und (angenähert) die Oktave und die Doppeloktave herrschen vor. Die Amplitude der höheren Teilschwingungen nimmt bei steigender Ordnung ohnehin so schnell ab, daß eine bestimmte Tonhöhe entsteht, aber ihre noch so geringe Anwesenheit verleiht dem Ton eine nicht ganz glokkenreine Charakteristik. Interessanterweise erzeugen die geringen Abweichungen gegenüber den exakten Oktaven 2 und 4 eine leichte Schwebung, die das lange dauernde Ausschwingen (über mehrere Sekunden nach dem Schlag) vorteilhaft belebt.

Bei mittelhohem (Orchester-)Gong mit Grundton c = 131 Hz wäre die exakte Oktave 262 Hz. Die vorhandene Pseudo-Oktave wird 2,07 · 131 = 271 Hz. Es entsteht somit eine Schwebung von 271 – 262 = 9 Schwebungen in der Sekunde. Ihr überlagert sich die zusätzliche Schwebung der Doppeloktave 4. Ihre exakte Sollfrequenz sollte 542 Hz betragen, statt dessen tritt auf: 3,9 · 131 = 511 Hz, was zur Schwebungsfrequenz 524 – 511 = 13 führt.

Weil der Rand eine Knotenlinie darstellt, eignet er sich besonders gut (da an der Schwingung nicht beteiligt) dazu, den Gong an einer Schnur aufzuhängen. Die Enden einer Schleife gehen durch 2 Löcher im Rand und werden darunter mit 2 Knoten versehen.

Man kann sich leicht vorstellen, wie sich die durch den Schlag erzeugte Auslenkung von der Mitte gegen den Rand ausbreitet und von dort, nach der Reflexion, wieder gegen die Mitte in konzentrischen Kreisen konvergiert und wie sich dieser Vorgang oft und schnell wiederholt. Die Überlagerung der beiden Bewegungsrichtungen führt zu »stehenden Wellen«, also zur Bildung von Knotenkreisen (analog den in Abschnit 2.112 schon beschriebenen Knotenpunkten einer Saite). Die durch die Platte und den Rand eingeschlossene Luft ist an der Bildung einer bestimmten Tonhöhe nicht ganz unbeteiligt. Der Gong kann fast als sehr weite, niedrige Glocke aufgefaßt werden.

Die Gongs stehen meistens nicht ständig im Orchester, denn wegen der großen Durchmesser (etwa von 15 cm bis über 90 cm) und der chromatischen Vollständigkeit würden sie zu viel Platz beanspruchen. Man hängt deswegen nur die von Mal zu Mal gebrauchten Größen in den passenden Rahmen. Es sind ganze 54 Tonhöhen lieferbar, chromatisch von C (Durchmesser 91 cm) bis zum f^3 (Durchmesser 14 cm); das sind etwa 4,5 Oktaven.

Gute Gongs erfordern zur Herstellung Aufmerksamkeit und handwerkliches Geschick, die man nur im Laufe einer seit Generationen bestehenden Tradition gewinnt. Dementsprechend sind sie recht teuer. Der Preis des ganzen Satzes ist mit demjenigen eines 180-cm-Flügels bester Marke vergleichbar.

Allerdings können durch die Partitur auch viele Gongs gleichzeitig gefordert werden. So schreibt Puccini für die exotischen Wirkungen in »Turandot« die ganze chromatische Tonleiter über die Oktave A–a vor. Carl Orff braucht in der »Antigone« 10 Gongs, bis zum G herunter. Den Einzug ins Orchester vollzogen die Gongs (2 Stück) zur Erzeugung fernöstlichen Kolorits in der Oper »La princesse jaune« von Saint-Saëns (1872).

In verschiedenen fernöstlichen Kulturkreisen sind Gruppierungen von Gongs zu *Gongspielen* bekannt: Die Gongs hängen an Schnüren horizontal in einem Gestell, das so niedrig ist, daß sich der Spieler in die dort gewohnte kauernde Haltung begeben kann. So besteht in Indonesien das **Kalimantan** aus 4 innerhalb eines rechteckigen Rahmens nebeneinander eingespannten Gongs. Im javanischen **Bonang** befinden sich 10–12 Gongs in 2 parallelen Reihen; wie bei allen javanischen Gongs sind die Ränder verhältnismäßig hoch. Noch höhere Ränder weisen die 4 Gongs des Gongspiels in Borneo auf. Die Stimmung erfolgt dort durch Abschleifen der Ränder (zum Erhöhen) und durch Abschaben des Buckels (zum Erniedrigen).

Sehr oft sind die Gongs in einem nicht ganz geschlossenen Kreis angeordnet, in dessen Mitte der Spieler wieder kauert. Darunter befindet sich das birmanische **Tjiwuaing** mit 12–18 über 2 Oktaven reichenden Gongs (in uns fremder Stimmung). In Laos heißt das Gongspiel **Khong-vong**. In Kambodscha benutzt man mit Elefantenhaut umwickelte Schlegel für das **Khon-thom** mit 17 Gongs und für das eine Oktave tiefere **Khon-toc**. (Diesen Benennungen ist zu entnehmen, daß »Khon[g]« in diesen Ländern »Gong« bedeutet, womit die Herkunft unserer Bezeichnung geklärt sein dürfte.) Das thailändische (siamesische) **Kre-Wain** enthält 16–18 (12,5–16 cm weite) Gongs in einem Kreisgestell, dessen äußerer Durchmesser 1,2 m beträgt. Gestimmt wird dort durch dosiertes Einschmelzen von Wachs in den Buckel. Die tiefen Töne befinden sich rechts, die hohen links vom Spieler.

3.212 **Gestimmte Scheiben**

Es sind auch abgestimmte Metallscheiben im Handel, die sich vor allem durch erhebliche Dicke (von etwa 0,5 cm) auszeichnen. Der Durchmesser liegt in der Größenordnung von 10 cm. Diese Scheiben sind im Zentrum gerade so weit durchbohrt, daß sie auf Haltestifte gesteckt werden können,

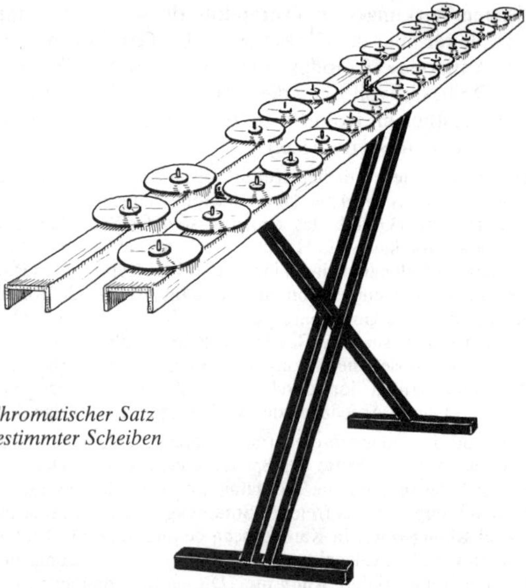

Chromatischer Satz gestimmter Scheiben

wobei eine sehr schmale Stütze ungehindertes Schwingen ermöglicht. Es können Sets im Umfang einer oder zweier Oktaven angeschafft werden: 13 Stück von c^4 bis c^5 oder, eine Oktave tiefer reichend, 25 Stück von c^3 bis c^5. Die Scheiben sind auf 2 parallelen, mit eigenem Fuß versehenen Eisenträgern aneinandergereiht, vorn die C-Dur-Reihe, dahinter, wie die schwarzen Klaviertasten verteilt, die alterierten Zwischentöne. Die Grundtonfrequenz ist proportional zur Dicke und umgekehrt proportional zum Quadrat des Radius. (Die Frequenz nimmt also zu bei steigender Dicke und sinkt bei größer werdendem Durchmesser.) Schon bei der Grundfrequenz bilden sich 2 zueinander rechtwinklig verlaufende Knotendurchmesser.

Die Theorie der Schwingungen von Fellen (Pauke, Trommeln) und von rundum eingespannten Platten (Gong) führt zu höherer Mathematik (Bessel-Funktionen) und wurde deswegen nicht erwähnt. Bei frei schwingenden Scheiben ist sie nicht viel einfacher, ergibt aber eine leicht verständliche Formel für die Frequenzen der Partialschwingungen:

$$f = \frac{(k+2\sigma)^2 \pi d}{16 R^2} \sqrt{\frac{E}{3s(1-\mu^2)}}.$$

d = Scheibendicke (cm).
k = Anzahl der Knotendurchmesser = ganze Zahlen größer als 2.
s = Materialdichte (g/cm^3).
E = Elastizitätsmodul, aus der Festigkeitslehre bekannt (dyn/cm^2).
R = Scheibenradius (cm).
μ = Poissonsche Zahl (eine Materialkonstante, die in Zusammenhang mit den elastischen Eigenschaften steht.)
σ = Anzahl der Knotenkreise = ganze Zahlen von 0 an.

Die Grundschwingung erfolgt mit $k = 2$ und $\sigma = 0$. Sie berechnet sich für Bronze mit $E = 0{,}92 \cdot 10^{12}$, $s = 8{,}7$ und $\mu = 0{,}3$ bei $R = 7{,}5$ cm und $d = 0{,}5$ cm wie folgt:

$$f = \frac{4\pi \cdot 0{,}5}{16 \cdot (7{,}5)^2} \sqrt{\frac{0{,}92 \cdot 10^{12}}{3 \cdot 8{,}7 \cdot (1-0{,}3^2)}} = 1374\,\text{Hz (etwa } f^3).$$

Diese Rechnung gilt lediglich zur Orientierung; sie ist nur bedingt richtig, da E sehr stark vom Bronzetyp abhängt und das Rezept der Legierung von den Herstellern streng geheimgehalten wird. Aus der Formel ist ersichtlich, daß sich die Obertonfrequenzen durch Multiplikation mit dem Faktor $(k+2\sigma)^2$ ergeben und daher nicht harmonisch liegen können (denn dazu müßten sie aus der Multiplikation mit der ganzen Zahl k allein hervorgehen).

Die nichtharmonischen Partialfrequenzen, bezogen auf die gleich 1 gesetzte Grundfrequenz (mit 2 sich rechtwinklig kreuzenden Knotendurchmessern) sind:

		Anzahl der Knotendurchmesser					
		0	1	2	3	4	5
Anzahl der	0	–	–	1	2,31	4,05	6,20
Knotenkreise	1	1,61	3,70	6,40	9,64	13,39	17,63
	2	6,96	10,84	15,30	20,32		
	3	15,90					

Also der Reihe nach: 1 – 1,61 (kleine Sexte) – 2,31 (verminderte Terz + Oktave) – 3,70 (Septime + Oktave) – 4,05 (ziemlich genau die Doppeloktave) – 6,20 (übermäßige Quinte + 2 Oktaven) – 6,40 – 6,96 – 9,64 – 10,84 usw. Es scheint unmöglich, aus diesen engen Überlagerungen einen periodischen, also stimmbaren Ton herauszulesen (obwohl die Doppeloktave vorkommt). Wegen der großen Scheibendicke entstehen aber die Obertöne nur mit derart geringen Amplituden, daß sie höchstens dazu beitragen, den Grundton in eine Vielzahl von Schwebungen einzukleiden. Die Scheibe klingt ihrer großen Masse wegen lange nach und erzeugt einen belebten, warmen, brillanten Klang.

3.213 **Cymbales antiques und Crotales**

Älter als die flachen Scheiben sind handtellergroße Bronze-Gongs, mit verhältnismäßig großem Buckel und erheblicher Dicke, wodurch ein fast obertonfreier, sehr heller Klang entsteht: die **Cymbales antiques**. Wie der Name andeutet, waren sie schon im Altertum – speziell in Ägypten (Tempeltänzerinnen), Assyrien, Griechenland und Rom – bekannt, ehe sie um 400 n. Chr. bei den Kopten heimisch wurden. Dazumal befanden sich 2 solche in der Mitte auswärts gebuckelte Tellerchen in einer Metallklapper. Sie waren an den Enden einer federnden, an eine große Zuckerzange erinnernden Halterung befestigt und wurden durch Zusammendrücken der Zinken aufeinandergeschlagen. Heute sind die beiden zusammengehörenden, gleich gestimmten Minigongs mit je einer am Kuppelscheitel befestigten Halteschlaufe versehen und werden lose zusammengeschlagen, wobei ein kristallklarer, lieblicher, aber im Orchester gut hörbarer Ton entsteht. Wegen der hohen Kuppel ist, wie bei einem Glöckchen, auch die eingeschlossene Luft an der Bildung des Stimmtons beteiligt.

Die moderne Ausführung, ihre Benennung und die Verwendung sind Berlioz zu verdanken, denn er brauchte 2 Paar Cymbales antiques, mit Stimmung b^2 und f^3, in der

Dramatischen Sinfonie »Roméo et Juliette« mit Chören und Soli (1839). Der Gebrauch zweier Paare im Quintenintervall ist für die Cymbales antiques typisch. So fordert Debussy für den zarten, äußerst poetisch-impressionistischen Schluß

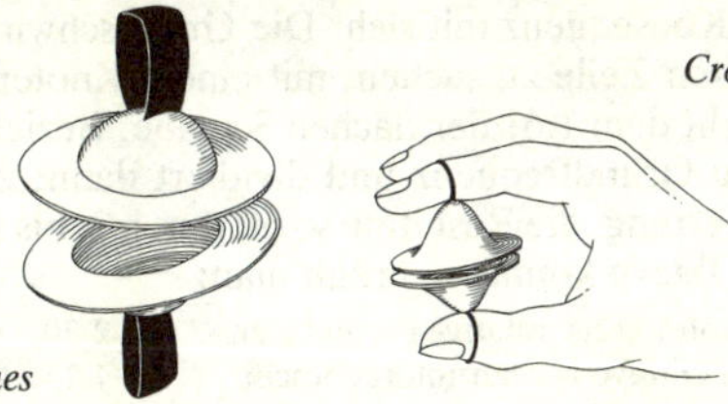

Crotales

Cymbales antiques

des »Prélude à l'après-midi d'un faune« (1894) die Töne e^2 und h^2.

Heute gibt es einzeln anzuschlagende Cymbales antiques, in gleicher Anordnung wie die Gestimmten Scheiben aneinandergereiht. Von diesen unterscheiden sie sich durch eine schmale, aber hohe zylindrische Kuppe in der Mitte. Der Umfang geht von c^4 nach c^5 oder über 2 Oktaven f^3–f^5.

Ebenso alt und noch ausgesprochener dem Tanz zugeordnet sind die ähnlichen, aber noch kleineren **Crotales**. Diese wenige Zentimeter weiten, aber dickwandigen Kuppelgongs werden mit kleinen Schlaufen an Daumen und Zeigefinger einer Hand festgehalten und mit den Fingern zusammengeschlagen. Sie sind gewissermaßen antike Vorbilder der spanischen (allerdings nicht gestimmten) Kastagnetten. Der Ton ist silbrig, hoch und hell. Crotales sind z. B. Bestandteil des reichhaltigen Schlagzeugs in Strawinskys »Les Noces« (1923) mit cis^3 und h^3.

Die halbkugeligen Kalotten bei den Cymbales-antiques- und den Crotales-Paaren sowie der zylindrische Aufsatz der einzeln anzuschlagenden Cymbales antiques erzeugen, im Querschnitt gesehen, eine scharfe Kante beim Übergang zum flachen Teil des Tellers, die sich als Knotenkreis auswirken muß. Die Partialtöne werden demzufolge anders verteilt und fallen, vor allem im unteren Frequenzbereich, in weniger dichter Folge aus (es fehlen diejenigen ohne Knotenkreise). Wenn wir uns auf die vorangehende Tabelle beziehen, fällt die erste, für Schwingungszustände ohne Knotenkreise geltende Zeile aus. Dies bringt eine wesentliche Konsequenz mit sich: Die Grundschwingung ist in der zweiten Zeile zu suchen, mit einem Knotenkreis. Sie entspricht dem 1,61 der flachen Scheibe. Bezieht man sich auf diese Grundfrequenz und dividiert dann, zur einfacheren Bewertung, die Resultate so oft durch 2, bis sie in die unterste Oktave kommen, erhält man:

1 Knotenkreis: relative Frequenzen	1	2,30	3,98	5,99	8,32
auf Oktave 1–2 heruntergebracht	1	1,15	1,99	1,50	1,04

Dazu eine Erläuterung:

1,15 = verminderte Terz. Da ein einziger Knotendurchmesser bei Ausbleiben von Kreisknotenlinien gar nicht auftritt, ist er auch hier sehr unwahrscheinlich, oder der betreffende Teilton muß eine sehr geringe Amplitude aufweisen. Dieses Intervall stört somit den Gesamtklang kaum.

1,99 = nahezu Oktave.

1,50 = genaue (diatonische) Quinte.

1,04 = nahezu Oktave (kleiner diatonischer Halbton).

Der Klang enthält weniger dissonante Intervalle und wird also, mit einigen Schwebungen, erheblich reiner als bei den flachen Platten.

3.214 **Die Glocke**

Die Glocke kann als rotationssymmetrisch gekrümmte Platte aufgefaßt und deswegen in diesen Zusammenhang gestellt werden.

Klöppelglocken entstanden fast überall, als man gelernt hatte, Metall zu gießen; sie verdrängten die Urformen aus Holz oder gebranntem Ton. Den Göttern geweiht, erfüllten sie die Aufgabe, böse Geister fernzuhalten oder heilige Orte zu beschützen. Mit dieser Bedeutung wurden sie den Tieren

um den Hals gehängt und dienten rituellen Handlungen, eine noch heute mit Viehschellen und christlichen Glocken geltende Überlieferung.
Aus China, wo der Erzguß sehr früh schon (1500 v. Chr.!) beheimatet war, kamen die Bronzeglocken nach Japan (um 250 v. Chr.) und über den Orient und Rußland nach Europa und eroberten auf verschiedenen Wegen die ganze Welt. Dabei handelte es sich immer noch um kleine Handgriff- oder Tierglocken, deren Gebrauch ununterbrochen seit dem Altertum fortdauert. In lateinischen Texten wird die Handglocke als **Cymbalum** oder onomatopoetisch als **Tintinnabulum** erwähnt.

Chromatisch abgestimmte Handglocken-Sätze sind im Varieté oder bei Musikclowns beliebt. – Die in Afrika vorkommenden Glockenpaare aus Elfenbein oder aus Blech sind, da die Tonhöhe unbestimmt ist, schon eher den Schellen zuzuordnen. Sie werden im Arm gehalten und von außen angeschlagen.

Im älteren Christentum rief man mit Trompeten zum Gebet auf. Erst in der 2. Hälfte des 6. Jh. trat die Glocke in den christlichen Gebrauch, wie aus Schriften des Bischofs Gregor von Tours (538/539–594) hervorgeht. Es handelte sich jedoch um kleine Glocken zum liturgischen Gebrauch, denn erst aus dem 8. Jh. ist die Weihung von (wohl größeren) Kirchturmglocken überliefert, die *Glockentaufe*.
Die Tradition des Glockengusses wurde vom Benediktinerorden aufgenommen, gepflegt und weitergeleitet. Bis ins 12. Jh. blieb die Herstellung der Glocken strengstes Privileg der Klöster und erhielt auch nach der Laisierung den Ruf eines angesehenen, zur Kunst erhobenen Handwerks.
Wenn auch Glocken bei zunehmender technologischer Sicherheit immer größer wurden, entstanden die neuzeitlichen Riesengrößen nicht vor dem 14. Jh. Zu den ältesten großen Glocken gehören diejenigen in Hersfeld (»Lullus«-Glocke) aus dem Jahr 1059, in Drohndorf in Anhalt (1098), in Iggensbach, Kr. Deggendorf (1144), Freiburg (»Hosanna«-Glocke, 1258), Regensburg (1325), Frankfurt (1371) und die »Maria Gloriosa« in Erfurt (1497). Zu den

größten zählt der schon vor dem Aufzug bei einem Brand gesprungene und daher nie zum Läuten gekommene, nun auf einem Sockel im Moskauer Kreml stehende »Zar-Kokol«, aus dem Jahre 1735, mit 200 Tonnen Gewicht und 6,6 m Durchmesser. Große Glocken sind oft mit Namen versehen und bekannt wie die »Pummerin« in Wien, die »Speciosa« in Köln oder die im Volksmund »Saufang« genannte Glocke im Kölner Stadtmuseum. Die »Savoyarde« in der Basilika auf dem Pariser Montmartre wiegt 19 t (1895).
In bezug auf die Form sind zwei Vorstufen zu erwähnen: Die Bienenkorbform mit halbkugeliger Kalotte (oberer Abschluß) hat eine annähernd zylindrische Flanke bis zum ausgebuchteten Rand, auf den der Klöppel trifft (*Schlagkranz*). Ihr folgte die Zuckerhutform, bei der die Kalotte durch einen schmaleren, flacheren Teller ersetzt wurde, der einen dem Zuckerhut ähnlichen, sich bis zu doppeltem Durchmesser ausweitenden Klangkörper trägt. Für den Klang ist aber nicht nur die äußere Form maßgebend, sondern vor allem die Dickenverteilung längs des Halbprofils (senkrechter Schnitt durch die Wand auf einer Seite), das man *Rippe* nennt. Die heutige Form mit »gotischer« Rippe stammt aus dem 13. Jh. Sie erzeugt nicht nur einen kräftigen Ton, sondern wurde durch schrittweise Verbesserungen vor allem mit dem Ziel weiterentwickelt, die sonst unbeherrschten Partialschwingungen möglichst gut in eine harmonische Folge zu bringen.
Grob betrachtet sieht die Glocke wie ein umgestülpter Becher aus, mit nach außen gewölbtem Rand, der im Scheitel an einer aus 6 zusammenlaufenden Henkeln gebildeten *Krone* aufgehängt wird. Gleich unter der Krone befindet sich die leicht gewölbte *Haube*, zusammengesetzt aus der dickeren *Oberplatte* und einem etwas dünneren Rand, der *Unterplatte*. Am Umfang der Platte, dem *oberen Glockenrand*, beginnt die fast rechtwinklig dazu nach unten verlaufende Flanke, gebildet aus dem ungeschweiften *Obersatz* oder *Glockenhals* von praktisch konstanter Dicke, gefolgt vom stark nach außen gewölbten *Untersatz*. Hier ist (im

Querschnitt) der äußere Krümmungsradius kleiner als der innere, wodurch die Wanddicke stetig bis zu seinem Maximum im *Schlagring*, auch *Schlagwulst* genannt, zunimmt. Der Mittelpunkt der äußeren Schweifung heißt *Wolm*.

Glocke (Querschnitt)

a Schärfe
b Schlagwulst
c Flanke
d Haube
e Platte
f Krone

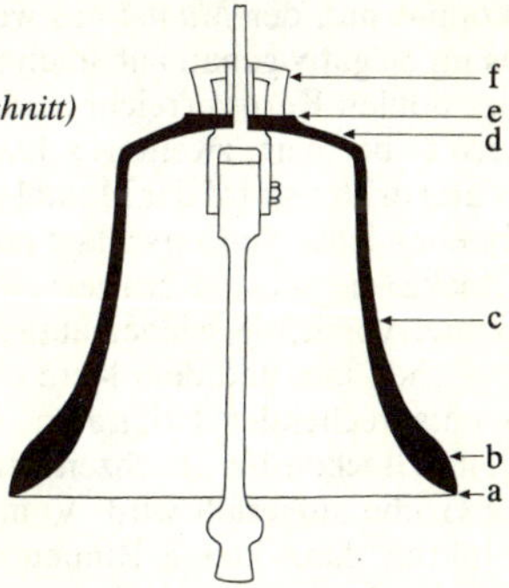

Unterhalb des Schlagrings geht die innere Wölbung weiter, während außen das Profil abgewinkelt gerade verläuft, wie der unterste Rand eines Kegels. So entsteht als Abschluß eine *Schärfe* genannte Kante, an welcher der Durchmesser der Glocke gemessen wird. Die Höhe der Glocke (ohne Krone) beträgt etwa $^4/_5$ dieses Durchmessers.

Sehen wir uns einmal die Herstellung der Glocken (Schiller hat sie – »Fest gemauert in der Erden steht die Form, aus Lehm gebrannt« – dichterisch umschrieben) näher an. Sie geschieht nach einem dem Prinzip der »verlorenen Form« ähnlichen Vorgang. Zuerst wird in einer Grube von der Tiefe der späteren Glockenhöhe der *Kern* mit Backsteinen so aufgemauert und mit Lehm geglättet, daß er genau den gewünschten Hohlraum der Glocke wiedergibt. Man bedient sich dabei einer um die ganze Form drehbar aufgehängten Schablone. Durch Papier oder Asche vom Kern getrennt, baut man dann die *falsche Glocke* (oder das *Hemd*) um den Kern auf, wobei man auch außen genau die

gewünschte Glockenform wiederum mit Hilfe einer Drehschablone modelliert. Nachdem das Ganze mit Talg abgedeckt worden ist, setzt man die Inschriften und die Ornamente aus Wachs auf (Namen der Glocke, des Herstellers, des Gönners, Datum, Wappen, Weihespruch usw.). Darüber kommt nun der *Mantel* aus weichem Lehm, der alle Details im Negativ genau aufzunehmen hat. Durch Erwärmen des hohlen Kerns erreicht man dreierlei: erstens wird der Kern selber hart, zweitens schmelzen Talg und Wachs heraus und drittens wird der Mantel so weit gehärtet, daß er sich abheben läßt. Nun zerschlägt und entfernt man die falsche Glocke (die ja vom Kern getrennt worden war), worauf der Mantel vorsichtig wieder aufgesetzt wird. Es besteht jetzt zwischen ihm und dem Kern ein dem Glockenkörper genau entsprechender Hohlraum. Meistens werden verschiedene Glocken für gleichzeitigen Guß vorbereitet, bevor die Grube aufgefüllt wird. Vom Ausfluß des Schmelzofens führen dann kleine Rinnen die flüssige Legierung zu den einzelnen Einlauföffnungen. (Zweckmäßig angebrachte Löcher lassen die Luft ausströmen.) Ist das Metall erstarrt, werden Mantel und Kern beseitigt: Die Glocke ist zum Schleifen und Polieren fertig.
Die Schmelze nennt man *Glockenspeise* oder *Glockengut*. Sie besteht aus einer Bronze mit 78 bis 80% Kupfer und 20 (mindestens) bis 22% Zinn; auch Zink und Blei können dazukommen. Je größer der Zinngehalt, um so höher und heller wird, bei sonst gleichen Bedingungen, der Klang. Zur Ersparnis wurde schon 1610 in Genf, nach 1800 auch in Wien und Berlin versucht, Gußeisenglocken herzustellen, allerdings mit unbefriedigendem Resultat. Viel besser bewähren sich die zuerst in Bochum (1852) hergestellten Glocken aus Gußstahl. In neuerer Zeit, etwa ab 1900, verwendet man auch Legierungen aus Aluminium, Kupfer und Nickel.
Solche Sparwünsche werden verständlich, wenn man an die benötigten Metallmengen denkt. Wiegt doch schon eine c^3-Glocke mit 11–40 cm Durchmesser ganze 23–59 kg. Eine c-

Glocke kann zwischen 271 und 330 cm weit sein und weist dann ein Gewicht von 8–25 Tonnen auf. Dabei ist zu beachten, daß der Durchmesser *D* umgekehrt proportional zur Frequenz zunimmt (Oktave tiefer bedeutet doppelten Durchmesser) und daß das Gewicht mit der 3. Potenz, mit D^3 steigt! Das Gewichtsverhältnis zweier Glocken im Oktavabstand ist demnach 1 : 8. Man kann allerdings an der nicht genau vorgeschriebenen Wandstärke sparen: Es gibt schwere, mittlere und leichte Ausführungen, aber die Klangqualität vermindert sich dabei. Wie bei den Platten wird bei dickerer Wandung der Ton höher, deswegen besteht keine eindeutige Zuordnung von Durchmesser zu Stimmton.

Der *Klöppel* erhält etwa $^1/_{40}$ des Glockengewichts. Er ist mit einem metallenen Drehbolzen befestigt oder (bei kleineren Glocken) durch Lederriemen aufgehängt. Den Schlagwulst trifft eine kugel- oder birnenförmige Verdickung, die »Schlagkugel«. Der darunter hinausragende Teil heißt »Klöppelschwanz« oder »Flucht«.

Im Gegensatz zu den ebenen Platten mit ihren rechnerisch leicht zu durchschauenden Bedingungen (die aber trotzdem zu höherer Mathematik führen) versagt die Theorie größtenteils gegenüber der recht komplizierten Glockenform. Hingegen kann man experimentell viele Eigenschaften ergründen und daraus Folgerungen für die günstigste Form der Rippe ableiten. Die bei der ebenen Kreisplatte erscheinenden Knotenlinien (dort Durchmesser und Kreise) sind auch bei der Glocke vorhanden. Die früheren Durchmesser werden jetzt Meridiane, und die Kreise gestalten sich als horizontale Parallelkreise. An der Krone festgehalten, weist die Glocke einen stummen Scheitel und einen klingenden Rand auf. Genau wie bei der Platte gehören zum Grundton 2 Knotenlinien, die den 2 zueinander senkrechten Durchmessern der runden Platte entsprechen: Es sind 2 sich im Scheitel rechtwinklig kreuzende Meridiane.

Eine die Glocke charakterisierende Eigenschaft ist das Auftreten eines lauten, kurzen, alle anderen Klangkomponenten übertönenden *Schlagtons*. (Beim Gong ist der Schlagton gegenüber den Partialtönen relativ schwach, bei der Glocke hingegen scharf und durchdringend. Während der Schlagton der Glocke rasch erlischt, haben die Partialtöne mindestens so lange nachzuklingen, bis der nächste Schlag erfolgt.) Er wird zum Hauptton und bestimmt die nach ihm benannte Tonhöhe der Glocke. Dieser Schlagton stellt eine ausgesprochene Merkwürdigkeit dar, denn er ist physikalisch überhaupt nicht nachweisbar.

Das bedeutet, daß der Schlagton, den wirklichen Teiltönen entgegen, nicht durch Resonanz angeregt werden kann. Ebensowenig sind mit ihm Schwebungserscheinungen mit anderen Tonquellen herstellbar.

Diese Eigenart wurde schon bei der Besprechung der Qualitätsmerkmale einer Violine beigezogen: Es handelt sich um das Auftreten des Residuums, d. h. der physiologisch als Grundton empfundenen Gruppierung aller höheren Partialtöne.

Die früheren Bienenkorb- und Zuckerhutglocken ergaben in sich stark dissonante Klänge, weil die Partialschwingungen nicht harmonisch lagen. Die kompliziert gestaltete Rippe der heutigen Glocke bezweckt, die Partialfrequenzen möglichst so festzulegen, daß sie sich so gut es geht wie die harmonische Partialtonreihe zueinander verhalten. Bei der Analyse der Teiltöne ist vom Schlagton abzusehen. Der eigentliche Grundton liegt ziemlich genau eine Oktave unter ihm, wird deswegen *Unterton* genannt und ist bei etwas Aufmerksamkeit gut zu hören. Er entspricht dem Durchmesser der »Schärfe«, also des untersten Glockenrandes. Von ihm aus bauen sich die Partialtöne auf, die sich in immer höher übereinander liegenden Parallelkreisen lokalisieren lassen. An diesen Kreisstellen hängt die Genauigkeit des Obertons von der Schalendicke ab (größere Dicke = höhere Frequenz): ein Hinweis auf die Bedeutung richtig verteilter Krümmung des Innen- und des Außenprofils.

Für einen ungestörten Klang sollten sich die Partialtöne nach der Reihe natürlicher Obertöne aufbauen. Über dem

Unterton (Partialton 1) wird die Folge erwartet: Oktave 2, Quinte 3, Doppeloktave 4, Dur-Terz darüber 5, Oberquinte 6, Septime 7, Dreifachoktave 8 usw. Die Wirklichkeit ist etwas komplizierter. Erstens bleibt zu bemerken, daß die Oktave 2 ziemlich genau dem Schlagton entspricht (aber nicht genau mit ihm übereinzustimmen braucht). Als wichtigste Besonderheit tritt dann zwischen den Tönen 2 und 3 (also in einem Intervall, das theoretisch leer sein sollte) eine kleine Terz auf, welche der Glocke einen ausgesprochenen Moll-Charakter verleiht. Sie ist aber nicht immer in gleicher Stärke vorhanden und kann sogar ganz fehlen. Dann überwiegt ein Dur-Eindruck. Die Klangmodalität hängt somit wesentlich von der Amplitude dieses Teiltons ab, der deswegen *charakteristischer Ton* genannt wird. Eine weitere Eigenart ist bei der Dezime des Schlagtons anzutreffen, bei der Terz 5. Sie ist oft dadurch getrübt, daß sie sich aufspaltet in Moll-Terz und Quarte. Die untersten Teiltöne beispielsweise einer h-Glocke sind: H–h–(d^1–)fis^1–h^1–(d^2/e^2–)fis^2. Sehr gut ausgebildet ist die nächste Quinte fis^3. Zu nahe liegende zusätzliche Partialschwingungen und die Unmöglichkeit, alle Teilfrequenzen konstruktiv genau zu treffen, erzeugen die charakteristischen, den Glockenklang belebenden Schwebungen. Allerdings lassen sich die Partialtöne ziemlich genau bestimmten, mit steigender Ordnungszahl höher gelegenen Meridiankreisen zuordnen, so daß sich ihre Tonhöhe durch Rundum-Ausfräsen auf der Innenseite einzeln korrigieren läßt.

Der Unterschied zwischen Dur- und Moll-Glocken wird oft vergessen. So müßten, strenggenommen, die beiden Glokken im »Te Deum« der »Tosca« von Puccini (1900) unterschiedlichen Klangcharakter aufweisen. Die auf F gestimmte Glocke fällt auf einen Moll-Akkord des Orchesters, während die andere, ein B, zu einem B-Dur-Akkord erklingen muß. Also sollte die erste eine Moll-, die zweite eine Dur-Glocke sein.

Außer der Schwebung ist noch der *Dopplereffekt* (Christian Doppler, 1842) zu hören. Dieser Effekt resultiert aus der (auch theoretisch leicht zu berechnenden) Beobachtung: Eine immer gleichfrequent bleibende Schallquelle scheint höher zu klingen, wenn sie sich gegen den Hörer bewegt, und tiefer, wenn sie sich vom Beobachter entfernt. Die Erscheinung ist immer wieder feststellbar; so springt z. B. bei einem hupenden Auto der Ton in dem Moment herunter, in dem das Fahrzeug am Beobachter vorbeifährt. Beim Durchschwingen klingt deswegen die Glocke etwas höher in der gegen den Beobachter gerichteten Bewegungsphase und wird etwas tiefer, wenn sie in die entgegengesetzte Richtung pendelt.

Um sie weit über Siedlungen und Landschaften klingen zu lassen, wurden die Kirchen(Signal)glocken schon früh in hohe Türme gehängt. Dazu dient in der seitlich offenen *Glockenstube* ein stabiles Gebälk, der *Glockenstuhl*. Jede Glocke wird mit Eisenspangen an einem *Joch* aus Holz befestigt, welches im Glockenstuhl so drehbar gelagert ist, daß die Drehachse sich etwas oberhalb der Glocke selbst befindet. Es ist in der Mitte höher als seitlich. Im einfachsten Fall steht vom Joch ein Hebel rechtwinklig (horizontal) ab, und von seinem Ende führt ein Seil durch ein Loch im Boden der Glockenstube durch den ganzen Kirchturm hinab. Mit ihm wird die Glocke in pendelnde Schwingung mit immer größer werdender Amplitude versetzt, bis der Klöppel bei jeder Halbschwingung den Schlagwulst trifft. Bei großen Glocken befindet sich oft anstelle des Hebels auf der Drehachse ein Rad zur Befestigung und perimetralen Führung des Seils, welches dann immer gerade, dem Rad tangential, nach unten läuft und größere Amplituden ermöglicht. In England ist die Unterseite des Jochs nicht gerade, sondern in der Mitte nach oben geschweift »gekröpft« oder »gestelzt«; die Drehachse kommt dann näher zum Schwerpunkt, wodurch Kraft gespart wird. Manchmal sind zusätzlich oberhalb von Joch und Krone Gegengewichte angebracht, so daß die Glocke nach dem Aufschaukeln bis in eine fast senkrecht nach oben weisende Stellung gebracht werden kann. Sie bleibt dann gerade so weit geneigt, daß sie beim Loslassen des Seils durchpendelt und bei der Rückkehr durch Nachziehen des Seils wieder in die nach oben weisende Ausgangslage zu stehen kommt.

Diese Beschreibung läßt schon durchblicken, daß prinzipiell zwei Arten der Glockendisposition bestehen:

a) harmonische Geläute, in welchen die Glocken nach den Intervallen eines Dur- oder eines Moll-Akkords zusammengestellt sind,

b) diatonische Geläute mit einer Tonleiter folgenden Glokkengrößen.

Auch gemischte Disposition als pentatonische Reihe ist möglich.

Im ersten Fall werden eine, mehrere oder alle Glocken, je nach Anlaß und Signalsprache, beim *Geläute* dauernd in Bewegung gehalten (in England mit fast einen Vollkreis beschreibender Rotation). Im zweiten Fall, der z. B. in der Lombardei gilt (wo übrigens die Räder gut sichtbar sind, weil sie aus den Fenstern der Glockenstube herausragen), hält man die nach oben gebrachten Glocken fest und läßt sie in einer derartigen Reihenfolge, jeweils nur für eine Doppelschwingung, so los, daß eine Melodie entsteht. Welcher Tessin-Tourist kennt nicht die dort heimische Tonfolge (bei etwas dem Zufall überlassenem Rhythmus):

Die Kirchenglocken können aber nicht nur geläutet, sondern auch, ohne zu schwingen, geschlagen werden. Das macht in Italien der Mesner oder ein Gehilfe, der sich zwischen die Glocken setzt und mit 2 Hämmern auf den Melodieglocken verschiedenen Bedeutungen zugeordnete Weisen, aber auch Volkslieder und beliebte Opernarien spielt. Raffinierter ist die aus Holland kommende Einrichtung zum Schlagen unbewegter Glocken. Dort gehört zu jeder Glocke ein außerhalb gelagerter und durch eine Feder etwas abgehobener Hammer, ähnlich der üblichen Anordnung für den Stundenschlag. Die Hämmer werden durch Manual- und Pedaltasten, an denen die verbindenden Züge enden, betätigt. Die Funktion der Feder besteht darin, nach dem Anschlag den Hammer wieder leicht anzuheben, damit die Glocke ungehindert schwingen kann.

Schon im 9. Jh. waren **Glockenspiele** bekannt, d. h. Sätze von in Stufen abgestimmten Glocken, die man mit 2 Hämmern anschlug. Daraus entwickelten sich im 14. Jh. die umfangreichen Turmglockenspiele in Flandern, der europäischen Heimat des Bronzegusses, und die Klaviaturglokkenspiele (Glockenklaviere), mit kleinen Glocken und Manual, wie sie im 17. Jh. an deutschen Höfen (Berlin, Dresden usw.) für das Spielen geistlicher Weisen beliebt wurden und sogar als Register in Orgeln Aufnahme fanden.

Um Platz zu sparen, waren die Glocken nicht immer nebeneinander aufgehängt, sondern oft im Scheitel durchbohrt und auf einer horizontalen Stange »ineinandergestülpt«; die durch Tasten betätigten Hämmerchen schlugen dann auf die freien Ränder.

Die **Glasharmonika** war ähnlich gebaut. Sie beruhte auf dem allgemein bekannten Prinzip, nach welchem ein Weinglas durch Reiben mit dem befeuchteten Finger längs des Randes zum Tönen gebracht wird. Noch heute erscheinen ab und zu Serien gestimmter Gläser. Verbessert wurde das Prinzip durch Benjamin Franklin, der 1762 halbkugelige Glassschalen auf einer durch Fußantrieb in Drehung gehaltenen Stange aneinanderreihte. Der Spieler setzte die befeuchteten Finger auf die Schalenränder. Sogar Mozart interessierte sich für dieses Instrument und komponierte dafür.

Die großen Glockenspiele waren schon im 15. Jh. durch eine Stiftwalze im Melodieablauf automatisiert und erhielten durch die Glockengießer-Brüder Franz und Peter Hemony um 1640–1680 besonderen Auftrieb. Von ihnen sind noch wertvolle Werke in Amersfoort, Groningen und Utrecht vorhanden. Erst im 16. Jh. führte man zum kunstvoller variierten Spiel Manual- und Pedalzüge ein. Bald besaß fast jede holländische Stadt ihr großes, bis zu 50 Glocken umfassendes Glockenspiel im Kirchturm oder/und im Turm des Rathauses. Von Holland kam das Glockenspiel nach England, wo es mit größter Begeisterung adaptiert wurde. Auch Belgien besitzt berühmte Glockenspiele (Brügge, Mecheln, Löwen, Gent u. a.). Deutschlands größtes, in Spitzenqualität mit 68 Glocken bestücktes Spiel befindet sich seit 1987 in Berlin. Sehr bekannt ist auch dasjenige im Rathaus zu München mit 43 Glocken. Die Bezeichnung **Carillon** stammt vom lateinischen »quadrilio« ab (Glockenspiel mit 4 Glocken; lat. quattuor = 4).

Im 19. Jh. wurden pneumatische Bälge zur Kraftentfaltung auf die Züge eingebaut, und seit 1941 gibt es auch elektromagnetische Spielhilfen. Die holländische Tradition wird speziell in einer seit 1953 in Amersfoort bei Utrecht bestehenden Schule gepflegt.

Nichtschwingendes Spiel mit zum Läuten eingerichteten Glocken kann ebenfalls über die Klöppel erfolgen. Dazu wird jeder Klöppel in Glockenrandnähe gebracht und an eine Zugmechanik angehängt.

Anschlagglocken sind in China schon seit 4000 Jahren bekannt. Trotz ihrer Aufhängung im Scheitel sollte man sie **Gefäßgongs** nennen. Bei ihnen entstehen keine Knotenkreise, sondern nur Knotenmeridiane. Dadurch wird das Teiltonspektrum weniger dicht als bei der europäischen Glocke. Besonders eindrucksvoll sind große japanische Tempelglocken aus Bronze, die nicht in Gruppen, sondern einzeln vorkommen. Zum Anschlagen dient ein horizontal an 2 Seilen daneben aufgehängter, schwerer Holzbalken. Er wird mit einem weiteren, herabhängenden Seil in immer ausladendere wiegende Horizontalbewegung versetzt, bis seine Amplitude so groß ist, daß er mit kräftigem Zug auf die Glocke gerammt werden kann. Der Ton ist überwältigend an Tiefe, markdurchdringender Lautstärke, Schwingungsdauer und Tragweite. – Im Osten sind auch kleine, in einem Rahmen hängende Glockenspiele bekannt.

Orchesterglocken treten in »Camille« (1791) des Singspielkomponisten Nicolas Dalayrac auf. Auch Cherubini brauchte sie im »Elias« (1794). Berlioz setzte in der »Symphonie fantastique« 2 Glocken mit den Schlagtönen c und G ein. Da er aber kaum mit der Erfüllung seines Wunsches im Konzertsaal rechnen konnte, sah er den Ersatz durch Klavier vor, indem er die gewünschten Töne zusammen mit C bzw. $_{1}$G, den beiden Untertönen der Glocke, und mit den Oktaven c^1 und g anzuschlagen anweist.

Im neueren Opernorchester erscheinen die Glocken mit

dem »Freischütz« von Weber (1821) und im »Wilhelm Tell« von Rossini (1829) mit g^1. Das »kleine« f kommt in Meyerbeers »Hugenotten« (1836) vor. Auch Verdi setzte Glocken ein (»Rigoletto«, 1851). Berühmt ist das Glocken-Ostinato in Wagners »Parsifal« (1882) mit so tiefen Tönen, daß sie praktisch selbst in den früher mit wirklichen Glocken ausgestatteten Theatern nicht erreichbar gewesen wären: c G A E, also so tief wie bei Berlioz. Das Problem der Orchesterglocken ist bei Aufführungen mit verschiedenen Ersatzmitteln zu lösen. (Vgl. z. B. 4.32, Mixturtrautonium.)

3.215 **Klangplatten (Plattenglocken)**

Wirkliche Glocken sind im Orchester nicht nur wegen der durch Größe und Gewicht gegebenen Umständlichkeit kaum denkbar, sondern auch, weil sie die anderen Instrumente weitgehend übertönen würden. Als Ersatz werden meistens Röhrenglocken (s. 3.315) gebraucht. Sollen die Glocken aber nicht Jubel ausdrücken, sondern Tod und Schrecken verkünden, erzeugt dieser übliche Ausweg ein viel zu liebliches Resultat. Dieser Mangel und die zu geringe Tiefe werden z. B. bei der »Symphonie fantastique« von Berlioz deutlich empfunden. Dort und in vielen ähnlichen Fällen (Oper!) eignen sich, wie auf einigen wenigen Schallplattenaufnahmen (z. B. von Charles Munch oder André Cluytens) festzustellen ist, die außerhalb Frankreichs viel zu wenig bekannten Plattenglocken fraglos besser.

Es geht dabei um rechteckige, etwa 1 cm dicke Bronze- oder Stahlplatten in der Größe von etwa 25×20 bis 45×30 cm (Gewicht zwischen 3 und 8 kg), die an 2 Ecken einer Schmalseite durchbohrt sind, um an einer Schnur aufgehängt zu werden. Man schlägt mit einem lederüberzogenen Holzhammer auf einen genau auszuprobierenden Schlagfleck.

Die Theorie der Schwingungen von Rechteckplatten und ihrer Knotenlinien ist viel zu kompliziert, um davon an dieser Stelle mehr als nur ein Resultat wiederzugeben. Es wurde z. B. bei Entstehen des Schlagtons g folgende Partial-

tonfolge berechnet: G–d–e–h, dann eine Vielzahl unharmonischer, höherer Komponenten.
Wesentlich bei der Plattenglocke ist der gegenüber Röhren tiefere Ton, welcher durch das Erscheinen der Unteroktave des Schlagtons, wie bei der wirklichen Glocke, zu erklären ist. Außerdem erzeugt hier die Reibung Quinte/Sexte (d/e) einen sehr ähnlichen Effekt wie die Reibung von Kleinterz und Quarte bei der normalen Glocke. Durch sie und durch die anderen unharmonischen, höheren, aber relativ leiseren Partialtöne erhält die abgestimmte Klangplatte einen tragischen, düsteren Ton.
Der Schlagton liegt im Bereich der kleinen Oktave, der Unterton (Grundton) in der großen Oktave.

3.216 **Kuhglocken**

Die Kuhglocken (oder **Swiss bells**) sind nicht zu verwechseln mit den leider Cowbells genannten Herdenglocken unbestimmter Tonhöhe (s. 3.223). In der Schweiz und anderen Alpenländern tragen die Leitkühe besonders wertvolle Glocken, oft in Bronzeguß mit klassisch gestalteter Rippe. Für tiefe Töne würden solche Glocken aber zu schwer; deshalb ersetzt man sie durch reich verzierte Blechglocken, die durch Biegen, Schmieden und Nieten geformt werden. Sie weisen einen elliptischen (ovalen) Querschnitt auf, sind oben sehr breit und verjüngen sich stark nach unten, bis zur relativ kleinen (ebenfalls elliptischen) Öffnung. Der eingeschlossene Luftraum wird somit zum Resonator, der bei sorgfältiger Herstellung so abzustimmen ist, daß er den durch den Klöppel hervorgebrachten Schlagton verstärkt.
Solche auch **Cencerros** genannten Glocken sind stimmbar und für den (seltenen) Orchestergebrauch in den 4 Oktaven f–f^4 erhältlich, dann aber ohne Klöppel, durch Schlagen spielbar. Sie werden dem Bedarf entsprechend ausgewählt oder in vollständiger chromatischer Doppelreihe aufgestellt.

3.217 **Stahltrommeln**

In den Armutsvierteln Trinidads entstand in den 1940er Jahren eine ursprünglich als Verlegenheitslösung gedachte Instrumentenfamilie, die sich bald zum Nationalinstrument der ganzen karibischen Inselgruppe emporentwickelte: die Stahltrommel. Sie entsprang der systematischen und intelligenten Auswertung einer Spielerei mit ausrangierten Öltonnen. Aus diesen zylindrischen, senkrecht gestellten Stahlfässern werden verschieden gestimmte Instrumente gebildet, indem man in unterschiedlicher Höhe den Oberteil der Tonne abtrennt. Die höchste Lage, das »*Ping-pong*«, weist eine Zargenhöhe von etwa 13 cm auf, dann folgen Zwischengrößen wie die »*Guitar*«-Trommel mit 33 cm, das »*Cello*«, welches $^2/_3$ der ursprünglichen Tonnenhöhe beibehält, bis zum »*Bass*«, für den nur der Boden entfernt wird.

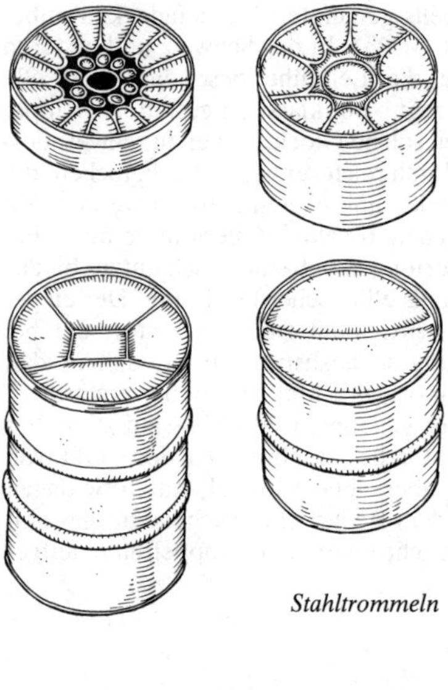

Stahltrommeln

Das ursprünglich ebene Deckelblech wird in der ersten Bearbeitungsphase zu einem gleichmäßig konkav eingewölbten Becken gehämmert. Dann zeichnet man darauf die Zonen ein, die später einzeln zu schwingen haben. Diesen Strichen entlang werden viele kleine, dicht aneinandergereihte Dellen eingeschlagen, so daß die entstandenen Rillen die schwingungsfähigen Bereiche voneinander abgrenzen und trennen. Das Ganze wird dann zur Härtung erwärmt und abgeschreckt. Durch Hämmern der einzelnen Klangflächen werden diese genauer abgestimmt. Weil die Gesamtfläche jedes Instruments gleich groß ist, die Einzelzonen aber mit zunehmender Tontiefe größer werden müssen, unterscheiden sich die Stimmlagen auch durch die Anzahl der enthaltenen Töne. Dieser Vorrat nimmt mit sinkender Tonlage ab. Das »Ping-pong« umfaßt 25 Töne (2 Oktaven), beim »Second pan« sind es 14, bei der »Guitar« 9–10, beim »Cello« 7–8 und beim »Bass« noch 4–5. Zum Ganzen kommen noch gleich gestaltete Rhythmustrommeln mit nur einem oder mit 2 Tönen. Die kleinen Instrumente können umgehängt werden, die größeren stellt man auf Ständer, die größten mit unterlegten Schaumgummikissen direkt auf den Boden. Gespielt wird mit einem Holzschlegel, dessen Ende mit Gummibändern umwickelt ist, in jeder Hand.

Die tieferen Trommeln treten in sich ergänzenden Varianten auf. Ein Spieler kann z. B. mit 3 nebeneinandergestellten »Cello«-Trommeln über 2 vollständige chromatische Oktaven verfügen ($3 \cdot 8 = 24$). Oder es wird eine Gruppe von 4 »Bass«-Trommeln zusammengestellt, was auch in der tiefsten Lage $4 \cdot 5 = 20$ Töne ergibt. So werden die »Ping-pong«-Melodien mit Kontrapunkten und akkordischen Begleitungen bei erstaunlicher Musikalität und Virtuosität in harmonischer Führung und rhythmischer Vielseitigkeit vervollständigt.

Der Klang erinnert an den des Pianola, das der Elektroakustik zum Opfer fiel. (Das Pianola war ein Stiftwalzenklavier ohne Dämpfer, mit so kurzem Nachklingen der Saiten, daß längere Notenwerte durch rasch wiederholtes Anschlagen

oder durch Triller zu ersetzen waren.) Unter den zahlreichen Ensembles ist die »National Steel Band of Trinidad« am bekanntesten.
Die Stahltrommeln sind auch bei uns über den normalen Instrumentenmarkt zu beziehen, der auch ein dazu passendes **Surdo** (in 3.123 schon erwähnt) anbietet. Auch Congas werden oft zur Hervorhebung der Rhythmen hinzugenommen.

3.218 Das Flexaton

Die nur noch geringe Begeisterung erntende **Singende Säge** der Varietébühne gehört nicht zu den Schlag-, sondern zu den Friktionsinstrumenten. Es ist aber nützlich, sich ihrer hier zu erinnern, weil sie zur Erklärung des Flexatons dienen kann. Sie besteht aus einem trapezförmigen Stahlblatt in Form einer großen »Fuchsschwanz«-Säge mit Holzgriff, der zwischen die Oberschenkel geklemmt wird, mit dem Blatt nach oben. Während mit einem rechts gehaltenen Streicherbogen die äußere Kante gestrichen wird, verändert die linke Hand die Biegung des Blattes. Je mehr es gekrümmt wird, um so höher wird (wegen zunehmender Versteifung) der Ton. Das »Portamento« von einem Ton zum nächsten ist unvermeidlich und auf die Dauer störend, erleichtert aber das Spiel, weil es das »Anpeilen« jeden Tons ermöglicht. Der Umfang erstreckt sich etwa auf die beiden Oktaven c^1–c^3.
Ein viel kleineres, ebenfalls trapezförmiges Stahlblatt bildet

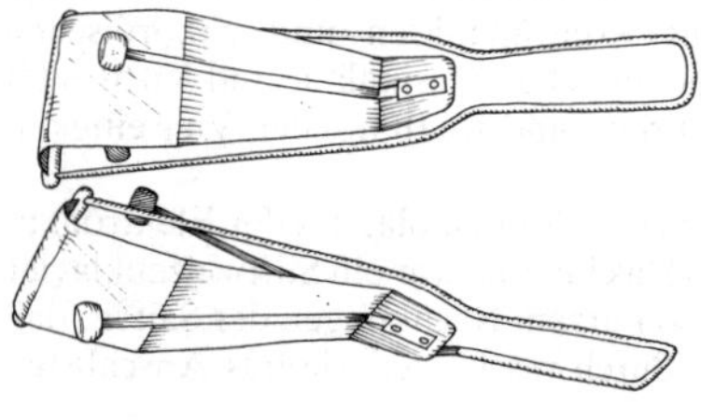

Flexaton

den Klangkörper des **Flexatons**. Es ist in einen kleinen, in der Hand zu haltenden Rahmen an der oberen, breiten Seite so eingespannt, daß das schmalere Ende absteht. Dieses wird durch den Daumen der gewünschten Tonhöhe entsprechend mehr oder weniger heruntergebogen. Der Klang entsteht durch 2 an den beiden Blattseiten befestigte, federnde Hämmerchen mit kugeligem Holzkopf, die man durch Schütteln aufschlagen läßt.
Das Vibrato und Glissando ermöglichende, mit dem Jazz aufgekommene Flexaton wird nur noch selten gebraucht. Schönberg, Berg und Chatschaturjan haben es verwendet (Schönberg: Variationen für Orchester op. 31, Takte 115 bis 122, im Bereich fis^2–b^3).

3.22 *Mit unbestimmter Tonhöhe*

3.221 **Becken**

Die **Becken** oder **Tschinellen** (von it. **Cinelli**; engl. **Cymbals**, frz. **Cymbales**) sind uralten asiatischen Ursprungs. Schon 2000 Jahre v. Chr. dienten sie rituellen Handlungen. Sie erschienen dann in Assyrien, in Ägypten und im klassischen Griechenland, wo sie bei Trauerfeiern die Aufgabe erfüllten, die Seele des Verstorbenen dem Einfluß finsterer Dämonen zu entziehen. In kleiner Form, als Fingerbecken oder als Gabelbecken (an den Enden einer elastischen U-förmigen Halterung) wurden sie zur Begleitung des rituellen und weltlichen Tanzes eingesetzt. Besonders feierlich waren im Orient auch vertikal aufgehängte Einzelbecken in Riesengrößen, die allerdings eher als Tamtam zu deuten sind.
Im weiteren Europa traten die Becken mit der römischen Zivilisation auf und wurden durch das römische Kaiserreich, in Verbindung mit dem Bacchus-Kult, auf dem ganzen Kontinent verbreitet. Spuren davon lassen sich auf abendländi-

schen Miniaturen nachweisen und bis ins 15. Jh. verfolgen, wobei seit dem 14. Jh. die zentrale Kuppe belegbar wird. So spät waren es aber nur noch seltene, aus dem Orient kommende Exemplare – wie auch heute noch gute Becken aus Asien, China und der Türkei oder von auf dortige Traditionen zurückgreifenden Herstellern stammen –, denn nach dem 1. Jahrtausend ist in Europa die Kunst in Vergessenheit geraten, die geeigneten Legierungen herzustellen und die Platten durch Schaben und Hämmern in die nötige Form zu bringen. (Auch die Fertigung metallener Blasinstrumente war ja verlernt worden.)

Die das Abendland überschwemmenden asiatischen Reitervölker, die Kreuzzüge und die Türkenkriege des 17. Jh. machten die nun von kultischer Bedeutung gelösten, zum Militärinstrument gewordenen Becken wieder bekannt, wobei aber die handwerklichen Bedingungen für eigene Herstellung weiterhin fehlten. Die Schwierigkeit, gute Becken zu besorgen, verzögerte ihre Assimilation, so daß sie erst durch die im 18. Jh. übernommene »Janitscharenmusik« bei uns seßhaft wurden.

In diesem instrumentellen Zusammenhang eroberten sich die Becken schon recht früh die Oper, über Nicolaus Adam Strungks »Esther« (1680), Reinhard Keisers »Claudius« (1703) und »Almira« (1705) sowie André-Ernest-Modeste Grétrys »La fausse magie« (1775) bis zu der in dieser Beziehung immer genannten »Iphigenie auf Tauris« (1779) von Gluck, wo die Becken im Skythenchor erklingen, wie sie überhaupt in der Frühzeit zusammen mit der Janitscharenmusik ethnologisches Kennzeichen blieben für Opern, die im Orient spielten; so auch in Mozarts »Entführung« (1782). Die Becken nahmen dann einen Ehrenplatz in der großen französischen Ausstattungsoper ein, bei Spontini und Meyerbeer.

Der Übergang ins Sinfonieorchester vollzog sich (abgesehen von der in diesem Sinne nicht als bezeichnend geltenden »Militär-Sinfonie« Haydns) mit großem Feingefühl durch Beethoven in der 9. Sinfonie, allerdings immer noch in Ver-

bindung mit dem Marsch. Von dieser Bindung löste erst Berlioz die Becken; so wurden sie für ihn und viele nachfolgende Komponisten (Liszt, Wagner usw.) zum eigenständigen Effektinstrument. Im 19. Jh. eroberten sie die europäischen Militärorchester, allen voran diejenigen Polens und Österreichs.
Der Durchmesser reicht von den 5 cm weiten, an Daumen und Zeigefinger befestigten, hell und durchdringend tönenden **Fingerzimbeln** bis zur Größenordnung von 60 cm. Dabei sind 40–50 cm als normaler Mittelwert zu betrachten. Die Dicke ist sehr gering, sie beträgt, je nach Schwere, 1–2 mm. Beim normalen **Türkischen Becken** ist der Querschnitt nur leicht gewölbt und weist in der Mitte eine weite, aber relativ schwach herausgebogene Kuppe auf, die nicht scharf abgesetzt ist, sondern sich mit sanftem, die Schwingungen kaum beeinflussendem Übergang abhebt. Weil die Schwingungen am Rand am stärksten sind und gegen die Mitte abnehmen, wird das Zentrum praktisch zum toten Punkt

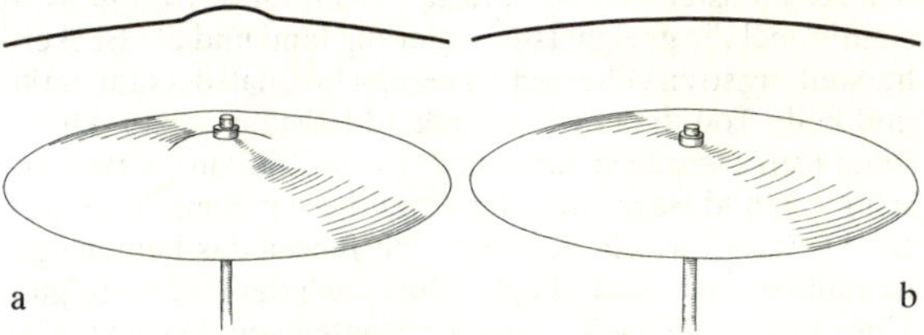

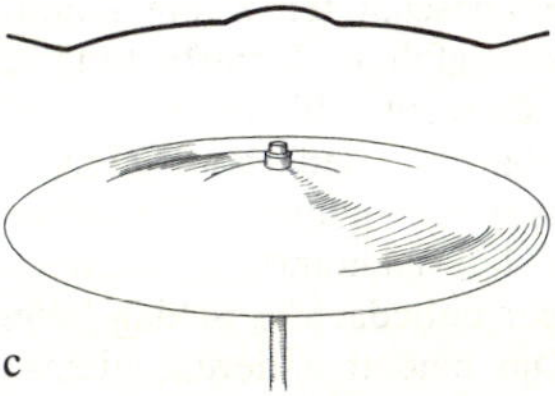

Becken:
Türkisches Becken (a)
Flaches Becken (b)
Chinesisches Becken (c)
Darüber die Querschnitte

und kann dort, ohne Schaden für den Klang, zur Aufnahme einer Lederschlaufe oder zum Aufstecken auf einen Ständer durchbohrt werden. (Die Kuppe dient ja gerade dazu, den zur Verknotung der Schlaufe erforderlichen Platz einzuräumen.) Der flachen Gesamtform wegen heißt das Becken in italienischer Sprache **Piatto** (= Teller, flach).
Weniger metallisch rauschend und voll klingen die billigeren, eher »zischenden« **Chinesischen Becken**. Sie sind mehr gewölbt, am Rande etwas nach oben gebogen und werden für »fernöstliche« Effekte gebraucht, in Erinnerung an ihren Einsatz in Chinas und Japans Theatern und an ihre Rolle als wichtiger Bestandteil indonesischer Gamelan-Orchester.
Die Chinesischen Becken bestehen aus 81% Kupfer und 19% Zinn. Entsprechende Angaben für die Türkischen Becken mit 78,55% Kupfer, 20,28% Zinn, 0,54% Blei und 0,18% Eisen sind mit Vorsicht zur Kenntnis zu nehmen, denn die Beckenherstellung bleibt an streng gehütete Geheimnisse gebunden. Es ist kein Zufall, daß weltweit nur 3 Hersteller den Markt beherrschen. Einer davon geht auf den Alchimisten Avedis zurück, der im Jahre 1623 in Konstantinopel die geeignetste Legierung fand und die Beckenherstellung so zu beherrschen vermochte, daß der lautstarke und helle Ton die noch geltenden Maßstäbe setzte. Durch seine Kunst wurde er schlechtweg zum Zildjian (= Beckenschmied) und Begründer der unter diesem Namen bekannten Dynastie, welche seit über 350 Jahren das Familiengeheimnis tradiert und pflegt, selbst nach der 1929 erfolgten Übersiedlung in die Vereinigten Staaten von Amerika. Der besonders hohe (teure) Zinngehalt verleiht den Zildjian-Becken die an ihnen besonders geschätzten Klangqualitäten. Aber auch die Art und die Sorgfalt der Verarbeitung ist wesentlich. Sie besteht aus vielen recht delikaten Schritten, vom Gießen der Grundform über das wiederholte Ziehen, bei mehrmaliger Erhitzung, bis zum endgültigen Formieren an der Drehbank und dem das Material homogenisierenden exakten Hämmern (ein einziger unbedachter Schlag kann das Werkstück zerstören). Die beiden anderen, ebenso

zuverlässigen Marken sind Paiste in der Schweiz und Zanki im toskanischen Pistoia (eine Firma, die ihre Produkte vor dem Verkauf nach Smyrna/Izmir schicken soll, um dort die türkische Aufschrift anbringen zu lassen).
Im Gegensatz zu den Cymbales antiques (s. 3.213) ist die Plattendicke so gering, daß die innere Dämpfung gegenüber der hohen Elastizität fast verschwindet und sich mühelos alle Knotenkreise und -durchmesser bilden können. Es erübrigt sich, hier nochmals die Tabelle der niedrigeren Teilfrequenzen einer frei schwingenden Platte anzuführen; es genügt, auf die Angaben in Abschnitt 3.212 zurückzugreifen. Die fast ausnahmslos vorhandenen, über den ganzen Hörbereich dicht verteilten Teilfrequenzen lassen einen so metallisch rauschenden Klang entstehen, daß man kaum merkt, wie tief die Grundschwingung liegen kann.

Der Vergleich mit den Cymbales antiques mittels der Grundtonformel für kreisrunde, freie Scheiben ist interessant. Dort war im Zahlenbeispiel die Dicke d mit 0,5 cm eingesetzt worden, und der Radius betrug 7,5 cm. Der dabei maßgebende Faktor d/R^2 nahm den Wert an: $0{,}5/7{,}5^2 = 8{,}89 \cdot 10^{-3}$. Er wird jetzt für ein 50-cm-Becken mit 1 mm Wandstärke zu $0{,}1/25^2 = 1{,}6 \cdot 10^{-4}$. Der Quotient dieser beiden Ergebnisse beträgt 55,56. Die dort berechnete Grundtonfrequenz von 1374 Hz wird jetzt $1374 : 55{,}56 = 24{,}73$ Hz, was etwa dem $_2$G entspricht, also unter dem tiefsten Klavierton liegt!

Von ihrem frühesten Auftreten an bis in die Neuzeit bilden die Becken ein Paar zum Gegeneinanderschlagen. Jedes der beiden Becken wird dazu mit einer Lederschlinge gehalten. Vier Finger steckt man durch sie hindurch, der Daumen bleibt außen und hält die Schlaufe gegen den Zeigefinger fest, wobei das Metall nicht berührt werden darf, damit es frei schwingen kann. Die beiden Becken dürfen indessen nicht senkrecht aufeinandergeschlagen werden; das würde nach Pfannendeckel klingen und könnte an den Rändern Risse erzeugen; außerdem entstünde durch das Herauspressen der Luft bei genau gearbeiteten Becken mit wirklich planem Rand ein Unterdruck, der sie zusammenhaften ließe. Das Schlagen geschieht also streifend, so daß nur kurz, aber genau, die Ränder aufeinanderkommen. Danach müssen die Becken frei ausschwingen können, wozu sie dem Publikum hoch entgegengehalten werden, frei über die Köpfe der Orchesterkollegen ausstrahlend. Gedämpft wird, wenn erforderlich, durch Andrücken an die Körperseiten. Bei sehr schnellem Abdämpfen wird der Klang zum kurzzeitigen »secco« (Dukas: »Der Zauberlehrling«, 1897).

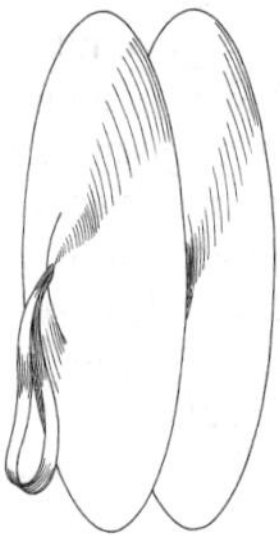

Beckenpaar

Werden nicht ausdrücklich Chinesische Becken vorgeschrieben, sind die Türkischen vorausgesetzt. Wenn man es genau nimmt, was leider selten geschieht, muß man außerdem unter mindestens 3 Ausführungen unterscheiden, die unabhängig von dem zwischen 40 und 50 cm variierenden Durchmesser verschiedene Dicken aufweisen:

• *Französische Becken.* Sie sind besonders dünn (*»Thin«* in den Instrumentenkatalogen). Wie man aus der Grundtonformel der freien Platten abliest, baut sich der Klang über einer um so tieferen Grundfrequenz auf, je dünner das Becken ist. Der Gesamtklang bedeckt dann den ganzen Umfang des Hörspektrums und wirkt deswegen voll, rund, relativ mild und ziemlich diskret. Das dünne und deswegen besonders leicht ansprechende Material kann nicht sehr viel Energie speichern und klingt deswegen nach dem Anschlag ziemlich rasch ab. Ein Beispiel ist der Anfang der »Carmen«-Ouvertüre von Bizet: Die Becken unterstreichen den Beginn jeder 4-Takt-Periode des Themas (mit Auftakt) und geben der Instrumentierung festlichen Glanz, ohne, trotz Wiederholung, aufdringlich zu werden. Es bestehen auch keine Dämpfungsprobleme, so daß der Autor, welcher Große Trommel und Becken in einem 5-Linien-System in demselben Zwischenraum notiert und nur durch die Richtung der Notenfahnen trennt (nach unten: Große Trommel, nach oben: Becken), unbekümmert dieselbe Viertelnote für beide Instrumente schreibt, da er damit rechnen kann, daß der Beckenklang kaum länger als das kurze Pochen der Großen Trommel dauert.

• *Wiener Becken.* Sie sind dicker (im Katalog: *»Medium«*). Dieser Beckentyp wird meistens universell eingesetzt; sein Klang erscheint wegen der größeren, den Grundton herauftreibenden Dicke heller, und es dauert länger, bis die größere Masse nach dem Anschlag zur Ruhe kommt. Deswegen müßten die Komponisten immer genau bezeichnen, ob und wann zu dämpfen ist (auch außerhalb von Generalpausen). Diese Schläge dürfen nicht zu oft wiederholt werden, sollen sie nicht grob wirken. Sie eignen sich besonders dazu, Höhepunkte orchestraler Klangentfaltung zu unterstreichen. Beispiele dazu gibt es viele. In der »Pathétique« von Tschaikowskij krönt in Takt 238 des 3. Satzes das Becken die Energieballung und gibt gleichzeitig den Weg frei zum erlösenden Heroismus der Marschreprise. (Die Notierung ist hier etwas anders: Im 5-Linien-System stehen die Große Trommel im 2., die Becken im 3. Zwischenraum.) Dieses Becken klingt länger nach als das Französische, so daß Tschaikowskij die gewünschte Dauer des Klanges genau angeben mußte: Die punktierte Halbe ist auf das erste Achtel des nächsten Taktes hinübergebunden. Eine andere Stelle findet sich im »Till Eulenspiegel« von Richard Strauss. Auch hier fällt der explodierende Beckenschlag auf den Fortissimo-Höhepunkt (nach Ziffer 37), wo die anderen Instrumente insgesamt nicht mehr weiter zu steigern vermögen. (Die Notierung ist etwas verschwenderisch und doch umständlich: Im 5-Linien-System stehen Große Trommel und Becken im gleichen Zwischenraum, und das gemeinte Instrument ist jedesmal in vollen Buchstaben ausgeschrieben.) Die Tondauer ist wieder genau vorgeschrieben.

• *Deutsche Becken* (*»Heavy«*-Becken). Besonders dick und schwer, daher hell und lang klingend. Ihr spitzer Klang (wegen des durch die Dicke bedingten hohen Grundtons) ergibt auch eine stärkere Penetranz. Das Nachklingen wird viel ausgiebiger, so daß Wagner in der »Meistersinger«-

Ouvertüre vor allem lange Notenwerte vorsehen konnte (halbe Noten bei Takt 211). Im Venusberg-Bacchanal in »Tannhäuser« umfaßt jeder Beckenschlag fast durchweg einen halben Takt, während die Kastagnetten den bewegten Bolero-Rhythmus angeben (hier braucht Wagner je eine Linie für Triangel, Becken, Tamburin und Kastagnetten). Für den normalen Orchestergebrauch sind diese Becken meistens zu sonor.

Im Freien und beim Marschieren (Blas- oder Militärmusik im Stand und im Umzug) werden die Becken nach etwas anderen Ansprüchen ausgesucht. Sie müssen für eine präzise, schnelle, gut durchhörbare Ansprache besonders elastisch sein und genügende Dicke aufweisen, um in der Ferne gehört zu werden. (Die Luftabsorption wirkt sich auf die hohen Frequenzen stärker aus als auf die tiefen.) Es muß also in jedem Fall das Frequenzspektrum genügend in die Tiefe reichen. Allen Forderungen zusammen kann man nur mit dem Kompromiß einer »Medium thin«-Ausführung, also eines mittelschweren Beckenpaars, gerecht werden. – Während im Sinfonieorchester die Becken vertikal aneinander vorbei geschlagen werden, ist es beim Marschieren oft beliebt, die Becken schief zu halten und bei jedem Schlag zu schwenken: rechter Fuß vor – rechtes Becken unten, linkes Becken aufgeschlagen; linker Fuß vor – linkes Becken unten, rechtes Becken aufgeschlagen.

Es ist nur eine – zu vermeidende – Verlegenheitslösung, das eine Becken oben an der Zarge der Großen Trommel zu befestigen und mit dem anderen dagegenzuschlagen, selbst wenn die Becken, wie oft, zusammen mit der Großen Trommel erklingen müssen – eine Klangkombination, die deswegen beliebt ist, weil die Becken dazu dienen, den dumpfen, im Anklingen nicht präzis zu hörenden Schlag der Großen Trommel aufzuhellen und metallisch klar zu unterstreichen, wozu der Beckenschlag nicht lärmend zu werden braucht, wie der Beginn der »Carmen«-Ouvertüre beweist. Die Becken sind viel mehr als nur brutale Kraft ausstrahlende Lärminstrumente und bieten auch bei kleineren Lautstärken sehr viele bereichernde Möglichkeiten. Dafür ist es aber erforderlich, wie schon Berlioz forderte, über einen gesonderten Spieler zu verfügen, der dem Instrument seine volle Aufmerksamkeit schenken kann. Der differenzierte Beckeneinsatz beginnt schon mit Beethoven, der zu Beginn des Marsches im letzten Satz der 9. Sinfonie, ganz zart, jede Brutalität vermeidend, den Rhythmus mehr andeutet als schlagen läßt. (Übrigens sind Große Trommel, Becken und Triangel vorbildlich auf einzelnen, getrennten Linien notiert.) Zu den Subtilitäten gehören auch das ganz leise, rhythmisch sehr differenziert mögliche Aneinanderschlagen kleiner Randsegmente und das kreisförmige, andauernde Gegeneinanderstreifen der Ränder (Mahler: 4. Sinfonie; Bartók: »Musik für Saiteninstrumente, Schlagzeug und Çelesta«). Ein routinierter Beckenspieler kann eine ungeahnte Vielfalt von Effekten hervorzaubern. Sehr differenzierte Beckenverwendung ist in »Scheherazade« von Rimskij-Korsakow zu finden.

Etwas grob wirkt das mit den beiden Becken ausgeführte Tremolo, welches dadurch entsteht, daß man die beiden Schalen mit schüttelnder Bewegung ständig gegeneinander schlägt. Dies kommt z. B. vor bei Verdi (musikalische Untermalung des Waffenlärms bei der Zweikampfszene im »Otello«) und bei Wagner (»Tannhäuser«-Ouvertüre, Takt 301).

Erst am Ende des 19. Jh. kam man auf die Idee, für derartige Effekte eines der beiden Becken aufzuhängen und mit Stökken zu schlagen, was nicht nur als Wirbel (etwa mit den Paukenschlegeln), sondern auch mit Einzelschlägen erfolgen kann. Für die Verwendung eines einzigen Beckenteils wird dieser oft auf einen Ständer gesteckt und z. B. durch eine Schraube festgehalten, wobei seine Schwingfähigkeit durch Gummi- oder Filzzwischenscheiben kleinen Durchmessers zu erhalten ist. Auch darf die Schraube nicht zu fest angezogen sein, damit das Becken genügend locker sitzt.

Das aufgehängte oder aufgestützte Becken kann mit verschiedenen Schlegeln gespielt werden, vom hallenden, schmetternden Einzelklang mit Holzkopf-Trommelschlegel (Strauss in »Salome« und »Don Juan«) bis zum Wirbel mit den Paukenschlegeln in allen Stärkegraden. Auch der Pianissimo-Wirbel mit Trommelstöcken ist effektvoll; dazu kommt die Möglichkeit, mit dem »Jazz-Besen« zu schlagen und zu fegen oder mit dem Triangelstab extrem metallisches Klingen zu erzeugen. Bartók schreibt auch die Klinge eines Taschenmessers vor (neben vielen anderen Spielanweisungen in der Sonate für 2 Klaviere und Schlagzeug, 1937). Beim Wirbel ist darauf zu achten, daß sich die Schwingungen bei zu rascher Folge der Schläge nicht ganz entfalten können und bremsende Wirkung erreicht wird. Auf jeden Fall ist der Wirbel am Rand zu schlagen; rhythmische (harte) Schläge können hingegen, mit verschiedener Klangwirkung, auch weiter innen und sogar gegen die Kuppe erfolgen.

Die 1. Sinfonie von Mahler weist schon eine ganze Reihe den unermüdlichen Erforscher instrumentellen Neulands charakterisierende Stellen auf: Im 1. Satz, nach Ziffer 25, sind die (Doppel-)Becken 4 Takte lang schwingen zu lassen (was nur mit den Deutschen Becken bei Bewahrung genügender Lautstärke verwirklicht werden kann). Im 3. Satz erscheinen die Becken zusammen mit der Großen Trommel, ausdrücklich einem einzigen Spieler zugeteilt – eine Ungeschicklichkeit, stünde nicht das legitimierende »Mit Parodie« an dieser Partiturstelle. Im gleichen Satz sind Einzelschläge auf das aufgehängte (Einzel-)Becken vorgeschrieben, abwechselnd mit Holz-, Schwamm- und Paukenschlegel. Vor Ziffer 4 des 4. Satzes steht ein »tremolo« (Wirbel), das sicher bei aufgehängtem Becken auszuführen ist, weil später, bei Ziffer 9, ein ähnliches Tremolo mit »poco crescendo« vorkommt und nachher eine wirklich nur mit Paukenschlegeln denkbare Steigerung in kurzem Crescendo von Pianissimo zum dreifachen Fortissimo gefordert wird.

Auf Ständer gesteckte Einzelbecken sind, neben Trommeln verschiedener Größe, zum Hauptbestandteil der modernen Unterhaltungsmusik geworden. Den weit auseinandergehenden Erwartungen entsprechend, bietet der Handel eine Vielzahl von Varianten an, innerhalb derjenigen außerdem recht beträchtliche Unterschiede bestehen, da die Becken – trotz teilweise serienmäßiger Herstellung – immer noch als Einzelanfertigungen anzusehen sind. Der gewissenhafte Schlagzeuger sucht sich die seinen Erwartungen entsprechenden Instrumente mit viel Geduld aus.

Zum weiteren Verständnis ist die Aufzählung einiger allgemeiner Gesetzmäßigkeiten aufschlußreich:

a) Vergleich bei gleichbleibendem Durchmesser:

1. Leichte Becken mit wenig Masse: tiefer Klang, viele Teilschwingungen, geringes Klangvolumen, kurzer Nachhall (kleine Trägheit).

2. Schwere Becken mit viel Masse: hoher Klang (größeres *d* in der Grundtonformel), Teilschwingungen weniger dicht, großes Klangvolumen, langer Nachklang.

b) Vergleich bei gleichbleibender Dicke:

1. Bei großem Durchmesser wird die Dicke relativ gering, die Eigenschaften nähern sich denen des dünnen Beckens mit rascher Ansprache.

2. Bei kleinem Durchmesser fällt die Dicke mehr ins Gewicht, das Becken verhält sich eher wie ein schweres Becken, mit träger Ansprache.

c) Außerdem ist die Höhe der Kuppe wichtig: je höher sie ist, um so mehr versteift sie das Becken, was gleichbedeutend ist mit einem weiter hinaufreichenden Spektrum von Teilkomponenten.

d) Das buckellose, über die ganze Fläche gleichmäßig schwach gewölbte Becken klingt weniger hell, da obertonärmer.

Ganz allgemein: Je flacher die Form, um so tiefer der Klang. Je schwerer das Becken, um so höher der Ton, um so langsamer die Ansprache, um so länger das Nachklingen und um so größer kann das Klangvolumen werden. Je leichter das Becken, um so schneller die Ansprache und um so rascher das Ausklingen.

Für kleine und dünne Becken ist ein leichter Stock zu verwenden, soll die feine Reaktion zur Geltung kommen. Das Klangvolumen ist bei dünnen Becken sowieso beschränkt, und schwere Stöcke würden den Klang stark verfälschen. Je größer und je schwerer das Becken, um so größeres Gewicht der Stöcke ist angebracht. – Die Stockspitze aus Holz klingt farbig und voll, Nylon ergibt einen kühleren, durchsichtigeren und schärferen Klang.

In der New-Orleans-Phase der Jazzmusik wurde, um beim Einmannbetrieb des Schlagzeugs die Hände für die Trommelschlegel freizuhalten, das (nach dem damaligen Modetanz) **Charleston-Maschine** genannte Gerät erfunden. Es erlaubt, durch ein Pedal 2 Becken zusammenzuschlagen. Die Einrichtung ist sehr einfach: Das eine Becken wird in horizontaler Lage durch ein mit Stativ versehenes senkrechtes Rohr festgehalten, durch das eine Stange führt, die an ihrem Ende, mit etwas Abstand, das obere Becken trägt. Mit dem Pedal, welches gegen eine auseinanderhaltende Feder wirkt, werden die Becken gegeneinandergeschlagen. Durch die im Prinzip beibehaltene, aber so weit erhöhte Konstruktion, daß das obere Becken zusätzlich in bequeme Reichweite der Trommelschlegel kommt, entstand das heutige **Hi(gh)-Hat**.

Wie bei den Handbecken darf auch hier beim Zusammentreffen keine Luftstauung entstehen. Um die Luft entweichen zu lassen, sind drei Lösungen möglich:

a) Das untere Becken wird leicht schief, aber locker, befestigt. Es darf aber nicht so schräg sein, daß man 2 getrennte Töne hört, einen beim ersten Zusammentreffen des Randsegments, den zweiten beim Zusammenklatschen des gesamten Randes.

b) Der Rand des unteren Tellers ist gewellt (seltener).

c) Der untere Teller ist durchlöchert. Diese Lösung wird nur bei schweren Modellen gewählt, weil dann die (etwa 4) Löcher das Schwingungsverhalten nicht wesentlich beeinflussen.

Auch das obere, bewegliche Becken darf nicht fest sitzen, denn es muß sich bei jedem Schlag dem unteren anpassen können. Die beiden Teller sind derart aufeinander abgestimmt, daß sich die Frequenzspektren möglichst gut gegenseitig ergänzen und durchdringen, damit ein satter Klang entsteht, dazu ist der untere schwerer als der obere.

Auch beim Hi-Hat stehen verschieden schwere und große Exemplare zur Wahl, vom kleinen und leichten (etwa für Jazz-Trio) bis zum schwersten Rock-Modell. Die Durchmesser variieren zwischen

30 und 41 cm. In geschlossener Stellung klingt das mit Stöcken geschlagene Hi-Hat trocken, weil sich die Becken gegenseitig am Nachklingen hindern. Berühren sich hingegen die Becken nur leicht, erzeugt der Stock einen dem Nietenbecken ähnlichen Sound. (Bei den **Nietenbecken** [**Sizzle**] hängen Nieten – oder Schrauben mit nicht angezogenen Muttern – lose in längs des Umfangs verteilten Löchern.)

3.222 **Das Tamtam**

Auch das Tamtam stammt aus dem Orient: China, Japan, Burma, Java und dem malaiischen Bereich. Es darf nicht mit dem Gong (s. 3.211) verwechselt werden, auch wenn es scheinbar Ähnlichkeit aufweist, denn es gibt zwei entscheidende Unterschiede: Die flache Wölbung verläuft durchgehend, in der Mitte nicht durch eine Kuppe unterbrochen, außerdem ist der hier schmalere Rand nicht mit relativ scharfer Kante nach hinten umgebogen, sondern (im Querschnitt gesehen) als Viertelkreis. Diese beiden Strukturmerkmale wirken sich folgendermaßen aus:
a) Fehlende Kuppe: Die durch den Buckel beim Gong gegebene Selektion der Teiltonfrequenzen fällt aus; es sind deswegen auch alle jene Frequenzen möglich, welche beim Gong unterbunden (oder sehr geschwächt) werden. Darunter befinden sich die tiefstfrequenten Komponenten. Deshalb klingt bei gleicher Größe das Tamtam auch tiefer als die Becken.
b) Abgerundet gebogener Rand: Es fehlen hier die Voraussetzungen zur Annäherung an eine rundum eingespannte Scheibe. Die Rundung läßt den Durchmesser undefiniert, so daß man angenähert die Teilfrequenzen deuten kann als eine Überlagerung aller Teilfrequenzen von Platten verschiedener, benachbarter Durchmesser.
Durch diese beiden Gegebenheiten und durch geringere Materialdicke wird das Frequenzspektrum derart dicht, daß die Tonhöhe nicht abgestimmt und der Klang besonders feierlich und erhaben wird. Exemplare, die eine erkennbare Tonhöhe auch nur durchhören lassen, sind unbrauchbar.

Selbst in den Katalogen renommierter Firmen wird das Tamtam oft als Gong bezeichnet, und die Konfusion wird dadurch nur noch größer, daß es auch als **»Symphonic Gong«** geführt wird. »Gong«

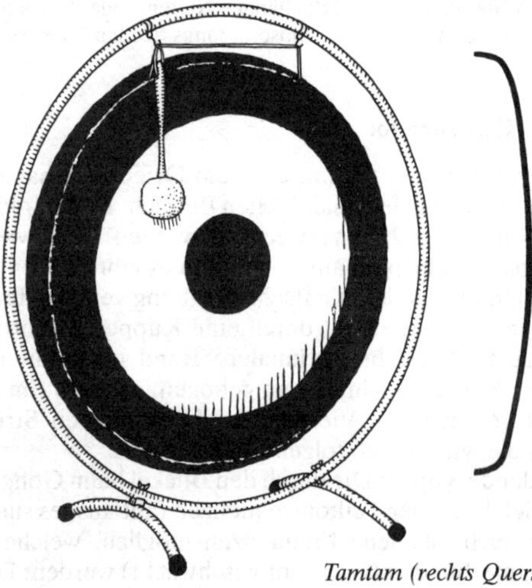

Tamtam (rechts Querschnitt)

allein bedeutet dann Tamtam, und »Gong mit Beule« ist als gestimmter Gong, also ein Gong im korrekten Sinne, zu verstehen. Den umgekehrten Fehler machte Vincent d'Indy, als er in seiner Oper »Fervaal« 2 in H und As gestimmte Tamtams vorschrieb (und Gongs meinte).

Das Tamtam gibt es in zahlreichen Größenstufen und entsprechenden Klangbereichen, vom kleinsten Typ mit 18 cm Durchmesser bis zur optisch und vor allem klanglich enorm eindrucksvollen Größe von 200 cm, die sehr teuer ist, kostet sie doch etwa 500mal so viel wie die kleinste Ausführung. Aufgehängt wird das Tamtam wie der Gong mit einer durch den Rand geführten Schnur, meistens einzeln in einem Kreisrahmen. Manchmal stehen auch Gruppen von 4–5 ver-

schiedenen Größen in einem gemeinsamen größeren Rahmen neben- und untereinander zur Verfügung.
Die Herstellung erfordert größte Gewandtheit und Erfahrung. Die wichtigsten Phasen werden von Hand ausgeführt, so vor allem das entscheidende Hämmern. Die Geschicklichkeit besteht darin, genau den gewünschten Klang zu erzielen, wozu jeder Hammerschlag beherrscht werden muß. Dieser Vorausbestimmbarkeit sind Spezialausführungen mit abweichendem Klangcharakter zu verdanken, bei denen gewisse erwünschte Bereiche des Klangspektrums besonders hervortreten. Solche »Sound Creation Gongs« (gemeint ist natürlich Tamtam) reichen vom unergründlich geheimnisvollen bis zum beruhigend harmonisierenden Klang, vom weiten, hellen bis zum herausfordernd bedrohlichen Effekt.
Schon beim normalen Tamtam sind verschiedene Farben erzielbar, je nach der Anschlagstelle und der Härte des Schlegels (Weich- oder Hartfilz, Holz). Bevorzugt wird der weiche Schlegel, damit der Schlag selber nicht dominiert und sich der schöne, volle, metallische, aber doch runde Klang durch Überlagerung der am Rand reflektierten Fortpflanzungswellen aufbauend entfaltet. Durch diesen lebendigen, wachsenden und pulsierenden Charakter wirkt das Tamtam weniger konkret-präzis als der Gong, sondern eher feierlich-erhaben, aber auch düster und geheimnisvoll. Im Pianissimo kann der Klang fernes Meeresrauschen assoziieren.
In der Mitte geschlagen, entsteht ein tiefer, anhaltender Klang (mit über 2 Minuten dauerndem Nachklingen). Etwa um ein Drittel des Radius weiter außen geschlagen, hört man den Anschlag kaum noch, und der Klang schwillt anschließend voll und dramatisch an. Randnäher als Radiusmitte erzeugt man einen helleren, höheren Klang. Muß der Ton abgedämpft werden, geschieht dies durch Auflegen des Arms, bei kleinen, in der Hand gehaltenen Größen durch Einklemmen zwischen die Knie.
Auf jeden Fall geht das Tamtam an Umfang und Dichte des

Teiltonspektrums, an Lautstärke und an Dynamik weit über das Becken hinaus.

Die Tamtams sind sehr empfindlich. Um Risse zu verhüten, müssen sie in gut gepolsterten Transportkisten lagern.

Ins Orchester kam das Tamtam zu Beginn des 19. Jh., als furchterregender Verkünder von Schreckensmomenten, in der »Vestalin« von Spontini (1807), dann hörte man es in Bellinis »Norma« (1831) und in den »Trojanern« von Berlioz (1863). Sein großartiger Effekt darf nicht durch Wiederholung abgenutzt werden. So ist der eine Schlag berühmt, mit dem Cherubini zu Beginn des »Dies irae« seines c-Moll-»Requiems« den ganzen Schauder der Totenwelt heraufbeschwört.
Meistens werden erst nach längerer Opernerfahrung neue Instrumente in die Orchestermusik übernommen. Das Tamtam erscheint aber vor Spontini schon in der, allerdings für Harmonieorchester geschriebenen »Marche lugubre« von François-Joseph Gossec (1799). Losgelöst von symbolischer Bindung als reiner Klangeffekt erscheint es erst in »Tod und Verklärung« von R. Strauss (1890). Sehr eindrucksvoll ist der über 4 Takte ausgedehnte piano-Schlag, mit dem der Beginn des Posaunenchors im Schlußsatz der »Pathétique« von Tschaikowskij (1893) markiert wird. In Arthur Honeggers »Pacific 231« (1923) krönt das Tamtam den Höhepunkt der Beschleunigung und leitet das kreischende Bremsen der Lokomotive ein. Tief und erhaben erklingt es in Olivier Messiaens »Et exspecto resurrectionem mortuorum« (für Bläser und Schlagzeug, 1964), und bereichernd erscheint es in seiner farbenprächtigen »Turangalîla«-Sinfonie (1946 bis 1948). Besonders glückliche Verwendungen findet man bei Puccini (»Turandot«) und Mahler.
Richard Strauss verlangte in der »Salome« (1905) das Streichen mit einem Metallstab über die Fläche des Instruments. Mit solchen und anderen vielseitigen Effekten des Tamtams beschäftigte sich besonders Karlheinz Stockhausen.

3.223 **Herdenglocken**

Die übliche Benennung der **Cowbell** darf nicht wörtlich mit »Kuhglocke« übersetzt werden, soll nicht wieder einmal eine terminologische Konfusion entstehen, denn die Kühe der Alpenländer tragen entweder eigentliche, kunstvoll gegossene, daher abgestimmte Glocken (s. 3.216) oder große konkave Blechgebilde, die, ebenfalls mit abgestimmter Tonhöhe, eher zu den Schellen gehören.

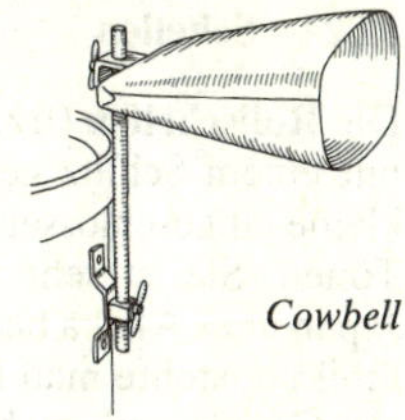
Cowbell

Die Cowbells des musikalischen Gebrauchs sind aus Blech hergestellt, das so gebogen wird, daß eine glokkenähnliche Form entsteht, mit rechteckigem, gegen das offene Ende sich erweiterndem Querschnitt (Ecken abgerundet). Die beiden auf den Schmalseiten zusammenkommenden Blechränder sind vernietet oder zusammengelötet. Durch Schraubzwingen am Scheitel werden die Cowbells in horizontaler Lage an einem Ständer befestigt, mit gegen den Spieler gerichteter Öffnung. Ein Klöppel ist überflüssig, da man die Herdenglocke mit einem speziellen kurzen und dikken Holzstab von außen anschlägt. Es gibt die Cowbell in verschiedenen Tonlagen, meistens 3, gelegentlich 5.
Anscheinend ist die Herdenglocke ein sehr einfaches, problemloses Instrument; dennoch müssen verschiedene Ausführungen von unterschiedlichen Proportionen und Stärken unterschieden werden, je nach der Zuordnung zu einzelnen südamerikanischen Tänzen. So gibt es Mambo-Cowbell, Black-Beauty-Cowbell, Cha-Cha-Cowbell, Timbale-Cowbell, Bongo-Cowbell, Tapon-Cowbell usw.
Die **Agogo bells** stellen einen Spezialfall dar; sie besitzen konische Form und sind jeweils paarweise in ungefährem Stimmungsabstand einer Terz mit ihren Spitzen an den Enden eines U-förmig gebogenen Bügels befestigt. Ihre Heimat ist Brasilien und speziell Bahia; sie gehören zu

Samba, Batucata oder zu kubanischen Rhythmen. – Etwas seltener sind 3fache Agogos.
In der 6. Sinfonie von Mahler (1906) tragen die Herdenglokken zur Evokation einer Alpenlandschaft bei.

3.224 Schellen

Die **Rollschellen** (frz. **Grelot**) sind sphärische Blechgebilde mit einem Schlitz gegenüber der Befestigungsstelle. Eine kleine eingeschlossene Kugel bringt sie beim Schütteln zum Tönen. Sie ist sehr alten asiatischen Ursprungs und von Japan über Afrika bis nach Europa bekannt. Schon im Neolithikum stellte man Rasseln aus gebranntem Ton her. Die als *Gefäßrassel* zu bezeichnenden Rollschellen erzeugen einen silbrig-feinen, glöckchenhaften Ton. Im Mittelalter erschienen sie an aristokratischen Schnabelschuhspitzen, an Narrenkappen und an Fastnachtskostümen.
Für den musikalischen Gebrauch sind außen anzuschlagende Schellen (ohne innere Kugel) aus Glockenbronze bestimmt. – Um größere Tonstärke und statt Einzelschlägen ein länger dauerndes Klingen zu erreichen, wird meistens eine Anzahl von Blech-Rollschellen zu einer Gruppe zusammengefaßt. Das Schütteln aller zusammen bewirkt eine Überlagerung der Frequenzen der einzelnen Stücke und dadurch ein so dichtes Tonspektrum, daß keine bestimmte Tonhöhe mehr erkennbar ist:
a) Beim **Schellenreif** sind die Schellen an einem halbrunden metallenen Bügel mit diagonalem Handgriff angebracht oder an einen Lederriemen genäht. Ein solcher Schellenkranz gehört als tönender Schmuck zur Ausstattung der Pferde einer russischen Troika und wurde zum Symbol der Schlittenfahrt (Leopold Mozart!).
b) Der **Schellenring**, ein Holzreifen mit Schellen, gleicht einem fellosen Tamburin, kann aber mit ihm nicht verwechselt werden, weil jenes üblicherweise nicht Schellen, sondern kleine Becken trägt.

c) Bei den **Griffschellen** sind auf die Seiten eines Vierkantstabes etwa 20 Schellen verteilt. Der Stab endet in einen Griff, an dem das Ganze geschüttelt wird. Es ist die häufigste im Orchester gebrauchte Form (Mahler, 6. Sinfonie).

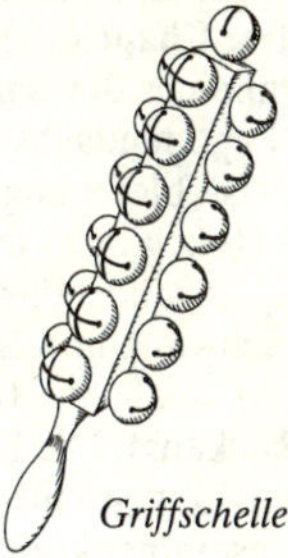

Griffschellen

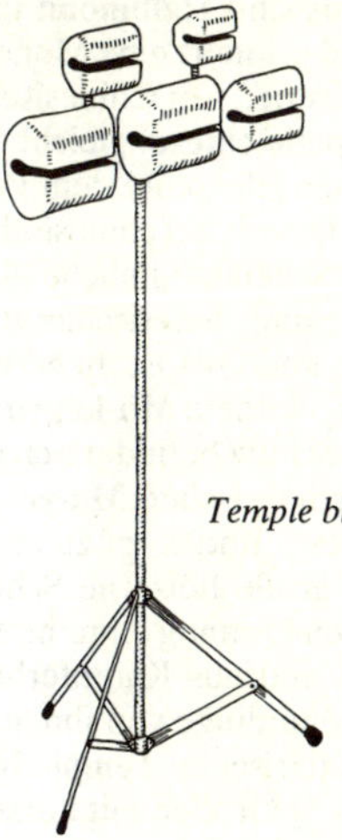

Temple blocks

d) Der berühmte Jazz-Trompeter Dizzy Gillespie ließ einen **Schellenstock** (**Jingle cane**) herstellen, einen fast über die ganze Länge mit Schellen bestückten Spazierstock, der, am Handknauf gehalten, auf dem Boden aufgeschlagen wird.

e) Der **Schellenbaum**. Auf einer aufrechten Stange tragen phantasievoll gestaltete, mit Pferdeschweifen verzierte Ausleger eine Menge kleiner Schellen (manchmal auch Glöckchen), die beim Schütteln oder beim Aufschlagen der Stange erklingen. Schellenbäume kennt man in Afrika als Repräsentationszeichen der Häuptlinge; Europäer sahen sie erstmals während der Türkenkriege des 16. Jh. und brachten sie als Trophäen in die Heimat. Erst viel später, im

19. Jh., kam der Schellenbaum ins Militärorchester, wo er bald als ehrenvolles, die Standarte ersetzendes Wahrzeichen empfunden wurde. Mit Schulterriemen getragen, kaum noch geschüttelt, kommt er höchstens beim Marschieren ein wenig zum Klingen. – Sonderformen des Schellenbaums sind **Halbmond** und **Chinesischer Hut**. Beim Halbmond erinnert eine Mondsichel obenauf an den islamischen Ursprung. Am Chinesischen Hut (frz. **Chapeau chinois**, it. **Cappello cinese**) gleicht oft die Form eines der schellentragenden Elemente dem Profil eines Pagodendachs. (Ob das ein Hinweis auf chinesische Herkunft ist, bleibt ungewiß.)
Den Schellen ähnliche Gebilde aus Holz gibt es im japanischen und chinesischen Raum. In Japan gehört das fischförmige und entsprechend mit Kopf, Schwanz und Schuppen nachgebildete **Mo-kugyo** aber eher zu den Schlitztrommeln (der Schlitz befindet sich längs des Rückens). Die Fischform des chinesischen **Mu-yü** ist hingegen so weit stilisiert, daß Schwanz und Kopf zu einem Griff zusammenkommen, der eine große hölzerne Schelle trägt, deren Schlitz etwa den halben Umfang einnimmt. Beide Instrumente sind goldlakkiert und aus Kampferholz geschnitzt. Stark vereinfachte Abkömmlinge von ihnen sind unsere (koreanischen) nahezu sphärischen **Temple blocks**, die zu verschiedenen (meistens 5) Größen mit horizontal nach vorn weisenden Schlitzen zusammengestellt und mittels Schlegeln, die eine Holzkugel tragen, gespielt werden. Sie klingen ziemlich tief und hohl.

3.225 Bretter

Beim Material Holz können selbst annähernd zweidimensionale Platten und Scheiben nicht so dünn wie beim Metall ausfallen, sondern nur als das, was wir mit dem Wort »Brett« bezeichnen. Frei aufgehängte längliche Schlagbretter waren als *Holzgeläute* vor den Kirchenglocken zum Aufruf der Gläubigen im Gebrauch. So gibt es sie noch in griechisch-orthodoxen Klöstern, aber zu bestimmten Zeiten des

Kirchenjahrs (Karwoche) auch in anderen Gegenden. In diesen durch die Trauer gekennzeichneten Perioden werden die Glocken als zu feierlich-fröhlich empfunden; also läßt man sie verstummen, damit ihr Klang später um so freudiger als Verkündigung der österlichen Auferstehung aufgenommen werden kann (Triduum sacrum). Solche Instrumente als Glockenersatz sind in zwei Formen verbreitet:
a) Die **Fastenzeit-Rätsche** der nördlichen Alpenseite: Auf einem dicken Brett sind 4 bewegliche Hämmer mit schweren Köpfen nebeneinander angebracht. Die Hammerstiele bestehen aus elastischen langen Holzlamellen. Durch eine Nockenwalze mit Handkurbel werden die Köpfe der Reihe nach hochgehoben. Beim Abgleiten jedes wegdrehenden Stiftes schnellt der zugehörige Hammer krachend auf das Brett – bei energischem Drehen ergibt das ein recht lärmiges Geklapper.
b) In der Lombardei ist auch eine viel einfachere **Klapper** üblich, die von der Handklapper abstammt, mit der früher die Aussätzigen gezwungen waren, ihr Herannahen warnend anzuzeigen: Auf beiden Seiten eines Bretts sind in 2 Scharnieren (auf der Mittelachse) U-förmige Eisenbügel locker angebracht. Beim seitlichen Hin- und Zurückdrehen des mit Handgriff versehenen Bretts prallen diese Bügel auf das Holz. Sie sind so dimensioniert, daß sie nahe beim Rand und diesem parallel auf fast der ganzen Länge aufschlagen. Mit solchen Klappern ziehen Knaben durch die Sträßchen noch verschlafener Siedlungen, um den Beginn des Gottesdienstes zu verkünden.
c) Wenn die Turmglocken schweigen, werden oft auch die Meßglöckchen der Ministranten durch spezielle **Handklappern** ersetzt. Ein auf der Unterseite mit einem Handgriff versehenes Brettchen trägt oben eine wie ein Waagebalken in der Mitte drehbar gelagerte Holzleiste mit verdickten Enden. Beim Schütteln schlagen die beiden Gewichte abwechselnd auf das Brettchen.

Das **Schlagbrett** hat Mahler in die Sinfonik eingeführt. Es erscheint mit dumpfen, lautstark polternden Schicksals-

Schlägen in der 6. Sinfonie (1904), in der Partitur als **»Hammer«** bezeichnet, da man in der Tat für den Schlag einen schweren Hammer braucht; diese Benennung ist dennoch unscharf, denn sie führt (wieder einmal) zu Verwechslungen; selbst bedeutende Fachbücher bringen den Hammer ausschließlich mit dem Amboß in Zusammenhang, der ja ebenfalls mit einem Hammer geschlagen wird.

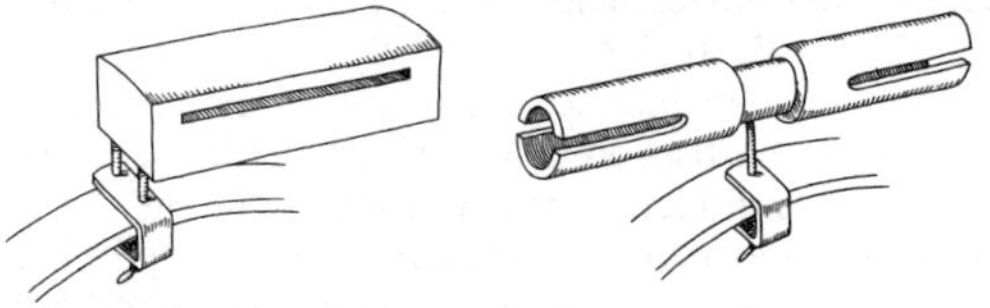

Wood blocks: chinesische (links) und amerikanische Ausführung

Weit universeller gebraucht wird das viel kleinere Brettchen der vom chinesischen und japanischen Theater herkommenden, als **Holzblock** oder **Wood block** bekannten Holztrommel, die fälschlicherweise, eher ihrem Gebrauch entsprechend, zur Schar südamerikanischer Schlaginstrumente gezählt wird. Der Wood block ist ein Holzquader von etwa 15×6×4 cm, bei dem ein von Breitseite zu Breitseite durchgehender gerader Schlitz ein schwingendes Brettchen auf der oberen Seite freigibt, das nur noch schmalseits mit dem restlichen Holz verbunden bleibt. Geschlagen wird mit einem Trommelschlegel. Meistens braucht man verschiedene Größen, 2–3, aber der vollständige Satz umfaßt 6 Stufen, in der heute üblichen amerikanischen Terminologie: X-Large, Large, Standard, Small, Piccolo, Double Piccolo. Zuweilen wird eine amerikanische Variante vorgezogen, mit 2 aus der mittleren Halterung auf entgegengesetzten Seiten herausragenden kurzen, in Längsrichtung seitlich geschlitzten Holzröhren. Die beiden Hälften ergeben verschieden hohe Klänge.
Die Holzblocks sind aus der leichten Musik nicht mehr wegzudenken, erscheinen aber auch in der Kunstmusik, nicht

nur in amerikanischer Unvoreingenommenheit bei Gershwin (Klavierkonzert in F, 1925), sondern schon bei dem weitblickenden Milhaud (»La Création du monde«, 1923), dann bei Ravel (Klavierkonzert in G, 1931) und vielen anderen, z. B. Iannis Xenakis (»Metastasis«, 1955).

3.226 **Kastagnetten**

Den ungestimmten Fingerbecken des Altertums entsprechen, in Holzausführung, die ebenfalls bei Tempeltänzen gebrauchten, heute zum Symbol spanischer Folklore gewordenen Kastagnetten. Sie bestehen aus 2 kleinen, etwas ausgehöhlten Schalen mit flachem Rand. Durch 2 Löcher einer seitlichen Ausbuchtung wird ein Band gezogen, welches, zwischen den Fingern eingeschlauft, ein Kastagnettenpaar in der Hand festhält. Die über den Kreis hinausragenden Teile sind derart abgeschrägt und so durch das Band zusammengehalten, daß bei im Handteller aufliegender unteren Schale die obere etwas abgewinkelt absteht. Zum Einhalten

Kastagnetten

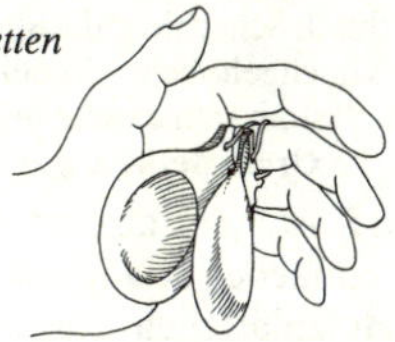

Stielkastagnetten

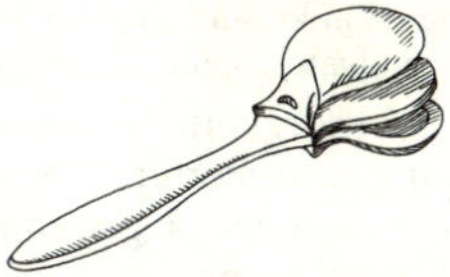

dieser Grundstellung wird auch der Daumen benötigt. Mit den anderen Fingern schlägt man im gewünschten Rhythmus die obere Schale auf die untere. Es wird meistens in jeder Hand ein Paar gespielt.
Der Klang ist recht laut und enthält sehr hohe Partialtöne. Andererseits dient das eingeschlossene Luftpolster dazu, zu derber und grober Wirkung vorzubeugen. Das Material ist Grenadill, Palisander oder Ebenholz (ein Muß!).
Die Spieltechnik ist nicht leicht und dem Orchesterschlag-

zeuger nicht zumutbar, auch weil er bei jedem Einsatz der Kastagnetten zu viel Zeit zum Einschlaufen benötigen würde. Für die Verwendung im Orchester gibt es **Stielkastagnetten** mit 2 Paar Kastagnetten an einem Handgriff. Von jedem Paar ist eine Schale fest am Griff befestigt, deren beide konkaven Seiten entgegengesetzt nach außen gerichtet sind. Die äußeren Schalen werden von einem Scharnier gehalten. Durch rhythmisches Schütteln erreicht man den gewünschten Effekt, ohne die Fingergewandtheit der Flamenco-Tänzer beherrschen zu müssen: Die beweglichen Schalen schlagen abwechselnd auf. (Die Anbringung solcher Doppelpaare an beiden Griffenden muß verworfen werden; sie macht das Spiel kaum kontrollierbar.)

Kastagnetten findet man bei Saint-Saëns (»Samson et Dalila«, 1877), Bizet (»Carmen«, 1875), Wagner (Bacchanal im »Tannhäuser«, 1845) und de Falla (»El sombrero de tres picos« / »Der Dreispitz«, 1919).

Hin und wieder ist auch eine andere Disposition zu sehen: Auf einem Brettchen, das auf die Knie oder ein Tischchen zu legen ist, befinden sich 2 Kastagnettenpaare nebeneinander. Die unteren Schalen liegen auf, die oberen sind durch Scharniere darüber festgehalten und mit kleinen Federn etwas hochgehoben. Mit den Fingern beider Hände kann man bei diesem System sehr rasche und präzise Schlagfolgen klopfen. Es sind dies die **Orchesterkastagnetten**.

Die sehr sorgfältig hergestellten Kastagnetten sind als mediterrane, raffiniertere Formen einfacher **Klappern** anzusehen, bei denen 2 getrennte Holzplättchen zusammengeschlagen werden.

3.3 Stäbe, Stangen und Lamellen

Bei Stangen und Stäben ist keine der drei Raumdimensionen zu vernachlässigen, aber die Länge überwiegt deutlich; das gilt auch für die Lamellen, die aber außerdem dünn sind.

3.31 *Mit bestimmter Tonhöhe*

3.311 **Holz: Xylophon und Marimba**

In unserer Musikwelt sind Holzstab-Instrumente durch Xylophon und Marimbaphon vertreten. Wenn heute der Unterschied allein in der Tonlage besteht (Marimba eine Oktave unter Xylophon), so ist dafür die moderne, vereinheitlichende Konstruktion verantwortlich, der das echte Xylophon zum Opfer gefallen ist; es wird auch dann nicht mehr gespielt, wenn es der Komponist eindeutig vorgeschrieben hat.

Vielen Kulturen, so des Altertums und »primitiver« Völker, waren und sind Schlaginstrumente in Form von Platten, Stäben und Röhren bekannt, aus Holz, Metall und Stein. Die Xylophone sind besonders in Ostasien, Indonesien, Melanesien und in der südlichen Hälfte von Afrika sehr beliebt; bei ihnen bestehen, wie das Wort sagt, die stabförmigen Klangerzeuger aus Holz (griech. xýlon = Holz, daher Xylophon = Holztöner).

Der Ursprung tönender Holzplatten ist wohl in der ebenfalls weit verbreiteten **Schlitztrommel** zu suchen. Ihre einfachste Form findet man in Zentralafrika, wo man dafür in einen Baumstamm einen nicht ganz bis zu den Enden reichenden schmalen Längsschlitz schneidet und den Stamm aushöhlt. Die beiden Seitenwände, auf die man schlägt, sind ungleich dick; das erlaubt verschieden hohe, wenn auch nicht genau stimmbare, durch den Hohlraum verstärkte Klänge. Die als

Ritual- und Signalinstrument gebrauchte, bis zu Riesengrößen reichende (in Kamerun bis zu 4 m lange) Trommel symbolisiert die Macht des Häuptlings oder den Geist des Mondes (alle Trommeln gehören zum Kreis der auf die Nacht bezogenen Instrumente). Mittels kodierter Formeln werden außerdem mit der Schlitztrommel Meldungen durch den Urwald übertragen. Das Äußere ist, speziell an den beiden Enden, oft verziert, besonders reich bei den handlicheren Varianten auf Tahiti. Sehr bemerkenswert ist die kunstvolle Tierkörper-Stilisierung aztekischer Trommeln, was auf ihre magische Bedeutung hinweist.

An ihnen läßt sich aber auch schon ein nächster Entwicklungsschritt erkennen: Sie haben 2 parallele Schlitze, und die dabei freigelegte Platte ist durch einen Querschnitt unterteilt. Bei einer solchen H-förmigen Öffnung entstehen 2 ungleiche Zungen (z. B. der aztekische »Teponaztli«). Das Prinzip kann weitergeführt werden; heute baut man mehrfach geschlitzte afrikanische Trommeln nach. Die aus Mahagoni bestehende, etwa 40×25 cm große, ein Resonanzkistchen aus Fichtenholz oben abschließende Klangdecke weist in ungleichen Abständen 5 Längsschlitze auf, die 4 Lamellen abtrennen. 3 davon sind unterteilt. Die 7 verschieden langen und breiten Zungen ergeben ebenso viele Klangstufen.

Genaues Stimmen ist aber erst bei getrennt verarbeiteten kleinen Holzplatten möglich, die dann oberhalb eines Hohlraumresonators einseitig eingespannt und am freien Ende angeschlagen werden. Unter jedem Stab stellt ein kreisrundes Loch die Verbindung zum Resonator her.

Bei allen Lamellen beeinflußt die Breite die Klangkonsistenz, aber Länge und Dicke bestimmen die Grundfrequenz. Wie bei den Saiten sind den höheren Schwingungsformen entsprechende Partialfrequenzen möglich, deren Intervallabstände von der Art der Halterung abhängen.

Bei der einseitig eingespannten Platte entspricht die Grundfrequenz der ohne Knotenbildung erfolgenden Schwingung des freien Endes. Die höheren Eigenfrequenzen, mit zunehmender Knotenzahl, stehen in folgendem Verhältnis zur Grundfrequenz 1: 1–6,27–17,57–34,47–56,84 usw. Sie liegen erheblich weiter auseinander als die harmonische Folge der Luftsäulen- oder Saitenfrequenzen, so weit, daß sie den Grundton nicht unterdrücken, sondern nur dissonant färben.

Schwingung von Platten
Links:
einseitig eingespannt
rechts: frei schwingend

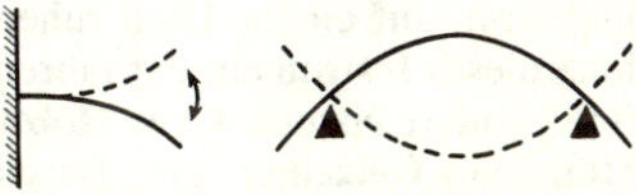

Weltweite Verwendung finden vor allem losgelöste Stäbe, mit freien Enden, die Urformen des aus dem malaiischen Raum stammenden **Xylophons**. Die afrikanischen Vorstufen bestanden aus wenigen Klanghölzern, die beim Sitzen auf dem Boden über die gestreckt gespreizten Beine gelegt wurden (Schenkelxylophon). Größer und häufiger sind die in Zentralafrika zu sehenden Holmxylophone mit 4–16 über zwei auf dem Boden liegende dicke Äste quer gelegten, ca. 1 m langen Platten. Sind die etwa 20 cm breiten Platten zahlreich, ist das Instrument folglich sehr lang, benötigt es mehrere Spieler.
An beiden Enden frei schwingende Stäbe und Platten weisen in der Grundfrequenz 2 Knoten auf, bei 0,22 und 0,78 der Länge, also angenähert beim ersten und letzten Viertel. Man kann also an diesen beiden Stellen die Platten stützen, ohne die Grundschwingung zu dämpfen, und dabei die mit ganz anders verteilten Knoten möglichen Oberschwingungen erheblich drosseln und unschädlich machen. Ihre Folge ist hier dichter als im vorangehenden Fall: 1–2,76 –5,41–8,94–13,37, und sie würden, ungedämpft, stärker stören.
Im asiatischen Osten liegen solche Klanghölzer eng beieinander quer auf den seitlichen Kanten eines oben offenen Trogresonators aus Holz. Auf javanischen Tempelreliefs des 14. Jh. sind solche Xylophone mit 16–20 Stäben auf

einem rechteckigen Trog zu sehen. In Laos weist der Trog Wiegenform auf, ziemlich stark in der Mitte nach unten geschweift. Das **Trogxylophon** zog in die heutigen Schulen als wichtiger Bestandteil des Orffschen Instrumentariums ein.

Im 16. Jh. erschien das Xylophon in Europa in etwas rudimentärer Form: Eine Reihe von 16–24 Klangstäben lag über mehreren auf einem Tisch ruhenden Strohwalzen. Daher hieß dieses Instrument der fahrenden Musiker auch **Strohfidel**; andere Namen waren **Holzharmonika**, **Holzfidel** oder **Hölzernes Gelächter** (eine Bezeichnung, die nicht im Zusammenhang mit »Lachen« steht, sondern mit oberdt. »Gläche1«, das Klöppel oder das vom Holz hervorgebrachte Tönen bedeutet). In der Tat wurden die Stäbe mit Klöppeln geschlagen, die am oberen Ende etwas nach oben gebogene Verdickungen aufwiesen; beim schräg nach unten erfolgenden Schlag befand sich dann das Ende in der günstigen Parallelrichtung zur Oberfläche.

Die älteste bekannte Abbildung findet sich im 1538 erschienenen Holzschnitt-Zyklus des »Totentanzes« von Hans Holbein d. J. Der deutsche Musiktheoretiker, Komponist und Theologe Martin Agricola (1486–1556) beschrieb 1529 eine Strohfidel mit über 3 Oktaven reichenden 25 diatonischen Tönen. Erst im 19. Jh. wird das Xylophon chromatisch, ermöglicht durch die Anordnung der (kürzeren) Stäbe in 4 sich überschneidenden Reihen. Die Stäbe sind an den Knotenstellen der Grundtonschwingung durchbohrt und werden von 3 durchgehenden Schnüren oder Saiten (mit dazwischen eingefädelten Distanzringen) zusammengehalten. Es sind 42 Palisander- oder Ahorn-Vierkantplatten mit leicht gewölbter Oberseite, etwa 1,5 cm dick und 3 cm breit. Die Längen gehen von 13,5 bis zu 38 cm. Zum Auflegen werden 5 Strohwalzen gebraucht. In dieser Form blieb das Xylophon lange Zeit alpenländisches Volksinstrument. Es taucht heute leider nur noch ab und zu, aber meist mit großer Virtuosität gespielt, in Varieté oder Zirkus auf.

Zum Einstimmen der Stäbe auf die erwünschten temperierten Intervalle sind zwei physikalische Gesetzmäßigkeiten nützlich: Der Ton wird durch Kürzen des Stabes erhöht und durch Verdünnung der Stabmitte (aus ästhetischen Gründen auf der Unterseite) vertieft.

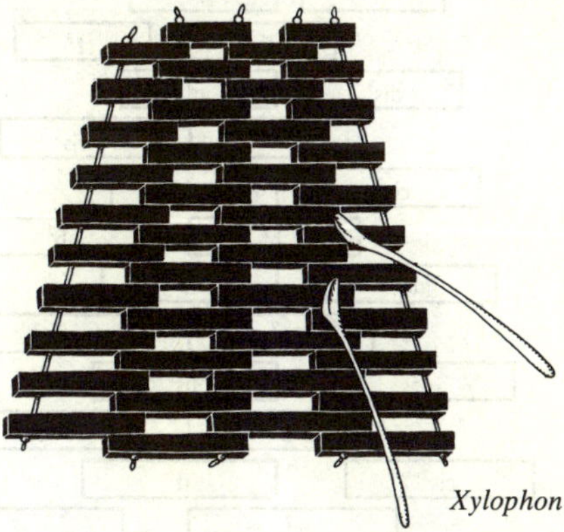

Xylophon

Für die Frequenzformel wird auf die Beschreibung des Vibraphons (s. 3.312) verwiesen. Hier sei vorläufig nur erwähnt, daß darin im Nenner das Quadrat der Länge steht. Daher steigt bei Halbierung eines Stabes die Frequenz nicht auf das Doppelte (2 = Oktave), sondern auf das Vierfache (4 = Doppeloktave). Deswegen sind die Längenunterschiede nicht so groß wie etwa bei der Harfe oder dem Klavier: Das gesamte Trapez ist relativ knapp aufgespreizt. Diese Gesetzmäßigkeit weist auch darauf hin, daß beim Stimmen das eventuelle Abfeilen der Länge sehr vorsichtig zu erfolgen hat, denn es wirkt sich quadratisch aus. Den Längenunterschied von oben nach unten kann man zusätzlich verringern, indem man die tieferen Platten etwas dünner macht als die hohen. (In der Formel für die Frequenz steht die Plattenhöhe im Zähler: daher sinkt der Ton beim Dünnerwerden des Stabes.)

Aus dem umstehenden, nicht maßstäblichen Schema ist die Disposition der Stäbe und ihre Stimmung ersichtlich: Umfang c^1–d^4; von g^1 an geht es in G-Dur aufwärts. Um das

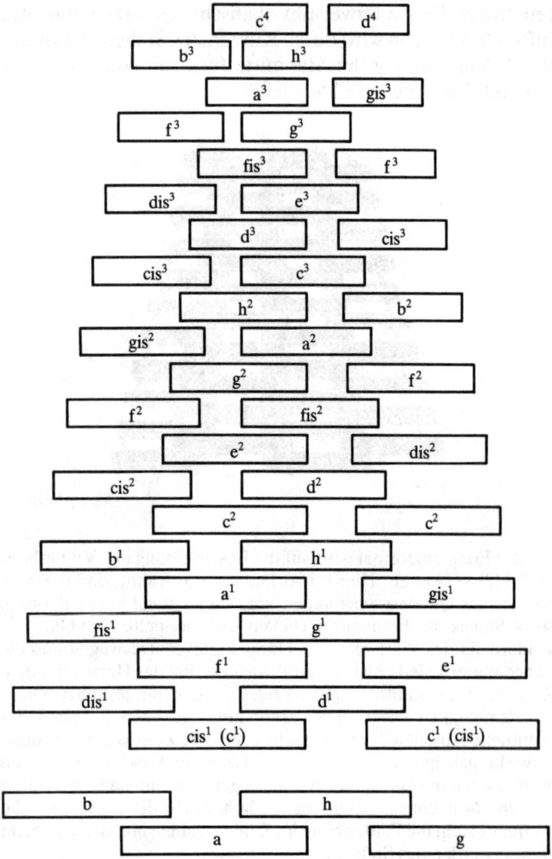

Xylophon. Stimmung in Normalausführung: c^1–d^4
Mit hinzugefügten tiefen Platten: Baßxylophon

überkreuzte Schlagen einzuschränken, sind einige Noten doppelt vorhanden, links und rechts. Die unteren 6 Stäbe entsprechen nicht ganz der weiter oben zu findenden Systematik, und außerdem ist die Plazierung von c^1 und cis^1 nicht einheitlich. Dieses Xylophon, nicht das heute immer zu sehende, zog im 19. Jh. ins Orchester ein, auch wenn es Berlioz in seinem berühmten Lehrbuch der Instrumentation (1844) ebensowenig erwähnt wie R. Strauss in dessen Überarbeitung, obwohl dieser das Xylophon in der »Salome« (1905) einsetzte.

Der Klang ist in den unteren Lagen hohl und dünn, in der Höhe spitz und scharf, auf jeden Fall so extrem kurz, daß man Töne nur durch Tremolo, rasch abwechselnde Schläge der beiden Klöppel, aushalten kann. Dieser trockene Klang eignet sich besonders dazu, im Staccato mit anderen Melodieinstrumenten mitzugehen und das Tutti mit hohem, durchdringendem Ton zu verstärken, sowie für Spezialeffekte. Das Xylophon erschien zum ersten Mal 1886 im Orchester, in der »Danse des fossiles« aus dem »Carnaval des animaux« von C. Saint-Saëns, wo es das Knochengeklapper fossiler Tiere humorvoll darstellt. Düsterere Bedeutung erreichte es in der »Danse macabre« (»Totentanz«, 1875) desselben Komponisten. Ravel ruft mit ihm orientalische Assoziationen in »La Laideronnette, impératrice des pagodes« aus »Ma mère l'oye« (1908) wach, wozu außer der Klangfarbe die pentatonische Tonfolge beiträgt. Strawinsky verwendet das Xylophon im »Feuervogel« (1910), in »Petruschka« (1911) und schreibt die erste ausgefeilte, komplexe Xylophonstimme für »Les Noces« (1914 bis 1920). Sehr delikat ist Debussys Behandlung des Instruments in »Les Parfums de la nuit« aus dem Zyklus »Ibéria« (1912).

In der Oper tritt das Xylophon zum ersten Mal bei Rimskij-Korsakow auf (»Die Legende vom Zaren Saltan«, 1900). Alban Berg im »Wozzeck« (1915–19) und Puccini in »Turandot« (1924) schreiben tiefere als die üblicherweise vorhandenen Töne vor. Dazu wird das Instrument durch 4

Zusatzstäbe zum **Baßxylophon** erweitert, bis zum g hin (vgl. Skizze), unter Verzicht auf das gis (Komponisten: Achtung!). Mahler führt mit der 6. Sinfonie das Xylophon ins Sinfonieorchester ein.
Von den vielen anderen Komponisten, die das Xylophon eingesetzt haben, kann man erwähnen: Hindemith in der »Kammermusik Nr. 1« (1921) und Béla Bartók, zuerst in »Der wunderbare Mandarin« (1919) und dann vor allem in der »Musik für Saiteninstrumente, Schlagzeug und Celesta« (1936), wo z. B. schon mit einem Accelerando auf einem Ton, gefolgt von einem Ritardando über Pauken-Glissandi, die ganze ungewöhnliche Welt des geheimnisvollen 3. Satzes heraufbeschworen wird. Der Entstehungszeit nach darf man annehmen, daß Bartók noch an das traditionelle Xylophon dachte, zumal er den Tonvorrat des modernen Pseudoxylophons nicht ausschöpft, sondern im glücklichsten Bereich des Normalinstruments bleibt, zwischen a^1 und h^3.
Unsicherheiten dieser Art entstehen häufig, leider auch in bezug auf die Notierung. Das Xylophon wird nämlich nicht immer dem Klang getreu geschrieben, sondern oft eine Oktave tiefer, da der bevorzugte obere Bereich viele Hilfslinien erfordert. (So z. B. von Saint-Saëns, in dessen Partituren eben dies – die gedachte Transposition in die Oberoktave – meist übersehen wird.) Es muß durch Studium der Partitur, der zugeteilten Rolle und des geforderten Tonumfangs herausgefunden werden, wie man die Xylophonstimme zu lesen hat. Nicht zu vergessen: die wirksamste Lage umfaßt die 2- und die 3gestrichene Oktave.
Gänzlich andere Wege ging die **Marimba**. Sie stammt ganz eindeutig aus Afrika, wo sie bei allen Negerstämmen südlich des Äquators, speziell bei den Bantus, vorkommt. Der wesentliche Unterschied zum Xylophon besteht im Kürbisresonator, der sich unter jeder Klangplatte befindet. Dieser Kürbis ist, durch sorgfältiges Aushöhlen, genau auf den Ton der Platte abgestimmt. Er verstärkt den Grundton und unterdrückt die dissonanten Partialtöne. Der Klang der

Marimba wird dadurch viel voller und runder als derjenige des Xylophons. Mehrere solche Stäbe mit Resonator sind in einem Rahmen zusammengefaßt, der z. B. in Zaire ungefähr einen schief gestellten Halbkreis bildet, so daß alle 16 Platten dem kauernden Spieler leicht zugänglich sind. Interessanterweise ist die Stimmung pentatonisch oder hexatonisch, also eigentlich asiatisch.
Durch die Negersklaven am Anfang des 16. Jh. nach Äquatorialamerika gebracht, fand die Marimba nicht nur großen Anklang, sondern erhob sich in Guatemala sogar zum Nationalinstrument. Als etwa zu derselben Zeit Missionare unser tonales System bekanntmachten, wurde die Marimba chromatisch und, vor allem in Mexiko, stark erweitert auf 5 bis zum c^5 hinaufreichende Oktaven. Die Platten aus Palisander oder Rosenholz kamen auf einen Ständer, nach Art der Klaviertasten geordnet, und man ersetzte die Kürbisresonatoren durch senkrecht unter den Stäben angebrachte rechteckige Holzröhren. Darin befanden sich mitschwingende Lamellen (Zungen), die den Klang etwas schnarrend und durchdringend gestalteten. Die Ausdehnung der mexikanischen Marimba kann so groß sein (bis zu 137 Stäbe), daß mindestens 4 Spieler nebeneinander stehen müssen, soll der ganze Tonumfang ausgenützt werden. Gespielt wird mit differenzierter Klangfarbe durch Gebrauch von mit Kautschukkugeln versehenen Schlegeln verschiedener Schwere und Härte.
Und dann kam der Amerikaner J. C. Deagan (Chicago)! 1910 baute er, mit moderner Technologie, die Marimba nach und nannte sein Instrument **Nabimba**, ein Terminus, der bald vergessen und durch **Marimbaphon** (kurz: Marimba) ersetzt wurde. Als Resonatoren setzte der Erfinder zylindrische Metallröhren ein, ohne Zungen. Der Tonumfang reicht von c bis c^4.

Die Frequenz von c, des hier tiefsten Tons, wurde an anderer Stelle schon zu 132 Hz berechnet. Seine Wellenlänge beträgt demnach $c/f = 340/132 = 2{,}57$ m. Der Resonator kann also nicht einmal der halben Wellenlänge gleich sein, soll er unter der Spielfläche noch

Platz haben. (Halbe Wellenlänge wäre als normal zu betrachten: man denke an die Blasinstrumente, bei denen die Baulänge die halbe Wellenlänge des Grundtons darstellt.) Der Resonator der Marimba ist deswegen auf ein Viertel der Wellenlänge abgestimmt (beim c: 64 cm), was durchaus genügt, um den Grundton selektiv zu

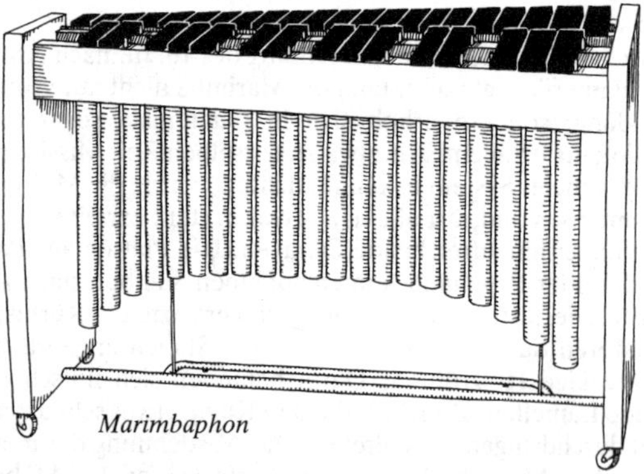

Marimbaphon

verstärken, weil die Obertöne (da nicht harmonisch) in irrationalem Verhältnis zur Resonatorenlänge stehen und kein Mitschwingen der darin eingeschlossenen Luft bewirken können.

Der Erfolg dieser neuen Marimba war so überzeugend, daß sie in kleineren Ausführungen nachgebaut wurde, in der Absicht, dadurch das alte Xylophon zu ersetzen. Auch unter dem Deckmantel der dabei verwendeten Alibi-Benennung als **Orchesterxylophon** entstand einmal mehr ziemliche Konfusion in der Terminologie.

Eines steht fest und darf nicht vergessen werden: Das eigentliche Xylophon ist und bleibt die resonatorlose Strohfidel mit ihrer charakteristischen Schärfe und Helligkeit, mit Umfang c^1–d^4. Dies schließt allerdings eine für den Gebrauch im Orchester geeignetere, den Klaviertasten analoge Anordnung nicht aus. Als Schlegel müssen die alten Klöppel mit verdicktem, abgebogenem Holzkopf dienen.

Die heute Xylophon genannte kleine Marimba weist, wegen der auch hier angebrachten Resonatoren, einen viel weicheren Klang auf, der zudem durch den vermehrten Gebrauch gepolsterter Schlegel gefördert wird. Wie bei der Marimba

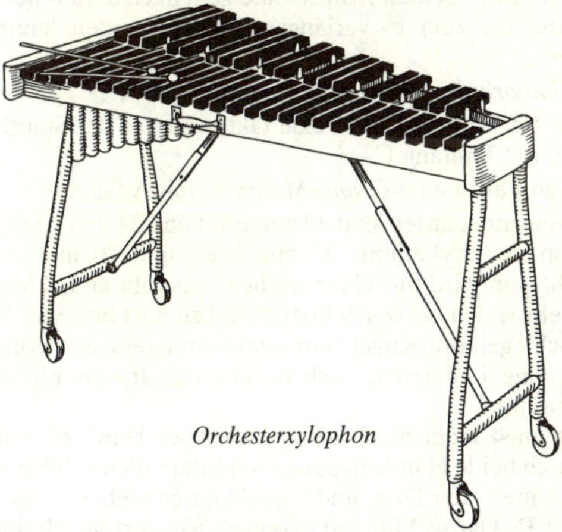

Orchesterxylophon

sind auch hier die Platten nach Klaviaturart in 2 Reihen angeordnet, wobei die hintere Reihe (alterierte Töne) sich entweder auf der gleichen Ebene der vorderen (C-Dur) befindet oder etwas erhöht ist.

Da praktisch kein Klangunterschied mehr zwischen der großen Marimba und dem kleineren Xylophon besteht, kann die tiefe Lage der Marimba überlassen werden, so daß heute alle Tonumfänge etwas anders geworden sind. Die heutigen (»Orchester«-)Xylophone reichen alle bis zu c^5 hinauf, also eine Oktave höher als das traditionelle Instrument. In bezug auf den tiefsten Ton gibt es verschiedene Ausführungen:

- *Standard* ist h^1–c^5 oder f^1–c^5.
- Das *Tenorxylophon* beginnt weiter unten; es umfaßt c^1–c^5.

- Das *Sopranxylophon* begnügt sich mit geringerem Umfang als die Standardmodelle; es geht von g^2 bis c^5.
- Die normale *Marimba* liegt eine Oktave unter dem Tenorxylophon und umfaßt den Bereich $c–c^4$. Die Übereinstimmung der beiden Instrumente geht auch daraus hervor, daß die bis zum c^5 verlängerte Marimba den Sammelnamen
- *Xylomarimba(phon)* erhielt. Umfang: $c–c^5$.
- Die *Baßmarimba* steht eine Oktave unter der Standardgröße, mit Umfang $C–c^3$.
- Es gibt auch eine *Grand-Marimba* von A bis c^4.

Die Marimbaplatten sind 40 mm breit und 24 mm stark, die Platten des Xylophons 30 mm breit und 20 mm stark. Geschlagen wird mit einer reichen Auswahl an Schlegeln, von sehr weich bis weich über mittel zu hart bis extra hart. Die Schlegelkopf-Kugel kann aus Gummi sein, aus Holz mit oder ohne Lederring, auch wollumwickelt, aus Filz oder Aluminium.

Es ist auch möglich, 2 Schlegel in jeder Hand zu halten, wodurch beide Hände in parallelen Intervallen geführt werden können oder Drei- und Vierklänge entstehen. Dies verlangt z. B. Darius Milhaud in seinem Konzert für Marimba, Vibraphon und Orchester (1947). Während Olivier Messiaen in den »Oiseaux exotiques« (1955) eine ausdrücklich genannte Xylomarimba einsetzt, ist bei Pierre Boulez im »Marteau sans maître« (1955) die Situation weniger klar, denn er unterscheidet zwar zwischen Xylophon und Marimba, aber die geforderten Umfänge (4 Oktaven für das erste, 5 Oktaven für das zweite) lassen doch auf die modernen Instrumente schließen.

Die Resonatorenlänge nimmt natürlich gegen die Höhe hin ab. Aus nicht ganz begreiflichen Symmetriebestrebungen werden die Röhren oft von der Mitte aus gegen beide Seiten derart verlängert, daß die unteren Enden einen Bogen bilden. Der über die erforderliche wirksame Länge herausragende Teil jedes Rohres wird aber durch einen Längsschnitt auf der dem Hörer abgewandten, ihm unsichtbaren Seite wirkungslos gemacht, oder das Rohr wird, in Anlehnung an die Marimba, auf ein Viertel der Wellenlänge abgestimmt, indem man es an geeigneter Stelle durch ein eingelötetes Scheibchen schließt.

3.312 **Das Vibraphon**

Zu den javanischen Gamelan-Orchestern gehört ein über 1000 Jahre altes Metallstab-Spiel mit 6 auf einen Resonatortrog gelegten Bronzestäben. Einerseits davon, andererseits von der Marimba angeregt, begann man in Amerika schon ab 1916 nach einem intonierten Schlaginstrument zu forschen, welches nicht nur länger dauernde, sondern auch mit Amplitudenvibrato versehene Töne hervorbringen sollte. Wesentlich an dieser Entwicklung ist die Verwendung eines Elektromotors. Nach abenteuerlichen Vorstufen gelang es dem Amerikaner Winterhoff im Jahre 1924, die prinzipielle Lösung zu finden. Die heutige, endgültige Gestaltung ist jüngeren Datums; sie wurde 1936 in England erreicht.
Im Unterschied zu den Holzplatten-Instrumenten bestehen hier die Tonerzeuger aus Metall (Stahl, Bronze oder Aluminiumlegierung), das wegen der geringeren inneren Reibungsverluste länger nachklingt als Holz. Die Platten sind wieder in Klaviaturanordnung an den Knotenpunkten der Grundtonschwingung gelagert, und zu jeder Platte gehört auch hier ein vertikal nach unten gerichteter Röhrenresonator aus Leichtmetall oder Plastik. Sie sind dicker als beim Glockenspiel.

Wie bei der Marimba schon erwähnt wurde, genügt der Platz unter den Platten nicht für einen Halbwellenresonator. Er ist in der Länge einer Viertel-Wellenlänge wirksam, oder man greift zu einem (auch beim Orchesterxylophon und bei der Marimba anwendbaren) Trick, den wir schon von der Klarinette und den gedackten Orgelpfeifen kennen: Das Rohr wird unten geschlossen. So sinkt seine Eigenfrequenz um eine Oktave und stimmt dann mit der halben Plattenwellenlänge überein. Auch hier sind die Resonanzröhren oft vorn (optisch) beidseitig länger, aber innen oder auf der Rückseite (akustisch) auf die für jeden Ton erforderliche Länge reduziert.

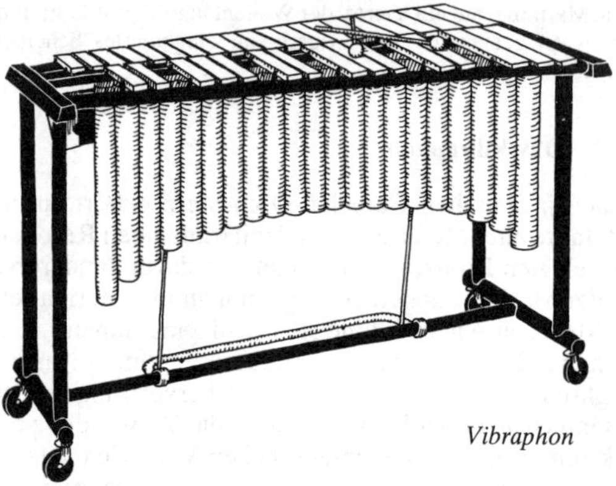

Vibraphon

Und nun kommt die Hauptsache, das Charakteristikum des Vibraphons: Am oberen Rand jeder der beiden Resonatorenreihen verläuft über die ganze Breite eine Drehachse, an welcher genau auf jede Resonatormündung passende Kreisscheibchen befestigt sind. Dreht sich die Achse, so werden die Röhren periodisch durch diese Scheiben geöffnet und geschlossen, so daß ihre Resonanzen abwechselnd kommen und wieder verschwinden. Dadurch entsteht eine periodische Änderung der Amplitude, also jenes Vibrato, das dem Instrument den Namen gibt. Die Achsen werden durch einen Elektromotor mit einstellbarer Geschwindigkeit angetrieben. Spezialriemen sorgen dafür, daß dies ohne Schlupf geschieht und daß beide Achsen sich genau gleich schnell drehen, damit die Vibrato-Geschwindigkeit bzw. -Frequenz für alle Töne gleich ausfällt.

Die Platten des Vibraphons sind 3,9 cm breit und 1,2 cm dick. Bei auch in der Tiefe besonders klangstarken Modellen sind die unteren Platten breiter, bis zu 5,8 cm, was aber die Spieltechnik wegen der ungleichen Intervallabstände längs des Instruments erschwert. Der normale Tonumfang umfaßt die 3 Oktaven f–f^3.

Jetzt können wir zur schon angekündigten Formel für die Grundfrequenz einer Platte kommen. Etwas vereinfacht, durch Weglassen eines nicht sehr wesentlichen Korrekturfaktors, sieht sie so aus:

$$f = \frac{m^2 K}{2\pi L^2} \sqrt{\frac{E}{s}}\,\text{Hz}.$$

Die Buchstaben haben folgende Bedeutung: m ist $(2k-1)\cdot\pi/2$, wobei k = Anzahl Knotenpunkte. Für Grundfrequenz ist $k = 2$. L ist die Stablänge in cm, E der Elastizitätsmodul in dyn/cm^2, s die Materialdichte in g/cm^3. Der Faktor K hängt von der Stabform ab.

Da wir für spätere Anwendung auf diese Formel zurückkommen müssen, ist es zweckmäßig, vorerst alle Materialkonstanten zusammenzurechnen und nur noch die geometrisch bedingten Faktoren in Buchstaben zu belassen (K und L). Für Stahl mit $E = 1{,}96 \cdot 10^{12}$ dyn/cm^2 und $s = 7{,}7$ g/cm^3 wird die Formel:

$$f = 1{,}78 \cdot 10^6\, K/L^2.$$

Für rechteckigen Querschnitt, wie bei der schwingenden Vibraphonplatte, ist $K = H/\sqrt{12}$, wobei H die Höhe (Dicke) der Platte bedeutet. Wir können also die Größenordnung der in der Platte erreichten Frequenz feststellen, indem wir die Ausmaße einsetzen. Nehmen wir eine 20 cm lange Platte, so wird, da $H = 1{,}2$ cm:

$$f = 1{,}78 \cdot 10^6 \cdot 1{,}2 : (\sqrt{12} \cdot 400) = 1542\,\text{Hz}.$$

Dies ist etwa g^3, was etwas hoch scheint. Es handelt sich aber nur um eine Überschlagsrechnung, weil die Formel nicht ganz vollständig und die genaue Zusammensetzung des Materials nicht bekannt ist (also auch nicht das richtige E).

Die Teilschwingungen sind für gerade k symmetrisch, für ungerade k unsymmetrisch.

$k = 2$ $k = 3$ $k = 4$

Wichtig ist das Dämpfungspedal. In Ruhestellung drückt ein längs der ganzen Mitte angebrachter Filzstreifen von unten auf alle Platten, und zwar an ihren über die Halterung hinausragenden Enden. Durch Niederdrücken des Pedals (mit einstellbarem Weg) senkt sich der Filzstreifen, und die Platten werden frei. Das Loslassen des Pedals dämpft sie dann wieder ab. Auch Dämpfen einzelner Noten mit den Fingern ist möglich und kann verlangt werden. Dann muß aber möglichst bald die Oberfläche wieder abgerieben werden; die Platten sind peinlich sauber zu halten. Das Pedal nimmt fast die ganze Instrumentbreite ein.

Das Vibraphon wird von vielen modernen Komponisten gebraucht. Nur einige (schon historische) Beispiele: Alban Berg in »Lulu« (1937), Olivier Messiaen in »Turangalîla« (1946–1948), Pierre Boulez in »Marteau sans maître« (1955). Schon 1931 wurde mit Zustimmung des Autors die umständliche, schwer zu beschaffende Glasharmonika in »Die Frau ohne Schatten« von R. Strauss durch ein Vibraphon ersetzt.

Man spielt auch mit 2 Stäben in jeder Hand. Es stehen ungefähr die gleichen Härtegrade zur Verfügung wie beim Xylophon und bei der Marimba. Das Vibraphon hatte großen Erfolg im Jazz, als er noch melodische Aspekte den lärmigen vorzog, denn es eignet sich besonders gut für sanft bewegte, stimmungsvolle Soli (Lionel Hampton, Modern Jazz Quartet usw.), aber auch für süße Arpeggi.

Mit $k = 2$ (vgl. oben) zu vergleichen ist die **Stimmgabel**, physikalisch eine U-förmig gebogene Platte, denn die Zinkenenden schwingen gegen- oder auseinander, während sich der Scheitel des gebogenen Teils auf und ab bewegt. Den dort angebrachten Stiel setzt man zur Tonverstärkung auf ein Resonatorkästchen oder auf eine andere abstrahlende Unterlage. Sind die Zinken 10 cm lang, kommt für die Totallänge noch der Bogen hinzu, was insgesamt etwa 23 cm ergibt. Obige Formel wird, soll die Stimmgabel den Kammerton 440 Hz hergeben:

Stimmgabel

$$440 = 1{,}78 \cdot 10^6 \frac{H}{\sqrt{12} \cdot 23^2},$$

woraus sich die erforderliche Zinkendicke von $H =$ 4,5 mm ergibt.

Die Stimmgabel wird wegen ihrer außerordentlichen Temperaturunempfindlichkeit als Frequenznormal benützt. Die Temperaturabhängigkeit ihrer Frequenz ist gegeben durch $f_t = f_0 [1 - \alpha (t - t_0)]$, und der Temperaturkoeffizient α kann durch Speziallegierungen bis auf die zu vernachlässigende Größenordnung von 10^{-6} herabgedrückt werden. – Ihre Erfindung wird John Shore, Trompeter am englischen Königshof, zugeschrieben (1711).

3.313 **Stahlspiele (»Glockenspiele«)**

Im Zusammenhang mit der Glocke (s. 3.214) wurde schon erwähnt, wie sich das seit dem 9. Jh. nachweisbare Glockenspiel später in zwei Richtungen entwickelte. Die ursprünglich in einem vertikalen Rahmen untergebrachte Glöckchengruppe trennte sich im 14. Jh. einerseits in große Turmspiele (Rathäuser, Kirchen) mit Klaviatur und Pedal oder mit Stiftwalze, andererseits in das vor allem im 17. Jh. beliebte, ebenfalls mit Klaviatur versehene Hausinstrument, das sogar in Orgeln übernommen wurde (Bach veranlaßte den Einbau in die Orgel zu Mühlhausen, 1708).

Dieses Glockenspiel zog mit Händels »Saul« (1738) ins Orchester ein. Der Autor nannte es **Carillon** und schrieb den Tonumfang c^1–g^3 vor. Das Glockenspiel Papagenos in der »Zauberflöte« von Mozart (1791) weist einen Umfang von über 3 Oktaven auf: c^1–d^4. Beide Komponisten schrieben (eine Oktave tiefer im Baß- und Violinschlüssel notiert) einen klavierähnlichen Satz mit Akkorden, was auf die Notwendigkeit einer Tastatur mit vereinfachter Klaviermechanik (Auslösung!) hinweist: **Klaviaturglockenspiel**.

Die chromatische Kombination zahlreicher, wenn auch kleiner Glocken erwies sich für den Orchestergebrauch als zu sperrig und teuer. Deswegen wurden zu Beginn des 19. Jh. (für die erste Pariser Aufführung der »Zauberflöte«, 1801, in Ludwig Lachniths Umgestaltung als »Mystères d'Isis«) die Glocken durch Stahlplättchen ersetzt, unter Beibehaltung der Klaviaturmechanik. Gegenüber den früheren Glöckchen klingen diese zwar ebenso hell, aber etwas trokkener und spitzer, weil die Resonanz eines eingeschlossenen Luftvolumens fehlt.

Und wieder einmal ist auf eine zweideutige und daher ungenaue, Verwirrung schaffende Benennung hinzuweisen. Die heutigen »Glockenspiele« sind keine Glocken-Spiele mehr, werden aber dennoch weiter so genannt. Es wäre besser, sich an die Bezeichnung **Stahlspiel** zu gewöhnen. Auch das französische »Carillon« wird besser für die wirklichen Glokkenspiele reserviert, das Stahlspiel mit **Jeu de timbres** bezeichnet. Ebenso sollte man in englischer Sprache »Chimes« nur für die (Röhren-)Glocken brauchen, und das Stahlspiel **Orchestra Bell** nennen, was allerdings auch nicht sehr eindeutig ist. Im Italienischen sind generell alle Definitionen ungenau; das Stahlspiel bleibt **Campanelli**.

Das Klaviaturglockenspiel mit Umfang c^2–g^5 ist heute nur noch selten anzutreffen, denn in neuerer Zeit besteht das Stahlspiel aus 2 wie im Vibraphon angeordneten Plättchenreihen. Die Zwischentöne sind entweder auf der gleichen Höhe wie die C-Dur-Platten oder etwas hochgesetzt. Der Tonumfang ist nicht normiert. Allgemein umfaßt er mit 37 Platten die 3 Oktaven c^2–c^5. Da die höchsten Töne selten gebraucht werden, sind auch kleinere Ausführungen geläufig, z. B. mit 32 Platten (c^2–g^4 = 2 Oktaven + Quinte). So besteht sogar die Einschränkung c^3–c^5, und die Notierung erfolgt dann nicht eine, sondern 2 Oktaven tiefer. Die großen amerikanischen Orchestermodelle sind für g^2–e^5 (oder g^2–c^5) ausgelegt. – Die Silberstahlplatten werden wiederum an den beiden Knoten der Grundschwingung gelagert und festgehalten. Sie weisen eine Breite von 30 mm und eine Dicke von 9 mm auf.

Das Stahlspiel wird stehend gespielt; dazu ist es auf einem Ständer angebracht und mit einer dem Vibraphon ähnlichen, durch Pedal zu betätigender Dämpfung ausgerüstet. Zur Erleichterung des Transports und zum Schutz befindet es sich oft in einem trapezförmigen, mit abnehmbarem Dekkel versehenen Holzkasten (wobei allerdings das Pedal ausfällt).

Es ergibt sich nun die Frage: Wie ist heute Papageno (und Mozart) gerecht zu werden, nachdem die Stahlspiele nicht bis zum verlangten c^1 hinunterreichen und keine Klaviatur mehr das mehrstimmige Spiel ermöglicht? Die Antwort fällt bezeichnend aus für die allgemeine Sorglosigkeit den Absichten der Komponisten gegenüber: Meistens wird das Stahlspiel durch das viel weicher klingende und daher den Glocken noch entferntere, 1886 erfundene Konkurrenzinstrument Celesta ersetzt. Es ist indessen möglich, auch auf

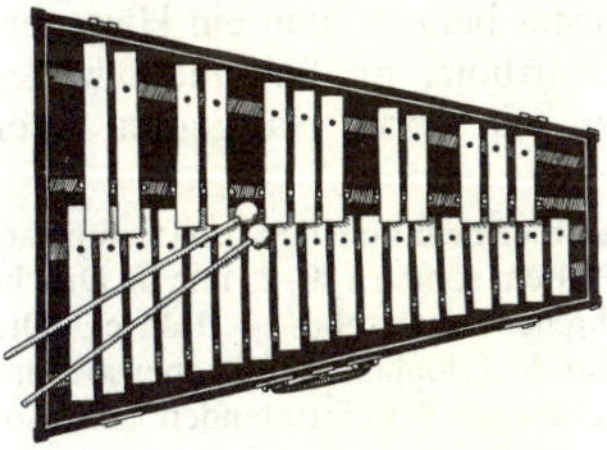

Stahlspiel

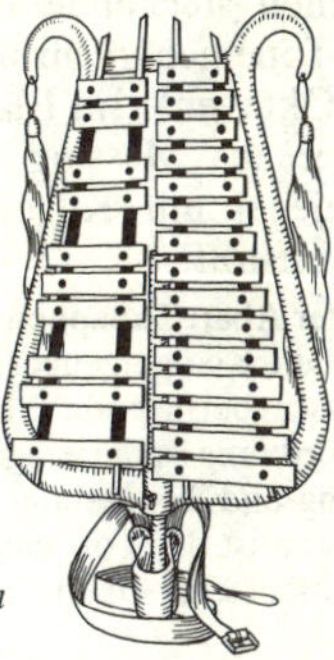

Lyra

dem Stahlspiel Akkorde auszuführen, indem man in jeder Hand 2 Schlegel hält, eine gegenüber dem Klaviatur-Instrument unnötige Erschwerung (und bleibende Einschränkung). Allerdings muß gesagt werden, daß das Klaviaturglockenspiel nur im Forte spielbar ist, was mit der gegenüber dem Klavier stark vereinfachten Mechanik zusammenhängt, während mit den Schlegeln dynamische Nuancen berücksichtigt werden können.
Der tragfähige und durchdringende Klang des Stahlspiels findet in vielen Partituren Verwendung, so z. B. in »Salome« (1905) und »Don Juan« (1888) von R. Strauss. Aufschlußreich ist die Partitur der »Suor Angelica« von Puccini (1919): Das Stahlspiel, durchweg mit 4stimmigen Akkorden geschrieben, erscheint neben der durchaus anders klingenden Celesta, ein weiterer Beweis dafür, daß letztere nicht als Ersatz angesehen werden darf.
Ab Mitte des 19. Jh. ging das Stahlspiel auch ins Militär-

orchester über. Die beiden Plattenreihen (C-Dur rechts, Zwischentöne links) befinden sich senkrecht nebeneinander in einem aufrechten Rahmen, dessen Form dem Instrument seinen Namen verleiht: **Lyra** (schon wieder eine Doppelbedeutung!). Diese kann nur mit einem Schlegel gespielt werden, da der linke Arm das mit seinem Fuß in einem Tragriemen steckende Instrument aufrecht halten muß. Die 25 Töne gehen chromatisch von a^2 bis a^4 oder von c^2 bis c^4 (2 Oktaven). Im Blasorchester benutzt man ein Hämmerchen aus Messing oder Hartholz, im Sinfonieorchester Schlegel mit Kugelköpfen aus Horn, Hartgummi oder Kunststoff.

In der Abart **Tubaphon** (die natürlich nichts mit der Tuba zu tun hat) sind die Klangerzeuger nicht Platten, sondern 20–25 mm im Durchmesser betragende Metallröhrchen (lat. tubus = Röhre). Die Anordnung ist derjenigen des Stroh-Xylophons gleich, ebenso Stimmung und Tonumfang (c^1–c^4). Wegen der eintretenden Luftresonanzen ist der Ton sanft und zart. Dieses seltene Instrument wird ebenfalls eine Oktave tiefer notiert als der Klang.

3.314 **Die Celesta**

Als Vervollkommnung des Stahlspiels kann eine im Jahre 1886 patentierte Erfindung des Parisers Auguste Mustel angesehen werden, die wegen der als »himmlisch« empfundenen Zartheit ihrer Töne Celesta genannt wurde. Ihre Tongeneratoren sind wieder Stahlplatten, aber derart mit abgestimmten einzelnen Holzresonatoren gekoppelt, daß praktisch nur der Grundton in Erscheinung tritt, wie bei der Stimmgabel. Diese sanfte Schwingungsform wird auch dadurch gefördert, daß die Platten durch befilzte Hämmer einer Klaviermechanik angeschlagen werden. Aus diesen beiden Gründen (fehlende Obertöne, weicher Anschlag) unterscheidet sich der Ton grundsätzlich von demjenigen des gewöhnlichen Stahlspiels. Der Nachklang wird über ein Pedal abgedämpft. Äußerlich sieht das Instrument wie ein kleines Pianino oder wie ein Harmonium aus.

Der erste namhafte Komponist, der sich für die Neuheit begeisterte, war Tschaikowskij: Nachdem er die Celesta in Paris entdeckt hatte, ließ er sie heimlich nach St. Petersburg transportieren, und als sie sich in der geheimnisumhüllten Uraufführung des »Nußknackers« (»Tanz der Zuckerfee«) 1892 offenbarte, erweckte sie Staunen und Bewunderung. Die Celesta verbreitete sich rasch und wurde z. B. eingesetzt in »Turandot« von Puccini (1924), »Salome« (1905) und »Rosenkavalier« (1911, mit 2händiger Akkordfolge) von R. Strauss, »Rossignol« (1914) und »Chant du Rossignol« (1917, »Chinesischer Tanz«) von Strawinsky und in »Nächte in spanischen Gärten« (1915) von de Falla.
Wegen der erforderlichen Klaviertechnik wird das Instrument, obwohl traditionsgemäß zum Schlagzeug gehörend, meistens einem Pianisten anvertraut. Mindestens die Verwandtschaft mit dem Schlagzeug kommt im Titel eines Werks von Bartók zum Ausdruck: »Musik für Saiteninstrumente [da außer den Streichern auch Harfe und Klavier beteiligt sind], Schlagzeug und Celesta« (1936).
Die zarte, leichte, süße und luftige Klangfarbe eignet sich nicht für den Einsatz im Orchester-Forte; dort ginge sie unter. Die Wirkung der Celesta ist vorwiegend koloristisch, nicht klangverstärkend wie diejenige des Stahlspiels.
Der Umfang erstreckt sich meistens auf 4 Oktaven, manchmal nur auf 3, was aber einzig die Auswirkung einer schlechten Sparpolitik darstellt. Manche Partituren lassen sich dann nicht aufführen, weil in ihnen die Celesta in die entfallene untere Oktave reicht. Es sollte dafür gesorgt werden, daß das Instrument die vollen 5 Oktaven $c–c^5$ bietet. Wenn schon gespart werden soll, könnte man eher auf die höchste Oktave verzichten, in der das Stahlspiel zur Verfügung steht. Für die weggelassene untere Oktave bei der Beschränkung auf den Umfang $c^1–c^5$ besteht hingegen im Orchester kein Ersatz.
Notiert wird die Celesta auf zwei 5-Linien-Systemen mit Baß- und Violinschlüssel, eine Oktave tiefer als der Klang.

3.315 Stab- und Röhrenglocken

Unter den Glockensurrogaten wurden schon die Klangplatten oder Plattenglocken erwähnt (3.215). Etwas höher, aber als Glockenersatz noch tief genug klingen die massiven **Stabglocken** oder **Klangstäbe**. Sie werden bis zu 2 m Länge hergestellt, was bei einem Durchmesser von 3 cm die beachtliche Tiefe des $_1$C ergibt.

Im Abschnitt 3.312 (Vibraphon) wurde für die Frequenz des Grundtons eines Stahlstabs nach dem Einsetzen der Materialkonstanten gefunden:

$$f = 1{,}78 \cdot 10^6\, K / L^2\,,$$

wobei L = Stablänge und K ein von der Querschnittsform abhängiger Faktor ist. Für einen zylindrischen Stab ist $K = R/2$ (halber Radius), so daß für die oben erwähnten Ausmaße folgt:

$$f = 1{,}78 \cdot 10^6 \cdot 1{,}5 / (2 \cdot 200^2) = 33{,}38\,\text{Hz}\,,$$

was ziemlich genau dem $_1\text{C} = 32{,}7$ Hz entspricht.

Viel häufiger und beliebter sind die **Röhrenglocken**, zuerst im Jahre 1884 von John Harrington in Coventry (England) aus Bronze hergestellt, heute aus Stahl bestehend. Diese (engl.) **Tubular bells** (oder **Chimes**) bieten zwei Vorteile:

a) geringeres Gewicht;

b) gegenüber den etwas düster klingenden Stäben wird der Ton harmonischer wegen der abrundenden Eigenfrequenzen der eingeschlossenen Luftsäule (harmonische und unharmonische Klangkomponenten reichen bis in die Gegend von 5000 Hz hinauf).

Der in Kauf zu nehmende Nachteil ist aber der höhere Ton. Bei der üblicherweise größten Baulänge von $L = 150$ cm, mit äußerem Durchmesser $D = 3$ cm und Wanddicke 3 mm (innerer Durchmesser $d = 2{,}4$ cm) entsteht ein Ton in der Gegend von Es. Ein Rohr klingt etwa eine Quarte höher als der gleich dimensionierte Stab, woraus oft die Transposition ganzer Partien in die obere Oktave entsteht.

In der Frequenzformel ist jetzt zu setzen: $K = 1/2\sqrt{R^2 + r^2}$. Somit wird für $R = 1{,}5\,(= D/2)$ und $r = 1{,}2\,(= d/2)$ die Grundfrequenz eines 1,5 m langen Rohres = 75,91 Hz. Der Ton Es hat 77,78 Hz.

Diese Rechnung ist, wie die vorangehende, nur als Orientierung zu verstehen, in Unkenntnis der genauen, durch die Hersteller sorgfältig ausprobierten Zusammensetzung des Metalls.

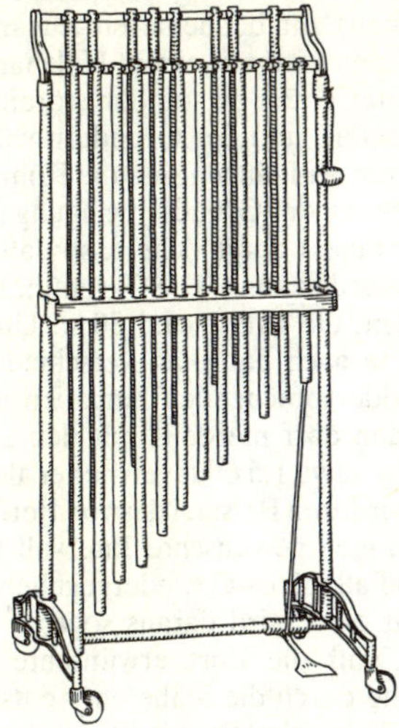

Röhrenglocken

Bei gleicher Länge differieren die Frequenzen von Stab und Rohr im Verhältnis der entsprechenden K. Das Rohr klingt höher um $\sqrt{R^2 + r^2} / R$, oder, was auf die Durchmesser bezogen dasselbe ist, um $\sqrt{D^2 + d^2} / D$. Für $D = 3$ cm und Wandstärke 3 mm wird daraus 1,28, ein Verhältnis, welches in der Größenordnung der Quarte ($^4/_3 = 1{,}33$) liegt. Prinzipiell klingt also das Rohr etwa eine Quarte höher.

Das $L = 150$ cm lange Rohr mit $R = 1{,}5$ cm und $r = 1{,}2$ cm aus Stahl (spez. Gewicht = 7,7 g/cm³) wiegt $(1{,}5^2 - 1{,}2^2)\,\pi \cdot 150 \cdot 7{,}7$ = 2,94 kg.

Zum Vergleich ist der Stab gleicher, hier 75,91 Hz geltender Frequenz heranzuziehen. Die übliche Formel wird: $75{,}91 = 1{,}78 \cdot 10^6 \cdot 1{,}5 \;/\; (2\,L^2)$. Hieraus folgt: $L^2 = 1{,}78 \cdot 10^6 \cdot 1{,}5 \;/\; (2 \cdot 75{,}91) = 1{,}76 \cdot 10^4$ und: $L = 133$ cm. Das Gewicht eines solchen vollen

Stabes beträgt $1,5^2 \pi \cdot 133 \cdot 7,7 = 7,24$ kg, also fast 2,5mal mehr als das Rohr gleicher Tonhöhe (7,24 : 2,94 = 2,46).

Die oben geschlossenen Röhrenglocken sind frei hängend in einem Galgen auf 2 Reihen angeordnet, die hintere (mit den alterierten Tönen) zur bequemeren Zugänglichkeit etwas höher. Geschlagen wird mit einem Holzhammer am Rohrkopf, denn weiter unten entstünden störende, unharmonische Komponenten, und der Grundton würde nicht mehr überwiegen. Zum Aufhängen sind die Röhren beim oberen Schwingungsknoten der Grundschwingung (eines an beiden Enden freien Stabes) durchlöchert, so daß eine Saite hindurchgezogen werden kann. Die Gesamthöhe des Rahmens beträgt etwa 2 m, die Breite ca. 1,30 m. Umfang und Tonhöhe können, je nach Fabrikat, verschieden sein (ebenso wie die sich widersprechenden Angaben in Büchern und Katalogen). Man darf meistens mit den 2 Oktaven $F - f^1$ rechnen, die also etwa 1,5 Oktaven höher als die Klangstäbe liegen. Somit wird zum Beispiel das von Berlioz in der »Symphonie fantastique« gewünschte Intervall $C - {}_1G$ meistens (und im besten Fall) als c – G wiedergegeben. Bei Sätzen mit dem Tonvorrat $c - c^2$ wird daraus sogar $c^1 - g$. Dies abgesehen davon, daß die dort erwünschte drohende und rauhe Stimmung durch die Stäbe eher entsteht, aber noch viel besser bei Klangplatten auftritt. Nie zu vergessen: Vor 1884 gab es noch keine Röhrenglocken!

Man macht sich selten über diese Verhältnisse Gedanken, und es bleibt meistens schleierhaft, ob der Komponist die Glocken dem Klang entsprechend notierte oder mit dem eine Oktave höher liegenden Klang rechnete. Jedenfalls entsteht die bei wirklichen Glocken vorhandene Unteroktave (Unterton) nicht, so daß Schlagton und Grundton zusammenfallen. Davon abgesehen nähert sich der Klang recht gut demjenigen echter Glocken, liegt aber oft zu hoch, um letztere vollwertig zu ersetzen.

Wie beim Vibraphon dient ein über die ganze Breite reichendes Pedal zur Dämpfung. Die Wirkung ist allerdings meistens derjenigen beim Vibraphon entgegengesetzt: Die

Dämpfung erfolgt durch Treten des Pedals (beim Vibraphon entfernt das getretene Pedal die Dämpfungsstreifen). Jedoch ist die Mechanik, je nach Vorliebe des Spielers, auf umgekehrte Wirkung umstellbar.

Klingende Röhren sind historisch sowohl in China (**Fang-hsiang**) als auch in Java (**Angklung**) vorgeformt worden. Im javanischen Instrument sind in einem Rahmen einige abgestimmte, in der oberen Hälfte längsseitig halbierte Bambusrohre aufgehängt und ragen unten in die Löcher eines Querrohrs. Durch Anschlagen oder durch Schütteln des Ganzen kommen sie zum Tönen. Das Instrument wird in größerer Mehrfachbesetzung gebraucht.

Die Glocken sind recht oft in Orchesterwerken und in der Oper zu hören. So unterstützen sie z. B. in Tschaikowskjis »Ouvertüre 1812« den feierlichen Ausklang (1880, also vor der Entstehung der Röhrenglocken!). Sie sind auch in Puccinis »Turandot« (1924) und »Suor Angelica« (1919) vorhanden, in Debussys »Ibéria« (1913) sowie in Respighis »Fontane di Roma« (1916, mit einem geschriebenen d^1) und in Orffs »Trionfo di Afrodite« (1953).

Um 1980 wurden beim Suchen nach exotischen Klangfarben kleine Stabglocken eingeführt, die **Solid bar chimes**. Es sind dies an einem horizontalen Holzträger in Reihe nebeneinander aufgehängte, kurze (im Mittel um 10 cm lange) zylindrische Metallstäbe aus Messing mit einem Durchmesser von 1,0–1,5 cm. Ihre Folge ist chromatisch und umfaßt 2 Oktaven (25 Töne) oder 36 Halbtöne, im seltenen Extremfall sogar 72 Stäbe. Diese werden nicht einzeln angeschlagen, sondern, zur Erzeugung eines clusterartigen Effekts, insgesamt über die ganze Breite mit einem Schlegel gestreift.

Zur Überschlagsberechnung der Tonhöhe solcher Stäbe muß auf die vollständige Formel zurückgegriffen werden (Abschnitt 3.312: Vibraphon), weil für Messing andere Zahlenwerte gelten als für den bisher berücksichtigten Stahl. Es sind jetzt $E = 1{,}03 \cdot 10^{12}$ dyn/cm^2 und $s = 8{,}5$ g/cm^3 einzusetzen. Dann ergibt sich für die Grundfrequenz ($k = 2$) eines 1,2 cm dicken und 9,4 cm langen Stäbchens der Wert 4177 Hz, was ziemlich genau dem c^5 entspricht (dessen Frequenz 4186 Hz beträgt). In der Tat reichen die Stäbchen von c^5, je nach Menge, 2 oder 3 Oktaven hinab.

3.316 **Gezupfte Lamellen**

In unserer mehr auf klangliche Originalität denn auf musikalische Substanz ausgerichteten Zeit (wofür zum Teil auch ein zu oberflächlicher Schulgebrauch des Orffschen Instrumentariums verantwortlich ist) werden primitive Instrumente aus dem afrikanischen Busch oder aus ethnologischen Museen »entdeckt« und nachgebaut. Dazu gehört z.B. die **Zanza** (oder **Sansa**).

Zanza

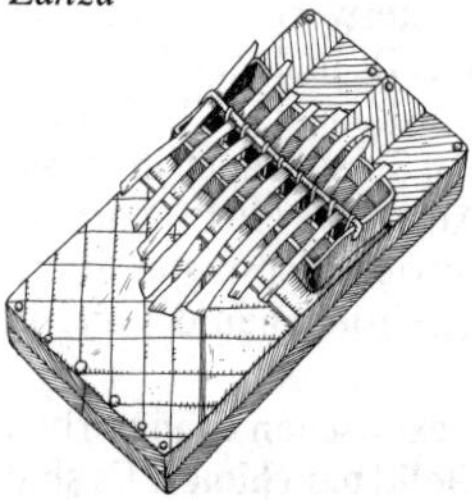

Maultrommel

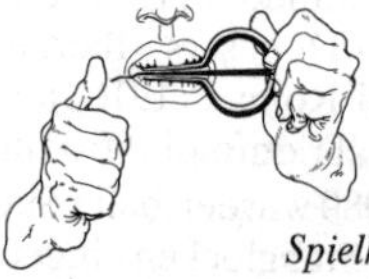

Spielhaltung

Im ganzen schwarzbevölkerten Afrika sind Varianten der Zanza zu sehen und als Reiseandenken zu kaufen. An der Schmalseite eines rechteckigen Brettchens oder Kästchenresonators sind 8 (selten mehr) Eisenlamellen so nebeneinander eingespannt, daß die freien, ungleich langen Enden etwa 1 cm über dem Brett, parallel zu seiner Oberfläche, schweben. Sie können zum Stimmen in ihrer Halterung verschoben werden, wodurch die Länge des schwingenden Teils verändert wird. Dadurch lassen sich beliebige Tonsysteme mühelos herstellen.
Zum Spielen hält man das Brettchen mit beiden Händen. Der Daumen bleibt unten, und die anderen Finger zupfen die Lamellenenden. Daraus erklärt sich die fast symmetrische Verteilung der Lamellen: die längeren sind in der Mitte, den Zeigefingern zugänglich, die kürzesten ganz an

der Seite, den beiden kleinen Fingern zugeordnet. Über diese Spieltechnik läßt sich auch begründen, warum die meisten, selbst aus verschiedenen Gegenden stammende Zanzas 8 Lamellen aufweisen: Die Zahl entspricht derjenigen der Spielfinger.
Etwas weiter entwickelt und ebenfalls in moderner Technologie nachgebaut, ist die **Kalimba** gleicher Struktur, aber mit größerem Tonumfang. Sie ist in G-Dur gestimmt, wobei die Töne sich abwechselnd links und rechts folgen, wie aus dem Schema ersichtlich.

An einem Ende eingespannte Lamellen aus dünnem Metall trafen wir schon bei Zungenregistern der Orgel an sowie beim Harmonium, bei der Mund- und Handharmonika. In diesem Zusammenhang kann man sich auch an die **Maultrommel** erinnern, obwohl sie strenggenommen nicht hierhergehört, da ihre Zunge als nicht gestimmter Schwingungsgenerator wirkt. Sie ist in einem zwischen den Zähnen zu haltenden Rahmen einseitig befestigt und wird am anderen Ende mit einem Finger gezupft. Die Tonhöhe wird dann durch Volumenveränderung der Mundhöhle (mit Wangen und Zunge) bestimmt. (Vorkommen: Borneo, Hawaii, Zentralafrika, Süditalien und, als früheres Volksinstrument, auch Deutschland.)

3.32 *Mit unbestimmter Tonhöhe*

3.321 **Der Triangel**

Der (oder das) Triangel, wichtigster Vertreter in der Gattung der Stäbe mit unbestimmten Tonhöhen, stellt den einzigen ungestimmten metallenen Klangstab dar und gleichzeitig das einfachste und, als Diskant der Schlagzeuggruppe, höchste Orchesterinstrument. Eine 10–15 mm starke, runde Stahlstange ist mit 2 Biegungen zu einem an einer Ecke offenen gleichseitigen Dreieck gestaltet (it. triangolo = Dreieck; daher scheint auch die Übernahme des italienischen männlichen Artikels logischer; allerdings ist auch das Neutrum durch lat. triangulum zu rechtfertigen). Früher

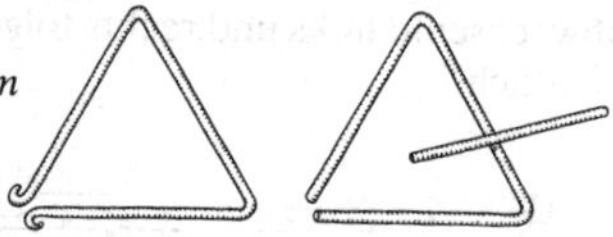

Triangel
Links: ältere Form

waren die zugespitzten Enden nach außen gebogen. Diese Haken fallen heute oft aus und dürfen ohnehin keinesfalls zum Aufhängen des Instruments benützt werden, da ein Festhalten der Enden die Schwingungsfähigkeit stark beeinträchtigt. Der Triangel wird an einer anderen Ecke mittels einer Saite aufgehängt – nicht etwa mit einer Schnur, die zu weich und deswegen dämpfend wäre.
Unkorrekterweise hängt man den Triangel oft an das Notenpult eines Schlagzeugers, so daß es hinter den Rücken der davorsitzenden Orchesterkollegen verschwindet. Er muß stehend in der Hand gehalten werden, aber so hoch, daß es über die Köpfe der Musiker hinausklingt (das Aufstehen ist zwecklos, wenn dabei der Triangel, wie oft zu sehen, doch noch vom Notenpult verdeckt bleibt). Die linke, mit dem Zeigefinger die (nicht zu lange) Saitenschlaufe haltende Hand ist auch deswegen wichtig, weil die anderen Finger dazu dienen, das ziemlich lange Nachklingen des Triangels durch Andrücken gegen den Handballen gebührend, der Partitur folgend, abzudämpfen.
Es sind verschiedene – wie bei fast allen ungestimmten Schlaginstrumenten wieder einmal 5 – Größen üblich, mit den Seitenlängen 12, 15, 20, 25 oder 30 cm (letzteres also fast 1 m lang!). Geschlagen wird mit 15–20 cm langen Stahlstä-

ben verschiedener Dicke, je nach gewünschter Lautstärke. Bei extremem Pianissimo wird eine Stricknadel verwendet. Man benützt:

a) für leichte Piano-Schläge die oberen Schenkel (rhythmische Figuren wechselseitig),

b) für Fortissimo den unteren, waagerechten Schenkel.

Sehr wirkungsvoll ist auch der Wirbel (Tremolo). Dazu schlägt man im Piano in Eckennähe zwischen 2 Schenkeln hin und her. Bei zunehmender Lautstärke ist immer mehr die Mitte der Dreieckseiten anzustreben: Die für den Stab erzielbare (energiereichere) Geschwindigkeit hängt von der verfügbaren Weglänge (Schlagweite) ab.

Beim Tamtam hatten wir eine der Ursachen für die ungestimmte Tonhöhe in den abgerundeten (statt abgewinkelten) Rändern erkannt. Hier ist die Situation ähnlich: Die Seitenlängen sind durch die Rundung der Ecken nicht geometrisch genau festgelegt, und dazu kommen die nicht gerade abgeschnittenen Enden, so daß die Folge der bis zu 16000 Hz reichenden unharmonischen Teilfrequenzen zu dicht ausfällt, um die Entstehung eines Grundtons zu ermöglichen. (Ganz im Gegensatz zur Stimmgabel, deren Schwingungsart praktisch nur den Grundton entstehen läßt.) Der Triangel erzeugt einen schrillen Metallklang, wozu das anschlagende Metall unbedingt erforderlich ist. Je kleiner seine Maße, desto höher und heller das Geräusch.

Der schon im Altertum bekannte Triangel (in Rom und Pompeji [mittellat.] **Tripos**) entstand aus der noch älteren, in allen Kontinenten vorhandenen, mit dem Sammelnamen **Sister** bekannten Metallrassel. Diese besteht aus einem mit Handgriff versehenen Metallbügel, durch den einige Metallstäbe so locker gesteckt sind, daß sie beim Schütteln klirren. Oft sind zusätzlich auf die Stäbchen ebenfalls klirrende Ringe oder Scheiben gesteckt. Kultgerät im alten Ägypten, Tempelrassel im klassischen Griechenland (altgriech. **Seistron**, von seíein = schütteln), behielt das Sistrum seine geistliche Bedeutung bis in den heutigen koptisch-christlichen Gottesdienst (vor allem in Äthiopien).

Ins Opernorchester zog der Triangel im 17. Jh. ein und kam im 18. Jh. auch ins Sinfonieorchester, vorerst mit der Janitscharenmusik untrennbar verbunden (Mozart, Beethoven). Dann errang er allmählich eine derartige Selbständigkeit, daß ihm im 1. Klavierkonzert von Liszt (1849) sogar gegönnt wird, allein mit dem Soloinstrument, rhythmisiert, zu dialogisieren.

Dem Triangel ist jede dramatische Wirkung fremd. Sein freudiger Glanz, sein strahlendes Licht eignet sich (bei nicht abstumpfendem, sparsamem Gebrauch) vorzüglich zur Färbung hoher Holzblasinstrumente. Er überstrahlt aber auch das gesamte Orchester, dem er Klangkronen aufsetzt. Was aber meistens vergessen wird: Bis Mitte des 18., spätestens Anfang des 19. Jh. wies er noch 3–5 über die untere Stange geschobene Klirr-Ringe auf.

Von folgenreicher Bedeutung für den Einsatz des Triangels war der exotisierende lange Wirbel in Glucks »Iphigenie auf Tauris« (1779). Einzelschläge sind z. B. in der 5. Sinfonie von Dvořák zu hören, der in der Sinfonie »Aus der Neuen Welt« (1893) auch Wirbel vorschreibt. Mustergültig bleibt der Einsatz in der »Carmen«-Ouvertüre von Bizet (1875), wo der Triangel den Beckenglanz fortsetzt und auf den leichten Taktteilen 2 und 4 gut zu hören ist, während das Paukenpaar auf 1 und 3 Tonika und Dominante (abweichend vom klassischen Gebrauch, im Quintabstand) markiert.

3.322 **Holzstäbe**

Es wird überall von der naheliegenden Möglichkeit Gebrauch gemacht, zur Unterstützung des Rhythmus 2 Holzstäbe aufeinanderzuschlagen. Ihre uns bekannteste Form sind die der aus der Karibik und aus Brasilien stammenden **Claves**. Es sind dies 2 gleiche, etwa 20 cm lange, 20–30 mm starke Hartholzzylinder aus Palisander, Ebenholz oder Grenadill (heute gibt es auch billige Claves aus Plastik). Das eine Stück muß in der linken Hand sehr frei zwischen Zeigefingerspitze und Daumenkuppe so gehalten werden, daß es nur noch auf dem kleinen Finger aufliegt. Dabei bleibt die Hand mit der Wirkung eines Luftresonators hohl. Schlägt man mit dem anderen Stück dagegen, muß ein heller Xylophonklang entstehen, mit je nach Schlagstelle unterschiedlicher Färbung.

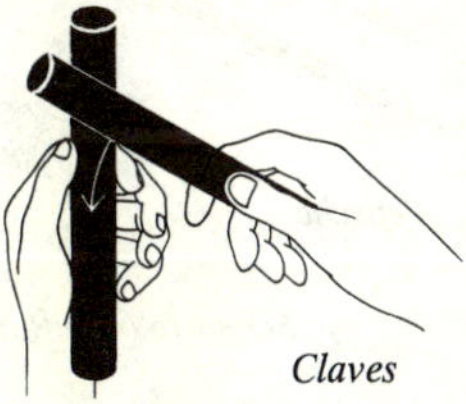

Claves

Nicht quer, sondern frontal zusammengestoßen werden die Holzklötzchen der italienischen, aus Neapel stammenden **Triccaballacca**. Bei dieser Klapper sind 3 Schlaghölzer wie Hammerköpfe an Stielen angebracht, die unten drehbar zusammengehalten werden. Jede Hand hält einen der beiden seitlichen Stiele und schlägt deren Köpfe gleichzeitig gegen den mittleren. – Mit diesen und anderen, nicht weniger rudimentären Geräuschutensilien ziehen einige – ansonsten geübte – Musikanten als kleine erheiternde Gruppe in farbenprächtig kostümierten, mehr lärm- als musikfreudigen folkloristischen Umzügen mit (vgl. 4.224).

3.323 **Holzlamellen**

Der einfachste Lärmerzeuger dieser Kategorie ist eher ein fastnächtliches Attribut als ein Musikgerät: die **Pritsche**. In einem Holzscheit sind, durch Einsägen in Längsrichtung, nicht ganz bis an das als Handgriff dienende Ende reichende, parallele Lamellen freigelegt. Beim Aufschlagen auf den Körper entsteht mehr Lärm als Schmerz, was auch bei Clowns erheitert.

Ernster zu nehmen, da im Orchester möglich, sind zwei andere Einrichtungen. Das ist zum einen die **Peitsche** (oder **Slapstick**): Auf einem kräftigen langen und schmalen Brettchen mit Handgriff ist eine passende, dünnere Holzlamelle mittels eines Scharniers an der Schmalseite vor dem Griff

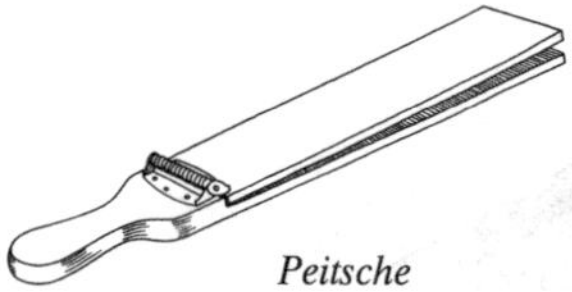

Peitsche

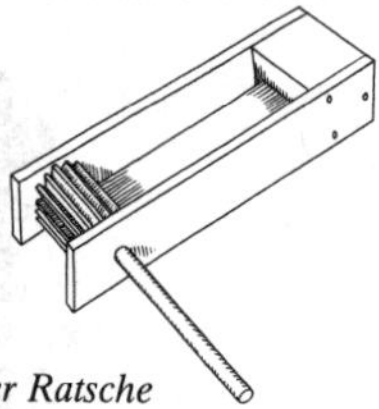

Schnarre oder Ratsche

befestigt. Läßt man durch plötzlich abgestoppte Schleuderbewegung das Brettchen aufschlagen, entsteht ein trockenes, einem Peitschenknall sehr ähnliches Geräusch. Berühmt ist der Beginn des Klavierkonzerts (G-Dur) von Ravel (1931), wo die Peitsche das unvorbereitete Konzertpublikum aufschreckt. – Es sind 4 verschiedene Größen erhältlich; mittlere Maße: 3×25 cm.

Etwas komplizierter gebaut ist die weltweit in ähnlicher Ausführung beliebte **Ratsche**, **Rätsche** oder **Schnarre**. Mit einem in der Hand zu haltenden Stiel ist ein hölzernes, breites (zylindrisches) Zahnrad verbunden. Ein um den Stiel drehbarer Holzrahmen schließt das Rad ein. An seiner äußeren Seite ist eine Holzlamelle derart eingespannt, daß ihr freies Ende gegen den Zahnzylinder gedrückt wird. Beim Herumschwingen der ganzen Konstruktion knattert die Zunge durch schnell aufeinanderfolgendes Aufschlagen auf die Zähne. Die Ratsche wird in orthodoxen Klöstern und Kirchen während der Fastenzeit gebraucht, wenn die Glocken schweigen (vgl. 3.225). Ihre bekannteste Orchesterstelle ist im »Till Eulenspiegel« (1895) von Richard Strauss zu finden.

In Mexiko kennt man **Matracas** genannte Riesenrätschen.

3.4 Diverse

3.41 *Mit bestimmter Tonhöhe*

3.411 **Das Steinspiel**

Die ältesten prähistorischen Schlagsteine wurden in Vietnam gefunden. In China kennt man in Rahmen aufgehängte, gestimmte, L-förmige Steinplatten. Einzelne große, ebenfalls hängende Platten sind auch in Afrika im Gebrauch. Im viktorianischen England hat man ein dem Xylophon ähnliches Instrument mit Steinriegeln bestückt, und schon 1837 ließ Franz Weber in Wien ein Steinspiel mit abgestimmten Alabasterplatten bauen. Heute aber ist das **Lithophon** (griech. lithos = Stein) in der von Carl Orff gewünschten Gestalt bekannt: In einem Rahmen sind etwas schief übereinander horizontal gelagerte, linsenförmige

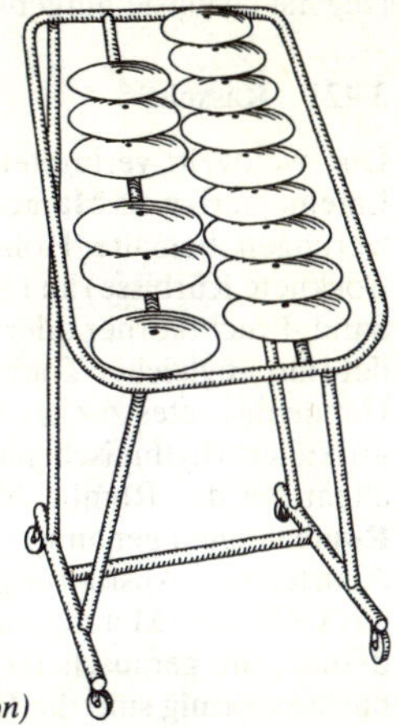

Steinspiel (Lithophon)

Steinscheiben in lyraähnlicher Anordnung angebracht. Sie stehen in chromatischer Folge mit einem die Oktave etwas übersteigendem Umfang, denn der Tonvorrat reicht von b^3 bis c^5. Die Natursteinkörper mit Durchmessern von 17 bis 22 cm sind in der Mitte zur Halterung durchbohrt und schwingen sonst ganz frei. Das Gesamtgewicht ist naturgemäß beträchtlich: über 40 kg. Zu hören ist das Lithophon z. B. in Orffs »De temporum fine comoedia« (1972).

3.42 *Mit unbestimmter Tonhöhe*

Die noch ausstehenden, in diese Abteilung gehörenden Instrumente – einschließlich der bereits besprochenen Claves – zählt man nach ihrem häufigsten Vorkommen zum südamerikanischen Schlagzeug, wenn auch ihre Ursprünge sehr verschieden und sie in ähnlicher Form auf vielen Kontinenten bekannt sind. Den größten Erfolg hatten sie jedoch in Volkstänzen Lateinamerikas, wohin die afrikanischen Negersklaven sie mitgebracht hatten.

3.421 **Rasseln**

Die weltweit verbreiteten Gefäßrasseln kennt man in Lateinamerika als **Maracas**: aus Holz gedrechselte, mit Verzierungen bemalte Hohlkugeln (früher ausgehöhlte, getrocknete Kürbisse) an Holzstielen. Im Innern befinden sich Sand, Fruchtkörner oder Schrot. Immer paarweise verwendet (mit ungleicher Tonhöhe), läßt sich durch Rotation der Hände diskretes zischendes Rauschen erzeugen, oder man artikuliert rhythmisch mit Stößen aus dem Handgelenk, vor allem bei der Rumba (daher werden diese Rasseln auch **Rumbakugeln** genannt).
Abarten sind Ausführungen in Metall und die **Schüttelrohre** aus Holz oder Metall: einfache geschlossene Zylinder, wiederum mit geräuscherzeugendem Material gefüllt. Eher büchsenförmig sind die **Chocolos**.

Ähnliche Funktion kommt der **Cabacca** zu (andere Schreibarten: **Cabaca**, **Cabaza**, **Cabasa**). Wiederum geht es hier um einen ausgetrockneten Kürbis mit Stiel; die Geräuscherzeuger sind Glas- oder andere Kügelchen an Schnüren, die aber um den Kürbis gespannt sind. Die für industrielle

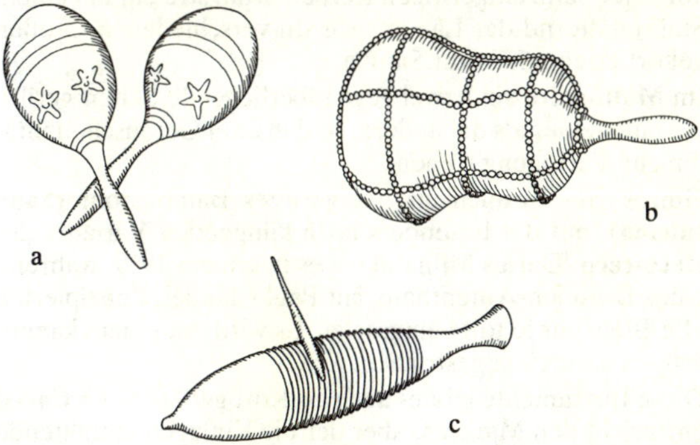

Maracas (a), Cabacca (b), Guiro (c)

Herstellung geeignetere, gleichen Zwecken genügende hölzerne Cabacca besitzt einen zylindrischen Hohlkörper, um den herum etwa 10 farbige Perlengirlanden nebeneinander in Parallelkreisen gelegt sind. Es gibt davon kleine, mittlere und große Modelle. Die Cabacca gehört zur Samba und zum Bossa Nova. Sie wird nicht nur geschüttelt, sondern auch mit ihrem breiten Teil so auf die linke Hand gelegt, daß die Girlanden unbeweglich bleiben, wenn die rechte Hand den Zylinder ruckweise hin- und herdreht.
Das gleiche Prinzip erfüllt auch das viel größere **Shekere**. Hier werden sehr große (auch Flaschen-)Kürbisse wiederum außen mit anschlagenden und reibenden Kugeln oder kleinen Muscheln versehen, die aber hier durch die Fäden eines der jeweiligen Kürbisform angepaßten Netzes gehalten sind.

3.422 **Schrapinstrumente**

Der früher für magischen Zauber geschrapte Tierknochen (mit gerillter Oberfläche) ist zum heutigen kubanischen **Guiro** geworden: ein ausgehöhlter, länglicher Kürbis mit auf einer Seite eingeritzten Kerben. Man streicht mit einem Stab knatternd der Länge nach. In verschiedenen Größen gehört er ebenfalls zur Samba.

Im **Multi-guiro** sind zwei gegenüberliegende Seiten gerillt, die eine feiner als die andere, so daß zwei Geräuschqualitäten zur Verfügung stehen.

Guiros gibt es auch als quergerilltes Bambusrohr (**Sapo cubana**), mit der besonders hoch klingenden Variante des **Reco-reco**. Darius Milhaud hat es in seinem 1919, während eines Brasilien-Aufenthalts mit Paul Claudel, konzipierten »Le Bœuf sur le toit« eingesetzt. Es wird mit einem kammartigen Brettchen gestrichen.

Diese Instrumente gibt es auch als Korbgeflecht: das **Caxixi** entspricht den Maracas, aber der die Einlagen enthaltende Behälter ist geflochten. Die brasilianische **Ganza** ist ein zylindrischer Korb, an dem man reibt.

Hier ist der Moment gekommen, einen Punkt zu setzen, weil man der blühenden lateinamerikanischen Phantasie unmöglich in vollem Umfang gerecht werden und allen laufend erfundenen oder wiederentdeckten Neuheiten folgen kann. Auf die Cuica wird in anderem Zusammenhang (s. 4.224) noch zurückgekommen.

4 Miscellanea

4.1 Effektgeräte

Für Tanzmusik und als Opernrequisit werden Ton- und Geräuschquellen verwendet, für die es müßig wäre, eine Zuordnung zu raffinierteren Musikinstrumenten zu erzwingen. Vielfach handelt es sich darum, Töne aus der Natur oder aus dem Alltagsleben nachzuahmen.

4.11 *Luftquellen*

4.111 **Pfeifen**

Die einfache **Signalpfeife** (engl. **Whistle**) ist im Prinzip eine sehr kleine, schrille Schnabelflöte aus Metall. Ihre in einem T zusammengefügte Dreierkombination, bei der einfach durch Drehen die verschiedenen Größen sofort austauschbar sind, ist als **Samba Whistle** bekannt. Sind 3 Signalpfeifen parallel an- und einem einzigen Mundstück zugeordnet, entsteht ein dreifacher Ton.
Bei der wohlbekannten **Trillerpfeife** von Polizei und Sportschiedsrichtern gehört die Anblasekante zur Öffnung eines kleinen Hohlraumresonators (Kugel oder Zylinder), in dem ein durch den Luftwirbel herumgejagtes Kügelchen den Ton zum Triller macht.
Einen analogen Bau, aber einen größeren, mit Wasser zu füllenden Behälter weist die **Vogelstimme** auf. Durch das gurgelnde Wasser läßt sich das Vogelgezwitscher recht gut nachahmen.

4.112 **Die Autohupe**

Die altertümliche Autohupe funktioniert nach dem Prinzip der Harmonikazungen. Der Generator befindet sich am Eingang eines mehr oder weniger langen und gewundenen Horns. Die Luft wird durch Zusammendrücken eines Gummiballs geliefert. Das »Instrument« gehört zum Straßenlärm in Gershwins »An American in Paris« (1928).

4.113 **Die Sirene**

1819 erfand Charles Cagniard de la Tour, ein Pariser Physiker (1777–1859), zur Messung der Tonfrequenz die Sirene, welche später als Schiffs- und Fabriksirene alltägliche Verwendung fand: Eine Scheibe ist längs eines Kreises so mit schräg gebohrten Löchern versehen, daß sie durch einen dagegengeblasenen Luftstrom in Umdrehung versetzt wird. Diese Bewegung unterbricht aber dieselbe Luftzufuhr mit einer Frequenz, die bei genügender Geschwindigkeit in den Tonbereich fällt.

Wenn m die Zahl der Löcher ist und die Scheibe n Umdrehungen in der Sekunde ausführt, entsteht die Unterbrechungs-(= Ton-)Frequenz $f = m \cdot n$. Es genügt, n zu messen, um die Tonfrequenz zu bestimmen.

In kleiner Ausführung, als Mundsirene, wird daraus ein Spielzeug oder ein Effektinstrument, das z. B. in Hindemiths »Kammermusik Nr. 1« (1921) am Ende kurz aufheult.

4.12 *Körperschall*

4.121 **Der Amboß**

Den Amboß, die verkleinerte, formgleiche Ausführung eines wirklichen Schmiedeambosses, gibt es in 4 verschiedenen Größen und entsprechenden Klanglagen. Er wird mit einem Metallhammer geschlagen, was in einigen Lehrbüchern zur Verwechslung mit dem eigentlichen, auf ein Holzbrett zu schlagenden »Hammer« führt. Schon Lully sah den Amboß vor (»Iris«, 1677), aber er erscheint auch in moderneren Opern, z. B. im »Trovatore« (1853) von Verdi und bekanntlich in Wagners »Siegfried« (1876), wo zwar auf der Bühne der zum spektakulären Aufspalten vorbereitete Amboß zu sehen ist, der zu hörende Amboß aber im Orchestergraben steht.

4.122 **Pferdehufe**

Zur Imitation des Klangs von Pferdehufen dienen zwei Vorrichtungen, nämlich
a) 2 halbe Kokosnußschalen, die man gegeneinanderschlägt, oder
b) 2 zylindrische, oben als Halbkugeln abgeschlossene Holzglocken, die nebeneinander an ihrem geraden Rand auf ein Brettchen geklebt sind. Man schlägt mit einem Trommelstab abwechselnd auf sie, wobei etwas ungleiche Klänge entstehen. Die ungefähren Ausmaße betragen: Durchmesser 5 cm, Höhe 14 cm, Brettchen 10×20 cm.

4.123 **Das Donnerblech**

Ein einige Meter langes, aufgehängtes Stahlblech gibt durch Schütteln oder Anschlagen mit Schlegeln verschiedener Härte eine gute Donnerimitation. In Cages »First Construction (in Metal)« für Schlagzeugsextett (1939) zu hören.

4.124 **Die Windmaschine**

Zur Nachahmung des Windes (R. Strauss: »Don Quijote«, 1897, »Eine Alpensinfonie«, 1915; auch in Opern beliebt) dient eine etwas sperrige Maschine. Sie besteht aus einem mittels Kurbel drehbaren breiten Holzzylinder von etwa

70 cm Durchmesser, aus dem, parallel zur Achse, Holzleisten hervorstehen. Diese streifen gegen ein darumgespanntes Jutetuch. Die gewünschte Imitation gerät sehr zufrie-

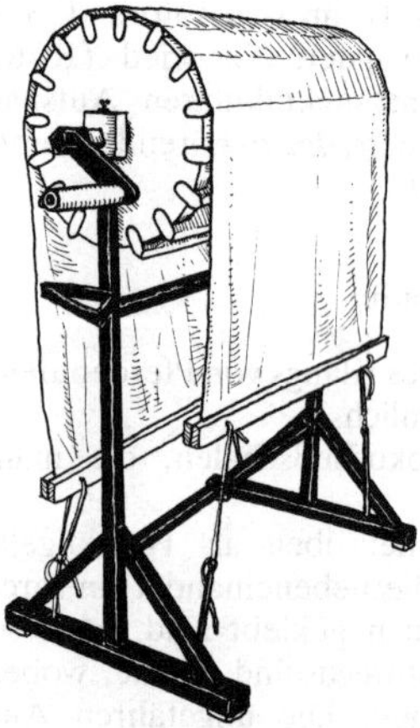

Windmaschine

denstellend, wenn gekonnt unregelmäßig gedreht wird. Die Windmaschine gehört auch zu Ravels »L'Enfant et les sortilèges« (1920–25).

4.2 Friktionsinstrumente

Befände sich nicht ein spezielles lateinamerikanisches Friktionsinstrument (lat. fricare = reiben, streichen) im kommerziellen Aufschwung, die Cuica, könnte man diese Kategorie, der sonst nur relativ primitive Klangerzeuger angehören, vernachlässigen. Wird jedoch auf sie eingegangen, sollte man auch andere, wennschon weitgehend vergessene oder kaum über den lokalen Volksgebrauch hinausgewachsene Instrumente wenigstens kurz anführen.

4.21 *Gestrichenes Metall*

4.211 **Die Nagelgeige**

Mit der **Singenden Säge** (s. 3.218) wurde schon ein Friktionsinstrument erwähnt, das mit einem Streicherbogen gestrichen wird. Gegenüber den ebenfalls gestrichenen Saiten besteht der Unterschied in der körpereigenen, nicht erst durch das Einspannen gewonnenen Festigkeit.
Dies traf auch bei der in der Mitte des 18. Jh. durch Johann Wilde in St. Petersburg erfundenen **Nagelgeige** zu. Längs des Randes eines flachen Halb- oder Dreiviertelkreisresonators waren 12, 18 oder 24 verschieden lange und dicke, abgestimmte Eisenstifte senkrecht aneinandergereiht, die durch einen herumzuführenden Streicherbogen zu Querschwingungen angeregt wurden. Der damit konzertierende Böhme Senal spannte in seiner **Violino-Harmonika** noch 15 klangabrundende Resonanzsaiten quer über die Grundplatte (Wien, 1780).

4.22 *Mit Trommelfell*

4.221 **Friktionstrommeln**

Trommeln werden nicht nur geschlagen, sondern auch durch Reiben des Fells mit den Fingern oder mit der Handfläche zum Klingen gebracht, wie z. B. die **Nunut** genannte Trommel Neuirlands (Melanesien).

4.222 **Der Waldteufel**

Dieses aus China stammende, Brummtöne hergebende Kinderinstrument ist denkbar einfach: Eine Schnur umschlingt die Ringkerbe eines Handgriffs. Ihr anderes Ende ist in Membranmitte einer leichten Trommel (Papier oder Pergament über dünnem Blech- oder Kartonzylinder) angeknotet. Schwingt man die Trommel vertikal im Kreis herum, so entsteht durch die Reibung der Schnur in der Kerbe (weil diese entweder nicht glatt geschnitten oder mit Kolophonium bestrichen ist) ein Reibgeräusch, das durch die Schnur auf das Trommelfell übertragen und dort verstärkt und ausgestrahlt wird.

4.223 **Reibtrommeln**

Die Reibtrommel, **Brummtopf** im Volksmund, ist weltweit bei zahlreichen Kulturkreisen und in verschiedenen Formen verbreitet. Gemeinsam ist ihnen ein Fell, das in der Mitte durch Reiben mittels Schnüren oder Stäben angeregt wird. Es sind hier zwei Prinzipien zu unterscheiden:

a) Die elementarste Kategorie umfaßt Instrumente, bei denen durch ein Loch in der Mitte des Trommelfells entweder ein Strick (auch ein Pferdeschweif) hindurchgezogen oder ein Stab rhythmisch gestoßen und gezogen wird.

b) Ein relativ ähnliches Vorgehen besteht im Aufsetzen

eines zwischen den Handflächen gehaltenen Stockes. Durch Aneinanderreiben der Hände kommt dieser zu Drehbewegungen, die durch Oberflächenreibung das Fell zum Rauschen bringen.

4.224 **Trommeln mit Friktionsstab**

Der senkrecht in der Mitte auf das Trommelfell aufgesetzte Stab kann auch fest mit diesem verbunden sein. Dann wird der Stab in Längsrichtung gerieben, so daß er zu auf das Fell übertragenen Längsschwingungen kommt. Der Vorgang wird durch Einreiben der Hände mit Kolophonium erleichtert. Ein solches **Caccavella** oder **Pu-ti-pu** genanntes elementares Instrument gehört zu den traditionellen, lärmenden Volksfesten von Piedigrotta, zusammen mit der Triccaballacca.

Piedigrotta heißt ein Quartier von Pozzuoli bei Neapel, in dem am 8. September ein so ausgelassenes Fest stattfindet, wie es sich in aller Welt nur die ärmsten Volksschichten kompensierend zu leisten verstehen. Allerdings nahm bis 1860 auch der königliche Hof in vollem Ornat an diesem Bacchanal teil. Dieser Tradition entsprang das »klassische« neapolitanische Volkslied (wer kennt die Gattung der »Funiculì-funiculà«, »O sole mio« usw. nicht?).

Nach dieser vorbereitenden Übersicht über die Friktionsinstrumente läßt sich endlich zu ihrem heute erfolgreichen lateinamerikanischen Vertreter kommen, von dem eingangs die Rede war, zur **Cuica**.

Über einen Stahlzylinder ist mittels regelbarer Spannschrauben ein Tierfell gespannt, in dessen Mitte ein Stahlstab, senkrecht ins Innere ragend, befestigt ist. Seine Länge ist der Höhe der Trommel gleich. Das Instrument bleibt unten offen. Es wird mit dem linken Arm mit nach rechts gerichteter Öffnung so gegen den Körper gehalten, daß der rechte Arm hineingreifen und die Hand den Stab mit angefeuchteten Fingern oder mittels eines feuchten Tuchs zur Erzeugung von Längsschwingungen reiben kann. Die Cuica stellt somit das einzige Instrument des geläufigen Instru-

mentariums dar, das auf Longitudinalschwingungen in festen Körpern beruht.
Die Vorgänge im Innern des Klangstabs sind denen der Luftsäulen von Blasinstrumenten analog. Elastische Gleichgewichtsstörungen pflanzen sich in beiden Richtungen bis zu den Enden fort, wo sie zurückgeworfen werden. Durch ihre Überlagerung bilden sich stehende Longitudinalwellen. Auch hier sind wohldefinierte harmonische Frequenzen möglich, je nach der Dichte der Störungsfolge. Wiederum bilden sich unbewegte Schwingungsknoten (mit ganzzahliger Unterteilung der Stablänge) und dazwischenliegende Bereiche größter Längsbewegung (sehr kleiner Amplitude).
Während die rechte Hand die Schallquelle betätigt, drückt die linke auf das Fell, um dadurch seine Grundfrequenz mit einem der Stabtöne in Übereinstimmung zu bringen. Die dadurch entstehenden, scharf definierten Resonanzen sind sehr ausgeprägt und ergeben kreischende, selbst den betäubenden Samba-Schlagzeuglärm überklingende Schreitöne.
Auch die Cuica ist in verschiedenen Größen vorhanden, mit Durchmessern etwa zwischen 15 und 40 cm.

*

Es ist nicht möglich, das Szenarium der Schlag- und Geräuschinstrumente vollständig und endgültig abzustecken, vor allem weil immer wieder neue, verschiedenen exotischen Musikkulturen abgeschaute Instrumente im Handel angeboten werden. Außerdem macht sich mit eher imitatorischen als innovativen Absichten **elektronisches Schlagzeug** breit, bei dem runde oder polygonale, mit Schlegeln und Pedalmaschine perkutierte Schlagflächen nicht mehr selbst klingen, sondern elektronisch erzeugte Klänge auslösen, die in allen ihren Komponenten: Klangfarbe (von Großer Trommel bis Triangel), Klangkonsistenz (Becken verschiedenster Art) und Ausklingdauer, einfach durch Potentiometer kontinuierlich wähl- und einstellbar sind.

4.3 Elektrische Klangerzeuger

Die Elektrizität im allgemeinen und speziell die Elektronenröhre – heute der Transistor – konnten nicht ohne Auswirkung auf die Entwicklung von Musikinstrumenten bleiben. Die ersten, zu zahlreichen Scheinlösungen gekommenen Versuche, Pfeifenorgeln billig zu imitieren, sind durch Synthesizer und durch die sehr vielversprechende Digitaltechnik weitgehend überholt worden, aber: Die darin versteckten unzählbaren Möglichkeiten werden meistens kaum ausgenützt und bleiben noch Gegenstand von etwas exklusiven Untersuchungen in speziell eingerichteten Instituten, wie dem seit 1951 bestehenden Studio für elektronische Musik in Köln (WDR, Herbert Eimert) und dem Elektronischen Experimentalstudio des Südwestfunks Baden-Baden (Pierre Boulez 1952, Hans Peter Haller: Neugründung 1972), um nur einige zu nennen. In Frankreich sind besonders zu erwähnen: das Institut für »Musique concrète« von Pierre Schaeffer (1948) und das von P. Boulez geleitete Pariser IRCAM (Institut de Recherche et de Coordination Acoustique-Musique, 1976).
Aus der unübersehbaren Menge vergangener und gegenwärtiger Geräte stechen drei historisch beachtenswerte Anwendungen der Elektronik heraus, mit denen von Anfang an bewußt keinerlei Nachahmungen, sondern eine Erweiterung verfügbarer Klangfarben angestrebt wurde. Sie sollen, ohne Einzelheiten, wenigstens erwähnt werden.

4.31 *Der Neo-Bechstein-Flügel*

Der heute vergessene Neo-Bechstein-Flügel bleibt als eines der ersten Zeugnisse fruchtbarer Zusammenarbeit zwischen physikalischem Laboratorium und traditionsgebundenem Instrumentenbau erinnernswert. Bechstein baute 1928 auf Anregung des Physikers Walter Nernst dieses Instrument, bei dem der Ton von durch kleine Hämmer (»Mikrohämmer«) angeschlagenen Saiten mittels elektrischer Rückkopplung zeitlich gedehnt, crescendiert, oder überstark gedämpft, und durch Filterkreise gefärbt wurde.

4.32 *Das Trautonium*

Der Akustiker Friedrich Trautwein (1888–1956) stellte 1930 in Berlin ein rein elektronisches Instrument her, das **Trautonium**. Tonerzeuger waren elektronische Kippschaltungen (zuerst mit Glimmröhren, dann mit Elektronenröhren). In diesem 1stimmigen, über Lautsprecher zu hörenden Instrument regelte ein Manual die Tonhöhe, der Tastendruck die Lautstärke. Elektrische Filter-(Formant-)Kreise erstellten die Klangfarben.
Schon 1931 schrieb Hindemith ein Concertino für Trautonium. Auch Harald Genzmer widmete ihm 1939 ein Konzert. Im Jahre 1940 verbesserte der 1910 geborene Trautoniumspieler Oskar Sala das Instrument und vervollständigte 1949 die Erfindung zum **Mixturtrautonium**, mit 2 Manualen und sehr vielen Zusatzeinrichtungen, die ganz neue, für Theater-, Hörspiel- und Filmmusik geeignete Effekte schufen (wie z. B. die in Bayreuth damit realisierte Lösung des Problems der tiefen »Parsifal«-Glocken). Auch für dieses Instrument schrieb Genzmer 1952 ein Konzert.
Nochmals ist darauf hinzuweisen: es geht hier nicht um die Realisierung von Nachahmungen, sondern um klangliche Neugestaltungen. Dazu gehört die Möglichkeit, komplexe Frequenzgemische, einschließlich subharmonischer Komponenten, parallel gekoppelt laufen zu lassen, in einer an die Orgelmixturen erinnernden Weise.
Physikalisch besteht ein Klang aus Grundschwingung und den dazu ganzzahlig vielfachen Frequenzen der Obertöne. Elektronisch kann man, entgegengesetzt dazu, auch ganzzahlige Unterteilungen des Grundtons (die subharmonischen Frequenzen) erzeugen und beimischen.

4.33 *Ondes Martenot*

Während das Mixturtrautonium selten ist, erscheinen die **Ondes Martenot** bei mehreren französischen Komponisten als wesentliche Partiturkomponente: Olivier Messiaen (»Turangalîla«-Sinfonie, 1948), André Jolivet, Darius Milhaud, Arthur Honegger (»Jeanne d'Arc au bûcher«, 1938).
Maurice Martenot (1889–1980) war ein an Akustik interessierter Pianist, Schüler berühmter Lehrer (Alfred Cortot und Marguerite

Long). 1928, im Entstehungsjahr des Neo-Bechstein-Flügels, konstruierte er ein ebenfalls für neue Klänge erdachtes 1stimmiges elektronisches Instrument, welches derartige Bedeutung erlangte, daß die Pariser Musikhochschule einen Lehrstuhl dafür einrichtete. Wiederum sind Schwingkreise die Klangerzeuger. Frequenzbestimmende Elemente davon werden entweder durch Tastendruck umgeschaltet oder kontinuierlich gesteuert, wozu ein längs der Klaviatur vorbeigeführtes, mit einem Greifring versehenes Band dient. Zur Klangfärbung dienen auch hier elektrische Filterkreise. Zudem zog Martenot aus der prinzipiellen Unvollkommenheit von Lautsprechern insofern Nutzen, als er verschiedene Typen (zum Teil sogar mit Resonanzsaiten bespannt) zur zusätzlichen Klangfärbung beizog.

Eine wesentliche Rolle spielt die linke Hand, welche nicht nur die Filter zu bedienen hat, sondern auch und vor allem den Einsatz eines jeden Tons zeitlich und in der Gestalt bestimmt (bekanntlich hängt die Klangfarbe weitgehend von der Art des Einschwingvorgangs ab). Die Koordination der Hände ist nur durch eingehendes Berufsstudium in der erforderlichen Sicherheit zu erlernen, auch weil sehr viele Freiheitsgrade zum Erzielen der zahlreichen Effekte beherrscht werden müssen.

4.34 *Vom Orgelersatz zum Keyboard*

Aus den anfänglich als (auch mehrmanualige) Orgelimitation gedachten elektronischen Instrumenten entwickelte sich die artenreiche Gattung der **Keyboards**, deren Benennung auch dem Umstand entspricht, daß bei zunehmender Miniaturisierung der Schaltkreise die Klaviatur der den meisten Platz beanspruchende Bauteil geworden ist. Die physikalischen Prinzipien der elektrischen Klangfarbenbildung lassen sich in ihren historischen Grundlagen und Varianten in 5 Gattungen einteilen:

- Durch photoelektronische Abtastung von motorisch gedrehten Glasscheiben mit aufgezeichneten Sinuswellen entstehen Teiltonschwingungen, deren Addition mit einstellbaren Amplituden Klangfarben ergibt. Zur eigentlichen Orgelnachahmung werden auf den Scheiben die Klangkurven wirklicher Orgeln aufgetragen (**Lichtton-Orgeln**).

● Dasselbe Prinzip der synthetischen Teiltonaddition befolgte auch die **Hammond-Orgel**, bei elektromechanischer Erzeugung der Sinus-Komponenten.

● Umgekehrt können Klangfarben erzielt werden, indem man sie aus elektronischen Generatoren (einer pro Taste) von Sägezahn- oder Rechteckschwingungen (beide haben hohen Teiltoninhalt) über Filter heraussiebt.

● Die eigentliche, reine Elektronik begann 1964 ihren Siegeszug mit den **Synthesizern**, bei denen durch Steuerung (wie zum Beispiel über Tasten) der gewünschte Grundton eingegeben wird, nachdem alle Klangkomponenten mit fast unendlich vielen Variationsmöglichkeiten vorbestimmt wurden. Dabei ist nicht nur die auch zeitlich variable Teiltonzusammenstellung wählbar, sondern auch die Hüllkurve des klangfarbenbildenden Einschwingvorgangs und die Gestalt des Ausklangs. Es stehen außerdem zahlreiche Filter zur Verfügung sowie Ringmodulatoren, wodurch äußerst vielseitige und interessante Kopplungsmöglichkeiten auch mit äußeren Schallquellen entstehen. Für Nichtspezialisten auf diesem Gebiet sind in kleineren Klaviaturgeräten fertige, mit Registerhebelchen einschaltbare Klangfarbensynthesen vorbereitet.

● Die Digitaltechnik erschloß neue Wege. Irgendein Klang oder ein beliebiges Geräusch (auch echtes Orgelregister als Spezialfall) wird digital abgetastet, analysiert und gespeichert. Danach kann derselbe, nur einmal eingegebene Klang, über jedem beliebigen, durch die Taste eingegebenen Grundton, im Rahmen des gesamten Tonumfangs wieder aufgebaut werden.

Alle nicht sakralem Gebrauch reservierten elektronischen Orgeln und Keyboards verfügen über eingebautes Schlagzeug mit wählbaren Rhythmen, deren unveränderlicher Ablauf während eines Stükkes zwar den Grundsätzen des Jazz widerspricht, in der Rock-Musik aber sogar begrüßt wird. Dazu kommen immer raffiniertere Spielhilfen. Es sei hier nur an die automatische Begleitung erinnert, bei der es genügt, einen Grundton einzugeben (eine Taste!), Dur oder Moll zu steuern, um eine rhythmisierte, vollständige Orchesterbegleitung in der gewünschten Tonart herauszuholen.

Die technisch interessante Automatisierung fördert eine schon zu erfolgreich gewordene Oberflächlichkeit beim Musizieren und ist ein Hindernis auf dem Weg zur Aneignung wirklicher musikalischer Kenntnisse.

5 Das Orchester

5.1 Besetzung

Um den Begriff Orchester in seinen Wandlungen historisch zu verstehen, müßte man den ganzen Weg der Musikgeschichte beschreiten. Wir haben uns hier mit einer schematischen Zusammenfassung zu begnügen.

Renaissance. Die Natur der zum Erklingen einer Partitur oder einer Tabulatur einzusetzenden Instrumente wurde von den Komponisten noch nicht vorgeschrieben und hing vom gerade verfügbaren Instrumentarium (mit den dazugehörenden Musikern) ab. Immerhin begann schon Claudio Monteverdi (1567–1643) damit, nicht nur bestimmte Instrumente anzugeben, sondern sogar spezielle Spieltechniken zum Erzielen besonderer Effekte vorzuschreiben. In seiner Bestrebung zur praktischen Erforschung der Instrumentalcharaktere nahm er sogar Beethoven vorweg.

Barock. Der Komponist bestimmte für jede Partiturstimme das zugehörige Instrument (berühmte Ausnahme: »Die Kunst der Fuge« von J. S. Bach) und behielt sich dabei volle Freiheit in der Auswahl der Besetzung vor. Als Beispiel genügt es, die 6 »Brandenburgischen Konzerte« von Bach zu erwähnen, jene »Concerti grossi«, in denen sowohl die Zusammensetzung des Solisten-Concertinos als auch des Orchester-Tuttis von Werk zu Werk variiert. Zur Orientierung kann man sich als Zusammensetzung eines Orchesters jener Zeit ungefähr vorstellen: 2–3 erste, 2–3 zweite Violinen, 4 Bratschen, 2 Violoncelli, 1 Kontrabaß, 2–3 Oboen, 1–2 Fagotte, etwa 1–2 Flöten, ausnahmsweise 2 Trompeten und 1 Pauker. Dies ist allerdings mit vielen Abweichungen zu verstehen.

Über besonders imposante Mittel konnte allerdings Händel verfügen, indem er noch heute nicht übertroffene Mengen von Musikern und Sängern einsetzte, sei es für die im Freien aufzuführenden Werke (»Water music«), sei es für die Oratorien, bei welchen bis zu 700 Mitwirkende die Festlichkeit des Anlasses herausstellten.

Barockes Orchester

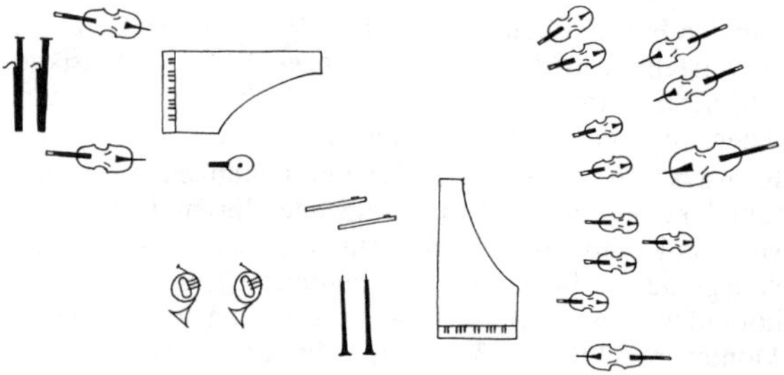

V o r k l a s s i k. Mit dem die Zeitgenossen überwältigenden Vorbild von Mannheim Mitte des 18. Jh. begann sich an der Schwelle zur Klassik eine eigentliche Orchesterkultur herauszubilden (obwohl jene berühmten »crescendi«, welche den durchreisenden Mozart so sehr beeindruckten, nicht von Stamitz stammten, sondern über Frankreich aus Italien gekommen waren, in Rom durch Francesco Geminiani eingeführt und 1749 von Niccolò Jommelli ins Orchester übernommen). In Mannheim wurde die anderswo immer noch veränderliche Orchesterbesetzung stabilisiert. Dazu gehörte auch die später konsolidierte Festlegung der Aufstellung von Instrumentengruppen. In dieser »deutschen« oder »alten« Disposition, die heute noch anzutreffen ist, befinden sich die Streicher im Halbkreis über die ganze Podiumsbreite in folgender Anordnung verteilt (von links nach rechts): erste Violinen, Violoncelli, Bratschen, zweite Violinen (also ganz rechts, den ersten Violinen gegenüber). Die Kontrabässe stehen halblinks hinten; daneben befinden sich die Bläser, meistens mit Holz links und Blech rechts.

Deutsche Orchester-Sitzordnung

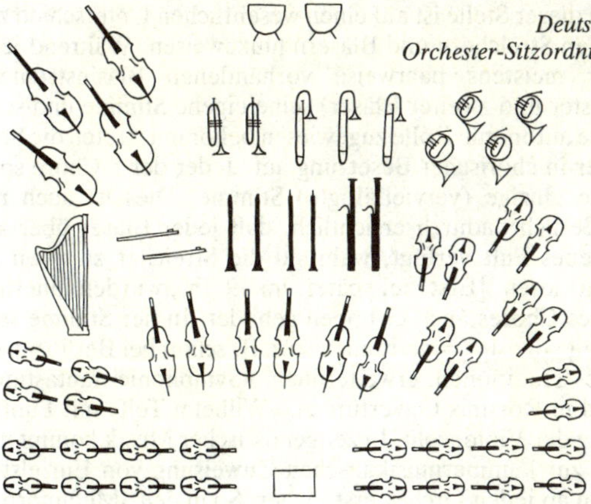

Oder die Bläser in 2 Reihen: vorn Holz, von Flöte links zu Fagott rechts über die ganze Breite verteilt; dann sitzen dahinter, erhöht, links die musikalisch oft mit dem Holz assoziierten Hörner, rechts Trompeten, Posaunen und Tuba; sinnvollerweise kommt so die Tuba in die Nähe des ganz rechts außen sitzenden Kontrafagotts. Die stark erhöhten Pauken hinten in der Mitte krönen die ganze Aufstellung.

Ist das Blech hinter den Holzbläsern postiert, leiden diese durch die direkt auf sie zukommende beträchtliche Lautstärke. Bei kleinerer Besetzung ordnet man deswegen gern das Holz auf 2 Reihen (die hintere etwas erhöht) im Rechteck so an, daß die ersten Pulte möglichst nahe zusammenkommen, um den gegenseitigen Kontakt zu sichern:

2. Klarinette	1. Klarinette	1. Fagott	2. Fagott
2. Flöte	1. Flöte	1. Oboe	2. Oboe

Die Doppelrohrblattinstrumente bilden auf diese Art eine geschlossene Gruppe. Links davon, manchmal auch rechts, sind dann die Hörner, rechts hinten die Trompeten, in der Nähe der zu ihnen gehörenden Pauken.

An dieser Stelle ist auf einen wesentlichen Unterschied zwischen Streichern und Bläsern hinzuweisen: Während jedes der meistens paarweise vorhandenen Blasinstrumente (erster und zweiter Bläser) seine eigene Stimme und somit eine autonome Rolle zugewiesen bekommt, treten die Streicher in chorischer Besetzung auf. Jeder der 5 Chöre spielt eine einzige (vervielfältigte) Stimme. Dies ist auch rein äußerlich dadurch ersichtlich, daß jeder Bläser über sein eigenes Pult verfügt, während die Streicher zu zweit ein Blatt lesen. [Erst viel später, im 19. Jh., wurden innerhalb eines Chores auch Gruppen gebildet. In der Stimme steht dann »divisi« (= getrennt); so z. B. schon bei Berlioz in der alle Traditionen erweiternden »Symphonie fantastique« und in Rossinis Ouvertüre zu »Wilhelm Tell« mit Fünfteilung der Violoncelli. In zeitgenössischer Musik kommt man bis zur kammermusikalischen Zuweisung von Einzelstimmen an jeden Orchesterstreicher. So in den »Metamorphosen« für 23 Streicher von R. Strauss (1945).]
In berechtigter Analogie kann man die Rollen der einzelnen Streichergruppen mit denjenigen der Stimmlagen in einem Sängerchor vergleichen: Die ersten Violinen entsprechen der Sopranstimme, die zweiten dem Mezzosopran, die Bratschen dem Alt, den Violoncelli fällt die Rolle von Tenor und Bariton zu, den Kontrabässen die der Baßstimmen. Über die Zahl der Musiker in den einzelnen Gruppen einheitliche Angaben zu machen ist nicht möglich, weil von Ort zu Ort, von Hof zu Hof (fürstlicher Brotgeber und Veranstalter) und je nach den speziellen Umständen die Bedingungen wechselten.
Klassik. An der Orchesterbesetzung änderte sich nichts wesentlich, doch bildeten sich Wunschvorstellungen heraus. Beethoven erhoffte für die Aufführung der 7. und 8. Sinfonie folgende Stimmen: 4 erste, 4 zweite Violinen, 2 Bratschen, 2 Violoncelli und 2 Kontrabässe. Diese Zusammenstellung, plus 1 Flöte, 2 Oboen und 2 Fagotte, dazu 2 (sehr selten 4) Hörner und (nicht immer) 2 Trompeten mit Pauken, war in etwa die Normalbesetzung, denn bei Haydn und

Mozart erscheinen die beiden Klarinetten erst spät. Daß die Flöte sogar wieder in Beethovens 4. Sinfonie einfach besetzt war, ist eine Folge der allgemeinen Auffassung gewesen, sie sei als Melodieinstrument nicht wie das übrige Holz in harmonische Aufgaben einfügbar. Vor allem von Beethoven aber wurde auch die Flöte dann verdoppelt und an harmonischen Abläufen beteiligt. (Die Melodierolle kann ja auch anderen Holzbläsern zugewiesen werden; das wurde zuletzt der vorerst nur als Füllstimme beigezogenen Klarinette zugebilligt.)

Die allgemein übliche Auffassung von den limitierten Ausmaßen des »Mozart-Orchesters« ist nicht unbedingt richtig, schreibt doch Wolfgang am 11. April 1781 aus Wien seinem Vater (in bezug auf die C-Dur-Sinfonie KV 338): »Das habe ihnen auch neulich vergessen zu schreiben, daß die Sinfonie Magnifique gegangen ist, und allen Succés gehabt hat – 40 Violin haben gespiellt – die blaß-Instrumente alle doppelt – 10 Bratschen – 10 Contre Bassi, 8 violoncelli, und 6 fagotti.« Dies ist wohl als Ausnahme zu werten, wirft aber ein bezeichnendes Licht auf die Baßfreudigkeit der Zeit.

Als man 1784 in der Abteikirche von Westminster eine Händel-Feier zelebrierte, wurde ein 100köpfiges Orchester aufgeboten. Zwei Jahre später waren es, für ein ähnliches Programm, 125. Ebenfalls um die 100 Ausführende beteiligten sich an der historischen Uraufführung desjenigen Werkes von Beethoven, das zu seinen Lebzeiten den größten Erfolg erzielte: »Wellingtons Sieg oder Die Schlacht bei Vittoria« (Beethoven dirigierte dabei selber zwei sekundäre Dirigenten: Antonio Salieri und Joseph Weigl, jeder für ein separates, den beiden schlachtführenden Lagern zugeordnetes Orchester; berühmte Musiker wie Giacomo Meyerbeer und Ignaz Moscheles spielten mit). An der Uraufführung der 9. Sinfonie waren immerhin 24 Violinen beteiligt.

Selbst Haydn, der sich normalerweise mit einem bescheidenen Hoforchester begnügen mußte, durfte großzügige Sonderfälle erleben: Die 6 der Pariser Freimaurer-»Loge Olympique« von ihm zugeeigneten Sinfonien wurden 1785/86 mit 40 Violinen, 10 Kontrabässen nebst den dementsprechend verstärkten übrigen Streichern und Bläsern aufgeführt.

Wenn auch das Mannheimer Orchester mit seinen 40 Musikern zur europäischen Sensation wurde, verfügte die Berliner Oper schon 1787, wenigstens für Spezialfälle, über 61 Musiker. In der Regel bestand ein Orchester aus 30–35, nur zum Teil professionell ausgebildeten Musikern, 34 waren es in den »Concerts Spirituels de Paris«, wo die Geschichte der gepflegten und sorgfältig geprobten Sinfoniekonzerte unter François-Antoine Habeneck (1781–1849) begann. (Dort, nicht in Deutschland, hörte Wagner die Beethoven-Sinfonien zum ersten Mal in nichtdilettantischer Manier.)

Der Aufwand im Opernorchester war schon immer größer; so ging bei ihm neben der Umfangsvergrößerung die Vielseitigkeit des Instrumentariums gegenüber dem Sinfonieorchester auch deswegen zeitlich voraus, weil speziellen Instrumentalfarben symbolische Bedeutung zugeordnet wurden. Es war fast üblich, mit 8 ersten, 8 zweiten Violinen, 4 Bratschen, 4 Violoncelli, 4 Kontrabässen, 4 Hörnern, Harfe, doppeltem Holz, 2–4 Trompeten, 3 Posaunen und Tuba (vor ihrer Erfindung: Ophikleide) zu musizieren. Die Streicher waren also gegenüber der Besetzung im Konzertsaal verdoppelt und erreichten die noch heute als ideal geltende Zahl für Aufführungen von Musik aus dem klassischen Zeitalter, sollen die vom Komponisten vorgesehenen Lautstärkeverhältnisse zwischen den Instrumentalgruppen nicht zu sehr verfälscht werden. (Die Beethoven-Sinfonien, mit Ausnahme der für größere Besetzung vorgesehenen 9., hören wir dagegen anders, in diesem Sinne entstellt.)

R o m a n t i k. Es entstand schon am Ende der klassischen Periode der Wunsch nicht nur nach größerer Klangentfaltung, sondern vor allem nach höherem Klangfarbenreichtum.

Erwähnenswert ist die Überzeugung von Berlioz, zur Wiedergabe der Beethoven-Sinfonien sei nur ein Orchester würdig, das über Hunderte von Musikern verfüge. Seine Idealvorstellung eines Sinfonieorchesters umfaßte 467 Musiker, darunter 120 Geiger, 16 Hörner, 30 Harfen und 19 Pauker. (Die spektakuläre Uraufführung seines »Requiems« im Pariser Invalidendom, 1837, war nicht weit davon entfernt.)

Den ersten Schritt zur Erweiterung des Orchesters gegenüber dem Mannheimer Vorbild vollzog Beethoven mit dem 3. Horn (»Eroica«); es folgten das Kontrafagott (5. und 9. Sinfonie), die Posaunen (5. und 9. Sinfonie), die Pikkoloflöte (5., 6. und 9. Sinfonie), das 4. Horn und die Janitscharengruppe (beides in der 9. Sinfonie). Es ist zu beachten, daß meistens Pikkoloflöte und Kontrafagott gemeinsam auftreten, zur Erweiterung des Umfangs der Holzgruppe um je eine Oktave, nach oben wie nach unten.
Bei der weiteren Vergrößerung des Orchesters wurde das Holz vorerst auf 3 Instrumente pro Familie vermehrt, indem die vorher nur sporadisch hinzukommenden Nebeninstrumente (Pikkoloflöte, Englisch Horn, Baßklarinette, Kontrafagott) nicht mehr alternativ der zweite Bläser jeder Gruppe blies, sondern ein eigener Musiker. Gegen Ende des 19. Jh. ging man zu Vierergruppen über; so traten z. B. neben die beiden Normalklarinetten die Baßklarinette und die scharfe Es-Klarinette. Auch das Blech wurde verdoppelt: die Hörner zu 8, die Posaunen zum Quartett (inklusive einer Tuba); es erschienen die Wagner-Tuben; die Zahl der Pauken stieg auf 5, und das Schlagzeug wurde stark erweitert. Gegenüber dieser angeschwollenen Klangmasse konnten sich die Streicher nur durch Vergrößerung der Chöre behaupten, so daß es fast normal wurde, über 16 erste und 16 zweite Geigen und dementsprechend mehr andere Streicher zu verfügen, bis hinab zu 8(–10) Kontrabässen. Das etwa 40köpfige klassische Orchester wuchs somit auf etwa 100 Musiker an, wobei allein die Zahl der Streicher die Gesamtbesetzung des klassischen Orchesters übertraf. Solche riesigen Besetzungen nach dem Ideal des »Schmelzklanges« wurden zwar von Wagner für die Oper erdacht, griffen aber in die Sinfonik über, z. B. mit Bruckner.
Heute geschieht es bei der Aufführung klassischer Werke mit der viel bescheideneren Bläserbesetzung selten, aber doch, daß der ganze Streicherapparat beibehalten oder nur unzureichend reduziert wird. Allerdings waren die Mozart- und Beethoven-Sinfonien (mit Ausnahme der 9.) nicht für

die heutigen großen Konzertsäle geschrieben worden; Haydn komponierte zwar auch für einen nicht dem Adel reservierten, sondern ebenso dem bürgerlichen Publikum zugänglichen, relativ großen Saal in London, die aufmerksamen Hörer waren aber noch nicht durch den Klangrausch des Bruckner-Orchesters oder durch Strawinskysche Rhythmus-Orgien verwöhnt. Unter den heutigen Bedingungen, da doch jeder mittlere Konzertsaal an die 1000 Plätze bietet, erscheint der durch Mahler eingeführte und von Furtwängler übernommene Usus der Verdoppelung aller Bläserpartien, um bei der erforderlichen größeren Streicherbesetzung das Gleichgewicht wiederherzustellen, bei der Aufführung von Beethoven-Sinfonien ganz legitim.

20. Jahrhundert. Als (zum Teil kriegsbedingte) Reaktion auf die spätromantische Elefantiasis der Riesenorchester folgte eine Besinnung und oft der Rückgriff auf das Kammerorchester bei fast allen Komponisten. Richard Strauss hat nach dem großangelegten Sinfonischen Dichtungen (»Zarathustra« 1896, »Alpensinfonie« 1911–15) die »Metamorphosen« (1945) mit verringerter solistischer Streicherbesetzung (10 Violinen, 5 Bratschen, 5 Violoncelli, 3 Kontrabässe) sowie 2 Konzerte für Soli und kleines Orchester oder sogar nur Streicher geschrieben. Deutlicher führte Strawinsky beim Übergang vom Klangrausch des »Sacre du printemps« (1913) zur 7-Mann-Formation der »Geschichte vom Soldaten« (1918) eine radikale Abmagerungskur durch: nach dem aufrührerischen Durchbruch ins neue Zeitalter die raffiniert polyphone und polyrhythmische Konsolidierung (mit der vom Jazz übernommenen Konzentration des ganzen komplexen Schlagzeugs auf einen einzigen Spieler). Ebenso ließ Schönberg auf die aufgefächertste aller spätromantischen Farbpaletten (»Gurre-Lieder«, 1911) den asketisch profilierten und doch extrem durchkonstruierten Markstein der neuen Musiksprache folgen, den »Pierrot lunaire« (1912) für Sprechstimme und 5 Instrumentalisten.

Orchesterbesetzung für Schönbergs »Gurre-Lieder«: 4 Pikkolo-, 4 große Flöten, 4 Oboen, 2 Englisch Hörner, 7 Klarinetten, 2 Baßklarinetten, 2 kleine Klarinetten, 3 Fagotte, 2 Kontrafagotte, 10 Hörner, 6 Trompeten, 1 Baßtrompete, 7 Posaunen, 1 Kontrabaßposaune, 4 Tuben, 2 Pauken, 8 weitere Schlagzeuger, 1 Celesta, 4 Harfen und vielfach geteilte Streicher (davon sogar in der reduzierten Fassung – mit zusätzlich Harmonium und Klavier – mindestens 44).

Die Tendenz zur durchsichtigen Sachlichkeit erfaßte auch viele französische Komponisten. So besetzte Milhaud seine 2. »Suite symphonique« (1919) noch sehr großzügig und wünschte für das »Concertino d'été« (1950) zur Solobratsche nur noch 6 Bläser, 2 Violoncelli und einen Kontrabaß. Bei anderen Komponisten vollzog sich der Übergang vom jugendlichen Übermut zur reiferen Geklärtheit historisch später, so bei Messiaen mit den »Oiseaux exotiques« (1956) für kleines Orchester nach dem 10sätzigen, ausgiebigen Klangfarbenkatalog der »Turangalîla«-Sinfonie (1948). Aber auch der umgekehrte Weg kommt vor, vielleicht als nostalgische Reaktion. Hindemith schrieb in den Jahren 1921 ff. seine »Kammermusiken«, aber 1934 die Sinfonie »Mathis der Maler« und 1943 die »Sinfonischen Metamorphosen«.

Etwa ab Jahrhundertmitte lassen sich keine allgemein gültigen Regeln über die Orchesterbesetzung aufstellen, abgesehen von der meistens erweiterten Schlagzeuggruppe. Wie im Barock kann sie sich stark von Werk zu Werk ändern, wobei sehr oft ausgesprochen große Besetzungen, seit Mahler und vor allem Schönberg, mehr der Erzielung eines reichhaltigen Farbenspektrums als zur Entfaltung großer Lautstärken dienen.

5.2 Die Sitzordnung der Streicher

Im 18. Jh. waren die zweiten Geiger weniger gut ausgebildet als die ersten. Aus diesem Grunde traf noch J. J. Quantz (1697–1773) die Vorsichtsmaßnahme, die zweiten nicht nur in der Nähe, sondern hinter den ersten aufzustellen, um sie klanglich etwas abzuschirmen. Als aber die Orchesterpraxis in der Mannheimer Schule zur hauptberuflichen, volle Ausbildung voraussetzenden Tätigkeit wurde, konnte es sich der Abbé Georg Joseph Vogler (1749–1814) leisten, die zweiten Violinen von den ersten zu trennen (1777). Der in Italien geborene, aber zuerst in Paris, dann in Berlin zu Ehren gekommene Gasparo Spontini (1774–1851; der Preußenkönig Friedrich Wilhelm ernannte ihn 1820 zum »Generalmusikdirektor«) stellte ebenfalls die zweiten Violinen rechts auf, während sich früher alle Streicher links und alle Bläser rechts befanden. Die veränderte Aufstellung, »deutsch« oder »alt« genannt (vgl. Abb. S. 591), wurde exemplarisch und in der 1. Hälfte des 19. Jh. allgemein übernommen. Es folgen einander im Halbkreis um den Dirigenten herum von links nach rechts: erste Violinen, Violoncelli, Bratschen, zweite Violinen; die Kontrabässe stehen hinter den Violoncelli (linke hintere Podiumsecke) oder, bei sehr großer Besetzung, über die ganze Podiumsbreite hinten in der Höhe verteilt, nicht nur als optischen Abschluß, sondern auch als klanglich verbindendes Fundament.
Voraussetzungen für die Trennung der beiden Violinenchöre hatte die Klassik (Mozart, Beethoven) damit geschaffen, daß sie die zweiten Geigen von untergeordneten Füllaufgaben entband und ihnen in bezug auf Technik, Inhalt und Bedeutung den ersten Geigenstimmen äquivalente Aufgaben anvertraute. Dies bedingte eine professionelle Ausbildung auch dieser Musiker – ein Grund mehr, die Gruppe nicht mehr abzudecken und ihrem Dialog mit den ersten Violinen größere Klarheit und Durchsichtigkeit zu verleihen, auch unter Ausnützung des Raumeffekts.

Auf dieser Grundlage entwickelte sich, durch die steigenden Ansprüche bedeutender Komponisten gefördert, die Orchestertechnik ständig fort. Trotzdem glaubte man etwa

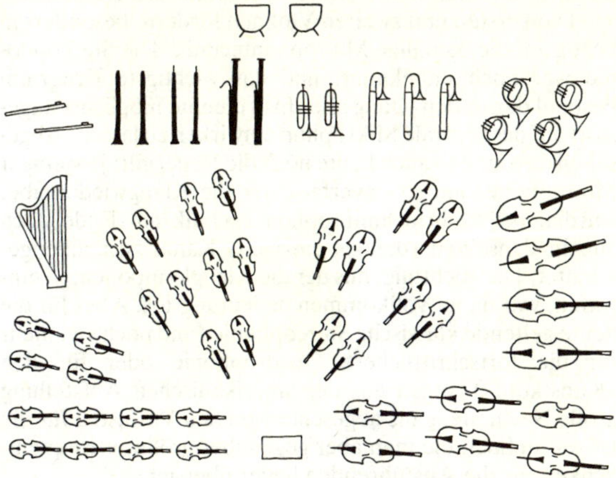

Amerikanische Orchester-Sitzordnung

in der Mitte des 20. Jh. in der Neuen Welt eine andere Orchesteraufstellung anregen zu müssen, die dann leider auch bei der Mehrzahl der europäischen Orchester und Dirigenten Anklang fand. Die Umstellung entsprach der typisch amerikanischen rationellen, wie so oft nicht durch historische Vorurteile gebremsten Denkart unter dem Drang, möglichst Probenzeit zu sparen und dennoch eine bis zu extremem äußerlichem Virtuosentum gesteigerte Präzision zu erzielen. Es war der Dirigent Leopold Stokowski (1882–1977), der die »amerikanische« oder »neue« genannte Aufstellung einführte, mit im Streicherhalbkreis um den Dirigenten von links nach rechts sinkenden Tonlagen, in der Reihenfolge, wie sie in der Partitur stehen: erste Violinen, zweite Violinen, Bratschen, Violoncelli.

Hinter den Celli stehen die Kontrabässe am rechten Podiumsrand.
Es ging darum, einer gewissen Logik zu folgen, aber vor allem wollte man den Kontakt und damit das Zusammenspiel von ersten und zweiten Violinen fördern, besonders in bezug auf die damalige Mikrophontechnik. Die Stereophonie war noch unbekannt, und das wichtigste Kriterium bestand darin, den Klang aller Instrumente möglichst ungestört auf das zentrale Mikrophon einwirken zu lassen. Abgesehen davon, daß auch heute noch die Regel gilt: je weniger Mikrophone, um so unverfälschter die Klangwiedergabe, wurden bei Mehrfachmikrophon-Technik am Ende doch alle in denselben (damals einzigen) Kanal zusammengeschaltet. Die Richtung, aus der die Klangkomponenten eintrafen, war daher vollkommen bedeutungslos. Aber für die heute geltende klassische Stereophonie (und noch viel mehr für die fortschrittlichere Quadrophonie oder für den »Kunstkopf«) folgen aus der amerikanischen Aufstellung große Nachteile, ganz abgesehen von den Verlusten für die Hörer im Saal, die man aber gegenüber größerer Bequemlichkeit für die Ausführenden lieber übersieht.
Gegen die »deutsche« Aufstellung wird der Einwand ungenügenden Kontakts zwischen ersten und zweiten Geigen erhoben (Celibidache). Man vergißt dabei, daß »Tuchfühlung« auch zwischen anderen Streichergruppen nicht weniger wichtig ist, so z. B. zwischen ersten Violinen und Violoncelli (Brahms!). Außerdem bleibt auch bei der »alten« Aufstellung der Abstand zwischen den ersten Pulten von ersten und zweiten Violinen eng genug, um das Zusammenspiel zu sichern, auf jeden Fall weit unterhalb der Grenze, bei der die akustische Laufzeit eine Rolle zu spielen beginnt. Leider vergessen aber auch Akustiker und Architekten oft, bei Saalprojektierungen für gegenseitige Hörbarkeit der Musiker zu sorgen.

Die Tonempfindung unseres Gehörs weist eine gewisse Trägheit in dem Sinne auf, daß sie das materielle Ende eines Tons $^1/_{20}$ Sekunde = 50 ms (Tausendstelsekunden) überdauert. Es werden deswegen

alle Töne als gleichzeitig empfunden, die innerhalb dieser Zeitspanne eintreffen. Die entsprechende Wegstrecke beträgt $340 \cdot 1/20 = 17$ m. Bis zu diesem Abstand zwischen 2 Schallquellen kann also die physiologisch empfundene Gleichzeitigkeit gefordert und kontrolliert werden, was nicht alle Dirigenten wahrhaben wollen. Somit spielt die Distanz zwischen den ersten Pulten von ersten und zweiten Geigen überhaupt keine Rolle.
Andere Folge: Wenn der Abstand eines Orchestermusikers von der Rückwand 8,5 m nicht überschreitet, kehren die Rückwürfe seiner Töne innerhalb der Remanenzzeit von 50 ms zu ihm zurück und werden somit (da scheinbar gleichzeitig) als Schallverstärkung empfunden.

Die durch direkteren, auch optischen Kontakt erzielbare Erleichterung bei amerikanischer Sitzordnung kann trotz allem nicht geleugnet werden, jedoch bleibt für die Zuhörer der Verzicht auf die frühere Disposition zu bedauern. Schlimmer als im Konzertsaal wirkt sich die neue Aufstellung bei Schallplatten aus, da dann auch die Unterstützung des Hörerauges zur klärenden räumlichen Ortung ausfällt. Bei amerikanischer Aufstellung verschwinden die differenzierenden Klang- und Richtungsunterschiede der beiden Violingruppen. Bei Schallplatteneinspielungen bleibt die Versuchung, die schneller zur erforderlichen hohen Präzision führende Aufstellung zu wählen, besonders verlokkend. Das Kriterium des Zeitgewinns wird hier dominant wegen der damit gekoppelten Kostenminderung, um so mehr als aus Ersparnisgründen jede Schallplattenproduktion zum Wettlauf mit der Zeit wird.
Gegen die amerikanische Aufstellung können zwei Arten von Einwänden erhoben werden: akustisch und musikalisch begründete.

a) Akustische Überlegungen

Bei den Violoncelli ist die Abstrahlung höherer Klangkomponenten stark nach vorn gebündelt und fällt in seitlicher Richtung fast ganz aus. Wie die Violoncelli auch aufgestellt werden, sie spielen immer in Richtung auf den Dirigenten, der von seinem Standort aus auf jeden Fall das ihm zusagende Intensitätsverhältnis zu den anderen Streichergruppen festlegen und regulieren kann. Wenn sich aber die Violoncelli ganz rechts befinden, sind ihre höheren Partialtöne nicht gegen den Saal gerichtet. Die Gruppe ist deswegen dort nicht nur mit dumpferer Klangfarbe zu hören, sondern, weil die verdeutlichenden hohen Klangkomponenten fehlen, in schnellen Passagen auch so verschwommen, daß oft nur undeutliches, unartikuliertes Gemurmel den Hörer erreicht.

Dies ist noch nicht alles. Die rechts sitzenden Violoncelli richten ihren Klang auf die linke Seite der ersten Parkettreihen; im ganzen restlichen Saal sind sie weniger gut als die anderen Streicher zu hören. Der in privilegierter Lage stehende Dirigent darf nicht meinen, er habe das klangliche Gleichgewicht so hergestellt, wie er es hört – es erscheint im Saal grundsätzlich verfälscht.

Die Intensitätsverminderung kann bei gewissen Plätzen 15 dB erreichen und beträgt im Mittel 10 dB gegenüber den Parkettplätzen vorne links (nach Jürgen Meyer: Akustik und musikalische Aufführungspraxis. Frankfurt a. M. [2]1980). Jede Reduktion um 3 dB entspricht einer Halbierung der Schallintensität, und 10 dB weniger bedeuten zehnmal geringere Lautstärke. Wenn also die (seitliche) Violoncelli-Gruppe 10 Musiker aufweist, ergibt sich, im Mittel, dieselbe in den Saal ausgestrahlte Lautstärke wie von einem einzigen, frontal gegen die Hörer gerichteten Instrument. Dieser Nachteil entfällt bei deutscher Aufstellung, weil die Violoncelli dann direkt nach vorn in den Saal spielen.

Die amerikanische Position ist aber selbst in der linken vorderen Parkettzone, wo die Violoncelli gut zu hören sind, nicht ideal, da die zweiten Violinen, durch die ersten abgeschirmt, nicht genügend durchdringen; die Intensitätsverhältnisse der Streichergruppen sind gegenüber dem, was der Dirigent hört, auch hier entstellt.

Der Verdeckungseffekt der zweiten durch die ersten Violinen bewirkt bei amerikanischer Disposition eine Lautstärkereduktion um 5 dB, was einem Faktor 3 entspricht. Es hören sich also (auf den besten Plätzen!) die Geigen so an, als seien dreimal weniger zweite als in Wirklichkeit vorhanden.

Bei den Violinen macht sich eine weitere Eigenheit nachteilig bemerkbar: Für die Frequenzen unterhalb 1000 Hz erfolgt die Ausstrahlung nahezu homogen in alle Richtungen, aber um 1000 Hz beginnt, gegenüber der Blickrichtung des Orchestergeigers, eine nach rechts weisende Bündelung, die mit steigender Frequenz immer ausgeprägter wird. Die ersten Geigen strahlen also optimal in den Saal hinein. Hingegen werden die in deutscher Aufstellung rechts sitzenden zweiten Geigen klanglich etwas dumpfer, weil der in den Saal abgestrahlte Schall vorwiegend vom Geigenboden herstammt. Die hohen Klangkomponenten fallen allerdings nicht ganz heraus, wenn die Podiumdecke richtig gestaltet ist und wenn der so oft vorhandene (ganz zu verwerfende) oben herabhängende Querabschluß des Bühnenraumes fehlt. Bei architektonisch richtiger Gestaltung des Podiumraumes gehen die hohen Frequenzen der zweiten Geigen schief nach oben gegen den Hintergrund und werden von dort über die Podiumdecke in den Saal reflektiert. (Also weg auch mit den oft zu sehenden, die Rückwand verdekkenden Vorhängen!) Dieser Umweg der hohen Klangkomponenten erfolgt mit etwas Verlust, so daß im Endeffekt die zweiten Geigen etwas weniger brillant als die ersten klingen, wodurch eine klangliche Brücke zwischen diesen und den Bratschen entsteht. Diese Farbcharakteristik fällt aus, wenn sich die zweiten Geigen links, hinter den ersten, befinden. Das Fehlen klanglicher Differenzierung erschwert dann das Verständnis so mancher Partitur.

Nochmals: der Dirigent ist nicht in der Lage, solche Subtilitäten festzustellen und zu kontrollieren, weil alle Streicher, wie sie auch sitzen, auf ihn schauen und er ihre Töne immer mit gleicher Qualität hört, bei amerikanischer Disposition zudem noch mit gegenüber dem Saal verfälschten Beziehungen.

Sitzen die zweiten Violinen links, verliert man die Möglichkeit, ihre Rolle mit hinreichender Deutlichkeit herauszuhören, denn

– in einer großen Zone des Saales, eigentlich in der ganzen

linken Hälfte, wird ihre Schallabstrahlung durch die davor sitzenden ersten Violinisten abgeschirmt;
– auf den übrigen Plätzen hört man sie mit gleicher Klangfarbe und aus derselben Richtung wie die ersten Geigen; sie lassen sich deswegen weder klanglich noch örtlich trennen.
Die deutsche Aufstellung hingegen verbessert die Intensitätsverhältnisse (durch Ausschalten des Schatteneffekts) und die auch räumlich getrennte Ortung der beiden Violinchöre. Sie ist somit die einzige Disposition, in welcher der Dirigent sowohl für die Geigenchöre untereinander als auch in ihrem Lautstärkeverhältnis zu den Violoncelli dieselben Eindrücke aufnimmt wie der Hörer im Saal.

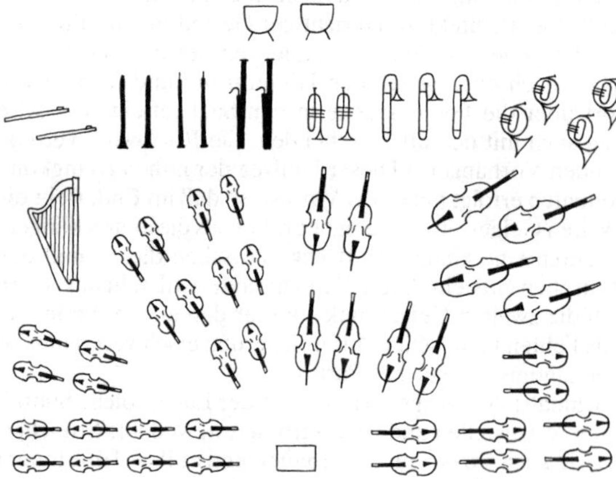

Kompromiß-Disposition

Die für die Violoncelli geltenden Überlegungen lassen sich auf die Kontrabässe übertragen: Soll ihr Klang mit genügender Substanz zum Publikum gelangen, sind sie so aufzustellen, daß sie gegen den Saal spielen. Nach amerikanischer

Art aufgestellt, läßt sich im Saal leicht feststellen, daß ihr klanglicher Beitrag bei weitem nicht dem zahlenmäßigen Aufwand entspricht, was der Dirigent wieder nicht merken kann.

Wilhelm Furtwängler (1886–1954) ersann eine Kompromißlösung, mit der Absicht, die Stellung der Violoncelli zu verbessern, ohne auf den engen Kontakt der beiden Geigengruppen verzichten zu müssen. Bei dieser recht oft vorgenommenen Disposition folgen einander im üblichen Halbkreis von links nach rechts: erste Violinen, zweite Violinen, Violoncelli, Bratschen. Auf diese Weise werden die Nachteile der versteckten zweiten Violinen nicht aufgehoben, außerdem wird das charakteristische Näseln der Bratschen ungeschickt verstärkt (verminderte saalseitige Abstrahlung der ohnehin schon spärlichen hohen Klangkomponenten), so daß eine zu dunkle Farbe ihre Rolle als klangliche Brücke zwischen Geigen und Violoncelli vereitelt. Der gesamte in sich klanglich undifferenziert bleibende Geigenkomplex hebt sich deswegen farblich zu sehr von den tieferen Steichern ab.

Die Bratschen rechts zu setzen, ist vor allem dann verlorene Mühe, wenn das Orchester auf einer Bühne spielt, die nicht durch den Einbau einer Konzertmuschel dieser Benützungsart angepaßt ist. Der Großteil des Bratschenklangs richtet sich dann gegen den Schnürboden, in dem er völlig verlorengeht.

b) Musikalische Einwände

Aus dem Studium klassischer und romantischer Partituren folgt immer wieder die Erwartung, erste und zweite Violinen nicht nur wegen der ihnen zugewiesenen Tonlagen, sondern auch durch ihre räumliche Trennung unterscheiden zu können. Die deutsche Aufstellung ist in dieser Beziehung aus verschiedenen Gründen die bessere; davon sind die wichtigsten:

– Symmetrische Verteilung der Klangfarben (hohe Tonlagen auch rechts: zweite Violinen; tiefe Töne auch links: Kontrabässe).

– Durchsichtigkeit und Klarheit des motivischen Dialogs zwischen den beiden Violinengruppen.

– Erhöhte Verständlichkeit polyphoner Stimmführung.

(Während die Bratschen sich durch ihre Klangfarbe und die Violoncelli durch die tiefe Tonlage und die Tenorfarbe abheben, kann zwischen ersten und zweiten Geigen nur durch räumlich getrennte Sitzordnung unterschieden werden; aus ihr folgt zusätzlich eine bereichernde klangliche Differenzierung.)

– Bessere Bedingungen, wenn Bratschen und zweite Violinen eine Melodie der ersten Violinen begleiten. In amerikanischer Aufstellung verdeckt eine derartige Begleitung teilweise die melodische Linie (deren Führung nicht räumlich getrennt ist).

Hierzu ließen sich sehr viele Beispiele aufzählen. Zu den berühmtesten Fällen gehört der Beginn des letzten Satzes der »Pathétique« von Tschaikowskij, wo die Noten von ersten und zweiten Geigen derart gekreuzt verlaufen, daß sich beim Zusammenwirken zwar eine einfache Folge absteigender Intervalle ergibt, aber als Hülle von Sprüngen, die eine romantisch gequälte, schmerzlich bewegte Atmosphäre in voller Intensität ausdrücken. Noch deutlicher erscheint dieselbe aufwühlende Erregung im Takt 19. Bei amerikanischer Aufstellung bleibt dieser Effekt vollkommen aus, und die komplizierte Schreibweise verliert völlig ihren Sinn. (Außerdem entfällt der Unterschied zur Reprise, wo dieser Passus, kraftlos ergeben, ohne Stimmenkreuzung geschrieben ist.)

Brahms, 4. Sinfonie, 1. Satz, Takte 55–60: Mit rechts sitzenden zweiten Violinen wird die Erregung der Geigen als derber Gegensatz zu der warmen Gesanglichkeit der zentralen Violoncelli, die sie sozusagen umhüllen, besser verdeutlicht. Das darauf folgende großzügig fließende Leuchten der Violinen kann nur dann seine volle Sättigung entfalten, wenn es die ganze Podiumsbreite einnimmt, also die zweiten Violinen rechts sitzen. Im Finale der Sinfonie erhöht in den Takten 73–76 die räumliche Trennung der Violinen die dramatische Wirkung der aufgeteilten Abstiege. Die Komplikation der Schreibart und die Erschwerung der Ausführung erschiene völlig überflüssig, wenn die Violinengruppe eine räumliche Einheit bildeten.

Ein Beispiel zur Ausnützung klanglicher Schattierungen findet sich bei Beethoven, im 2. Satz der 4. Sinfonie, Takte 81–96: Nach einem alle Klangfarben durchlaufenden Aufstieg hat das Pizzicato der zweiten Geigen (das aber von der korrekten, d. h. rechten Seite herkommen muß, um verständlich zu werden) eine neue Bedeutung. Dann wird von Takt 89 an die Instrumentation besonders raffiniert, weil dieselbe Figur in wohldurchdachter Folge nacheinander ausgeführt wird: Violoncelli (1 Takt) – Bratschen (1 Takt) – zweite Geigen (1 Takt) – erste Geigen (1 Takt) – erste und zweite Geigen viermal abwechselnd (jedesmal ein Viertel) – Bratschen (letztes Taktviertel) – Violoncelli (1 Takt). Auf diese Weise dienen die (rechts gedachten) zweiten Geigen im Hinauf- wie im Hinabschreiten als klangliche Brücke zwischen der Farbe der ersten Violinen und derjenigen der Bratschen, welche ihrerseits zum Violoncelli-Timbre vermittelnd überleiten.

Eine andere, besonders aufschlußreiche Orchesterstelle bietet Mozarts C-Dur-Sinfonie KV 551 (»Jupiter«): Bei amerikanisch disponiertem Orchester gibt der berühmte fünffache Kontrapunkt im Finale nicht viel mehr als eine undurchdringbare Konfusion her, wie dies auf den entsprechenden Schallplatten trotz Stereophonie deutlich festzustellen ist (höchstens das Mitlesen der Partitur kann zu etwas Verständnis verhelfen). Bei den seltenen Aufnahmen in deutscher Aufstellung (Karl Böhm [1894–1981]) erscheinen dieselben Takte 336–408 plötzlich von ungeahnter, die ganze Genialität des Autors enthüllender Durchsichtigkeit.

Noch ein letztes Beispiel zum räumlichen Gestaltungsprinzip: Wenn im »Boléro« von Ravel nach den subtilen und raffinierten Farbtupfkombinationen die Geigen zum ersten Mal erhellend und problemlos, entspannend und erlösend erscheinen, öffnet sich der neue Horizont nur dann in seiner ganzen Weite, wenn, beim Hinzukommen der in gleicher Lage spielenden zweiten Geigen, ihr Klang nicht allein aus einer Ecke wieder so pointillistisch erscheint wie die vorangegangenen Farbeffekte, sondern von allen Seiten her auf den Hörer zuströmt, also mit dem Beitrag der zweiten Geigen *von rechts*.

Bei der »stereophonisierten« Neubearbeitung historischer Plattenaufnahmen wird der Schwerpunkt der hohen Frequenzen nach links, derjenige der tiefen Töne nach rechts (elektronisch) verlagert. Das Resultat ist auf fatale Weise mit dem Klangbild eines amerikanisch aufgestellten Orchesters vergleichbar: eine verarmende und grobe Pseudo-Stereophonie, welche die ausgewogenen räumlichen Absichten der Komponisten völlig zunichte macht: Alle hohen Instrumente ertönen auf der linken, alle tiefen auf der rechten Seite (inklusive der Bläser: Man denke an die ebenfalls von links nach rechts gehende kontinuierliche Reihe, von der Pikkoloflöte zum Kontrafagott. Außerdem nicht zu vergessen: Die Kontrabässe sind bei deutscher Disposition links!)

Abschließend ist somit festzustellen: Der Verzicht auf die Wiedergabe und auf die Verständlichkeit wesentlicher Inhalte ist gegenüber dem Vorteil aufführungstechnischer Bequemlichkeit durch die amerikanische Aufstellung ein viel zu hoch bezahlter Preis.

Andererseits ist einzuräumen, daß viele moderne Kompositionen für die weit verbreitete und fast als normal geltende neue Aufstellung erdacht worden sind. Es wäre daher theoretisch wünschenswert, genügende Beweglichkeit und Bereitwilligkeit im Orchester zu erreichen, um die Disposition den Werken jeweils anzupassen, nicht anders als bei Kammerorchestern oder kleinen Spezialformationen, deren Musiker sich den jeweiligen Bedürfnissen entsprechend plazieren. Daß die Orchestermusiker das als Zumutung empfinden mögen, liegt aber nicht etwa nur an ihrer Bequemlichkeit (die amerikanische Gewohnheit bringt weniger Spielprobleme mit sich), sondern auch aus einem verständlicheren, von Gewissenhaftigkeit diktierten Grund: Jeder von ihnen ist gewohnt, in einer bestimmten akustischen Verbindung mit seinen Kollegen zu stehen, d. h. jedes andere Instrument aus einer bestimmten, gleichbleibenden Richtung zu hören. Jedes Umsetzen würde Anpassungsschwierigkeiten zeitigen. Auch für den Dirigenten entstünden bei öfterem Umstellen gewisse Komplikationen. Sein Beruf erfordert ohnehin höchste Aufmerksamkeit und unaufhörliche Konzentration; derartige Neuorientierungen kämen erschwerend hinzu.

Jedenfalls bedeutet jedes auf hoher Ebene dargebotene Konzert bei respektvoller Bewahrung der alten Aufstellung ein großzügiges Geschenk, welches allen denen, die nicht daran gewöhnt sind, neue, unerahnte Horizonte beglückend eröffnet.

5.3 Der Dirigent

Heute erwartet man normalerweise, daß ein Dirigent vor dem Orchester steht, nur mit der Partitur (oder ohne sie) und mit einem dünnen Stab ausgerüstet, wobei selbst dieser gelegentlich fehlt, und ebenso selbstverständlich setzt man sorgfältige Probenarbeit voraus, von der das Konzert die Krönung darstellt. Dies war aber nicht immer so.
Von der Renaissance zum Barock überwachte der Komponist persönlich die Aufführung seiner Werke, indem er, am Cembalo sitzend, den rhythmusbestimmenden Generalbaß ausführte, aber auch korrigierend oder vervollständigend eingriff. Ihm zu seiner Seite saß der Konzertmeister als Vermittler zu den anderen Musikern. Daneben oder auf der anderen Seite war ein Baßinstrument, z. B. die Baßgambe, postiert; es hatte die eminent wichtige Rolle, dem »Generalbaß«, als festem Fundament, Konsistenz zu verleihen – eine Rolle, der das klangschwache Cembalo nicht immer gewachsen war. Wenn Mozart oder Beethoven ihre Klavierkonzerte spielten, waren sie nicht nur die eigenen Solisten, sondern mußten auch, vom Instrument aus, das Orchester koordinieren. (Dieser Usus wird in unserer Zeit nachgeahmt, selten mit überzeugendem Resultat, da wir an die Präzision des Orchesterparts verwöhnte Forderungen stellen.) – Nach Überwindung des Generalbasses durch die vollständige Verteilung aller Stimmen auf die Orchesterinstrumente ging die verantwortliche Leitung auf einen Geiger als »primus inter pares« über, der entweder spielte oder den Geigenbogen schwang, um den Takt anzugeben und eventuell die Einsätze zu markieren. Auf diese Weise führten Mozart und Haydn ihre Sinfonien auf. Aber in der Oper setzten sich dieselben Komponisten immer noch ans zentral aufgestellte Cembalo; Händel folgte diesem Brauch auch beim Dirigieren seiner großen Oratorien.
Dieses System erfüllte seinen Zweck bestens, solange gleichbleibender Rhythmus und konstanter Affekt ganze

Sätze durchzogen, wie in Vivaldis »Concerti grossi«. Als aber im späteren Klassizismus und noch viel mehr in der aufblühenden Romantik die Musik veränderlichen Seelenzuständen zu folgen begann und folglich dynamisch, rhythmisch und agogisch komplizierter wurde, wobei sich gleichzeitig die Instrumentation ausdehnte, konnten so einfache Mittel nicht mehr zu befriedigenden Resultaten führen. Allerdings hatte schon Gluck die Anforderungen höhergeschraubt und ungewohnt strenge Probenarbeit gefordert, mit dem als tyrannisch empfundenem Anspruch, schwierige Stellen öfters wiederholen zu lassen. Auch Mozart war in der Oper von unnachgiebiger Strenge, vom Orchester über die Sänger bis zur selbstgeführten Regie alle Aspekte umfassend. – Mit Beethoven erreichte die Musik einen entschieden zu komplexen Aufbau, um nur vom ersten Geigenpult aus geführt zu werden. Der Komponist selber begann eine dem heutigen Dirigenten ähnliche Rolle zu spielen, wozu er ein gerolltes Notenblatt in der Hand hielt. Die Idee des ohne Instrument auftretenden Orchesterleiters war in Frankreich geboren worden, wo Lully das etwas grobe Verfahren praktizierte, mit einem langen, dicken Stab auf den Boden zu klopfen. (Eine lebensgefährliche Prozedur: als er einmal seinen Fuß stark traf, kostete ihn die dadurch verursachte Blutvergiftung das Leben.)
Der erste Dirigent nach heutiger Auffassung war Johann Friedrich Reichardt (1752–1814) in Berlin, der auf das Cembalo verzichtete und sich mit der Partitur vor das Orchester stellte, um sich voll und ganz auf die Überwachung aller Orchesterstimmen konzentrieren zu können. Damit und mit dem Gebrauch eines dicken, groben Dirigentenstabs rief er nicht nur Staunen, sondern auch heftigen Widerstand hervor. Man warf dem ohne Instrument erscheinenden Dirigenten vor, nicht direkt zur Korrektur von Fehlern oder Ungenauigkeiten eingreifen zu können, wobei man vergaß, daß grobe Fahrlässigkeiten nach der Einführung ausreichender Probenarbeit ohnehin zum Verschwinden kamen, ganz abgesehen von den gestiegenen beruflichen Anforde-

rungen an die Musiker, die an sich schon zu immer besseren Interpretationen führten.
Man warf dem Dirigenten andererseits auch vor, durch genaues Vorschreiben aller Einzelheiten und durch unwiderrufliches Aufzwingen seiner persönlichen Auffassung »positive« und »belebende« individuelle Empfindungen und momentane Regungen zu unterbinden. Und doch bot der Zeitstil keinen Ausweg: Man konnte auf den Dirigenten nicht mehr verzichten, denn die Musik war zu kompliziert geworden, um nicht in allen Teilen durch einen einzigen, darauf konzentrierten Musiker koordiniert werden zu müssen, der das Werk gründlich studiert und gedanklich vorbereitet hatte. So entstand der Berufsdirigent, der nicht mehr notwendigerweise ausschließlich eigene Kompositionen dirigiert, sondern Programme mit Werken verschiedener Autoren zusammenstellt. Reichardts Beispiel folgten Ignaz Franz von Mosel in Wien (ab 1812), Carl Maria von Weber in Dresden (1817), Felix Mendelssohn Bartholdy in Leipzig (1835). Unter den ersten Dirigenten ist Ludwig Spohr (1784–1859) nicht zu vergessen, der 1819 als Gastdirigent in London erst die Opposition des Orchesters, dann einen Triumph seiner Methode erntete. Spohr ist auch die Idee zu verdanken, in der Partitur und in den Orchesterstimmen Buchstaben in alphabetischer Reihenfolge als Bezugspunkte zur Verständigung bei den Proben, etwa beim Wiedereinsetzen nach einer Unterbrechung, einzuführen. Auch dieser Umstand ist bezeichnend für die zunehmende Bedeutung der Vorbereitung, bei der man sich nicht mehr mit dem Durchlesen ganzer Sätze in einem Zug begnügen konnte.
Speziell Mendelssohn Bartholdy wurde zum Symbol für Genauigkeit und Ernst der Orchesterarbeit. Ihm wird auch eine Wende in der Programmgestaltung verdankt. Anstelle des viel zu langen gemischten Reigens von Stücken verschiedener Gattung (z. B. nur einzelnen Sätzen eines Werkes oder, schlimmer noch, zwischen die Sätze einer Sinfonie eingeflochtenen anderen Kompositionen) trat die Folge von Ouvertüre–Solokonzert–Sinfonie, wie wir sie kennen.

In Frankreich war Fr.-A. Habeneck der eigentliche Pionier der Orchesterdirektion und der sorgfältig durchgeführten Proben. Unter den ersten international berühmten und verdienstvollen Dirigenten in modernem Sinn dürfen Berlioz, Liszt, Wagner (der ein Lehrbuch des Dirigierens schrieb) und von Bülow nicht vergessen werden.

In Italien war zu Beginn des 19. Jh. die Aufführungspraxis dagegen noch konventionell. Mendelssohn Bartholdy schrieb am 17. Mai 1831 nach einem Opernbesuch in Neapel: »Orchester und Chor sind hier wie in einer untergeordneten Mittelstadt bei uns, nur noch roher und unsicherer: der erste Violinist schlägt durch die ganze Oper hindurch die vier Viertel des Taktes auf einen blechernen Leuchter, so daß man es zuweilen mehr hört als die Stimme (es klingt etwa wie obligate Castagnetten, nur stärker), und trotzdem sind Orchester und Sänger nie zusammen.«

Dem Dirigenten fällt nicht allein die schwierige Aufgabe zu, die im Notenbild nur als Grundschema erscheinenden Absichten des Komponisten zu deuten (wobei die Entzifferung der heutigen Avantgarde besondere Probleme bietet), sondern er muß – wenn auch nicht manuell, so doch wenigstens theoretisch – alle Orchesterinstrumente mit ihren Eigenschaften und ihren Grenzen kennen. Wie könnte er sich sonst mit seinen Forderungen den Instrumentalisten gegenüber behaupten?

Zu jedem Streicherchor gehört ein verantwortlicher Führer, der seine Gruppe auch im (Proben-)Gespräch mit dem Dirigenten vertritt, wenn Fingersätze, Bogenstriche und andere Ausführungsdetails zu diskutieren sind. In erweitertem Sinn vertritt der Gruppenchef der ersten Violinen – in Erinnerung an die historische Vergangenheit – das ganze Orchester; z. B. hat er das Einstimmen zu kontrollieren. Er gilt als Stellvertreter des Dirigenten; daher die Bezeichnung »Konzertmeister«. Sein Händedruck mit dem Dirigenten, vor und nach dem Konzert, als gegenseitiger Gruß und Dank, geschieht in Vertretung aller Kollegen.

5.4 Der Stimmton

Die Festlegung der absoluten Tonhöhe, d. h. die Normierung des »Kammertons« a^1, war schon immer ein Problemfall der Musizierpraxis.
Als die Musikausübung noch vorwiegend lokalen Charakter besaß, war eine Vereinheitlichung der Tonhöhe ohne nennenswerte Bedeutung. Im 17. Jh. pflegte man sogar bewußt 2 Stimmungen, wobei der »Chorton« (für die Sänger und die sie begleitende Orgel) etwa einen Ganzton unter dem »Kammerton« (für Instrumentalmusik) lag. Am leichtesten lassen sich alte Stimmungen an Orgeln vergleichen; im 17. und 18. Jh. kam es zu Abweichungen, die bis zu einer Quinte reichen.
Die oft vertretene Ansicht, der historische Verlauf entspreche einem ständigen Anstieg des Stimmtons, ist nicht richtig, denn es gab zu allen Zeiten gleichzeitig tiefe und hohe Extremwerte. Vielmehr ist eine Tendenz deutlich: die Konvergenz der Schwankungsbreite gegen 440 Hz. So betrugen gegenüber $a^1 = 440$ Hz die Abweichungen:

um 1750 von −50 Hz bis + 30 Hz,
um 1850 von −20 Hz bis + 20 Hz,
um 1950 von − 5 Hz bis + 10 Hz.

Immerhin läßt sich hier feststellen, daß die hohen Werte gegenüber einer Anpassung resistenter waren als die tiefen.
Wenn man die heute noch feststellbaren Abweichungen ansieht, könnte man glauben, in einer sonst so normenfreudigen Zeit sei die Musik vergessen worden. Das stimmt aber nicht, denn schon als die musikalischen Ortsverbindungen nicht mehr auf Bänkelsänger, Troubadours oder sonstige Spielleute auf Märkten und Volksfesten beschränkt blieben, sondern Konzertreisen künstlerisch engagierter Musiker einbezogen (Mozart, Haydn), als die Instrumentenfabrikation sich auf immer raffiniertere Produkte spezialisierte, mit denen ein weitreichender Handel begann, mußte für eine

die Austauschbarkeit ermöglichende Normierung gesorgt werden.

Die Bemühungen um die Fixierung einer international gültigen Normalfrequenz begannen sich schon abzuzeichnen, als 1834 auf einem Physikerkongreß in Stuttgart der Vorschlag geäußert wurde, den Kammerton festzulegen, und zwar auf 440 Hz. Von großer Bedeutung war dann die Empfehlung der französischen Académie des Sciences, ihn auf 435 Hz zu fixieren; mit diesem Wert wurde 1859 der Stimmton in Frankreich durch kaiserliches Dekret legalisiert. Eigenartigerweise begann sich erst jetzt, nach dieser Festlegung, die Tendenz klar herauszubilden, den Stimmton immer höher zu treiben, so daß später die Normierung zum dornenreichen Kampf gegen diesen Trend wurde.

Hier ist festzuhalten, daß der Stimmton nicht etwa der mittleren Tonhöhe (des a^1) während einer Aufführung entspricht. In Wirklichkeit steigt im Laufe eines Konzerts die Tonhöhe aus verschiedenen Gründen:

– Zunahme der Temperatur. Wie bei der Flöte schon näher gezeigt wurde, führt die Temperatursteigerung zur Erhöhung der Frequenz. Selbst wenn der Bläser vorsorglicherweise sein Instrument durch Hineinblasen anwärmt, erreicht dieses erst später die endgültige Temperatur, auch weil die Saalluft durch das anwesende Publikum zur Erwärmung tendiert.

– Der Eifer des Spielens selbst trägt – auch bei den Streichern – zur Steigerung der Tonhöhe bei.

– Solisten, vor allem Violinisten, stimmen ihr Instrument gern etwas zu hoch, um sich vom Orchester besser abzuheben. Unwillkürlich passen sich die Orchestermusiker dann immer mehr dieser höheren Stimmung an. Nur ein Klavier, als Solo oder im Orchester, kann da bremsend wirken. Immerhin läßt sich beobachten, daß auch dann bei längeren Orchesterzwischenspielen die Stimmung steigt (etwa um 1%), so daß der darauffolgende Klaviereinsatz etwas zu niedrig scheint. Allerdings paßt sich dann das Orchester sofort wieder an.

Das bedeutet, daß beim Einstimmen auf das Klavier die Bezugsfrequenz für die ganze Werkdauer maßgebend bleibt. Beim Stimmen nach der Oboe oder nach einem elektronischen Stimmtongeber wird nur die Anfangsfrequenz eingestellt; später steigt die Stimmung. (Für Sänger kann das Höherstreben des Orchesters zu fatalen Schwierigkeiten mit den oberen Grenztönen ihrer Stimme führen.)

Die französische Norm wurde als »Wiener Stimmung« bekannt, nachdem sie 1885 in der Donaustadt von der ersten internationalen Stimmtonkonferenz übernommen worden war. Sie fand auch die Zustimmung des Klavierbauer-Verbands (Moskau, 1892). Die früheren 440 Hz aus Stuttgart waren aber nicht vergessen: 1863 schlug sie der Physiker Hermann von Helmholtz wieder vor, und 1934 tauchten sie bei der damaligen Luxemburger Orgelbautagung erneut auf.

Als sich 1939 wieder das Bedürfnis regte, Ordnung in die Wirrnis zu bringen (z. B. hatte Italien 1936 die 435 Hz legalisiert), war die Praxis der 440 Hz (und höher!) im Musikleben und im Instrumentenbau derart fest verankert, daß ein totales Zurückkrebsen auf 435 Hz nicht mehr möglich gewesen wäre. Die damals an die staatlichen Normenausschüsse gerichtete Empfehlung der Internationalen Normenvereinigung ISA, 440 Hz festzuhalten, ist also nicht nur als Konzession zu werten, sondern auch als Versuch, weiteres Ausschreiten zu bremsen. Diese Zustimmung beruhte auf Messungen, die während Aufführungen durchgeführt wurden, bei denen die Instrumente zu Beginn auf 435 Hz eingestimmt worden waren. Gerade das wird immer wieder vergessen: Die Normierung bedeutet nicht, daß man mit 440 Hz stimmen soll. Diese Frequenz ist als Höchstwert im Laufe des Konzerts zu betrachten. Speziell das Klavier darf keinesfalls höher als 440 Hz gestimmt werden.

Deutschland legte sofort in einem DIN-Blatt diese Norm fest, welche noch zweimal, 1941 und 1953, in London durch internationale Beschlüsse bestätigt wurde. Das Problem war (und ist) damit noch nicht aus der Welt geschafft, denn die Tendenz zur Erhöhung des Stimmtons mußte noch mehrere

Male durch erneute Übereinkünfte gebremst werden (Stockholm 1955, neues DIN-Blatt 1959, EBU-Empfehlung 1962, Salzburg 1968, Toledo 1970). Aber der Kampf geht weiter!

Für die Fabrikation ist ziemlich weitgehend 440 Hz maßgebend, aber man kann mit erschreckender Leichtigkeit Instrumente mit nach oben abweichenden Stimmungen anschaffen.

In Amerika bewegt man sich mindestens an der oberen Grenze europäischer Gepflogenheiten, meistens deutlich darüber. Dies verhindert leider bei uns den Erfolg von MMO-Platten (Music minus one), auf denen eine Stimme (eines Quartetts oder das Soloinstrument eines Konzerts) zum Selbstspielen fehlt, denn die modernen, drehzahlstabilisierten Plattenspieler lassen sich in den seltensten Fällen so weit verlangsamen, daß der Stimmton der USA-Aufnahmen auf den unserer Instrumente (Klavier!) heruntergebracht werden kann.

Bezeichnend für die Gleichgültigkeit dem normierten Stimmton gegenüber sind die Ergebnisse zweier Dienstleistungsangebote: Vor dem 2. Weltkrieg war im deutschen Rundfunk täglich zu einer bestimmten Vormittagszeit der Normalton zu hören; das Interesse daran blieb ungenügend. In der Schweiz stand über Telefonleitung ganztägig der Ton einer in der PTT-Generaldirektion sorgfältigst thermostatisch überwachten Stimmgabel auf Abruf zur Verfügung; dieser Dienst wurde eingestellt, weil das Angebot so selten beansprucht wurde, daß sich der Unterhalt nicht lohnte.

Die moderne elektronische Mikrotechnologie brachte sehr billige, jedermann zugängliche Stimmtongeneratoren in den Handel, die nicht nur das a^1 hergeben, sonder alle 12 temperierten Halbtöne (sogar über mehrere Oktaven). Leider besteht der größte äußere Bauteil aus einem Handgriff, mit dem der Kammerton von Hertz zu Hertz zwischen 435 und 455 Hz eingestellt werden kann, was zum erneuten Aufblühen ungebremster Anarchie geradezu herausfordert. Man beachte: unten wird auf diesem Gerät die Wiener Stimmung gerade erreicht, oben aber die Norm sehr großzügig überschritten.

Ohne musikalische Begründung, nur aus wissenschaftlicher Rationalisierungsfreude, entstand eine (nicht aus den Lehrbüchern herauskommende) »physikalische Stimmung«, bei der alle C Potenzen von 2 sind: $_2C = 16$, $_1C = 32$, $C = 64$, $c = 128$, $c^1 = 256$, $c^2 = 512$, $c^3 = 1024$, $c^4 = 2048$ und $c^5 = 4096$ Hz. Dies führt zu $a^1 = 426{,}7$ Hz. Temperiert berechnet wird $a^1 = 430{,}5$ Hz.

Stationen des Stimmtons und Normierungsversuche

		a^1 (Hz)
	Zwischen 1495 und 1830 lassen sich aus Orgeln, Instrumenten, Berichten und theoretischen Schriften für den Kammerton Werte zwischen 377 Hz (Heidelberg, 1511) und 567 Hz (Norddeutschland, 1619) nachweisen.	
1834	Physikertagung in Stuttgart schlägt auf Empfehlung von Johann Heinrich Scheibler vor (»Krefelder Stimmung«):	440
	Es folgt in Europa der Gebrauch von Kammertönen zwischen 440 Hz (Wien, 1834) und 466 Hz (Wien, 1861).	
1846	England führt »Philharmonic Pitch« ein:	452
1859	Kaiserliches Dekret in Frankreich:	435
1863	Lehre der Tonempfindung von Hermann von Helmholtz postuliert:	440
	Weiter gepflegter Kammerton liegt zwischen 447 Hz (Wien, 1878) und 462 Hz (USA).	
1880	Italienischer Kongreß in Mailand empfiehlt:	432
	Da und dort läßt sich 445 Hz feststellen (Moskau, Boston, usw.).	
1885	(18. 11.) Erste internationale Stimmtonkonferenz in Wien übernimmt die französische Norm. Sog. »Wiener Stimmung«:	435
1885	Von Verdi befürwortete »physikalische Stimmung« ($_2C = 16$ Hz):	430
1892	Moskau: Kongreß der »Piano Manufacturers Association« beschließt:	435
1896	USA (in Wien 1885 abwesend) bestimmt halboffiziell und die London Philharmonic Society adoptiert:	439
	Gemessene Mittelwerte in USA 434–448 Hz (1911).	
1917	American Federation of Musicians:	440

1932	Englischer Standard legt $c^2 = 522$ Hz fest:	439
1934	Luxemburger Orgelbautagung (für Orchesterorgeln):	440
1936	Italien legalisiert durch Staatsdekret:	435
	In Europa schwankt der Kammerton zwischen 439 Hz (England) und 442 Hz (Deutschland und Belgien) 1939.	
1939	Im Broadcasting House, London: Internationale Normenvereinigung ISA empfiehlt einstimmig den nationalen Normenausschüssen:	440
	Deutschland schließt sich an (DIN 1317):	440
	Italienische Operntheater 1940: 438 Hz (Parma) bis 442 Hz (Mailand).	
1941	Internationale Übereinkunft in London:	440
1950	Versuch der französischen Académie des Sciences, den Stimmton herabzusetzen auf:	432
	Europäische Mittelwerte 1953: 434–450 Hz.	
1953	London: »International Organisation for Standardisation« (Nachfolgerin der ISA) bestätigt:	440
	Umfrage der Accademia Nazionale di S. Cecilia (Rom) an führende Musiker ergibt als wünschenswert die Festlegung von:	440
1955	Stockholm: Die ISO setzt, ohne Gegenstimme der anwesenden 33 Nationen, die »Standard Tuning Frequency« fest:	440
1959	Der deutsche Normenausschuß bestätigt die frühere Normierung DIN 1317/2 = 440 ± 0,5 Hz bei 20 °C:	440
1962	UER-EBU (»European Broadcasting Union«) kommt nach Prüfung der Situation wieder zur Empfehlung:	440
	Italienische Orchester (Neapel, Turin) spielen 1967 mit 445 Hz.	
1968	Salzburg: Vorschlag der Arbeitsgruppe für die Stimmtonnormierung:	440
1970	Toledo: Beschluß der Minister des Europarats:	440
	Resultat: Der Stimmton ist heute selten niedriger als 442 Hz; viele Orchester (darunter die Berliner Philharmoniker) stimmen sich auf 445 Hz ein. In USA pflegt man sogar noch höhere Kammertonfrequenzen.	

6 Strukturen des Tonraums

Weil wiederholt Intervalle und Zusammenhänge zur Temperierung erwähnt wurden, scheint es angebracht, hier diese Begriffe mit einigen Konsequenzen zusammenzufassen und zu ordnen.

6.1 Intervalle

6.11 *Definitionen*

Man nennt den Abstand zweier Töne mit Frequenzen X und Y ein »Intervall«, unabhängig davon, ob sie gleichzeitig oder nacheinander klingen. Den Eigenschaften des Gehörs getreu ist das Maß eines Intervalls nicht die Differenz der beiden Grenzfrequenzen, sondern ihr Quotient Y/X. So wird z. B. ein Intervall von 1,5 (= Quinte) als gleich empfunden, wenn es über $X = 440$ Hz (a^1) steht mit $Y = 1{,}5 \cdot 440 = 660$ Hz (e^2) oder über $X = 264$ Hz (c^1) mit $Y = 1{,}5 \cdot 264 = 396$ Hz (g^1). Spezialfall: Verdoppelung der Frequenz (Verhältnis $Y/X = 2$) bedeutet immer Übergang zur nächsthöheren Oktave. Umgekehrt heißt Halbierung der Frequenz Abstieg um eine Oktave ($X/Y = 1/2$).
Diese Eigenschaft macht es möglich, mit Intervallen gewissermaßen abstrakt zu operieren, ohne sich auf spezielle Frequenzen (Töne) beziehen zu müssen, und somit allgemeinere Resultate zu erhalten. Davon machten wir schon Gebrauch, als wir den Grundton der harmonischen Teiltonfolge mit »1« bezeichneten (s. 1.113). Im vorliegenden Kapitel werden Frequenzangaben nur selten gebraucht.
Wünscht man graphische Darstellungen, so erweist sich die Übereinstimmung von Intervall und Frequenzverhältnis als etwas unpraktisch. Bei den oben angeführten Beispielen entspricht das Intervall a^1–e^2 einer Strecke von 660–440 = 220 Hz, hingegen gibt das als gleich groß empfundene

Intervall c^1–g^1 den Abstand 396–264 = 132 Hz. Dem kann man abhelfen, indem man die Frequenzzahlen (und die Intervallverhältnisse) in einem anderen Maßsystem abbildet, das so gewählt wird, daß nicht gleiche Differenzen, sondern gleiche Quotienten durch dieselbe Länge dargestellt werden. Die Oktavenfolge z. B. wird dann durch gleich lange Abstände abgebildet – wie auf der Klaviatur.

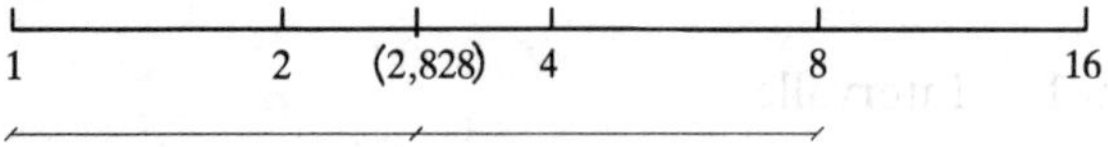

Oktavenfolge mit gleichen Abständen

Es wird sofort deutlich, daß man z. B. das Vierfache von »2« erhält, indem man von »2« aus die Strecke »1«–»4« nach rechts abträgt, wobei »8« gefunden wird. Natürlich müssen die Zwischenwerte noch eingeführt werden. Dazu nur ein Beispiel: Die Quadratwurzel von 8 ist gleich 2,828. Diese Zahl muß jetzt die Strecke »1«–»8« genau halbieren, denn zu sich selber hinzugefügt muß sie wieder zu »8« führen.

Es ist hier nicht möglich, auf die Einzelheiten einzugehen, welche zur vollständigen Skala in diesem neuen System führen. Es soll genügen zu wissen, daß unter gewissen Voraussetzungen die Intervalle in einem dazu geeigneten Bezugssystem so gezeichnet werden können, daß man die sie darstellenden Strecken nach oben und nach unten verschieben darf.

Die Abbildung der normalen linearen Zahlengerade auf ein anderes System, in welchem Proportionen durch Differenzen ersetzt sind, heißt *Logarithmus*. Als die elektronischen Taschenrechner noch unbekannt waren, lernte man in der Schule den Umgang mit Logarithmen eingehend als alltägliche Rechenhilfe des späteren Technikers. Dabei erfolgte die Übersetzung der üblichen Zahlen in ihre Logarithmen und umgekehrt durch Tabellen in Buchform oder, wiederum geometrisch, durch den praktisch aus dem Gebrauch gekommenen, früher universellen und unentbehrlichen Rechenschieber. Dort waren 2 identische Skalen mit logarithmischer Beschriftung gegeneinander verschiebbar, so daß man – durch

Bewegung einer Skala gegenüber der anderen – Produkte oder Quotienten zweier Zahlen direkt als Summe oder Differenz ihrer Logarithmen ablesen konnte, denn die wichtigsten logarithmischen Regeln sagen aus:

$$\log (X \cdot Y) = \log X + \log Y \quad \text{und} \quad \log Y/X = \log Y - \log X.$$

Auf der hier skizzierten logarithmischen Skala kann man sofort, etwa mit einem Stechzirkel, diese Beziehungen bestätigen. Z. B. erhält man durch Abtragen von »1«–»3« über »1,5« das Resultat des

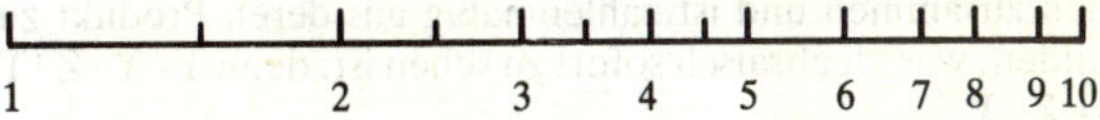

Logarithmische Skala

Produkts $1{,}5 \cdot 3 = 4{,}5$. Der wirkliche Rechenschieber weist natürlich eine feinere Einteilung auf, welche das Rechnen mit mehreren Dezimalen ermöglicht.

Für den musikalischen Gebrauch wird nach der Anregung des Engländers A. J. Ellis (1884) die logarithmisch dargestellte Oktave gleichmäßig in 1200 *Cents* eingeteilt (wodurch jeder temperierte Halbton 100 Cent wird). Nochmals: Auf der logarithmischen Skala führt das Intervall zur Addition oder zur Subtraktion, und dies gilt speziell für die Cents. Wer mit Logarithmen etwas umzugehen versteht (und dabei helfen die sog. »wissenschaftlichen« Taschenrechner), kann leicht mit dem Dreisatz herleiten, daß der Quinte, proportional zu log 1,5, 702 Cent entsprechen. Bedeutet allgemein i das durch normalen Bruch oder mit Dezimalbruch ausgedrückte Intervall und ist i_c dasselbe Intervall im Cent-Maß, gilt:

$$\log 2 \ \text{entspricht} \ 1200 \ \text{Cent},$$
$$\log i \ \text{entspricht} \ i_c \ \text{Cent},$$

woraus folgt:
$$i_c = \frac{1200 \cdot \log i}{\log 2}.$$

Mit c^1 als Grundton »1« ergibt sich sofort $g^1 = 702$ Cent. Beispiel der Rechnung mit Cents: d^1 folgt aus der Rückversetzung um eine Oktave von Quinte + Quinte, also: $702 + 702 - 1200 = 204$ Cent.

Bei den Cent-Werten gibt man keine Dezimalen an, denn Bruchteile davon liegen unterhalb der Hörschwelle für Tonhöhenunterschiede. Dennoch soll auf den folgenden Seiten, wo genauere Resultate von Additionen und Subtraktionen erwünscht sind, eine Dezimale hinzugefügt werden.

6.12 *Intervallfolgen*

Wie Intervalle sich rechnerisch zusammensetzen, sollte jetzt nochmals in Erinnerung gerufen werden, da alles Folgende darauf beruht. Sind 3 Frequenzen X, Y und Z gegeben, so entstehen die direkt aufeinander folgenden Intervalle Y/X und Z/Y. Das Gesamtintervall Z/X setzt sich aus den beiden zusammen und ist zahlenmäßig aus deren Produkt zu bilden, was algebraisch sofort zu sehen ist, denn $Y/X \cdot Z/Y = Z/X$.

Beispiel: Fügt man einer Quinte eine große Terz an, so ergibt sich:

Quinte + Terz $= 3/2 \cdot 5/4 = 15/8$ (große Septime).

Wird hingegen ein Intervall von einem anderen, abwärts schreitend, abgezogen, muß durch die Intervallzahl des zweiten Intervalls geteilt werden. Dazu gilt die bekannte Regel: Um durch eine Bruchzahl zu teilen, multipliziert man mit ihrem Kehrwert.

Beispiel: Von der Oktave »2« soll um die große Terz heruntergeschritten werden.

Oktave – Terz $= 2 : 5/4 = 2 \cdot 4/5 = 8/5$ (kleine Sexte).

Beide Regeln können fortgesetzt und kombiniert werden.

Beispiel: Quinte + kleine Terz aufwärts – kleine Sexte abwärts gibt

$3/2 \cdot 6/5 : 8/5 = 3/2 \cdot 6/5 \cdot 5/8 = 9/8$ (Ganzton).

Mit Cents ausgeführt sehen die gleichen Beispiele so aus:

Quinte + große Terz: 702 + 386 = 1088 (große Septime);
Oktave – große Terz: 1200 – 386 = 814 (kleine Sexte);
Quinte + kleine Terz – kleine Sexte:
702 + 316 – 814 = 204 (Ganzton).

Wichtig: Da wir in der Folge viel mit den Grundintervallen umgehen, lohnt es sich, Abkürzungen zu vereinbaren:

Q = Intervall einer Quinte,
q = Intervall einer Quarte,
T = Intervall einer großen (Dur-)Terz,
t = Intervall einer kleinen (Moll-)Terz.

6.13 *Herleitung der Intervalle*

Zum Musizieren ist der Tonraum einer Oktave durch Zwischentöne aufzuteilen. Man könnte auf den Gedanken kommen, alle harmonischen Obertöne so oft in Oktaven herunterzuprojizieren, bis jeder in die Grundoktave fällt. Dieses Vorgehen brächte aber zwei Schwierigkeiten mit sich: Die nach oben immer dichtere Folge der Teiltöne ergäbe viel zu viele, gegeneinander in chaotischen Intervallverhältnissen stehende Stufen in die Grundoktave und würde die Forderung und den Wunsch, innerhalb der zu schaffenden Stufen möglichst konsonante Intervalle zu erzielen, kaum erfüllen.
Aber was ist eine Konsonanz? Nach Helmholtz sollen 2 Töne um so konsonanter sein, je einfacher ihr Intervallverhältnis ist, was bedeuten soll: je kleiner Zähler und Nenner des das Frequenzverhältnis ausdrückenden Bruchs ausfallen. Infolgedessen wäre die Quinte 3/2 konsonanter als der Ganzton 9/8. Wäre diese Definition richtig, könnte man in der Praxis kaum musizieren, denn der geringste (unvermeidbare) Intonationsfehler formt einen einfachen Bruch, wie den der Quinte, zu derart viel komplizierteren Zahlenverhältnissen um, daß eine unerträgliche Dissonanz entstehen müßte. Hingegen zeigt schon die 12stufige temperierte Tonleiter, wie anpassungsfähig das Ohr ist: Die Intervallverhältnisse sind dort sogar irrational, d.h. nur mit unendlich langen unperiodischen Dezimalbrüchen darstellbar.
Hindemith gründet seine Kompositionslehre auf die These, die Intervalle seien um so weniger konsonant, je höher sie in der harmonischen Teiltonfolge stehen. Das Aufzählen der in ihr auftretenden Intervalle ist also gleichbedeutend mit dem Aufstellen einer Liste in der Reihenfolge abnehmender Konsonanz: Oktave, Quinte, Quarte, große Terz, kleine Terz usw. Auch bei diesem System entstehen Schwierigkeiten, wie im Folgenden gezeigt wird, und dies sogar schon bei der Quarte.

Es scheint also angebracht zu sein, der Obertonreihe, die zweifellos von Natur aus Konsonanzen liefert (denn sonst würde jeder Klang in sich schon als dissonant empfunden), so wenig Intervalle wie nur möglich zu entnehmen. Diese Arbeitshypothese ist auch hörpsychologisch begründet, denn das Ohmsche Gesetz (vom Physiker Georg Simon Ohm 1826 gefunden), nach welchem das Ohr imstande sein müßte, die harmonische Analyse im Sinne eines separaten Heraushörens der Teiltöne durchzuführen, ist nur beschränkt richtig. Diese Eigenschaft des Gehörs umfaßt in Wirklichkeit nur ungefähr die 3 ersten Oktaven über dem Grundton. Alle höheren Komponenten werden global als Residuum empfunden und dem Grundton gleichgesetzt.

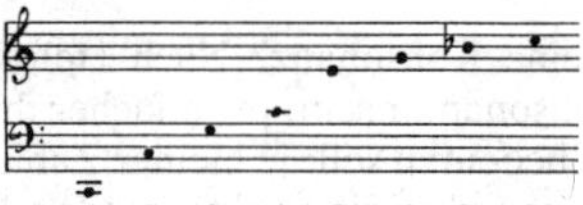

Führen wir uns wieder die 3 ersten Oktaven der Partialtonreihe vor Augen, und sehen wir zu, was sich daraus ableiten läßt. Die Numerierung der Partialtöne gibt gleichzeitig an, um welches Vielfache die einzelnen Frequenzen von der Grundtonfrequenz entfernt sind. Die Intervallverhältnisse sind also direkt diesen Ordnungsnummern zu entnehmen (weil sie nur Relativ- und nicht Absolutwerte darstellen).

Erste Oktave »1«–»2«

Der erste Oberton »2« über dem Grundton »1« bildet die Oktave, das einfachste und konsonanteste aller Intervalle. Sie schafft keine Probleme, führt uns aber in unserem Vorhaben nicht weiter.

Zweite Oktave »2«–»4«

Dieser Klangraum liefert etwas Neues, den Ton »3«, der schon einige Möglichkeiten zur Konstruktion von Intervallen erschließt.

a) Vor allem definiert »3« gegenüber der vorangehenden Oktave »2« die

Quinte $= 3/2 = 1{,}5\,(= Q)$.

Von »1« = C aus führt sie zu G.

In Cent: $Q = 702$.

Bezieht man sich auf die nächsthöhere Oktave »4«, ergibt sich die absteigende Quarte $3/4 = 0{,}75$, die als Umkehrung der Quinte konsonant ist. (Die Reihenfolge der Partialtöne wurde noch nicht verändert: der Grundton dieses Intervalls ist die obere Note. Beispiele bieten die in klassischen Partituren am häufigsten zu sehende Stimmung der Pauken und das Doppelhorn von Feuerwehr, Polizei und Krankenwagen.)

b) Die steigende Quarte, von »3« zu »4«:

Quarte $= 4/3 = 1{,}3333\,(= q)$,

ist hingegen als dissonant zu betrachten, denn sie erscheint in der Teiltonfolge nie über einem Oktavton. Der Bruch $4/3$ kann nämlich nicht derart erweitert werden, daß im Nenner eine Potenz von 2 zu stehen käme, also eine mehrfache Oktave des Grundtons entstünde. Immerhin muß das Intervall akzeptiert werden, sei es auch nur als Umkehrung der Quinte. Rameau, als Pionier der Harmonielehre im heutigen Sinn, erkannte richtig den oberen Ton der Quarte als deren Grundton. Das Intervall führt von »1« = C aus zu F.

In Cent: $q = 1200 - 702 = 498$.

c) Quarte und Quinte schließen eine Sekunde ein:

Großer Ganzton $= Q - q = 3/2 : 4/3 = 9/8 = 1{,}125$.

Wie der Bruch $9/8$ zeigt, ist dieses Intervall zwischen den Tönen »8« (eine Oktave!) und »9« zu finden. Da es somit in

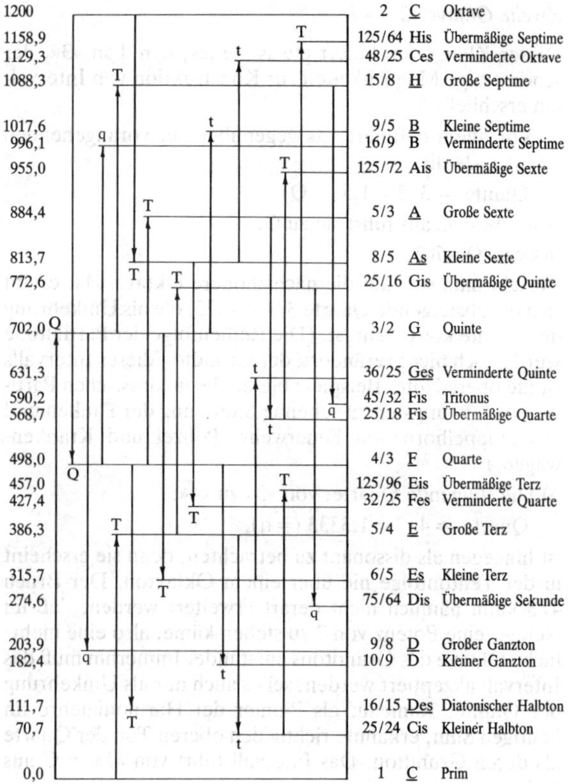

Graphische Konstruktion der Intervalle
mittels Quinte (Q) und Großterz (T),
wobei Quarte q = Oktave – Q und Kleinterz t = Q – T.
(Linke Kolonne: Cents;
rechte Kolonne: Töne der chromatischen Tonleiter unterstrichen)

relativ niedrigem Bereich der Teiltonreihe vorkommt und dazu noch einen Oktavton als Grundton aufweist, müßte es, vom physikalischen Standpunkt aus, noch als ziemlich konsonant betrachtet werden, jedenfalls paradoxerweise mehr als die Quarte.

In Cent: $Q - q = 702 - 498 = 204$.

Von »1« = C nach oben abgetragen, liefert dieses Intervall die Sekunde D, während von »2« abwärts das Komplementärintervall

Verminderte Septime $= 2 : 9/8 = 16/9 = 1{,}7778$,

also B, entsteht.

In Cent: $D = 0 + 204 = 204$.
$B = 1200 - 204 = 996$.

Die beigefügte graphische Darstellung bezweckt, die hier durchgeführten Intervallkombinationen leichter zu überblicken und die Resultate zusammenzufassen.

d) Die Quarte über F führt nochmals zur verminderten Septime, weil $4/3 \cdot 4/3 = 16/9$.

In Cent: $498 + 498 = 996$.

Dritte Oktave »4«–»8«

Da mit Q und q allein nichts Neues abzuleiten ist, muß man, um zusätzliche Intervalle und damit Tonleiterstufen zu erhalten, zur nächsten Oktave schreiten. Sie ergibt als erstes den Teilton »5«, der mit der Oktave »4« definiert:

Große Terz $= 5/4 = 1{,}25$ (= T).

Derselbe Ton ergibt auch, auf die früher erhaltene Quinte bezogen, die

Kleine Terz $= 3/2 : 5/4 = 6/5 = 1{,}2$ (= t),

was auch sofort durch das Verhältnis von »6« zum vorangehenden »5« folgt.

In Cent ist die große Terz = 386, die kleine Terz somit 1200 – 386 = 316.

In Analogie zur Quarte müßte auch die kleine Terz zu den Dissonanzen gezählt werden (was ja historisch lange Zeit der Fall war), wenn sie nicht als Umkehrung der großen Terz betrachtet wird. In der Tat bildet kein Teilton mit irgendeiner Oktave dieses Intervall. Die neuen Komplementärintervalle sind:

Kleine Sexte = »2« – T = 2 : 5/4 = 8/5 = 1,6.
Große Sexte = »2« – t = 2 : 6/5 = 5/3 = 1,6667.

Von »1« aus ergeben sich damit As bzw. A.

In Cent: Kleine Sexte = 1200 – 386 = 814.
Große Sexte = 1200 – 316 = 884.

Nun verfügt man über alle Elemente, die erforderlich sind, um die Gesamtheit der üblichen Intervalle zu konstruieren, indem man Großterz T und Kleinterz t allen bisher gefundenen Stufen hinzufügt oder von ihnen abzieht (vgl. die graphische Darstellung).

a) »1« = C gibt »1« + T = 5/4 = 1,25 = E,
»1« + t = 6/5 = 1,2 = Es.

b) T und t unterhalb von »2« wurden schon als As und A erkannt.

c) Mit Q als Ausgangspunkt erhält man:

Q + T = 3/2 · 5/4 = 15/8 = 1,875 = große Septime H.

In Cent: 702 + 386 = 1088.

Es ist dies, wie aus seinem Bruch ersichtlich, der 15. Teilton; er befindet sich in der Oktave »8«–»16«. Die große Septime sollte also theoretisch weniger dissonant sein als die in der Teiltonreihe abwesende kleine Septime (9/5), aber sie befindet sich oberhalb der vom Gehör erreichbaren Analysengrenze. – Weiter:

Q + t = 3/2 · 6/5 = 9/5 = 1,8 = kleine Septime B.

In Cent: 702 + 316 = 1018.

Hiermit stoßen wir auf eine Schwierigkeit, der man immer wieder begegnet, wenn man Tonleitern konstruieren will, deren Stufen über die ganze Ausdehnung dieselben Intervalle hergeben sollten: die Aufspaltung von Intervallen in 2 benachbarte Stufen. Wir erhielten 2 recht nahe liegende B: Zur früher gefundenen verminderten Septime 16/9 kommt jetzt die kleine Septime 9/5. Ihr (Intervall-)Abstand beträgt $9/5 : 16/9 = 81/80$. Das ist das berühmte und unvermeidbare syntonische Komma – nicht zu verwechseln (wie so oft) mit dem pythagoreischen Komma 74,3/73,3, das aus dem sich nicht schließenden Quintenzirkel folgt.

In Cent:

Syntonisches Komma $= 1017{,}6 - 996{,}1 = 21{,}5$.
Pythagoreisches Komma $= 12 \cdot 701{,}96 - 7 \cdot 1200 = 23{,}5$.

d) Von der Quinte abwärts:

$$Q - T = 3/2 : 5/4 = 6/5 = \text{kleine Terz} = \text{Es},$$
$$Q - t = 3/2 : 6/5 = 5/4 = \text{große Terz} = \text{E},$$

was wir beides schon kennen.

e) Von der Quarte nach oben:

$$q + T = 4/3 \cdot 5/4 = 5/3 = \text{große Sexte A},$$
$$q + t = 4/3 \cdot 6/5 = 8/5 = \text{kleine Sexte As}.$$

Es entsteht also kein Widerspruch zu den früheren Definitionen.

f) Von der Quarte nach unten folgt Neues:

$$q - T = 4/3 : 5/4 = 16/15 = 1{,}06667 = \text{diatonischer Halbton Des},$$
$$q - t = 4/3 : 6/5 = 10/9 = 1{,}1111 = \text{kleiner Ganzton D}.$$

In Cent: $q - T = 498 - 386 = 112$,
$q - t = 498 - 316 = 182$.

Dieser kleine Ganzton stellt eine Symmetrie her, weil jetzt den beiden Septimen (kleine 9/5 und verminderte 16/9) auch 2 verschiedene Ganztöne entsprechen:

»2« – kleine Septime $= 2 : 9/5 = 10/9$ = kleiner Ganzton,

»2« – verminderte Septime $= 2 : 16/9 = 9/8$ = großer Ganzton.

Alterierungen

Das durch die beiden Terzen eingeschlossene Intervall ist

$$T - t = 5/4 : 6/5 = 25/24 = 1{,}0417$$
$$= \text{kleiner Halbton Cis}.$$

In Cent: 386,3 – 315,6 = 70,7 (71).

Mit ihm können alle noch fehlenden Alterierungen konstruiert werden, wie z. B.:

a) Erhöhter Grundton: 25/24 = kleiner Halbton Cis.

b) Übermäßige Quinte: 3/2 · 25/24 = 25/16 = 1,5625 = Gis. Sie ist der Folge zweier Großterzen gleich: T + T = 5/4 · 5/4 = 25/16.

In Cent: 386 + 386 = 772.

c) Verminderte Oktave: 2 : 25/24 = 48/25 = 1,92 = Ces.

In Cent: 1200 – 71 = 1129.

d) Übermäßige Quarte: kleine Terz unter der großen Sexte: 5/3 : 6/5 = 25/18 = 1,3889 = Fis. Dies ist aber auch der Halbton über F: 4/3 · 25/24 = 25/18.

In Cent: 498 + 71 = 569.

Man kann nicht nur in diesem Sinne weiterfahren, sondern auch verschiedene Tests durchführen, wie etwa folgende:

E – A = 5/3 : 5/4 = 4/3 = reine Quarte.
E – H = 15/8 : 5/4 = 3/2 = reine Quinte.
E – Gis = 25/16 : 5/4 = 5/4 = große Terz.

Umgekehrt ergibt die große Terz unter dem Fis:

25/18 : 5/4 = 10/9 = kleiner Ganzton.

Daraus folgt der Sinn dieses zusätzlichen kleinen Ganztons: mit dem Fis eine Terz zu bilden, die genauso exakt ist wie die von E zu Gis. Es ist außerdem dieser kleine Ganzton, der mit A eine reine Quinte bildet (5/3 : 10/9 = 3/2) und der einen großen Ganzton unter dem E steht (5/4 : 9/8 = 10/9). Er befindet sich außerdem eine kleine Terz unter dem F (4/3 : 6/5 = 10/9).

Wenn auch der kleine Ganzton, wie soeben nachgewiesen, wichtig ist, kann auf den großen Ganzton (9/8) nicht verzichtet werden, weil letzterer mit dem G eine reine Quarte liefert ($3/2 : 9/8 = 4/3 = q$). Als Folge davon findet man ihn in der oberen Oktave als Quinte über dem G.
Leider stellen sich noch andere Probleme der Konstruktion einer Tonleiter mit vernünftig beschränkter Stufenzahl entgegen. Davon seien nur drei erwähnt:

a) Die Folge von 2 kleinen Halbtönen ergibt keinen Ganzton:

$$25/24 \cdot 25/24 = 1{,}08507$$

(großer Ganzton = $9/8 = 1{,}125$, kleiner Ganzton = $10/9 = 1{,}1111$). Sogar der diatonische Halbton löst die Schwierigkeit nicht. 2 davon ergeben

$$16/15 \cdot 16/15 = 256/225 = 1{,}1378 .$$

In Cent: 2 kleine Halbtöne = 71 + 71 = 142,
2 diatonische Halbtöne = 112 + 112 = 224,
wobei großer Ganzton = 204 Cent,
kleiner Ganzton = 182 Cent.

b) Das Intervall zwischen Quarte und großer Septime liefert den Tritonus (den wir hier, aus sich später ergebenden Gründen, als diatonisch definieren):

$$15/8 : 4/3 = 45/32 = 1{,}40625 .$$

In Cent: 1088 – 498 = 590.

Es ist dasselbe Intervall, welches durch Großterz + großen Halbton entsteht:

$$5/4 \cdot 9/8 = 45/32 .$$

Das führt zu Schwierigkeiten:

1. Der soeben auf diatonischem Weg definierte Tritonus ist nicht seiner Umkehrung gleich, denn $2 : 45/32 = 64/45 = 1{,}4222$.

In Cent: 1200 – 590 = 610.

Und man kommt so zum Paradox von 2 verschiedenen Tritonus-Intervallen: kleiner Tritonus 45/32 und großer Tritonus 64/45. Sie bilden unter sich das Intervall 64/45 : 45/32 = 2048/2025, was ungefähr 80,9/80 ergibt, also nahezu das syntonische Komma.

In Cent: Differenz der Tritoni 610 – 590 = 20.
Syntonisches Komma = 21,5 Cent.

2. Die übliche, dem Wortlaut entsprechende Definition erweist sich als ungenau, weil durch die Folge dreier Ganztöne nicht der Tritonus entsteht:

3 kleine Ganztöne = $(10/9)^3$ = 1,37174, zu wenig;
3 große Ganztöne = $(9/8)^3$ = 1,42383, zu viel.

In Cent: Kleine Ganztöne = 3 · 182 = 546,
Große Ganztöne = 3 · 204 = 612.

3. Es ist nicht verständlich, wieso der als 45/32 definierte diatonische Tritonus mit dem relativ einfachen Bruchverhältnis, in dem der Nenner sogar eine (allerdings höhere) Oktave von »1« darstellt, so dissonant sein soll, wie ihn die Musikgeschichte als »diabolus in musica« verschrie, und mindestens dissonanter als der große Halbton gilt, aus dem er durch Addition einer (konsonanten) Großterz hervorgeht.
Um den Unsinn zweier verschiedener Tritoni zu beseitigen, bleibt nur der Weg offen, dieses immanent problematische Intervall als genaue Hälfte der Oktave zu definieren, als

echten Tritonus = $\sqrt{2}$ = 1,41321.

In Cent: 1200 : 2 = 600 Cent.

Jetzt wird der absolut dissonante Charakter verständlicher, weil der den Tritonus ausdrückende Dezimalbruch unendlich ist: Das Intervall ist nicht rational, durch keinen einfachen Bruch ausdrückbar. – Auf die hier gegebene Definition werden wir im Zusammenhang mit der Temperierung zurückkommen müssen.

c) Die bisher erwähnten Septimen sind alle durch Intervallkombinationen entstanden, und keine von ihnen kommt in der Teiltonfolge vor. Es scheint nicht ganz logisch, die dritte Oktave »4«–»8« nur beizuziehen, um die große Terz (5/4) zu gewinnen, und dabei die in derselben Oktave erscheinende Septime 7/4 auszulassen, da in unserem Gedankengang kein plausibler Grund besteht, sie als dissonant zu betrachten. Sie ist auf jeden Fall konsonanter als alle weiter unten nicht erscheinenden Intervalle. Nur Oktave, Quinte und große Terz sind in diesem Sinne bessere Konsonanzen. Man sollte deswegen die natürliche (oder soll man sagen: »harmonische«?) Septime 7/4 = 1,75 nicht ganz vergessen, wenn eine möglichst vielseitige Tonleiter zusammenzustellen ist.

In Cents mißt die natürliche Septime 969, liegt also zwischen der übermäßigen Sexte (955) und der verminderten Septime (996).

Das berühmteste Beispiel für das Vorkommen dieser natürlichen Septime findet sich in der 1. Sinfonie von Brahms (4. Satz, Takt 34, als Imitation der vom Komponisten in Interlaken gehörten Alphorn-Septime). Bartók schreibt zu seiner Sammlung »Für Kinder«: ». . . in unseren pentatonischen Volksliedern kommt dem Septimintervall dieselbe Bedeutung zu wie der Terz und der Quinte.« Dies bedeutet, daß bei einem von theoretischen Bedenken befreiten Musizieren die natürliche Septime ihre Rechte bewahrt. Ähnliches wurde weiter oben schon zum großen Ganzton (9/8) angedeutet, dem ersten auf die Septime folgenden neuen Teilton, der zudem direkt auf der Oktave »8« steht. Theoretisch sollte er also konsonanter sein als Quarte und kleine Terz. Dies alles weckt Zweifel am Begriff der Konsonanz, welcher zwiespältig und weitgehend willkürlich, mindestens aber konventionell erscheint.

6.2 Tonsysteme

6.21 *Monodische Urformen*

Ethnologen stellen immer wieder erstaunt fest, mit welcher Exaktheit die – allerdings meistens kleinen – Intervalle im Gesang von Naturvölkern und im Volkslied getroffen werden. Die Spannung von Intervallsprüngen (der Begriff der Konsonanz ist hier besser beiseite zu lassen, da er nur bei Gleichzeitigkeit sinnvoll wird) untersteht also weitgehend einer physiologisch-psychologischen Bewertung, welche das Nachvollziehen kontrolliert. Davon gibt es allerdings Ausnahmen gegenüber unseren Hörgewohnheiten, wie z. B. kleinere als die uns geläufigen Halbtonschritte.
Als schwieriger und zu verschiedenen Lösungen führend erweist sich die Übertragung auf Musikinstrumente mit fest gestimmten Tonerzeugern, wozu auch die Saiteninstrumente gehören, wenn durch Bünde die Unterteilungen der Saiten unverschiebbar bestimmt sind.
Interessanterweise sind pentatonische und heptatonische Tonsysteme (mit 5 bzw. 7 Stufen) besonders weit verbreitet und praktisch in allen Kulturkreisen zu finden. Nur Indonesien bildet mit den dort gebräuchlichen 6 Ganztönen eine Ausnahme. Es ist jene Skala, welche durch den französischen Impressionismus große Bedeutung erlangte, wenn sie auch mit Hilfe unserer gleichschwebenden Temperatur nur annäherungsweise, imitierend, realisiert wird (Debussy übertrug sie auch auf die Klaviermusik). Wesentlich ist das Fehlen eines Bezugs- und damit Grundtons.
Die Pentatonik entspricht derart dem musikalischen Bedürfnis vieler Völker, daß sie selbst dann zur Ausbildung kommt, wenn die Einteilung der Oktave in 7 Stufen bekannt ist. Dies trifft z. B. in Bali zu, wo im *Pelog* aus einer Siebener-Skala auf verschiedene Arten 5 Töne so ausgewählt werden, daß sich kurze (höchstens 2 nacheinander) und – durch Überspringen eines Tones – ein langer Schritt folgen. Diese

komplizierte Stimmung hört unser anders geschultes Ohr zu Recht als E F G H C E (also mit Stufen 1/2–1–T–1/2–T). Es ist für den Vergleich mit späteren Entwicklungen interessant zu bemerken, daß die verschiedenen Auswahlreihen auf der 1., 4. und 5. Stufe des Grundvorrats beginnen (wodurch allerdings die heutigen harmonischen Beziehungen nicht ausgedrückt werden).

Es würde viel zu weit führen, die vielen Tonsysteme zu untersuchen, welche den Bedürfnissen nach Gesang und Instrumentalmusik (zusammen oder getrennt) auf der ganzen Erde entgegenkommen. Das uns hier interessierende Problem ist eigentlich ganz anderer Natur und besteht aus der Frage: Nach welchen Grundsätzen werden die Stufen eines Tonsystems überhaupt gewonnen und festgesetzt? Die eingangs erwähnte Beobachtung weist darauf hin, daß es sinnvoll ist, die Beantwortung vor allem auf den Zusammenhang mit Musikinstrumenten zu beschränken. Dabei fallen zwei Lösungswege wegen ihrer naturgegebenen Häufigkeit besonders auf: übergeblasene Pfeifen und Saiten.

Überblasequinte. Die überall bekannte Panpfeife erlaubt es, durch Überblasen neue Töne zu gewinnen, worunter die Oktave relativ uninteressant ist, da erst darauffolgende Teiltöne etwas wirklich Neues bringen. Darunter befindet sich speziell die Duodezime (wie bei der Klarinette), in diesem Zusammenhang meistens »Überblasequinte« genannt. Hier geschieht etwas Eigenartiges: Dieses Intervall fällt gegenüber der reinen Quinte etwas zu klein aus, so daß bei seiner Wiederholung, nach einigen Oktaven (meistens 7 mit 13 Quinten), sich der Kreis nahezu schließt. Die Meinung, das genaue Naturgesetz der Konsonanz durch Berücksichtigung dieser Quinten zu erfüllen, führt unbewußt zu einer der temperierten Stimmung ähnlichen Lösung.

7 Oktaven umfassen ein Intervall von $2^7 = 128$. Sollen 13 aufeinanderfolgende Überblasequinten gleich weit reichen, müssen sie $\sqrt[13]{128} = 1{,}452$ betragen. Gegenüber der reinen Quinte von 1,5 sind sie in diesem Fall rund 3 % zu klein.

In Cent berechnet: 7 Oktaven = 7 · 1200 = 8400, was 13 Schritte von

646 Cent ergibt, die gegenüber der reinen Quinte (702 Cent) 56 Cent zu eng sind. (Kleiner Halbton = 71 Cent.)

Es bleibt zu erklären, wieso die mit Pfeifen realisierten Quinten zu tief ausfallen. Bei der Beschreibung der Blasinstrumente war (im Abschnitt 1.224) schon bemerkt worden, wie ein gerade abgeschnittenes Rohr, also etwa die uns hier interessierende Panpfeife, nicht genau der Länge der schwingenden Luftsäule entspricht, da letztere etwas in den freien Raum hinausragt. Die wirksame Länge bedarf gegenüber der materiellen der *Mündungskorrektur* von etwa einem hinzuzuzählenden Fünftel des Rohr-Radius ($0{,}2\,R$). Nennen wir diese Korrektur ΔL, so ist die wirksame Länge der Pfeife $L + \Delta L$. Die Wellenlänge beträgt das Doppelte davon: $\lambda = 2\,(L + \Delta L)$. Schneidet man nun, um die Quinte zu erhalten, ein gleiches Rohr auf $^2/_3$ Länge, so verändert sich die anzubringende Mündungskorrektur dadurch nicht, und die entstehende Wellenlänge wird $^4/_3\,L + 2\,\Delta L$. Der Ton wird also zu tief, weil die Korrektur prozentual zur neuen Wellenlänge größer geworden ist: sie bleibt ΔL statt auf $^2/_3\,\Delta L$ zu sinken. Auch eine andere Erklärung ist möglich: Die Mündungskorrektur von $0{,}2\,R$ gilt für den Grundton. Wie schon verschiedentlich erwähnt, sind in der Akustik die Verhältnisse von Wellenlänge zu den geometrischen Ausmaßen von Bedeutung. Wenn in einem Rohr durch Überblasen die Wellenlänge geringer wird, wirkt, in ihrem Maßstab gemessen, die Rohrweite größer, und die wirksame Mündungsverlängerung nimmt in gleichem Verhältnis zu. Dies läßt sich auch so ausdrücken: Die höheren Frequenzen dringen weiter in den Außenraum als die tiefen.

Es entsteht hier sogleich die Frage, weshalb bei den Blechinstrumenten von diesem Fehler nicht die Rede war. Die Antwort: Allen Instrumenten jener Kategorie ist der Übergang vom Rohr zur Außenluft durch eine Stürze gemeinsam. Der Zweck dieser Stürze besteht gerade darin, den Übergang derart graduell zu gestalten, daß die Mündungskorrektur praktisch ausfällt. Sie wäre ja dort besonders hinderlich, weil diese Instrumente prinzipiell auf dem Gebrauch der Partialschwingungen, also auf der Unterteilung der Gesamtluftsäule, beruhen. Aus diesem Grunde ist auch die Klarinette mit einem kleinen Schalltrichter versehen: Als in die Duodezime überblasendes Instrument, mit dadurch besonders großem Tonumfang, ist bei ihr die Verringerung der Mündungskorrektur ebenfalls wesentlich. Bei der Flöte fehlt jede Vorsorge dieser Art, weil der Flötenton nur sehr tief liegende Partialtöne enthält und weil bei der modernen Boehm-Flöte die Löcher so groß sind, daß sie praktisch die schwingende Luftsäule an ihrer Stelle fast ganz abschneiden, wenn sie geöffnet sind.

Saiten. Die gespannten Saiten verleiten durch die dargebotene Möglichkeit, ganzzahlige Unterteilungen vorzunehmen und mit verschiebbaren Stegen auszuprobieren, dazu, sich ihrer zur Ableitung von Tonsystemen zu bedienen. Auch hier erscheint die Quinte besonders naheliegend, da sie mit Exaktheit (absteigend) bei $^2/_3$ Länge gewonnen wird. Wie weit die Verwendung allein der Quinte führt, ist z.B. im *chinesischen Tonsystem* zu bewundern. Schon im alten China waren nicht nur die 12 Stufen, sondern sogar das pythagoreische Komma bekannt, welches bei der damaligen Einstimmigkeit nicht störte.

Aus wiederholtem Abstieg in Quinten sind, in unsere Benennung übersetzt und ohne Rücksicht auf die Oktavlage, die 5 Töne E A D G C zu finden, was, aufsteigend in enge Lage gebracht, zur Reihenfolge C D E G A führt. In ihr ist eine kleine Terz enthalten, aber kein Halbton, wodurch keine Leitton-Spannung entstehen kann, was der chinesischen Musik ihren statischen Charakter verleiht. Nun sind zwei Dinge zu beachten:

a) Jeder der 5 Töne kann zur Tonika werden. Beginnt man also, bei gleichbleibendem Notenvorrat, auf seinen verschiedenen Stufen (durch Heraufsetzen des jeweils unten nicht mehr gebrauchten Tons um eine Oktave, erhält man neue Fünftonreihen:

C D E G A
D E G A C
E G A C D
G A C D E
A C D E G

in denen die kleine Terz verschiedene Stellen einnimmt (kleine Terz jeweils unterstrichen). Alles auf C heruntertransponiert, ergibt dies in unserer Notenschrift die 5 grundsätzlich verschiedenen Formeln:

b) Zusammengezogen resultiert daraus eine auf die Oktave ausdehnbare 12stufige Chromatik, von der jede Stufe Grundton der angegebenen Folgen werden kann, was im ganzen 60 Modi ergibt. In einer äußerst feinfühligen Geistesbezogenheit kommt dabei jedem eine eigene Bedeutung zu.

In Korea wird die chinesische Pentatonik durch Halbtöne angereichert. Auffallend beliebt ist, wie bei mongolischen Völkern, der fallende Quartsprung. Die Gamelan-Orchester Javas verwenden auch Pentatonik, ebenfalls mit 5 Modi wie China, aber die kleine Terz wird durch Verkürzung dem Ganzton angenähert, was unser westlich geschultes Ohr wieder zu einer Terz »zurechtbiegt«.

Das Studium der Intervalle durch Unterteilung von Saiten war im *alten Griechenland* Gegenstand wissenschaftlicher Untersuchungen. An ihnen beteiligten sich außer Pythagoras (ca. 580–ca. 496 v. Chr.) auch Archytas (ca. 428 bis ca. 365 v. Chr.), Eratosthenes (ca. 275–ca. 195 v. Chr.) und Claudius Ptolemäus (ca. 100–ca. 178 n. Chr.). Wieder einmal lieferte die Quinte (3/2) das Ausgangsmaterial, denn in ihrer Ergänzung zur Oktave wurde das Quartintervall 4/3 erkannt (dies vereinfachend in der heutigen, damals noch sinnlosen Bezeichung). Durch diese Intervalle war auch der dazwischen liegende Ganzton 9/8 zu berechnen. Ebenfalls bekannt waren große Terz (5/4) und kleine Terz (6/5).

Basis des griechischen Tonsystems war die in 2 Ganztonschritten und 1 Halbtonschritt absteigende Quarte. Dieser Halbton war das nach Abzug der beiden Ganztöne von der Quarte übriggebliebene Intervall:

Quarte – 2 Ganztöne = $4/3:9/8:9/8=256/243=1{,}0535$ (zwischen kleinem und diatonischem Halbton).

In Cent gibt dies (weil Quarte = 498 Cent, großer Ganzton = 204 Cent): verbleibender Halbton = 498 – 204 – 204 = 90 Cent. (Kleiner Halbton = 71, diatonischer Halbton = 112.)

Die so gebildete Folge von 4 absteigenden Tönen hieß *Tetrachord* (griech. tetra = vier, chorde = Saite) und kann in unserer Notenschrift, will man keine Versetzungszeichen benützen, z. B. von a^2 nach unten geschrieben werden. Als Fortsetzung diente ein nächster, damit verbundener Tetrachord, wobei »verbunden« bedeutet, daß der erste Ton des zweiten Tetrachords mit dem letzten des vorangehenden übereinstimmt. In unserer Notenschrift reicht man so bis zum h^1 hinunter. Fügt man anschließend das Ganze, um eine Oktave tiefer versetzt, weiter an, ergeben sich 2 neue Tetrachorde, von denen der erste nicht verbunden, sondern vom vorangehenden »getrennt« ist (End- und Anfangstöne nicht identisch). Zum Abschluß kann man ganz unten noch das a hinzufügen.

Innerhalb dieses Vorrats lassen sich jetzt verschiedene Gattungen festlegen, welche je eine Oktave umfassen, aber gegeneinander um eine Stufe verschoben sind, wodurch sie sich in der Stellung der Halbtöne unterscheiden. Dies kann schematisch dargestellt werden:

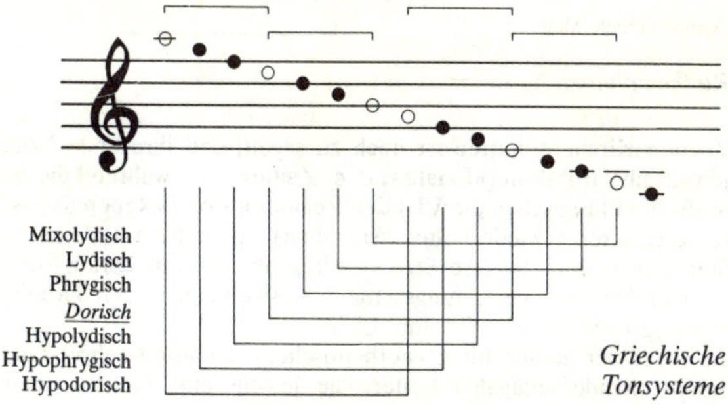

Griechische Tonsysteme

Die Hauptgattung ist die dorische. In ihr kommt der Tetrachord in der beschriebenen, »diatonisch« genannten Grundform vor. Die Tetrachorde konnten aber auch so abgeändert werden, daß jede dieser Skalen eine andere »Färbung« erhielt (immer absteigend geschrieben; zwischen den Notennamen, eingeklammert, die Intervallschritte):

diatonisch	A (1) G (1) F ($^1/_2$) E
chromatisch	A ($1^1/_2$) Ges ($^1/_2$) F ($^1/_2$) E
enharmonisch	A (2) F ($^1/_4$) Fes ($^1/_4$) E

Die *mittelalterlichen Kirchentonarten* wiesen dieselben Benennungen auf, aber mit anderer Bedeutung. Sie hießen (wiederum in der heutigen Notenschrift):

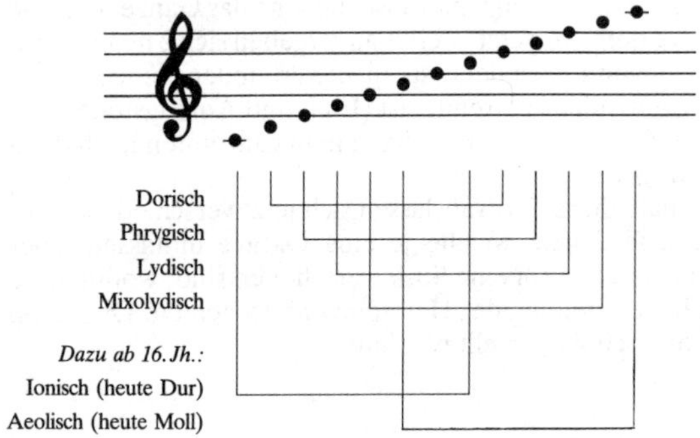

Kirchentonarten

Zu den Kirchentonarten ist noch zu sagen, daß ihre erste Note jeweils als Grundton (»Finalis«, d. h. Zielton) gilt, während die V. Stufe (im Phrygischen die VI.) den Rezitationston (»Repercussio«: re-percutieren = wiederholtes Anstoßen) darstellt, auf dem die Singstimme über längere Strecken liegenbleibt, mit heraus- und zurückführenden verzierungsartigen Ausweitungen, den »Melismen« (griech. melos = Gesang, Lied).

Zu jeder der aufgezählten »authentischen« Tonarten gehört eine entsprechende »plagale« Leiter, die jeweils eine Quarte tiefer

beginnt und mit der Vorsilbe »hypo-« gekennzeichnet wird. Dadurch verändert sich der verfügbare Tonraum, die Finalis bleibt aber dieselbe. Die Repercussio verschiebt sich allerdings gleichfalls nach unten, um eine Stufe beim Hypolydischen, um 2 Stufen bei den anderen Modi.
Die beiden zuunterst eingezeichneten Tonarten kamen zuletzt, im 16. Jh., hinzu und verdrängten bald (als »Dur« und »Moll«) alle anderen, wenn auch deren Spuren nie ganz verschwanden.

6.22 *Tonleitern*

6.221 **Pythagoreische Skala**

Sehen wir im einzelnen durch, wozu es führt, nach Pythagoras unter ausschließlicher Verwendung der reinen Quinte ein Zwölftonsystem aufzubauen. Die in geeignetem Maßsystem ausgeführte Zeichnung (S. 642) soll dazu die Übersicht erleichtern.
Die harmonische Folge »1«–»2«–»3« bildet die Grundlage. Das »3« kann eine Oktave zurückversetzt werden, wodurch 3/2 entsteht. Von hier aus wird konsequent fortgefahren, indem man von jeder erhaltenen Stufe aus die Quintenstrecke nach rechts anfügt und jedesmal, wenn man dabei aus dem Grundbereich »1«–»2« herauskommt, wieder um eine Oktave zurückschreitet. Man erhält dabei nacheinander:

G $3/2$
D $3/2 \cdot 3/2 : 2 = 9/8$
A $9/8 \cdot 3/2 = 27/16$
E $27/16 \cdot 3/2 : 2 = 81/64$
H $81/64 \cdot 3/2 = 243/128$

Projiziert man die bisher erhaltenen Töne auf eine Skala herunter, ergibt sich die Linie 1b. Da aber, wie es sich soeben erwies, die Bruchzahlen der Stufen zunehmend komplizierter werden, erhält man beim Fortschreiten obiger Rechenart ein Eis (F), welches so ungeschickt in die Reihe

fällt, daß es gegenüber E das Intervall 2187/2048 bildet und das G um das Intervall 65536/59049 darüber steht (1b). Um wenigstens eine homogenere Dur-Skala zu erhalten, ist deswegen vorzuziehen, das F durch Herabtragen der Quinte von »2« aus zu fixieren. Man erhält dann für E–F das Intervall $2:3/2:81/64 = 4/3:81/64 = 256/243$, also dasselbe Intervall, welches für H–C entstand, denn $2:243/128 = 256/243$. Diesen Halbton nennt man *pythagoreisches Limma* (griech. leimma = kleinstes Intervall).
Wie man leicht feststellen kann, sind die anderen (Ganzton-)Intervalle unter sich gleich groß, und zwar 9/8. So z.B. $A–H = 243/128:27/16 = 9/8$. Es ergibt sich somit die pythagoreische Dur-Skala (in heutiger Bezeichnung):

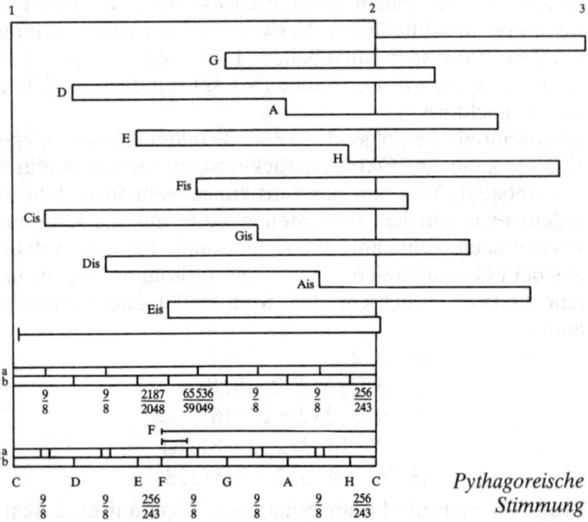

Pythagoreische Stimmung

Somit scheint alles in bester Ordnung zu sein. Daß dem aber nicht so ist, ergibt sich hauptsächlich aus folgenden Feststellungen:

a) Wie verschiedentlich schon erwähnt, schließt sich der Quintenkreis nicht. Man kann auf der Figur abzählen: Von »2« aus geht es 12mal um eine Quinte nach rechts und 8mal um eine Oktave zurück. In Zahlen umgesetzt, bedeutet dies:

$$2 \cdot (3/2)^{12} : 2^8 = 3^{12}/2^{19} = 531441/524288$$
$$\approx 74{,}3/73{,}3 \approx 74/73 = 1{,}0136.$$

Die offen bleibende Lücke, der Überschuß der Quintenanreihung, ist das berühmte *pythagoreische* oder *diatonische Komma* (griech. koptein = zerschneiden).

b) Die auf Skala 1a herunterprojizierten Zwischentöne stehen zwar etwa in der Mitte der 9/8-Intervalle, bilden aber mit den Hauptstufen keine Halbtöne im Sinne von E–F oder H–C. Wünscht man jedoch von jeder Stufe aus dieselbe Tonleiter aufbauen zu können (und dazu auch Moll-Tonarten zu ermöglichen), muß man von den Stufen in 2b den Halbton 256/243 jeweils nach oben und nach unten abtragen, wie in 2a eingezeichnet. Es müßten also auf einer Klaviatur alle schwarzen Tasten verdoppelt werden, denn 2 Limmas geben zusammen keinen Ganzton von $9/8 = 1{,}125$; 2 Limmas $= (256/243)^2 = 1{,}11$. Fis liegt tiefer als Ges.

Cis = 256/243; Des = 9/8 : 256/243. Das Intervall zwischen diesen beiden alterierten Tönen beträgt 9/8 : 256/243 : 256/243 $= 9/8 \cdot (243/256)^2 = 1{,}0136$ und ist wiederum das pythagoreische Komma.

c) Die Terz ist zu groß, denn es wird $E = 81/64 = 1{,}2656$, statt wie die korrekte Terz $5/4 = 1{,}25$ zu betragen. Sie ist hier 1,25% zu hoch; die Abweichung beträgt genau:

$$81/64 : 5/4 = 81/80 = \textit{syntonisches Komma}.$$

Dadurch klingt sogar der Tonika-Akkord schlecht, trotz der vom Aufbau her reinen Quinte.

Alle diese Mängel sind so schwerwiegend, daß die pythagoreische Skala für polyphonisches und akkordisches Spiel unbrauchbar ist.

Dies alles läßt sich auch in Cents ausdrücken und nachweisen. Da der Quintenschritt mehrmals zu wiederholen ist, muß sein

Cent-Maß genauer berechnet werden. Man kommt dabei auf 701,995 Cent. 12 aneinandergereihte Quinten ergeben $12 \cdot 701{,}995 = 8423{,}5$. Zieht man davon die Oktavenschritte $7 \cdot 1200 = 8400$ ab, bleibt der Rest 23,5 übrig, also das pythagoreische Komma.

Wir wissen bereits, daß der reinen Quinte 702 Cent entsprechen. Deswegen ist die Quarte $1200 - 702 = 498$ Cent. Daraus lassen sich Ganzton g und Halbton h (Limma) ableiten, denn es gilt das Gleichungssystem:

$$3\,g + h = 702 \quad \text{(Quinte)},$$
$$2\,g + h = 498 \quad \text{(Quarte)}.$$

Subtraktion der beiden Gleichungen gibt: $g = 702 - 498 = 204$. Somit wird das

$$\text{Limma} = h = 498 - 2 \cdot 204 = 90 \text{ Cent}.$$

2 davon ergeben $2 \cdot 90 = 180$, also weniger als einen Ganzton (204). Die Differenz stellt auch den Abstand zweier alterierter Töne dar (Fis–Ges) : 24 = pythagoreisches Komma (Dezimalen sind bei den Cents vernachlässigbar).

Die große reine Terz (5/4) mißt 386,3 Cent. Die pythagoreische Terz 81/64 läßt sich jetzt berechnen als $2\,g = 408$, was zur Differenz 21,7 führt, wiederum dem syntonischen Komma entsprechend.

6.222 **Mitteltönige Stimmung**

Um den gravierenden Fehler der unbrauchbaren pythagoreischen Terz zu beseitigen, machte der blindgeborene Heidelberger Hoforganist Arnolt Schlick (ca. 1455–1525) in seiner 1511 veröffentlichten Schrift »Spiegel der Orgelmacher und Organisten« folgenden Vorschlag:

Wie bei der Quintenreihung des Pythagoras vorgehend, nehme man die Quinten gerade nur so weit etwas kleiner, daß bei der ersten erreichten Terz (dem E) das genaue Terzintervall 5/4 entsteht. Von dort aus führen dann dieselben verkleinerten Quinten zu einem As, das mit dem vorangegangenen E wieder eine genaue Terz bilden muß. Die noch fehlenden Töne erhält man in umgekehrten Verfahren durch Hinabsteigen (mit denselben korrigierten Quinten) von der Oktave aus, bis zum Dis, das automatisch eine genaue Terz unter das G zu liegen kommt (vgl. die Schemazeichnung unten).

Die derart erzielten Resultate sind es wert, näher untersucht zu werden. Dazu ist vor allem die hier benutzte Quinte Q′ zu berechnen. Wieder von »2« ausgehend, sind 4 Quintenschritte nach rechts und 3 Oktavschritte nach links erforderlich, um das E = 5 / 4 zu erreichen. Algebraisch ausgedrückt:

$$2(Q')^4 : 2^3 = 5/4,$$

was sogleich das gesuchte Resultat liefert:

$$Q = \sqrt[4]{5} = 1{,}4953 .$$

Es wird somit ein leichtes, die Hauptstufen zu berechnen:

$$\begin{array}{ll} G & Q' = 1{,}4953 \\ D & (Q')^2 : 2 = 1{,}118 \\ A & (Q')^2 : 2 \cdot Q' = 1{,}6719 \\ E & (Q')^4 : 4 = 1{,}25, \text{ wie vorausgesetzt} \\ H & 1{,}25 \cdot Q' = 1{,}8692 \\ F & 2 : Q' = 1{,}3375 \end{array}$$

Graphisch sieht dies nun so aus:

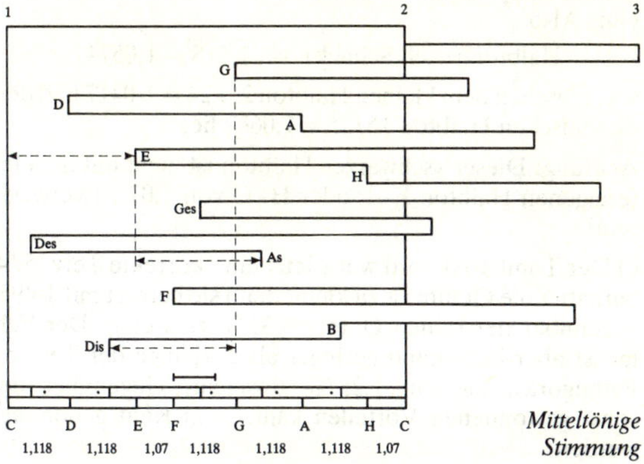

Mitteltönige Stimmung

Überraschenderweise entstehen nur 2 verschiedene Intervalle, was uns der Ideallösung schon näher zu bringen scheint. Immerhin ist zu bedenken:

a) Wiederum ist der Halbton 1,07 nicht die Hälfte des Ganztons 1,118. Trägt man ihn von jeder Stufe der Hauptskala b nach oben und nach unten ein (Zeile a der Figur), ergeben sich abermals 2 verschiedene alterierte Stufen (»schwarze Tasten«). Da 2 Halbtöne $1{,}07^2 = 1{,}449$ ergeben (bei Ganzton = 1,118), kommt Fis jetzt über Ges zu liegen. In Zeile a der Zeichnung sind die herunterprojizierten Stufen mit Strichen eingetragen und die durch Abtragen eines Halbtons gewonnenen Stufen mit einem Punkt bezeichnet. Man sieht daraus, daß beim beschriebenen Aufbau des Systems in Quintenfolge eigenartigerweise nicht Fis, Cis, Gis und Es erreicht wurden, sondern Ges, Des, As und Dis.

b) Der zweite Schritt im Gedankengang Schlicks bestand in der Zusammenfassung der nebeneinanderliegenden alterierten Töne in einen Mittelwert, also die Schaffung eines künstlichen, für beide geltenden Ersatzhalbtons. Daher die Bezeichnung als mitteltönige Stimmung. Dieser neue Wert muß so sein, daß seine zweimalige Folge den Ganzton 1,118 gibt. Also

$$\text{Halbton (nach Schlick)} = \sqrt{1{,}118} = 1{,}0574\,,$$

was zwischen dem kleinen Halbton 25 / 24 = 1,0417 und dem diatonischen Halbton 16 / 15 = 1,0667 liegt.

Achtung: Dieser »schwarze« Halbton ist nicht mit dem leitereigenen Halbton E–F oder H–C von 1,07 zu verwechseln!

c) Der Tonika-Akkord weist jetzt eine korrekte Terz (5 / 4) auf, aber die Quinte ist zu klein, denn sie beträgt mit 1,4953 gegenüber der reinen Quinte 0,31 % zu wenig. Der Fehler ist aber bedeutend geringer als derjenige der Terz bei Pythagoras, die um 1,25 % abweicht. Gegenüber den sonst gewonnenen Vorteilen kann er in Kauf genommen werden.

d) Wenn auch der leitereigene Halbton und der künstlich hergestellte Alterierungshalbton nicht stark voneinander abweichen, kommt jede nicht von C ausgehende Tonleiter zu ihrer eigenen Färbung, weil jeweils eine etwas andere Intervallfolge entsteht. Diese Abweichung von C-Dur ist desto größer, je mehr alterierte Töne eingeschlossen werden. Die mitteltönige Skala ist also recht gut zu gebrauchen, wenn man sich auf Tonarten mit wenig Vorzeichen beschränkt und wenn man sich möglichst wenig davon entfernt, beispielsweise durch Modulieren.
Eine Ideallösung stellt die mitteltönige Stimmung nicht dar; dennoch war sie lange im Gebrauch, etwa in den Gottfried-Silbermann-Orgeln, auf denen Johann Sebastian Bach spielte. Die Abweichung der Intervallfolge in den verschiedenen Tonarten erzeugt eine Charakterisierung jeder einzelnen und rechtfertigt somit die Zuordnung bestimmter Affekte und Grundhaltungen.

Wieder einmal in Cents übertragen, sieht die Stimm-Methode nach Schlick so aus:

$$1200 + 4\,Q' - 3 \cdot 1200 = 386{,}3 \text{ (Terz in Cent)},$$
$$\text{also } Q' = 696{,}6 \text{ (statt } 702 = \text{reine Quinte)}.$$

Daraus lassen sich wieder Ganzton g und leitereigener Halbton h berechnen:

$$3\,g + h = 696{,}6 \text{ (Quinte)},$$
$$2\,g + h = 1200 - 696{,}6 \text{ (Quarte)}.$$

Die Differenz der Gleichungen ergibt:

$$g = 696{,}6 - 503{,}4 = 193{,}2,$$
$$h = 503{,}4 - 2 \cdot 193{,}2 = 117.$$

2 solche Halbtöne ergeben $2 \cdot 117 = 234$ Cent (statt Ganzton $= 193{,}2$). Sie sind, wie schon nachgewiesen, zu groß.

Der künstliche Kompromißhalbton ist jetzt die Hälfte des Ganztons, also $193{,}2 : 2 = 96{,}6$, und fällt somit mit dem Mittelwert zwischen kleinem Halbton (70,7 Cent) und diatonischem Halbton (111,7 Cent) fast genau zusammen.

6.223 **Diatonische Tonleitern**

Die zuvor behandelten Skalen ergeben keinen reinen Grundakkord: Bei der pythagoreischen Stimmung war die Terz unbefriedigend, bei der mitteltönigen die Quinte. Der venezianische Priester Gioseffo Zarlino (1517–1590) suchte einen Weg, die von der Singstimme realisierbaren reinen Intervalle auch instrumental verwirklichen zu können. Zarlino war ein Verteidiger der beiden exakten (nicht pythagoreischen) Terzen, der großen (5/4) und der kleinen (6/5), auf Grund derer er als erster die Tongeschlechter Dur und Moll im heutigen Sinne definierte (»Istitutioni harmoniche«, 1558). Der Wunsch, in der sich damals herauskristallisierenden Kadenzformel Tonika–Subdominante–Dominante–Tonika ausschließlich rein klingende Dur-Dreiklänge verwenden zu können, führte Zarlino zu folgendem leicht darstellbarem Gedankengang:
Der reine Dreiklang ist ebenfalls in der harmonischen Teiltonfolge zu finden, wenn man nicht wie bisher bei Ton »3« stehenbleibt, sondern etwas höherrückt: Der Dur-Dreiklang wird gebildet durch die aufeinanderfolgenden Partialtöne »4«–»5«–»6«. Er ist infolgedessen vorstellbar als ein in die beiden Terzen unterteiltes Stäbchen von der Länge einer Quinte:

Große Terz 5/4	Kleine Terz 6/5

←——— Quinte 3/2 ———→

Um die Dur-Skala zu erhalten, welche die Akkorde der Kadenz richtig wiedergibt, genügt es, dieses Stäbchen vom Grundton aus anzulegen (Tonika), dann als Dominante zur somit erzielten Quinte hinaufzuschieben. Das dabei erhaltene, »2« überholende D ist eine Oktave herunterzunehmen. Zuletzt lehnt man den Akkord, als Unterdominante, an den Oktavton. Dadurch sind alle Stufen der *natürlichen diatonischen Stimmung* gefunden worden:

E 5/4
G 3/2
H $3/2 \cdot 5/4 = 15/8$
D $3/2 \cdot 3/2 : 2 = 9/8$
A $2 : 6/5 = 5/3$
F $2 : 3/2 = 4/3$

Wenn wir diese Stufen aufsteigend ordnen, entsteht folgende graphische Veranschaulichung:

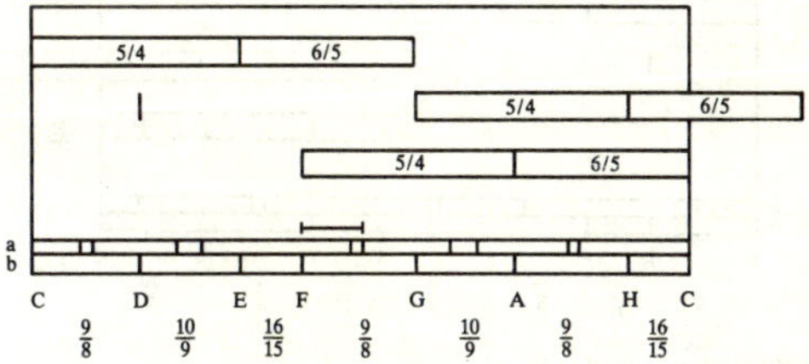

Natürliche diatonische Dur-Skala

Der scheinbar rettende Gedanke dieser Tonleiter-Bildung erzeugt also umständlicherweise 3 verschiedene Intervalle.

Vor weiterer Diskussion kann noch die Folge einer anderen Erkenntnis Zarlinos untersucht werden: Er deutete den Moll-Akkord als Umkehrung, als Spiegelbild des Dur-Akkords. Deswegen läßt sich dieselbe Konstruktion nochmals, mit umgedrehtem, jetzt also Moll-Akkord-Stäbchen durchführen:

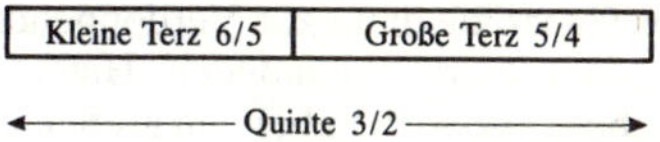

um die *natürliche diatonische Moll-Skala* zu erhalten. In der Konstruktionsfolge der dazugehörenden Figur gibt dies:

Es	$6/5$
G	$3/2$
B	$3/2 \cdot 6/5 = 9/5$
D	$3/2 \cdot 3/2 : 2 = 9/8$
As	$2 : 5/4 = 8/5$
F	$2 : 3/2 = 4/3$

Daraus folgt die graphische Darstellung:

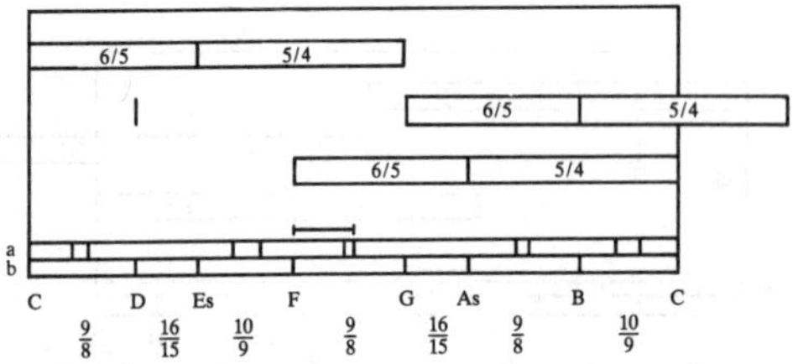

Natürliche diatonische Moll-Skala

Kommentar zu den beiden diatonischen Skalen:

a) Alle erhaltenen Stufen gehören zu dem im Abschnitt 6.13 aufgestellten Inventar der Intervalle, was nicht erstaunlich ist, weil dort wie hier alle Kombinationen auf der Verwendung von Quinte und Terz wurzeln.

b) Es entsteht zwar nur ein Halbtonschritt, da E–F, H–C, D–Es, G–As alle gleich dem diatonischen Halbton $16/15 = 1{,}0667$ sind. Dafür entstehen 2 verschiedene Ganztöne: der große Ganzton $9/8 = 1{,}125$ und der kleine Ganzton $10/9 = 1{,}1111$.

c) Keiner der Ganztöne dient zur Verdoppelung des Halbtons, weil 2 der hier vorhandenen Halbtöne $(16/15)^2 = 1{,}1378$ ergeben, also selbst über den großen Ganzton hinausschießen. Dies bedeutet auch, daß Fis über Ges zu stehen kommt (in den Zeichnungen enthalten die a-Zeilen die von den Grundstufen aus eingetragenen Alterierungen im

16/15-Abstand). Wollte man nach Schlick auch hier die auseinanderliegenden Alterierungen durch Mittelwerte ersetzen, käme man kaum weiter, denn Transpositionen und Modulationen würden an den ungleichen Ganztönen scheitern.

d) Die Situation wird noch komplizierter, wenn man Dur- und Moll-Skala miteinander vergleicht, um zu prüfen, ob sich beide Geschlechter mit einer einzigen Klaviatur realisieren ließen. Die meisten Stufen von diatonischem Dur und Moll sind identisch. Aus der Gegenüberstellung entstehen aber neue Halbtonschritte, deren Untersuchung sich aufdrängt. Es geht um die Schritte:

A–As 5/3 : 8/5 = 25/24
E–Es 5/4 : 6/5 = 25/24
H–B 15/8 : 9/5 = 25/24

Zwar ergibt sich jedesmal derselbe kleine Halbton 25/24 = 1,04167, der aber leider ein zusätzliches Intervall darstellt, was im ganzen 4 verschiedene Schritte ergibt. Auch für die problemlose Schaffung von Alterierungen ist er nicht brauchbar, denn seine Verdoppelung führt zu $(25/24)^2$ = 1,085, was sogar enger als der kleine Ganzton ist.

4 verschiedene Tonleiter-Schritte sind des Guten doch zu viel, so daß leider der so gut gemeinte, von eigentlich naheliegenden Voraussetzungen ausgegangene Lösungsvorschlag von Zarlino abzuweisen ist, es sei denn, man beschränke sich auf reine, von Abweichungen freie Dur- und Moll-Sätze.

Mit Cents ist hier leicht zu rechnen, weil Quinte (G) = 702 und Terz (E) = 386,3 schon bekannt sind. Die kleine Terz (Es) wird 702 – 386,3 = 315,7 Cent.

Der große Ganzton ergibt sich bei D und gilt 702 + 702 – 1200 = 204. Der kleine Ganzton liegt zwischen D und E: 386,3 – 204 = 182,3 Cent.

Den Halbton 16/15 kann man z. B. dem Schritt E–F entnehmen, wobei F als Quinte unter »2« hervorgeht: 1200 – 702 – 386,3 = 111,7 Cent. Das Zweifache davon, 223,4, ist größer als der kleine (182,3) und als der große (204) Ganzton.

Der durch den Vergleich von Dur und Moll sich ergebende neue, zusätzliche Halbton kann am schnellsten zwischen den in Cent schon bekannten Stufen E und Es abgelesen werden: 386,3 – 315,7 = 70,6 Cent. Sein Doppelwert 141,2 liegt unter dem kleinen Ganzton von 182,3 Cent.

6.224 **Wohltemperierte Stimmung**

An der Wende vom 17. zum 18. Jh. brachten zwei Theoretiker einen derart vollwertigen Kompromiß zustande, daß seine Eleganz nicht nur aus den geschilderten Schwierigkeiten herauszukommen erlaubte, sondern die ganze Kunstmusik vom Spätbarock (Bach!) bis zur Moderne, einschließlich der Unterhaltungsmusik, überhaupt erst ermöglichte: Andreas Werckmeister (1645–1706) und Johann Georg Neidhardt (1685–1739).
Werckmeister schlug in seiner 1691 erschienenen »Musicalischen Temperatur« vor, die hauptsächlichsten 4 Quinten C–G, G–D, D–A und H–Fis zu temperieren, d. h. zu verkleinern, um den Quintenzirkel zu schließen. Jede dieser Quinten müßte also zu $1{,}5 : \sqrt[4]{74{,}3/73{,}3} = 1{,}4949$ werden, d. h. 0,34 % kleiner sein als die reine Quinte 1,5 (um das pythagoreische Komma in 4 Teile zu zerlegen). Der Fehler wäre also nur um ein Geringes größer als die in der Stimmung nach Schlick alle Quinten umfassende 0,31 %-Abweichung. Die restlichen 8 Quinten blieben nach diesem System rein.

Zur Kontrolle: Die vollständige Quintenfolge ergäbe

$$1{,}5^8 \cdot 1{,}4949^4 = 128 = 7 \text{ Oktaven } (= 2^7).$$

Neidhardt hieb den gordischen Knoten durch und leistete den letzten Schritt zur Schlußlösung mit seiner Schrift »Beste und leichteste Temperatur des Monochordi« (1706). Er hatte den rettenden Einfall, nicht nur einzelne Quinten zu temperieren, sondern das pythagoreische Komma auf alle 12 Quinten als gleichmäßig verteilten Abzug umzulegen. Dadurch entstand die *wohltemperierte Stimmung*. Dazu wird die Oktave in 12 gleiche Intervallschritte *i* unterteilt. Dies bedeutet, daß $i^{12} = 2$ sein muß, woraus sich der temperierte Halbton herausstellt als

$$i = \sqrt[12]{2} = 1{,}05946\,.$$

Meistens genügt die Näherung, mit einem Zuwachs von 6 % zu rechnen ($i = 1{,}06$). Z. B. wird b^1 6 % mehr als $a^1 = 440$, also 466,4 Hz.
Die Quinte als 7. chromatische Stufe wird jetzt $2^{7/12} = 1{,}4983$.
Zur Kontrolle: $1{,}4983^{12} = 128 = 2^7$.
Die temperierte Quinte ist nur 0,113 % zu klein, weicht also bedeutend weniger von 1,5 ab als bei Schlick (0,34 %) und bei Werckmeister (0,31 %).
Die Terz, 4. Sprosse der chromatischen Tonleiter, wird jetzt $2^{4/12} = 1{,}2599$ und ist also gegenüber der reinen großen Terz (1,25) um 0,79 % zu weit. Bei Schlick war sie allerdings rein, bei Pythagoras jedoch »schlechter«, denn dort betrug die Abweichung 1,25 %.
Auch bei den am stärksten gegenüber der reinen diatonischen Stimmung abweichenden Intervallen werden die Fehler geringer als 1 % (H mit 0,68 %, As mit 0,79 %, Es mit 0,9 % Abweichung usw.). Es ist zwar kein Intervall mehr exakt, aber die Fehler sind derart gering, daß die durch den Kompromiß geschaffenen Vereinfachungen gegenüber den Nachteilen weitgehend überwiegen. Vor allem ist jetzt den Transpositionen und den Modulationen keine Grenze mehr gesetzt, weil sich von allen Stufen aus gleichwertige (von der Tonhöhe abgesehen sogar identische) Tonleitern aufbauen lassen. Und dies alles wird mit nur 12 Tasten verwirklicht, indem die gegenüber C-Dur benötigten, nebeneinanderliegenden Alterierungen jeweils nur eine (Ober-)Taste beanspruchen. Das erschließt auch die harmonisch neue Möglichkeit des unbeschränkten enharmonischen Austausches (Fis = Ges). – Durch Auswahl aller der natürlichen Dur- und Moll-Skala nächstliegenden Stufen lassen sich mit demselben Notenvorrat die beiden Tongeschlechter recht gut realisieren. – Dies alles wohlwollend und mit Genugtuung

zu beweisen, war Bachs Anstoß zum monumentalen Vermächtnis des »Wohltemperierten Klaviers«.

Die gelegentlich gebrauchte Bezeichnung »gleichschwebende Temperatur« ist irreführend; besser wäre »wohlverteilte Temperatur«, denn die durch die systematische Verstimmung erzeugten Schwebungen sind tonhöhenabhängig. Nehmen wir den relativen Grundton »1« als Ausgangslage an und vergleichen wir damit die temperierte Quinte, z. B. beim Stimmvorgang. Ihre Oktave fällt dann nahezu mit dem Oberton »3« des Bezugstons zusammen, wodurch die Schwebung entsteht. Diese Oktave der temperierten Quinte ist $2 \cdot 1{,}4983 = 2{,}9966$, so daß sich eine Schwebung mit Frequenz $3 - 2{,}9966 = 0{,}0034$, d. h. 0,34 % des Grundtons bildet. Schon innerhalb einer Oktave ergibt dies Differenzen:

– Das Stimmen von g^1 über $c^1 = 264$ Hz ist dann richtig getroffen, wenn die Schwebungsfrequenz von $0{,}0034 \cdot 264 = 0{,}8976$ pro Sekunde verursacht wird. Eine solche Amplitudenschwankung dauert das Reziproke davon, d. h. ungefähr 1,11 Sekunden.

– Beim Stimmen von c^2 als Quinte von f^1 sieht dieselbe Überlegung so aus: f^1 liegt eine temperierte Quinte unter $c^2 = 528$. Also $528 : 1{,}4983 = 352{,}4$. Die mit c^2 gebildete Schwebungsfrequenz wird jetzt $0{,}0034 \cdot 352{,}4 = 1{,}198$ pro Sekunde, und die Schwebungsdauer beträgt 0,83 Sekunden.

Das 12stufige temperierte System gestattet die unbedenkliche Verwendung der Eigenschaft, daß die Zahl 12 sich vielfach ganzzahlig teilen läßt:

Teilung durch:			Eine Oktave enthält:
2	$i = \sqrt{2}$	= 1,41421 Tritonus	2 Tritoni
3	$i = \sqrt[3]{2}$	= 1,25992 große Terz	3 große Terzen = übermäßiger Dreiklang
	i^2	= 1,58740 kleine Sexte	
4	$i = \sqrt[4]{2}$	= 1,18921 kleine Terz	4 kleine Terzen = verminderter Vierklang
	i^2	= 1,41421 echter Tritonus	
	i^3	= 1,68179 große Sexte	
6	$i = \sqrt[6]{2}$	= 1,12246 große Sekunde	6 Ganztöne = Ganzton-Leiter
	i^2	= 1,25992 große Terz	
	i^3	= 1,41421 Tritonus	
	i^4	= 1,58740 kleine Sexte	
	i^5	= 1,78180 kleine Septime	

Man bemerke, daß bei diesem Vorgehen Quinte und Quarte nicht erfaßt werden. Wenn schon, ist die Quinte als Intervall zwischen der Sekunde und der großen Sexte zu finden: 1,6818 / 1,1225 = 1,49831.

In Cents erscheint dies alles selbstverständlicher, denn für die temperierte Skala wird der Halbton einfach $^1/_{12}$ von 1200, also 100 Cent. Deswegen gilt:

1200 = 2 · 600 = 2 Tritoni 0–600, 600–1200,
= 3 · 400 = 3 große Terzen 0–400, 400–800, 800–1200,
= 4 · 300 = 4 kleine Terzen 0–300, 300–600, 600–900, 900–1200,
= 6 · 200 = 6 große Sekunden 0–200, 200–400, 400–600, 600–800, 800–1000, 1000–1200.

Letzte Bemerkung: Will man den Abstand zwischen reiner Quarte (4/3) und reiner Quinte (3/2) in gleiche Teile zerlegen, wird der dazwischenliegende Ganzton 9/8 in 2 gleiche Intervallschritte aufgeteilt:

$$\sqrt{\frac{9}{8}} = \frac{3}{2\sqrt{2}},$$

und das Resultat der Quarte angefügt:

$$\frac{4}{3} \cdot \frac{3}{2\sqrt{2}} = \frac{2}{\sqrt{2}} = \sqrt{2} = \text{echter Tritonus } (1{,}41421).$$

Die genaue Mitte zwischen den rationalen, nichttemperierten Intervallen von Quarte und Quinte ergibt somit ebenfalls das irrationale Tritonusintervall, was seine weiter oben gegebene Definition als Mitte der Oktave bestärkt. Dies ist die Folge der symmetrischen Lage von Quarte und Quinte.

In der graphischen Darstellung (S. 656) der senkrecht wiedergegebenen Tonleitern ist links (I) und rechts (VI) die temperierte Skala aufgezeichnet. Dazwischen liegen, zum Vergleich, der Reihe nach:

II die pythagoreische Stimmung,
III die mitteltönige Stimmung,
IV die diatonische Dur-Skala,
V die diatonische Moll-Skala.

Zur Erleichterung der Übersicht steht über jeder Stufe ihr in Dezimalen ausgedrücktes Verhältnis zum Grundton.

	I	II	III	IV	V	VI
C	2,0000 / 1200	2,0000 / 1200	2,0000 / 1200	2,0000 / 1200	2,0000 / 1200	2,0000 / 1200
H	1,8877 / 1100	1,8984 / 1109,8	1,8692 / 1082,9	1,8750 / 1088,3		1,8877 / 1100
B	1,7818 / 1000				1,8000 / 1017,6	1,7818 / 1000
A	1,6818 / 900	1,6875 / 905,9	1,6719 / 889,8	1,6667 / 884,4		1,6818 / 900
As	1,5874 / 800				1,6000 / 813,7	1,5874 / 800
G	1,4983 / 700	1,5000 / 702,0	1,4953 / 696,5	1,5000 / 702,0	1,5000 / 702,0	1,4983 / 700
Fis	1,4142 / 600					1,4142 / 600
F	1,3348 / 500	1,3333 / 498,0	1,3375 / 503,4	1,3333 / 498,0	1,3333 / 498,0	1,3348 / 500
E	1,2599 / 400	1,2656 / 407,8	1,2500 / 386,3	1,2500 / 386,3		1,2599 / 400
Es	1,1892 / 300				1,2000 / 315,6	1,1892 / 300
D	1,1225 / 200	1,1250 / 203,9	1,1180 / 193,1	1,1250 / 203,9	1,1250 / 203,9	1,1225 / 200
Cis	1,0595 / 100					1,0595 / 100
C	1,0000	1,0000	1,0000	1,0000	1,0000	1,0000

Vergleich verschiedener Stimmungen

Unterhalb der Stufen sind die Intervalle in Cents bezeichnet. Man sieht daraus, wie die Quinte 700 etwas zu klein gegenüber der reinen Quinte 702 und die große Terz 400 etwas zu groß gegenüber der reinen großen Terz von 386,3 ist. Die größte Abweichung befindet sich bei der kleinen Terz mit 300 Cent statt der korrekten 315,6 Cent. Die Differenz von 15,6 Cent beträgt immerhin etwa $^1/_5$ des kleinen Halbtons.

Reine Terz (Zarlino)	1,2500
Temperierte Terz	1,2599
Pythagoreische Terz	1,2656

Diese bis 1,25 % betragenden Unterschiede sind innerhalb des Orchesters gegenwärtig!

6.225 **Höherstufige Temperierungen**

In der Entwicklung vom Einzelklang mit seinen Teiltönen zur temperierten Skala mußten die physikalischen Überlegungen vor den Ansprüchen der musikalischen Ästhetik und vor den instrumentaltechnischen Begrenzungen zurücktreten. Das Resultat weicht vom Ideal der reinen Intervalle erheblich ab; allein die Oktave ist kompromißlos konstant geblieben. Dennoch fügte sich die 12stufige temperierte Stimmung den verschiedensten Ausdrucksrichtungen, von Bach bis Strawinsky und darüber, was ihre weitreichende Brauchbarkeit beweist. Dabei ist eigentlich erstaunlich, wie sie die Schaffung hoher geistiger Werte durch Grundelemente ermöglichte, die mit den sehr einfachen, korrekten Definitionen der Konsonanz nicht im Einklang stehen. Das Ohr ist glücklicherweise sehr gefügig. Die Struktur einer Beethoven-Sonate bleibt sogar auf einem (nicht zu sehr) verstimmten Klavier erkennbar. – Trotz dieser erfreulichen Feststellung ist verständlich, daß der Wunsch bestehenblieb, sich den genauen Intervallverhältnissen durch feinere Unterteilung der Oktave besser anzunähern. Da auf die Möglichkeiten der Transposition und der Modulation nicht verzichtet werden kann, kommen dabei nur Temperaturen mit *n* gleichen Stufen in Frage.

Eines kann man sofort ausschließen, wenn man den graphischen Skalenvergleich ansieht: Die Unterteilung der Halbtöne in Vierteltöne (in der vorangehenden Tabelle ganz rechts mit kurzen Strichen eingezeichnet) führt zu nichts, denn die so gewonnenen Stufen liegen von den konsonanten Intervallen entfernter als die 12 Stufen der normalen Temperatur.
Das Problem kann für steigende n durch programmierbare Rechner angegangen werden. Dazu ist vor allem ein Qualitätskriterium festzulegen, welches die Güte jeder Temperatur zu beurteilen erlaubt. Da sich alle Intervalle, wie im Abschnitt 6.13 gezeigt, durch Quinte und große Terz herstellen lassen, ist auch eine temperierte Stimmung um so besser, je perfekter die Annäherung an diese beiden Intervalle ausfällt. Das Maß der Güte einer n-stufigen Temperatur soll m heißen und gebildet werden als Mittelwert der absolut genommenen Intervallabweichungen von Terz und Quinte zu den ihnen am nächsten liegenden Stufen der erhaltenen Tonleiter. (Sollte man an der Naturseptime besonders interessiert sein, ließe sich die Berechnung etwas erweitern, indem für das Gütemaß auch der Quotient von temperierter zu natürlicher Septime addiert wird.) Über den Tritonus braucht man sich nicht weiter aufzuhalten, denn wir wissen schon, daß er immer nur bei geradzahligem n richtig erscheint.
Läßt man bei diesem Programm die progressiv durchgerechneten n nur dann ausdrucken, wenn das dazugehörende m kleiner als das vorangegangene wird, erhält man folgendes Resultat:

n	=	1	2	3	7	9	10	12
m	=	544,1	157,8	55,9	29,8	24,5	22,1	7,8
n	=	19	22	31	34	53	118	
m	=	7,3	5,8	3,0	2,9	0,7	0,2	

Die weiter folgenden n (289, 323, 441, 494, 559, 612, 1171, 1788, 2513, 3684, 4296, 11546 usw.) sind wohl nur theoretisch interessant.

Aus der Tabelle läßt sich herauslesen:

- bei $n =$ 12 erfolgt ein ausgesprochener Zusammenbruch des m-Wertes;
- $n =$ 19 ergibt keine wesentliche Verbesserung;
- $n =$ 22 ist schon besser (bei richtigem Tritonus, da geradzahlig!);
- $n =$ 31 bringt die erste wirkliche Qualitätssteigerung gegenüber $n = 12$;
- $n =$ 34 ist keine lohnenswerte Erhöhung;
- $n =$ 53 wird ganz deutlich besser;
- $n =$ 118 ist fast perfekt, aber mit prohibitivem Aufwand.

Die 12stufige Tonleiter stellt demnach eine ausgezeichnete, mit vertretbarem technischem Aufwand realisierbare Lösung dar. Weder die Vierteltöne ($n = 24$, Alois Hába) noch die Dritteltöne ($n = 18$, Ferruccio Busoni) sind ihr gegenüber besser. Von physikalischen Überlegungen abgesehen, führt allerdings die Ausdehnung der Tonleiter auf Vierteltöne zu neuen Ausdrucksmöglichkeiten, wenn sich auch die Konsonanz der Intervalle dabei nicht verbessert (Bartók: Violinkonzert Nr. 2 [1938], vor der Kadenz des 1. Satzes).

Die Aufzählung mehrstufiger Temperaturen erinnert an verschiedene historische Vorschläge: J. Th. Woolhouse 1835 ($n = 19$), Émile Chevé 1846 ($n = 29$), Christiaan Huygens ca. 1650 ($n = 31$), Paul von Jankó 1906 ($n = 41$), Joseph Sauveur 1707 ($n = 43$), Heufling 1710 ($n = 50$), Nicolaus Mercator 1675 und R. H. M. Bosanquet 1875 ($n = 53$), Pierre Estève 1755 ($n = 55$). Davon kann man die nicht in obiger Tabelle erscheinenden Vorschläge vergessen. Die für mechanische Instrumente kaum vertretbare, aber elektronisch realisierbare Lösung $n = 53$ erlaubt es, Schattierungen innerhalb eines einzigen Tones der 12stufigen Leiter zu unterscheiden wie z. B.: Ton 42 = übermäßige Sexte, 43 = Naturseptime, 44 = verminderte Septime, 45 = kleine Septime.

Wenn man bedenkt, daß das Ohr im besten Fall gerade noch Tonhöhenunterschiede von 0,37 % (= 6 Cent) auseinanderzuhalten vermag, scheint die ganze Jagd nach präziser Intonation überflüssig zu sein. Diese Empfindlichkeitsgrenze bezieht sich jedoch auf aufeinanderfolgende Töne. Beim Zusammenklingen ergeben sich die sehr gut wahrnehmbaren Schwebungen.

Beispiel: Für $n = 118$ beträgt die kleinste Tonstufe $\sqrt[118]{2} = 1{,}00589$ $\approx 1{,}006$ also 0,6 % (= 10 Cent = $^1/_{10}$ Halbton). Sie ist also um ein Geringes größer als die Unterscheidungsschwelle eines geübten Ohres. Der dem Kammerton $a^1 = 440$ Hz nächstliegende höhere Ton in diesem System hat die 0,6 % höhere Frequenz von 442,6. Die Überlagerung dieser beiden Töne erzeugt die sehr gut wahrnehmbare, gar nicht besonders niedrige Schwebungsfrequenz von 2,6 Hz.

7 Das Gehör

7.1 Reiz und Empfindung

Aus Bequemlichkeit und Nachlässigkeit spricht man vereinfachend vom Klang eines Musikinstruments. Wollte man den Sachverhalt korrekt benennen, müßte man innerhalb dieses Begriffs »Klang« verschiedene Phasen unterscheiden:

a) die physikalischen, durch die Schallquelle verursachten Vorgänge in der Luft, mit den dazugehörigen Gesetzmäßigkeiten der Fortpflanzung des Schalls (physikalische Akustik);

b) die Wirkung solcher Vorgänge auf unsere Sinnesorgane, akustisch vorwiegend auf das Ohr, in welchem die äußeren Phänomene in Nervensignale verwandelt werden (physiologische Akustik), und erst zuletzt

c) die eigentliche Empfindung, durch die über die Nerven einlaufenden Meldungen im Hörzentrum des Gehirns ausgelöst, bewertet und verarbeitet.

Dies ganz abgesehen von einer noch höheren, im Gehirn nicht mehr eng lokalisierten Erkenntnis-Ebene, in der sich die ganzen ästhetischen, künstlerischen und emotionellen Geschehnisse abspielen (psychologische Akustik, Musikpsychologie usw.). Hier wirken sehr viele Schichten mit wie Bildung, individuelle Empfindlichkeit, Erfahrung, Erinnerungsvermögen, Gefühl sowie der mysteriöse Anteil der Intuition (Wunderkinder, Naturtalente).

Vermittler zwischen äußerem Raum und innerem Erlebnis ist das wundervollste, raffinierteste und empfindlichste unserer Sinnesorgane, das Ohr. Mit unglaublicher Präzision liefert es über seine komplizierten, funktionell perfekten Bestandteile viel genauere und sensiblere Auskünfte über die eintreffenden akustischen Reize, als es dem Auge im optischen Bereich möglich ist. Darunter sind insbesondere aufzuzählen:

a) Genaue Frequenzanalyse, also Bestimmung der Tonhöhe, innerhalb des sehr weiten Umfangs von etwa 10 Oktaven (während das Auge aus dem weiten Spektrum der elektromagnetischen Wellen nur eine einzige Oktave erfaßt).

Der vom Ohr verarbeitete Frequenzbereich geht von rund 16 bis 16000 Hz: das sind ungefähr 10 Oktaven. In den frühen Lebensjahren sind noch wesentlich höhere Frequenzen hörbar (bis um 20000 Hz), dann sinkt, schon in der Kindheit beginnend, diese obere Grenze des Hörbereichs langsam aber unerbittlich mit zunehmendem Alter (Tür- und Telefonklingeln werden immer schlechter gehört). Dies beeinträchtigt aber normalerweise, wenn nicht Taubheit oder erhebliche Abnahme der Empfindlichkeit hinzutritt, den Musikgenuß nicht. Der Grundtonbereich der musikalischen Töne reicht nur bis in die Größenordnung von 4500 Hz, wozu allerdings höhere Klangkomponenten als Partialtöne hinzukommen.

b) Horizontale und vertikale Richtungsortung der Klangquelle.

c) Schätzung des Abstands der Schallquelle.

d) Bewertung der Lautstärke innerhalb eines außerordentlich weiten Umfangs, vom leisesten Geräusch bis zu betäubendem Dröhnen.

e) Analyse nicht nur einzelner Klangfarben, sondern auch der Komponenten einer Klangfarbenmischung. Das Auge ist nicht imstande, die einzelnen Bestandteile einer zusammengesetzten Farbe auseinanderzuhalten; es muß sich mit dem Gesamtresultat begnügen. Das Ohr hingegen unterscheidet die Musikinstrumente, welche auch bei nur einer Note zusammenwirken.

f) Sogar Informationen über die Raumgröße werden geliefert, gemessen an der Zeitverzögerung – gegenüber dem Direktschall – des ersten eintreffenden Rückwurfs aus Wand oder Decke.

Wenn wir Sie und Ihre Freunde in Zukunft regelmäßig über unsere Verlagsarbeit unterrichten dürfen, schicken Sie uns bitte diese Karte ausgefüllt zurück.

Reclam

Antwort

Bitte
mit der
Postkarten-
gebühr
freimachen

Philipp Reclam jun.
Verlag GmbH
Abt. Information
Postfach 1149

D 7257 Ditzingen 1

7.2 Das Schallfeld

7.21 *Klänge und Geräusche*

Man pflegt die Schallphänomene in verschiedene Elementarkategorien zu unterteilen:

Einen äußerst kurzen Lärm nennt man *Knall*; längere, aber unperiodische Vorgänge sind *Geräusche*, während bei den periodischen unterschieden wird zwischen

- *Tönen*, d. h. einfachen (Sinus-)Schwingungen, deren Tonhöhe durch die Frequenz charakterisiert ist und deren Amplitude die Lautstärke bestimmt, und
- *Klängen*, bei denen über einer Grundtonschwingung Partialtöne mit ganzzahlig vielfacher Frequenz auftreten. Die Tonhöhe wird durch die Grundtonfrequenz gegeben, selbst wenn ihre Amplitude geringer ist als die der Obertonkomponenten (der Grundton kann im Grenzfall physikalisch sogar ganz fehlen und wird durch das Ohr synthetisch ergänzt). Die Partialtöne, in welche sich der Klang zerlegen läßt, sind reine Sinusschwingungen, also Töne im obigen Sinn.

Diese Unterteilungen sind eher theoretischer als realer Natur und haben vor allem mit Musik recht wenig zu tun, denn:

a) Reine Töne sind praktisch inexistent, mit Ausnahme guter Annäherung mittels der Stimmgabel oder eventuell der Celesta und der Erzeugung durch elektroakustische Tongeneratoren (abgesehen vom Einschaltvorgang).

b) Geräusche sind, trotz der ungefälligen Definition, sehr gut in der Musik brauchbar; man denke an die Vielzahl von Schlaginstrumenten mit unbestimmter Tonhöhe.

c) Kein musikalischer (Instrumenten-)Klang ist streng periodisch, vielmehr weist er stets Frequenz- und Amplitudenmodulationen auf, also Schwebungen (bis zum Vibrato) und Bebungen (bis zum Tremolo), die den Klang durch jenes innere Leben und jene Wärme bereichern, die den technologischen Elektroklängen fremd sind. Wohl kann man auch in elektrischen Tonerzeugern verschiedene Vibrato-Formen hervorbringen; diese sind aber von derart konstanter Regelmäßigkeit, daß ihre Eintönigkeit nicht nur ermüdet, sondern unerträglich wird.

d) Abgesehen von den charakteristischen Geräuschanteilen mechanischer Musikinstrumente – dem Blasgeräusch bei der Flöte, dem hörbaren »Kratzen« des Streicherbogens auf der Saite, dem Geklapper der Mechanik von Holzblasinstrumenten usw. – gehört zu jedem Ton untrennbar, als wesentlicher Bestandteil, ein zu den Geräuschen zu zählender, weil nicht periodischer Einschwingvorgang.

Der *Einschwingvorgang* beinhaltet, wie dem Wort selbst zu entnehmen ist, alle jene Geschehnisse, die den Klang einleiten, sich also zwischen seinem Nichtsein und dem stationären Zustand abspielen (stationär ist der voll gebildete, aushaltbare Klang). Während seiner Dauer, die je nach Instrument und Tonlage von wenigen Millisekunden bis zu 50 ms betragen kann (die 100 ms der Flöte sind als Ausnahme zu betrachten), bilden sich die einzelnen Partialtöne in unterschiedlicher, jedem Instrument eigener Reihenfolge und Geschwindigkeit aus, bis sie die endgültigen Werte erreichen. Physikalisch anders ausgedrückt: Der Einschwingvorgang bestimmt die Form der Wellenfront, welche zu Beginn eines jeden Klangs auf das Ohr trifft. Ihrer zeitlichen Gestalt und nicht, wie man oft noch zu erklären pflegt, den Amplituden der Partialtonkomponenten entnimmt das Gehör die Information über die Klangfarbe. Schneidet man bei einer Tonbandaufnahme die Einschwingvorgänge heraus, ist die Natur des Instruments nicht mehr erkennbar. Das Abspielen eines Tonbands in falscher Richtung verfremdet ebenfalls die Klangfarbe, weil dann das Ausklingen eines Tons, »umgekehrt« gehört, zum nicht erkennbaren Einschwingvorgang wird. Dabei ändert sich an der Obertonzusammensetzung nichts!

Um mit hinreichender Genauigkeit und Treue (Hi-Fi in Spitzenqualität) bei elektroakustischer Übertragung diese so wesentliche Form der Wellenfront wiederzugeben, müßte die Anlage – vom Mikrophon bis zum Lautsprecher über alle Zwischenglieder, eventuelle Schallplatte inbegriffen – in der Lage sein, auch Frequenzen korrekt weiterzuleiten, die, isoliert gesehen, außerhalb des Hörbereichs liegen. Unter »korrekt« ist auch die oft vernachlässigte Phasentreue zu verstehen.

7.22 *Die Tonempfindung*

Schon nach den ersten anatomischen Entdeckungen über den Aufbau des Ohres begannen sich, unter dem verständlichen Drang, seine Funktion zu verstehen, allerlei spekulative Hörtheorien zu bilden. Die Großtat Alfonso Cortis (1822–1876), die Feinstruktur des Innenohrs erkannt zu haben, ließ die verschiedenen früheren Ansichten zu einer These zusammenfließen, der wegen ihrer (illusorischen) Einfachheit großer Erfolg beschieden war. Die aus parallelen Fasern bestehende Struktur der sich in der Gehörschnecke als diagonale Trennwand emporwindenden Basilarmembran ließ auf eine Analogie mit den Harfensaiten schließen. Daraus entstand die später durch andere Forscher erweiterte, vom Physiologen, Anatomen, Mathematiker und Physiker Hermann von Helmholtz (1821–1894) mit der Veröffentlichung »Die Lehre von den Tonempfindungen« (1863) eingeführte *Resonanztheorie*. Nach Helmholtz liegen der Hörempfindung Resonanzphänomene in der Basilarmembran zugrunde. Nachdem die Fasern dieser Membran verschiedene Länge, Spannung und Konsistenz aufweisen, sollte jede von ihnen für eine bestimmte Frequenz durch Resonanz ansprechen und ihren Schwingungszustand über die Corti-Zellen dem akustischen Nerv weitermelden.

Diese Theorie muß aus verschiedenen Gründen verworfen werden, mindestens weil:

a) die durch die Dimension und die elastischen Eigenschaften der Fasern gegebenen möglichen Eigenfrequenzen mit den akustischen Frequenzen nicht übereinstimmen können (dazu sind sie im Speziellen viel zu kurz);
b) so, wie die Fasern von Flüssigkeit umgeben sind, eventuelle Resonanzen nur viel zu unscharf auftreten könnten (Resonanzbreite gedämpfter Schwingungen), um mit genügend selektiver Genauigkeit die Tonhöhenempfindlichkeit wiederzugeben.
Die Resonanztheorie wird wegen ihrer bezwingenden Anschaulichkeit dennoch gern weiter gelehrt; die Natur aber geht viel komplizierter vor bei der Verfolgung einer für naive Vorstellungen unverständlichen Genauigkeit. Dies ergaben die 1928 durch György von Békésy (1899–1972) in Ungarn begonnenen, in den USA fortgeführten Untersuchungen, für deren Resultate dem Forscher 1961 der Nobelpreis zugesprochen wurde.

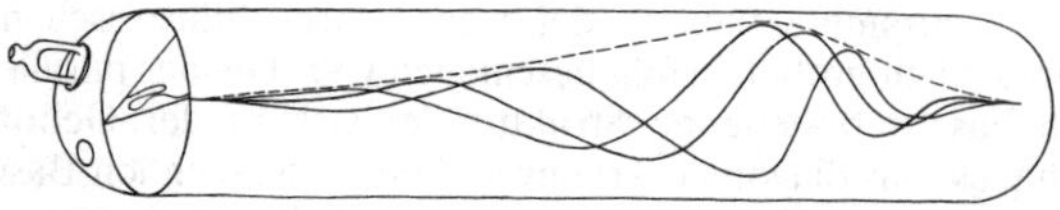

Gestrecktes Modell von Békésy

Békésy erkannte in der Druckschwankung, welche die Flüssigkeiten des Innenohrs durchläuft, eine fortpflanzende Welle. Eine solche Welle bewegt sich in einem mit Flüssigkeit gefüllten Rohr derart fort, daß auf einer bestimmten Stelle ein Maximum entsteht, das weiter oben rasch abfällt. Dieses sich längs der Basilarmembran bildende Maximum verschiebt sich um so mehr gegen die Schneckenspitze (im Bild nach rechts), also vom ovalen Fenster weg, je tiefer die Frequenz ist. (Das ovale Fenster ist jene Öffnung, durch welche der durch Gehörknöchelchen übertragene Schall in das Innenohr gelangt.) Die Stelle, an der sich das Maximum bildet, ist diejenige, der das Ohr die Tonhöhe entnimmt. Im

Gegensatz zur Hypothese der Resonanztheorie sind aber an dieser Empfindung nicht nur sehr wenige, selektiv abgestimmte Fasern beteiligt, vielmehr wirkt das breite Druckmaximum auf eine relativ weite Zone, deren Ausdehnung mit steigender Schallstärke zunimmt.

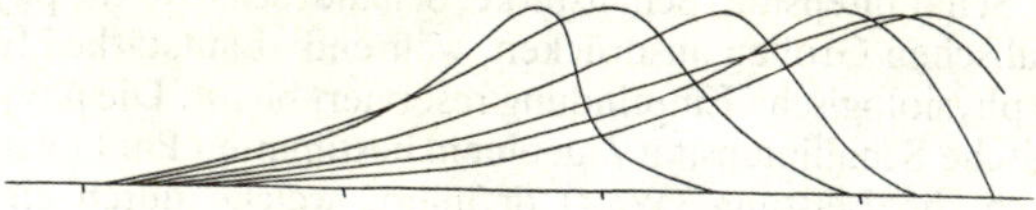

Druckmaxima im Innenohr

Die Unterscheidungsgrenze von Frequenzen ist lautstärken- und tonhöhenabhängig. Im empfindlichsten Bereich von 500–4000 Hz beträgt bei 70 Phon und einer Minimaldauer der Frequenzveränderung von 0,5 Sekunden die kleinste Unterscheidungsstufe $^1/_{32}$ eines Ganztons, also $\sqrt[32]{^9/_8} = 1{,}0037$. Das sind 0,37 %, also gegenüber den 6 % eines Halbtons ca. $^1/_{16}$. Das sind 6 Cent.

Die Wellenbewegung, der die Basilarmembran unterworfen wird, schließt auch die auf ihr befestigten Hörzellen nach Corti ein (Cortisches Organ), so daß deren Härchen gegen eine Deckmembran reiben und dabei die dem akustischen Nerv weiterzuleitenden Impulse erzeugen. Die so entstandenen Signale entsprechen keineswegs der Vorstellung einer elektrischen Nachbildung der Schallvorgänge, wie z. B. in einem Mikrophonkabel. Das Ohr liefert dem Hirn in Form von Nerven-Impulsfolgen kodierte Signale, deren komplizierte Struktur noch endgültiger wissenschaftlicher Aufklärung harrt. Aus ihnen dechiffriert jedoch das Gehirn alle Auskünfte, die es benötigt.
Die empfundene Schallstärke steigt entweder mit der Dichte der aufeinanderfolgenden Impulse von Einzelnerven (wobei, pro Nerv, ein Sättigungswert nicht überschritten werden kann) oder mit der Anzahl der durch ein breiteres Maximum angeregten Nerven.

7.23 *Die Lautstärke*

Um Mißverständnisse zu verhüten, treffen wir folgende Vereinbarung: Es sollen von nun an die Begriffe Schallenergie, Schallintensität, Schallstärke, Schalldruck usw. die physikalischen Größen ausdrücken, während »Lautstärke« für die physiologische Empfindung reserviert bleibt. Die physikalische Schallintensität I an einem bestimmten Punkt wird durch die Leistung (Watt) definiert, welche durch eine zur Ausbreitungsrichtung senkrechte Flächeneinheit (cm^2) fließt. Sie wird deswegen in $Watt/cm^2$ ausgedrückt.
Die vollständige Beschreibung der Eigenschaften des Gehörs mit den dazugehörenden Definitionen und Gesetzmäßigkeiten ist Gegenstand einer besonderen, ausgiebigen Fachliteratur und würde von unserem Hauptthema zu sehr ablenken. Immerhin darf man mindestens zwei Besonderheiten nicht verschweigen: die unglaubliche Empfindlichkeit des Ohrs für äußerst geringe Schallpegel und die ebenso erstaunliche Ausdehnung der Proportion korrekt hörbarer Intensitäten.
Die *Hörschwelle*, d. h. die kleinste, eben hörbare Schallintensität, liegt in der Umgebung von 4000 Hz und entspricht einem Schalleistungsfluß von $2 \cdot 10^{-17}$ $Watt/cm^2$. Um zu veranschaulichen, wie winzig klein dieser Pegel ist, kann man ihn mit einem anderen Energiemaß, der (kleinen) Kalorie vergleichen. Eine Kalorie ist jene Wärmemenge, die erforderlich ist, um 1 Gramm Wasser um 1 °C zu erwärmen. Sollte diese Erwärmung durch einen Ton mit der Intensität der Hörschwelle erfolgen, müßte er $6 \cdot 10^9$ (6 Milliarden = 6000 Millionen) Jahre einwirken.

Dies folgt durch einfache Rechnung aus der Beziehung: 1 cal = 4,1833 Joule = 4,1833 Watt · s.

Der bei so verschwindend kleinen Intensitäten erfolgende Ausschlag der Luftteilchen beträgt nur $^1/_{350}$ des Durchmessers eines Sauerstoffatoms.

Die untere Empfindlichkeitsgrenze liegt sehr zweckmäßig: Wäre das Ohr auch nur gering empfindlicher, würde es ständig ein durch die Brownsche Molekularbewegung verursachtes Grundgeräusch hören. (Die Brownsche Bewegung ist die thermisch bedingte, ständige Unruhe der Materieteilchen. Sie verschwindet nur am absoluten Nullpunkt von –273 °C und nimmt mit der Temperatur ständig zu. Sie wurde 1827 vom englischen Botaniker Robert Brown, dem Entdecker des Zellkerns, nachgewiesen.)
Am anderen Extrem wird der Hörbereich durch die *Schmerzgrenze* beschränkt. Sie wird dort erreicht, wo die Schallenergie so groß ist, daß die schützende Wirkung eines Muskels eintritt, der an einem der 3 Gehörknöchelchen, dem Steigbügel, angreift und die durch diese gebildete Übertragungskette schmerzend etwas abknickt. Dadurch wird nicht mehr die volle Energie ins Ohrinnere übermittelt. Selbst diese Schalleistung ist, absolut gesehen, noch ziemlich klein, liegt sie doch bei $2 \cdot 10^{-4}$ Watt/cm^2. Sehr eindrucksvoll ist jedoch, wie schon angedeutet, der Umfang zwischen den beiden Grenzwerten:

$$I_{\max} / I_{\min} = 2 \cdot 10^{-4} / 2 \cdot 10^{-17} = 10^{13}.$$

Das Ohr ist also in der Lage, akustische Vorgänge im enormen Größenordnungsverhältnis der Intensität von 10^{13} (10 Billionen) nicht nur zu ertragen, sondern auch mit höchster Präzision zu verfolgen.
Wollte man das für die Hörschwelle angeführte Beispiel auf die obere Intensitätsgrenze übertragen, käme man für das Aufbringen einer (kleinen) Kalorie auf die benötigte Beschallungsdauer von »nur« etwa 6 Stunden.

Maße der Lautstärke

Um derart gewaltige Unterschiede leichter in den Griff zu bekommen und um den physiologischen Eigenschaften der Empfindung besser gerecht zu werden, pflegt man die Schallintensitäten in logarithmische Maßstäbe umzusetzen. Dazu berechtigt vor allem das für alle Sinnesempfindungen geltende, durch Ernst Heinrich Weber (1795–1878) im Jahre 1831 ausgesprochene psychophysiologische

Grundgesetz: »Der eben merkliche Reizzuwachs steht in einem konstanten Verhältnis zu der schon vorhandenen Reizstärke.« Das bedeutet, daß eine Änderung des Reizes stets dann als gleich stark empfunden wird, wenn der auslösende physikalische Zuwachs in gleichem Verhältnis zum vorher vorhandenen Reiz steht. (Genau dasselbe regelt auch die Empfindung einer Reizverminderung.) Wenn $d\,L$ die minimale empfundene Lautstärkeänderung bedeutet, I die vorhandene Schallintensität ausdrückt und $d\,I$ den zu $d\,L$ gehörenden Zuwachs darstellt, ergibt sich:

$$dL = k \cdot \frac{dI}{I}.$$

Strenggenommen bleibt die Konstante nicht über den ganzen Intensitätsbereich genau konstant. Immerhin konnte, mit guter und meistens genügender Annäherung, ein anderer Physiker, Gustav Theodor Fechner (1801–1887), aus der Weberschen Aussage im Jahre 1859 eine neue physikalische Meßgröße ableiten, indem er die vorangehende Gleichung einfach integrierte: $L = \log(I/C)$, worin die Integrationskonstante C erscheint, über die man noch verfügen kann. Die in dieser Form ausgedrückte, allgemein als Weber-Fechnersches Gesetz bekannte Aussage lautet im akustischen Fall: »Die Lautstärkeempfindung ist proportional zum Logarithmus des Reizes.«

Die Integrationskonstante ermöglicht die Erschließung zweier Meßgrößen, die eine von technischer Bedeutung, die andere den physiologischen Bedürfnissen besser angepaßt.

a) Wenn man als Bezugslautstärke die Hörschwelle bei 1000 Hz festlegt, ist $C = 10^{-16}$ Watt/cm^2 zu setzen, und es folgt die Beziehung: $L = \log(I/10^{-16})$. Dadurch ist ein absolutes logarithmisch ausgedrücktes Maß definiert, welches dem akustischen Reiz I (in Watt/cm^2) die Lautstärkeempfindung L zuordnet. Die dazugehörende Einheit heißt *Bel*, zu Ehren von Alexander Graham Bell (1847 bis 1922), dem Pionier des Telefons. Weil das Minimum der gerade hörbaren Lautstärkeänderung ziemlich genau den zehnten Teil davon beträgt, zieht man die zehnmal kleinere Einheit vor, das *Dezibel* (dB), so daß die grundlegende Definition

$$L = 10 \log \frac{I}{10^{-16}}\,\mathrm{dB}$$

entsteht. Man pflegt die Dezimalstellen in diesem Maßstab zu unterdrücken, da sie, nach dem oben Gesagten, bedeutungslos sind (1 dB ist schon die kleinste empfindbare Lautheitsstufe).

b) Die Hörschwelle ändert sich stark mit der Frequenz. Es ist deswegen in vielen Fällen zweckmäßig, als Nullpegel den Schwellenwert für die betrachtete Frequenz zu wählen. Es sei diese Schallintensität (für eine bestimmte Frequenz) I_0, dann gilt eine dem dB ähnliche Definition für einen Ton der Intensität I (derselben Frequenz). Die neue Einheit heißt jetzt *Phon* und ist so definiert:

$$L = 10 \log \frac{I}{I_0} \text{ phon}.$$

Weil I dem Quadrat der Druckamplitude proportional ist, gilt auch die Umformung zu:

$$L = 10 \log \frac{p^2}{p_0^2} = 20 \log \frac{p}{p_0} \text{ phon}.$$

Auch bei den Phon werden die Dezimalstellen unterschlagen, da bedeutungslos.

Definitionsgemäß fallen die in dB und Phon ausgedrückten Lautstärken bei 1000 Hz zusammen. Für die anderen Frequenzen sind die experimentell durch H. Fletcher und W. A. Munson statistisch erhaltenen und 1933 als die maßgebend gewordenen »Kurven gleicher Lautstärke« veröffentlicht worden. Sie sind hier reproduziert. Man kann daraus unter anderem entnehmen, daß unterhalb von

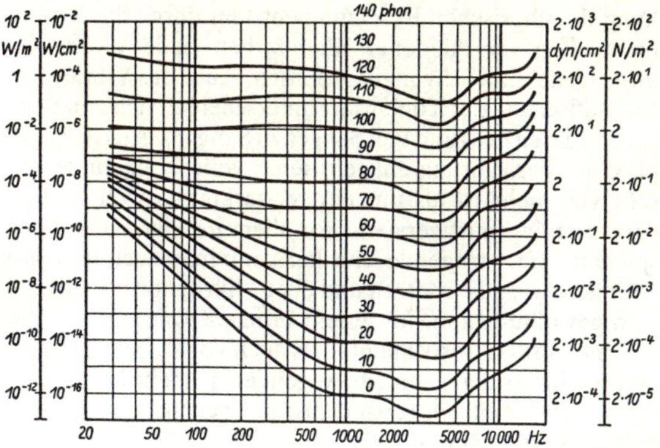

Kurven gleicher Lautstärke (nach Fletcher und Munson)

1000 Hz die Hörempfindlichkeit abnimmt, so daß z. B. bei 300 Hz ein Ton 40 dB aufweisen muß (= 10^{-12} Watt/cm^2), um gleich laut (30 phon) zu scheinen wie ein Ton von 30 dB mit 1000 Hz. Durch solche Vergleiche sind die Kurven entstanden: Für jede Lautstärke bei 1000 Hz mußten die Intensitäten von Tönen anderer Frequenzen bestimmt werden, die statistisch gleich laut empfunden wurden.
Dic unterste Kurve gibt 0 phon wieder, d. h. die über alle Frequenzen aufgetragene Hörschwelle. Darin erscheint die schon besprochene Empfindlichkeitssteigerung zwischen etwa 1500 und 6000 Hz als deutliche Senkung aller Kurven in diesem Bereich. Bei 120 phon tritt die Schmerzempfindung ein, das sind bei 1000 Hz: 10^{-4} Watt/cm^2.
Die Ausschläge der Basilarmembran sind übrigens äußerst gering. Bei dem sehr hohen Pegel von 74 phon, der dem Straßenlärm eines verkehrsreichen Platzes entspricht, drückt der Schalldruck im Innenohr die Basilarmembran um 10^{-6} (1 Millionstel) mm aus der Gleichgewichtslage.

Weil die Lautstärkeempfindung nicht der Schallintensität proportional ist, sondern ihrem Logarithmus, scheint die nur wenig zur Lautheit beizutragende Vergrößerung von Instrumentengruppen wenig sinnvoll zu sein. Sie bleibt es dennoch, aber von einem anderen Standpunkt aus: Die Wirkung der chorischen Besetzung entsteht durch das Zusammentreffen verschiedener Klangfarben (jede Violine hat ihre eigene) und Schwingungsphasen. Auch das Vibrato, die Intonation und der Toneinsatz unterscheiden sich von Streicher zu Streicher (und von Sänger zu Sänger). Aus der komplexen Überlagerung entsteht jenes volle Tongebilde, das sehr viel mehr ist als nur ein verstärkter Einzelton. Dies wirkt sich eigenartigerweise vor allem im Piano aus. Forte spielende oder singende Musiker kann man auch in relativ geringer Anzahl einsetzen und über Mikrophonverstärkung zum gewollten Intensitätseffekt bringen. Das zarteste Pianissimo, sowohl instrumental als auch vokal, gelingt um so eindringlicher und gemütsbewegender, je mehr Interpreten sich daran beteiligen (erster, fast nur gehauchter Choreinsatz im Verdi-»Requiem«!).

7.24 *Das Richtungshören*

Jede der beiden Ohrmuscheln läßt uns unterscheiden, ob ein Klang von vorne oder von hinten kommt. Für die seitliche Lokalisierung ist hingegen das Zusammenspiel beider Ohren erforderlich.

Wenn sich eine Schallquelle vor uns, direkt auf der Mittelebene des Kopfes, befindet, erreicht das von ihr ausgehende Signal beide Ohren in genau gleicher Form und absolut gleichzeitig. Für die Gleichzeitigkeit ist eine gewisse Toleranz vorhanden, denn die Empfindung der Mitte bleibt auch dann erhalten, wenn sich die Quelle schräg seitlich so wenig verschiebt, daß der Zeitunterschied des Eintreffens auf die Ohren 0,03 ms (Millisekunden) nicht überschreitet (dies entspricht einer Wegdifferenz zu den Ohren von 1 cm). Verschiebt sich aber die Schallquelle von der Mittelebene weiter weg, unterscheiden sich rechte und linke Empfindung durch verschiedene Faktoren:

a) Die Wellenfront trifft das weiter entfernte Ohr mit einer gewissen Zeitverzögerung. Diese wird um so größer, je weiter seitlich sich die Schallquelle befindet. Erreicht oder übersteigt die Zeitdifferenz 0,6 ms (= Wegunterschied von 21 cm, also Größenordnung der Kopfdimensionen), wird die Schallquelle ganz seitlich, d. h. 90° von der Mittelebene weg, lokalisiert.

Zeitunterschiede zwischen $3 \cdot 10^{-5}$ und $6 \cdot 10^{-4}$ werden also zur Richtungsortung ausgewertet. Dies gilt für normal dauernde Klänge. Wenn aber bei einem Knall die Zeitdifferenz des Eintreffens auf die Ohren $12 \cdot 10^{-4}$ überschreitet, wird das Signal zweimal gehört.

b) Die Lautstärke ist im näheren Ohr etwas größer. Dieser Effekt kommt nicht nur durch die unterschiedliche Entfernung zustande, sondern vorwiegend durch die Schattenwirkung des Kopfes, durch die das entferntere Ohr etwas abgeschirmt wird. Diese Wirkung ist für hohe Frequenzen deutlicher als für mittlere; bei den sehr tiefen fehlt sie ganz, weil lange Wellenlängen Hindernisse umgehen.

Dies nützt man aus, wenn man bei stereophonischen Lautsprecheranlagen ohne Schaden etwas sparen will: Für die Bässe genügt ein zentral aufgestellter Lautsprecher (da eine Lokalisierung sowieso schwerlich auftreten würde). Dadurch können zur Erzielung des Stereoeffekts an den Seiten billigere Lautsprecherkombinationen ohne teure Baßstrahler genügen.

c) Auswirkung von Punkt b) ist auch eine Änderung der Klangfarbe. Das Klanggemisch erreicht das nähere Ohr direkt und ungestört; für das entgegengesetzte Ohr hingegen schwächt die Schattenwirkung des Kopfs die höherfrequenten Komponenten mehr ab als die tiefen.

Diese gleichzeitig auftretenden, sich summierenden Effekte erlauben, bei mittlerer Tonhöhe, eine erstaunlich genaue Seitenortung der Tonquelle, mit einer Präzision von 3°.

Es gibt ein stereophonisches Aufnahmeverfahren, welches genau dieses Richtungshören wiederzugeben imstande ist: die »Kunstkopfstereophonie« (genauer: »Kunstkopf-bezogene Stereophonie«). Sie wird durch die Verwendung einer Menschenkopf-Nachbildung aus Holz oder Plastik, mit Außen- und Innenohr erzielt, wobei 2 Mikrophone die Stellen der beiden Trommelfelle einnehmen. Interessanterweise funktioniert das System nur dann einwandfrei, wenn der Kopf in allen anatomischen Details, inklusive Nase und Ohrmuscheln, möglichst naturgetreu gestaltet ist. Einer der Vorteile dieses Verfahrens liegt darin, daß es eine vollständige Rauminformation über nur 2 Kanäle liefert, also mit normaler Zweikanaltechnik übertragen werden kann, im Gegenteil zur Quadrophonie, welche großen technischen Aufwand voraussetzt. Nachteilig ist aber die erforderliche Verwendung eines Kopfhörers, um bei der Wiedergabe die Bedingungen der Aufnahme zu reproduzieren.

Die Richtungslokalisation eines Klanges geschieht in den ersten 3 ms und bleibt dann für 50 ms gesperrt. Das bedeutet: Wenn derselbe Klang, der innerhalb seiner ersten 3 ms geortet wurde, während 50 ms aus irgendeiner anderen Richtung nochmals eintrifft, bleibt die Empfindung der ursprünglichen Herkunftsrichtung erhalten. Die Wiederholung kann z. B. durch einen richtig disponierten Lautsprecher oder durch die Reflexion an einer Raumbegrenzung (Wand, Decke) erfolgen und trägt dazu bei, die Lautstärke zu vergrößern. Dieser nach Helmut Haas (1931) benannte

Effekt kann also dazu eingesetzt werden, einen Saal für einen Redner so zu beschallen, daß man die Lautsprecher nicht bemerkt. Der Direktschall muß zuerst beim Hörer eintreffen; die Wiederholung durch den z. B. seitlichen Lautsprecher hingegen ist künstlich so zu verzögern, daß sie zwischen 3 und 50 ms später gehört wird. Selbst wenn sie (in Grenzen) lauter eingestellt wird, als man den Direktschall hört, bleibt der ganze Vorgang im Gehör vorn lokalisiert.
Der Haas-Effekt erklärt auch einige Grundzüge der Raumakustik:

a) Einzelreflexionen (durch Decke, Seitenwand oder Boden) dürfen nicht später als 50 ms nach dem Direktschall eintreffen, sonst werden sie getrennt gehört.

50 ms entsprechen einer akustischen Weglänge von 17 m. Der Wegunterschied zwischen Direktschall (Schallquelle–Hörer) und erstem Rückwurf darf niemals 17 m überschreiten. (Darauf wurde schon im Zusammenhang mit der Orchesteraufstellung in bezug auf die Podiumstiefe hingewiesen.

Der innerhalb dieser Zeitspanne eintreffende Klang erscheint nicht abgespaltet, sondern wird als Schallverstärkung empfunden. Allerdings besteht hier eine andere, untere Grenze. Treffen nämlich Einzelreflexionen zu früh ein, überlagern sich ihre Wellenfronten mit der Wellenfront des Direktschalls. Wie schon früher bemerkt, entnimmt das Ohr der Form der durch den Einschwingvorgang gegebenen Wellenfront viele Informationen, vor allem die über die Klangfarbe. Sie sollte daher möglichst wenig verfälscht werden. Die ersten Rückwürfe müssen also eher spät, nie aber nach 50 ms das Ohr treffen. Günstig sind etwa 30 ms, weil der Einschwingvorgang der meisten Instrumente diese Dauer nicht übersteigt.

b) Nach 50 ms ist das Ohr wieder für eine neue Lokalisierung aufnahmefähig. Es dürfen also dann nicht mehr einzeln hörbare Reflexionen der vorangehenden Schallvorgänge diese Bereitschaft stören. Die Saalreflexionen müssen sich 50 ms nach jedem Klangeinsatz derart überlagert haben, daß sie den Raum möglichst dicht und gleichmäßig durch-

fluten und so den kontinuierlichen sogenannten Nachhall bilden. Auch für den Nachhall existieren Optimalvorstellungen über Dauer und Frequenzgang.
Die beiden angedeuteten Bedingungen sind bei der Projektierung eines Saals als wesentliche Leitlinien zu betrachten. Nach ihnen haben sich Akustiker und Architekt zu richten, sowohl in bezug auf die Formgestaltung als auch für die richtige Wahl und Verteilung der von Fall zu Fall günstigsten Materialien.

7.3 Die psychologische Akustik

Die psychologische Akustik stellt ein weites Forschungsgebiet dar, auch wegen ihrer engen Verknüpfung mit der Musikästhetik. Da es unmöglich ist, die Inhalte dieses Gebiets hier auch nur anzudeuten, sollen lediglich einige elementare, fast naive Fragestellungen formuliert werden, um wenigsten daran zu erinnern, wie viele musikalische, wesentliche Aspekte sich einer rein naturwissenschaftlichen Betrachtungsweise entziehen. Schon unsere Überlegungen über die Tonleiterbildung hatten gezeigt, daß der immer wieder herbeizitierte Zusammenhang zwischen Mathematik und Musik recht illusorisch ist: eine Wunschvorstellung, die bei näherem Zusehen zusammenbricht.

Hier also drei Fragen zum Nachdenken:

a) Wieso werden bestimmte Melodien erfolgreicher und populärer als andere? Worin besteht der Unterschied?

b) Ein allein genommener, einwandfrei konsonanter Akkord kann in bestimmtem Zusammenhang eine Spannung erhalten, die nur durch harmonische Auflösung zu erfüllen ist. Einfaches Beispiel: der G-Dur-Dreiklang erfordert eine Auflösung (und wird deswegen potentiell dissonant: Auffassungsdissonanz), wenn er im Zusammenhang mit der Folge der Dreiklänge auf C, F und G steht. Die Rückkehr nach dem erlösenden C-Dur drängt sich auf. Warum kann also ein physikalisch gleich bleibender Akkord derart verschiedene Wirkungen auslösen?

c) Jede Pause im musikalischen Ablauf ist physikalisch und physiologisch die Abwesenheit jeden Klangs, das Nichts, die Leere. Und doch kann sie höchste Spannung, größte psychologische Energien einschließen. Wieso?

Wir sind am Schluß dieser Zeilen angelangt, mit denen wir den Versuch unternahmen, einige materielle Aspekte einer Kunst darzustellen, die nur Untersuchung und Analyse äußerer Elemente zuläßt, während ihr wirkliches Wesen viel tiefer, von den materiellen Gegebenheiten weitgehend getrennt, sitzt, um direkt mit mysteriösen, ungreifbaren Kräften in jene Sphären des Intellekts einzudringen, in denen jeder Versuch rationaler Spekulationen zum Scheitern verurteilt bleibt. Oder, wie Hermann Scherchen sagte: »Musik muß gehört, nicht verstanden werden.«

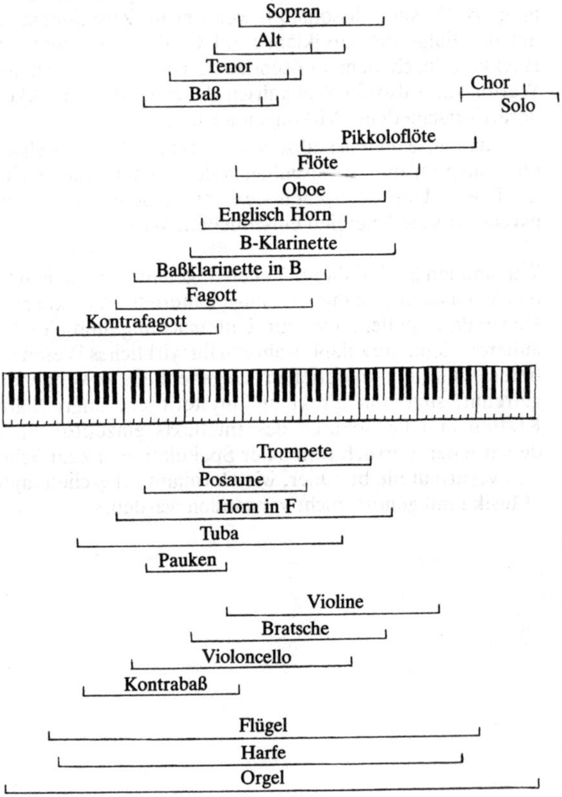

Tonlagen der Singstimmen und der Orchesterinstrumente (nur als Orientierung zu verstehen; genauere Angaben im Text)

Namenregister

Bei Mehrfachnennungen sind Hauptstellen *kursiv* hervorgehoben.

Sachregister

Wo angebracht, sind Teilbegriffe und Instrumentenvarianten unter zusammenfassenden Oberbegriffen verzeichnet (Beispiele: Geigenbogen unter Bogen, Bach-Trompete unter Trompete, Naturton unter Ton). Bei Mehrfachnennungen sind Hauptstellen bzw. Hauptabschnitte *kursiv* hervorgehoben.